四川省繁荣发展哲学社会科学2004年重点课题
重修《四川通史》编委会

名誉主任：
　　　陶武先　王少雄　黄新初
顾　　问：
　　　杨析综　何郝炬　章玉钧　陈　文　殷建中　贾松青
主　　任：
　　　侯水平　郑晓幸　张邦凯
副 主 任：
　　　孙成民　罗　鸣　贾大泉　陈世松　罗韵希
委　　员：（以姓氏笔画为序）
　　　王　炎　王　素　王庭科　向宝云　孙成民　吴康零
　　　张邦凯　李绍明　李敬洵　陈世松　林　向　罗　鸣
　　　罗开玉　罗韵希　郑晓幸　侯水平　段　渝　胡昭曦
　　　贾大泉　隗瀛涛　温贤美　解　伟　谭继和

主　　编：
　　　贾大泉　陈世松
副 主 编：
　　　吴康零

卷一　先秦　　　　　　　段　渝　著
卷二　秦汉三国　　　　　罗开玉　著
卷三　两晋南北朝隋唐　　李敬洵　著
卷四　五代两宋　　　　　贾大泉　主编
卷五　元明　　　　　　　陈世松　主编
卷六　清　　　　　　　　吴康零　主编
卷七　民国　　　　　　　贾大泉　主编

主编 贾大泉 陈世松
副主编 吴康零

四川通史

卷一 先秦

SI CHUAN TONG SHI

段渝 著

四川人民出版社

图书在版编目（CIP）数据

四川通史. 卷一，先秦 / 贾大泉，陈世松主编；段渝著. —2版. —成都：四川人民出版社，2018.12
ISBN 978-7-220-11028-3

Ⅰ.①四… Ⅱ.①贾… ②陈… ③段… Ⅲ.①四川－地方史－先秦时代 Ⅳ.①K297.1

中国版本图书馆CIP数据核字（2018）第232063号

SICHUAN TONGSHI

四川通史（卷一 先秦）
段　渝　著

责任编辑	吴焕姣　杨雨霏
封面设计	敬人书籍设计
技术设计	杨　潮
责任校对	袁晓红
责任印制	祝　健
部分图片	罗韵希　帅初阳　武　韵
摄影作者	黄晓帆　帅黎明　胡翠兰
出版发行	四川人民出版社（成都市槐树街2号）
网　　址	http://www.scpph.com
E-mail	scrmcbs@sina.com
新浪微博	@四川人民出版社
微信公众号	四川人民出版社
发行部业务电话	（028）86259624　86259453
防盗版举报电话	（028）86259624
照　　排	四川胜翔数码印务设计有限公司
印　　刷	成都东江印务有限公司
成品尺寸	170mm×230mm
印　　张	31.75
字　　数	518千
插　　页	8
版　　次	2018年12月第2版
印　　次	2018年12月第1次印刷
书　　号	ISBN 978-7-220-11028-3
定　　价	1280.00元（全套共七卷）

■版权所有·侵权必究
本书若出现印装质量问题，请与我社发行部联系调换
电话：（028）86259453

巫山猿人遗址

四川北川禹穴沟石崖上所刻"禹穴"二字,据明曹学佺《蜀中名胜记》,二字为李白手书

广汉三星堆古城墙遗迹(局部)

成都十二桥商代木结构建筑遗迹

成都金沙遗址祭祀区（局部）

金牛道

邛笼——四川茂县黑虎羌寨碉楼

四川宜宾的悬棺葬

三星堆出土的戴金
面罩青铜人头像

三星堆出土的青铜
纵目人面像

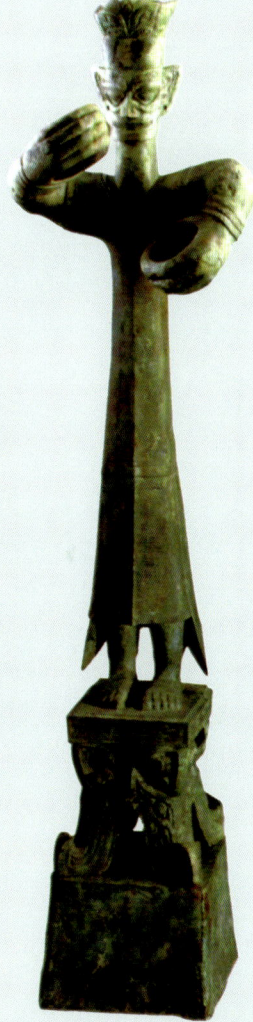

三星堆青铜大立人

涪陵小田溪出土的编钟

三星堆出土的青铜顶尊人物像

三星堆出土的青铜鸟身人面像

四川盐源发现的铜三人背水杖

成都金沙遗址出土的太阳神鸟金箔

成都金沙遗址出土的金面罩

成都金沙遗址出土的金面罩

认识历史　创造未来
——《四川通史》（重修本）序

陶武先

《四川通史》，历时4年，重修面世，此乃四川史坛之盛事！

《四川通史》说的是历史。历史是"究天人之际、通古今之变"，述兴衰之替、明治理之道的学问。"历史的发展像自然的发展一样，有它自己的内在规律"。历史是由已经过去的众多人、物、事及活动构成的，纵横交错，纷繁复杂。史学家们把历史上看似分散的、孤立的人、物、事联系起来，揭示其相互间的内在逻辑；在阐述"如何而来"的基础上，标示出"现在何处"的时空坐标，进而作出"向何处去"的方向演进和理想求索。这些回答无论是直接的还是间接的，无论是经验的还是理性的，无论是粗浅的还是深刻的，都将对后世产生作用和影响。因为这种作用和影响，历史便有了现代意义：历史不是死亡的过去，而是"过去"了的"现实"——它使昨天的经验教训能够不断地为后人所"习得"，使人类"曾经'的丰富资源能够不断推动社会实践，使社会的文化基因能够不断地获得重组和创新——作为"过去"了的"现实"，历史理所应当是社会演化的"遗传基因"。对当代人而言，研究历史就是认识"过去"，了解历史有助于创造未来！正如马克思所说，"人们自己创造自己的历史，但是他们并不是随心所欲地创造，并不是在他们自己选定的条件下创造，而是在直接碰到的、既定的、从过去承继下来的条件下创造"。《四川通史》给人们展现了四川"既定的、从过去承继下来的条件"，让人更系统、更深刻地理解"创造今天"的历史前提。

《四川通史》说的是四川的历史。四川历史是中国历史的组成部分,巴蜀文明是华夏文明的绚丽篇章。特殊的地理环境,丰富的自然资源,使四川盆地成为人类起源地之一。巫山人的发现,将四川有人类活动的历史追溯到200万年以前。从川中资阳出土的"资阳人"头骨化石,到盆地西南汉源出土的古人类生产工具,显示了四川先民们生息劳作的早期智慧;从都江堰无坝水利工程、世界最早的纸币"益州交子",到世界上第一口超千米的桑海井问世,展示了巴蜀地沃土丰,"居给人足,以富相尚"的富庶繁荣;从西汉落下闳制《太初历》、文翁崇文重教以化蜀,到宋代唐慎微著《证类本草》、秦九韶著《数书九章》,显现了科教兴川的历史传统;从人类文明诞生初期的宝墩文化、三星堆文化、金沙文化,到始于唐末、历经五代至两宋完成的大足石刻,展现出巴蜀文化的独特源流;从"移秦民万家以实之"、清代"湖广填四川",到抗日战争前期的内迁,体现出四川民众的包容与和谐。《四川通史》给世人展示的,是四川经济社会发展的持续演进,是川人在巴蜀大地上的开拓创造;告诉世人一个"昨天"的"天府之国",历代川人曾经的沧海桑田!

《四川通史》说的是四川历史的通史。通史显著的特点是连贯地叙述历史过程的各个时代史实。通史的"通",既表达融会贯通、一脉相承之要义,全面系统地传承历史,又内含通俗易懂之要求,在体现学术著作严肃性的同时,适合当代人审美情趣和阅读方式,深入而不深奥,浅出而不浅薄。《四川通史》遵循"真实是史学生命"的原则,在历史唯物主义和科学发展观指导下,对四川地区从远古到民国时期的社会经济、政治、文化、民族、宗教、民俗等人文的和自然的内容作出了较为客观和系统的记述。从横向看,它是四川各个时期的断代史;从纵向看,它是四川多个领域的专题史。史中有四川发展的曲折历程之演化,有时代进步的辉煌暗淡之交替,有川人面对灾难自强不息之坚毅,有历代统治者治蜀镇疆之得失。《四川通史》全书7卷400余万字,依据史料,成就文章;详述史实,内容系统;经纬有序,逻辑严谨;表述通俗,图文并茂。可以说在客观、全面地述写四川历史方面是前所未有的。但愿这部史作能够为识蜀、治蜀、兴蜀尽"资治通鉴"之效。

培根说:"读史使人明智。"历史是一面镜子,透视真假,折射短长。一部《四川通史》,虽然400余万字难尽蜀中千古岁月,却能够在有限中展示无限,在特殊中探求普遍,在暂时中追索永恒。"一而再,再而三",知识无限,竭力而为。虽然本书难免有不足和欠妥之处,但却是作者们不懈努力的精心之作。一日是非在于力,千古是非在于理,"未来的历史"能够给《四川通史》以"历史"的客观评价。

四川省社会科学院领导和本书主编托我为本书写序,却之不恭,谨以蜀人之心,留此感言。古朴四川已入现代化、信息化、市场化、全球化之轨,中国特色社会主义事业如火如荼,蜀地兴旺,蜀人有光!蜀地发展,蜀人有责——历史的主动精神正在昭示我们:以史为鉴,以人为本;思索昨天,把握今天,创造四川更加辉煌的明天!

是为序。

2009 年 7 月 6 日于成都

重修《四川通史》导言

贾大泉

地处我国西南的四川是中华文明的起源地之一,历史悠久,人杰地灵。四川历史既与全国历史有着相同的轨迹,又以其突出的地方特色,在中国历史上占有重要地位。勤劳勇敢的四川各族人民在创造历史的过程中,谱写了壮丽多彩的篇章,留下了极其宝贵的精神财富和文化遗产,为创造和推动我国历史的发展作出了贡献。在继往开来的新的历史时期,编写《四川通史》是时代的需要,也是四川史学工作者义不容辞的职责。

一、重修《四川通史》的缘由和目的

20世纪80年代,四川省社会科学院历史研究所就着手编撰多卷本的《四川通史》,1993年由四川大学出版社出版,共7册(卷),213万字,发行1000套。一年之后就一本难求。随着四川改革开放的逐步深入和各项建设事业的蓬勃发展,进入21世纪后,包括党政部门、学术界和各行各业的人士,更是迫切需要一部四川历史书籍来了解四川的昨天,把握四川的今天,建设四川的明天。但我在1998年8月退休后,就过着夏到青城山避暑,冬到深圳避寒的"候鸟"生活,对《四川通史》的社会需求未能深入了解。2004年秋的一天碰见侯水平院长,他谈及此事。我考虑到原《四川通史》出版10多年后,四川历史研究又有了许多新的成果,出土了大量珍贵文物,发现了不少新的史料,随着时代的进步,对四川历史也有了一些新的认识和解读,因此,需要在原《四川通史》

的基础上，重修一部《四川通史》，以满足社会各界的需要。为此，我们提出了这个建议，并得到原《四川通史》分册主编和社科院领导的支持，上报到四川省繁荣发展哲学社会科学工作协调小组后，被列入2004年的重点课题，成立了由省委领导和专家学者组成的重修《四川通史》编委会，指定四川省社会科学院具体实施，并给予专项财政补贴。在四川省社会科学院领导贾松青、侯水平、罗鸣的直接指导下，全体编写人员经过4年的努力，终于完成了重修《四川通史》的任务。全书仍为7卷，共400余万字，增加了许多新的内容。各卷之前，根据谭其骧先生主编的《中国历史地图集》（四川部分）、任乃强先生编绘的《四川历史地图》与《四川州县建置沿革图说》，以及近年研究成果，相互参校，绘制了相关历史时期的政区地图。同时，每卷新增了彩图，并随文配图1000余幅，使本书成为一部适宜党政干部和史学爱好者阅读的文图并茂的历史著作。

这次重修《四川通史》，是在新的研究成果的基础上，以历史唯物主义为指导，运用社会科学与自然科学相结合的研究方法，对四川各个时段的历史作较详实的介绍和客观的解读。我们力求从横向看，它是四川历史某一时段的断代史，从纵向看，把各卷相关内容串联起来，又能初步构成四川的政治、经济、文化、民族、交通、宗教、民俗等内容的专题史，目的在于能为各行业的干部、群众提供建设四川的历史资源，并从中获取历史智慧、吸取经验教训，增强建设四川的效能。

重修《四川通史》的时间范围仍从远古至民国为止，但5~7卷的时间断限有了重大调整：原第5卷（元、明至清鸦片战争前）改为元明卷；第6卷（鸦片战争至五四运动）改为清代卷；第7卷（五四运动至1949年）改为民国卷（1912~1949）。这种调整，主要是淡化以阶级斗争暴力革命为主线，不把鸦片战争以后的四川近代历史当做革命史来研究，而是依据政权更替，用新的认识来研究清朝和民国时期的全部历史，更客观地反映这一时期的历史原貌。同时也使四川有一部完整的清代四川史和民国四川史的学术专著。

重修《四川通史》的空间范围以1997年3月川渝分治前的四川行政区域作为研究对象。四川在秦以前为巴国、蜀国之地。秦灭巴蜀，在巴蜀大地建立郡县制的行政区划进行统治。巴蜀不再是我国的行政区划名称，而是作为历史地域名称保存下来。汉以后的封建王朝在地方建立府、州或道、府、州、县的行政区划。唐代按山川形势分全国为十道（后分为十五道），其中剑门关以南地区为剑南道,剑南道的东面长江以北地区为山南道。其后将剑南道分为剑南东川、剑南西川,也称"剑南两川"。山南道则分为山南东道、山南西道。唐人将剑南东川、剑南西川和山南西道合称为"剑南三川"。这便是"两川"和"三川"的由来。北宋王朝建立路、州(府)、县制,宋真宗咸平四年(1001),在原巴蜀大地设置益州路(后改为成都府路)、梓州路(后改为潼川府路)、利州路、夔州路。四路政治、军事、经济、文化联系紧密,合称"川峡四路"。两宋之际,官方文书即开始简称"四川",并绘制《川峡四路图经》,将四路总的人口、物产、地形等上报朝廷。南宋初期为了抗金抗蒙战争的需要,设置四川宣抚使、四川制置使等官职,统管四川军民财政。此乃"四川"名称的真正来源。元朝建四川行省,"四川省"名正式确定下来。元朝建四川行省时曾将今甘孜、阿坝、凉山地区从四川行政区划分割出去,到明朝以后,这些地区又重新划归四川省管辖。其间除民国28年(1939)建西康省,将今凉山州、甘孜州和今雅安市划归西康省管辖(1955年西康省撤销重新并入四川省)外,1997年3月川渝分治前四川省的行政区域基本上涵盖了从古代巴蜀到民国时期的空间范围。

重修的《四川通史》与1993年出版的《四川通史》比较,学术水平和实用价值虽有较大提高,但我们水平有限、难免有不足、不妥之处。现将我们对这段历史的总体认识作些说明,一并提请读者批评指正。

二、四川在我国历史上的地位

四川地处我国西南内陆腹地,西临青藏高原,北拥秦巴山地,东据长江三峡,南依云贵高原,自古就是我国西南地区与其他地区联系的枢纽和桥梁。特殊的地理位置,优越的生态环境,丰富的自然资源,繁荣的经济文化,在中国历史上占有"一个中心,四个基地"的极为重要的地位。

"一个中心"是指四川在历史上是我国西南地区的政治、经济、文化中心。

早在先秦时期,蜀国和巴国就是西南地区著名的古国。春秋战国之际,蜀国大兴水利,地沃土丰,"居给人足,以富相尚",成为名冠中华的主要稻作农业区。随着农业的发展,蜀国的冶金、制玉、制陶、竹木器、纺织、矿业等手工业也相当发达。某些行业的产品在当时还处于领先地位,远销秦、楚、滇、夜郎等古国甚至东南亚、中亚、西亚等地,成为我国西南地区的政治、经济、文化中心。公元前316年,秦攻占巴蜀,使四川历史发生了划时代的变化。大批的中原移民带来了先进的文化技术，四川进入铁器和有汉文字的时代，社会得到飞跃发展，到汉代四川已被誉称为"天府之国"，赶上并超过了中原地区的发展水平，巩固了在西南地区的中心地位。唐宋时期四川社会经济文化的发展更走在全国（包括西南地区）的前列。直到明、清和民国时期，四川仍然是我国西南地区政治经济文化的中心。

"四个基地"是指四川在历史上是我国开发西南边疆、促进国家统一、推翻我国最后一个封建王朝和反对帝国主义侵略的重要基地。

一是开发西南边疆的重要基地。早在秦朝，中央王朝就把四川作为开发西南边疆的基地。西汉武帝时期，继秦始皇之后，以四川为依托，两次经营"西南夷"，把今凉山、甘孜、阿坝以及云贵的土著民族置于统辖之下，初步完成了在"西南夷"地区设置郡县的大业。三国时期，蜀汉政权同样以四川为基地，进军南中，开发今凉山和云南地区。西晋王朝也是以四川为基地，在云、贵及四川民族地区设州郡，加强中央政权对西南地区的管辖。直到清代和民国时期，中央政权也是以四川为基地经营西藏，形成了"安康治藏"的政策。民国时期在成都还建有边疆研究机构，出版边疆研究刊物，推动对西南边疆的研究和开发。

二是促进国家统一的重要基地。我国的大一统始于秦朝。自秦朝建立统一的中央政权之后的2000多年间，基本保持了国家的统一。虽也多次出现过分裂割据的局面，但在历史上我国由分裂走向统一时，四川则成为促进国家统一的重要基地。

春秋战国时期是我国群雄并立的分裂时代。自秦攻占巴蜀，有了一个地大物博、经济富饶的大后方，从实力上改变了秦、楚、齐三强并驾齐驱的局面，在经济、军事实力上都远抛齐、楚于身后，为秦统一六国奠定了坚实的基础。终于在并巴蜀的95年后统一全国，建立秦朝。秦亡之后，项羽裂土封王。汉王刘邦据有汉中、巴蜀之地，依靠巴蜀人力、物力、财力，出兵关中，统一全国，建立汉王朝。西晋王朝建立后，于公元279年依靠巴蜀水军顺长江东下，"王濬楼船下益州，金陵王气黯然收"，吴主投降。从东汉末年董卓之乱出现的全国分裂局面，延续了90年之久，复归统一。公元316年西晋灭亡，我国历史进入南北朝分裂时期，直到581年隋朝立。588年隋朝依靠巴蜀的人力、物力建立了强大的水师，于589年一举攻下建康，消灭了南朝最后一个王朝——陈朝。历时200多年的南北分裂局面宣告结束，全国又复归统一。公元618年，李渊在长安称帝，建立唐朝。由于关中地区在隋末战乱中遭到极大破坏，李渊即位之后即令关中饥民入蜀就食，渡过饥荒，并从蜀中运米到长安，充实京师，稳定刚刚建立的唐王朝的统治根基。620年，益州道行台率领巴蜀军队随李世民征讨王世充。621年，夔帅总管又率领巴蜀军队顺长江东下，直捣江陵，消灭了割据荆湖的萧铣，完成了全国的统一。北宋王朝建立后，采取先南后北的战略，先取川蜀，依靠川蜀雄厚的人力财力，逐步完成了对南方的统一，结束了南方50年来五代十国的分裂局面。

三是推翻我国最后一个封建王朝建立中华民国的重要基地。

1840年英国发动侵略中国的鸦片战争，改变了中国历史发展的进程。从此，中国由一个独立的封建国家，逐步沦为半殖民地半封建国家。与此同时，中国人民的反抗斗争也走上了反帝反封建的民主革命道路。面对日益加深的民族危机，四川的仁人志士为救亡图存而奔走呼号，流血牺牲。19世纪末，杨锐、刘光第是参与"百日维新"而壮烈牺牲的"戊戌六君子"。20世纪初年兴起的反清革命斗争，四川更涌现出了邹容、喻培伦、彭家珍等名闻全国的英烈。孙中山先生在悼念蜀中死义诸烈士的祭文中说："惟蜀有才，奇瑰磊落，自邹迄彭，一仆百作，宣力民国，厥功允多。"特别是1911年四川波澜壮阔的保路风潮和同志军大起义，成为武昌起义的导火线，敲响清王朝的丧钟，为辛亥革命的成功和民国的建立作出了突出贡献。正如朱德在咏辛亥革命的诗中所说："群众争修铁路权，志同道合会全川。排山倒海人民力，引起中华革命先。"四川无愧为辛亥革命的发祥地，四川人民"宣力民国"的功绩彪炳史册。

四是反对帝国主义侵略的基地。

1840年鸦片战争后，帝国主义国家蚕食鲸吞我国领土，我国面临严重的民族危机。早在鸦片战争期间，共有川军6000人被调参加了广东、浙江、江苏等地的抗英战争。清末，英国和沙俄加强了对我国西藏领土的侵略和争夺，川军又多次奉调进兵西藏，巩固边防，抵制英国对西藏的侵略。同时为经营川边，固川保藏，在川边地区实行改土归流，加强康区政治经济文化的改革和建设。到民国时期，先是设置川边特别行政区，后是建置西康省，有力地遏制了外国对西藏的侵略和西藏上层的分裂势力，维护了国家的统一。

抗日战争爆发后，日本侵略者占领我国大部分领土，国家、民族面临生死存亡关头。随着国民政府迁都重庆，沦陷区的大批优秀人才，先进的工商企业和金融资本迁入四川，为国家保存了长期抗战的人力、物力、财力资源，增强了大后方抗战的实力。而300多万四川儿女在抗日前线不怕牺牲、浴血奋战；5000多万四川人民在日机轰炸下，加紧生产，节衣缩食，支援前线。四川成为全国出兵、出力、出钱、出物最多的省份。我国最终赢得了抗日战争的胜利，洗刷了百年国耻，基本废除了国际上的不平等条约，收复了台湾。民国时期，是四川对国家、民族作出牺牲最大和贡献最大的年代，完成了抗日民族复兴基地的历史使命，而永留史册。

三、四川对人类文明的贡献

早在200万年前的旧石器人类起源时代，在巫山等地就有早期人类在这一带繁衍生息，成为人类起源地之一。到人类文明诞生初期，巴蜀地区就创造了独特的宝墩文化、三星堆文化和金沙文化。夏商之际建立起古蜀国，西、东周之际形成巴国与蜀国并列局面，成为我国华夏文明中长江上游的文明中心。蜀国的早期发展，与黄帝、颛顼、大禹等我国古史传说中的英雄人物密切相关。相传蜀人嫘祖是黄帝元妃，种桑养蚕的始祖。传说生于蜀地的大禹，是夏朝的建立者。而巴国助武王伐纣，被周封为姬姓诸侯。这说明蜀人和巴人都是远古华夏民族多元一体中的一支古老民族。作为我国人类起源地之一，长江上游文明发祥地和华夏民族中的一支古老民族的四川人民，在历史长河中为人类文明作出了重要贡献。在这些贡献中，有的走在世界的前列，有的在我国占据领先地位。

20世纪和本世纪考古发现的古蜀国三星堆和金沙遗址，出土的大型仿生青铜器群，太阳神鸟等金箔和大批玉器及其他文物，无论从物质文明和艺术魅力上，都是人类青铜时代绚丽的篇章。

在世界水利发展史上，2000多年前的秦蜀郡郡守李冰利用自然条件兴建的都江堰无坝水利工程，设计巧夺天工，具有灌溉、防洪、排沙、通航的功能，迄今为止，还是世界上无与伦比的最古老、最先进、最科学、最生态和谐的，仍然继续使用的无坝工程，堪称世界水利史上光辉灿烂的明珠。

在天文历学上，汉武帝时，阆中落下闳制定的《太初历》，是我国历法史上第一部较系统、成体系的历法。他造浑天仪考历度，造天球仪，标上星象位置，首次采用连分数推算历法，较西欧早1600余年。宋代四川张思训又对浑天仪的动力作了改进，用水银代替水作运转动力，解决了"寒暑无准"的难题，保证了浑天仪四季都能正常运行，为报时、定季节、制历法的准确性提供了科学保证。宋代是我国古代天文学大发展时期，1010～1106年约百年间，进行了五次大规模的恒星位置观测工作。其中第四次观察结果被四川学者黄裳在1190年制成《天文图》、《太极图》等，后由王致远将《天文图》摹刻在苏州文庙石碑上，成为闻名世界的苏州石刻《天文图》。《天文图》共有1430颗星。全图以北极为中心，绘有三个同心圆，分别代表北极、南极恒隐圈和赤道，28条辐射线表示二十八宿距度，还有黄道和银河，受到当今世界科学家的高度评价和重视，已被译成英、法、德、俄、日等多国文字。

在数学史上，南宋四川人秦九韶所著《数书九章》中的"大衍求一术"，即一次同余式。西方数学史著作中，把这一解法称为"中国剩余定理"。500年以后西欧数学家欧拉和高斯才对一般的一次同余组求解问题进行了详细研究，得到了与"大衍求一术"相同的结果。秦九韶在数学上的成就远远走在当时世界的前列，是最伟大的数学家之一。

在医学上，宋代青神人杨子健所著《十产论》，将妇女分娩分为正产、伤产、催产、冻产、热产、横产、倒产、偏产、碍产、坐产、盘肠产等问题进行研究，解决了异常胎位转位术，建立起我国古代中医产科学的大厦。杨子健的转胎手法领先西欧500年，是宋代四川医学发展走在世界前列的标志之一。

在药物学上，宋代四川人唐慎微所著《证类本草》问世后，历朝重新刊印的版本达50种以上，几乎取代了其他各家本草，处于独尊地位，很快流行到四川以外地区，甚至朝鲜、日本等地。而明代李时珍的《本草纲目》，正是以《证类本草》为蓝本编著的。《证类本草》堪称世界上较为完备的早期药用植物志。

在盐业生产技术的发展史上，汉代临邛是世界上最早用天然气煮盐的地区。到北宋庆历、皇祐年间，四川人民在前代凿井工艺基础上，改变锸锹挖掘盐井的方式，创造出用杠杆原理，采用机械冲击凿井方法。这是世界上最早发明的机械钻井技术，是启迪人类开发地下资源的技术变革，对后来石油和天然气的开采具有重要意义。清代道光年间在自贡凿成的世界上第一口超过千米的燊海井，则是我国古代深井凿技的巨大成就和对人类文明及科技进步作出的重要贡献。

在货币发展史上,由于宋代四川经济贸易发展,于10世纪末叶,产生了世界上最早的纸币——益州交子,它比西方真正带有现代钞票性质的纸币早了500多年。用纸币代替金属铸币,节省了制币和流通费用,方便了经贸交流,是货币发展史上的重要里程碑,对推动社会经济交流和发展具有极其重大的意义。

四川人民在创造历史过程中,除上述的发明创造走在世界前列之外,自西汉文翁兴学,"蜀学比于齐鲁",在全国逐渐形成了颇具影响的"蜀学",在我国人文科学的不少领域中占居领先地位,同样是对人类文明作出的重要贡献。

在宗教发展史上,东汉中叶张陵在大邑鹤鸣山作道书,创立道教,后流传全国成为中国本土发展起来的宗教,而与佛教并列为我国影响最大的两大宗教,成为我国儒、释、道三家鼎立的传统文化之一。它的创立,不仅丰富了我国宗教文化,对我国传统文化的发展也产生了重要作用。

在学术思想上,汉代巴蜀学者吸收儒家、道家、阴阳家的学说,对我国早期哲学思想的发展影响很大。宋代思想家陈抟融合儒、释、道三家学说,其著作对整个宋代学术思想的发展和理学的产生都起了重要作用。苏洵、苏轼、苏辙父子所著《苏氏易传》则包含着丰富的哲学思辨。三苏父子的学术思想,是宋代能与程朱理学长期并峙的学派,在宋代学术思想乃至中国整个学术思想史上都占有重要地位。张栻和魏了翁都是宋代与朱熹齐名的理学代表人物,对理学的发展并成为正统思想起了重要作用。当西方开始资产阶级革命,废除封建制度建立民主制度之时,清初杰出的进步思想家唐甄所著《潜书》,大大丰富了我国唯物主义自然观。其批判矛头直指专制制度的最高代表——封建帝王,符合世界历史发展潮流。到清末,廖平的学术著作和邹容的《革命军》都分别对维新变法和辛亥革命推翻我国最后一个封建王朝起了积极作用。

在文学上,西汉最著名的辞赋家中,蜀中就有司马相如、王褒、扬雄、严君平等4人,在全国独占鳌头。唐诗是我国文学史上诗歌发展的高峰,蜀中诗人和寓居巴蜀的诗人对唐诗的兴起起了重要作用。李白被称为"诗仙",杜甫被称为"诗圣"。其他的如蜀人陈子昂和先后到达四川的王勃、卢照邻、岑参、白居易、刘禹锡、李商隐等著名诗人都在蜀中留下了许多脍炙人口的诗篇。继唐诗兴盛之后,五代时期以写艳情为主的词又开始兴起,时人称"蜀为词乡",并形成词学发展史上的"花间派"。到北宋中期,苏轼革新词体,从写艳情发展到描写广阔的社会人生，抒发政治抱负。在苏轼的影响下，产生了一大批杰出的词人，使词这种文学体裁在宋代发展繁荣到达顶峰，与唐诗并驾齐驱，从此我国文学史上有了"唐诗宋词"之称。苏轼还继欧阳修之后成为北宋文坛领袖，产生了"苏门四学士"和"苏门六君子"，推动了古文的繁荣，完成了从唐代韩愈开始的古文复兴运动。直到"五四"新文化运动以前，古文一直是我国散文的代表性文体。

在史学上，四川甚为发达。以专志、方志而言，西汉有扬雄的《蜀王本纪》《方言》，东汉有李尤的《蜀记》。到蜀汉魏晋时期，巴蜀史学更发展到一个小高潮，涌现出谯周、陈寿、常璩等著名史家。陈寿所著《三国志》与《史记》《汉书》《后汉书》合为二十四史中的"前四史"。常璩的《华阳国志》，首开撰写地方史志的先河，是研究古代西南地区历史与社会的划时代著作。到宋代，史学更进入繁荣时期，出现了闻名全国的"西蜀史学"。史家辈出，涌现出范祖禹、李焘、李心传等大批著名史家。他们撰写的宋代历史著作，成为研究宋代历史必读的史学名著。宋代以后，研究四川史志的著述更是蓬勃兴起。从汉至今，志类著述超过千种，成为研究四川自然、区域沿革、社会、民族、政治、经济、文化、教育、人物、风俗以及事物生息运动的最基本资料。

在绘画艺术上，唐、五代和北宋时期是四川历史上画家辈出的时代。其中黄荃父子的工笔、花鸟画艺垄断官府画坛几乎达一个世纪之久。文同、苏轼则是文人绘画的开创者和文人绘画理论创造者。他们认为诗歌、书法、绘画三者一脉相承，在画里包含作者的感情，从而在我国绘画史上开辟了由工匠画进入文人画的时代，对宋代以后我国的绘画艺术的进步、发展、繁荣起了重要作用。

在石刻艺术上，我国在唐代以前兴盛于北方，唐代以后，南方的石刻艺术后来居上，其中尤以四川最为发达。在唐代历时90年开凿的乐山大佛，是我国最大的坐佛像，也是闻名世界的最大的佛像之一。始于唐末，历经五代至两宋完成的大足石刻，是同我国云冈、龙门鼎足而立的石刻艺术宝藏，荣获"唐宋石刻艺术博物馆"的美称，被列入世界文化遗产名录。

在戏剧发展史上，清代吸收各省戏曲文化，创造出具有极高艺术魅力、深受群众喜爱的川剧，为我国戏剧增添了一颗明珠。

少数民族地区创造的音乐、舞蹈、绘画、工艺作品，更是具有鲜明的地方特色和民族特色，大大丰富了中华民族的文化宝藏。

总之，在四川历史上，物质文明和精神文明领域都取得辉煌成就，而且在不少领域还走在我国和世界的前列，为中华文明和世界文明作出了重要贡献。

四、移民、战乱与曲折的发展历程

从四川对我国和世界文明作出贡献的具体史实中，我们清楚地看到在四川历史发展长河中，有的时期贡献多些大些，有的时期则贡献少些小些，这反映出四川历史发展有高潮期、低潮期，甚至倒退期。而这种艰难曲折的发展历程，则与全国和四川地区的战乱和移民等因素密切相关。

四川的历史进程，除巴蜀时期是沿着自身的轨迹，独立发展之外，秦并巴蜀，建立郡县制度，书同文、车同轨，实行与中原地区相同的政治、经济、文化制度，四川历史发展的进程就与中原地区基本保持一致，并深受中原地区历史发展的影响。

秦汉时期，中央王朝长期地、大量地向巴蜀移民，将中原地区先进文化和技术传入四川，四川进入铁器和有汉文字的时代，社会政治、经济、文化诸方面都得到迅速发展，并赶上了中原地区。到汉代，成都地区已成为"天府之国"，成都成为仅次于长安的全国第二大都会，迎来了四川历史上的社会经济文化发展高潮期。

东汉末年的全国战乱，国家进入分裂时期。其间经过西晋短暂统一之后，随着北方少数民族入主中原，国家再度分裂，进入南北朝时期，社会经济受到严重破坏。西晋末年陇右秦、雍二州六郡流民10余万，在李特兄弟领导下入蜀就食，并举兵反晋，建立成·汉政权，蜀民被迫逃亡。成·汉后期，又招引居住在牂柯（今贵州、广西）僚人10余万户进入四川，使原住居民向外逃离。成·汉政权从公元304年建立，到347年投降东晋，在四川统治仅43年。但由于六郡流民和僚人的生产力水平和文化教育程度远远低于原有土著的四川居民，四川经济文化遭到严重破坏。据记载，东汉永和三年（138），四川人口117万余户，到成·汉时期已减少到20万～30万户。社会发展已远远低于汉代的水平，成为秦以后四川历史发展的第一个低潮期。

从隋统一中国，历经唐、五代到宋的近700年间，四川与中原地区相比，社会相对安定，没有较大的战乱，大批汉族人口相继迁入，一些少数民族逐渐融入汉族。从唐代开始，四川又进入一个发展高潮时期，特别是唐末五代，中原大批士人入蜀避难。到宋代,四川经济文化迎来了一个发展高峰期,和东南地区一样成为全国的发达地区,成为对我国和世界文明贡献最多最大的时期。

从南宋绍定四年(1231)蒙古军队攻入四川,到1279年四川被元军全部占领止,四川内部遭受了约半个世纪的战争蹂躏,社会经济、文化受到毁灭性的破坏。南宋嘉定十六年(1223),四川有259万户,到元朝统一四川后的至元十九年(1282),只剩下12万户,60年间减少了95%以上,以致终元之世,四川的经济文化都未得到有效的恢复,又从宋代全国的发达地区,变成了全国的落后地区,成为四川历史上又一个发展低潮期。

明朝建立后,湖广移民入川,四川的经济文化得到一定的恢复发展。但明末清初,先是崇祯六年(1633)张献忠农民军入川争斗,继而是清军与残明军队的战争,然后是康熙年间吴三桂部队从云南入川反清。连续战乱长达四五十年,康熙二十年(1681)四川政局才相对稳定下来。康熙二十四年(1685),全省在籍者仅1.8万户,估计不足10万人。全川满目荒凉,人烟稀少,又成为四川历史上的一个发展低潮期。

面对这种局面,清朝政府实施优惠政策,鼓励外省移民四川。湖、广人最多,史称"湖广填四川"。这次大规模移民浪潮,始于康熙中叶,延续到乾嘉时期,长达百年以上。乾隆五十六年(1791年),四川已有948万余人,嘉庆二十五年(1820年)已达2625万余人,超过了四川历史上最高人口数。道光二十年(1840年)更增到3833万余人,占全国人口的10%。造成嘉庆、道光、咸丰、同治期间,四川社会的迅速发展。咸丰时,四川成为经济上可以支援其他省区的协济省区,再次步入发展高潮期,但与全国先进省区相比,仍有相当差距。

民国时期,四川地处内陆,加之民初滇黔军入川,加剧四川内部的军阀战争,社会经济文化较东南沿海各省落后。到抗日战争期间,国民政府迁都重庆,统一川政。沦陷区的人民和工商企业,文化、科研机构,大专院校纷纷迁入四川,四川成为我国抗日复兴基地。这次外省人入川,促使四川社会全面飞跃发展。在短短的时间内,四川省成为全国的政治、经济、文化中心,进入向近代社会转型的高潮期。

在思想上,随着清王朝被推翻,四川人民迎来了思想上的大解放。新文化运动的兴起和五四运动的爆发,四川同全国一样,西方的先进思想和马克思主

义等人类先进文化的传入,与我国传统社会思想相聚汇、碰撞,出现了自春秋、战国诸子百家争鸣中断以来,在政治学术领域内再一次的百家争鸣局面。吴虞用民主共和和自由平等的思想武器揭露和批判了儒家君主专制制度和封建等级制度,成为"只手打孔家店的老英雄"、"中国思想界的清道夫"。四川民众开始冲破封建文化的藩篱,出现中西文化兼容并蓄的多元文化。民主制度人心所向,推动着封建专制制度向民主制度的转变。

在政治上,民国建立后,从军阀统治到国民政府入主四川,虽然都是军阀专制和国民党一党专制统治,但他们都不得不借用西方民主政治体系的外壳。这种民主共和政体的外壳为各种政治势力提供了活动的空间和舞台。人民开始争得一定的结社、集会、出版和言论自由的权利,开始出现参政会、议会、司法、检察和律师制度。特别是抗日战争时期,各民主党派相继在四川建立,出现了政党林立,在野党和执政党并存的局面。在共产党的领导和推动下,民主宪政运动蓬勃开展,出现了建立真正民主共和制度的曙光。

在经济上,民国早期在重庆、长江沿岸和成都等地都有一些寥若晨星的近代机械工业、商业、金融业、交通运输业,在帝国主义、军阀官僚豪绅的挤压下,艰难曲折缓慢地向前爬行。随着国民政府迁都重庆,沿海和沦陷区的工商企业纷纷迁入四川,促进了四川经济全面发展,并逐步建立近代经济体系,为四川的近代化奠定了一定的基础。

在教育科研上,从民国初年四川开办新式学校起,到抗战时期沦陷区许多著名的高等院校、中等学校、科研文化研究机构纷纷迁川,大大推动了四川教育事业的发展。开始建立从小学到大学、从自然科学到人文科学的近代教育科研体系。

但是,抗战胜利后,外迁入川的工商企业、学校和科学机构及其人员纷纷返回原籍,四川经济文化又迅速跌落。而国民党领导的国民政府为抗战胜利冲昏头脑,变本加厉地坚持一党专政,拒绝组成各党派参加的民主联合政府,违反民意发动内战,加强特务统治,四川向近代化转型停滞不前。在内战的深渊中,四川经济全面崩溃,重新步入一个黑暗年代。

需要说明的是,四川历史上的战乱,是四川的地理和人文因素与全国特定政治环境相互作用的结果。

四川地处西南内陆,四面高山环抱,难攻易守。境内有丰富的自然资源、肥沃的土地和适宜四季农作的气候。这里的居民，勤劳朴实、艰苦奋斗、自强不息、安分守己，乐于悠闲的田园生活。这种地理和人文因素，成为四川社会内部的稳定剂。在四川历史上从未率先爆发波及全国的战乱和大规模的农民起义和流民运动。相反，在秦末、汉末、隋末、唐末农民大起义和中原地区战乱之时，四川社会还相对安定，成为中原地区人民避难、就食的乐土。但是，当中央王朝瓦解或权力削弱，全国陷入分裂割据之时，四川这种地理、人文因素，也使川外的政治军事集团或被中央王朝委任入川的某些封疆大员，视四川为割据称雄的宝地。他们占据四川，退则可以据地称雄，独霸一方；进则可以问鼎中原，夺取全国。上述成·汉时期、宋末、明末清初四川所发生三次毁灭性战乱，就是在这样的历史背景下发生的。所以，明末清初欧阳直在《蜀警录》中所说的"天下未乱蜀先乱，天下已治蜀未治"只是明末清初短期的特殊现象，把它视为四川历史长河中的普遍现象，是不符合实际的。否则，我们怎能解释秦末、汉末、隋末、唐末天下大乱之时，四川还相对安定，中原人民还能入蜀就食避难呢？怎能解释四川曾是促进国家统一的基地之一呢？我们不妨说：天下已乱蜀才乱，天下已治蜀大治，还较为符合四川长达2000余年的历史状况。

同样，外省移民入川也是四川地理人文因素与全国政治军事环境相互作用的结果。

四川地灵人杰，是全国重要的资源、财力、物力、人力基地。中原战乱，外省人需要移入四川，谋求新的出路；四川内部战乱，造成人烟稀少，外省人更愿入川创业，开辟新天地。加之四川是一个大省，四川富与穷对国力的强弱有着重要影响。所以从秦朝开始到民国时期，中央政府都积极鼓励和组织外省移民入川，开发四川，增强国力，兼及开发西南和保卫西南边疆。而四川特殊的地理人文环境，又为外地入川的人，特别是其中的优秀人才提供了创业和施展才华的舞台。李冰入蜀得以创都江堰，临邛卓氏、严道邓通入蜀，创办企业，富比王侯；张陵入蜀创道教；刘备、王建、孟知祥等人入蜀能独创霸业；杜甫、陆游等人入蜀也使其文采得到升华，成为文坛杰出人物。同样，在深厚文化底蕴中成长起来的四川人，离开四川，走向全国，与外地文化交融，同样取得了辉煌的成就。汉代的司马相如、唐代的李白、宋代的三苏父子都是如此。民国时期，朱德、邓小平、陈毅、刘伯承、聂荣臻等走出四川，参加全国的革命斗争，都成为中华人民共和国的开国元勋。总之，四川的历史从古至今都是一部

开放的历史,是一部外省人走进来,四川人走出去的历史。四川的开放,推动了四川和全国历史的发展,也使四川人民在灾难面前得到全国人民的支援,走出历史的低谷,不断向前发展。

五、在川少数民族与汉族共创四川历史

四川自古就是一个多民族的地区,至今还有14个世居的少数民族。秦并巴蜀,使四川历史发生了划时代的巨大变化,也对四川地区的民族构成起了决定性的影响。

巴蜀时期,四川地区居住着以蜀人、巴人为主的许多族群。秦并巴蜀,在四川盆地的平原、丘陵等农耕地区的原巴蜀居民,逐渐地接受了中原的语言、文字等中原文化,经过西汉到东汉时期已基本融入汉族之中,成为汉族。而在川西北高原、川西南山区等民族迁徙走廊地区;川东南与云贵、云南接壤的原巴蜀居民,则沿着自身发展的轨迹与迁移来的居民融合,形成了与汉族不同的语言文字、社会结构、风俗习惯、宗教信仰等独特的文化,形成众多的少数民族。

这样就形成了汉族主要居住在川西平原、川中丘陵等农耕地区;少数民族则主要居住在与云贵接壤的高山地区和广阔的川西北高原,即甘孜、阿坝、凉山州一带。因而汉族地区的开发主要落在汉族人民的肩上,少数民族地区的开发主要落在少数民族人民的肩上。少数民族在发展民族地区经济的同时,也创造出独特的历史文化,如彝医、藏医、藏画、宗教等科技文化及《格萨尔传》等文学作品和各民族的工艺、美术、音乐、舞蹈,丰富多彩的民风民俗,留下了珍贵的历史文化宝藏。这些都为我们今天四川的经济文化建设提供了丰富而宝贵的历史资源。

在川东南与云贵高原接壤的少数民族地区,山岭多,平坝少,农业条件较差,交通闭塞,与外界经济文化联系薄弱。秦并巴蜀之后,中原移民未曾涉足本区,铁器的使用较晚,社会经济发展迟缓。旱地农业则以畲田为主,实行抛荒的刀耕火种,产量极低。狩猎、畜牧在经济中占有相当比重。但唐代以后,与汉族接壤的一些少数民族逐渐融入汉族之中。在宋代,川东的綦江、川南的长宁、纳溪等地少数民族地区的社会发展已赶上内地的发展水平。宋朝在这些地区设置州县直接管理,并将戎州(今宜宾市)改名叙州。在南宋后期,蒙古

军队入据川西,川西居民纷纷东逃,明代移民入蜀,清代"湖广填四川",都有部分汉人移居这些少数民族地区,传入红苕、玉米等旱地优良作物,使这些地区的农业有了长足发展。

在今甘孜地区,自西向东高山纵横其间,农业生产条件差,少数民族长期从事畜牧业,过着游牧生活。唐代吐蕃东扩后,土著居民文化逐渐被吐蕃化,成为藏族主要聚居区。唐宋以前,交通闭塞,汉人很少进入这一地区。明代川藏道开通,随着茶马贸易的繁荣,在明清以后,川商、陕商和官兵相继移居康区,使这一地区的社会经济得到较快发展,尤以民国时期西康建省后发展较快。但在海拔3000米以上的高山区,仍以游牧经济为主。

在今阿坝的岷江上流一带,是四川开发较早的地区。传说蜀人就是居住在岷江上游之氐羌的一支,至蚕丛时代进入成都平原,开始由渔猎转入农耕。从汉代开发"西南夷"后,历朝政府都在松潘、茂县、汶川等地设治置官,一则加强对成都平原的防御,一则保护通往甘、青的道路。唐代吐蕃东扩进入川西高原,当地土著居民除羌族外大都逐步融入藏族之中。农业滞后,畜牧业是主要产业。

在今凉山彝族地区,是横断山脉地段,金沙江、大渡河等河流流经其间,高山峡谷遍布全境,乃四川至云南的必经通道。汉代开发"西南夷"后,历代王朝多在必经通道安宁河谷的西昌等地戍兵置守,但都不甚稳固。唐、宋时期,南诏、大理政权入据这一地区,土著居民逐渐融入彝族之中。直到元代,这一地区才归中央政府管辖,但其社会基层内部事务,实际控制在彝族各部首领之手。由于自然环境差和彝族生产力水平较低,畜牧经济占主导地位,经济相对落后。

由于历史上少数民族的经济文化发展水平较低,长期受到中央王朝和四川官府的歧视与压迫,也曾引起他们的反抗,甚至兵戎相见。但就整体而言,在四川几千年的历史长河中,对抗是暂时的,而和睦友好则是长期的,并得到日益发展和深化。

汉族和少数民族都是中华民族大家庭的成员,他们毗邻而居,唇齿相依,有割不断的政治、经济、文化乃至亲缘联系。中央王朝和四川官府对待少数民族,一般采取"羁縻政策"。羁縻统治是秦汉以来中央王朝治理少数民族的主要方针。尤其是唐宋以来,中央王朝对愿意接受统治,主动朝贡,请求封号的少数民族首领都赐予封号、印玺，保持其部族的社会安定，并在四川少数民族地区分别设置羁縻州，实行松散的统治，免征赋税，只调解各部族之间的纠纷，其内部事务则由各部首领因俗而治。同时，对少数民族首领朝贡的土特产品，朝廷都回赐价值数倍甚至数十倍的物品，使其经济上得到丰厚的实惠，从而使四川少数民族同中央王朝和汉族的关系得到很大改善，民族和睦友好关系日益加强。对反抗中央王朝的少数民族，一般采取"剿抚"兼施的政策，减少对抗造成的人员伤亡和财产损失，缓和化解矛盾，有利社会稳定，经济发展。蜀汉诸葛亮南征"七擒孟获"，就是这一政策的生动体现。

明清时期中央王朝又在四川各少数民族地区建立土司制度，加强其政治统治，但各民族内部事务仍由部族首领因俗而治。清雍正以后，中央王朝开始对民族地区实行改土归流，废除土司制度，设置州县，委任官吏，进行政治经济文化的社会改革，有力地促进了民族地区的社会发展。特别是清末在康区的改土归流，发展近代经济，兴办学校，对社会发展起了积极作用，加深了藏汉民族的友好关系。

民国时期，孙中山先生提出"民族平等"，"五族共和"，"中华民国各民族一律平等"，民族观念发生了前所未有的新变化。各少数民族同汉族人民一起支援红军长征，支援抗日战争；康区藏族人民反对英国侵略西藏和西藏上层分子分裂祖国的活动，更加密切了藏汉民族关系。特别是西康建省后，较好地执行了民族平等的政策，各少数民族同汉族人民一起加强了对藏族和彝族地区的经济开发和文教建设，促进了社会发展，增强了民族友好和睦。甘孜、阿坝、凉山等三大民族聚居区与历史上相比，经济文化都得到发展，城镇兴起，办起了小学、中学。康定是川藏交通线的商业重镇，百物聚汇。松潘是川西的重镇，是通往西北的交通枢纽、物资集散地。西昌是通往云南的重镇，经济发达。

但总的说来，甘孜、阿坝、凉山三州和川东南少数民族地区，直到民国时期，社会发展一般都落后于盆西平原和盆中汉族地区。以社会发展进程而论，当民国时期四川汉族农耕地区已开始由封建社会向近代工商社会和民主社会转型时，在甘、阿藏族地区还处于农奴制时代，凉山彝族地区则处于奴隶制度时代。

六、结束语

四川历史是我国历史的重要组成部分,从远古到民国时期,四川人民曾为我国和世界的进步发展作出许多重大贡献。四川有着光辉的引以自豪的时代,也经历过令人神伤的艰难岁月。四川历史上的灾难,四川人民在全国人民的支援下,自强不息、艰苦奋斗,从历史的进步中得到补偿,曲折地推动历史不断向前发展。但到国民党败退大陆为止,四川的社会发展同全国的先进地区相比,同世界发达国家相比,有很大的差距。革命先辈流血牺牲为之奋斗的政治、经济、科学、文教卫生事业的现代化,全川人民生活的富裕化,推动少数民族的社会发展,改变地区发展不平衡的艰巨任务,历史地落在新中国的四川人民肩上。我们理应继承先辈遗志,承担应负的社会使命和历史责任,推进他们的未尽事业,把四川建设得更加美好。

最后需要说明的是,这部重修的《四川通史》在编写过程中,一直得到四川出版集团、四川人民出版社的积极支持。四川人民出版社指派徐英、唐海涛等同志一开始就参加各卷编写提纲的讨论,并认真细心审阅书稿;编委会的领导更是适时参与、解决编写中遇到的各种困难。编委会副主任罗鸣具体领导编写组的工作,编委李绍明、胡昭曦、王庭科、林向等分别审阅有关各卷编写提纲和书稿,提出宝贵的修改意见。陈运旗承担了历代政区图的督制。四川省政协主席陶武先为本书作序。在此,谨致以衷心谢忱。

目 录

前 言 ··· （1）
第一章　四川的史前时代 ······································· （1）
　第一节　自然环境与古文化 ·································· （2）
　　一、自然环境和生态系统 ···································· （2）
　　二、自然环境对史前文化的影响 ·························· （5）
　第二节　原始人类的踪迹 ······································· （8）
　　一、化石人类 ··· （8）
　　二、四川与人类起源 ·· （11）
　第三节　狩猎采集经济的发展 ······························· （11）
　　一、旧石器时代文化遗址和地点 ························· （12）
　　二、狩猎采集游群的分布与特征 ························· （19）
　第四节　生产性经济的变革与发展 ······················· （22）
　　一、经济生活方式的巨大变革 ···························· （22）
　　二、多元与一体 ·· （33）
　　三、艺术与宗教 ·· （36）
第二章　蜀的古史传说与文明起源 ······················· （38）
　第一节　蜀的起源 ·· （38）
　　一、蜀与蜀山氏 ·· （38）
　　二、黄帝与古蜀 ·· （43）

目录

　　三、大禹与古蜀 …………………………………………（50）
　　四、中国古史传说的西部底层 …………………………（58）
第二节　成都平原文明起源的进程 ……………………………（62）
　　一、宝墩文化：成都平原的史前古城 …………………（63）
　　二、成都平原史前古城与文明起源 ……………………（67）
　　三、成都平原史前古城与酋邦社会 ……………………（74）

第三章　古蜀王国的兴起 …………………………………（76）

第一节　三代蜀王：从酋邦到王国 ……………………………（76）
　　一、酋邦与文明起源 ……………………………………（76）
　　二、三代蜀王的来源 ……………………………………（78）
　　三、三代蜀王的酋邦 ……………………………………（81）
　　四、古蜀王国的形成 ……………………………………（83）
第二节　古蜀的国家与文明 ……………………………………（85）
　　一、文明与国家形成 ……………………………………（85）
　　二、古蜀文明中心的诞生 ………………………………（87）
第三节　神权政体的表现 ………………………………………（93）
　　一、神权政体的物化表现 ………………………………（93）
　　二、神权的功能 …………………………………………（100）
第四节　神权政体的运作系统 …………………………………（108）
　　一、分层社会的复杂结构 ………………………………（108）
　　二、基本资源的占有模式 ………………………………（111）
　　三、再分配系统的运作机制 ……………………………（115）
　　四、统治集团的分级制体系 ……………………………（121）
第五节　古蜀王国与夏王朝的关系 ……………………………（125）
　　一、蜀与夏：帝颛顼之后的两支亲缘文化 ……………（125）
　　二、三星堆文化中二里头因素的来源 …………………（127）
　　三、夏末的蜀夏关系 ……………………………………（131）
第六节　三星堆古蜀王国与商王朝的关系 ……………………（132）
　　一、殷墟甲骨文中的蜀 …………………………………（132）
　　二、商、蜀和战与资源贸易 ……………………………（135）

第四章 蜀王国的盛衰 ……………………………………………… (140)
第一节 杜宇王朝 ……………………………………………… (140)
一、杜宇王朝的建立和发展 ………………………………… (140)
二、杜宇王朝的国家形态和政治制度 ……………………… (149)
三、杜宇王朝的疆域 ………………………………………… (152)
第二节 开明王朝 ……………………………………………… (153)
一、开明王朝的建立和发展 ………………………………… (153)
二、开明王朝的政治制度和社会结构 ……………………… (162)
第三节 蜀与西南夷 …………………………………………… (166)
一、古蜀文化在青衣江、大渡河流域的传播和扩张 ……… (167)
二、古蜀文化在金沙江、安宁河流域的传播和扩张 ……… (171)
三、古蜀文化在滇文化区的传播和扩张 …………………… (174)
第四节 蜀与巴、楚、秦的关系 ……………………………… (177)
一、蜀与巴 …………………………………………………… (177)
二、蜀与楚 …………………………………………………… (179)
三、蜀与秦 …………………………………………………… (182)
第五节 蜀王国的衰亡 ………………………………………… (186)
一、秦灭蜀 …………………………………………………… (186)
二、蜀王子安阳王的南迁 …………………………………… (189)

第五章 古代蜀国的社会经济 …………………………………… (191)
第一节 农业经济 ……………………………………………… (192)
一、农业革命的遗迹 ………………………………………… (192)
二、主要农作物种类 ………………………………………… (194)
三、主要农业经济区 ………………………………………… (198)
四、水利建设 ………………………………………………… (202)
五、渔猎和畜牧 ……………………………………………… (210)
六、制盐与酿酒 ……………………………………………… (214)
第二节 蜀的手工业 …………………………………………… (218)
一、青铜业 …………………………………………………… (218)
二、黄金及其他金属工业 …………………………………… (242)

三、制玉和制陶业 …………………………………………… (247)

　　四、竹、木、漆器业 …………………………………………… (251)

　　五、纺织、建筑、矿业 ………………………………………… (253)

第三节　商业的兴起和发展 ……………………………………… (259)

　　一、蜀国境内通商的几种形式 ………………………………… (259)

　　二、蜀与境外各地的贸易关系 ………………………………… (261)

　　三、蜀的货币 …………………………………………………… (264)

第四节　城市的形成和发展 ……………………………………… (265)

　　一、城市的形成 ………………………………………………… (265)

　　二、早期城市体系 ……………………………………………… (270)

第五节　内外交通 ………………………………………………… (273)

　　一、境内交通 …………………………………………………… (273)

　　二、对外交通 …………………………………………………… (274)

　　三、国际交通线 ………………………………………………… (276)

第六章　蜀文化 ……………………………………………………… (282)

第一节　古蜀的文字 ……………………………………………… (282)

　　一、巴蜀表意文字 ……………………………………………… (283)

　　二、巴蜀象形文字 ……………………………………………… (285)

　　三、巴蜀文字的两系及与汉语古文字的关系 ………………… (288)

第二节　神话、宗教和巫术 ……………………………………… (289)

　　一、神话的构拟 ………………………………………………… (289)

　　二、宗教信仰 …………………………………………………… (291)

　　三、巫　术 ……………………………………………………… (301)

第三节　艺术、哲学和科学 ……………………………………… (302)

　　一、艺术 ………………………………………………………… (302)

　　二、方术神仙家渊薮 …………………………………………… (304)

　　三、道家哲学的流布 …………………………………………… (309)

　　四、杂家思想的传播 …………………………………………… (310)

　　五、古蜀文化与儒、法、墨诸家的关系 ……………………… (310)

　　六、科学结晶 …………………………………………………… (313)

第四节 史学源流 …………………………………………………… (315)
一、《山海经》与蜀王旧史 ……………………………………… (315)
二、中原文献所传古蜀史的材料来源 …………………………… (318)

第五节 风俗与时尚 …………………………………………………… (321)
一、风俗和行为方式 ……………………………………………… (321)
二、居住方式 ……………………………………………………… (322)
三、丧葬习俗 ……………………………………………………… (323)

第七章 巴的古史传说与文明起源 ……………………………………… (326)

第一节 巴人来源的传说与史实 ……………………………………… (326)
一、有关巴义的几种解说 ………………………………………… (326)
二、巴人来源诸说 ………………………………………………… (333)
三、宗姬之巴——巴国王族的来源 ……………………………… (337)
四、与巴有关的几个概念 ………………………………………… (341)

第二节 文明的兴起 …………………………………………………… (344)
一、从部落到酋邦：清江流域廪君集团政治组织的演进 ……… (344)
二、峡江流域文明的起源 ………………………………………… (352)
三、渝东长江干流青铜文明的兴起 ……………………………… (354)
四、板楯蛮酋邦与嘉陵江、渠江流域的青铜文明 ……………… (362)

第八章 巴国的兴亡 ……………………………………………………… (369)

第一节 巴方史迹 ……………………………………………………… (369)

第二节 巴国的兴起 …………………………………………………… (371)
一、巴子国的建立和发展 ………………………………………… (371)
二、巴国的政治制度和社会结构 ………………………………… (373)

第三节 巴国的迁徙和疆域变迁 ……………………………………… (375)

第四节 巴与列国的关系 ……………………………………………… (379)
一、巴与楚的关系 ………………………………………………… (379)
二、巴与蜀的关系 ………………………………………………… (383)
三、巴与秦的关系 ………………………………………………… (383)

第五节 巴国的衰亡 …………………………………………………… (384)
一、秦灭巴 ………………………………………………………… (384)

二、楚灭巴子 ………………………………………………………… (384)

第九章　巴的社会经济 …………………………………………… (388)

第一节　农业与渔猎 ………………………………………………… (388)
一、农业 …………………………………………………………… (389)
二、渔猎 …………………………………………………………… (390)
三、与农业有关的其他经济活动 ………………………………… (391)

第二节　手工业 ……………………………………………………… (393)
一、青铜与青铜器 ………………………………………………… (393)
二、其他手工业 …………………………………………………… (398)

第三节　城市、商业和交通 ………………………………………… (399)
一、巴国城市的性质和特点 ……………………………………… (399)
二、商业的兴起 …………………………………………………… (402)
三、交通 …………………………………………………………… (403)

第十章　巴文化 …………………………………………………… (405)

第一节　语言文字 …………………………………………………… (405)
一、语言 …………………………………………………………… (405)
二、文字 …………………………………………………………… (406)

第二节　神话、宗教和巫术 ………………………………………… (407)
一、神话的构拟 …………………………………………………… (408)
二、宗教和巫术 …………………………………………………… (411)

第三节　艺术、哲学 ………………………………………………… (417)
一、文学 …………………………………………………………… (417)
二、乐舞 …………………………………………………………… (418)
三、雕塑艺术 ……………………………………………………… (422)
四、哲学 …………………………………………………………… (423)

第四节　巴人的社会生活 …………………………………………… (423)
一、风俗和行为方式 ……………………………………………… (423)
二、居住方式 ……………………………………………………… (424)
三、丧葬习俗 ……………………………………………………… (425)

第十一章 先秦四川的民族 (427)

第一节 先秦四川各族的称谓和族系 (427)

第二节 百濮民族系统 (429)

- 一、川境百濮的由来 (429)
- 二、賨（板楯蛮）、苴 (430)
- 三、獽、夷 (432)
- 四、濮 (433)
- 五、蜑 (434)
- 六、僰 (434)
- 七、邛都 (437)

第三节 氐羌民族系统 (440)

- 一、川境氐羌的由来 (440)
- 二、冉、骁 (445)
- 三、白马氐与白马羌 (447)
- 四、徙、筰都 (448)
- 五、和夷、丹、犁 (450)
- 六、叟 (451)
- 七、白狼、槃木、唐菆 (452)
- 八、三河、槃于虏 (453)

第四节 其他民族系统 (454)

- 一、奴（卢）——华夏系统 (454)
- 二、共——百越系统 (455)

结束语 从巴蜀的巴蜀到中国的巴蜀 (456)

大事年表 (461)

后 记 (465)

· 7 ·

前 言

一

先秦时代,是中国古代文明起源和形成的伟大时代,也是四川古代文明起源和形成的伟大时代。

以四川盆地为中心的巴蜀地区是中华文明的重要起源地和组成部分之一,是长江上游的古代文明中心,不论在中国文明的缔造还是中国西部开发史上都产生了积极而重要的作用。

中国古代文明是由各大区系古文明多元整合、一体发展凝成的,巴蜀是其中的重要区系,有着悠久的始源、独特的文化模式和文明类型,在中国古代文明的起源和形成过程中占有特殊地位,是中国早期区系文明中具有显著地域政治特征和鲜明地域文化特色的典型代表。由于巴蜀从史前到文明的演进同时也是长江上游地区经济和社会形态的演进,因此先秦巴蜀历史,在很大程度上就是一部中国西部长江上游早期经济开发和社会进步的历史。

二

对于尚处在童年时代的史前人类来说,自然和生态环境具有较之任何其他历史时代更加重要的意义。地理位置、地形、气候、土壤、水文、动物、植物、矿藏等因素，对于史前文化的发生和发展，以至对于古代文明是否能够起源和形成，都有着特别重要的直接的影响。

四川盆地是一个标准的菱形盆地。由于特殊的地理条件，使盆地明显地呈现出一个从盆周山地向着盆底逐渐下趋的向心结构，而河流也随之形成不对称的向心结构。正是这种地理上的向心结构，加上盆地优越的自然条件，使得盆地不断地吸引着周围边缘山地经营高地农业以及其他经济类型的族群向低地发展定居，吸引着各种古文化沿着下趋的河谷和山间谷地所构成的向心状地理结构走向盆地中部，从而为各种古文化的交流融合提供了有利的地理条件，为新的古文化中心的形成提供了自然基础。于是，在这个地理单元内，古文化的发展轨迹也就相应地呈现为一个向心结构，推动了置身其中的各种古文化之间的交流、激荡与融合，对古文化的发展、演进以至文明的起源产生了无可置疑的重要影响。

在四川文明的起源时代，四川的古文化分布相当广泛，西起川西北高原，东至长江三峡，北达秦巴山地，南及川西南山区，文化遗址和地点星罗棋布，表现出极为明显的新石器革命浪潮的性质。它不仅把人们推向四面八方，而且在浪潮波及的每一个角落都发生了普遍进步。

四川新石器革命造成了不同类型的生产性经济的发生和发展，主要有盆地原始农业经济和高原原始畜牧业经济两大类型，而间以渔猎经济这一更为古老的经济形式。原始农业经济可从各地所出大量农业生产工具窥其梗概，各遗址所出大量陶器和家畜遗骨也是具体的证明。原始畜牧业则不仅见于古代文献，而且得到了考古学的充分证实。考古资料还说明，商品交换关系在各种生产性经济区域之间开始初步发展起来，各地文化交流日益频繁，成为推动社会前进的动力之一。

四川新石器时代的社会结构，总的说来还没有形成凌驾于社会之上的国家机器，不过，贫富不均、等级划分已经产生并有所发展，阶级分化开始出现，甚至出现了史前酋邦一类政治组织。而它的质变，即阶级社会的诞生和国家的形成，则是进入文明时代的最重要标志。

三

蜀是一个历史悠远的文明古国，早在四五千年以前就已见称于世，而它的早期发展，则与黄帝、颛顼、大禹等中国古史传说中的英雄人物紧密相关，有着深厚而久远的历史根源。透过古蜀与这些英雄人物关系的历史传说，可以看出中国古史传说所蕴含的丰富而深厚的西部文化底层，看出中国古史的西部底层是经过了不同的历史时期，层累地积淀起来的，它们便是中国西部文化的原生底层。这一原生底层在中国历史上自始至终发生着极为重要的作用，以致成为中华文化和华夏文明最重要的标志和里程碑。正因为古蜀在中国古史的原生文化底层中占有如此重要的地位，所以我们不能不说，古蜀地区是中华文明重要的起源地之一，对中华古文明的缔造作出了不可磨灭的重要贡献。

在古蜀史上的文明起源时代，古蜀地区有蚕丛、柏濩、鱼凫等三代蜀王。三代蜀王的历史，是一部文明要素逐个产生的历史，也是一部古蜀酋邦形成演变的历史。在这个历史从野蛮走向文明的关键时期，由于古蜀酋邦之间征服战争的发展，终于导致古蜀社会从酋邦演变为国家，从而开创了古蜀文明。古蜀王国定都于今广汉三星堆遗址。于是，在以成都平原为中心的古蜀大地上，一个以鱼凫王为统治核心的古蜀王国建立起来。

三星堆文明是长江上游地区最早的古代文明，它的初创年代在公元前2000年左右，稍晚于中原夏王朝的创立，而它的终结在公元前1000年左右，相当于中原商王朝的晚期。三星堆古蜀文明雄踞西南，连续发展约千年之久，这对于一个文明古国或古王朝来说，在中国古代史上是不多见的。

古蜀之所以能在距今4000年前就创造出如此辉煌的古代文明，这与它深深地植根于博大而深厚的基础分不开，即它是来源于农业的长足发展、手工业的巨大进步、商业贸易关系的广泛建立、科学知识的积累创新，以及与其他古文化的密切联系和交流。

三星堆祭祀坑内出土的黄金制品和大型青铜器群，气势宏伟，蔚为大观。其中的青铜雕像群，如青铜大小立人、跪坐人像、人头像、人面像、兽面像、神树，以及金杖、金面罩等，都是中国首次发现的稀世之宝，不论在科学还是

前言

艺术上都具有极高的价值。大批玉石礼器和陶、漆工艺品，都展现出高超的技术水平，从而体现出细密的分工和生产的专门化。青铜器制作所必需的采矿、运输、冶炼、合金、铸造加工等环节，也无一不是分工协作的坚强证据。可见，经济部门的分化，大批脱离食物生产的手工业者的技术专门化，为青铜时代的到来奠定了知识、技术和生产者队伍的雄厚基础。

三星堆遗址出土的大量海贝，背上多有穿孔，学者们多认为是贝币，反映出商业的繁荣。而海贝本身，以及六七十支象牙，也正是远程贸易的实物见证。青铜器所必需的铜料锡料，也是通过贸易进口的。这些说明贸易已不是偶然现象，它已从获取生产原料进一步发展到获取王权所及的一切奢侈品。

丰富的科学知识、高超的技术和伟大的艺术，共同融进作为创造性产物的各种物质形式之中。从金玉到陶石，从青铜器到建筑物，都是它们直接而具体的表现。其中也包含不少通过交流从中原甚至外域移入的文化因素。正是由于广泛深入的文化交流，才使古蜀文明具有世界文明的色彩，使它成为一个富于开放性特点的灿烂的古代文明。

从广泛的意义上说，三星堆文明又是上古四川盆地及周边各族共同创造的伟大成果。例如，文献记载古蜀文化的初创者三代蜀王，来源于岷江上游地区；而四川盆地以北的陕南汉中盆地，以东的长江三峡以至鄂西宜昌地区，以南的大渡河和青衣江地区，又是三星堆文明辽阔的空间构架中一个个重要的战略支撑点。这就表明，三星堆文明的创造，一方面是古蜀史前文化高度持续发展的结果，另一方面也同其他文化因素的多元性来源分不开。因此，三星堆文明的基本结构框架，同样是多元一体，而不是一元形成的。

广汉三星堆遗址的发掘，尤其是一、二号祭祀坑的相继发现，解开了古蜀王国的王权与神权之谜。它使我们深刻地认识到，夏商时代的古蜀文明，是一种高度发达的神权文明；夏商时代的古蜀王国，是一个实行神权政治的国家，三星堆遗址便是这个神权文明的政治中心之所在。

在古代蜀国的历史上，史前至夏商时代，有蚕丛、柏濩、鱼凫三代蜀王的角逐争雄和鱼凫王朝的建立；商周之际，有杜宇取代鱼凫为蜀王的王朝代兴；春秋早期，有开明取代杜宇的帝位"禅让"；最后是公元前316年秦惠文王伐蜀，灭掉开明氏蜀王国，从此结束了古蜀国雄踞西南的历史，归于秦的一统天下。

杜宇、开明时期的蜀王国，不论在国家形态、政治制度还是文化模式等方面，比起以三星堆文化为内涵的鱼凫王朝来说，都发生了深刻变革。这些变革，从政治制度上看，是以官僚政治取代了神权政治，从文化模式上看，是以礼乐文明取代了神权文明，从而在国家与文明演进的道路上向前迈进了一大步。

开明王朝是古蜀最后一个王朝。在开明氏统治时期，蜀王国不仅出现了若干新的变化，而且在当时南中国瞬息万变的政治形势中，扮演了一个并非无足轻重的角色。同时，由于开明王朝的扩疆战略和经济文化建设，又对秦汉及后世我国西南地区的历史产生了深远影响，并对成都取得西南经济文化中心的地位起了决定性作用。

蜀东抵巴，北界楚，西邻秦。在古蜀王国历代王朝上千年的历史演变中，先后与中原夏商周王朝和巴、楚、秦等诸侯国均发生过若干关系。其中既有和平的交往，又有战争的对抗。和平与战争的交替，构成蜀与列国关系的基本内容。

公元前316年秦并蜀后，据蜀以为东进伐楚的战略基地，得蜀之美丽江山，丰饶物产，有其粮食、布帛、金银，极大增强了秦国实力。《战国策·秦策一》载："蜀既属，秦益强，富厚轻诸侯。"为秦国统一战争的胜利开展提供了坚实而广阔的大后方，并促使青铜时代的古蜀文明逐步融汇到铁器时代统一的中国文明之中。

四

巴是一个内涵复杂的概念。从最广泛的意义上说，巴这个名称包有地、人、国、文化等多层次的复杂内涵，是一个复合性概念。

巴地，有广、狭二义。狭义上的巴地，是指姬姓巴国之地，初位于汉水上游陕东南地区与大巴山之间，是著名的"汉阳诸姬"之一，后辗转南迁到长江流域鄂西、渝东和四川盆地东部。广义上的巴地，则随时代的变化而广狭不一。

巴国，是指以姬姓巴王族为主体，并包括版图内的其他族群，在先后以陕东南和四川盆地东部和鄂西为中心而其四至因时而异的地域范围内所建立的国家。但不同时期，由于巴疆范围的不同，巴国的范围也并非一成不变。在多数情况下，当巴疆缩小后，其故地仍可称巴。如汉中属秦后，其地仍有巴称。反之亦然。

巴人，是泛指生长在巴国和巴地范围内的所有人。古代巴人是由多支族群所构成的来源多元化的亚民族集团，其中的每一支系都是这个整体的重要组成部分。

巴文化，有三个不尽相同的概念。战国以前的巴国文化与巴地文化是有区别的，巴国文化是指宗姬一系的巴国王族的文化，巴地文化则是指巴地各族的文化，春秋末战国初巴国从汉水上游南移长江干流，巴国文化与巴地文化才结合起来，形成完整意义上的巴文化。因此，巴文化含有巴国文化、巴地文化以及完整意义上的巴文化等三个不同的层次。

完整意义上的巴文化是巴国文化与巴地文化复合共生的地域文化概念。春秋战国之际巴国从汉水上游南迁长江干流两岸巴（西陵）、巫、夔峡地区和四川盆地东部地区，成为当地各族的统治者，于是巴国文化与巴地文化始多元共生，从复合、耦合到融合，两种不同文化的空间构架由此基本重合。到这个时候，巴国文化与巴地文化才合二而一。这个时候的"巴文化"才是完整意义上的，可以用"巴"来涵盖并指称国、地、人、文化的一个具有独立意义的文化概念，从而形成巴文化区。

巴文化区的地域范围，大致上北起汉中，南达黔中，西起川中，东至鄂西。它的基本特点：一是大量使用巴蜀符号，多刻铸在青铜器和印章上；二是巫鬼文化异常发达，以至在四川盆地东部和鄂西尤其三峡地区形成一个颇引人注目的巫文化圈，传奇甚多，来源甚古，与众不同；三是乐舞发达，人民能歌善舞，其青铜乐器以錞于为重器；四是崇拜白虎与畏惧白虎信仰的共生和交织；五是具有丰富而源远流长的女神崇拜文化传统；六是"其民质直好义，土风敦厚"，"俗素朴，无造次辨丽之气"，等等。

在相当于中原的夏商时代，古代文明的一些要素开始在峡江巴地出现，成为巴地古代文明的曙光。到商周时代，早期青铜文化开始在渝东长江干流地区萌芽，昭示着早期文明的起源。东周时期，由于巴国文明的南移、进入与推动，巴地的青铜文明进入全盛时代。

历史文献上所记载的巴国，是指与西周王室同姓的姬姓巴国。早在殷商时代，巴国已见称于世，殷卜辞称为"巴方"，是商代很活跃的一个方国。商代末年，周武王率西土之师东伐殷纣王，巴师充当前锋，勇锐无敌，歌舞以凌，致使殷人前徒倒戈，对西周王朝的建立做出了贡献。所以西周王朝建立之初，周武王分封宗姬于巴,成为最早受周王室分封的姬姓诸侯之一。

春秋时代,王纲解纽,诸侯逾制。巴国在周王室礼崩乐坏的形势下,政治经济军事力量也急剧膨胀,图谋东出汉东,扩张江汉,因而一度与楚结成联盟,扫荡江汉间小国。后来盟约破裂,巴、楚反目为仇,数相攻伐,巴慑于楚之锋芒,被迫放弃汉水上游故土,南下长江流域,转入渝东长江干流和四川盆地东部,重建统治。

战国时代,巴在四川盆地东部地区五易其都,先后在江州(今重庆)、垫江(今重庆合川)、平都(今重庆丰都)、阆中(今四川阆中)、枳(今重庆涪陵)建立都城。巴国五次迁都,都同当时政治军事局势的急剧变化直接相关,每次迁都愈益远离战场。到战国中期,随着楚国军事力量向长江上游的大力推进,巴国在渝东长江干流的版图几乎完全被楚鲸吞,巴王室只得退保阆中,而将渝东重镇枳交由巴王子据守。尽管如此,也终究不能阻挡楚国沿江西进的凌厉攻势,更不能阻挡强秦的统一步伐。公元前316年秦国平蜀后,移师东进,取巴之重镇江州和阆中,俘虏巴王,巴国由是灭亡。

不过,巴文化并没有因为灭国绝祀而被同时扫荡,仍以各种形式顽强地保存下来。不论从历史文献还是考古资料来看,在渝东鄂西长江干流先是巴地后为楚地的大多数地区,战国中叶以后形成了巴文化与楚文化交织的情况,这就是巴楚文化。它深刻地体现了巴、楚之间相互的文化认同和文化互融,这正是巴楚文化形成的直接原因之一。

五

先秦时代四川的民族,除巴、蜀两族外,还有众多族类。分布在四川盆地东部地区的,主要有"濮、賨、苴、共、奴、獽、夷、蜑之蛮"。分布在巴蜀以西和以南的,则是汉代所谓西南夷。

西南夷族类有异,成分复杂。按《史记》有关篇章所记,实际上包括西夷和南夷两部分。所说夷,是指《史记·西南夷列传》末句所记的"蛮夷",它是汉代对巴蜀西南外少数民族的通称。西、南皆方位词。西夷,即指巴蜀以西的少数民族;南夷,即指巴蜀以南的少数民族。

大体说来，先秦四川各族，除巴、蜀两族外，可以划分为百濮和氐羌两大民族系统，此外还有华夏和百越系统。各系大致分布范围是：百濮主要分布在川西南、四川盆地东部和渝东地区；氐羌主要分布在川西高原，部分进入成都平原；百越仅见于四川盆地东部之一部；华夏则多混融于四川盆地各处，其成系统者，仅见于四川盆地东部之一部。先秦四川境内民族的分布情况表明，各族人民共同缔造了光辉灿烂的四川古代文明。

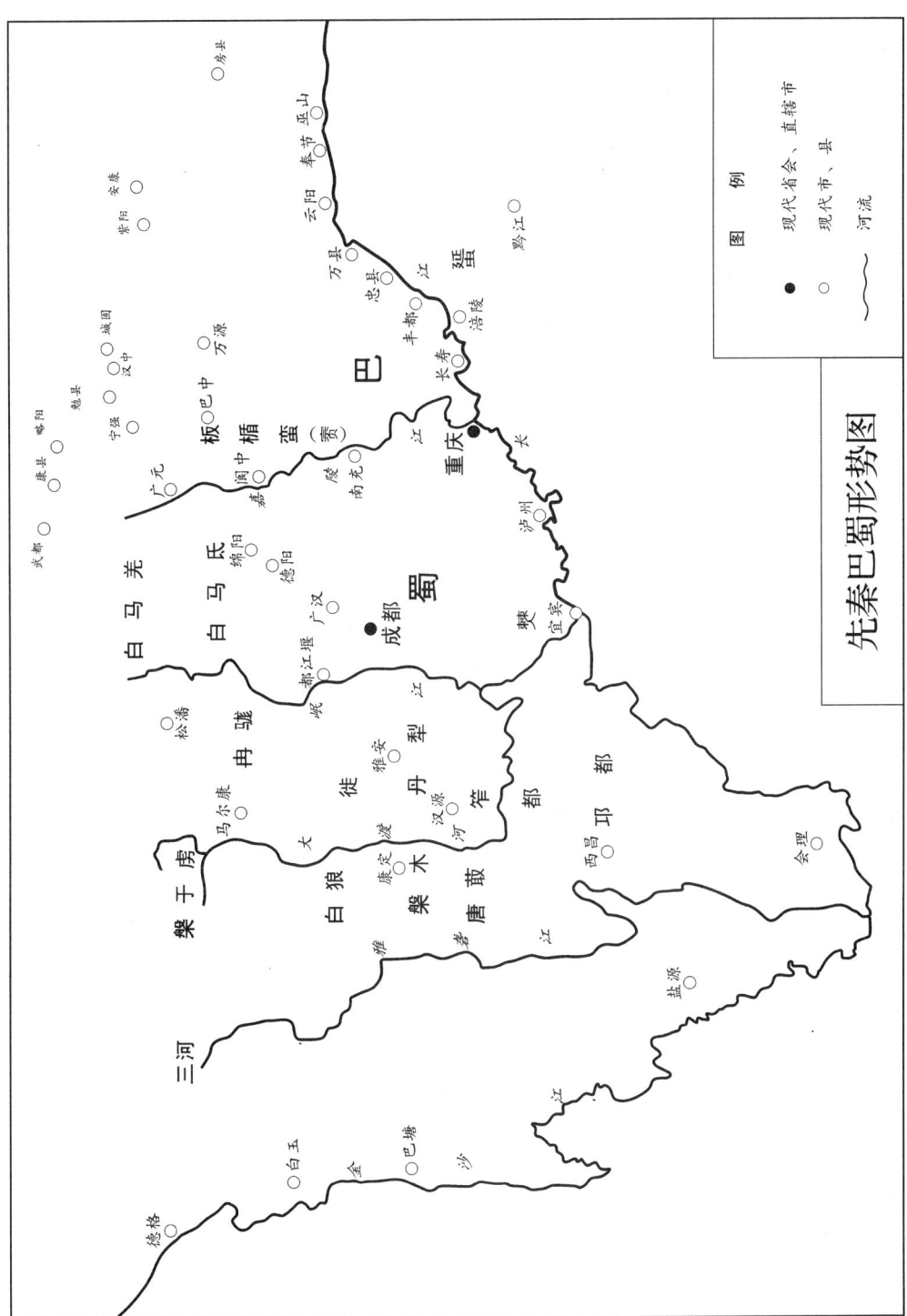

第一章 四川的史前时代

史前时代指人类经历的第一个历史时代,它是人类历史的黎明时期。在考古学上,史前时代指人类学会制造和使用金属器以前的历史时代,它包括旧石器时代和新石器时代①,下与青铜时代相接②。在民族学或文化人类学上,史前时代指人类发明和使用文字以前的历史时代,它包括蒙昧时代和野蛮时代,下与文明时代③相接。在历史学分期上,史前时代大致上与原始社会史相一致,指国家产生以前的历史时代,它包括游群、部落和酋邦三大连续发展的阶段④,在经历了酋邦时期即国家与文明起源的过渡或转变阶段后,而下启奴隶制时代⑤。

---

① 有的学者认为,在旧石器时代与新石器时代之间还存在一个中石器时代。
② 这是指中国而言。世界各地从史前时期进入历史时期的物质文化标志并不一致,例如欧洲大陆,直到铁器时代仍在文明时代之前徘徊。
③ "文明时代"的概念,如今已被引入考古学界和历史学界,但各学科对"文明时代"的界定有所不同。
④ 美国文化人类学家塞维斯(E. R. Servise)在《原始社会的组织》(*Primitive Social Organization*: An Evolutionary Perspective, New York, 1971)和《国家与文明的起源》(*Origins of the State and Civilization*: The Process of Cultural Evolution, Toronto, 1975)中认为,人类社会的政治组织经历了四个连续的阶段,即游群、部落、酋邦、国家。其中前三个阶段属于史前时期,相当于学术界过去所说的原始社会。塞维斯的理论已被越来越多的学者采用。
⑤ 奴隶制社会是否为人类历史发展的必经阶段,国内外学术界还有较大争议,迄今尚无定论。对此,本书不拟讨论。

第一章 四川的史前时代

四川的史前时代，根据古人类学的发现和研究，最早发端于 200 万年以前，其时相当于旧石器时代早期和地质学年代上的早更新世早期。从那时开始到新石器时代之末，在 200 多万年间，勤劳、勇敢、智慧的原始人类就在四川这块古老的土地上劳动、生息和繁衍，用自己的双手创造出伟大而不朽的石器文化，记下了四川历史永不磨灭的第一章。

第一节 自然环境与古文化

人类是自然界的一部分。人类的形成、生存和发展，都与生态环境息息相关。因此，"任何历史记载都应当从这些自然基础以及它们在历史进程中由于人们的活动而发生的变革出发"①。一部四川史，自然不能例外。

一、自然环境和生态系统

（一）地理位置和自然环境

四川②位于我国西南内陆腹地，西临青藏高原，东据长江三峡，北拥秦巴山地，南依云贵高原，介于东经 97°2′至 110°12′、北纬 26°03′至 34°19′之间。全境东西绵延 1200 多公里，南北最宽 900 多公里，面积 57 万平方公里，约占我国总面积的 6%，在我国地理上占有特殊位置。

四川地貌的大势自第四纪（距今 300 万年，一说 180 万年）以来即已形成，整个地势西高东低。按地貌形态划分，大致以岷山、邛崃山和峨眉山为界，形成东部和西部两个截然不同的自然地理区划。西部是平均海拔 2000 米以上的高原，高原北部属青藏高原主体的东缘，南部属横断山脉的北段。东部是著名的四川盆地，自西而东由盆西平原（亦称成都平原或川西平原）、盆中丘陵和盆东平行岭谷组成。盆地四周是一系列中山和低山，形成盆地边缘山地。平原、丘陵、山地和高原，构成四川地貌的四大主要类型。

四川河流以长江水系为主。从西北高原到盆地西南边缘，金沙江流贯于高

---

① 《马克思恩格斯全集》第 3 卷，人民出版社 1960 年版，第 23、24 页。
② 特别说明：本书所说"四川"，包括今四川省和重庆市在内。

山峡谷之间，由西北而南东，与自北而南平行注入其中的雅砻江、安宁河、大渡河、岷江共同构成一个岭列东西、河贯南北的平行状水系。在东部的盆地内，长江自西而东穿行于平原、丘陵和群山之间，岷江、沱江、涪江、嘉陵江、渠江、乌江分别从南北注入长江，汇为一体，浩浩荡荡，东出三峡，构成一个不对称的向心状水系。

四川气候复杂多样。除热带外，南亚热带、中亚热带、北亚热带、暖温带、温带、寒温带和亚寒带等，无不具备，而东西两部气候的迥异又是一大特点。川西高原气温低，霜期长，降水量少，湿度小，日照长，属于寒温带以至亚寒带气候。东部盆地则气温高，无霜期长，降水量多，湿度大，日照少，属于较典型的亚热带湿润季风气候。

优越的自然环境，对史前四川各个族群的经济类型的形成、空间分布和四川古文化的发生、发展进程，都产生了深刻而久远的影响。

（二）史前四川盆地的生态系统

旧石器时代初期，四川若干地方的生态环境与现代大致相仿，略有差异，自然生态环境适合古人类生存、劳动和繁衍。

1986年在四川盆地东部巫山县发现204万年前早更新世早期的人类化石的同一层位，出土丰富的哺乳动物化石，计有巨猿、大熊猫小种、桑氏鬣狗、剑齿虎、乳齿象、双角犀、爪兽、云南马、小貘、小猪、巨羊和一批小哺乳动物化石等，共数十种①，为研究巫山人生存时期的自然环境提供了珍贵的资料。

在这批动物化石中，除爪兽、剑齿虎等属于第三纪曾生存的残余种类外，巨猿、大熊猫小种、桑氏鬣狗、云南马等都是第四纪的属种。这些化石包括了我国南方第四纪通常所见的热带或亚热带条件下的哺乳动物群"大熊猫—剑齿象动物群"的主要成员。一方面确切证明地层的古老，另一方面说明当时的自然环境比较优越，气候温暖潮湿，森林茂密，草木繁盛，各种动物出没于长林丰草和群山岭谷之间，是原始人类生存的良好环境。

1976年，在铜梁县城西张二塘旧石器晚期文化层中，出土了较丰富的植物和哺乳动物化石②。哺乳动物化石共计4目10种，除未见大熊猫外，均为华南

---

① 《巫山发现180万年前人类化石》，《四川日报》1986年11月30日。
② 张森水等：《铜梁旧石器遗址自然环境的探讨》，《古脊椎动物与古人类》1982年第20卷第2期。

广义的大熊猫—剑齿象动物群的常见成员。对植物化石的鉴定和对孢粉组合的分析结果表明，当时气候相当温暖湿润，属于亚热带或暖亚热带气候，比当地现在稍热，适宜古人类生存。

1951年在资阳县黄鳝溪资阳人头骨化石的发现地点，出土与人头骨共生的哺乳动物化石群，共计13个种。据裴文中研究，动物化石群可分两类：人、马、鹿、麝、猛犸象（？）等为一类，属于更新世晚期；东方剑齿象、中国犀等为一类，属于更新世中期①。张森水等则提出它们都是广义的大熊猫—剑齿象动物群的成员，均属更新世晚期②。根据这一动物群所代表的气候类型，以及对在资阳人化石产地同一侧右岸探坑内发掘的乌木孢粉的分析③，可知资阳人的生存时代，当地是亚热带型气候，与现代无大差别。

关于在人头骨地层中发现代表寒冷潮湿环境的猛犸象牙齿化石的问题，学术界曾颇感震惊，以至有学者认为当时有寒冷气候。但裴文中对该化石是否猛犸象颇为怀疑，并未论定④。在此情形下，如将这块化石从整个代表亚热带生态的化石群中孤立出来，单个进行推论，从而对化石地点以至四川盆地的相应时代作出冰期气候及其成因的结论，其证据显然是不充分的⑤。结合整个亚热带环境来考虑，此论当暂予存疑为妥。

1973年和1980年，在资阳县鲤鱼桥不晚于更新世晚期的地层中，发现少量动、植物化石⑥。动物化石中的犀牛和东方剑齿象是大熊猫—剑齿象动物群的常见成员。对植物标本的分析也表明，更新世晚期当地是典型的亚热带气候，温暖潮湿，比现在稍偏温凉湿润。这与黄鳝溪的生态环境，实际是一致的。

1960年和1975年，在汉源县富林镇旧石器时代晚期文化层中，出土了少量哺乳动物化石⑦。其中有大熊猫—剑齿象动物群中常见的柯氏熊。植物化

---

① 裴文中：《四川资阳黄鳝溪人类及其他哺乳动物化石发掘简报》，《科学通报》1952年第3卷第10期。
② 张森水等：《铜梁旧石器遗址自然环境的探讨》，1982年版。
③ 宋之琛：《孢子花粉分析》，科学出版社1965年版。
④ 裴文中、吴汝康：《资阳人》，科学出版社1957年版。斐文中：《中国第四纪哺乳动物群的地理分布》，《古脊椎动物学报》1957年第1卷第1期。
⑤ 《资阳人化石地层时代问题的商榷》，《考古学报》1974年第2期。
⑥ 《四川资阳鲤鱼桥旧石器地点发掘报告》，《考古学报》1983年第3期。
⑦ 杨玲：《四川汉源县富林镇旧石器时代文化遗址》，《古脊椎动物与古人类》1964年第4期。张森水：《富林文化》，《古脊椎动物与古人类》1977年第15卷第1期。

可鉴定者有板栗和香叶树。表明晚更新世当地气候与现代相仿，比较干燥，冬温夏热。

上述五处旧石器时代文化遗址和地点，均在四川盆地以内或边缘。巫山人产地位于盆地东部边缘，汉源富林位于川西南边缘，铜梁张二塘和资阳黄鳝溪、鲤鱼桥位于盆中丘陵。它们都与河流有紧密联系，除富林傍大渡河北岸外，其余地点都处在长江水系之间。从它们虽分布于各个方向，但其间小生态大同小异的情形看，旧石器时代整个四川盆地的大生态相当优越，的确是古文化萌芽、生长的良好温床。

二、自然环境对史前文化的影响

（一）自然环境与史前文化的关系

文化人类学家通常认为，文化是适应环境的产物①。其实，人类与其所置身的自然环境之间是一种互动的关系，文化不但是人类被动适应环境的产物，它同时也是人类主动改造环境的产物，这是人类为了自身的生存和繁衍而必然同自然界发生种种关系的不可或缺的两个方面。

然而，不可否认的是，对于尚处在童年时代的史前人类来说，自然和生态环境具有较之任何其他历史时代更加重要的意义。地理位置（经度、纬度，主要是后者）、地形、气候、土壤、水文、动物、植物、矿藏等因素，对于史前文化的发生和发展，以至对于古代文明是否能够起源和形成，都有着特别重要的直接的影响。

自然环境的这些要素，不仅对史前人类群体经济类型的形成和分布，对人类群体的居住方式和聚落形态的特点，对人类群体的交通、迁徙以及相互之间的交流往还，对作为古代文明基础的农业、定居以及农村和城市的形成，从而对推动和促进文字的发明和应用，有着深刻的甚至是决定性的影响、调节和制约作用；而且对人类群体从发现、开发和冶炼矿藏到制造和使用金属器，以至对初民们的风俗、性情和典型人格的塑造，以及精神生活特征的形成等，都有着深刻的甚至是决定性的影响、调节和制约作用。

在对史前文化和文明起源与生态环境关系的讨论中，国内外不少学者早已

---

① E. Service, *Everlution of Culture*.

指出，所有最古文明或早期文明发生的地域都有大体相似的自然环境，绝大多数文明诞生在地理环境特别有利的温带或亚热带，"所在地理区域是地球上一个并不很宽的地带，大约在北纬十五度到四十度之间"①。这是因为温带或亚热带在自然条件方面富于差异性和自然资源的多样性，只有这样的地理环境，才是"形成社会分工的自然基础，并且通过人所处的自然环境的变化，促使他们的需要、能力、劳动资料和劳动方式趋于多样化"②。而自然条件恶劣的地区如寒带、亚寒带，无论如何也发生不了早期文明。但自然条件过于富饶的地区如热带的大多数区域，又会使人们过分依赖自然，反而束缚以至削弱了人们同自然进行斗争的意志和支配自然的能力的发展，同样也不会发生古代文明。

（二）四川盆地史前文化的向心结构

位于长江上游东部的四川盆地，在地理上是一个标准的菱形盆地，盆地边缘山地由一系列中山和低山组成。在交通极不发达的史前时代，这些阻隔盆地与外界联系的山地固然不是不可逾越，但毕竟起着极大的限制和阻碍作用。在这一相对独立的地理单元内，地势由四周边缘山地向盆地底部逐渐下降，而盆地底部则由西向东依次排列分布着盆西平原（成都平原）、盆中丘陵和盆东平行岭谷。由于地形的这一特点，因而造成了所有的河流都从盆地南北两侧沿着下趋的山势流向盆地底部、汇入川江的态势③。而川江则以摧枯拉朽之势切开盆中丘陵和盆东平行岭谷，从盆地东南边缘流过。岷江、沱江、涪江、嘉陵江、渠江、乌江、赤水河等分别从南北方向注入长江，浩浩荡荡，东出三峡，构成一个不对称的向心状水系。

正是这种地理上的向心结构，加上优越的自然条件，因而使得四川盆地不断地吸引着周围边缘山地经营高地农业以及其他经济类型的族群向低地发展定居，吸引着各种古文化沿着下趋的河谷和山间谷地所构成的向心状地理结构走向盆地底部，从而为各种古文化的交流融合提供了有利的地理条件，为新的古

---

① ［苏］柯斯文：《原始文化史纲》，张锡彤译，三联书店1957年版，第250页。该书所指世界最古国家即最古文明国度的地理区域和地球纬度虽然不尽符合历史实际，但是均在温带和亚热带之内。

② 马克思：《资本论》第1卷，《马克思恩格斯全集》第23卷，第561页。

③ 长江自青海玉树至四川宜宾一段，称金沙江，金沙江全长1918公里，是长江的上游。长江自四川宜宾至湖北宜昌一段，习惯上称为川江，川江全长1020公里。参考《中国地图册》，地图出版社1966年版。

文化中心的形成提供了自然基础。于是，在这个地理单元内，古文化的发展轨迹也就相应地呈现为一个向心结构，推动了置身其中的各种古文化之间的交流、激荡与融合，对古文化的发展、演进以至文明的起源产生了无可置疑的重要影响①。

在这一地理的向心结构中，川江为其主干，南北两侧具有不对称的特点，其北侧河流多而长，南侧河流少而短。这种地理结构，又造成了盆地内外史前文化交流的北多南少、北来南去的重要特点。而作为盆地水系主干的岷江和川江，则自始至终在盆地内外史前文化的交流中扮演着主要角色，引导着各种古文化的南来北往、西去东还。

（三）四川盆地东部与西部的差异

人们习惯于把四川盆地东西两地的古文化作为一个地理单元内的文化整体来看待，称之为巴蜀文化。实际上，四川盆地东部和西部无论是物质文化还是精神文化，在较早时期却并不具备作为一个文化整体的性质。尽管人们通常从地理角度把战国秦汉之际的巴蜀文化视为一个地方或区域文化类型，然而二者在春秋战国以前却存在显著差异。

诚然，四川盆地东部与西部在位置上同属于一个完整的盆地，气候条件差别不大，但地貌、土壤却有较大差别。盆西平原是大河冲积而成的扇形平原，面积较大，土壤"青黎"②，土质良好，适合农耕。盆中丘陵土壤紫赤，土层深厚，溪流纵横，也是农耕的有利场所。而盆东平行岭谷间虽广布丘陵和平坝，但平坝一般不大，农耕条件显然不如前者，尤其是华蓥山脉、大巴山脉、巫山山脉等区域，农耕条件更差，而且往往是粗耕农业与渔猎并存的混合型经济。据蒙文通教授研究，中国最早的地理专著《禹贡》对梁州的记载，是偏在岷、嶓以南的蔡、蒙地区和成都平原，因为那是最早开辟的地区；而对嘉陵江以东的广大地区、东西汉水之间的大巴山区和荆州的西部却只字未提，因为那是没有开拓的③。参证考古资料和史籍有关记载，虽不能说盆地东部地区至西周时代尚未开拓，但盆东经济的确比盆西落后，两地经济发展不平衡，经济类型有

---

① 段渝：《论巴蜀地理对文明起源的影响》，《四川大学学报》1988 年第 2 期。
② 《尚书·禹贡》。
③ 蒙文通：《巴蜀史的问题》，《巴蜀古史论述》，四川人民出版社 1981 年版，第 47、48 页。

相当差异,却是可以肯定的。根据《华阳国志》和《后汉书·南蛮西南夷列传》的记载,直到战国秦汉时期,盆东巴地岭谷间的族群仍有许多以射猎作为其生计的主要来源,而三峡峡区直到唐代仍以耕种畲田为主①,"刀耕火种"②,"皆种燕麦,春夏之交,黄遍山谷,土民赖以充食"③。由此不难知道,在史前时代人们尚难以卓有成效地改变自然环境的情况下,盆地东部农业开发的困难程度是相当大的,所取得的成果也远远比不上盆地西部平原。盆地西部和川中丘陵区域则由于其"川崖惟平"、"土地平敞"④,因而"土植五谷,牲具六畜"⑤,农业较早地开发和发展起来。

第二节　原始人类的踪迹

一、化石人类

四川境内有三处发现了原始人类化石,一处是巫山县,一处是资阳县,另一处是筠连县。这三处原始人类化石的发现,为我们提供了开启四川史前历史之门的钥匙。

(一)巫山人

巫山县位于三峡地区长江北岸。1986年10月在大庙龙坪村龙骨坡发现了距今204万年早更新世早期人类的上内侧门齿和下颌骨,包括乳门齿2枚、刚萌出的恒门齿1枚、带有2颗牙齿(第四前臼齿和第一臼齿)的左下颌骨1块。这次新发现的人类上

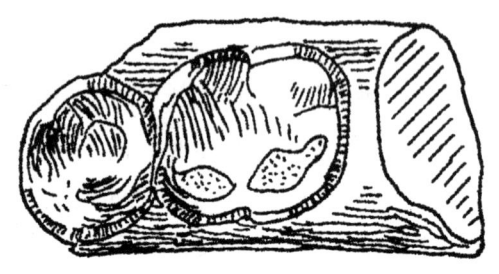

图1—1　巫山猿人左侧下颌骨图

---

① 白居易:《南宾郡斋即事寄杨万州》自注。
② 范成大:《畲田耕诗·序》。
③ 《华阳国志·巴志》。
④ 《华阳国志·巴志》。
⑤ 《华阳国志·巴志》。

内侧门齿舌侧结节显著,指状脊清楚,下前臼齿椭圆,根座发达,不同于已知的晚期猿人化石。与人类化石同一层位的有数件石制品,为凸刃砍砸器和石锤,还有4000多件共120种脊椎动物化石,其中发现数十种全新世以来已灭绝的哺乳动物化石群,并发现人类加工或使用过的骨器①。1965年在云南发现的元谋人,原被认为是170多万年前最古老的人。巫山大庙这一新发现,经中国科学院1991年2月用古地磁方法测定,其地质年代为早更新世早期,距今201万~204万年,从而使我国发现的最古老的人类提前到距今200万年以上。

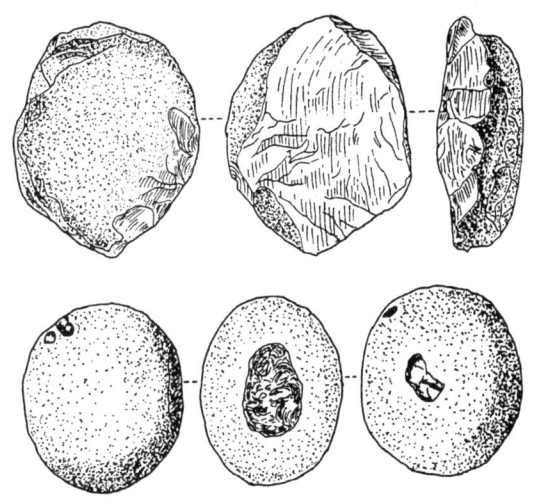

上为凸刃砍砸器,下为砸击石锤

图1-2 巫山龙骨坡遗址出土的石制品工具

(二)资阳人

资阳县位于长江支流沱江北岸。1951年建设成渝铁路时,在资阳火车站以西约1.5公里的黄鳝溪桥工程中,于右岸桥墩基坑地面下8米的黑泥层内,发现了人头骨化石1件、骨椎1件和大量共生的化石动物群。这件人头骨化石,就是学术上所正式命名的"资阳人"②。

资阳人头骨的颅顶部分保存完整,颅底大部缺失,另还有硬腭1块。头骨较小,但仍在现代中国人的变异范围内。体质形态上,头骨具有一定原始性,

---

① 黄万波、方其仁等:《巫山猿人遗址》,海洋出版社1991年版。
② 裴文中、吴汝康:《资阳人》,科学出版社1957年版。

眉弓较现代人发达，额骨和顶骨比现代人扁平，枕骨内面的大脑窝比小脑窝深和广。从一般性质观察，已具有新人（晚期智人）的特征，应属新人化石阶段。但其形态比欧洲的克鲁马农人可能更具原始性，也比中国北京周口店龙骨山的山顶洞人原始，而较之广西的柳江人则稍有进步。

图1—3 资阳人头骨化石

关于资阳人的年龄和性别，当前学术界一般采用吴汝康后来的分析①，确定是一中年以上的女性个体。

据潘其风研究②，资阳人在形态上已较多地显示出蒙古人种的特征，属于正在形成中的蒙古人种。吴汝康还认为，我国包括资阳人在内的具有蒙古人种性状的化石人类，与黄种人和现代中国人之间存在连续性，有着亲缘上的继承关系③。

资阳人的生存时代，裴文中确定为更新世晚期④。虽然后来有过一些争论，但当前一般还是采用此说⑤。

在资阳人的正式发掘中，除1件骨椎外，未发现任何其他文化遗物。这件骨椎以三棱形骨片磨成，尖端很短，可能是用刮削方法制成。虽未发现共生的石器，但若考虑到人头骨曾经水流短距离搬运，已离开原先埋藏地点，可以肯定资阳人是以打制石器作为主要劳动工具的。在化石地点同一侧右岸上游250～300米所掘探坑内，发现与哺乳动物化石和乌木碎片共生的多件打制石器⑥。以此并结合前已发现的骨椎来看，这批石器应为资阳人及其群体所遗。

---

① 裴文中、吴汝康：《资阳人》，科学出版社1957年版，第16页。
② 潘其风：《中国古代居民种类分布研究》，《考古学文化论集》，文物出版社1987年版，第222页。
③ 吴汝康：《古人类学》，文物出版社1989年版，第205、206页。
④ 裴文中：《四川资阳黄鳝溪人类及其他哺乳动物化石发掘简报》，《科学通报》1952年第3卷第10期。
⑤ 吴汝康：《古人类学》，文物出版社1989年版，第203、204页。
⑥ 刘兴诗：《四川盆地的第四系》，四川科技出版社1983年版，第54、55页。

（三）筠连人化石

1980年在筠连县镇州拱猪洞发现的筠连人化石，为一枚右上第一臼齿，属于一名30岁左右的个体。据研究，筠连人化石的年代为更新世晚期，体质上处于智人发展阶段①。

图1—4 资阳人使用的石器

二、四川与人类起源

人类起源问题在科学上具有极其重要的意义。关于人类起源地的问题，国际科学界长期看法不一，争论甚烈。多数学者根据非洲的人类化石材料，认为人类起源于非洲。也有的学者根据我国云南发现的腊玛古猿和西瓦古猿以及大量晚期猿人的化石材料，认为人类起源于亚洲。而巫山龙骨坡的发现，可能代表了我国尚未发现的早期人类的一个新类型，不仅填补了我国早期人类化石的空白，而且为人类起源于亚洲这一派学说提供了新的依据②。

早期人类为了获得必要的食物和抵御猛兽侵袭，必须结合成群，共同劳动，共同生活，以求生存。这种人类最早的群居形式，就是原始游群，他们主要以流动的采集狩猎为生，在婚姻方面处于杂交状态。

第三节 狩猎采集经济的发展

旧石器时代是人类狩猎采集经济的时代，也就是所谓攫取经济的时代。狩猎采集是人类童年时期唯一的经济生活来源和经济活动方式，与此相适应的人类社会组织是人类学上所说的游群。而生产性经济的发生与发展，以及部落制社会组织的形成，则是新石器时代的事情。

---

① 游天星：《四川筠连人类牙齿化石的发现》，《云贵川古人类旧石器时代考古交流会论文集》，1984年版。

② 《巫山县发现一百八十万年前古人类化石，人类起源亚洲说有了新证据》，《人民日报》1986年12月1日。

一、旧石器时代文化遗址和地点

四川境内迄今已被命名或建议命名的旧石器时代晚期考古学文化有3处，另在若干遗址和地点发现或采集到这一时期的文化遗物。通过对它们的分析研究，可以初步揭示四川旧石器时代文化的特点、类型、分布及其他情况。

（一）铜梁文化

重庆铜梁县城西张二塘旧石器晚期文化遗址发掘于1978年。在地表下8米的沼泽相地层中出土300多件旧石器和多种动、植物化石，并出土人类肱骨一段。碳14测定年代数据有2个，一为距今25450±850年，一为距今21500±310年①。

铜梁文化的特点，打片主要用锤击法，次为碰砧法，石片和石核形制都很原始。工具以石片工具为主，石核工具为次。工具类型简单，以刮削器为主，次为砍砸器，这在国内还不多见。石工具多粗大厚重，长度60毫米以上的大型工具占半数以上。工具组合中，复刃工具多于单刃工具。工具修理方法基本上是锤击法，偶用碰砧法，复向加工是主要的修理方式，亦为其重要特征。也采用向背面加工，向破裂面修理和错向加工，基本不用交互打击法，修理常用陡向加工，刃口很钝，刃角常超过80°，也是一重要特征。

铜梁文化游群的主要经济活动，从其石工具以凸刃为主分析，切割和砍劈为其工具的主要功能，而刮削功能居于很次要地位，表明是以食物采集为主要经济活动的，这也与其草木繁茂、果实丰富的生态环境相符。文化层中共生的哺乳动物化石又说明，如水牛、鹿等动物，也是铜梁文化游群食物的重要来源。

（二）鲤鱼桥文化

鲤鱼桥位于四川资阳县同心乡东约2公里的孙家坝。1973年、1980至1981年两次试掘。发掘地层共5层，在最下一层的底部，出土大量乌木、少数砂岩砾石、零星动物化石和打制石器、石片及石核。乌木经碳14测定，年代距今25100±400年②。

---

① 李宣民、张森水：《铜梁旧石器文化之研究》，《古脊椎动物与古人类》1981年第19卷第4期；《铜梁旧石器的发现及其重要意义》，《重师学报》1980年第1期。
② 《四川资阳鲤鱼桥旧石器地点发掘报告》，《考古学报》1983年第3期。

鲤鱼桥文化的重要特征是：石器原料均为砾石，多用砾石的自然面作为台面打制石片，打制的台面极少。用石锤直接打击法打片，方法有顺砾石的长轴和顺横轴打片两种。以第二种打片法为主，是鲤鱼桥石器工艺中打片法的显著特征。石器加工方法有一面修理和两面修理两种，均用石锤直接打击。单刃器多于复刃器。器形较简单，有尖状器、刮削器、砍砸器和雕刻器等，而以尖状器为主，富于特色，厚体尖状器可作为鲤鱼桥石器的典型器物。

鲤鱼桥石器与铜梁石器有较大差异，与富林石器也有显著区别，而与邻近的石虾子、沙嘴等地①的石制品基本一致，表明鲤鱼桥文化的分布地区就在濛溪河一带。

尖状器是割裂猎物和采集植物块根的重要工具。鲤鱼桥石器以尖状器为主体，表明其经济生活是狩猎和采集并重。

（三）富林文化

富林文化以首次发现于四川汉源县富林镇而命名。1960年和1975年两次发掘，共获5000多件石器材料、木炭、灰烬、烧骨、少量哺乳动物化石，树叶印痕多种和三种斧足类化石。其年代，距今约2万年②。

富林文化已知分布区在大渡河沿岸。最重要特点是以小石器占绝对优势，长度很少超过30毫米。打片以锤击法为主，偶尔也用砸击法。修理石工具以向背面加工为主。不用交互打击法。

富林文化显示出与华北小石器文化的密切关系，如与内蒙萨拉乌苏，山西峙峪和甘肃楼房子、桃山嘴等地点出土的旧石器一

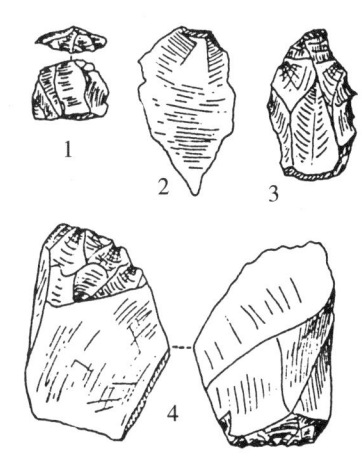

1. 单合面石核　2. 锤击石片
3. 尖状器　4. 双端刮削器

图 1-5　四川汉源县富林文化的石器

---

① 《四川资阳等县石器时代文化》，《考古》1983年第6期。
② 杨玲：《四川汉源县富林镇旧石器时代文化遗址》，《古脊椎动物与古人类》1964年第4期。张森水：《富林文化》，《古脊椎动物与古人类》1977年第15卷第1期。

致，均属小石器传统①。

从富林文化石工具组合以刮削器最多，其次是尖状器的情况看，当时居民的经济生活是以狩猎采集为主。文化层中发现的动物化石尤其是烧骨，还说明狩猎经济占有较大比重。

从富林文化的规模分析，富林文化的游群人数不多，大约在50人左右。

（四）其他旧石器文化遗址和地点

1956年在成都羊子山遗址基址以下的地层中，发现了5件旧石器②。其中4件是刮削器，1件是尖状器。打片方法，除1件可能用碰砧法外，都用锤击法。器形富于变化，刃部类型复杂。器形较大，但不粗笨、简陋。石片体较薄，为多次剥片而成。刃部较锋利，刃角多在40°以下。这批打制石器，与富林小石器显然有别，与铜梁石器也有较大差异，与鲤鱼桥石器也有很大不同。年代约距今1万到1.5万千年③。

1981年，在资阳人B地点发现石制品172件④。其中石片65件，石核15件，边刮器21件，端刮器3件，尖状器5件，砍砸器62件。

1983年，在重庆九龙坡马王场发现旧石器标本369件⑤，大多是砾石石器，特征与铜梁旧石器文化相近。

1985年，在黔江县红土湾老屋基洞发现一批打制石器和哺乳动物化石⑥，其中半成品石料、石器等有800多种，动物化石属于华南常见的大熊猫—剑齿象动物群，时代为更新世中晚期。

攀枝花市仁和区回龙湾近年发现一旧石器时代晚期洞穴遗址⑦。经试掘，出土文化遗物上千件。其中石制品700多件，有刮削器、砍斫器、雕刻器、船形底石核、各种细石器石叶及钻、石锤等；骨角制品200多件，有针、锥、镞、

---

① 张森水：《我国南方旧石器时代晚期文化的若干问题》，《人类学学报》1983年第2卷第3期。
② 《成都羊子山土台遗址清理报告》，《考古学报》1957年第4期。
③ 叶茂林：《羊子山土台遗址出土打制石器的性质与年代试析》，《四川文物》1988年第5期。
④ 李宣民：《资阳人B地点发现的旧石器》，《人类学学报》1984年第3卷第3期。
⑤ 《略谈重庆文物考古的新发现》，《四川文物》1984年第4期。
⑥ 张兴永等：《四川黔江更新世哺乳动物化石及打制石器》，《长江流域第四纪地质及流域综合开发问题学术讨论会论文摘要汇编》，1986年版。
⑦ 晏德忠：《攀枝花市发现旧石器时代晚期洞穴遗址》，《四川文物》1989年第1期。赵殿增：《四川省文物考古十年（1979—1989）》，《文物考古工作十年（1979—1989）》，文物出版社1991年版，第251～262页。

凿状器等。根据出土器物的形制观察，与广西白莲洞，广东西樵山，贵州猫猫洞，山西下川、峙峪，陕西沙苑等地所出器物有不少近似之处，反映了复合文化的性质。绝对年代距今约1万～1.8万年。这一发现对研究西南地区远古文化的发展及其与周围文化的关系，具有重要意义。

1990年代以来，为配合三峡水库建设，三峡考古工作全面展开。在三峡考古中，发现了不少旧石器时代遗址和地点，考古新收获十分丰富，主要有丰都县冉家路口遗址、高家镇遗址、烟墩堡遗址、井水湾遗址和奉节县鱼复浦遗址、横路遗址等等。

丰都县冉家路口遗址位于长江左岸的第四级阶地，距今约10万～5万年，属于旧石器早期结束阶段或早期向中期过渡阶段的旷野型遗址。1999年进行第一次发掘，出土石制品149件，伴出一定数量的哺乳动物化石。出土的石制品以大型为主，器类以砍砸器为主，只有少量的刮削器和尖状器，应是主要从事采集兼狩猎游群的活动场所。该遗址石制品数量多，类型较丰富，石制品组合既有华南原始工业特征，也有华北原始工业特征。遗址中出土少量动物化石，在华南乃至东南亚的露天旧石器时代考古遗址中是不多见的，对探索华南地区早期人类的行为模式具有十分重要的意义①。

丰都县高家镇遗址位于长江右岸第三级阶地，距今约10万～5万年，是一处旧石器时代早期的旷野型遗址。该遗址经1995、1998年两次发掘，出土石制品2500余件。文化遗物以大型和巨型砾石工具为主，石器以砍砸器为主，另有刮削器等。该遗址标本密集，堆积厚，石制品数量大，类型丰富，质量较高，应是一处石料采集和石器制作加工的场所。其石制品组合与制作技术，显示了中国南方旧石器的鲜明特色，对研究中国南方以至东南亚地区

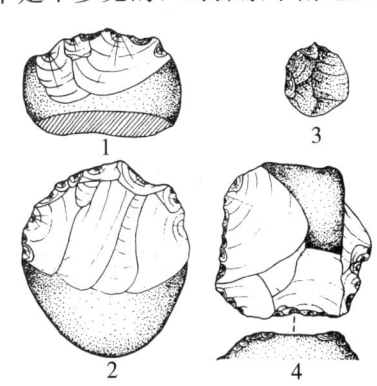

1—3. 单向加工器物　4. 双向加工器物

图1—6　丰都县冉家路口遗址出土砾石加工的精制品

---

① 中国科学院古脊椎动物与古人类研究所、重庆自然博物馆、丰都县文物管理所：《丰都冉家路口遗址第一次发掘报告》，《重庆库区考古报告集·1999卷》，科学出版社2006年版，第738～746页。王川平、邹后曦、白九江：《重庆库区1999年度考古综述》，《重庆库区考古报告集·1999卷》，科学出版社2006年版。

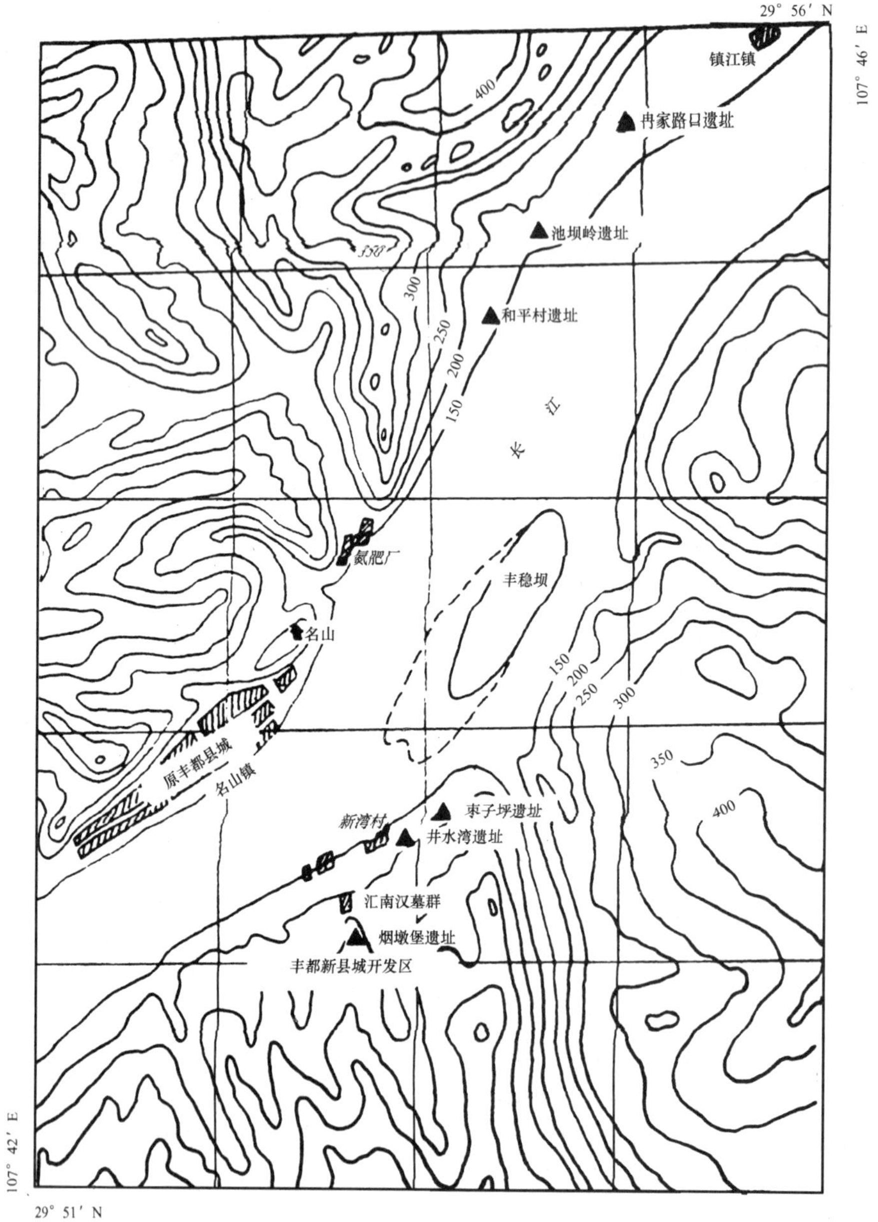

图 1-7 丰都县冉家路口遗址地理位置示意图

的旧石器时代文化具有重要意义①。

丰都县烟墩堡遗址位于长江右岸第四阶地后缘，距今5万年。该遗址在1994~1998年前后进行了4次发掘，出土标本11309件，其中石制品1341件。在石制品中，石片占半数以上。石器中，刮削器占数量的一半。石器还有砍砸器、尖状器、雕刻器等，表明这是一个主要从事狩猎兼事采集的较大的游群。烟

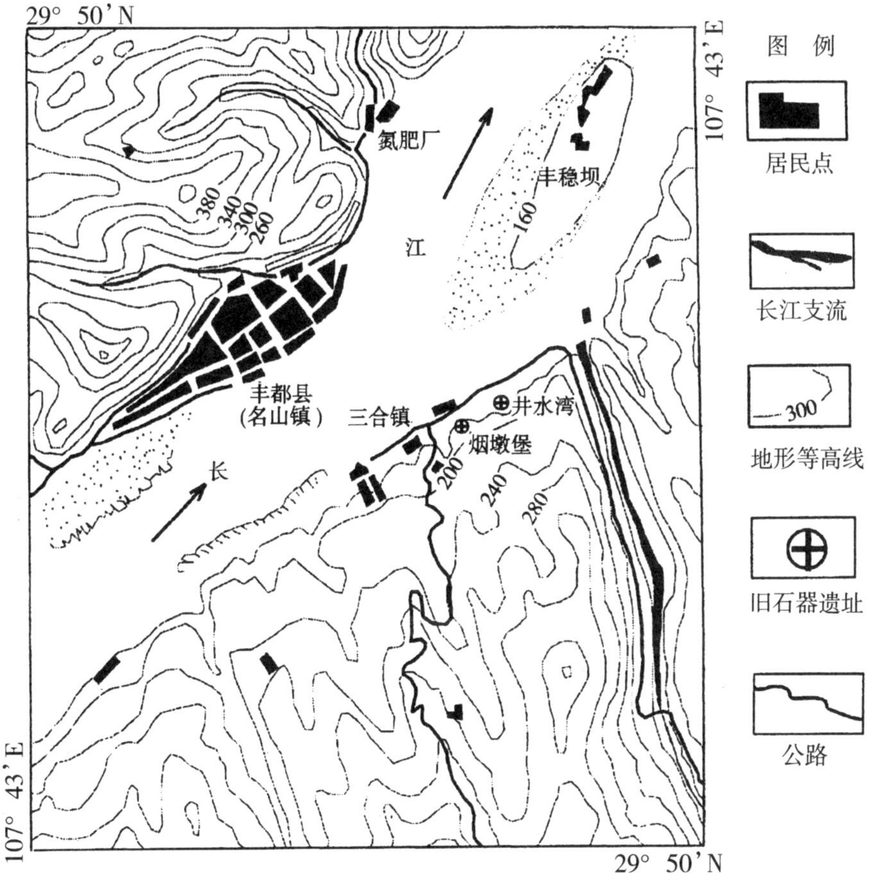

图1-8 丰都县烟墩堡遗址地形位置图

---

① 中国科学院古脊椎动物与古人类研究所、重庆自然博物馆、丰都县文物管理所：《丰都高家镇遗址发掘报告》，《重庆库区考古报告集·1997卷》，科学出版社2001年版，第658~676页。王川平、刘豫川：《重庆库区考古报告集·1997卷·前言》，科学出版社2001年版。

墩堡遗址出土的石制品兼具我国南方和北方旧石器工业传统的双重特点，在认识中国南北工业传统间的关系方面具有桥梁作用，对中国南方乃至东南亚地区旧石器时代文化发展的研究提供了可供对比的研究资料①。

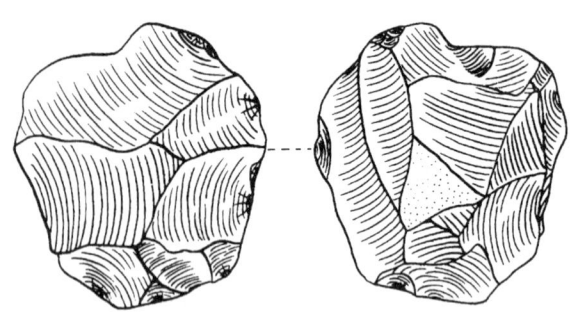

图 1-9 丰都县烟墩堡遗址出土的盘状石核

丰都县井水湾遗址位于长江右岸第三级阶地，距今5万年。1998年进行首次发掘，出土石质和动物化石标本1523件，其中石制品258件、烧石6件，以及剑齿象、野牛、麂等动物化石碎片10件②。2000年进行第二次发掘，出土石制品106件，以及多件哺乳动物化石③。该遗址地貌明确、地层清楚、遗物丰富，尤其是动物化石的发现，在华南露天旧石器遗址中非常罕见。文化遗物主要以中型和大型的石片工具为主。1998年出土的石制品组合中，以刮削器为主，砍砸器次之，分别占出土器物总和的48.75%和34.29%。2000年出土的石制品组合中，以砍砸器为主，少数为刮削器。这表明游群的经济生活以狩猎采集为主，遗址内出土的动物化石碎片也显示了这种情况。

奉节县横路遗址位于长江支流梅溪河左岸第二阶地前缘，1993年采集到石制品，1998年发掘，共计出土石制品42件。石制品以小型和中型为主，石器均为刮削器④。该遗址出土石制品类型单调，数量亦少，是一小型狩猎游群制作石质工具的临时场所。

此外，20世纪以来在川境其他地区还采集到若干打制石器。1913年美国哈佛大学叶长青（J. H. Edgar）在西康采集到打制石器材料。1925至1926年美

---

① 中国科学院古脊椎动物与古人类研究所、重庆自然博物馆、丰都县文物管理所：《丰都烟墩堡遗址发掘报告》，《重庆库区考古报告集·1997卷》，科学出版社2001年版，第677～688页。
② 三峡旧石器时代考古工作队：《丰都井水湾遗址考古发掘报告》，《重庆库区考古报告集·1998卷》，科学出版社2003年版，第735～744页。
③ 中国科学院古脊椎动物与古人类研究所、重庆自然博物馆、丰都县文物管理所：《丰都井水湾旧石器时代遗址发掘报告》，《重庆库区考古报告集·1999卷》，科学出版社2006年版，第644～654页。
④ 三峡旧石器时代考古工作队：《奉节横路遗址发掘报告》，《重庆库区考古报告集·1998卷》，科学出版社2003年版，第232～237页。

国中亚考察队格兰杰（Walter Granger）在万县盐井沟发现1件与更新世动物化石群同时的穿孔石盘。1930年德国人阿诺尔德·海姆（Arnold Heim）在西康道孚发现2件刮削器。1931年美国人格拉哈姆（Graham）和蒲尔斯（Bowles）宣称在西康发现旧石器和骨器。1935年法国人德日进（Teilhard Decheadin）和中国古生物学家杨钟健也在万县西约10公里的长江第一阶地上采集到1件新石器时代以前的石器。1980年代在雅砻江上游炉霍采集到石器32件，计有砍砸器、石斧、盘状器、凿形器、石锤、石矛头等石核石器和刮削器等石片、石器①。但这些打制石器均系地表采集，缺乏确切的层位关系，是否属旧石器，还难以断定。

二、狩猎采集游群的分布与特征

四川旧石器时代晚期文化，在大渡河流域、雅砻江流域、岷江流域、沱江流域和长江干流的广阔空间内，有着连续或不连续的分布。按照其间文化特点的异同，四川盆地的旧石器文化可以初步分为四个粗具区域性质的文化类型；四川盆地以东长江三峡地区的旧石器文化虽然均为旷野型遗址，但其间异同关系十分复杂，目前还难以从区域的角度划分出类型。

四川盆地旧石器文化的四个区域性类型，从西往东分别是：大渡河流域的富林文化，岷江流域的成都羊子山土台基址下层，沱江流域濛溪河沿岸的鲤鱼桥文化，沱江流域的铜梁文化。四个文化类型中，富林文化、铜梁文化和鲤鱼桥文化的时代、特征都较清楚，羊子山土台基址下层虽较模糊，但显现出自己的特色及与其他三种文化的差异。

四种文化类型的空间分布各具特点。富林文化在川西南山地，自成一系，极有可能是小石器文化的变体②。鲤鱼桥文化的分布仅限于沱江支流濛溪河沿岸。铜梁文化分布较广，向北沿涪江直达蓬溪，向南延及重庆九龙坡，向西直抵沱江河谷的黄鳝溪一带，几乎横跨川中丘陵地区，而有连续性分布的趋势，与鲤鱼桥文化犬牙交错。羊子山土台基址下层石器太少，其空间分布还不能确定，可能以川西平原为中心。

---

① 李森、李海鹰：《炉霍的打制石器》，《雅砻江上游考察报告》1985年版，第103～107页。
② 张森水：《中国旧石器文化》，天津科技出版社1987年版，第298页。

从四川盆地四种文化的空间分布及其经济活动可见,早在旧石器时代晚期,距今1万~2万年前,在今四川盆地及其西部边缘,就生活、繁衍着无论其活动范围、经济生活还是文化面貌都不尽相同的原始的狩猎采集游群。这些游群,是一个个的平等社会,社会规模不大,以临时营地为聚落,居住在简陋的、临时性的建筑里,经济生活上以季节性的游动来获取实物资源为特征。

在长江三峡地区活动的旧石器文化游群,从历时性看,其分布具有从高到低的特点,时代越早,居住的地理位置越高,一般是随时代的推移从江边第四级阶地逐步下移,时代越往后,越靠近江岸。这种现象,一方面可能同长江水位的变化有关,另一方面则与人们从最初的避水到后来治水能力的不断提高有关。而三峡地区的旷野型遗址则表明,那里并不是人们的永久性生活场所,而是史前游群的临时性活动场所。一批又一批、一代又一代的游群从不同方向来到这些地点,选择长江中的各种石料,就地制造各种各样的石制品,过着狩猎采集的不定居生活。奉节鱼复浦遗址发现的12个有规律排列的烧土堆、烧石、烧骨,以及附近出土的大量石、骨标本,反映出在距今七八千年前,那里曾是一处史前游群的大本营,至少有先后两批游群在那里活动栖息,肢解捕获的猎物,制作食物,修整工具①。有迹象表明,三峡的一些旧石器文化遗址还有可能是该地区的石器制造中心。

从四川旧石器时代文化的特点来看,从四川历史的黎明时代起,四川的古文化就具有开放性特征。富林文化与华北小石器文化的联系,铜梁文化与贵州黔西观音洞文化的相近,三峡诸多遗址所出石制品对华南、华北工业传统的兼具,不过是其典型例子而已。

---

① 中国科学院古脊椎动物与古人类研究所、重庆自然博物馆、奉节县白帝城博物馆等:《奉节鱼复浦遗址旧石器时代考古发掘报告》,《重庆库区考古报告集·1997卷》,科学出版社2001年版,第144~159页。

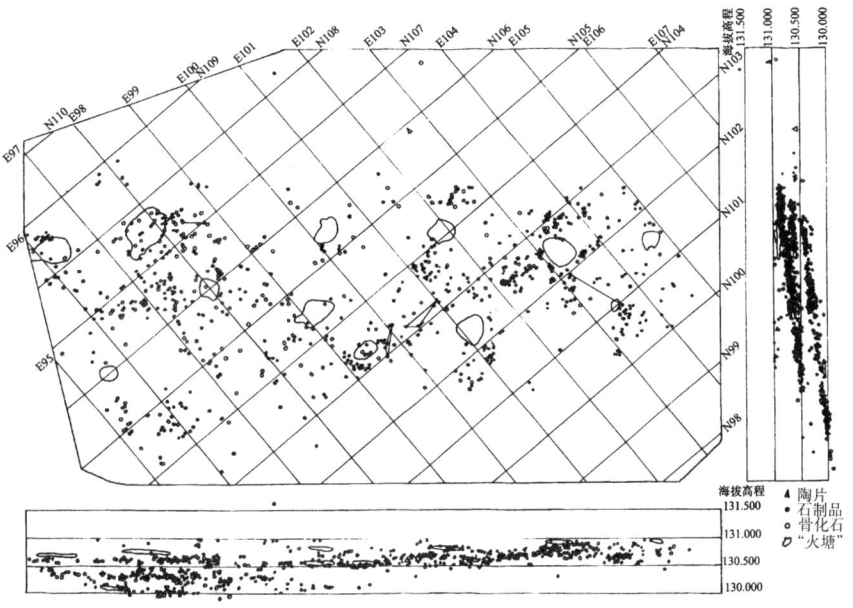

图 1-10　奉节县鱼复浦遗址发掘 A 区烧土堆分布图

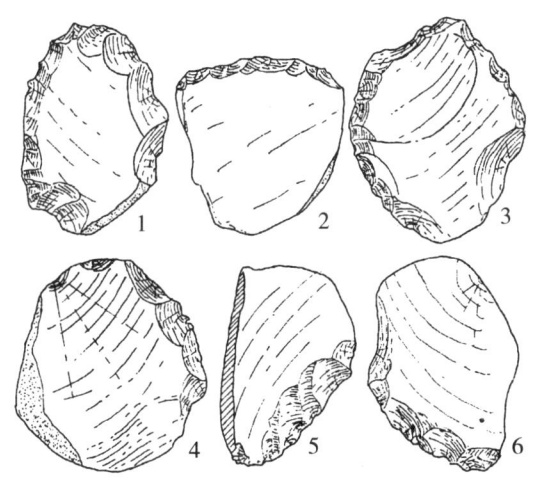

1. 2. 3. 刮削器　4. 5. 6. 砍砸器

图 1-11　奉节县鱼复浦遗址发掘 A 区刮削器、砍砸器

第一章 四川的史前时代

第四节 生产性经济的变革与发展

原始社会人类知识和经验的不断积累，生产工具和技术的逐渐进步，促使人类自身的经济活动方式发生了巨大变革，从过去的攫取性经济转变为生产性经济，初步脱离了"以采集现成的天然产物为主的时期"，进入以农业和家畜饲养为主，"靠人类的活动来增加天然产物生产的时期"①。

在这一时期所遗留下来的各种文化遗物和遗迹中，以生产工具中的磨制石器最具代表性②，显著地区别于上一时期以打制为特征的石器。磨制石器的出现标志着原始社会生产力的重要进步，考古学和人类学界把以磨制石器为代表的历史时期，称为新石器时代。

新石器时代在四川历史的发展中占有重要地位，为四川古代文明的产生奠定了经济、文化、知识、技能以至社会结构和政治组织等方面广阔而坚实的基础。

一、经济生活方式的巨大变革

四川新石器时代文化分布相当广泛，西起川西北高原，东至长江三峡，北达秦巴山地，南及川西南山区，文化遗址和地点星罗棋布。比之旧石器时代，新石器革命的浪潮不仅把人们推向四面八方，而且在浪潮波及的每一个角落都发生了普遍进步。

四川新石器时代的起点在何处，开端于何时，是一个正在探索之中的重大课题。当前的考古发掘告诉我们，位于长江三峡奉节县的鱼复浦遗址距今7500年左右的地层出土一块陶片③，俞伟超认为该陶片火候很低，手捏成型，确实

---

① 《马克思恩格斯选集》第4卷，人民出版社1972年版，第23页。
② 学术界曾有一种看法，认为陶器的出现是新石器时代的代表性特征。但西亚细亚发现的前陶新石器时代文化A、B说明，陶器并不是新石器时代的典型特征。
③ 中国科学院古脊椎动物与古人类研究所、重庆自然博物馆、奉节县白帝城博物馆等：《奉节鱼复浦遗址旧石器时代考古发掘报告》，《重庆库区考古报告集·1997卷》，科学出版社2001年版，第144~159页。

具有新石器时代早期陶片的特征①。该遗址尤其该陶片的发现，对于四川盆地以东长江三峡地区旧石器时代向新石器时代过渡的研究，具有十分重要的科学价值。

地处四川盆地北部山地的广元市中子铺营盘梁遗址，是迄今已知四川地区最早的新石器时代文化遗址，年代约为距今六七千年，甚至更早②。这个遗址最重要的特征是细石器，它不仅在整个长江流域堪称首次发现，对中国细石器研究提供了新的认识，而且也为探索四川新石器时代早期文化提供了线索。

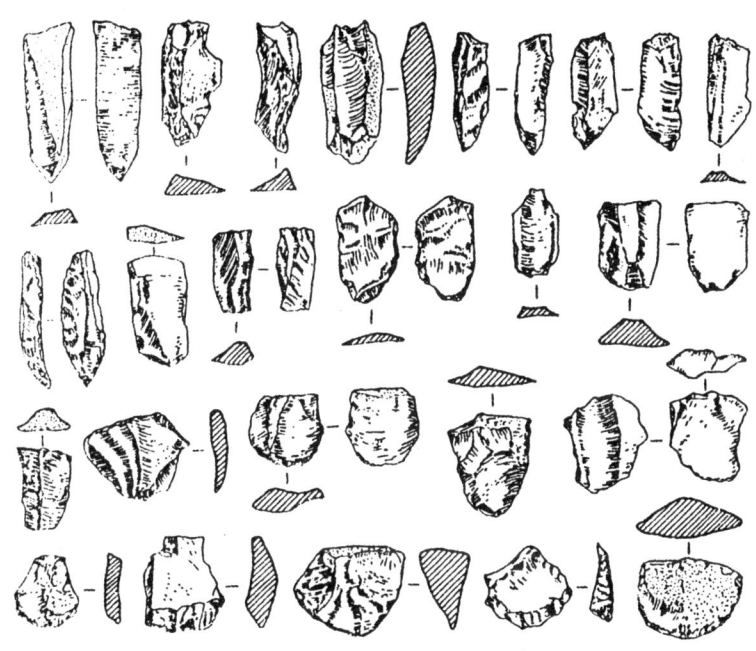

图1-12　广元中子铺营盘梁遗址出土的石器

四川盆地北部新石器文化的另一重要遗址是绵阳边堆山遗址③。这里发现

---

① 引自王川平、刘豫川：《重庆库区考古报告集·1997卷·前言》，科学出版社2001年版。
② 中国社会科学院考古研究所四川工作队：《四川广元中子铺的细石器遗存》，《考古》1991年第4期。王仁湘、叶茂林：《四川盆地北缘新石器时代考古新收获》，《三星堆与巴蜀文化》，巴蜀书社1993年版。
③ 中国社会科学院考古研究所四川工作队：《四川绵阳市边堆山新石器时代遗址调查简报》，《考古》1990年第4期。

大量石质生产工具，器形丰富，以小型化为特征，石器制作以磨制为主。还出土不少陶器，器形和口沿装饰十分富于特色，并发现居址遗存。遗址年代距今4500～5000年上下，相当于华北龙山文化早期或更早，它可能是构成成都平原早期蜀文化的因素之一。

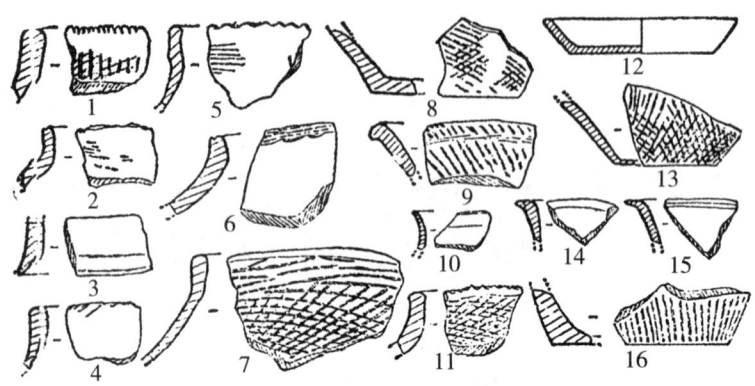

1. AⅢ式罐形器口　2. AⅣ式罐形器口　3. AⅡ式罐形器足　4. AⅢ式罐形器口
5. AⅠ式罐形器口　6. AⅣ式罐形器口　7. BⅠ式罐形器口　8. AⅡ式罐形器底
9. Ⅰ式罐形器口　10. CⅠ式罐形器口　11. AⅡ式罐形器口　12. Ⅰ式盆形器
13. Ⅱ式罐形底器　14. Ⅱ式盆形器口　15. Ⅲ式盆形器口　16. Ⅰ式罐形器底

图1—13　绵阳边堆山遗址出土的陶器

峡江①流域新石器文化的典型代表之一是巫山大溪文化②。遗址上下重叠的文化层显示出早晚两个发展阶段的情况。其中发现了重叠排列的密集的墓葬，盛行单人葬。生产工具出土极为丰富，有石斧、锛、锄、凿、纺轮等，大多是打制而后加以琢磨，以长条形大型石斧和磨制精细的圭形凿最具特色。陶器数量很多，以红陶为主，还有少量彩陶。绝对年代距今5300～6000年。

---

① 长江自重庆奉节至湖北宜昌一段，称为峡江。参考《中国地图册》，地图出版社1966年版。
② 四川省博物馆：《四川巫山大溪新石器时代遗址发掘记略》，《文物》1961年第11期。四川省博物馆：《巫山大溪遗址第三次发掘》，《考古学报》1981年第4期。

第一章 四川的史前时代

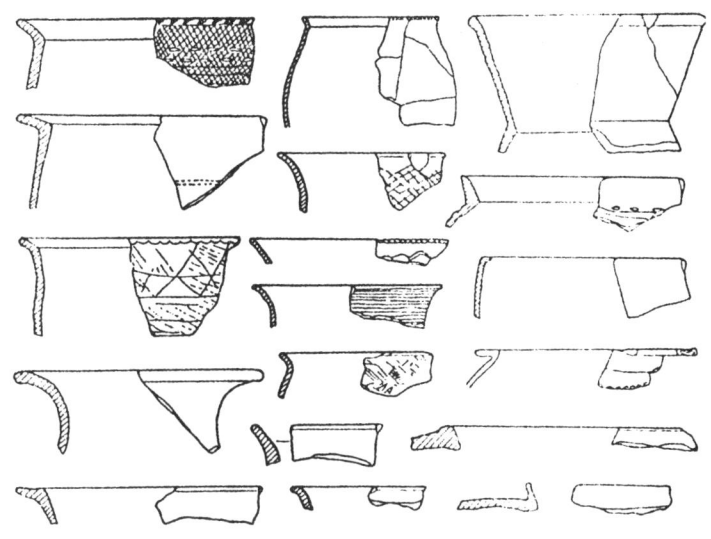

图1-16 通江擂鼓寨遗址出土的陶器

川西北地区以岷江上游新石器文化最为著名,广泛分布在阿坝州的汶(川)、理、茂等县,约有数十个新石器出土地点①。岷江上游的新石器文化遗址,大多分布在河流两岸地势较高的三级以上的台地,少数分布在二级台地,一级台地基本没有发现。岷江上游新石器时代遗址以茂县营盘山遗址②、汶川姜维城遗址③为代表,发掘清理的遗迹主要有灰坑和房屋居住面。出土大量陶器,以泥质灰陶、灰褐陶为主,并发现不少彩陶。陶器主要有罐、瓶、钵、盆、壶、缸、纺轮等。石器有打制和磨制两种,磨制石器体小扁薄,多数通体磨光,主要有斧、矛、砍砸器、刮削器、镞、锛、凿、网坠、纺轮等,还发现不少燧石质细石器。在有的遗址里发现了来自滨海地区的海贝,表明已初步发生了交换行为。

位于川西北高原小金河半山上的丹巴县中路乡罕额依遗址④,是大渡河上游

---

① 林名均:《四川威州彩陶发现记》,《说文月刊》1944年第4卷。郑德坤:《四川古代文化史》,华西大学博物馆1947年版。《四川理县汶川县考古调查简报》,《考古》1965年第12期。

② 蒋成、陈剑:《岷江上游考古新发现述析》,《中华文化论坛》2001年第3期。成都市文物考古研究所:《四川茂县营盘山遗址试掘报告》,《成都考古发现(2000)》,科学出版社2002年版。

③ 王鲁茂、黄家祥:《四川姜维城遗址》,《中国文物报》2000年11月26日。

④ 四川省文物考古研究所、甘孜州文化局:《丹巴县中路乡罕额依遗址发掘简报》,《四川考古报告集》,文物出版社1998年版。

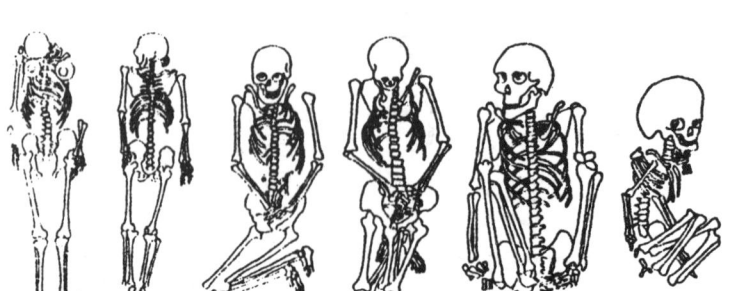

图 1-14　巫山大溪遗址墓葬葬式图

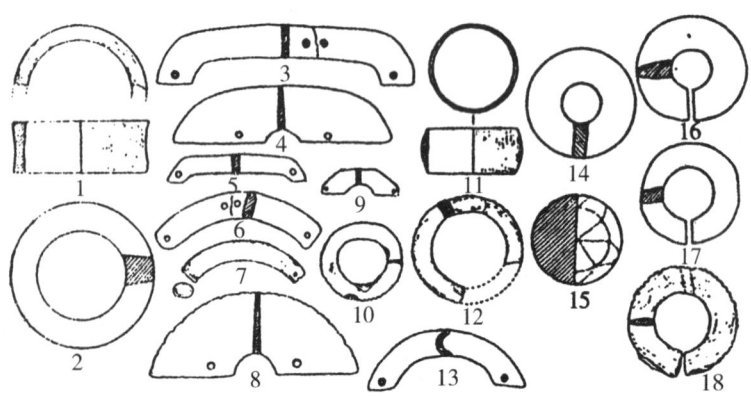

图 1-15　巫山大溪遗址出土的陶器

分布在峡江沿岸的瞀井沟遗址群主要有哨棚嘴遗址[1]、中坝遗址[2]、老关庙遗址[3]、魏家梁子遗址[4]等。各遗址都发现大量陶器，显示出相互之间既有一定的关系，又有相当的区别，且与长江三峡内外的新石器时代文化有着某种联系。

位于四川盆地东北部米仓山东段南麓的通江擂鼓寨遗址[5]，出土大量陶器，主要器形有罐、尊形器、瓶、盆、钵、碗等。出土石器有细石器、打制石器和磨制石器三类。

---

① 王鑫：《忠县瞀井沟遗址群哨棚嘴遗址分析》，《四川考古论文集》，文物出版社 1996 年版。
② 孙智彬：《中坝遗址新石器时代遗存初论》。
③ 《奉节县老关庙遗址第三次发掘》，《四川考古报告集》，文物出版社 1998 年版。
④ 中国社会科学院考古研究所长江三峡考古工作队：《四川巫山县魏家梁子遗址的发掘》，《考古》1996 年第 8 期。
⑤ 雷雨、陈德安：《巴中月亮岩和通江擂鼓寨遗址调查简报》，《四川文物》1991 年第 6 期。四川省文物考古研究所、通江县文物管理所：《通江县擂鼓寨遗址试掘报告》，《四川考古报告集》，文物出版社 1998 年版。

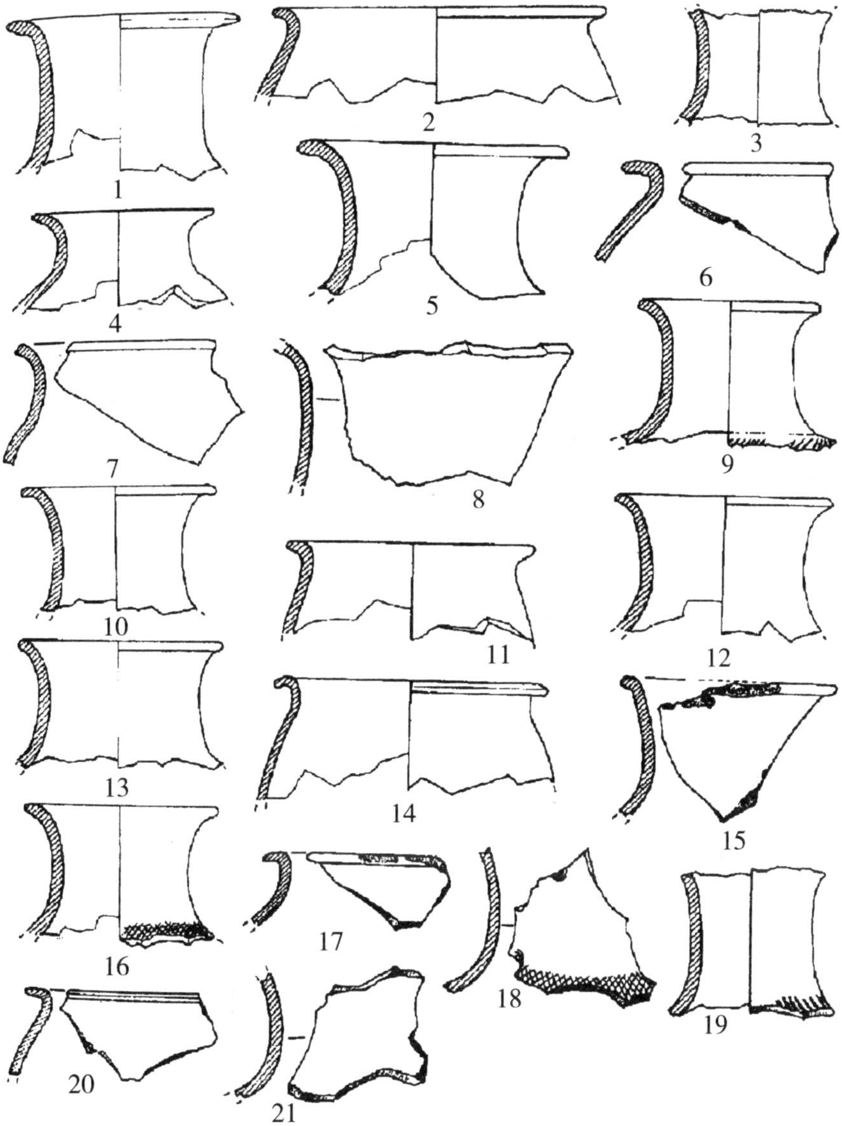

4、7. Ⅰ式罐　2、11、20. Ⅱ式罐　6、14、17. Ⅲ式罐　1、10. Ⅰ式高领罐
5、8、13、16. Ⅱ式高领罐　3、9、12、15、18、19、21. Ⅲ式高领罐

图1-17　茂县营盘山遗址出土的泥质陶器

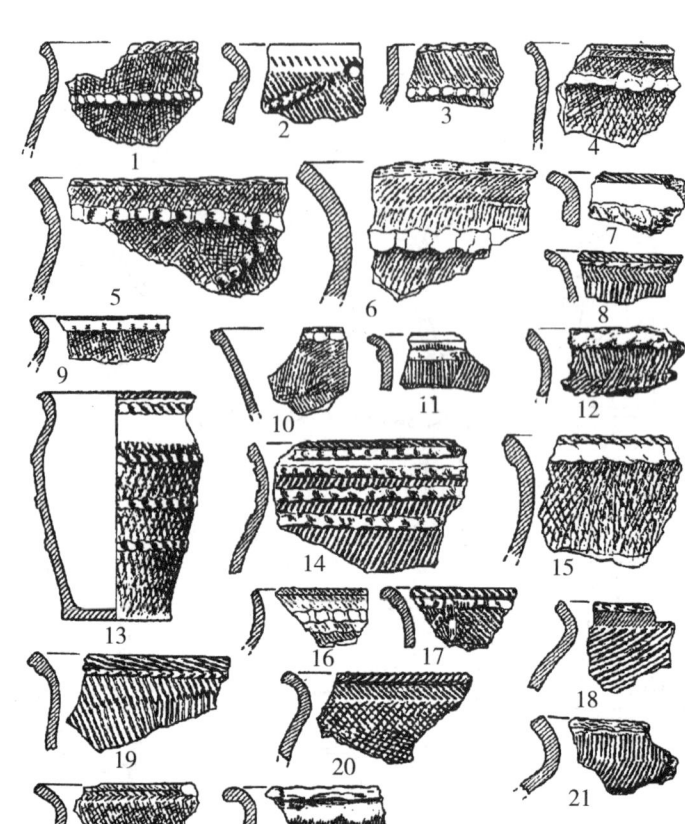

图1-18 茂县营盘山遗址出土的夹砂陶器

一处重要的新石器时代文化遗址，文化内涵十分丰富，出土不少建筑遗存和大量陶器，各期陶器富于变化，第三期的陶器与岷江上游石棺葬有一定关系。出土石器的数量和种类都相当丰富，有细石器、打制石器和磨制石器三类。

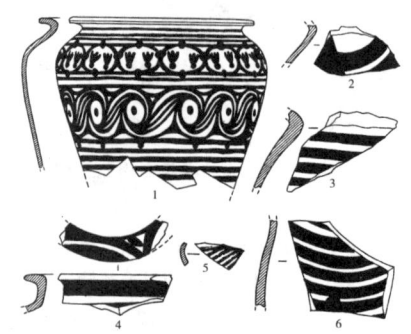

图1-19 茂县营盘山遗址出土的彩陶

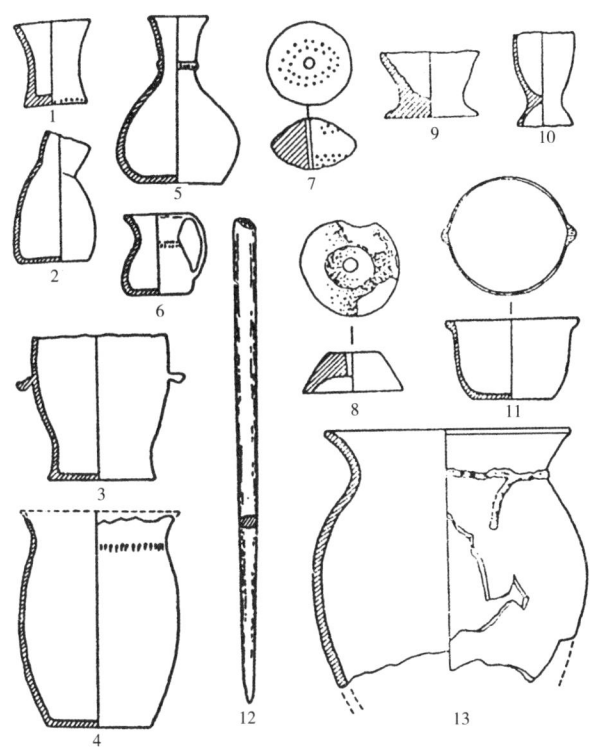

图 1—20　丹巴县罕额依遗址出土的陶器

川西南新石器文化以凉山州西昌市横栏山遗址和西昌市礼州遗址最为重要[①]。横栏山遗址发现大量陶片,以泥质灰陶和夹砂红、褐陶为主,多为平底,纹饰丰富,有些陶器口沿饰花边或波浪纹,器形主要有罐、钵、瓶、壶等。石器以斧为主,多为打制。礼州遗址发现的石器大多经过磨制,以双孔半月形弧刃直背石刀最具特色。生活用具主要是陶器,全部为手工制作而成,器形比较多样。相对年代为新石器时代晚期,稍晚于横栏山遗址。

---

①　西昌市文物管理所:《四川西昌市横栏山新石器时代遗址调查》,《考古》1998年第2期。礼州遗址联合考古发掘队:《四川西昌礼州新石器时代遗址》,《考古学报》1980年第4期。

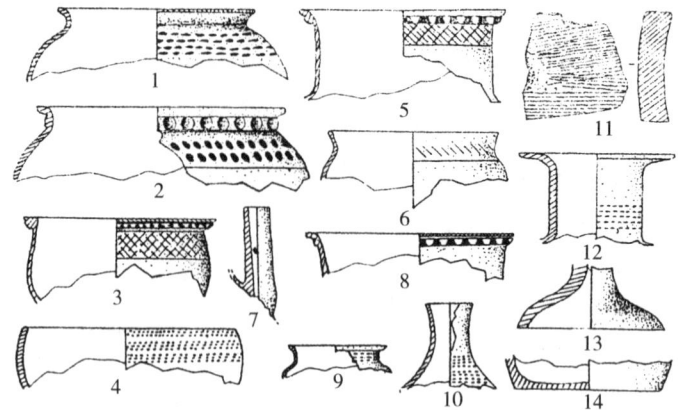

图1—21 西昌市横栏山遗址出土的陶器

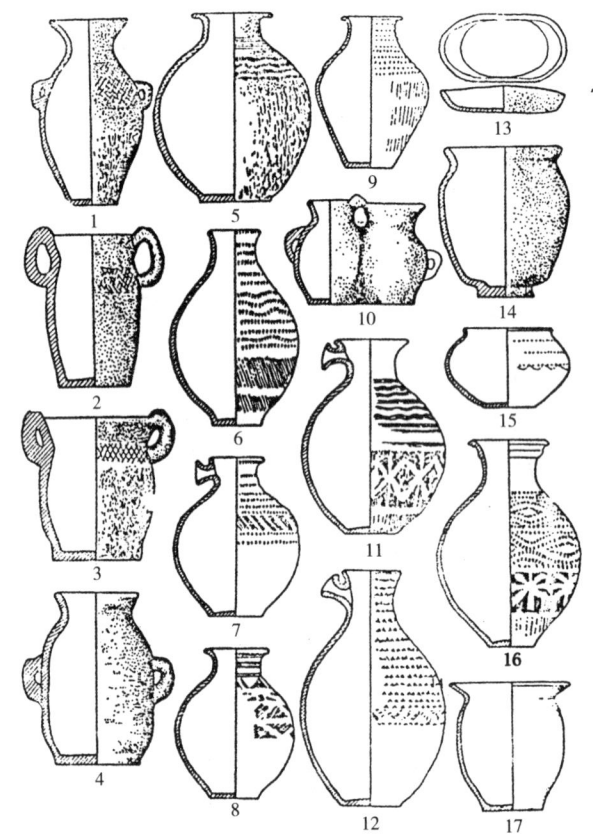

图1—22 西昌市礼州遗址出土的陶器

川西大渡河流域下游新石器文化以汉源最为集中，发现古遗址十多处，其重要代表是汉源狮子山遗址①。这里出土石器以斧为多，半打半磨，陶器以夹砂红陶和棕红陶为主，时代距今约3500～4000年。

青衣江流域新石器文化分布也很广泛，在雅安等地发现三十多处石器地点，大致有河坝与山坡两种类型②。

四川新石器文化最为重要的是成都平原新石器末叶文化，包括宝墩文化③和三星堆第一期文化④。宝墩文化得名于新津县宝墩遗址，以它为代表的成都平原史前古城遗址群，包括新津宝墩古城址、都江堰芒城古城址、温江鱼凫村古城址、郫县古城村古城址、崇州双河古城址和紫竹村古城址、大邑盐店古城址和高山古城址等数座古城遗址，均属同一文化，距今约4500～3700年。生产工具主要是石器，多为通体磨光，呈小型化，以斧、锛、凿为主。陶器质地分夹砂陶和泥质陶两种，陶色有灰、褐、外灰内褐等。陶器器形以小平底器和圈

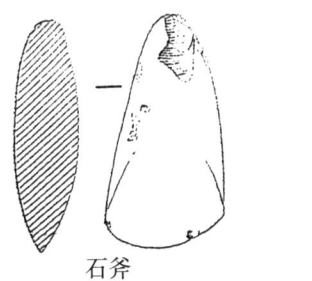
石斧
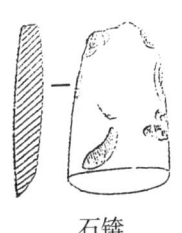
石锛
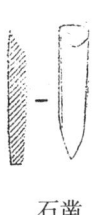
石凿

图1-23　宝墩文化石制品生产工具

足器为主，典型陶器有绳纹花边口罐、敞口圈足尊、盘口圈足尊、喇叭口高领罐、宽沿平底尊等。宝墩文化初步分为四期六段，延续时间800年左右。

广汉三星堆遗址分为四期，第一期属新石器末叶文化，第二期至四期属早

---

① 刘盘石、魏达仪：《四川汉源县大树公社狮子山发现新石器时代遗址》，《文物》1974年第5期。《四川汉源县大树乡两处古遗址调查》，《考古》1991年第5期。
② 魏达仪：《雅安石器调查记》，《文物参考资料》1958年第1期。赵殿增：《四川原始文化类型初探》，《中国考古学会第三次年会论文集》，文物出版社1984年版。
③ 《成都史前城址发掘又获重大收获》，《中国文物报》1997年1月19日；《四川新津县宝墩遗址调查与试掘》，《考古》1997年第1期；《郫县古城发掘取得重大收获》，《中国文物报》1998年3月18日；江章华、颜劲松、李明斌：《成都平原的早期古城址群——宝墩文化初论》，《中华文化论坛》1997年第4期。
④ 《广汉三星堆遗址》，《考古学报》1987年第2期。

期文明，其中第二、三期称为三星堆文化，第四期属十二桥文化，与第一期不能同日而语。第一期文化面貌同宝墩文化有若干共同之处，距今约4500～3700年（一说4800～4000年），生产工具小型化，有石斧、锛、凿等，通体磨光，加工精整。陶器以泥质灰陶为主，器形以宽沿平底器为主。

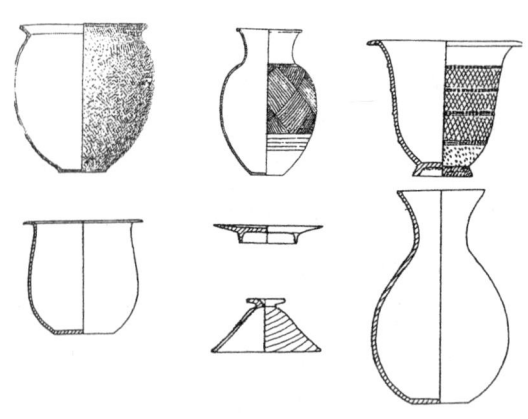

图1-24 宝墩文化陶器

从四川新石器时代文化主要遗址的情况，不难看出，四川新石器革命造成了不同类型的生产性经济的发生和发展，主要有盆地原始农业经济和高原原始畜牧业经济两大类型，而间以渔猎经济这一更为古老的经济形式。原始农业经济可从各地所出大量农业生产工具窥其梗概，各遗址所出大量陶器和家畜遗骨也是具体的证明。原始畜牧业则不仅见于古代文献，而且得到了考古学的充分证实。考古资料还说明，商品交换关系在各种生产性经济区域之间开始初步发展起来，各地文化交流日益频繁，成为推动社会前进的源泉之一。

1. 宽平沿器 2. 折沿器 3. 折沿器 4. 折沿器
5. 锯齿形口沿器 6. 圈足豆 7. 圈足豆

图1-25 三星堆遗址第一期陶器

四川新石器革命所取得的重要成果之一是早期定居的农耕聚落的建立。这一方面体现在排列密集成群的墓葬的出现上，另一方面也体现在房屋建筑遗址成组的出现上。有迹象表明，居址与农具、日常生活用品、艺术品等的制作都在同一或相邻空间,也与墓葬相辅相成。显然,永久性定居和定居农业已经产生。

在技术方面,四川新石器时代已经出现生产工具的专门化发展,工具组合各具特点,与各地的经济生活相适应,也意味着劳动分工呈现出新的发展趋势。陶轮和纺轮普遍出现,不仅反映了制陶术和纺织术的进步,还意味着人们科学知识的显著提高,对于圆周运动及其规律已有掌握,并把它运用于生产和生活的实践当中。建筑术主要有干栏式和地面木构式两种,反映了人们更能适应生态环境,生存能力得到了增强。技术的进步还表现为人们对艺术品、装饰品质料及工艺形式的不断追求,不仅选料严谨,而且精琢细磨,在工艺上出现了许许多多新鲜的发明创造。

精神生活中最重要的特征之一是宗教信仰的形成,而巫术对于人们的精神世界乃至现实生活都具有一定支配作用,地地道道的自由世界已经一去不再复返。

四川新石器时代的社会结构,总的说来还没有形成凌驾于社会之上的国家机器,不过贫富不均、等级划分已经产生并有所发展,阶级分化开始出现,甚至出现了史前酋邦一类政治组织。而它的质变,即阶级社会的诞生和国家的形成,则是进入文明时代的最重要标志。

二、多元与一体

四川新石器时代文化具有明显的多元起源性质,在它的发展过程中,又逐渐出现一体化的发展趋势。

四川盆地东部长江三峡的巫山大溪文化,是同一文化比较晚期的遗址。大溪文化并不发源于四川境内,它后来的发展方向也在湖北的江汉平原,可能是构成先楚文化的早期因素之一,对四川古文化并没有产生太多明显的影响。但瞀井沟遗址群则显示出土著文化的特征,它们与当地后来的青铜时代文化有着发展演变的关系。

四川盆地东北部新石器时代文化主要分布在嘉陵江支流渠江流域,同样显示出与当地后来青铜时代文化的发展演变关系。

川西北岷江上游新石器文化,如从其来源考察,有可能是当地土著文化吸收了庙底沟文化和马家窑文化的若干因素而形成的,很大程度上同西北高原氏

第一章 四川的史前时代

羌先民的文化有关。岷江上游古文化曾在文明起源时代对成都平原古蜀文化的产生和形成发生过重要影响。

川西大渡河流域和青衣江流域的古文化面貌,因考古资料的局限,还不十分清楚,似乎存在不同来源的文化因素,而两大流域中均有一定的成都平原早期蜀文化渊源,倒可以充分肯定。

川西南安宁河流域的新石器时代文化遗址,文化面貌不同于四川其他地区的古文化,它们均与史前和历史时期成都平原的文化传统相去甚远,其来源目前还不十分清楚,但有一些迹象显示出它们与西北高原古文化的某种关系。

成都平原新石器文化的发展脉络比较清楚,分布北达绵阳,南抵长江沿岸,西至汉源,东面伸入到三峡以东的湖北宜昌,播染空间十分广阔。由于它明显区别于任何其他地区的古文化,因此可以肯定是一种土著新石器文化。

由文化史发展的不平衡规律所决定,不仅四川地区的所有新石器文化之间,即令是在每一支新石器文化内部,事实上演化程度都并不是一致的,因此先进与落后总是普遍存在。而从新石器文化中进一步生长出文明因素,也远远不是同时的。于是往往会出现这样的情形:当某支文化中最先进的部分已经进入文明门槛时,它的其他部分或边缘还在新石器末叶徘徊。成都平原古文化就是如此,当三星堆第二期文化已经产生文明社会最重要的因素——早期城市,从而意味着早期城市生活方式已经初步确立时,与它属于同一文化区系的阆中、南充、忠县、宜昌等地,仍然逡巡于城市文明之外。因此四川新石器文化下限的确定,就只能是模糊的,它与文明时代的上限之间,犹如犬牙交错,不可能截然分明。所以,四川新石器文化呈现出进步与落后交织的面貌,就一点也不足为怪了。

可以看出,四川新石器时代,在文化来源上表现出显著的多元化性质。大溪文化是不同系统的外部文化或受外部文化影响而在四川盆地东部地区发展起来的文化。川西南安宁河流域古文化的面貌相当复杂多样,既具有小生态中文化的半稳定性,又具有史前族群较强的流动性,表现出南来北往的文化走廊特征。岷江上游的古文化则是以土著因素为主,受到了中原古文化和西北高原古文化的重要影响。土著文化除在成都平原形成若干中心分布区外,还受到岷江上游文化和川北绵阳边堆山文化的影响,它们可能是成都平原宝墩文化的渊源之一。尽管岷江上游文化和川北绵阳边堆山文化自身的来龙去脉还不十分清楚,但从它们与宝墩文化有若干共同因素,而这些因素又与其他各种文化判然有别的情况来看,

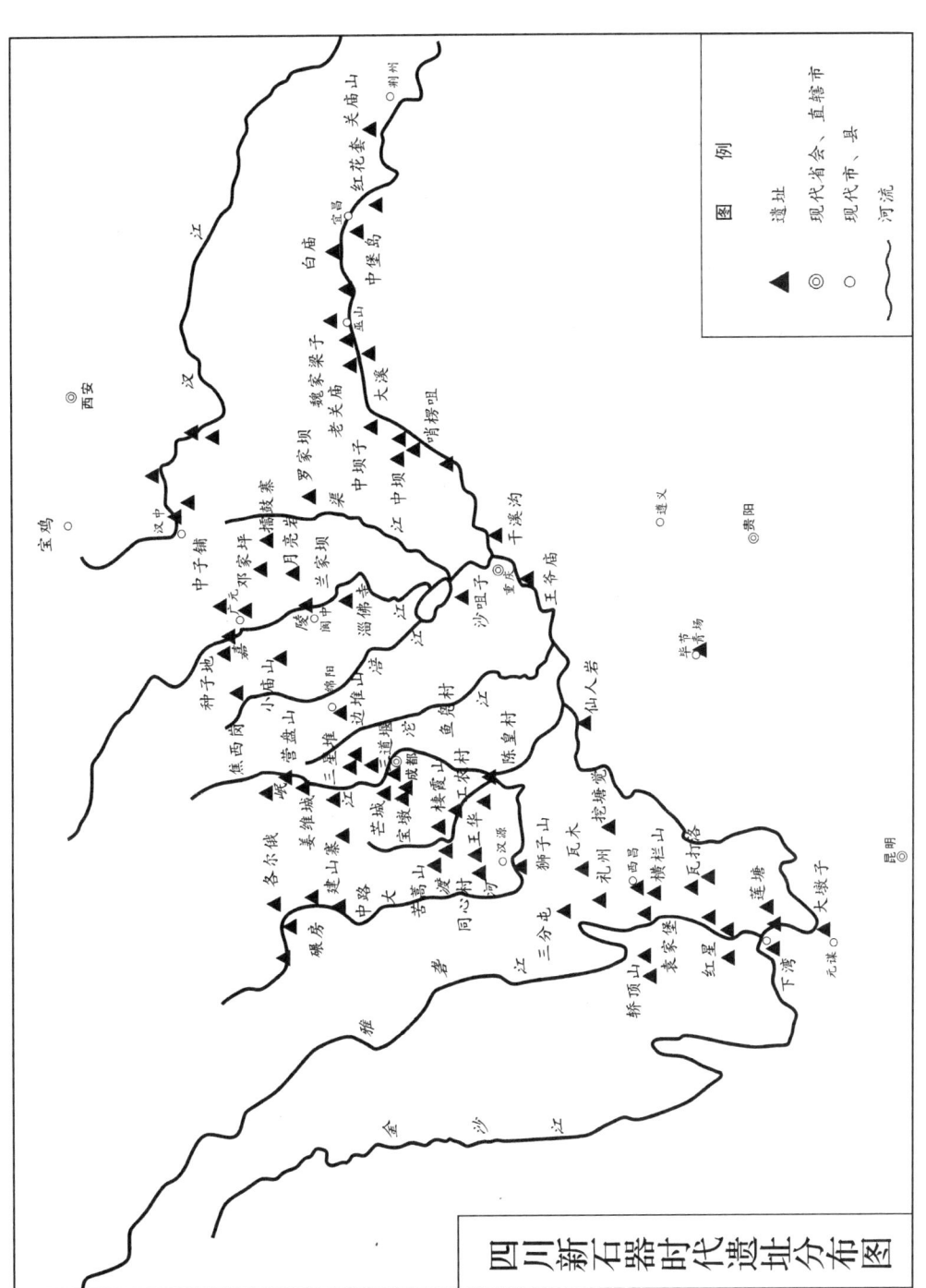

它们也应是土著文化。这样，到新石器时代之末，在四川盆地，以成都平原为重心的古文化便大致形成了一体化的发展趋势，从而引发了文明的起源。

四川新石器时代文化的多元一体格局，反映了新石器革命的深刻内容，构成了四川新石器时代的重要特点。

三、艺术与宗教

四川史前艺术起源于何时，我们至今尚不能十分肯定。至于它起源的途径，大概除了劳动以外，同原始人的思维方式、宗教与巫术等都有一定关系，而大自然极为丰富多彩的物质形式及其运动，则是史前艺术最重要的源泉。

新石器时代四川艺术主要表现在石器、陶器、玉器、骨器、蚌器等物质成果上。

石器作为劳动工具，同时也是最主要的艺术创造物。石器的形制、磨光程度、磨制方法等等，固然受文化形式的制约，然而对于制器者来说，其实都是一件件艺术作品，一琢一磨无不体现着史前人们的匠心。从这个意义上认识，新石器时代的艺术，是同这个时代与生俱来的，甚至是开创这个时代的最重要因素之一。

史前四川陶器的多姿多彩，可以说是艺术上最成功的作品类群，罐、盆、碗、盘、豆、杯、瓶等等，都不是直接模仿大自然现成的物质形式，而是人们生活中的再创造。它们在各支文化中的不同组合形式，除了适应各支文化的生态环境以外，也与人们的审美观和艺术创作意识有直接关系。边堆山、三星堆陶器口沿的波浪形花边，显然属于纯艺术的附加，与实用性一点也不相关。三星堆的高柄竹节形豆，竹节显然是一种纯粹的艺术形式。大溪文化中陶器的艺术化色彩也十分浓厚，猪头形器座妙趣横生，使人忍俊不住。

彩陶艺术是引人注目的，人们把大自然丰富而变幻无穷的色彩引入自己的作品当中，固然还显得单调古朴，但却体现了人们对于色彩变化的无限追求，从最普通的生活用品上来表现自己对于美好事物的向往。

玉器制作在四川新石器时代的艺术创作中占据着重要地位，玉以它那坚韧致密的质地、细腻柔和的外观、温莹润泽的色泽和纯洁无瑕的品性而受到史前人们无比的青睐。三星堆早期文化中出土过玉质的凿，磨制甚精。大溪文化出土的玉制品不少，琢磨精细，工艺上还采用了切割和钻孔等技术，不少是作为装饰品生产出来的,如玦、珩、璜等等,真切反映了人们对美的追求。

用拍印、刻画、堆加等方法施于陶器或玉器上的各种纹饰,是史前人们发挥艺术创作才能的最佳手段之一。这些纹饰复杂而多变,常见的有绳纹、平行线纹、锥刺纹、方格纹、波纹、锯齿状纹、篦纹、戳印纹、附加堆纹等等。其中有些纹样是根据大自然的不同部分,如生物和无机物的生动外观,加以抽象,而用几何图形或线条再现出来的,显得扑朔迷离,令人心醉。可以说,文明时代美术的抽象表现方法,就是从史前时代承袭而来的。这些最基本的美术法则,至今仍启迪着美术家的创作心灵。

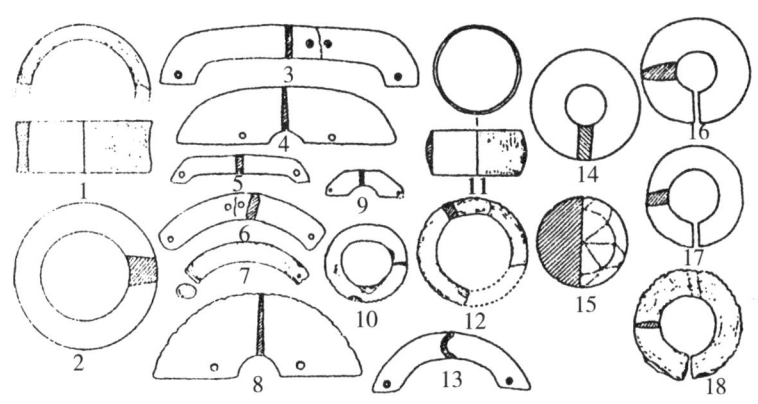

图 1—26 大溪遗址装饰品

新石器时代为宗教的生长发育提供了良好的温床。完整意义上的宗教,大约就是在这一时代形成的。求雨、祈年、求保佑等多种仪式,可能是宗教产生的直接先导。而死后葬式的规则,随葬品的放置等等,则体现了人们对于来世的追求,或对灵魂永生的信仰。在这些方面,大溪文化墓葬最为典型。随葬的陶器都在底部打孔,普遍用鱼随葬。一名墓主口咬两条大鱼尾,鱼则一左一右置于身上。一名中年女性墓主用两只陶碟分别覆盖双乳,一名男性墓主则在耻骨上覆盖一只盅形陶器。这些奇特的葬俗,显然与大溪文化居民的宗教观念和原始巫术有关。

第二章　蜀的古史传说与文明起源

蜀是一个历史悠远的文明古国，早在四五千年以前就已见称于世，而它的早期发展，则是与黄帝、颛顼、大禹等中国古史传说中的英雄人物紧密相关的。千百年来，黄帝子孙、古蜀儿女在中国西部长江上游美丽富饶的土地上，筚路蓝缕，辛勤开发，创造了光辉灿烂的古蜀文明，在中华文化史尤其中国西部开发史上写下了辉煌的篇章。

第一节　蜀的起源

一、蜀与蜀山氏

（一）蜀的含义

四川简称蜀。"蜀"的本义是指桑蚕，是家蚕的近祖或前身，它同一般的野蚕是不一样的。古文献对于"蜀"的解释，较早见到的是《韩非子·说林下》，其文曰：

  鳝似蛇，蚕似蠋。人见蛇则惊骇，见蠋则毛起。渔者持鳝，妇人拾蚕，利之所在，皆为贲诸。

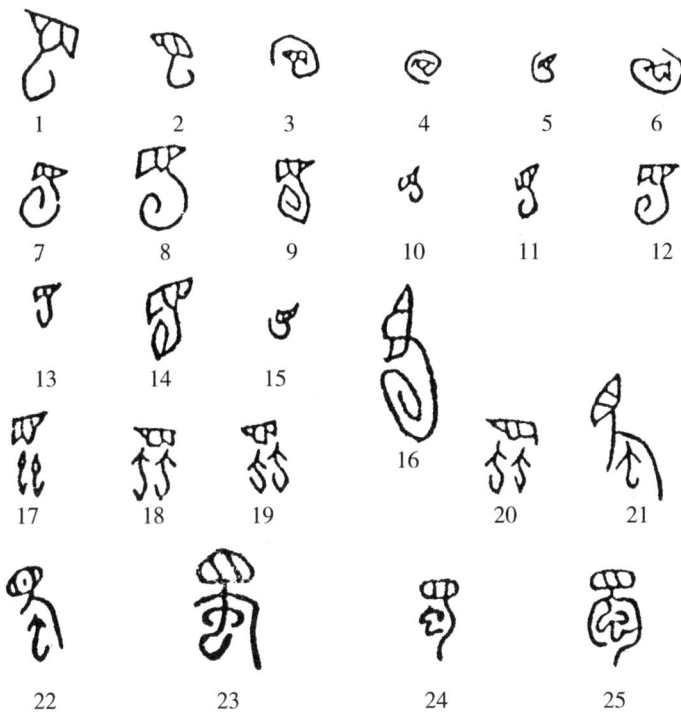

图 2-1 甲骨文、金文中的"蜀"字

《淮南子·说林》的说法与此大同，其文曰：

今鳝之与蛇，蚕之与蠋，状相类而爱憎异。

高诱注曰：

人爱鳝与蚕，畏蛇与蠋，故曰异也。

蠋、蜀二字，是正字与俗体字之别，实乃一字。刘文典《淮南鸿烈集解》于高诱注下说："蠋本作蜀。作蠋者，后人依《韩非子·内储说上篇》改之也。"又说："《广韵·蠋韵》'蜀'字下引此文，正作'蚕与蜀相类而爱憎异也'，蜀正字，蠋俗字耳。”段玉裁亦持此看法①。可见，“蜀”、“蠋”二字原无区别。

但是，与蚕形状相似而令人爱憎异的“蜀”究竟为何物，《韩非子》和《淮南子》并没有明确指出，所以引致一些不同的猜测，或以为蜀是一种螫人的毒虫，与蚕无关②。其实，古文献对此有明确记载，所谓蜀，就是桑蚕。

《说文·虫部》“蜀”：“蜀，葵中蚕也，从虫，上目象蜀头形，中象其身蜎蜎。《诗》曰：‘蜎蜎者蜀’。”此处所说“葵中蚕”，应作“桑中蚕”，《尔雅》释文即引此作“桑中蚕”，可为其证。段玉裁注云：“《诗》曰：‘蜎蜎者蜀，蒸在桑野’，似作桑为长。”又云：“《毛传》曰：‘蜎蜎，蠋貌；蠋，桑虫也。’《传》言虫，许（慎）言蚕者，蜀似蚕也。”朱熹《诗集传》也说：“蠋，桑虫似蚕者也。”古代以蚕为虫类③，所以蜀为“桑中蚕”、“桑虫”。既然蜀是桑中蚕，当然就可以肯定它是桑蚕，而不是所谓螫人的毒虫。至于蚕与蜀“状相类而爱憎异”，乃因蜀是家蚕的前身，自然不像家蚕那样驯服可爱，体态也不一样。

聲。巨衣切。古音在十三部。
葵中蠶也。葵爾雅桑詩曰
野。似作桑爲長。毛傳曰。蛸蛸。蠋皃。蠋。桑
蠶者、蜀似蠶也。淮南子曰。蠶與蜀相類
臺
从虫。上目象蜀頭形。中勹。謂象其身蛸
蛸者蜀。幽風文。今左旁又加虫。非也。
馬蠋也。馬蚿
蠸。見呂覽仲夏紀。淮南時則訓高注。而

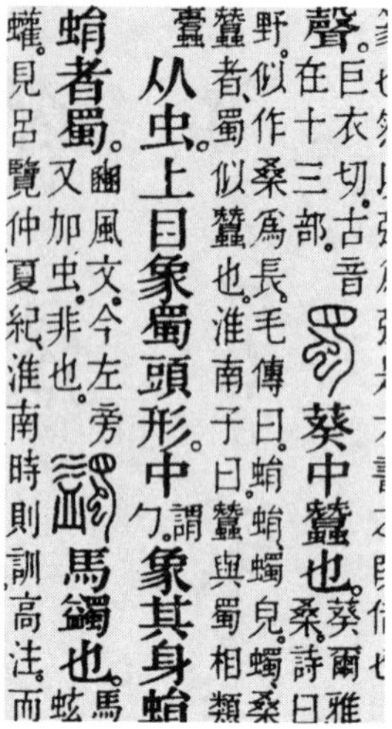

图 2—2　《说文解字·蜀》书影

其他文献对此亦有解释。郑樵《通志·昆虫草木略二》说：“蚕之类多。《尔雅》曰：‘蟓，桑茧。仇由，樗茧、棘茧、栾茧。蚢，萧茧。’此皆蚕类吐丝成茧者。食桑叶为茧者曰蟓，盖蚕也，或云野蚕。食樗叶、棘叶、栾叶为茧者曰仇由。食萧叶为茧者曰蚢；萧，蒿也。原蚕者，再熟之蚕也。”明确指出食桑叶之虫为蚕④。这告诉我们两点：第一，桑中之蚕并不是螫人的毒虫，而是蚕；所谓“或云野蚕”，即是桑蚕，而这就是指蜀。第二，桑蚕不但所食之物与其他“蚕”（真正的野蚕）不同，而且所为之茧也与其他“蚕”茧不一样，二者之间是有区别的。

① 段玉裁：《说文解字注·虫部》“蜀”字下。

② 吴其昌：《王会篇国名补证》，《中国史学》第1期。

③ 郑樵：《通志·昆虫草木略二》。

④ 参考《尔雅·释虫》郭璞注。

现代生物遗传学知识表明，家蚕是从桑蚕而不是其他野蚕驯化而来的，只有桑蚕能够经过人工驯养演化为家蚕，其他野蚕则不能驯化为家蚕。家蚕和桑蚕的这种亲缘关系，从其性状、杂交可育性、染色体数等方面，已得到充分证实。铃木义昭对家蚕和桑蚕的 mRNA 作了对比研究，提出了家蚕由桑蚕驯化而来的生物化学论证材料，认为“丝素是一种极端的蚕白质，它在进化过程中动人地分歧着”（Lucas and Rudall，1968）。家蚕和桑蚕的二种丝素 mRNA 用现代的标准来鉴定是不可辨别的，这就对两种蚕类是祖先和后裔的关系，提供了有力的证明。就现在所用的各种方法来说，没有一种方法能够告诉我们在它们的分子大小和核苷顺序方面，能非常精确地看到细微的差别①。而其他的野蚕丝，例如樗蚕丝和霍顿野蚕丝（Theophila，Huttani Westw）等，迄今仍不能从茧中抽出丝来②。

这就说明，蜀就是桑蚕，它与其他野蚕有着很大区别，不能混为一谈。这一结论不仅与古代文献的记载相符合，也同现代科学研究的成果相一致。

（二）蜀山氏

古蜀人的始源，从中国古籍考察，可以追溯到蜀山氏。

所谓蜀山氏，顾名思义，就是居住在蜀山的族氏。

蜀山氏的来源十分古远，早在先秦已见诸记载，《世本》、《山海经》等先秦古籍即载有“蜀山氏”名号。及至汉初，在《大戴礼记》和《史记》中，均载有“蜀山氏”之名。诸书并谓“蜀山氏之女名昌濮”，或谓“濁（蜀）子”，其见称于世的时代是黄帝时代。

所谓黄帝时代，笼统而言，是指中国新石器时代的末叶，大致相当于考古学上的仰韶晚期或龙山时代较早时期，约在公元前 2700～2600 年。这表明，以蜀命名的这支族群，早在距今四五千年前就已经形成了。

缺如也.
黎. 左傳昭公二十九年疏.
遷采世本作史記. 著於楚世家. 故孔疏並引之.
頫. 吳任臣山海經廣注引世本. 作顓頊生稱.
祖. 產青陽及昌意. 昌意娶于濁山氏
邱五字. 昌意下有青陽降居泜水. 昌意降居若水

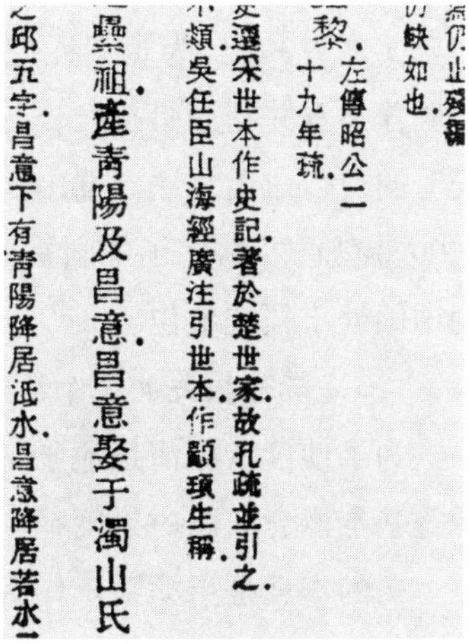

图 2—3　《世本》“蜀山氏”书影

① W. Beerrnann, *Biochemical Differencitiation in Insect Clands*, spring-verlag, 1977.

② 蒋猷龙：《就家蚕的起源和分化答日本学者并海内诸公》，《农业考古》1984 年第 1 期。

第二章 蜀的古史传说与文明起源

蜀山何在呢？

蜀山，是指今岷江上游所在之地的岷山。蜀山之名，早见于《史记》、《汉书》。《史记·封禅书》记载秦始皇"令祠官所常奉天地名山大川鬼神"，其中，"自华（山）以西，名山七，名川四。曰华山，薄山……岳山，岐山，吴岳，鸿冢，渎山，蜀之汶山。水曰河，……江水，祠蜀。"渎山即岷山①，亦即江水所祠之"蜀（山）"。《汉书·地理志》"蜀郡湔氐道"下班固原注说："《禹贡》岷山在西徼外，江水所出"，证明江水所祠的蜀山即是岷山。

宋人对于蜀山所在，考证颇多。《太平寰宇记》卷七八"茂州石泉县"下载："蜀山，《史记》黄帝子昌意娶蜀山氏女，盖此山也。"《路史·前纪四》说："蜀之为国，肇自人皇，其始蚕丛，柏濩，鱼凫，各数百岁，号蜀山氏，盖作于蜀"。又引《益州记》说："岷山禹庙西有姜维城，又有蜀山氏女居，昌意妃也。"《路史·国名记》又说："蜀山（按：今本无'山'字，蒙文通先生据《全蜀艺文志》引补），今成都，见杨子云《蜀纪》等书。然蜀山氏女乃在茂。"又说："蜀山，昌意娶蜀山氏，益土也。"这些记载虽有分歧，但共同指认蜀山在岷江流域的岷山地区，是有充分依据的。

蜀山氏所居之地，又名叠溪。据考证，"叠"字应出于先秦金文"嫘祖"二字合文之省②，当为黄帝元妃嫘祖曾经入蜀的见证。这表明，蜀山氏是一支善于驯养桑蚕并利用桑蚕丝作为纺织原料的族群，它的名称来源于古代"以事为氏"的通行命氏之法。蜀山氏的名称显然意味着，这支族群早在公元前2700～2600年就已经站在了中国蚕桑丝绸早期起源的门槛上了，它的经济文化在当时的中国处于领先地位。

（三）与蜀相关的几个概念

为了使读者更清楚地了解古蜀早期的历史，有必要对古蜀、酋邦、文明起源等基本概念加以讨论阐释。

蜀的本义是指桑蚕。作为地名，蜀最初是指岷江上游的蜀山，即岷山。作为族名，蜀最初是指生息繁衍在蜀山并以饲养桑蚕为业的蜀山氏。后来，由于

---

① 《汉书·郊祀志》。
② 邓少琴：《巴蜀史迹探索》，四川人民出版社1983年版，第136页。段渝：《政治结构与文化模式——巴蜀古代文明研究》，学林出版社1999年版，第342～347页。

黄帝元妃嫘祖入蜀、教民养蚕，蜀山氏便转化为以饲养家蚕为业的蚕丛氏，蚕丛氏继承了蜀的名号，称为蜀王，其族类也就称为蜀。由此，便在蚕丛氏的基础上形成了古蜀历史上的早期蜀族。

早期蜀族的概念，是指狭义的民族概念而言，即在原始社会野蛮时代高级阶段晚期，也就是新石器时代末叶文明起源的时代，随着蚕丛氏、柏灌氏、鱼凫氏等部落间的"合并"和"融合"而形成的古代民族。这种狭义的民族概念，在摩尔根《古代社会》、恩格斯《家庭、私有制和国家的起源》等著作中，多有论述，它与斯大林在《马克思主义与民族问题》一文中所阐述的广义的民族定义有一定区别。

蜀族、蜀国、蜀地、蜀人、蜀文化，是几个既有区别又有联系的概念。

蜀国，是指以蜀族为主体居民，并包括其他一些族类，在以成都平原为中心而其四至因时而异的地域范围内所建立的国家。这个国家历来是作为与中原夏、商王朝不同的政权实体而存在于世的。

蜀地，是指蜀国的地域范围而言，它大体上应与蜀国的疆域相重合。但不同时期，由于蜀疆范围的不同，蜀地的范围也远非一成不变。在多数情况下，当蜀疆缩小后，其故地仍可称蜀。如汉中属秦后，其地仍有蜀称。反之亦然。

蜀人，是泛指生长在蜀国范围内的所有人，以及从蜀迁徙至其他地方的人，而可以不论其本来族别如何。

蜀文化，有三个不尽相同的概念。考古学上的蜀文化，研究对象与蜀地的史前文化或全部蜀人的文化有异有同。参照夏鼐所说历史时期的考古学文化应当用族名或朝代名（如夏文化、商文化等）来指代①，则考古学上的蜀文化应当是特指历史时期蜀族所创造的具有独自特征的全部物质文化遗存。另一种概念是狭义的文化概念，主要指蜀族的精神文化。还有一种是文化人类学上的文化概念，包括蜀族的全部物质文化、精神文化和社会结构。

二、黄帝与古蜀

在中国古史系统里，蜀的早期历史与黄帝及其元妃嫘祖，以及昌意和帝颛

---

① 夏鼐：《关于考古文化命名的问题》，《考古》1959年第4期。

项有着极为深厚的关系。从族系关系看，黄帝族源出西北[①]，与氐羌先民同源，而蜀族亦是原居岷江上游山区的氐羌族类，二者属于同一民族集团的不同支系。从婚媾关系看，黄帝族与蜀族又是亲缘族群，蜀族既是黄帝之子昌意的婚族，黄帝之孙颛顼的母家，又是帝颛顼的“支庶”[②]。因此，古代载籍称述蜀人累代“相承云黄帝后世子孙”[③]，念念不忘其间的亲缘关系，是有深厚而久远的历史根源的。

（一）黄帝族与古蜀族

黄帝族与蜀族是亲缘族群，这是先秦两汉累世相传的旧说，绝无异词，乃是古人的共识。关于此点，《世本》、《大戴礼记·帝系》、《史记·五帝本纪》等中原所传古史，与《山海经·海内经》所载巴蜀所传古史，以及蜀王后代子孙所传古史，南北两系三方的记载完全一致，足可证明其事属实，绝非伪造。《大戴礼记·帝系》记载：

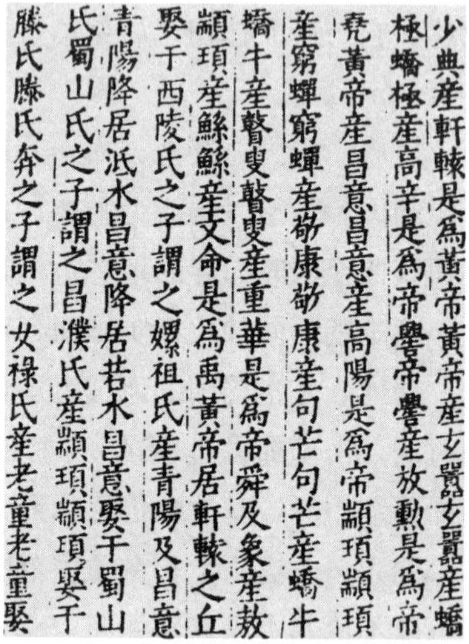
少典產軒轅是爲黃帝黃帝產玄囂玄囂產蟜
極蟜極產高辛是爲帝嚳帝嚳產放勳是爲帝
堯黃帝產昌意昌意產高陽是爲帝顓頊顓頊
產窮蟬窮蟬產敬康敬康產句芒句芒產蟜牛
蟜牛產瞽叟瞽叟產重華是爲帝舜及象產敖
顓頊產鯀鯀產文命是爲禹黃帝居軒轅之丘
娶于西陵氏之子謂之嫘祖氏產青陽及昌意
青陽降居泜水昌意降居若水昌意娶于蜀山
氏蜀山氏之子謂之昌濮氏產顓頊顓頊娶于
滕氏滕氏奔之子謂之女禄氏產老童老童娶

图 2—4　《大戴礼记·帝系》书影

> 黄帝……娶于西陵氏之子，谓之嫘祖氏，产青阳及昌意，青阳降居泜水，昌意降居若水。昌意娶于蜀山氏，蜀山氏之子谓之昌濮氏，产颛顼。

这段史料出于《世本》[④]。《史记·五帝本纪》所记，与此大同，其文云：

> 黄帝居轩辕之丘，而娶于西陵之女，是为嫘祖。嫘祖为黄帝正妃，生二子，其后皆有天下……其二曰昌意，降居若水。昌意娶于蜀山氏女，曰

---

① 《国语·晋语》：“黄帝以姬水成。”

② 《华阳国志·蜀志》。

③ 《史记·三代世表》索隐引《世本》。

④ 《尚书序正义》。

昌濮，生高阳……是为帝颛顼也。

帝颛顼高阳者，黄帝之孙而昌意之子也。

《史记·五帝本纪》这段资料的来源，司马迁说是“谱牒旧闻”①，即《世本》一类专记世系来源与分化之书，又有《大戴礼记》的《帝系》和《五帝德》两篇，以及《尚书》、《春秋》、《国语》等先秦时代流传下来的“古文”②，均出中原系统。

同属中原系统的《吕氏春秋》，也有类似的记载，《古乐篇》云：

帝颛顼生自若水。

史記卷一　一〇

黃帝居軒轅之丘，〔一〕而娶於西陵之女，〔二〕是爲嫘祖。〔三〕嫘祖爲黃帝正妃，〔四〕生二子，其後皆有天下：其一曰玄囂，是爲青陽，〔五〕青陽降居江水；〔六〕其二曰昌意，降居若水。〔七〕昌意娶蜀山氏女，曰昌僕，生高陽，高陽有聖悳焉。〔八〕黃帝崩，〔九〕葬橋山。〔一〇〕其孫昌意之子高陽立，是爲帝顓頊也。

〔一〕集解皇甫謐曰：「受國於有熊，居軒轅之丘，故因以爲名，又以爲號。山海經曰『在窮山之際，西射之南』。」張晏曰：「作軒冕之服，故謂之軒轅。」

〔二〕正義西陵，國名也。

〔三〕集解徐廣曰：「祖，一作『俎』。纍，力追反。」索隱一曰雷祖，音力堆反。正義一作「傫」。

〔四〕索隱案：黃帝立四妃，象后妃四星。皇甫謐云：「元妃西陵氏女，曰纍祖，生昌意。次妃方雷氏女，曰女節，生青陽。次妃彤魚氏女，生夷鼓，一名蒼林。次妃嫫母，班在三人之下。」案：國語夷鼓、蒼林是二人。又案：漢書古今人表彤魚氏生夷鼓，嫫母生蒼林，不得如謐所說。太史公乃據大戴禮，以纍祖生昌意及玄囂，玄囂即青陽也。皇甫謐以青陽爲少昊，乃方雷氏所生，是其所見異也。

〔五〕索隱玄囂，帝嚳之祖。案：皇甫謐及宋衷皆云玄囂青陽即少昊也。今此紀下云「玄囂不得在帝位」，則太史公意青陽非少昊明矣。而此又云「玄囂是爲青陽」，當是誤也。謂二人皆黃帝子，並列其名，所以前史因誤以玄囂青陽爲一人耳。宋衷又云：「玄囂青陽是爲少昊，繼黃帝立者，而史不敘，蓋少昊金德王，非五運之次，故敘五帝

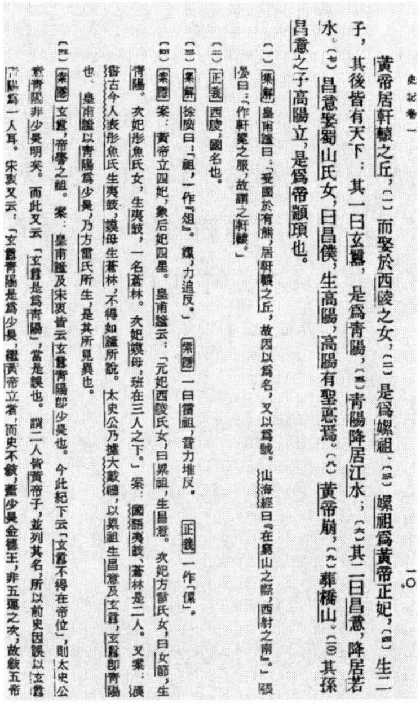

图 2—5　《史记·五帝本纪》书影

若水即雅砻江，纵贯四川西部，东与岷山（蜀山）相近。

按照司马迁在《五帝本纪》中所说，他所依据的这些资料，都是源自先秦中原诸夏世代相传的旧说，“总之不离古文者近是”，证明确有其事，并非臆造。而且，上引诸书虽同属中原系统，但其取材之处却并不同源，其间有地域和国度的区别，如《世本》形成于赵，《吕氏春秋》形成于秦，其他诸书又有不同的来源。这些来源非一，流传次第非一的文献，对于蜀与黄帝的亲缘关系有着完全一致的记载，也证明事属真实，断非虚构。

先秦南方所传古史《山海经》，对于黄帝与蜀的关系亦有确切记载，《海内经》云：

黄帝妻雷祖（按：嫘祖，嫘雷二字音近相通），生昌意，昌意降处若水，生韩流。韩流……取淖子（郝懿行疏：“蜀蜀古字通，又通淖，是淖子

① 《史记·太史公自序》，《汉书·司马迁传·赞》。

② 《史记·五帝本纪》。

即蜀山氏子也。") 曰阿女，生帝颛顼。

此篇成书于西周中叶以前①，它与《大荒西经》所载帝颛顼和蜀王鱼凫的关系等内容，均出自古蜀人之手，同源于西周时已在蜀地流传的蜀王世系谱牒一类家史，或在蜀中世代相传的旧说，颇为信而有征。

《史记·三代世表》褚少孙补曰：

> 蜀王，黄帝后世也，至今在汉西南五千里，常来朝降，输献于汉。

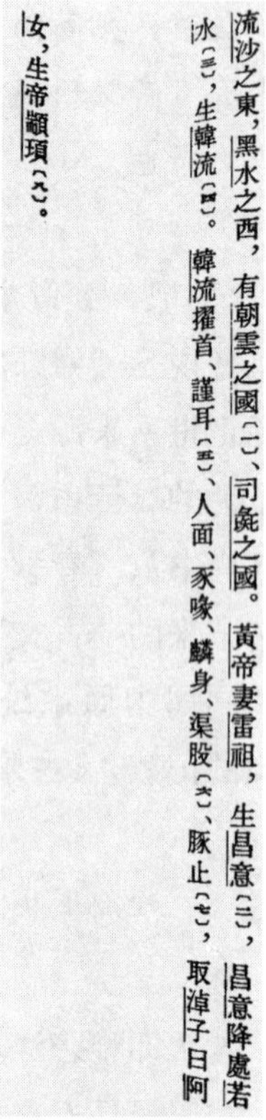

这里所说在"汉西南五千里"的蜀王子孙，是指夏商之际南迁于今云南大姚和四川凉山州地区的蜀王蚕丛后代。《史记·三代世表》正义引《谱记》："蜀之先……历虞、夏、商、周。衰，先称王者蚕丛国破，子孙居姚、巂等处。"褚少孙所说蜀王为黄帝后世子孙，即指此而言。而黄帝子孙之说，当从这些蜀王后代朝降时自己称述得来②。这种称述，即是在蜀王后代中累世相承的家史，亦即《史记·五帝本纪》所说"谱牒旧闻"，它与《山海经·海内经》和《大荒西经》关于蜀王家史谱系的记载如出一辙，表明同源于蜀王旧史，故才得以在蜀王子孙中世代相传，至西汉时仍相传承而不改。

有关黄帝之子昌意娶蜀山氏女曰昌濮，生帝颛顼的记载，除见于上述先秦两汉文献外，还见于其他一些西汉文献，如褚少孙补《史记·三代世表》、扬雄《蜀王本纪》等，以及汉以后的各种文献，如常璩《华阳国志》、皇甫谧《帝王世纪》、杜佑《通典》、罗泌《路史》等。除此而外，历代注家、疏家的注疏当中，也不乏有关内容。

图2-6 《山海经·海内经》书影

————————

① 蒙文通：《略论〈山海经〉的写作时代及其产生地域》，《中华文史论丛》第1辑，1962年版。
② 蒙文通：《巴蜀古史论述》，四川人民出版社1981年版，第36页。

第二章 蜀的古史传说与文明起源

这些文献，从性质上看，可以约略分作四类。一类是先秦列国史官所撰之书，如《竹书纪年》、《世本》等，也包括西汉直接录自这些先秦史乘的《帝系》、《史记·五帝本纪》。一类是先秦私家所撰之书，如《吕氏春秋》。另一类是汉晋时期兼采先秦载籍和蜀王旧史之书，如《蜀王本纪》、《华阳国志》、《帝王世纪》等。还有一类则是既采上古史籍和蜀王旧史，又采历代相传的旧说，以及当时所见的区域文化的材料，如《史记·三代世表》褚少孙补文、《华阳国志·蜀志》、《路史》等。可以看出，有关黄帝、嫘祖与巴蜀关系的材料来源是多方面的，并不成于一时一地一人之手。而这种多元性来源当中的一致性记载，恰恰能够表明其事属实，绝非伪作①。

关于蜀王自当有其家史和家谱，蒙文通先生有精当论述，认为当是《本纪》一类，其中关于"蜀山"的记载，既然见于《路史·国名记》所引扬雄《蜀记》，那么蜀王为黄帝后代之说应早见于《蜀王本纪》，今传辑本之所以无此记载，原因在于清代洪、严诸家辑本漏辑了这一条。而"昌意娶蜀山氏女"之说，既见于中原文献，又见于《蜀王本纪》，说明中原与蜀的相同说法是同出一源的②。对此，李学勤先生表示赞同③。

除此之外，《山海经》的材料也可以证明蜀王原有家传世系一类家史、谱牒传世。此书中的《海内经》和《大荒西经》均成书于蜀，《海内经》成于西周中叶以前，《大荒西经》成于周室东迁以前④，此两篇一致叙述了黄帝、嫘祖、昌意、颛顼与蜀的关系，它们就是蜀王旧史中的一部分。从其成书年代看，这些材料本身的形成年代还要早得多，应在西周以前。这些材料在如此之早的年代里被《山海经》撷取，而此二篇并非官修之书，则它们的信息来源必定是蜀人所传的蜀王旧史，其流传年代应与黄帝、嫘祖、昌意、颛顼同蜀山氏、蜀王发生关系的年代一致，在此两篇采撷这些材料时，这些旧说已在蜀王室和蜀人中世代相承了若干年，正如居于姚、巂等处的蜀王后世子孙累代"相承云黄帝后世子孙"一样⑤。由此可见，这些从上古时代蜀人世代相承下来的旧说，出自

---

① 谭洛非、段渝：《论黄帝与巴蜀》，《社会科学研究》1994年第1期。
② 蒙文通：《巴蜀古史论述》，四川人民出版社1981年版，第37~41页。
③ 李学勤：《〈帝系〉传说与蜀文化》，《四川文物·三星堆古蜀文化研究专辑》，1992年版。
④ 蒙文通：《略论〈山海经〉的写作时代及其产生地域》，《中华文史论丛》第1辑，1962年版。
⑤ 《史记·三代世表》索隐引《世本》。

蜀王家史、家谱，其基本内容是相当可靠的。

蜀王家史的保存流传，在地域上分为三个系统，一是中原系统，一是姚（云南大姚）、巂（四川西昌）系统，一是蜀中系统，三者同源异流，在不同的地区以不同的形式流传。从先秦到汉魏六朝，三个地区保存流传下来的关于蜀山氏与黄帝、嫘祖关系的内容均大体一致，充分表明它是传自上古的史实，绝不是后人妄言。

从区域文化角度看，蜀王旧史在蜀中长期保存，代相传习，至西汉时为扬雄《蜀王本纪》所收录。至晋时，这些材料仍在蜀中故老当中流传，常璩作《华阳国志》，其材料来源之一，便是"考诸旧纪先宿所传"，"及自所闻"①，即其证。直至南宋，这些材料仍为罗泌采撷，足见源远流长，充分可靠。这说明，区域文化方面的材料，自有其保存流传的土壤和渠道，而这些材料的基本内涵，往往是有着相当可靠的历史事实为根据的。如果区域文化的材料有其流传系统，足可缕析其源流，或者能够在相邻区域的文献系统以及中原文献系统中取得验证，相互呼应，或者能够从考古学以及民族志等材料中取得证明，那么，就应当而且必须承认它们的真实性和可信性，而不能简单地根据这些材料的所谓"不雅驯"内容，或者单纯地依据中原人士获悉这些材料的年代早迟，来判定其真伪，以致轻率地作出结论。既然如此，那么我们对于在蜀中故老当中长期传习的蜀王旧史，就不能够一概斥之为妄，一概斥之为伪。

（二）嫘祖与古蜀

历代史籍记载黄帝元妃为嫘祖，并尊嫘祖为中国蚕桑丝绸之祖。

根据先秦古籍的记载，嫘祖本为西陵氏之女②。

古代蜀人称蜀山为"西山"，乃历代蜀王的"归隐"之地③。按古代的归葬习俗，归隐其实是指归葬于所从来之地，即是其所发祥兴起的地区。历代蜀王既归隐于西山，显然就意味着蜀之西山（蜀山）是其发祥之地，其兴于此，来于此，而又归于此。商代的广汉三星堆祭祀坑和成都羊子山土台（大型礼仪中心），方向都朝向蜀山，绝非偶然，它们其实都表现了魂归蜀山或祭祀其先王所

---

① 《华阳国志·序志》。
② 《大戴礼记·帝系》，《史记·五帝本纪》。
③ 《华阳国志·蜀志》。

从来之地的观念，这就从考古学文化上证明了蜀之西山乃蜀山氏兴起之地这一事实。

蜀之西山与嫘祖之西陵，这两个地名具有深刻的内在联系。陵，《说文》释为"大阜"，即大丘陵地区。山与陵，广义上可以互通，所谓"高岸为谷，深谷为陵"①，即指此。嫘祖为其子昌意娶于蜀山氏，依古代地名随人迁徙的"名从主人"传统，将西陵之名带至那里，而命名蜀山为西山，同时在那里留下了以嫘祖名称命名的地名（叠溪）②。这就表明，蜀山氏的确与黄帝、嫘祖有着千丝万缕的联系。

能够说明嫘祖亲临蜀山并促成蜀山氏驯化桑蚕为家蚕这一重要转变的另一证据是，自从黄帝、嫘祖为其子昌意娶于蜀山氏以后，"蜀山氏"的名称就不再见称于世，而为蚕丛氏这个名称所取代，同时，蜀山氏原来所居的区域，也成为蚕丛氏的发祥兴起之地③。这个历史变化不是偶然的，其内涵恰与从蜀（桑蚕）到蚕（家蚕）的驯化演进历程相一致，真切地反映了蜀山氏在嫘祖蚕桑、丝绸文化影响和促进下，由驯养桑蚕转化为饲养家蚕，并以家蚕丝为原料缫丝织帛的历史转变及其进程。从蜀山氏到蚕丛氏名称的变化表明，两者关系是前后相续、次第相接的发展演变关系，是历史与逻辑相统一的关系，也是生物学上的遗传变异关系，家蚕起源上的驯化桑蚕为家蚕的关系，包含并体现了深刻的历史内容，而不仅仅是一个名称的交替④。

正因为蚕丛氏上承蜀山氏，并在蜀山建国称王，所以其氏族名称和国号均称为蜀，即使是在蚕丛从蜀山南迁成都平原立国称雄后，虽保持了蚕丛氏的名号，但仍然以蜀命名国号，而以后历代蜀王也因袭蜀名而不改。中原文献称历代蜀王均为蜀，原因也在于此。

至于从"蜀山"到"蜀"的变化，则是与蚕丛氏从蜀山南迁成都平原相适应的。成都平原一望无垠，地理环境与蜀山大不相同，因而去其"山"而仅保留"蜀"。而蜀人对山的怀念，则长久地保存并体现在成都平原的大石崇拜

---

① 《诗经·小雅·十月之交》。
② 段渝：《嫘祖考》，《炎黄文化研究》1997年12月第4期。
③ 《古文苑·蜀都赋》章樵注引《先蜀记》："蚕丛始居岷山石室中。"《汉书·地理志》蜀郡蚕陵县，治今叠溪，旧称"蚕陵"，"古蚕丛氏之国也"（《蜀水考》卷陈一津分疏），即先前蜀山氏之地。
④ 段渝：《政治结构与文化模式——巴蜀古代文明研究》，学林出版社1999年版，第352~363页。

之中。

从蜀山氏到蚕丛氏的转变，初步完成了蚕桑、丝绸的早期起源阶段，进入发展、传播的新阶段。其后，随着蚕丛氏从蜀山南迁成都平原，蚕桑、丝绸文化也一同传布开来，推动了蜀中蚕桑和丝绸业的兴起，并进一步演进成为中国蚕桑、丝绸业的主要基地和一大中心①。

三、大禹与古蜀

在中国古史传说里，黄帝后裔分为两大系统：一个系统是黄帝之子青阳的系统，直传蹻极、高辛（帝喾），高辛之后分为放勋（尧）、帝挚、契、弃等几大支系；另一个系统是黄帝之子昌意的系统，直传乾荒（有些载籍中没有这一代）、高阳（帝颛顼），高阳之后分为穷蝉、鲧、偁、蜀等几大支系（见表2-1②）。

表2-1　黄帝后裔系统表

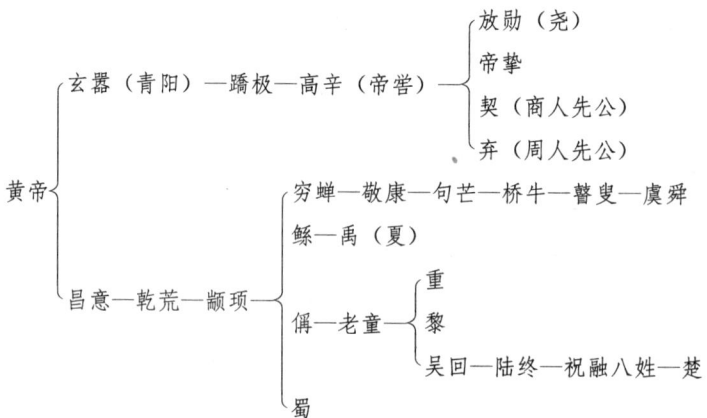

从表中不难看出，禹与蜀同属帝颛顼系统。禹为夏代开国之君③，所以，夏禹与蜀具有很深的历史和亲缘关系。

---

① 段渝：《嫘祖考》，《炎黄文化研究》1997年12月第4期。
② 谭洛非、段渝：《论黄帝与巴蜀》，《社会科学研究》1994年第1期。
③ 《史记·夏本纪》。

（一）禹出西羌

首先应当肯定，禹是夏代开国君主，是人王而不是天神①。

古史传说禹生于西羌之地的石纽。"禹生石纽"是先秦汉晋累世相传的旧说。在现存历史文献中，较早传述这一史实的是战国时代的孟子。皇甫谧《帝王世纪》引《孟子》说：

> 禹生石纽，西夷人也。

所谓"西夷"，是指西羌而言。"夷"是泛称，战国时代用以指称非华夏的中原周边族类。《孟子》这里所说，意指石纽为西夷之地，是说禹的出生地在西夷石纽，是指其原籍而言，并不带有任何鄙夷贬抑之义。

孟子的这一说法，与司马迁之说完全一致。《史记·六国年表》明确记载道：

> 禹兴于西羌。

汉初重臣陆贾在所著《新语·术事篇》中也明确说道：

> 大禹出于西羌。

汉昭帝时桓宽所著《盐铁论·国疾篇》亦明确指出：

> 禹出西羌。

上述载籍表明，禹是西羌石纽地方的人。

西羌何在呢？

一般认为，黄河上游湟水析（赐）支一带是上古时代西羌的分布中心，此即《后汉书·西羌传》所记载的"滨于赐支，至乎河首，绵地千里"的"羌

---

① 段渝：《禹的传说与史实》，《夏禹文化研究》，巴蜀书社 2000 年版，第 257～276 页。

地"。但西羌分布极其广阔,除黄河上游甘青地区而外,还南及岷山之域,这也就是《后汉书·西羌传》所说:"赐支者,《禹贡》所谓析支者也,南接蜀汉徼外蛮夷"。所谓"蜀汉徼外蛮夷",乃是指"在蜀之西"① 的岷山山区,"其山有六夷、七羌、九氐,各有部落"②,不论在地理上还是文化上都是与河湟赐支地区连为一体的。

从考古学上看,20世纪40年代曾在岷江上游今四川省阿坝藏族羌族自治州的汶川、理县、茂县等地发现新石器时代的彩陶和石器,1964年进行勘察,加上2000年茂县营盘山遗址的考古新发现,新石器出土地点计有一百余处③。石器多为扁长形,刃部富于变化,有长条石刀、石刮刀、斧、锛、凿等,以通体磨光、狭长平薄的斧为特征。陶器以泥质灰陶为主,也有红陶和彩陶。器形多为平底,纹饰有绳纹、圆窝纹等。彩陶为红胎黑彩,与西北甘青地区的马家窑文化相近,石兴邦认为是马家窑文化南下的一支④。不过,从整个陶器的情况看来,岷江上游古文化有可能是当地土著文化吸收了庙底沟文化和马家窑文化的若干因素而形成的。

新石器时代晚期至青铜时代,中国西部甘肃、青海和四川西北高原地区有众多族群活动居息。考古学上,甘肃地区的古文化遗存,如马家窑文化、半山文化、马厂文化等,在广义上都同古羌人有一定关系⑤。分布在河西地区山丹、民乐至酒泉、玉门一带的火烧沟类型文化,年代与夏代相当,可能是古羌族文化的一支。相当于殷商时代的辛店文化,也与古羌人有关。在陇山之东西,分布有相当于商周时期的寺洼文化,分成两个类型⑥。寺洼类型分布在洮河流域

---

① 《史记·西南夷列传》。
② 《后汉书·南蛮西南夷列传·冉駹传》。
③ 郑德坤:《四川古代文化史》,华西大学博物馆1947年版。林名均:《四川威州彩陶发现记》,《说文月刊》1944年第4卷。《四川理县汶川县考古调查简报》,《考古》1965年第12期。蒋成、陈剑:《岷江上游考古新发现述析》,《中华文化论坛》2001年第3期。成都市文物考古研究所:《四川茂县营盘山遗址试掘报告》,《成都考古发现(2000)》,科学出版社2002年版。
④ 石兴邦:《有关马家窑文化的一些问题》,《考古》1962年第2期。
⑤ 俞伟超:《古代"西戎"和"羌"、"胡"文化归宿问题的探讨》,《青海考古学会年刊》1980年第1期。
⑥ 《甘肃古文化遗存》,《考古学报》1960年第2期。

和陇山以西的渭水流域，年代早于西周①。安国类型分布在甘肃的泾水、渭水、白龙江、西汉水诸流域，年代大致与西周同时②。寺洼文化这两种类型，或认为属羌③，或认为属氐的文化遗存④。但若从寺洼文化和辛店文化均出土陶双耳罐来看，毋宁说它们是同源的文化，广义上应是古代氐羌的文化遗存，这也同古文献关于氐羌同源的记载是一致的。

陶双耳罐这种文化因素，从西北甘青地区逶迤而南，连续分布到川西高原，在岷江上游地区分布相当广泛。这种情形，不能不说是同《后汉书·西羌传》等史籍所说西羌的分布范围恰相吻合的。

再从中国西部石棺葬的分布来看，我们可以得出同样结论。

20世纪30年代以来，在川西高原发现大批属于氐羌系统的石棺葬，广泛分布于岷江上游、雅砻江流域和金沙江流域，在大渡河流域也有发现。川西高原石棺葬发生甚早，延续时间也很长。在中国西部，石棺葬这种墓葬形式和埋葬习俗是由北往南发展的，最早出现在甘肃景泰张家台墓地的半山类型墓葬中⑤，尔后向川西高原岷江上游地区和雅砻江、金沙江发展，呈连续发展的分布态势，而以岷江上游最为集中。墓葬形式和葬俗最能反映民族文化特色。在考古学上，尽管对中国西部的石棺葬分有不同类型，但类型差异乃是由于年代早晚、地理环境和支系各别等差异所造成，而这些差异并不影响到它们作为同一民族集团的族属关系。石棺葬这种分布格局，表明从西北甘青地区到川西高原确属古代西羌的分布范围。

史籍中对于禹又称为"戎禹"。《太平御览》卷83引《尚书纬·帝命验》说："修已……生伿戎，文命禹。"注曰："伿，禹氏，禹生戎地，一名文命。"王符《潜夫论·五帝德》也载道："修已……生白帝文命戎禹。"所谓"戎"，古籍上一般是对中国西部民族的通称，其中既包括西北地区的民族，又包括西南地区川西高原的民族。称西北地区的民族为"西戎"，这屡见于《左传》、《史

---

① 《甘肃省文物考古工作三十年》，《文物考古工作三十年（1949—1979）》，文物出版社1979年版，第143页。
② 《宝鸡竹园沟等地西周墓》，《考古》1978年第5期。
③ 夏鼐：《临洮寺洼山发掘记》，《考古学论文集》，科学出版社1961年版。
④ 《甘肃省文物考古工作三十年》，《文物考古工作三十年（1949—1979）》，文物出版社1979年版，第144页。
⑤ 《甘肃景泰张家台新石器时代的墓葬》，《考古》1976年第3期。

记》、《竹书纪年》等史册，也为治史者所熟知。而称西南地区川西高原的民族为"西戎"，则为治史者所较少谈论，但却是古代的史实。如《战国策·秦策一》就记载秦大夫司马错说："夫蜀，西辟之国也，而戎狄之长也"，《荀子·强国篇》也说巴是"巴戎"，而《华阳国志·蜀志》则载秦灭蜀后，"戎伯尚强，乃移秦民万家实之"。这里所说"西辟戎狄"、"戎伯"，均指川西高原地区臣属于古代蜀国的氐羌系族群。

中国古史有"迁三苗于三危，以变西戎"之说①，表明三危是西戎之地的一个处所。三危的所在，《尚书·禹贡》正义引郑玄说："《地记》云，三危之山，在鸟鼠山之西，南当岷山。"《汉书·司马相如传》颜师古注引张楫曰："三危山在鸟鼠山之西，与岷山相近，黑水出其南陂。"毕沅《山海经注》则说："（三危）山当在今四川省。"这些史料表明，川西高原岷山地区确实是古代西戎的一个重要聚居区。

这表明，"禹出西羌"，禹名"戎禹"，其地域范围总的说来在中国西部甘青地区和川西高原岷山地区。

（二）禹生石纽

既然禹出西羌，地当中国西部地区，那么，禹生石纽，石纽之地就应当在这一大片地域范围内。

关于石纽所在，历代史籍多有记载。

《太平御览》卷82《皇王部》引扬雄《蜀本纪》记载：

禹本汶山郡广柔县人，生于石纽，其地名刳（按：原引作"痢"，不通，今据《元和郡县志》卷32改）儿畔。禹母吞珠孕禹，坼剖（按：原作"副"）而生于县。

赵晔《吴越春秋》卷6《越王无余外传》记载：

女嬉于岷山，得薏苡而生禹，地曰石纽，在蜀西川也。

---

① 《尚书·舜典》，《史记·五帝本纪》。

又载：

> 禹家于西川，地曰石纽，石纽在蜀西川也。

《三国志·蜀志·秦宓传》记载秦宓曰：

> 禹生石纽，今之汶山郡是也。

谯周《蜀本纪》记载①：

> 禹本汶山广柔县人也，生于石纽，其地名刳儿坪。

《括地志》载②：

> 茂州汶川县石纽山在县西七十三里。《华阳国志》云："今夷人共营其地，方百里不敢居牧，至今犹不敢放六畜。"

这些记载表明，石纽之地在西羌所及的岷江上游地区，即在汉代的汶山郡广柔县地界内。

汉代广柔县的地域范围，大致相当于今四川阿坝州的汶川县、茂县和绵阳市的北川县。广柔县的县治，按传统说法在今汶川县西，"故城在汶川县西七十二里"③，那么石纽之地就应当在其附近。不过，除汶川县外，石纽还有位于今茂县绵虒④和北川县⑤以及都江堰市等的记载。几种说法虽然略有差异，但总的说来，均属岷江上游地区，其大体方位是颇为一致的。

有关禹生长地的传说，除四川西北部岷江上游的石纽而外，还有安徽寿春

---

① 《三国志·蜀志·秦宓传》裴注引。
② 《史记·夏本纪》正义引。
③ 龚熙春：《四川郡县志》卷1。
④ 《旧唐书·地理志》。
⑤ 《新唐书·地理志》。

和当涂的涂山，以及浙江绍兴的会稽等说法。不过，综观史籍的流传情况和衍生增饰情况，安徽和浙江的禹迹，或由"禹娶涂山"而来，或为"禹合诸侯"之处，却均非禹出生地的记载，因此不能作为禹出生于那里的证据。只有禹生石纽的说法，既是有关禹出生地的记载，又是见之于先秦两汉载籍的旧说，同时也符合考古资料所显示出来的遗迹，因而才是值得凭信的。

禹生石纽之说，是一种典型的出生传说，它与卵生说一样，是上古民族关于自身族群来源的一种说法，反映了某一族群同它所置身的自然环境的某种特殊的关系。历史文献屡见禹生于石的记载，如《淮南子·修务篇》："禹生于石"，高诱注曰："禹母修己，感石而生禹，坼胸而出"。而禹之子夏启的出生也与石有关，《随巢子》说："启生于石"①，《汉书·武帝纪》记载武帝"见夏后启母石"，应劭注云"启生而母化为石"。所载都是禹、启一系与石的密切关系。《随巢子》还说"禹产于砥石"，孙诒让证之以《淮南子·修务训》和《帝王世纪》，认为砥石"疑即石纽"②，有一定道理，但不全面。从古羌语称万年积雪的山峰为昆来看③，所谓"砥石"应指高山之石，而这种景观同岷江上游高山峡谷的自然环境是完全吻合的。正是这种高山峡谷、怪石嶙峋的特殊环境，才产生出了禹生于石的起源传说，从而表明文化的确是人类适应环境的产物。

禹生于石的传说，同西方羌民崇拜白石的传统有着极为密切的关系④。这种关系，在民族学和民俗学上，可以从岷江上游羌族流传至今的石崇拜上得到清楚的反映和说明，从岷江上游的考古发现上也有若干确切的实物证据足资说明⑤，是有充分的证据的。

禹生石纽的传说，由于近年新出土的地下文献资料，可以说得到了相当程度的证实。

2004年3月，吉林省文物考古研究所三峡考古队在重庆云阳旧县坪发掘出

---

① 《艺文类聚》卷6引。
② 孙诒让：《墨子间诂》下册，中华书局1986年版，第702页。
③ 任乃强：《试论〈山海经〉的成书年代与其资料来源》，载《山海经新探》，四川省社会科学院出版社1986年版。
④ 徐中舒：《先秦史论稿》，巴蜀书社1992年版，第23页。
⑤ 李绍明：《从石崇拜看大禹与羌族的关系》，载《徐中舒先生百年诞辰纪念文集》，巴蜀书社1998年版。

土一通东汉熹平二年朐忍令景云碑①，碑铭凡367字，记述有关于禹生石纽的极为珍贵而重要的资料。碑铭全文分四部分，其中第一和第二部分如下：

> 汉巴郡朐忍令广汉景云叔于，以永元十五年季夏仲旬卒。君帝高阳之/苗裔，封兹楚熊，氏以国别。高祖龙兴，娄敬画计，迁诸豪侠英杰，都于咸阳，/攘竟（境）蕃（蘄）卫。大业既定，镇安海内。
>
> 先人伯沇，匪志慷慨，术禹石纽、汶川之会。帷屋/甲（怅）帐，龟车留遴，家于梓潼，九族布列，裳绕相龙，名右冠盖。

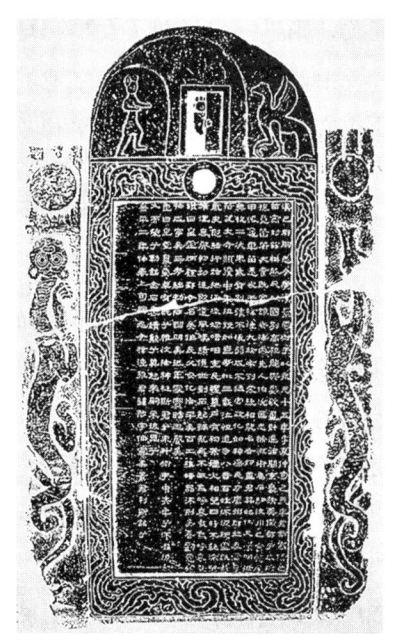

图 2-7 东汉熹平二年朐忍令景云碑铭文

碑文说景云为帝高阳之苗裔，封于楚，为楚国屈、景、昭三大姓之一的景氏。又说其先人伯沇，"术禹石纽、汶川之会"，伯沇当为伯杼，为禹后七世、夏后氏少康之子帝杼，即《左传》所载灭豷于戈的杼，《史记·夏本纪》所记载的帝予。术通述，循也。龟车，指君王出行队伍中悬龟蛇旗的车骑。留遴，谓前往。这段碑文意为：景云的先祖伯杼在少康中兴后，为遵循"禹石纽、汶川之会"的遗则，曾甲帐龟车，巡狩回蜀②。这段碑文从多方面提供了有关先秦史的新材料。仅就大禹与古蜀的关系而言，可见大禹不但兴于西羌，家于石纽，而且曾在石纽召集过盟会。今岷江上游马家窑文化因素、庙底沟文化因素与本地土著文化因素共存而土著文化因素占有主要成分的考古现象，当即与代表土著族群的酋邦首领大禹所召集的"石纽、汶川之会"的历史事实有关。而大禹后代、夏后氏少康之子帝杼遵循大禹石纽、汶川之会的遗则，甲帐龟车，巡狩

---

① 东汉景云碑现藏重庆中国三峡博物馆。
② 魏启鹏：《读三峡新出东汉景云碑》，《四川文物》2006年第2期。

回蜀,则进一步说明了大禹和夏文化所具有的深厚的西部底层。

由此可见,禹生西羌之地的石纽,石纽在四川西北岷江上游地区,这是为历史文献、民族学、民俗学和考古学资料所共同证实了的,可谓信而有征。

四、中国古史传说的西部底层

(一) 文化底层的含义

底层这个理念,始源于韦斯登·拉巴(Weston La Barre)的一篇研究美洲印第安人巫教与幻觉剂的论文①,意思是说美洲印第安人的宗教一般都保存着他们的祖先在进入新大陆时从其亚洲老家所带来的旧石器时代和中石器时代底层的特征。后来,彼得·佛斯特(Peter T. Furst)进一步发展了这一理念,用以论证"亚美巫教底层"②,张光直先生又运用了这一理念,来继续论证"中国-玛雅连续体",从而提出"中国古代文明的环太平洋的底层"③。尽管目前对于底层这个术语及其理念还有不同认识,但借用它来分析不同区域的共同文化积淀是会有所助益的。

按照我们的认识,所谓文化底层,是指存在于不同区域中一种或数种来源相同、年代古远,并在各自文化序列中处于底层或带有底层特征的共同文化因素。从这个意义上说,文化底层应当具有三层含义:第一,来源于一个共同的文化祖源。第二,积淀为各地区文化序列的底层。所谓底层,是相对于文化序列的发展演变而言。第三,在各地区文化的发展演变中,底层特征恒久不变地保留并贯穿于各个发展序列,长期而持续地发生着它特殊的重要作用。

从文化史研究的角度出发,我们认为文化底层还可以进一步区分出原生底层和次生底层。原生底层是指同一文化祖源在不同地区的原生分布,次生底层是指不同文化区域认同另一种分布广远、历史悠久的文化特质作为自身文化的底层或底层的一个组成部分。原生底层不是文化传播,也不是文化移植。次生

---

① Weston La Barre, "Hallucinogens and the shamanic origins of religion", in P. T. Fursted (ed.), *Flesh of the Cods*, (New York, 1972), PP. 261—278.

② Peter T. Furst, "Shamanistic Survivals in Mesoamerican religion", *Actas del XII Congess Internacionalde Americanistas*, (Mexico), Vol. Ⅲ, 1976, PP. 149—157.

③ 张光直:《中国古代文明的环太平洋的底层》,《中国考古学论文集》,三联书店1999年版,第357~369页。

底层虽然包含有文化传播，但又不等于文化传播。文化传播的特征是把开端作为终端，次生底层的特征则是把终端作为开端，它是文化底层的复杂转化，而不是文化因素的简单叠加。

仔细考察中国古史传说，可以发现它有极为深厚的文化底层，而且中国古史传说的深厚底层主要来源于以黄帝为首的"五帝"和夏禹，其中的西部底层特征表现得尤为明显，而西部文化底层恰恰与长江上游古蜀文化有着不可分割的血肉关系。对这个问题进行分析，将不仅可以使我们更加深刻地认识中国西部文化的重要性，而且还能更加清楚地看出中国古史传说的构成格局。

（二）黄帝文化的西部底层

历史文献材料证明黄帝为其子昌意娶蜀山氏之女、生子高阳是可靠的古代史传。高阳长后，东进中原，建都帝丘（今河南濮阳）[1]，又"封其支庶于蜀"[2]，子孙中的一支仍留蜀地。从考古学上看，岷江上游地区仰韶文化彩陶与马家窑文化彩陶以及成都平原宝墩文化（三星堆一期文化）陶器共存的考古现象[3]，确切证实了这一古史传说的真实性。从这一基本史实出发来看，中原和古蜀均为黄帝后代，两地文献均从古相传黄帝与古蜀的亲缘关系，都把各自最古文化的起源追溯到黄帝与嫘祖、昌意与蜀山氏和帝颛顼，这正是表现了两地共同的文化底层。或者说，由于中原和古蜀保有深厚的黄帝文化底层，才使黄帝与古蜀的这种亲缘关系在两地众口相传，流传千古。如果没有这种深厚的底层，就绝不会在不同的两个地区留下如此相同的传说。

根据《左传》、《国语》、《史记》等文献的记载，黄帝娶嫘祖后，由西东进中原，阪泉一战战胜炎帝，涿鹿一战擒杀蚩尤，成为首先初步统一中国西部、中部和东部部落的一代酋豪，在中原和东方留下了深厚的黄帝文化底层。尔后，在战争与和平的交流途径中，黄帝文化继续东进南下黄河流域和长江流域各地，深刻地浸透到这些原来的异质文化区，积淀下来，并与各地原来的文化相结合，由此便引起并促成了这些地区原先文化底层的逐步转化。这样，黄河流域和长

---

[1] 《左传》昭公十七年。
[2] 《华阳国志·蜀志》。
[3] 在岷江上游，与营盘山遗址隔江相望的沙乌都遗址，出土的夹砂灰陶、褐陶侈口罐等陶器，与成都平原宝墩文化同类器物相似。见成都市文物考古研究所：《四川茂县沙乌都遗址调查简报》，载《成都考古发现（2004）》，科学出版社2006年版。

江流域都受到了黄帝文化的浸染，因而各地文化均有一些相同或相近的特质，这些共同文化特质在各地积淀下来后，最终成为了中国东西南北中最深厚的文化底层，这种文化底层也就构成了中国文明多元一体发展的牢固基石。黄帝之后大约2000多年，当司马迁"西至空桐，北过涿鹿，东渐于海，南浮江淮"时，所到之地，"长老皆各往往称黄帝、尧、舜之处，风教固殊焉，总之不离古文者近是"①，各地风俗教化虽不相同，但却往往称黄帝。这一现象，其实正是东西南北中各地黄帝文化底层的表现。过去有的史家不明白这个道理，反而说是各地强拉黄帝为祖先，自然是犯了以偏概全的错误。

（三）大禹文化的西部底层

禹兴西羌之说始于先秦，禹生石纽的传说反映着古代的历史实际②，这些都是出自古代羌人的传说。禹兴西羌和禹生石纽，实际上是同一个传说中的大概念和小概念的关系。西羌既指族系，又指西羌的分布地域，是大概念，石纽则指西羌居住地域内的一个具体地点，是小概念。《华阳国志》记载岷江上游广柔县境为大禹圣地，"夷人营其地，方百里不敢居牧。有过，逃其野中，不敢追，云畏禹神，能藏三年，为人所得，则共原之，云禹神灵佑之"③。《水经·沫水注》也说："（广柔县）有石纽乡，禹所生也。今夷人共营之，地方百里，不敢居牧。有罪逃野，捕之者不逼，能藏三年，不为人得，则共原之，言大禹神所佑之也。"文中的"夷人"是对少数民族的泛称，这里则指岷江上游的氐羌族群。岷江上游氐羌族群对禹顶礼膜拜，奉为神明，大概同景云碑所记述的"禹石纽、汶川之会"有直接的因果关系。这种对禹崇拜敬畏达于极致的现象，除这个地区外，是中国其他地区所没有的。由此不难知道，岷江上游确乎同禹具有民族和文化上的深厚的渊源关系。而岷江上游古为羌人居域，因此显而易见，禹兴西羌是岷江上游羌人的传说。

虽然，古羌人南下从遥远的古代就已开始，比大禹时代更加久远的马家窑文化已经南下进入岷江上游，但没有任何证据能够指认禹兴西羌的传说是由甘青地区的马家窑文化南下带来的。从众多史籍关于禹生石纽的一致记载来看，

---

① 《史记·五帝本纪》。
② 李学勤：《禹生石纽说的历史背景》，载《大禹与夏文化研究》，巴蜀书社1993年版。
③ 《续汉书·郡国志》"蜀郡广柔县"下刘昭注引，今本佚此段文字。

只有把禹的出生地放在四川西北的岷江上游，才是符合历史实际的。唯因如此，禹生石纽的传说才可能在古蜀之地长期保留下来。及禹长后，东进中原，手创夏王朝，随禹东进的羌人也就转化为夏王朝的主体民族。于是，禹兴西羌、禹生石纽的传说，也随东进开创夏王朝的羌人之定居中原而在中原长期保留下来。所以，蜀地和中原都保留了相同的传说。文献来源的地域不同，传说却完全一致，恰恰说明它既是"真传说"①，又是真史实，而原因就在于它们同出一源的文化底层。

从所有关于禹生石纽和禹子启生于石的文献记载来看，禹、启与石的这种出生关系，在全中国范围内只被指认为两个地区，一个是古蜀岷江上游地区，一个是中原河南嵩山地区。其他地区关于禹的传说，比如禹娶涂山、禹合诸侯等等，均与禹的出生传说无关。这就十分清楚地说明，大禹与石这种特殊的出生关系传说，乃是古蜀和中原地区同出一源的共同文化因素，是古蜀和中原文化最深厚的底层。

(四) 西部底层的文化史意义

从禹生岷江上游的石纽，到禹东进中原，"崇禹生开（按：开即启，夏启之谓）"②，反映了禹从古蜀东进中原的史迹，所以才可能仅在古蜀和河南流传这些传说。

另一方面，古蜀和中原流传禹、启生于石的同样性质传说，除禹东进中原而外，还有更加深刻的文化史背景，那就是古蜀和中原夏王朝的主体民族均为帝颛顼后代。作为夏王朝开创者的禹，同样也是帝颛顼的后代，他从古蜀岷江上游东进中原河南嵩山，均在帝颛顼后代各分支之间活动，这些地域又同属上古时代的"西戎"之地，具有共同的文化底层，所以相同的传说得以在中国西部这一大片地域间长期保存和流传。

黄帝为其子昌意娶蜀山氏女，生子高阳，高阳东进中原建都立业，以及禹生石纽、东进中原开创夏王朝，这两段远古传说的文化史意义，并不仅仅在于可以据此确定帝颛顼和大禹两位中国古史上的著名人物均出生在古蜀地区，更重要的是，透过这些古史传说，可以看出黄帝、帝颛顼文化和大禹文化西兴东渐的历史，看出中国古史传说中所蕴含的丰富而深厚的西部文化底层。从黄帝、

---

① 顾颉刚：《论巴蜀与中原的关系》，四川人民出版社1981年版，第37页。
② 《逸周书·世俘》。

第二章 蜀的古史传说与文明起源

嫘祖、昌意、帝颛顼时期中国西部、古蜀地区同中原地区的关系，到大禹时期古蜀与中原的关系，可以看出中国古史的西部底层是经过了不同的历史时期，层累地积淀起来的，它们便是中国西部文化的原生底层。这一原生底层在中国历史上自始至终发生着极为重要的作用，以致成为中华文化和华夏文明最重要的标志和里程碑。

正因为古蜀在中国古史的原生文化底层中据有如此重要的地位，所以我们不能不说，古蜀地区是中华文明重要的起源地之一，对中华古文明的缔造作出了不可磨灭的重要贡献。

第二节 成都平原文明起源的进程

1995年以来，在成都平原相继发现了新津宝墩、都江堰芒城村、崇州双河村和紫竹村、郫县古城村、温江鱼凫村、大邑盐店、高山等数座相当于龙山时代的古城址。经不同程度的勘探和发掘，基本证实了这些城址是早于三星堆文化（不含三星堆遗址一期）的史前城址。这批城址的年代早晚虽略有差异，但其文化的总体面貌基本一致，它们有一组贯穿始终而又区别于其他考古学文化的器物群，应属同一考古学文化遗存。由于这批早期城址中以新津宝墩遗址的面积最大，文化内涵最丰富，最具有代表性，因此将这一考古学文化命名为"宝墩文化"。宝墩文化的绝对年代，初步推定在距今4500~3700年之间①。

成都平原早期城址群的发现，从考古学上为我们提供了分析成都平原文明起源进程的基本材料。

---

① 《成都史前城址发掘又获重大收获》，1997年1月19日《中国文物报》。《四川新津县宝墩遗址调查与试掘》，《考古》1997年第1期。《四川新津县宝墩遗址1996年发掘简报》，《考古》1998年第1期。《四川温江县鱼凫村遗址调查与试掘》，《文物》1998年第12期。《四川省郫县古城遗址调查与试掘》，《文物》1999年第1期。《四川都江堰市芒城遗址调查与发掘》，《考古》1999年第7期。以下引此，不再一一注明。此外，有学者主张宝墩文化应纳入三星堆遗址文化第一期的范畴，称为三星堆一期文化宝墩类型。本书采取宝墩文化的概念。

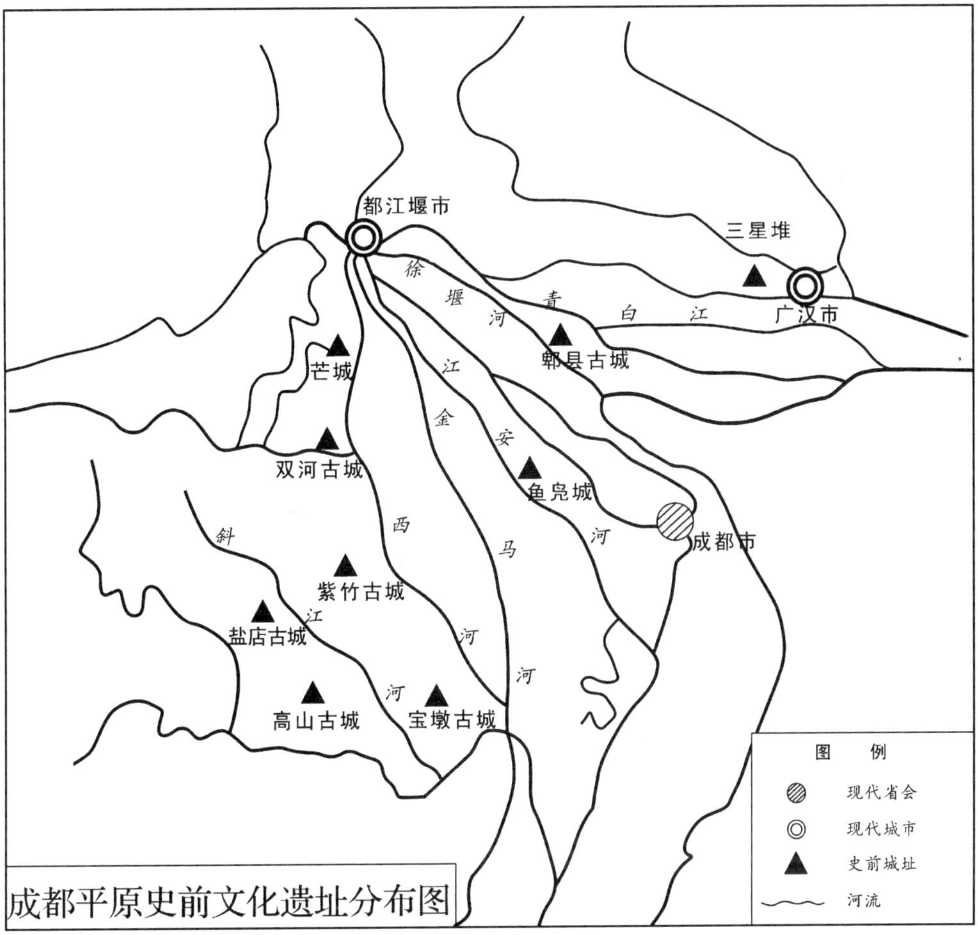

第二章 蜀的古史传说与文明起源

成都平原史前文化遗址分布图

一、宝墩文化：成都平原的史前古城

1995年以来，在成都平原发现了八座新石器时代晚期的城址，属于宝墩文化的范畴。

据发掘者研究，成都平原宝墩文化可以分为四期。

表 2-2　宝墩文化分期表

期别（类型）	宝墩	鱼凫村	古城	芒城	双河	紫竹	盐店	高山	三星堆一期
一期	一期								√
二期　鱼凫村类型		一、二期			早期				√
二期　宝墩类型	二、三期			√	晚期	√	√	√	
三期（古城类型）			早期						月亮湾
四期（鱼凫村第三期类型）		三期	晚期						

（本表参考赵殿增、李明斌《长江上游的巴蜀文化》第 161、162 页绘制）

第一期：以宝墩遗址的早期为代表。

第二期：以鱼凫村遗址一、二期和宝墩遗址二、三期为代表。

第三期：以古城村遗址早期为代表。

第四期：以鱼凫村遗址三期和古城村遗址晚期为代表。

根据对宝墩文化与广汉三星堆遗址第一期文化遗存的初步比较研究，可以看出，三星堆遗址第一期文化应当属于宝墩文化的范畴，涵盖了宝墩文化的第一期至第三期，年代跨度较长①。

为了进一步分析成都平原早期城址群所显示的政治组织情况，有必要从城址群自身的角度，对城址群的发展阶段进行分期，以便找出不同时期的城址群及其相互关系。

从目前所掌握的各种材料看，成都平原现已发现的新石器时代晚期城址共八座，其中时代最早的古城有七座，它们是：新津宝墩古城、温江鱼凫村古城、都江堰市芒城村古城②、崇州双河古城和紫竹村古城、大邑县盐店古城和高山古城③。这七座新石器时代晚期的古城，形成成都平原的史前古城群。

---

① 江章华、王毅、张擎：《成都平原早期城址及其考古学文化初论》，《苏秉琦与当代中国考古学》，科学出版社 2001 年版。

② 成都市文物考古工作队等：《四川都江堰市芒城遗址调查与发掘》，《考古》1999 年第 7 期。

③ 成都市文物考古研究所初步发掘清理的四川大邑县盐店古城和高山古城，基本情况见《中国考古学年鉴（2005 年）》。

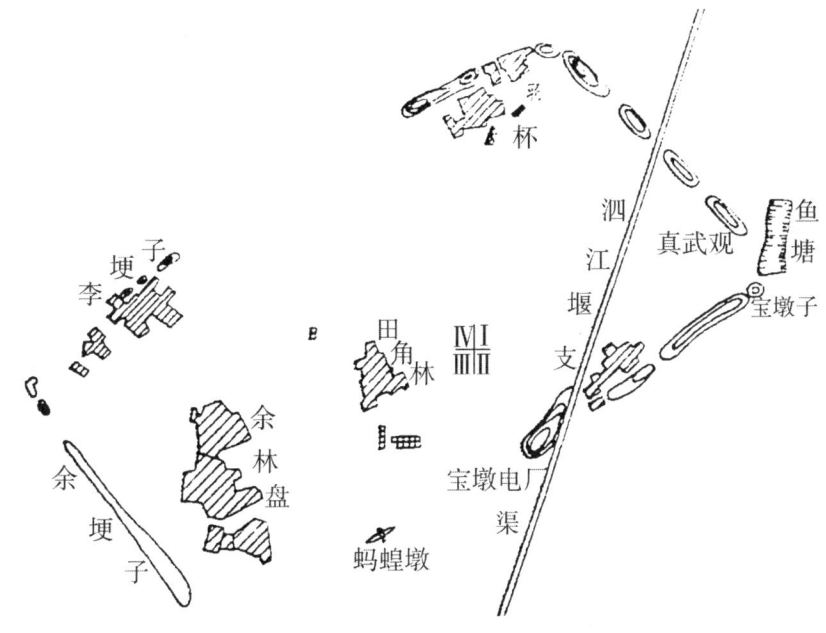

图 2-8 四川新津宝墩村城址平面示意图

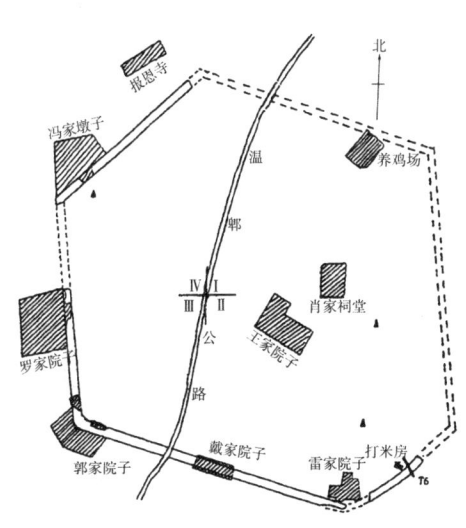

图 2-9 四川温江鱼凫村城址平面示意图

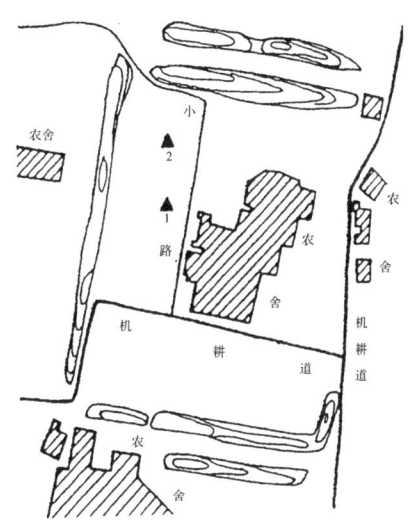

图 2-10 四川都江堰市芒城村城址平面示意图

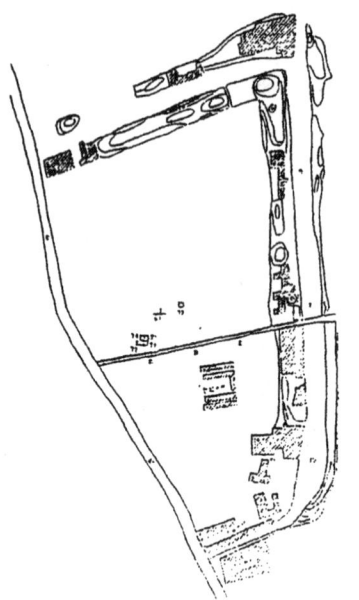
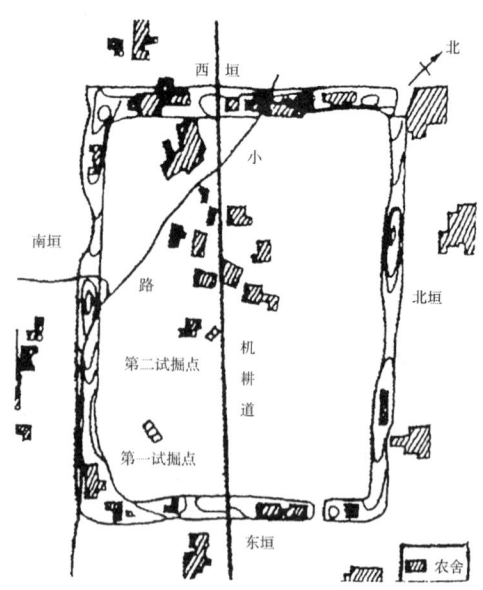

图 2-11 四川崇州双河古城遗址平面图　图 2-12 四川郫县古城村城址平面示意图

　　宝墩古城、芒城村古城、崇州双河古城、紫竹村古城、盐店古城和高山古城的使用年代都不长，到宝墩文化二期以后便基本上同时废弃了。这几座城址均未发现有晚于宝墩二期的同一文化遗存，表明在这几座古城废弃的同时，这里的族体也随之消失了。鱼凫村的文化演变情况虽然稍有不同，但古城址的情况却表明，鱼凫村一、二期的年代大体与宝墩城址同时[①]，古城的存在时代也在这个时段范围即宝墩文化二期以内，随后就废弃不用了。

　　在宝墩文化第三期，在成都平原出现郫县古城村古城。郫县古城村古城的总体文化面貌与宝墩古城一致，基本继承了宝墩古城的文化遗产，因此从文化的角度看，它是宝墩文化的继续发展，从族体的角度看，它是宝墩族体的迁徙，从古城的角度看，它是宝墩古城的转移、分化和扩张，成为当时宝墩文化的中心古城。

　　郫县古城村古城的连续使用年代跨度也不长。发掘情况表明，古城村古城的城墙经过两次修筑，第一次修筑于宝墩文化三期，第二次修筑于宝墩文化四

---

① 宋治民：《试论四川温江鱼凫村遗址、新津宝墩遗址和郫县古城遗址》，《四川文物》2000 年第 2 期。

期的晚段偏早阶段，但到宝墩文化四期时，古城村古城已经衰落了。

除宝墩文化三期郫县古城村古城遗址而外，四川省文物考古研究院于1998年、1999年在广汉三星堆遗址的夏商城址内的月亮湾地点发现了时代更早的城墙基址①。三星堆工作站站长陈德安先生在谈到三星堆早期遗存时，特别标出"城的出现"字样作为子目②。目前资料尚未发表，不过联系到1963年月亮湾第三层的发掘情况看③，在这一时期即相当于宝墩文化的三期早段，在月亮湾一带形成一定规模的古城是极有可能的，这同时也是三星堆二期形成巨大的古蜀国都城的基础。

就截至目前的发掘资料看，宝墩文化第四期时，在宝墩文化的分布范围内，似不再有古城存在（此期内三星堆遗址第一期是否有古城，尚无材料能够判明）。虽然古城村遗址晚段仍然存在，但已是强弩之末，不成其为完整的古城，大大衰落了下去。至于鱼凫村三期，虽然它与二期具有直接叠压关系，但由于它与二期的文化面貌存在一定差别，并且晚于叠压城垣的地层的年代，也晚于鱼凫村城垣的年代，所以它应是鱼凫村城垣废弃后形成的文化堆积④。这就是说，当鱼凫村第三期文化发展起来时，古城已经废弃。

在宝墩文化第四期即鱼凫村第三期前后，广汉三星堆遗址第一期（属于宝墩文化范畴）发展演变到第二期，诞生了三星堆文化宏伟巨大的都城，文明初步形成。从这一发展轨迹看，很有可能是由于受到三星堆文化（三星堆遗址二至三期）辉煌文明的强烈吸引，成都平原古城凝聚力的中心转移到了三星堆，致使宝墩文化古城走向了衰落。这象征着一个旧时代——文明起源时代的终结，标志着一个新时代——文明时代的来临。

二、成都平原史前古城与文明起源

宝墩文化古城的性质问题，可以从五个方面进行分析阐释。

---

① 林向：《蜀与夏——从考古新发现看蜀与夏的关系》，《中华文化论坛》1998年第4期。
② 陈德安：《三星堆遗址的发现与研究》，《中华文化论坛》1998年第2期。
③ 马继贤：《广汉月亮湾遗址发掘追记》，《南方民族考古》第5辑，四川大学出版社1992年版。
④ 李明斌：《试论鱼凫村遗址第三期遗存》，《考古与文物》2001年第1期。蒋成、李明斌：《四川温江县鱼凫村遗址分析》，《东南文化》1998年第4期。

（一）从城墙建筑分析政治权力的集中化

城墙的修筑，属于大范围集中劳动性质的大型建筑工程，足以反映集中化的权力中心的存在。

成都平原现已发现的早期城址，都筑有坚固厚实的城墙。其中：新津宝墩城垣南北长1000米，东西宽600米，墙体现存顶宽7.3~8.8米，底宽29~31米，高4米，墙体无垮塌和二次增补迹象，应属一次性筑成。都江堰芒城村城垣分内外两圈，内圈南北长300米，东西宽约240米，城垣现存宽5~20米，高1~3米；外圈城垣保存较差，北垣残长180米，南垣残长130米，城垣现宽5~15米，高1~2米。郫县古城村古城城垣长约637米，宽约487米，城垣地表现存宽度为10~30米，高1~4米，经对西南城垣中段进行解剖，揭露出墙体现存顶宽7.1米，底宽20米，高3米，整个墙体分两次筑成，第一次修筑的墙体现存顶宽1.9米，底宽10米，高2.4米，第二次筑墙则是在第一次的基础上增筑。温江鱼凫村城垣保存很差，南垣现存长480米，宽10~20米，高0.5~1米；西垣南段残长约350米，宽10~15米，高0.5~1米，北段已被破坏；西北垣西段残长370米，高1~2米，东段地表已不存；东南垣残长150米，宽10~30米，高0.5~3米；东北垣地表已无痕迹，但经钻探予以确认。崇州双河城垣分内外2圈，西垣已被河流冲毁，东垣内圈长约450米，宽约20~30米，高3~5米，北垣和南垣内圈残长约200米，宽15~30米，高2~3米；外圈保存较差，断断续续保存残宽3~10米，高0.5~2米。崇州紫竹分内外垣，内垣边长约400余米，城垣宽5~25米，高1~2米；外垣多被破坏，部分地段尚存城垣宽3~10米，高1~2米①。

这几座古城，不仅面积大，宝墩古城面积约60万平方米，鱼凫村、古城村面积都在30万平方米以上，芒城村、双河村、紫竹村面积约10万~20万平方米；而且城垣高大、坚厚、绵长，宝墩、鱼凫村、古城村三座城址的城墙经过解剖发掘揭露出的墙体底部宽度都在20~31米间，顶宽7~19米，高3~4米，尤其宝墩城垣周长达3200米，宽8~31米，高度超过4米，土方量初步推算达25万立方米以上。

---

① 江章华、王毅、张擎：《成都平原早期城址及其考古学文化初论》，《苏秉琦与当代中国考古学》，科学出版社2001年版。

成都平原的各座史前古城，均能修筑高大坚厚的城墙，开掘巨大的土方总量，加上除土方开掘以外的土方运输、工具制作、城墙设计、城垣施工、食物供给、组织调度、监督指挥以及再分配体制等一系列必需的庞大配套系统，表明各座古城都分别控制着足够支配征发的劳动力资源，进而表明各座古城的统治者必已统治着众多的人口，控制着各自地域内丰富的自然资源和生产资源，控制着各种各样的劳动专门化分工和各种类型的生产性经济。这一切，不仅仅意味着各座古城人口的增长、社会规模的扩大和社会组织的复杂化，更重要的是，从实质上分析，所有这些其实都是政治组织和经济组织发生变化的结果，从根本上反映了政治权力的集中化，表现出各座古城的政治体系和经济结构的演变程度，已经远远超出了原始的血缘氏族制水平，达到了酋邦制发展阶段。

(二) 从城垣功能分析统治权力的象征性

关于各座古城城垣的功能问题，目前在学术界还没有取得一致意见，但一般认为是防洪抗洪或防御外敌，这两点并没有错，不过还不全面，同时也还没有触及到城垣功能体系的核心问题。

正如世间事物大都具有多重功能一样，城垣建筑也具有多重功能，构成它自身的功能体系。

从防洪抗洪的角度看，成都平原现已发现的 8 座早期城址，均建在平原冲积扇河流间的相对高地上，它们受地理环境的制约，都与各自所在地的河流和台地方向相一致，确实有利于防洪，增强了古城的抗洪能力。尤其芒城村、双河村、紫竹村 3 座城址均位于河流上游近山地带，它们都筑有双重城垣，更加突出了城垣的防洪抗洪功能。同时，由 6 座古城不同的分化关系所决定，每一座古城的城墙建筑又具有堡垒化性质，形成各自的防御体系，这也是城垣功能不可忽视的一个方面。

但是，我们必须清醒地认识到，城垣建筑的防洪抗洪功能是为了适应古城所在地的地理环境而具备的，也就是说，增强古城的防洪抗洪能力是在河流地带建城所必须考虑的重要因素，却并不一定是修筑城墙的首位因素和唯一目的。举例来说，宝墩古城在早期Ⅰ段时已达到文化上的繁荣，但这一时期却并没有修筑城垣，只是到了早期Ⅱ段时才开始修筑城墙，而考古资料并没有显示出当时有洪水袭击的迹象，相反却出现了受政治因素影响所发生的社会动荡、文化变革等现象，表明修筑城墙的主要目的不在防洪抗洪，而在适应政治领域的变

第二章　蜀的古史传说与文明起源

化。又如，鱼凫村古城在该遗址的早期Ⅰ段同样没有城墙，只是到了早期Ⅱ段时才修筑了城墙。如果只是为了防洪抗洪，那么在遗址形成时期就应当相应地修筑御水设施，可是实际情况并不如此。这表明，尽管防洪抗洪是这几座古城城垣的重要功能，但并不是唯一功能，甚至在整个功能体系中还不是核心功能。

宝墩文化城墙亦具防御功能，不过这种功能也不是核心功能。高大的城墙建筑，从屏障的角度看，这种形式本身就赋予了它以一定程度的防御功能。但问题在于，成都平原8座古城城墙的构筑方式均为斜坡堆筑，城墙的底部都大大宽于城墙的顶部，整个城墙断面呈梯形，而这种形状的城墙其实是易攻难守，极不利于防御。尽管从方法上说，此类城墙的构筑在技术上比较带有原始性，但仅从技术角度来认识是很不够的。考古资料表明，当时已经发明了竹络笼石一类技术，如古城村古城大房子内的5座大型卵石方台，就是先在台子周围挖基槽，槽内密集埋设圆竹作为护壁，再填充卵石做成台子的。并且，从古城村古城的城垣看，当时已经应用了大量采用河卵石来加固城墙的技术，发明了挖高坎来防止河卵石下滑的方法。既然如此，那么如果是主要出于防御外敌的需要而修筑城墙，就完全可以运用这些技术和方法把城墙外侧修筑成较为陡峭的形制，而不必把它的内外两侧都同样做成斜坡形状，使它既有利于外敌入侵，又有利于内部出逃。

成都平原史前古城的城垣建筑反映了各城政治权力的集中化程度，是政治组织和经济组织变化的结果。因此，城垣修建这一行为，从根本上说是一种政治行为，它从把自然资源、生产性资源和劳动力资源物化为大型城墙建筑的角度，来显示酋邦组织的巨大威力，标志权力的强大和尊严，象征权力的构造物和它的支配能力。一言以蔽之，大型城墙是酋邦组织及其首脑人物统治权力的象征，这应是城垣建筑的核心功能之所在。

（三）从宝墩遗址分析社会等级的制度化发展

1996年在宝墩遗址的中部（鼓墩子）发现有房屋基槽和大量的柱洞，这些建筑遗存是建在一高出当时周围地面约1米，面积约3000平方米的台地上的。有迹象表明，鼓墩子台地上的建筑遗存可能是一组规模较大的建筑群[①]。与此

---

①　江章华、王毅、张擎：《成都平原早期城址及其考古学文化初论》，《苏秉琦与当代中国考古学》，科学出版社2001年版。

形成对照的是,宝墩遗址发现的长方形竖穴土坑墓,墓坑较浅,无随葬品①。从墓葬反映墓主生前实际地位的角度看,宝墩墓葬的主人在生前必定与鼓墩子台地上的大型建筑群无缘,而大型建筑必定属于显贵人物所居,这就表明了社会差别的存在。这两者间的差别,实质上反映了等级的差别和地位的差别,而等级和地位的差别是由社会分层、经济分层及其所导致的权力的集中与剥夺所决定的。

(四)从大型礼仪性建筑分析宗教权力的集中化

1997年底至1998年初,在郫县古城村古城的发掘中,发现一座长约50米、宽约11米,面积约550平方米的大型建筑基址(F5)②。

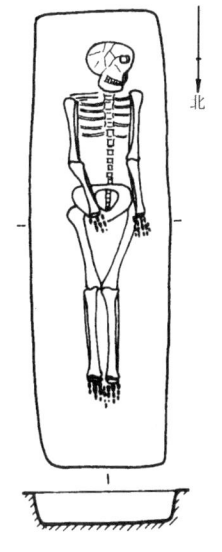

图2-13 宝墩遗址墓葬 M3平、剖面图

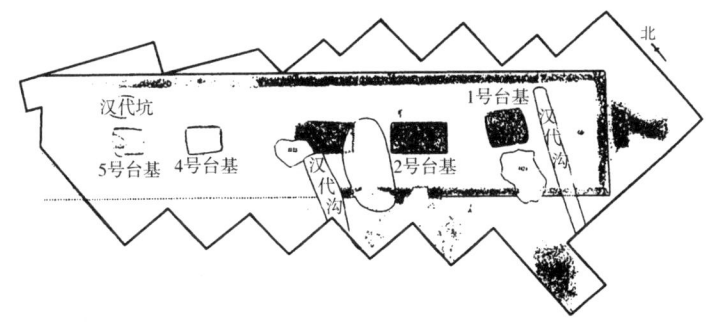

图2-14 四川郫县古城村大型房屋建筑基址(F5)及卵石堆积平面图

这座建筑基址位于古城遗址的中部,平面略近方形,方向为西北-东南向,与城墙方向基本一致。如此之大的建筑,在那一时代已属罕见之物,更令人惊讶的是,在大型建筑内,发现了5座由东北往西南依次排列,横亘于房屋中部的长方形卵石台基。从每个卵石台基与其各自四周基槽和槽内圆竹的关系分析,

---

① 中日联合考古调查队:《四川新津县宝墩遗址1996年发掘简报》,《考古》1998年第1期。
② 《郫县古城发掘取得重大收获》,《中国文物报》1998年3月18日。成都市文物考古工作队等:《四川省郫县古城遗址调查与试掘》,《文物》1999年第1期。

它们是由圆竹作为护壁，内填卵石堆筑而成的台子。5座台子之间的距离在3米左右。其中1号台形状近方形，东西长约3～4米，南北宽约3米；2、3号台东西各长约5米，南北各宽约2.7米；4号台东西长约3米，南北宽约2.5米；5号台东西长约2.75米，南北宽约2.35米。对于这5座卵石台的具体作用，因资料的限制，目前还不能予以确切判定，但对它们的性质，则可以根据现有资料给以初步判定。

首先，从形制和组群关系来看，这种卵石台本身就以其有别于其他任何建筑的形制而显示出它们的特殊性，而由5座卵石台所形成的卵石台群，更加显示出它们的非凡性质。其次，卵石台群位于大型房屋建筑（F5）室内中部，而这座房屋内没有发现有隔墙遗迹，表明这座大型房屋（F5）是专门用来设置和保护卵石台群，使卵石台群与外界隔离开来的。这就显示出了卵石台群的神圣性，反映了它在古城中的崇高地位。第三，大型房屋建筑（F5）基址附近地层堆积较纯净，极少出土生活遗物，也没有发现一般性的生活附属设施。而在F5四周，分布有小型的木骨泥墙建筑或其他小型建筑，这些房屋的门向均朝向大型房屋建筑（F5）[①]。这种分布格局，表明这座大型房屋建筑（F5）具有区别于一般性居址或场所的独特性质，显示出它的庄严性。但它的庄严性不是由房屋建筑自身带来的，而是由房屋内部的5座卵石台所决定的。第四，从5座卵石台所具有的特殊性、神圣性、庄严性和崇高地位等特点的角度，结合古文献和其他许多考古资料所反映出来的蜀人具有"尚五"的传统宗教观念和行为方式等特点来看[②]，5座卵石台应为宗教性质的设施，是当时的大型礼仪性建筑；而5座卵石台连同它们所在的大型房屋（F5）一道，则构成城内的大型礼仪中心。第五，从大型房屋（F5）内设置5座卵石台及其相互关系，以及这座房屋位于古城中部的位置等来看，它们应是早期的宗庙，反映了古蜀人宗庙的起源。这同时也是考古学上目前所见到的关于蜀人尚五宗教观念及其行为方式的最早实物资料，具有十分重要的学术价值。

大型礼仪中心的形成，表现出宗教权力的集中化程度，它是宗教和政治领

---

① 成都市文物考古工作队等：《四川省郫县古城遗址调查与试掘》，《文物》1999年第1期。成都市文物考古研究所：《成都考古新发现（1999）》，科学出版社2001年版。

② 段渝：《四川通史》第1册，四川大学出版社1993年版，第181页。

袖控制意识形态的结果，是政治权力和经济权力集中化在意识形态领域的反映。5 座卵石台基被有意置于大型房屋以内，意味着随着政治组织的变化而新产生的宗教组织及其活动仪式，一方面是与普通民众的日常生活相脱离、相隔离的，另一方面又有严加保护的必要，以免遭到亵渎以至破坏。这种情况，不但反映了等级制度的形成，而且反映了等级之间的对立，这正是酋邦制的一大特点。

（五）从古城群的堡垒化现象分析政治组织间的关系

宝墩文化古城的最显著特点，是每座古城分别围以高大坚实的城垣，形成所谓堡垒化现象。这批古城集中分布在成都平原西部的有限空间内，是有利于对这块有限空间内的有限资源进行有效开发的。

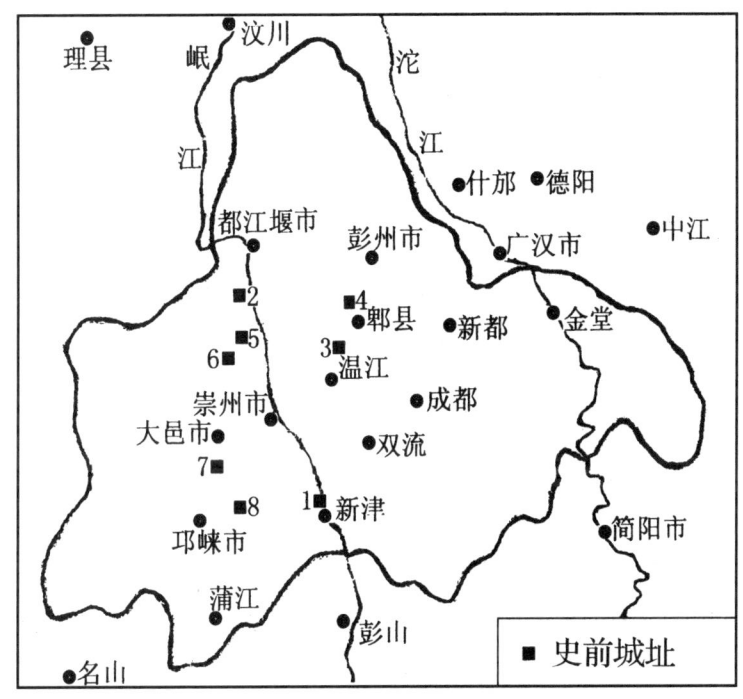

1. 新津宝墩城址　2. 都江堰芒城城址　3. 温江鱼凫城址　4. 郫县古城城址
5. 崇州双河城址　6. 崇州紫竹城址　7. 大邑盐店城址　8. 大邑高山城址

图 2—15　成都平原宝墩文化城址分布图

堡垒化现象并不一定意味着频繁而剧烈的军事冲突，甚至不意味着各座古城之间的军事对峙局面。前面已经分析指出，城垣的防御功能不是宝墩文化古城的主导功能，它是权力构造物和权力集中化的象征。如果从界域的角度认识，城垣同时也是各个政治组织权力中心的地域界标,是权力中心的界域所在。实际上,各个政治组织所实际统辖的地域范围并不仅仅局限于各自所居的古城以内,它们还分别统辖着各自古城以外相当一部分地域,否则仅凭古城内部的人口总量是难以发展出并支撑起复杂的组织机构的,甚至难以修筑成各自四周那用工总量十分浩大的城垣。

从宝墩文化第二期并存于世的几座古城来看,它们既然在文化特征上保持着惊人的一致性,在文化发展上保持着惊人的同步性,那么可以初步推断,它们之间在总体上也一定保持着友好的邻邦关系,而不是对抗的和冲突的敌对关系。尤其在上古时代成都平原"蜀民稀少"[①]的情况下,往往只有通过同一小生态中各个族体的相互默契、配合和协作,才能对共同置身的环境进行有效的利用和开发。况且,这几个族体原本是同出一源的兄弟,尽管其间存在各自的利益关系,但在政治上还是有着共同的利益,属于同一政治集团。所以在文化上,它们一荣俱荣,一毁俱毁,共同兴起,共同衰落,就是这种关系的真实反映。

三、成都平原史前古城与酋邦社会

考察上古时代政治组织的发展水平,可以从两个方面来加以比较和衡量:一个方面是通过与血缘氏族社会的比较来看它的发展水平,另一个方面是通过与国家社会的比较来看它的发展水平。

在宝墩文化中,我们已经看到了大范围的具有集中劳动性质的大型建筑工程,看到了特殊性质的大型礼仪中心,看到了高高在上的大型建筑群遗存,这些现象,正如前文所分析的,是政治权力、经济权力和宗教权力集中化的产物。此外,从宝墩文化石器制作的精益求精,陶器制作的系统化、程式化等来看,劳动的专业化分工无疑已经形成,并且受到了权力中心的严格制约。进一步分析,如像大型礼仪中心那一类宗教建筑,既然需要严加保护,当然就意味着有专职的宗教人员和守卫队伍,而不论城墙建筑、礼仪建筑还是高台建筑群等大型公共工程,除了直接的建筑队伍外,必然还有各种服务人员队伍和组织管理者队伍,必然还有为这一大批人员提供其剩余产品的更大量的农业生产者。这种分层的复杂社会显然已经大大突破了纯粹血缘氏族制社会的樊篱,从这种社

---

① 《古文苑》章樵注引《蜀纪》。

会内部诞生出来的政治组织必然是高于氏族制水平的酋邦。

从某些基本要素看,酋邦与国家没有太大的差别,例如经济分层、社会分化、政治经济宗教等权力的集中化、再分配系统等等,是酋邦组织和国家组织都共同具备而为氏族社会所没有的,所以不少西方学者把酋邦组织称作"史前国家"[1]。但是,从另外一些因素看,酋邦与国家却又有着根本的差别。按照恩格斯在《家庭、私有制和国家的起源》中所阐述的观点,国家的特点有二,一是按照地缘而不按血缘来划分国民,二是军队、警察、监狱等公共机关的设立,而国家的本质是暴力。恩格斯所提出的国家的两个特点,可以看做是国家区别于酋邦的两个根本方面,对于我们认识成都平原古城政治组织的性质有着重要帮助。

根据上面的分析,尽管成都平原各座古城内部都已发生了严重的社会分化,突破了氏族制的樊篱,但这种分化是在各个族体内部进行的,并没有扩大到不同地域的不同血缘集团。同时,在社会内部分化中由于权力的集中化发展所产生的统治者集团和广大的被统治者,也都分别是以继嗣群这种血缘组织为单位,而不是以家庭和个人为单位的。这也正是酋邦组织的特征,并以这种特征区别于国家组织。

从目前已有的有关宝墩文化的全部考古资料中,还没有发现明显的暴力冲突和武装镇压的遗迹现象,甚至很难分辨有没有或者哪些器物属于武器,这与青铜时代考古有很大的不同。从郫县古城村古城的大型礼仪中心来看,当时的统治集团极有可能是或者主要是通过控制宗教这一意识形态工具来维护现存政治秩序的,暴力也许只是辅助手段,或者是作为一种威慑力量来使用的。在神权占统治地位的时代,统治者往往不需要更多地行使暴力。这种情形可以从近代一些后进民族中施行的所谓神判得到充分启示和合理解释。这个特征,正是酋邦组织区别于国家组织的另一个重要特征。

通过对宝墩文化古城的分析,不难看出,在宝墩文化时期,成都平原的文明起源进程或社会复杂化进程已经发展到较高水平,由各座古城的共存所形成的宝墩文化古城群,是考古所见成都平原最早出现的酋邦社会,它是文明的前夜,预示着文明时代的即将来临。由此,成都平原的史前史便造就了灿烂的古蜀文明,而古蜀文明也就开创了辉煌的四川文明史。

---

[1] Jonahan Hass, *The Evolution of the Prehistoric State*, New York, 1982.

第三章 古蜀王国的兴起

在古蜀史上的文明起源时代,古蜀地区有蚕丛、柏濩、鱼凫等"三代蜀王"。三代蜀王的历史,既是一部古蜀酋邦的盛衰兴亡史,又是一部古蜀文明的起源形成史。由于年湮代远,文献不足征,加上仅有的文献材料又充满神秘色彩,许多史事渺茫难征,必须借助考古资料来大致分析描述古蜀史的基本概貌。

第一节 三代蜀王:从酋邦到王国

一、酋邦与文明起源

文明起源,是指文明诸要素的起源。文明起源时代,是指文明诸要素相继诞生的时代。文明起源时代,一般认为是指考古学上的新石器时代晚期,也就是历史学上的原始社会晚期,或人类学上的野蛮时代高级阶段。

对于文明的起源,可以从物质文明要素的起源和社会政治组织的演进两个方面来加以认识。

从物质文明要素而言,绝大多数考古学家、历史学家和人类学家都认为,城市、文字、金属器、大型礼仪建筑等四项要素是文明时代最重要的物质文明要素和标志,在某个地域内的某个社会中,只要同时具备了这四个要素中的二个或三个,便可以确认这个地域内的这个社会已诞生了文明,进入文明时代。克拉克洪(Clyde Kluckhohn)则强调,至少要有城市、文字、金属器中的两项物质文明要素加上大型礼仪建筑同时出现在一个社会里,才可以称得上文明①。

文明起源时代是相对于文明时代而言的,是文明时代的前夜。在这个时代,由于新石器时代晚期文化的高度发展,推动着一些地区的一些社会中文明因素的萌芽和出现,促进了代表这一时代文化发展最高水平的文明要素的逐个产生。从中国文明起源的实际情况看,早在龙山时代(距今 4600~4000 年前),黄河上游河套地区、黄河中下游河南地区、山东地区、长江中游两湖地区、长江上游成都平原地区出现了若干古城群,长江下游出现了大型中心聚落,黄河上游甘肃东乡林家出现了零星、小件的青铜器,黄河下游山东丁公出现了成行的陶文。这些古城、中心聚落、青铜器、陶器文字都是文明的物质要素,代表着当时各地文化发展的最高水平,标志着这些地区已迈进了文明起源的历史进程。不过,这些文明要素却不是同时出现在同一个社会里。这种情形意味着,在当时各地相应社会的政治组织中,还没有产生复杂社会的更高需要,还没有形成它的社会组织基础和经济技术条件。

从政治组织的演进而言,文明起源时代最重要的变化是酋邦(chiefdom)的诞生。酋邦是脱胎于传统部落社会,又打破部落社会传统而形成的一种权力集中化的社会。它的基本特征可以概括为三点:第一,产生了凌驾于各个血缘单位之上的集中的领导权力,即最高决策机构,在明确的组织范围内行使政治、经济和意识形态(宗教)权力。第二,过去的各个血缘组织单位,现在成为组成这个酋邦的基本政治单位。第三,出现了有序的等级制度,阶级划分逐步开始产生,但血缘纽带依然存在,酋邦以血缘单位作为政治组织的基础;同时,酋邦的直接统治对象是血缘单位,而不是血缘单位中的个人。

从某些基本要素看,酋邦与国家没有太大的差别,例如经济分层、社会分化、政治经济宗教权力的集中化、再分配系统等等,是酋邦组织和国家组织都共同具备而为部落社会所没有的。但是,从本质上看,酋邦与国家又有着根本的差别。按照恩格斯在《家庭、私有制和国家的起源》中所阐述的观点,国家

---

① Clyde Kluckhohn, *The Moral Order in the Expanding society*, City Inwincible: *An Oriental Institute Sympasium*, 1960. P. 400.

区别于以往一切社会形态的特点有两点，一是按照地缘而不按照血缘来划分国民，二是军队、警察、监狱等公共权力的设立，而国家的本质是暴力。恩格斯所提出的国家的两个特点，可以看做是国家区别于酋邦的两个根本方面。不少西方学者把酋邦组织称作“史前国家”，实际上正是基于史前酋邦与历史时期的国家所具有的这些根本差别。

三代蜀王时期古蜀的历史，就是一部文明要素逐个产生的历史，也是一部古蜀酋邦形成演变的历史。在这个历史从野蛮走向文明的关键时期，由于古蜀酋邦之间征服战争的发展，终于导致古蜀社会从酋邦演变为国家，从而开创了古蜀文明。

二、三代蜀王的来源

所谓“三代蜀王”，是指历史文献记载的古蜀史上的蚕丛、柏濩、鱼凫“三代”。

根据古文献记述，古蜀族分为“三代”，一脉相传。《蜀王本纪》载：“蜀王之先名蚕丛，后代名曰柏濩，后者名鱼凫，此三代各数百岁。”[①]　《华阳国志·蜀志》载：“（帝颛顼）封其支庶于蜀，世为侯伯，历夏、商、周。”又载：“周失纲纪，蜀先称王，有蜀侯蚕丛，其目纵，始称王……次王曰柏濩（或作灌），次王曰鱼凫。”但是，三代蜀王其实非但不是前后相继的统一国家，甚至不是一系相承的单一族体，它们族群有别，来源非一，在成都平原活动的时间也不同。古蜀族，实为一个复合型民族[②]。

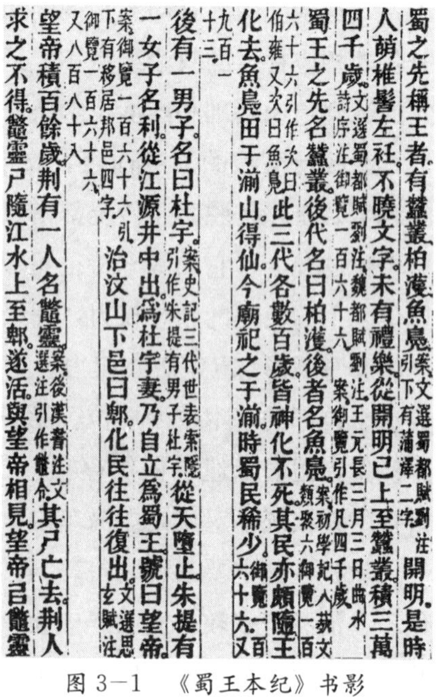
蜀之先稱王者。有蠶叢柏濩魚鳧。案文選蜀都賦劉注引下有蒲澤二字。開明。是時人萌椎髻左衽。不曉文字。未有禮樂。從開明已上至蠶叢。積三萬四千歲。文選蜀都賦劉注魏都賦劉注王元長三月三日曲水詩序注御覽一百六十六案御覽引作凡四千歲蜀王之先名蠶叢。後代名曰柏濩。後者名魚鳧。案初學記八藝文類聚六御覽一百六十六引作次曰伯雍又次曰魚鳧此三代各數百歲。皆神化不死。其民亦頗隨王化去。魚鳧田于湔山。得仙。今廟祀之于湔。時蜀民稀少。御覽一百六十六。又九百一十三。後有一男子。名曰杜宇。案史記三代世表索隱引作朱提有男子杜宇從天墮止朱提。有一女子名利。從江源井中出。爲杜宇妻。乃自立爲蜀王。號曰望帝。案御覽一百六十六引下有移居邦邑四字治汶山下邑曰郫。化民往往復出。文選思玄賦注御覽一百六十六又八百八十八望帝積百餘歲。荆有一人名鼈靈。案後漢書注文選注引作鼈令其尸亡去。荆人求之不得。鼈靈尸隨江水上至郫。遂活。與望帝相見。望帝以鼈靈

图 3—1　《蜀王本纪》书影

① 严可均辑：《全汉文》，《全上古三代秦汉三国六朝文》，中华书局 1958 年版，第 414 页。以下引此，除特别指出外，不再注出。

② 参考段渝：《论蜀史“三代论”及其构拟》，《社会科学研究》1987 年第 6 期。

蚕丛氏兴起于岷江上游河谷。《古文苑》章樵注引《先蜀记》载："蚕丛始居岷山石室中。"其地在今茂县北境的叠溪。《汉书·地理志》说蜀郡蚕陵县，治今叠溪，旧称蚕陵，此即岷江"南过蚕陵山，古蚕丛氏之国也"[①]。谭其骧确认的岷山南段，正在于此[②]。蚕陵以南岷江南入成都平原之地，自古遗有蚕崖关、蚕崖石、蚕崖市等古地名[③]，无疑是蚕丛氏向成都平原迁徙拓殖的证据。

華陽國志卷第三　蜀志
蜀之爲國肇於人皇與巴同囿至黃帝爲其子昌意
娶蜀山氏之女生子高陽是爲帝嚳封其支庶於蜀
世爲侯伯歷夏商周武王伐紂蜀與焉其地東接于
巴南接于越北與秦分西奄峨嶓地稱天府原曰華
陽故其精靈則井絡垂耀江漢遵流河圖括地象曰
岷山之下爲井絡帝以會昌神以建福夏書曰岷山
導江東別爲沱泉源深盛爲四瀆之首而分爲九江
其寶則有璧玉金銀珠碧銅鐵鉛錫赭堊錦繡罽氂
犀象氈毦丹黃空青桑漆麻苧之饒滇獠賨僰僮僕
六百之富其卦值坤故多斑綵文章其辰值未故尚

图 3—2　《华阳国志》书影

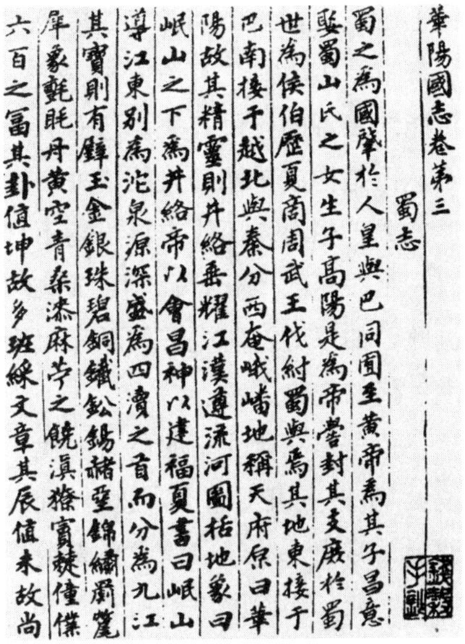

蚕丛氏是氐族的一支。《后汉书·冉駹传》记载汉武帝元鼎六年置汶山郡（治今茂县凤仪），"其山有六夷、七羌、九氐"，当中"依山居止，累石为室，高者数十丈，为邛笼"的族类，即是《史记·西南夷列传》记为氐类的冉駹。《汉书·武帝纪》颜师古注引应劭说："今蜀郡岷山，本冉駹也。"冉駹是蚕丛一系的分支，是岷江上游石棺葬文化的创造者。蚕丛"纵目"，与戈基人"纵目"一致[④]，而戈基人即是冉駹。冉駹古音与蚕丛相通，其"依山居止，累石为室"，与蚕丛"居岷山石室"一致。冉駹的石棺葬文化，也与史籍所载"（蚕丛）死，作石棺石椁，国人从之，故俗以石棺椁为纵目人冢也"相同[⑤]。冉駹既为氐族，蚕丛氏当然也是氐族。

蚕丛氏进入成都平原的年代，约在早商之前，与夏代相当。三星堆遗址发现的早商时期的蜀都城墙，属于三星堆遗址第二期，应是鱼凫王统一蜀国后所筑[⑥]。蚕丛既早于鱼凫，又存"数百岁"，说明其年代约与夏代同时或更早。岷

① 陈登龙：《蜀水考》卷 1，陈一津分疏。

② 谭其骧：《论〈五藏山经〉的地域范围》，*Exploration in the History of Science and Technology in China*.

③ 曹学铨：《蜀中名胜记》卷 6。

④ 胡鉴民：《羌民的信仰与习为》，《边疆民族论丛》1940 年。

⑤ 《华阳国志·蜀志》。

⑥ 段渝：《商代蜀国青铜雕像文化来源和功能之再探讨》，《四川大学学报》1991 年第 2 期。

第三章 古蜀王国的兴起

江上游茂县营盘山和沙乌都新石器时代遗址①，既有当地土著文化特点，又与成都平原宝墩文化有着某种关系，联系到史籍所记载的蜀山氏和蚕丛氏来看，可能同二者的先民有关。这一方面说明蚕丛氏年代早于商代，另一方面也说明蚕丛氏是构成早期蜀族的诸种因素之一。

关于柏灌，历代史籍语焉不详。考古资料中，三星堆遗址第一、二期之间有一个明显的变化，而第二期与第三期一脉相传，为鱼凫氏统治时期的文化。据此，如以史籍所记三代顺序，则有可能第一期包含有柏灌的文化遗存。但柏灌一代的史事无考。

鱼凫是三代蜀王的最后一代，也是古蜀王国的统一者。《华阳国志·蜀志》说："鱼凫王田于湔山，忽得仙道，蜀人思之，为立祠。"唐卢求《成都记》、宋罗泌《路史·前纪》谓"鱼凫治导江"，在今都江堰市南，不一定可信。《蜀王本纪》和《华阳国志》所说"鱼凫田于湔山"，是指其军事行动，而"忽得仙道"则是隐括其败入湔山，当是被杜宇战败后退走湔山，并不是说鱼凫王建都于此。宋孙寿《观古鱼凫诗》及《温江县志》都称温江县北十五里有"古鱼凫城"。这些晚出材料均不知其根据何在，可信程度并不高，不过却可间接说明成都平原是鱼凫氏活动的中心区域所在。

三星堆遗址二至四期出有大量鸟头勺柄，长喙带钩，极似鱼鹰，一般认为与鱼凫氏有关。一号祭祀坑所出金杖上的图案，有人头、鸟、鱼，鸟的形象与勺柄上的鸟头一致。因此学术界多认为这是鱼凫氏的文化遗存。三星堆遗址第二期约当夏商之际，第四期约当商周之际，二

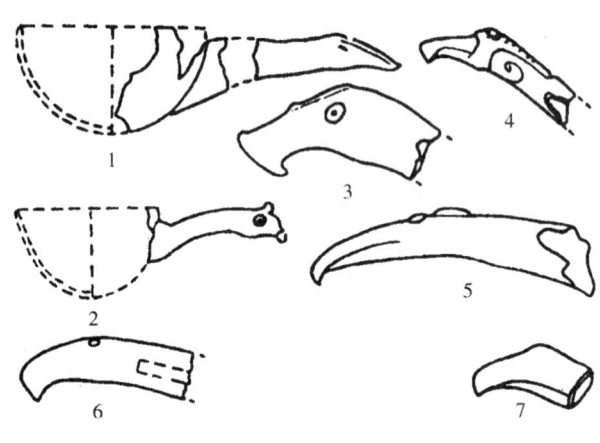

图 3-3 三星堆出土的鸟头勺柄

---

① 蒋成、陈剑：《岷江上游考古新发现述析》，《中华文化论坛》2001年第3期。成都市文物考古研究所：《四川茂县营盘山遗址试掘报告》，《成都考古发现（2000）》，科学出版社2002年版。

至四期一脉相传而又有所发展演进，正与鱼凫"数百岁"相合。如此，鱼凫氏的年代约相当于有商一代（公元前16世纪至前11世纪）。

鱼凫氏也是氐族的一支。《山海经·海内南经》载："氐人国在建木西，其为人，人面而鱼身，无足。"同书《大荒经》也载："有互人之国，人面鱼身。"郝懿行疏曰："互人，即《海内南经》氐人国也。氐互二字，盖以形近而讹，以俗氐正作互也。"所说建木，《淮南子·地形篇》："建木在都广"。都广即广都，都广之野即成都平原。建木之西，乃是岷江上游之地。史籍说鱼凫王败走湔山（今都江堰市、汶川县境的茶坪山），"蜀人思之，为立祠"，"庙祀之于湔"①，说明鱼凫兴起于此，亦退保于此。而湔山正是氐人所居，汉初在其地置湔氐道，即因氐族聚居的缘故，可见鱼凫氏为氐族。

"鱼凫"之"凫"，或讹作"妇"。《山海经·大荒西经》记载："有鱼偏枯，名曰鱼妇。颛顼死即复苏。风道北来，天乃大水泉，蛇乃化为鱼，是为鱼妇。颛顼死即复苏。"鱼妇为颛顼所化，即言是颛顼后代，这与《吕氏春秋》、《大戴礼记》、《史记》等书所记颛顼与蜀的关系一致。郭璞注引《淮南子》曰："后稷龙在建木西，其人死复苏，其中为鱼。"今本《淮南子·地形篇》云："后稷垅在建木西，其人死复苏，其半鱼在其间。"其事、其地均与人面鱼身的氐人国如出一辙，应是鱼凫氏来源的又一传说。"妇"、"凫"一声之转。三星堆一号坑出土金杖图案上的人、鱼、鸟，正表现出"颛顼死即复苏"、"是为鱼凫"这种上古人们关于人类与动物的相互依存转化观念。这也是鱼凫为氐的证据。

由上可见，三代蜀王的来源是各不相同的，他们各自进入成都平原的时间也是早晚不一的，不能混为一谈。虽然，在夏商之际，鱼凫王进入成都平原，融合了蚕丛、柏濩两族，形成了古蜀族，并在这个基础上逐步建立了强大的古蜀王国，但在三代蜀王并世的时期，他们却并不是统一的族体，更不是前后相继、一脉相传的王朝。

三、三代蜀王的酋邦

三代蜀王的构成，是以三位蜀王作为代表，三位蜀王中每一位的名姓，均

---

① 《蜀王本纪》，《华阳国志·蜀志》。

第三章 古蜀王国的兴起

为"一代之名，而非一人之名"①。每位蜀王之名分别表示一代，其名称即为一代之称。这种所谓"三代各数百岁，皆神化不死"的怪诞现象，同古文献所记载的"上古时，蜀之君长治国久长"②的现象完全一致，它们所表达的，其实并不是君长寿命有数百岁之长，而是指君长这个角色及其地位的长期性和稳定性。也就是说，在每一代的政治组织中，都已形成了固定、集中的权力机构，这个机构已经达到了较为稳定的程度，以致前后相继维持达数百年之久。这个机构的首领，即是所谓蜀王，亦即文献上所说的"君长"。

三代蜀王中的每一代，虽然是各自政治组织中的"王"、"君长"，但这里所说的"蜀王"和"君长"，仅仅是指其角色而言，并不是指王位一系相传的世袭制度。上古时代有所谓共名和私名之分，不论蚕丛、柏濩还是鱼凫，三个名称首先分别是三个族系的名称，所以一些文献在提到这三个族系时，分别称为蚕丛氏、柏濩氏和鱼凫氏，这就是所谓共名，亦即族称，其次才是各族内部成员的私名，它们则是各不相同的。作为君长的若干位蜀王，原本都有私名，但一旦出任君长角色后，就用共名取代了私名，每一位君长都是如此，世代相承同一共名。于是在古文献的记载中，我们所看到的三代蜀王，每一代都是一个单一的名称，因而造成"上古时，蜀之君长治国久长"，"三代各数百岁，皆神化不死"那样的错觉，给人以实行王位世袭制度的错误印象。

三代蜀王时期已是古蜀史前史的尾声。《华阳国志·蜀志》说："有蜀侯蚕丛，其目纵，始称王，死，作石棺石椁，国人从之。"这种现象表明，蜀王蚕丛已经拥有超越部众和组织的权力，作石棺石椁而国人从之，又意味着蚕丛不但拥有对部众实施政治权力的力量，而且还拥有实施经济权力和宗教权力的力量。这已经不是纯粹血缘组织那种平等社会的特征，而是建立在等级制基础上的酋邦组织的特征。蚕丛不但握有号令部众的权力，而且还在相当深广的程度和范围内表现自身的意志，王者的意志不再取决于全体部众的意志，无须再经全民会议或其代表批准通过，这正是酋邦组织中拥有集中权力的首领的特征。可以看出，所谓蚕丛"始称王"的实质，是酋邦的诞生。

鱼凫王的情形同样如此。《华阳国志·蜀志》记载说："鱼凫王田于湔山，

---

① 蒙文通：《巴蜀史的问题》，载《巴蜀古史论述》，四川人民出版社1981年版，第42页。
② 《古文苑·蜀都赋》章樵注引《蜀纪》。

忽得仙道，蜀人思之，为立祠"，直接反映了鱼凫王对部众所拥有的宗教权力，而宗教权力是由政治权力和经济权力所赋予的。这同样意味着鱼凫王拥有超越部众之上的权力，表明鱼凫王时期的社会组织已经突破了血缘组织的传统，达到了酋邦政治组织的发展水平。而鱼凫所称的"王"，实质上也是酋邦组织中拥有集中的权力的首领，即所谓君长。

四、古蜀王国的形成

历史记载和考古资料的综合分析告诉我们，三代蜀王之间是一种在有限空间内同时并存，为争夺成都平原这块膏腴之地而角逐争雄的酋邦关系，他们是文献所见古蜀地区最早的酋邦社会。

前面提到，三代蜀王中的蚕丛和鱼凫分别是从岷江上游地区南迁进入成都平原的。而柏灌的来源，按照一些学者的研究，应是成都平原西北部地区今都江堰市"灌口"、"观坂"一带的土著①，那里正是成都平原较早开发的地区之一，这已经由近年以来成都平原的若干考古新发现所充分证实。三代蜀王虽然初入成都平原的时间不一，但他们的相继南迁却使他们在成都平原先后相遇，终致因资源和生存空间的争夺而发生大规模的酋邦征服战争。

蚕丛氏从岷山区域南迁成都平原，其原因当与经济类型和生态环境有关。

鱼凫氏的情形与蚕丛氏大体相似，也应是一支从经营高地农业的民族转化发展为经营低地农业的族群。

至于柏灌，近年来成都平原宝墩文化的发现②，已证实距今 4000 多年以前成都平原西北地区岷江中游一带，是农业已经发展起来的地区。不论从时间还是空间上看，这一带的考古遗迹颇与柏灌史迹相合，表明位于今都江堰地区灌口一带的柏灌氏，是一支经营低地农业的族群。

蚕丛氏从岷江上游南迁成都平原，其迁徙路线是沿岷江河谷而下，经灌口从成都平原西北角进入成都平原的。在岷江南入成都平原之地，古有蚕崖关、蚕崖市、蚕崖石等地名③，正是蚕丛氏经由岷江河谷南出灌口进入成都平原的

---

① 蒙默等：《四川古代史稿》，四川人民出版社 1988 年版，第 13 页。
② 江章华、颜劲松、李明斌：《成都平原的早期古城址群——宝墩文化初论》，《中华文化论坛》1997 年第 4 期。
③ 曹学佺：《蜀中名胜记》卷 6。

第三章 古蜀王国的兴起

证据。蚕丛氏南出灌口，正与居息在这里的柏濩相遇，于是发生争夺土地和资源的战争。

鱼凫南下进入成都平原，也是经由岷江河谷南出灌口的，《蜀王本纪》和《华阳国志·蜀志》都记有"鱼凫王田于湔山"，湔山即今都江堰市与汶川县之间的茶坪山，表明了鱼凫经湔山南下，走的是蚕丛氏南下的同一条路线。于是，在鱼凫王与蚕丛之间，引发了另一场酋邦战争。

三代蜀王之间酋邦战争的史迹，在历史文献上有蛛丝马迹可寻。《蜀王本纪》记载："蚕丛、柏濩、鱼凫，此三代各数百岁，皆神化不死，其民亦颇随王化去。"这其实就是说，在征服战争中失败的酋邦，其中一部分民众成为征服者酋邦的臣民，另一部分则随其首领逃亡。《史记·三代世表》正义引《谱记》说："周衰，先称王者蚕丛国破，子孙居姚、巂等处。"反映的就是蚕丛氏酋邦在战争中失败后，其中一部分逃至姚（今云南姚安）、巂（今四川凉山西昌）等处的史迹。此即"神化不死"、"其民亦颇随王化去"的实质。

三星堆遗址第二期始出现鱼凫王的标记——鸟头勺柄，同时此期也不乏蚕丛氏文化的石器、陶器等生产和生活用具。一号祭祀坑所出青铜雕像中，有一跪坐人物像（K1：293），发式似扁高髻，下身着犊鼻裤，一端系于腰前，另一端反系于背后腰带下，当是蚕丛氏后裔形象的塑造。据民族学调查，岷江上游戈基人被称为有尾人①，实际上是"衣服制裁，皆有尾形"②中的一种，即着犊鼻裤，因其一端下垂，似尾，故名。一号坑内所瘗埋的一自然梯形石块，也与理县佳山戈基人石棺葬中瘗埋自然石块一致③。而三星堆遗址出土文物中代表文明高度发

图 3-4 三星堆一号坑出土的跪坐青铜雕像

---

① 胡鉴民：《羌民的信仰与习为》，《边疆民族论丛》，1940 年版。
② 《后汉书·南蛮西南夷列传》。
③ 《四川理县佳山石棺葬发掘清理报告》，《南方民族考古》第 1 辑，四川大学出版社 1987 年版。

展的部分，即体现古蜀王国政权核心的物质文化遗存，却不能反映蚕丛氏的文化。这就意味着，蚕丛氏遗民中的绝大部分，已成为鱼凫王所建古蜀王国中的治民。而鱼凫王作为古蜀王国的创建者，作为一个国家政权的第一代君主，也由此得到了证明。

征服战争扩大了征服者酋邦的王权，为维护王权并保证对被征服者的土地、人民进行统治，王权又得到进一步上升，转化为君权，并建立起相应的统治机器。此时，在这个王权的统治范围内，不再以血缘而主要以地缘关系来划分其国民，而公共权力的设置和加强又是其绝对需要。于是，在以成都平原为中心的古蜀大地上，一个以鱼凫王为统治核心的古蜀王国建立起来。

古蜀王国定都于今广汉三星堆遗址，其初创年代大致与黄河流域夏王朝的中、晚时期相当。

蚕丛、柏灌、鱼凫三代蜀王之间大规模酋邦征服战争的结局，是鱼凫王征服了蚕丛和柏灌，初步统一了成都平原，建立起以成都平原为中心的强大的古蜀王国。鱼凫王朝的建立，标志着古蜀地区第一次迈进了文明时代，古蜀历史翻开了崭新的一页。

第二节　古蜀的国家与文明

一、文明与国家形成

要深入、系统地研究古蜀文明，必须首先弄清文明的基本内涵，把握文明形成的一般理论。

迄今国际学术界对于古代文明形成的认识，一般从考古和文字材料来加以分析论述，通常认为古代文明形成的标志有物质文化和政治组织两类。从物质文化标志上说，一般认为有城市、文字、金属器三项，或其中的两项再加上大型礼仪建筑。某一古代社会里如果同时具备了这几个物质文化要素，那么就可以说这个社会已是文明社会。从政治组织方面来说，唯一的标志是国家，如果在某一古代社会里诞生了国家，那么就可以说这个社会已是文明社会。

为什么物质文化要素是文明诞生的标志呢？因为它们体现了社会形态演进

的水平和程度。

城市是作为史前乡村的对立物出现的。城市的产生，是剩余财富集中和阶级分化加剧达到相当程度，以致导致一个类似政府的权力集中化的层级组织出现，来对现状加以干预、实施控制并维持某种秩序的结果。城市植根于乡村而又凌驾于乡村之上，并引起整个社会结构和运作机制的质的转变，因而是文明形成诸种物质文化标志中最重要的标志。在全球最古文明中，如在美索不达米亚和印度河，城市的诞生就是国家的诞生，也就是文明的诞生。

金属器的制造和使用是体现古代社会生产力进步程度的一个重要标尺。在古代东方，尤其是古代中国，青铜时代被作为古代文明的同义语，其基本前提是手工业生产的专门化发展，形成包括采矿、运输、冶炼、铸造等多个环节以及其间统一而复杂的组织、指挥和管理系统。特别是在缺乏铜、锡、铅等矿产资源的地区，青铜器的大量制作还意味着存在广泛的甚至远距离的贸易关系，或贡纳关系。因而，青铜器的制作和使用，不单从经济上、技术上，而且还从组织系统和管理系统上推动了社会的进步。尤其是在将青铜器作为权力的象征物，象征着王权、神权和社会财富垄断之权这一点上，青铜器完完全全成为了国家政权的标志物。

文字起源于经济管理的需要[1]，或与祭祀有关。没有复杂的劳动分工、社会分工和专职化的管理机构，就不会产生文字。虽然，在世界古文明中，并不是每一个古代文明社会都形成了文字和文字制度，如古代印度河文明、古代印加文明等，都没有文字。不过，文字的发明和使用，作为体现人类智力和社会发展水平的十分重要的标尺，它在绝大多数文明社会里都是不可缺少的。

至于大型礼仪建筑，则从上层建筑领域折射出阶级统治的史影，从礼制方面反映了凌驾于社会之上，能够占有广大劳动者阶级剩余劳动的王权和神权政治机构的存在。

从唯物史观出发来看，以上诸种物质文化要素或物化标志的共同出现，可以说是划分出了社会经济形态发展演进的前后两大阶段。前一个阶段是史前时代，后一个阶段是文明时代。文明的诞生，标志着社会最终脱离了野蛮状态，在人类历史上具有空前伟大的意义。

---

[1] V. C. Childe, *Man Makes Himself*, 1948.

文明诞生在政治组织上表现为国家的形成，正如恩格斯的著名论断那样："国家是文明时代的概括，它在一切典型的时期毫无例外地都是统治阶级的国家，并且在一切场合在本质上都是镇压被剥削阶级的机器。"① 国家与史前社会的本质区别，一是它按地区来划分其国民，二是公共权力的设立。可见，国家是文明起源过程的最高产物，国家一经产生，文明起源时代便宣告结束，社会进入文明时代。

二、古蜀文明中心的诞生

在距今三四千年前，在今广汉三星堆遗址一期文化（宝墩文化）的废墟之上，高高耸立起坚固而厚实的城墙，城墙外掘有深深的壕沟。南城墙内的两个祭祀坑内，埋藏着数以千计举世罕见的大型青铜制品、黄金制品、玉石制品、象牙和海贝。方圆达3.5平方公里的城圈以内，分布着密集的文化遗存，有宫殿区、宗教圣区、生活区和作坊区，出土大批玉石礼器、

图3-5 三星堆城墙遗迹（一段）

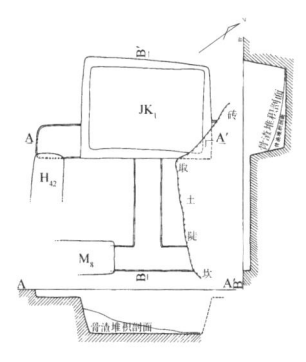

一号祭祀坑平面、剖面图

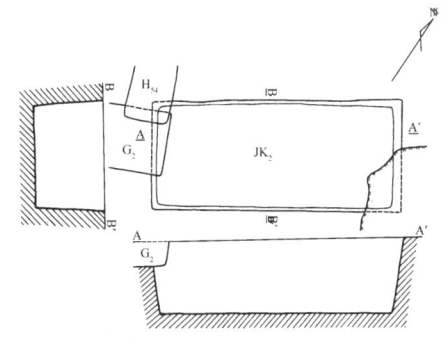

二号祭祀坑平面、剖面图

图3-6 三星堆遗址平面、剖面图

---

① 恩格斯：《家庭、私有制和国家的起源》，《马克思恩格斯选集》第4卷，第172页。

陶制容器、陶塑工艺品和雕花漆木器。在一些陶器表面，还赫然醒目地刻画着一些文字符号。这一切，都确凿无疑地表明，在广汉三星堆遗址，城市、文字、青铜器、大型礼仪中心等多个文明要素不仅都已同时地、集中地出现，而且还

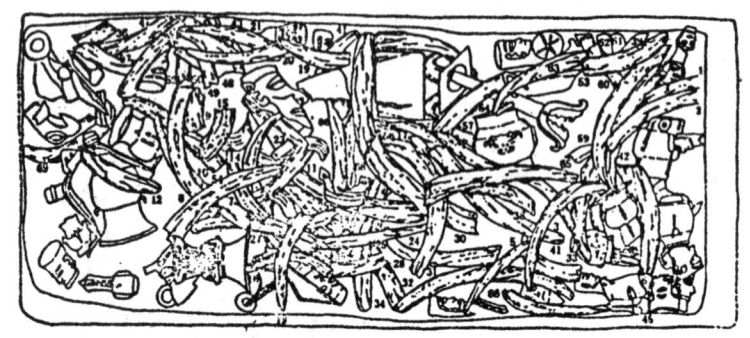

图 3-7 三星堆二号祭祀坑上层遗物分布图

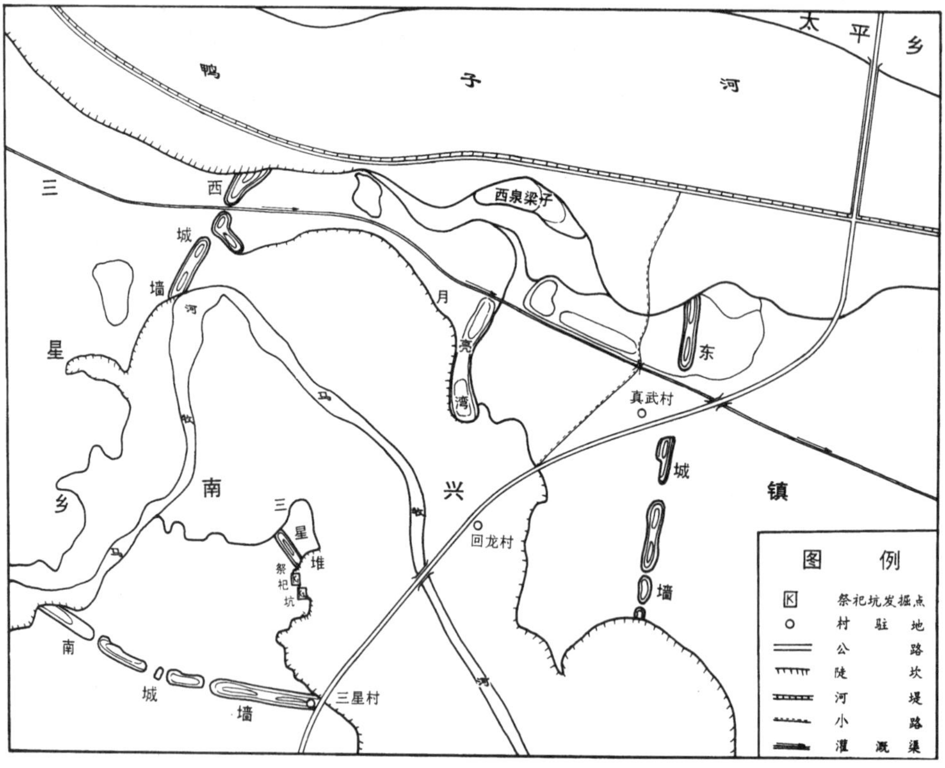

图 3-8 三星堆古城遗址平面图

发展进化到相当高的程度，它显然标志着古蜀文明时代已经来临。相应地，城乡分化、阶级分化、社会分层、权力集中，也已发展到新的历史阶段，一个植根于社会而又凌驾于社会之上的古蜀王国已经形成。这一切都再清楚不过地表明，一个灿烂的古代文明中心，已经诞生在古蜀深厚而广阔的大地之上。

三星堆文明是长江上游地区最早的古代文明，它的初创年代在公元前2000年左右，稍晚于中原夏王朝的创立，而它的终结在公元前1200年左右，相当于中原商王朝的晚期①。三星堆古蜀文明雄踞西南，连续发展800年之久，对于一个文明古国或古王朝来说，这在中国古代史上是不多见的。

古蜀之所以能在距今三四千年前就创造出如此辉煌的古代文明，这与它深深地植根于博大而深厚的基础分不开，即它是来源于农业的长足发展、手工业的巨大进步、商业贸易关系的广泛建立、科学知识的积累创新，以及与其他古文化的密切联系和交流。

三星堆遗址出土的青铜器和陶器，有相当一部分属于酒器，表现出发达昌盛的酒文化。大量酿酒，必然以粮食的大量剩余为前提，可见农业发展之一斑。《山海经·海内经》载：

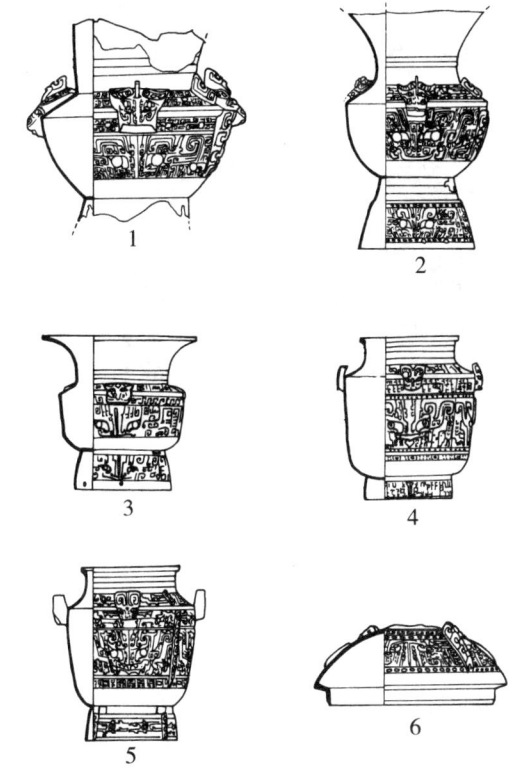

1. Ⅰ式铜圆尊　2. Ⅱ式铜圆尊　3. Ⅲ式铜圆尊
4. Ⅱ式铜圆罍　5. Ⅱ式铜圆罍　6. 铜圆罍盖

图3-9　三星堆祭祀坑出土的青铜酒器

---

① 这里的三星堆文明分期，是基于"宝墩文化—三星堆文化—十二桥文化"这种序列划分。如据另一种分期方法，则三星堆文明的下限应在公元前1000年左右，约相当于西周初期。另有学者认为三星堆文明的年代为西周，或晚至春秋。

"西南黑水青水之间，有都广之野，后稷葬焉。其城方三百里，盖天下之中，素女所出也（按：此十六字原脱入郭注，今据郭注、郝疏并王逸注《楚辞·九叹》所引补）。爰有膏菽、膏稻、膏黍、膏稷，百谷自生，冬夏播琴（毕沅云：'播琴，播种也。'）。""都广"乃"广都"之倒，"都广之野"即"成都平原"。可见古蜀农业发达，是文明起源最重要的前提。

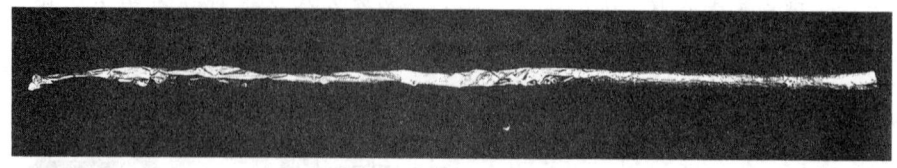
1. 金杖

2. 金面罩

3. 金虎

图3—10　三星堆一号坑出土金器

　　三星堆祭祀坑内出土的黄金制品和大型青铜器群，气势宏伟，蔚为大观。其中的青铜雕像群，如青铜大小立人、跪坐人像、人头像、人面像、兽面像、神树，以及金杖、金面罩等，都是中国首次发现的稀世之宝，价值极高，而又与华北夏商文化判然有别。大批玉石礼器和陶、漆工艺品，都展现出高超的技术水平，从而体现出细密的分工和生产的专门化。青铜器制作所必需的采矿、运输、冶炼、合金、铸造加工等环节，也无一不是分工协作的坚强证据。可见，经济部门的分化，大批脱离食物生产的手工业者的技术专门化，为青铜时代的到来奠定了知识、技术和生产者队伍的雄厚基础。

　　三星堆遗址出土的大量海贝，背上多有穿孔，学者们多认为是贝币，反映

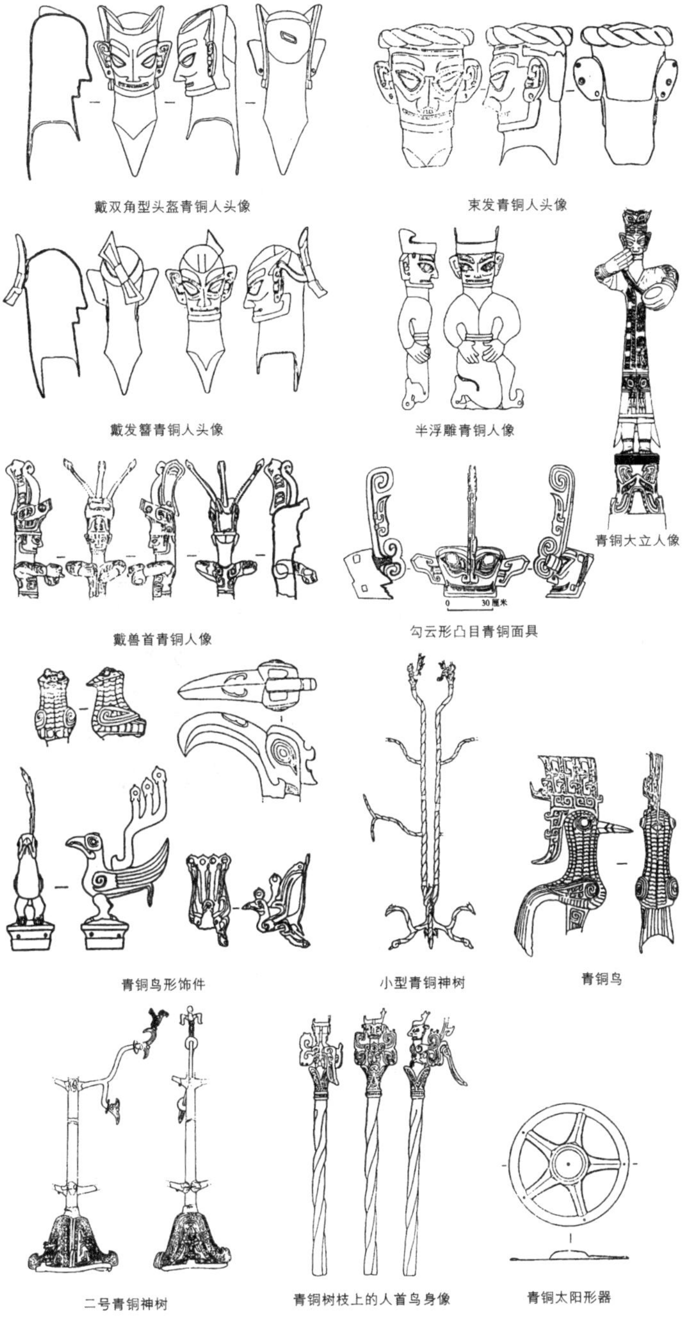

第三章 古蜀王国的兴起

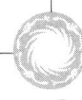

戴双角型头盔青铜人头像　　束发青铜人头像

戴发簪青铜人头像　　半浮雕青铜人像　　青铜大立人像

戴兽首青铜人像　　勾云形凸目青铜面具

青铜鸟形饰件　　小型青铜神树　　青铜鸟

二号青铜神树　　青铜树枝上的人首鸟身像　　青铜太阳形器

图 3—11　三星堆祭祀坑内出土的大型青铜器群

第三章 古蜀王国的兴起

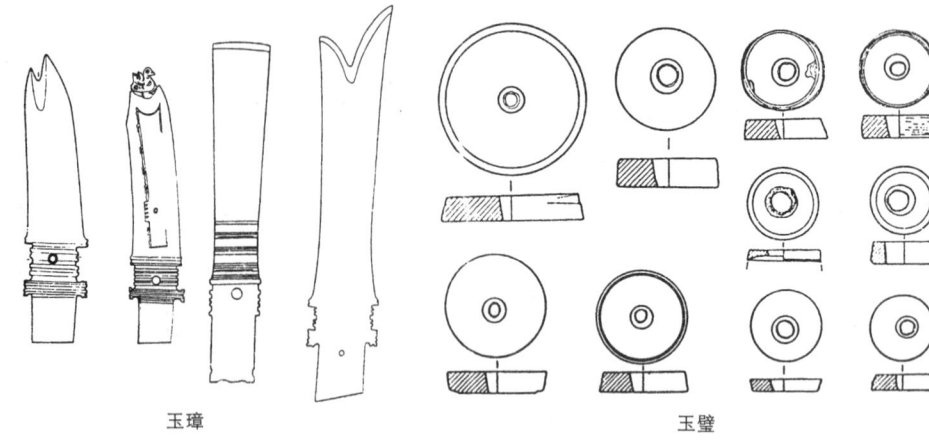

玉璋　　　　　　　　　　　　　　玉璧

图 3-12　三星堆祭祀坑出土的玉器

出商业的繁荣。而海贝本身，以及六七十支象牙①，也正是远程贸易的实物见证。青铜器所必需的铜料锡料，也是通过贸易进口。这些说明贸易已不是偶然现象，它已从获取生产原料进一步发展到获取王权所及的一切奢侈品。

丰富的科学知识、高超的技术和伟大的艺术，共同融进作为创造性产物的各种物质形式之中。从金玉到陶石，从青铜器到建筑物，都是它们直接而具体的表现。其中也包含不少通过交流从外部移入的文化因素，如华北

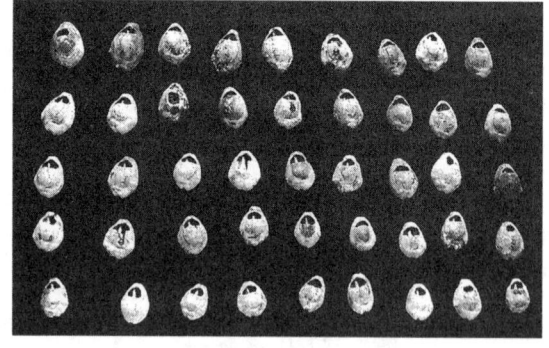

图 3-13　三星堆遗址出土的海贝

图 3-14　三星堆祭祀坑出土的象牙

---

① 据发掘报告，三星堆一号坑出土大象门齿 13 根，二号坑出土象牙 67 件、象牙珠 120 件以及 4 种象牙器残片（四川省文物考古研究所编：《三星堆祭祀坑》，文物出版社 1999 年版，第 150、413、417 页）。二号坑出土的整支象牙数量不可确知，一般将三星堆祭祀坑出土的象牙数量笼统计为六七十支。

商文化中的青铜礼器,近东文化中的青铜雕像、权杖等文化形式①。正是由于广泛深入的文化交流,才使古蜀文明具有世界文明的色彩,使它成为一个富于开放性特点的灿烂的古代文明②。

从广泛的意义上说,三星堆文明又是上古四川盆地及周边各族共同创造的伟大成果。例如,文献记载古蜀文化的初创者三代蜀王,来源于岷江上游地区;而四川盆地以北的陕南汉中盆地,以东的长江三峡以至鄂西宜昌地区,以南的大渡河和青衣江地区,又是三星堆文明辽阔的空间构架中一个个重要的战略支撑点。这就表明,三星堆文明的创造,一方面是古蜀史前文化高度持续发展的结果,另一方面也同它文化因素的多元性来源分不开。因此,三星堆文明的基本结构框架,同样是多元一体,而不是一元形成的。

第三节　神权政体的表现

四川广汉三星堆遗址的发掘,尤其是一、二号祭祀坑的相继发现,揭示出了古蜀王国的王权与神权之谜。它使我们深刻地认识到,夏商时代的古蜀文明,是一支高度发达的神权文明;夏商时代的古蜀王国,是一个实行神权政治的国家,三星堆遗址便是这个神权文明的政治中心之所在。

一、神权政体的物化表现

(一) 金杖与雕像

三星堆一号祭祀坑出土的一柄金杖,十分引人注目。这柄金杖是用较厚的纯金皮包卷而成的金皮木芯杖,杖长143厘米,直径2.3厘米,净重463克。杖的上端有一段长46厘米的平雕纹饰图案,分为三组:最下一组线刻两个前后对称,头戴锯齿状冠,耳垂系三角形耳坠的人头。上面两组图案相同,下方为两背相对的鸟,上方为两背相对的鱼,鸟的颈部和鱼的头部压有一枝羽箭③。

---

① 段渝:《巴蜀是华夏文化的又一个起源地》,《社会科学报》1989年10月19日;《论商代长江上游川西平原青铜文化与华北和世界古文明的关系》,《东南文化》1993年第2期。
② 段渝:《古蜀文明富于世界性特征》,《社会科学报》1990年3月15日。
③ 四川省文物考古研究所:《三星堆祭祀坑》,文物出版社1999年版,第60~62页。

第三章　古蜀王国的兴起

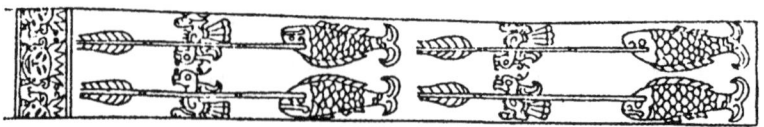

图 3—15　三星堆一号祭祀坑出土金杖上的图案

这柄金杖，由于它与大量青铜器礼器、青铜人头像、人面像、玉石器、象牙、海贝等巨大的物质财富同出一坑，也由于用杖象征权力是司空见惯的文化现象，不少学者因而称它为"王权杖"，或简称为"权杖"。

三星堆金杖的确是一柄权杖，但是它的权力象征系统还远远不止于此，还要深刻广泛得多。金杖杖身上端的三组人、鱼、鸟图案，可以充分表明金杖既被赋予着人世间的王权，又被赋予着宗教的神权，它本身既是王杖，又是神杖，是政教合一的象征和标志。

金杖上的人头图案，头戴兽面高冠，耳垂三角形耳坠，与二号祭祀坑所出蜀王形象造型——青铜大立人相同，表明杖身所刻人头代表着蜀王及其权力。鱼、鸟图案的意义在于，鱼能潜渊，鸟能登天，它们是蜀王的通神之物，具有龙的神化般功能。而能够上天入地，交通于神人之间的使者，正是蜀王自身。所以，金杖不仅仅是一具王杖，同时也是一具神杖，是用以沟通天地人神的工具和法器。《淮南子·地形》说："建木在都广，众帝所自上下"。"都广"即是《山海经·海内经》中的"都广之野"，指成都平原；而所谓"建木"，或许就是三星堆出土的青铜神树。既然众神从这里上下于天地，那么金杖上的鱼、鸟，便能够通过金杖那无边的法力，沟通人神，挥洒自如了。自然，与鱼、鸟同在图案上的蜀王，就是指挥、支配人神之间交际的大巫了。

金杖的含义还不止于此。杖用纯金皮包卷，而黄金自古视为稀世珍宝，其价值远在青铜、玉石之上。因此使用黄金制成权杖，又表现出对社会财富的占有，象征着经济上的垄断权力。所以说，三星堆金杖有着多种特权复合的象征意义，标志着王权（政治权力）、神权（宗教权力）和财富垄断权（经济权力）。这三种特权的同时具备，集中赋于一杖，就象征着蜀王所居的最高统治地位。同时，它还深刻地意味着，夏商时代的古蜀王国，是一个彻头彻尾的神权政体，而夏商时代的古蜀文明，当然也是一个彻头彻尾的神权文明。

三星堆一、二号祭祀坑内出土了大量青铜雕像，分为人物雕像、动植物雕像等两大类。其中，青铜人物雕像包括各种全身人物雕像、人头雕像和人面像①。全身人物雕像中的最大者通高260厘米，最小者仅高3厘米左右，既有站立，又有双膝跪坐和单膝跪地等姿态的造型。人头雕像的大小，一般同真人接近；根据发式、服式和脸型，可以分作几个不同的形式。人面像包括几个不同的形式，最大一尊通高65厘米，通耳宽138厘米，厚0.5～0.8厘米。此外，还出土数具纯金打制成的金面罩。二号坑出土一尊青铜人头雕像，面部还戴着一具金面罩。动植物雕像包括鹰、鸟、鸡、蛇、夔、龙、凤等造型，还有六棵青铜神树，最大的一棵高达3.5米以上。

三星堆一、二号坑出土的数百件青铜人物雕像、人头像、人面像、兽面像，各种各样的动植物雕像以及黄金面罩、青铜神树等，五光十色，光怪陆离，构筑成一个阴森、威严、凝重、恐怖而又庄严肃穆的巨大青铜空间，处处充溢着令人望而生畏的神秘王国氛围②。这正是神权政治中心的典型形式。目的之一，在于通过各种重型物质的复杂组合形式及其必然对人产生的巨大精神压力，来显示王权与神权那至高无上的权威和力量。可以看出，三星堆遗址出土的大型青铜雕像群，毫无疑问是古蜀王国大型礼仪中心的主要器物组合，它们无一不是古蜀王国神权政体的物化表现形式。

古代社会从酋邦演变为国家时，一个普遍的历史现象是政治的宗教化和政治权力的宗教化。通过把政治行为转化为宗教行为，使政治需要转化为宗教需要，利用宗教的社会功能来操纵和控制广大民众的意识形态，操纵和控制广大民众的各种行为，从而在这个过程中实现政治权力的合法化。

差不多在每一个古代文明当中，都可以见到标志神权无限强大、无尚崇高的物质象征物，这一类象征物大多属于重型物质（如土、石、金属等）的庞大堆积和空间组合（如巨大的城墙、石雕、青铜器或黄金器物的不同组合等），或者是观念形态上的超自然崇拜物。比如，三星堆文化一至三期（三星堆遗址二至四期）连续使用的巨大的城墙，连续使用并且在制作工艺上精益求精的鸟头把勺，以及一、二号祭祀坑所埋藏的宏大的青铜制品群，就是这类重型物质的庞大堆积和空间组合，以及观念形态上的超自然崇拜物。巨大的城墙，既是神

---

① 《三星堆祭祀坑》，文物出版社1999年版。
② 段渝：《古代中国西南的神秘王国》，《丝语中文时报》（伦敦），1996年6月号。

权无限强大的象征,又是神权构造物的巨型标志;宏大的青铜制品群,既是神权交通天地的象征,又是各级统治者自身神力的标志;鸟头把勺既是祭祀礼仪场合舀酒的神器——它的鸟头形制极似鱼鹰,来源于上古时代鱼凫王族群的徽记,是王族的神圣象征,又是王族家天下统治的权力标志。又如,作为中原夏、商、周三代国家政权象征物"九鼎"上的图案和青铜器上的动物纹样,大都属于此类超自然崇拜的象征物。

在更早的时代,也有物化的超自然崇拜物。例如,良渚文化玉器中的神人,红山文化、陶寺墓地的龙,大地湾的龙,濮阳的龙与虎等等,都是较早时期超自然崇拜观念的物化形式或形象化。这些例子发生在新石器时代的末叶,那几个社会还是酋邦制社会,属于文明起源的时代,政治权力已趋于集中化发展,有了神化权力的需要。这一时期由权力的集中所产生的对超自然崇拜物的物化表明,以这类超自然崇拜物作为权力象征的现象,早在文明起源时代已经产生。

文明时代初叶,国家的统治者往往不是通过新发明创造出一种超自然崇拜物,而是通过控制早在前一时代即文明起源时代已经产生、存在并在民众中形成了传统的超自然崇拜物,来作为神化国家权力的象征物,从而达到既能控制民众的意识形态,又能使政治权力充分合法化的双重目的。控制了、操纵了民众传统意识形态方面的信仰象征物,就可以宣称自己是人神交通的唯一代表者,直接降神、迎神、通神,代神宣言,代表神的意志,对民众行使神的制裁、审判、惩罚等权力。《国语·楚语下》所记载的重、黎"绝地天通",就是一个十分典型的例证。周人声称自己代天"改厥元子",也是一个十分典型的例子。古蜀三星堆文明的创建者鱼凫王利用早已产生的本族崇拜物鱼鹰(即鱼凫)作为国家权力的神圣化象征,同样是十分典型的例子。

由于文明初兴时代宗教的风行不衰,人们的价值观念、意识形态均随宗教价值观和意识形态的转移而转移,而多数宗教崇拜又必须有一个有形的、看得见的物体形式作为标志物、象征物,人们的超自然崇拜观念均以此为寄托,所以,一旦统治者控制了一个社会的宗教象征物,也就控制了这个社会民众的意识形态。于是,通过政治权力的宗教化,阶级统治成为合法。

政治权力的宗教化意味着政教合一的政治体制,政权与神权处于同等重要的位置,国家元首同时也是最高宗教领袖,正如陈梦家先生所说:"既为政治领袖，又为群巫之长。"① 这是文明初兴时代盛极一时的风气和特征。如商王朝，有字甲骨是为了卜问天意，向神陈情，而卜辞为商王室所控制，除有贞人代王室卜问外，还有不少王卜辞，表明商王亲自占卜，意味着商王就是最高神权领袖。文献记载周伐商，周人宣称"惟恭行天之罚"②，声言"皇天上帝，改厥元子兹大国殷之命"③，一方面表明周人借用神意来取代商王朝政权，另一方面则表明商王确为政治领袖兼宗教领袖。古蜀王也是这样。三星堆一号祭祀坑出土的金杖，上有人头、鱼、鸟图案，一般认为它们是鱼凫王的合成形象，林向教授更是直接将金杖图案读作鱼（鱼的形象）、凫（鸟的形象）、王（人头的形象）三个字④，尤为确切。将鱼凫这一族群的传统神物与王者形象直接结合为一体，更是赤裸裸地表现了鱼凫王既为最高政治领袖，又为最高宗教领袖的至高无上地位，切实证明三星堆古蜀文明是一个实行神权政治、政教合一的古代文明。

应当指出，政治权力的宗教化，归根结底，其实质仍然是权力的世俗化，神化了的政治权力只是世俗权力的一种实现形式罢了。因为，任何宗教化了的权力，都是建立在对民众统治的基础之上的，没有这个世俗的前提，就不会产生神权。假如鱼凫王没有征服蚕丛氏和柏濩氏，没有占领三星堆遗址一带广阔的地域，就绝不可能在三星堆遗址一期文化（宝墩文化）的废墟上创建出一个无比辉煌的古代文明，也就绝不可能诞生出古蜀王国这样一个高度发达的神权政体，这是不言而喻的。

（二）神树与众帝

三星堆出土的6棵青铜树（可复原者有两大一小）⑤，树座呈圆形，有的座上铸有武士形象的铜人雕像，背朝树干，面向外下跪，俨然一副虔诚的神树守卫者形象，有的神树的果实柄部还包卷着金箔。这种情形，竟与著名文化人类学家弗雷泽（James George Frazer）在其名著《金枝》(The Golden Bough) 中所描写的情景一致，当然不是偶然的。

---

① 陈梦家：《商代的神话与宗教》，《燕京学报》1936年第20期。
② 《尚书·牧誓》。
③ 《尚书·召诰》。
④ 林向：《古蜀文化的发现与研究》，《寻根》1997年第4期。
⑤ 据《三星堆祭祀坑》，三星堆二号坑出土大型神树2件，小型神树残件可分为4个个体。见该书第214、219页。

第三章 古蜀王国的兴起

青铜神树上，有茂盛如锦的树枝、花朵，还有飞禽、悬龙、铃等挂饰。从它们的形态看，有可能就是所谓"建木"，是著名的神树。

《山海经·海内南经》这样说到"建木"：

> 有木，其状如牛，引之有皮，若缨、黄蛇。其叶如罗，其实如栾，其木若萆，其名曰建木。

《山海经·海内经》对"建木"也有大体相同的记载。郭璞注释"建木"道：

> 建木青叶、紫茎、黑华、黄实，其下声无响，立无影也。

建木所在及其功能，《淮南子·地形》说道：

> 建木在都广，众帝所自上下，日中无景，呼而无响，盖天地之中也。

Ⅰ号大型神树

Ⅱ号大型神树树座

图3—16 三星堆二号祭祀坑出土的神树

高诱注释道：

众帝之从都广山上天还下，故曰上下。

高注于义虽然得之，但说"从都广山"则未达一间①。众帝"上天还下"，是经由"建木"这种神树，而不是经由都广山上下。既然建木是众帝往返于天地之间的神树，那么它显然也就是登天之梯了，是天人之际的通道。

都广在何处呢？《山海经·海内经》记载：

西南黑水之间，有都广之野，后稷葬焉。其城方三百里，盖天地之中，素女所出也。爰有膏菽、膏稻、膏黍、膏稷，百谷自生，冬夏播琴。鸾鸟自歌，凤鸟自舞，灵寿实华，草木所聚。爰有百兽，相群爰处。此草也，冬夏不死。

这个都广之野，不仅名称与《淮南子·地形》所记载相同，而且草木亦合于《海内南经》等的记载。所说"都广"，《后汉书·张衡传》注、《史记·周本纪》集解等均引作"广都"，可见实为"广都"的倒文。杨慎《山海经补注》说："黑水广都，今之成都也。"从诸史《地理志》可见，广都正在成都平原，为今成都市双流县境。这就是说，古籍中所载"众帝上天还下"的建木，就在成都平原古蜀王国的故土。

三星堆位于成都平原中部，出土的青铜神树在形态上大体与文献所说"建木"相合，而且因为用铜制成，枝叶中有铜制的铃，所以能够"呼而不响"。又因神树置于高高的神坛之上，自坛下望见，即使日当午时，也能够"日中无影"。并且，三星堆古城为蜀王之都，是古蜀国的神权政治中心之所在，所以又被称为"天下之中"。可见，三星堆出土的青铜神树，极有可能就是所谓建木，也就是蜀人的天梯。

《淮南子·地形》说"众帝"在都广建木上下于天地之间，这"众帝"便是古蜀王国的君长兼大巫师，即蜀国的神权政治领袖。

---

① 参考袁珂：《山海经校注》，上海古籍出版社1980年版，第450页。

"帝"字在汉语古文字中有特殊意义。帝原本是一个祭名，后来演变成为天人之际的主神，殷卜辞中有"帝使风"、"帝令雨"等辞例，表明帝凌驾于诸神之上的崇高地位。帝虽然不是被中原视为"左言"的蜀语，但《淮南子》成书于西汉，是用汉人的语言文字记录的蜀人关于主神的概念。至于帝在蜀语中的音读，由于蜀语早已消失，无从稽考。

古蜀人的诸神当中，唯有众帝能够"上天还下"，高于群神之上。既然如此，帝作为主神的地位，便可得到充分确定。帝与群神的关系，犹如众星拱月，是主神与群神的统率关系。这种关系，带有"神统"的结构特点，正是人世间"君统"结构的反映，折射出当时的社会生活、政治生活和宗教生活。这个神统，又与三星堆青铜像群中青铜大立人与其他雕像所形成的主从结构特点相一致，而这正是宗教最重要的社会功能。

从《淮南子·地形》来看，古蜀国的帝是拟人神，有生命、有灵魂、有意志，基本功能是"替天行道"，为天神代言。而天神基本上是一个虚拟，既无实体，又无形象，只有意志，虽然神力无边，却须通过帝来传达意志。因此，在实际的宗教生活中，帝才是最重要的角色。由于这样，蜀王才借助法器（神杖），施展法术（各种仪式），使自己扮演起帝的角色，俨然而成神权政治领袖。

由此可见，神权不过是神化了的王权，却掩盖在宗教外衣之下，实行神治，使文明的曙光戴着一圈野性而神秘的光环。

二、神权的功能

在古代，政治权力与宗教往往合为一体，难分彼此。政治权力披着宗教的外衣，宗教则借用政治权力的力量，二者整合无间，相得益彰，对于政治权力的巩固和进一步深广化发展，产生了巨大的作用。

（一）神权的双重功能

统治者集团对意识形态的控制，是政治、经济权力在宗教领域的表现。不过，以宗教形式出现的统治权力，除了具有制裁、审判、惩罚等无限权力而外，还具有团结民众、维系社会、组织经济、保护秩序等极为重要的社会功能，用以达到增强政治、文化和民族凝聚力的目的。对于古代宗教神权的这一方面，我们必须予以充分重视。

殷卜辞中有大量卜雨、卜丰年等农事记载，这些记载从一个重要侧面表现出商王朝宗教神权代表民众利益，与神交接，祈神赐福于人间的行为，它所起的作用或扮演的角色，就是组织经济、团结民众、增强凝聚力。殷卜辞中所见商王室对一些方国提供的军事保护，所发生的也是同样作用。以此，才能确保神权统治所必备的社会基础和经济基础的稳固，也才能够最终确保神权统治秩序的稳定和巩固。

在文明初兴的时代，宗教神权确实具有双重功能：一是政治功能，一是社会功能。政治功能的发挥，使神权统治者的权力合法化；社会功能的发挥，则使神权统治者的权力稳定化，两个方面的终极目的是完全一致的。三星堆神权文明可以说就是把神权的双重功能发挥得淋漓尽致的一个典型例子。

三星堆城墙内曾出土两件双手反缚、无首、双膝跪坐的石雕奴隶像，它们毫无疑问是神权政体实施严酷的镇压职能的实物体现。由石雕奴隶像被双手反缚杀头的形态分析，三星堆神权政治集团对内保持并行使着制裁以至极端化镇压的权力。但由于各种原因，这一类极端化制裁现象在目前的考古资料中很难得到全面反映。不过，从三星堆巨大的城墙建筑、宏大的青铜器群中可以看出，神权对广大民众的制裁力和威慑力是非常强大的，因为不论城墙的修筑还是青铜制品群的制作，都不可能是广大民众出于自愿完成的，它们必定是在强大制裁力和威慑力之下的被迫产物。

分析三星堆神权的政治和社会双重功能，有比较充分的考古材料可供使用，这里只能择要予以讨论。

鸟头把勺是三星堆神权政治集团特有的权力标志物，代表着古蜀国家的神圣统治权力。这种鸟头把勺不但在三星堆文化中大量发现，而且还较多出现在四川盆地东部和鄂西长江三峡的若干处遗存中。从遗物的共生现象分析，没有发现使用武力征服或行使暴力镇压的迹象，意味着在三星堆文明东传的过程中，神权主要从文化交流的角度发挥了统治权力合法化的功能，并达到了预期目的。

三星堆一、二号祭祀坑内出土的大批各式青铜人物雕像，有全身像、人头像、人面像等等，它们的服式、冠式、发式各异，显示了不同族类的集合，表现出一个以蜀为核心的、拥有众多族类的统治集团结构[①]。众多青铜人物雕像围绕青铜大立人，表现了以古蜀神权政治领袖为中心，聚合西南各族首领而举

[①] 段渝：《商代蜀国青铜雕像文化来源和功能之再探讨》，《四川大学学报》1991年第2期。

行的大型礼仪活动，充分展现出三星堆神权在跨地域政治社会中的双重功能。一方面，西南各族君长汇聚三星堆古蜀都，共奉蜀人神权领袖，同祭蜀地信奉之神，表明各族承认三星堆古蜀神权的至上地位。青铜人头像代表着西南地区各族的君长，而这些君长在各自的族群中也同样被尊为神。既然蜀人神权领袖控制了这些各族之长，那么他也就控制了各族的神，并进一步实现了他对西南各族意识形态的控制。另一方面，这些各个族群的君长形象，都是用青铜材料制作而成的，它们与蜀王形象的制作材料毫无二致，仅有体量大小的区别；而与用石质材料雕刻出来的奴隶像截然不同，又意味着它们在以三星堆神权为中心的跨地域政治社会中具有相当高的地位，扮演着并非不重要的角色。这表明，在三星堆神权文明的跨地域扩张中，十分巧妙地发挥了神权的双重功能，既达到了扩张势力范围的目的，又达到了稳固势力范围现存秩序并增强凝聚力、吸引力的目的。

根据文献材料，大石崇拜是蚕丛氏也是岷江上游氐羌民族的文化特征[①]。在三星堆二号祭祀坑内发现了一块自然梯形石块，与各种青铜雕像共生，意味着古蜀神权对蚕丛氏宗教崇拜物的控制。这一现象与一号坑出土的一件着犊鼻裤的蚕丛氏后裔雕像（K1：293），有着文化内涵上的深刻联系，它们从宗教和政治的不同角度，共同反映了蚕丛氏后裔在三星堆神权政体下的被统治地位，表明蚕丛氏遗民已被鱼凫王牢牢控制在手中。有趣的是，在三星堆青铜制品群中占有极大体量，从而表明具有重要地位的那件最大的面像（K2②：148），被认为是"纵目人像"，也就是蚕丛氏的形象。如果此论成立，岂不是与蚕丛氏被鱼凫王消灭，"先称王者蚕丛国破，子孙居姚巂等处"[②] 等文献记载大相矛盾了吗？其实不然。如果我们能够确认那件青铜人面像（K2②：148）是纵目人蚕丛的形象，那么就可以有把握地说，正是通过制作并供奉这件蚕丛氏的面像，鱼凫王卓有成效地控制了蚕丛氏遗民对其先王的偶像崇拜，从而相当成功地达到了合法统治蚕丛氏遗民的政治目的。由此看来，那件青铜纵目人面像，是鱼凫王充分利用神权来对蚕丛氏遗民进行有效统治的强有力工具。

[①] 《华阳国志·蜀志》，《后汉书·冉駹夷传》，《古文苑》章樵注引《先蜀记》。

[②] 《史记·三代世表》正义引《谱记》。

图 3-17　三星堆出土的青铜"纵目人"像

事实上，利用控制前朝或他族的崇拜物来从意识形态方面控制前朝遗民或他族民众，在古代文明中是一个很普遍的现象。一个政权的统治者，往往会精明地通过占有前朝或他族宗教崇拜物（即意识形态的物化形式）的方式，宣称自己是前朝或他族的神灵和宗教领袖，以便从文化上、宗教感情上取得前朝遗民和他族民众的认同，从而达到实现并巩固自己对前朝遗民和他族民众进行统治的目的。

史籍记载杜宇灭鱼凫王后奔赴成周（今河南洛阳）参加周成王举行的诸侯大盟会，"成周之会……蜀人以文翰。文翰者，若皋鸡"①。所谓"文翰"、"若皋鸡"，孔晁注云："鸟有文彩者。皋鸡似凫。"可知，文翰就是鱼凫王朝神权政体的标记。三星堆文化从第一期开始出现的陶塑鸟头，素面无纹饰，到第二期、第三期时，这种陶塑鸟头的头顶、颈部、眼眶及嘴部饰有云雷纹，就是这种有文彩的凫。杜宇参加成周诸侯大会，献凫与周成王，其意义如同西周春秋时期诸侯告捷、献功、荐俘于周王廷一样，表示告以对鱼凫王政权的彻底推翻和取代。另一方面，则意味着杜宇王朝对其前朝遗民所奉神权标志的控制，以此达到控制其前朝遗民意识形态的目的。

无独有偶。周人灭殷后，在鲁、宋建有数处亳社②，就是充分利用殷遗民所崇奉的土地神，来达到抚慰、团结殷

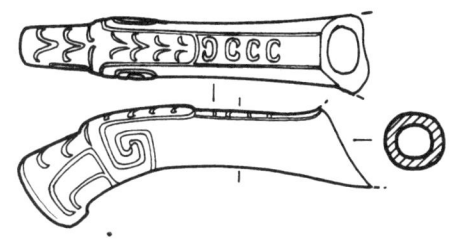

图 3-18　三星堆出土的陶塑鸟头

---

① 《逸周书·王会篇》。
② 《左传》襄公三十年、昭公十年、定公六年、哀公四年、哀公七年。

人，从而巩固新的统治秩序的目的。史籍还记载周灭殷以后，实行大分封，作"分殷之器物"①，将周王室的宗室子弟和姻亲分封到原来夏、殷王朝统治的千里王畿内外广大地区。在分封仪式上，周王对受封的诸侯不仅"授土授民"，还多赐以诸侯所封之地原统治者的用物，其中就包括神物。比如，《左传》定公四年记载周成王分封鲁公、康叔和唐叔，"昭之以分物"。分以鲁公的器物中，有"夏后氏之璜，封父之繁弱"，璜为"天子之器"②，繁弱为封父国之良弓③。封父国，姜姓，为夏王朝的遗民④，地在今河南封丘。鲁公伯禽初封之地，实不在曲阜，而在《左传》昭公二十九年所记载的"鲁县"，地在今河南中部的鲁山县东北。以地域而论，封父国自应在鲁的势力范围以内。因而，分封鲁公时，赐以"夏后氏之璜，封父之繁弱"，其实质是把它们作为控制前朝遗民意识形态的工具，利用前朝所奉神物从文化上、宗教感情上取得前朝遗民的认同，达到收揽民心、巩固统治秩序的目的。其实，古史传说中黄帝所铸的九鼎，是象征国家政权和神权的神圣之物，九鼎在夏、商、周三代间的传承，同样也是政权和神权在三代间的传承，据有了九鼎，就等于同时据有了政治权力和意识形态权力。

由此看来，对于考古遗存中与本族或本朝遗物共存的他族或前朝的遗物，不应仅仅单纯地解释为掠夺品、战利品或文化交流品，还应联系相关情况，扩大视野进行解释。比如，至少说来，对于作为他族或前朝神物的器物，还应做深入分析。在古代，"神不歆非类，民不祀非族"⑤，"非其鬼而祭之，谄也"⑥，"非其所祭而祭之，名曰淫祀，淫祀无福"⑦，把他族的神物视为于己不祥之物，多予以毁坏或弃置，这就是史籍所谓"迁其宗庙，毁其重器"⑧，或"火焚其彝器"⑨。将这类不祥之物保存下来的违反常规行为，必然有其合理的用意。这个

---

① 《史记·周本纪》。
② 《礼记·明堂位》。
③ 《荀子·性恶篇》。
④ 《唐书·宰相世系表一》。
⑤ 《左传》僖公十年。
⑥ 《论语·为政》。
⑦ 《礼记·曲礼》。
⑧ 《国语·晋语》。
⑨ 《国语·晋语》。

用意应当就是把他族或前朝神物作为控制他族或前朝民众意识形态的工具，一方面通过对神权标志物的控制，使他族或前朝民众畏服，另一方面通过这种控制，显示自己与他族民众或前朝遗民在文化上、宗教感情上的相互沟通，以此维系双方关系，达到镇抚他族或前朝民众、维护统治的目的。可以看出，这仍然是政治权力宗教化的双重功能：政治功能与社会功能。《左传》记载的周王室分封同姓诸侯，均赐以殷人彝器和玉器（《逸周书》称这些玉器为"商人旧玉"），作为诸侯封国的镇国之宝，其意就在于此。全国各地考古发现的周初青铜器中多夹杂有殷器①，就是这种功能的体现。这种情况，与后来作为赏赐的战利品有原则区别，不能混为一谈。

这就表明，政治权力的宗教化，不论对内统治还是对外扩张，都是为古代统治者所经常使用而且富于成效的统治手段，它本身并不是目的，其实质是宗教化了的政治权力。

（二）强权的转化

当统治阶级凭借暴力取得政权后，为了稳定统治秩序，一般情况下不再继续使用强权，不再继续推行强权统治。为了使统治权力在公众眼目中成为公正的代表和正义的化身，以避免公众的反抗和对立情绪，通常情况下都将强权加以转化，在统治方式上把强权政治转化为神权政治，使权力充分合法化。这方面例子非常之多。在古代社会，一般说来，统治者更乐意将强权披上一层宗教外衣，通过宗教仪式、宗教感情等文化联系，使强权转化为温情脉脉或神秘莫测的神权统治，这比直接的、赤裸裸的强权统治更加容易奏效。例如，秦灭蜀以后，秦之蜀守李冰就充分利用了蜀人传统的尚五宗教观念，"作五石牛以压水精"②，不但成功地修建了都江堰水利工程，还成功地制服了蜀人，赢得了蜀人的世世爱戴。秦始皇也是这样，在蜀地南边所修道路，不是按秦制"数以六为纪"、"而舆六尺"③，而是利用蜀人的尚五宗教观念修建"五尺道"④，使文化专制转化为宗教认同⑤，其用意是十分明显的。

---

① 李学勤：《西周时期的诸侯国青铜器》，《中国社会科学院研究生院学报》1985年第6期。
② 《华阳国志·蜀志》。
③ 《史记·秦始皇本纪》。
④ 《史记·西南夷列传》。
⑤ 段渝：《论秦汉王朝对巴蜀的改造》，《中国史研究》1999年第1期。

第三章 古蜀王国的兴起

三星堆文化与西南夷各族的关系，可以对强权的转化提供典型例证。

商代三星堆文化浓厚的宗教气氛，把蜀王国装点成为一个神秘王国①，这是强权宗教化的典型例子。三星堆祭祀坑出土的大批青铜制品、贝币、象牙等，是古蜀的神权政体控制了西南地区的战略性资源和贸易路线的反映。

在商代中晚期之前，古蜀地区未见如此宏阔而洋洋大观的文明成果，它们应是商代中晚期古蜀王国向西南夷地区大力开发所取得的重大成果。三星堆青铜器中所含铅料，据铅同位素测试，来源于云南②。三星堆青铜器的锡料，也应来源于云南，因为蜀地无锡矿。三星堆青铜器多含有微量磷元素，这是古蜀文化青铜器的传统合金特征，与中原全然不同，却与云南青铜器极为相似，表明三星堆青铜器所用铜矿原料，也与铜矿石藏量极为丰富的云南有关。三星堆发现的成千枚海贝，其中的白色齿贝与云南历年所出的相同。云南白色齿贝来源于印度洋，三星堆白色齿贝也不能不来源于印度洋，因为这种齿贝为印度洋所独产，并非南海产品。三星堆出土的象牙，鉴定为亚洲象的牙。亚洲象原产印度，在印、缅和中国云南最多。古蜀地区上古可能有大象，却无大批成群大象活动的记载，而三星堆仅两个祭祀坑就出土了整象牙六七十支，在1997年发现的祭祀坑中又有发现。如此之多的象牙，不可能取之于成都平原本土，应与滇、缅、印地区有关③。以这些资料结合古代印度地区包括印度洋沿岸地区以白色齿贝为货币，而云南直到清代还大量使用这种贝币的情况分析，三星堆神权政体必定是控制了中国西南地区的内外贸易路线，控制了南中的矿产资源，从而才可能为它辉煌青铜文明的出现奠定下丰厚的物质基础④。迄今为止还没有在西南地区发现直接为古蜀人所征服的考古遗迹，不过古代文献曾记载有蜀人两度大批南迁的史例，一为蜀王后代⑤，一为蜀王子安阳王⑥，并且考古学上

---

① 段渝：《古代中国西南的神秘王国》，《丝语中文时报》（伦敦）1996年第6期。
② 金正耀等：《广汉三星堆遗物坑青铜器的铅同位素比值研究》，《文物》1995年第2期。
③ 2001年2月，成都市苏坡乡金沙遗址又发现巨量象牙，总重量接近1吨。遗址年代为商周之际。更加证实成都平原的象牙必来源于滇、缅、印地区。关于成都平原巨量象牙的来源问题，可参考段渝：《中国西南早期对外交通》，《历史研究》2009年第1期。
④ 段渝：《支那名称起源之再研究——论支那名称本源于蜀之成都》，《中国西南的古代交通与文化》，四川大学出版社1994年版。
⑤ 《史记·三代世表》。
⑥ 《水经·叶榆水注》引《交州外城记》。

包括三星堆文化在内的先秦古蜀青铜文化对云南青铜文化的影响也是显著的①，可以表明古代蜀国对西南夷地区的控制。方国瑜先生在谈到古代蜀国与西南夷的关系时也说，西南夷是古蜀国的附庸②。可以看出，古蜀对西南夷的控制有两条途径，一是通过观念和技术的直接传播来影响西南夷各族，一是通过直接或间接的强权来统治西南夷各族，至少也是以强权作为强大后盾和暴力制裁的威慑力量的。

为了达到长久控制西南夷地区战略资源的目的，蜀王采取了使强权统治转化为宗教统治的策略，以宗教掩盖政治，以文化代替暴力，使控制合法化。三星堆古蜀王国以作为古蜀群巫之长的青铜大立人为中心，以作为西南各族群巫的各式青铜人头像为外围所形成的有中心、分层次的人物像群，就体现了它对于西南夷所实施的"柔远能迩"政策的战略意图。而这一人物像群实际上表现出了一个庞大宗教集团的组织结构，通过把西南各族群巫的青铜人头像即各族君长的头像按一定程序加以排列组合的方式，将各地各族的宗教组织到古蜀的宗教体系当中，并使它们成为次级宗教。通过这种方式，一方面可以宣称自己是西南夷各族宗教神权的总代表，另一方面又博得了西南夷各族的文化认同和宗教认同，并在这个基础上使自己对西南夷的控制合法化。三星堆一号坑与二号坑在年代上相差百年以上，但两坑所出青铜人头像在衣、冠、发式上基本一脉相承，说明蜀对西南夷的控制是长久的，同时说明这个宗教集团的组织结构是稳定的，并且在一个时期中还有新的发展和扩充。

既然三星堆青铜雕像群表现了一个宗教化了的政治集团的大型礼仪活动，那么其内容丰富的各种礼仪形式就必然是为各地各族所共同认可、共同接受的。三星堆古蜀都城既是这样一个跨地域、跨民族的大型礼仪中心，那么它的强大凝聚力就绝不可能仅仅依靠强权来维持（当然，必须指出，强权是基础，是前提），它对各地各族必须还具有强烈的吸引力。这种吸引力来自三个方面：一是宗教中心；二是提供军事保护；三是通过蜀的转介，同中原地区进行文化交流和贸易往还，殷墟五号墓出土青铜器的部分矿料来自云南，看来就是通过蜀为

---

① 段渝：《论商代长江上游川西平原青铜文化与华北和世界古文明的关系》，《东南文化》1993年第2期。

② 方国瑜：《中国西南历史地理考释》上册，中华书局1987年版，第16页。

中介从云南获取的,这也是蜀人控制了南中与中原之间贸易路线的证据。

由此看来,蜀与西南夷各族的关系,是各族之长而不是各族之君的关系,是群巫之长而不是群巫之君的关系,正如商王室是天下方国之长而非天下方国之君一样。

第四节 神权政体的运作系统

以广汉三星堆遗址为中心的古蜀王国,是一个实行神权政治的独立王国。对这个独立王国神权政体的运作系统进行分析,将有助于增进我们对于上古国家的社会结构和权力结构的深入了解。

一、分层社会的复杂结构

王权形成并诞生于分层社会之中。在酋邦制时代,社会分层还是一种比较简单的等级制结构,不论在深度还是广度方面都还没有达到国家形态的复杂社会分层水平。正是在复杂的分层社会中诞生的王权,才具备了对于政治、经济、意识形态的全部垄断权力,获取了凌驾于整个社会之上的至高无上的统治权力。

所谓社会结构,原指社会处于相互联系的各部分的持久排列形式。通常认为,这实际上是指社会各个基本组成部分之间比较稳定的关系,基本要素包括社会组织、权力、制度、财富、阶级等,还有若干其他表现形式。

根据考古资料的揭示,我们可以看出,在三星堆文化的时代,古蜀王国已是一个在中央集权政府统治之下的高度复杂的分层社会,在这个复杂的分层社会中,存在着统治阶级和被统治阶级,其间的阶级界限壁垒森严,内部又有各种不同的阶层和职业集团。

统治阶级由国王、王室、姻亲、贵族、各级大臣、武士等组成,也包括各地大大小小的酋豪。他们都是世袭贵族,世代权力在握,享尽荣华富贵。

《古文苑》载扬雄《蜀都赋》"密促之君"下章樵注引《蜀纪》说:

上古时,蜀之君长治国久长。

第三章 古蜀王国的兴起

《蜀王本纪》也说：

> 蜀王之先，名蚕丛，后代名曰柏濩，后者名鱼凫。此三代各数百岁，皆神化不死。

"治国久长"也好，"各数百岁"也好，其实都说的是统治阶级的世官、世职制度，即世袭制度。三星堆一号坑和二号坑出土的青铜人像、人头像，其间时间相距百年，而各种形式在基本的衣、冠、发式上颇为一致，具有明显的继承性。

统治阶级的上层和核心是一个权势倾人的神权政治集团，这可以从三星堆一、二号祭祀坑内出土的大量青铜制品、黄金制品、象牙、海贝、玉石器得到确切证明。成都平原本土缺乏制作青铜器的铜、锡、铅等原料，这些原料只能通过其他一些途径如贡纳、贸易以至掠夺，从其他地区进口，其交换代价无疑是十分巨大的。即令是掠夺，也必须供养一支军队，付出包括食物、武器装备、指挥系统等在内的物质、人力和组织等方面的沉重代价。能够付出各种各样高昂的代价来占有并享用这些贵重物品的，只可能是核心统治者集团。这也可以同时说明，这个核心的神权统治者集团，垄断了青铜原料和其他珍稀贵重物品以及奢侈品的贸易权力和占有、使用权力。

三星堆遗址巨大的城墙也是神权统治阶级高高在上的重要证据。据试掘，城墙横断面为梯形，墙基宽 40 余米，顶部宽 20 余米。调查和勘测结果表明，三星堆遗址古城东西长 1600～2100 米、南北宽 1400 米，现有总面积 3.5～3.6 平方公里，超过了大体同时的商王朝统治中心的郑州商城。城墙体的高大坚厚，意味着可供支配征发的劳动力资源相当充足，进而可知统治者必已统治着众多的人口，控制着丰富的自然资源，这是无可怀疑的。城圈的广阔，表明城圈内的社会生活、政治结构早已超出酋邦制水平。结合对众多劳动者的统治和对丰富自然资源与社会财富的控制来看，已有一个集权的政府组织，应是无可怀疑的。这个集权的政府组织的核心，便是神权统治者集团，他们握有一切政治、经济、宗教、军事大权。

在核心统治者集团的外围，是由各级臣僚、大小权贵和众多奴隶主所组成的统治阶级中下层，他们权力或大或小，各受其上层或王室的直接指挥和制约。

第三章 古蜀王国的兴起

整个统治阶级呈现为一种层层从属的品级结构。

三星堆古蜀王国的统治阶级豢养了一支常设的武装力量。在三星堆遗址两个祭祀坑内出土的玉石兵器和齿形上下援青铜戈（它们本身是无刃的礼仪用戈，但都是从有刃的实战用戈转化而来），以及全身披挂戎装的青铜站立武士雕像，可以充分证明一支常设武装力量的存在。在作为古蜀王国腹心地区的新繁水观音和彭县竹瓦街发现的属于殷末的青铜兵器，以及在作为古蜀王国北方边疆重镇

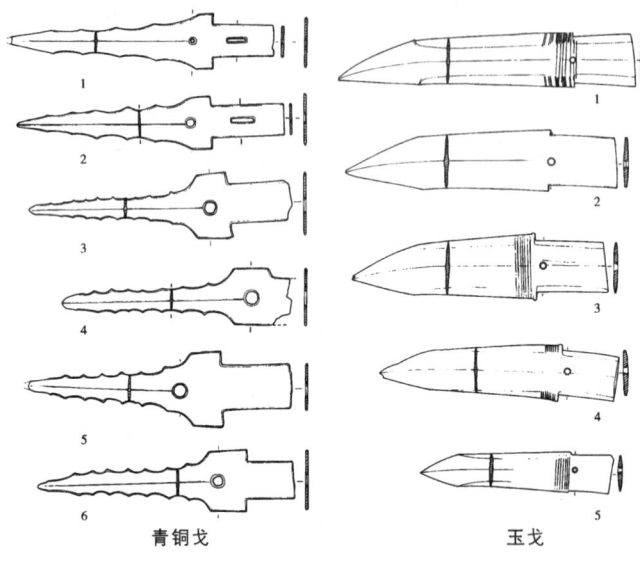

图 3—19 三星堆一号坑出土的青铜戈、玉戈

的陕南汉中发现的 80 多件商代中晚期的三角形援蜀式青铜戈，更加证明了蜀王国职业军队存在的事实。

被统治阶级包括各种生活资料、生产资料和精神资料的生产者。大体说来，有农业生产者、陶工、木工、漆工、雕刻工、纺织工、酿造工、矿工、石工、玉工、运输工、冶炼工、建筑工、艺人以及其他各方各面的劳动生产者，其中的最大多数是农奴和奴隶，在文明初期的被统治

图 3—20 三星堆出土的青铜武士雕像

者中占有较大比例。此外还有专门的商人阶层，在神权统治集团支配下，从事各种贸易活动。

统治阶级与被统治阶级之间有着壁垒森严的界限。三星堆遗址内多出生产工具的区域，与基本不出生产工具却出有大批玉石礼器、雕花漆木器等奢侈品的区域，形成强烈对比。而三星堆遗址出土的两尊双手反缚、无首、跪坐的石雕奴隶像，以及成都金沙遗址出土的双手反缚跪坐石雕像①，又

图 3-21 成都金沙遗址出土的双手反缚跪坐石雕像

说明统治阶级不但可以剥夺并无偿占有被统治阶级的剩余劳动，而且还握有对被统治阶级的生杀予夺之权。这些，活生生地刻画出了古蜀王国这个神权政体的奴隶制性质，说明它是一个奴隶制王国。

二、基本资源的占有模式

根据马克思主义创始人的观点，当社会由于自己的全部经济生活条件而必然分裂为两大阶级时，为了压制阶级之间公开的冲突而出现了第三种力量，这个第三种力量便是国家②。恩格斯在《家庭、私有制和国家的起源》这篇重要著作中阐释说：

> 由于国家是从控制阶级对立的需要中产生的，同时又是在这些阶级的冲突中产生的，所以，它照例是最强大的、在经济上占统治地位的阶级的国家，这个阶级借助于国家而在政治上也成为占统治地位的阶级，因而获

---

① 成都文物考古研究所：《金沙——21世纪中国考古新发现》，五洲传播出版社2005年版，第104~108页。

② 恩格斯：《家庭、私有制和国家的起源》，《马克思恩格斯选集》第4卷，人民出版社1972年版，第165页。

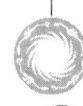

得了镇压和剥削被压迫阶级的新手段。因此，古代的国家首先是奴隶主用来镇压奴隶的国家。①

这就是说，统治阶级对于被统治阶级所实施的统治手段，是通过在经济上所占有的统治地位以及由此所形成的政治组织（国家）获得的。而在经济上所取得的统治地位，则是通过控制和占有基本资源获得的。

社会各人群对于基本资源的不同关系，形成经济分层，它是一切社会分层和权力分层的基础。美国人类学家弗里德（Morton H. Fried）在其名著《政治社会的演进》（1967）中指出，只要有获取基本资源的不平等情况，就有分层存在，伴随着分层的是社会分化为根本不同的经济集团，那些获取基本资源较多或不受限制的人构成一个阶级，那些受限制或很少能够获取同样资源的人构成另一个阶级。按照弗里德的解释，基本资源不单是指人们生存和再生产所必需的食物、工具等消费品，还包括这些消费品的来源②。对此，美国人类学家哈斯（Jonahan Haas）在《史前国家的演进》（1982）中进一步阐释说，基本资源还应包括获取和制造维持人生存和再生产的必需品的手段，这些手段包括：食品、用于获得或生产食品的工具、制备食品的工具、对付自然环境的防卫性手段，以及对付入侵社会环境的防卫性手段等等③。这些，提供了对于经济分层的认识基础。

要从目前所掌握的文献材料和考古材料全面认识三星堆文化的基本资源占有情况，还存在着相当的困难，因为关于这方面的资料确实是太有限了。不过，我们可以最大限度地运用这些有限的资料，对古蜀国的资源占有模式进行一些初步分析。

（一）对基本生活资源和生产者的占有和控制

基本生活资源主要是指维持生存所必需的食物。古蜀王国的各级统治者、大大小小的奴隶主，数量不少，从方圆3.5～3.6公里的巨大的三星堆古城看，必然聚集着大量贵族和显宦。他们所以能够生存，并且能够花天酒地，生活得

---

① 《马克思恩格斯选集》第4卷，人民出版社1972年版，第168页。
② Morton H. Fried, *The Evolution of Political Society*, New York, 1969, p. 187.
③ Jonahan Haas, *The Evolution of the Prehistoric State*, New York, 1982.

很奢侈，最基本的前提，就是占有和控制了全部土地资源、食物资源以及食物生产者。古蜀王国的贵族统治者嗜酒如命，三星堆遗址出土了大量青铜和陶质酒器，为这些显贵们所专有。大量的酒必然是以巨量的粮食为原料的，表明统治者控制了食物生产，而它又是以对于土地的占有为前提的。这种现象，同样是贵族统治者阶级占有农业劳动者阶级剩余劳动的证据，也是他们控制了基本生活资源的证据。

（二）对手工业生产者及其产品的占有和控制

规模庞大的三星堆古城，巨量青铜原料的开采、加工、运输、冶炼、翻模和铸造，众多的玉石器的生产，大片宫殿、居宅的建筑以及成都羊子山大型礼仪性土台，成都十二桥大型木结构宫殿建筑，大量的、各式各样的精美的铜、陶工艺美术品，如此等等，无一不出自手工业劳动者之手；而所有这些物质成果，统统被贵族们攫取、占有，充分表明这些手工业生产部门全部成为显贵们直接控制的生产领域，所有生产者及其产品，成为他们那贪得无厌的巨大物质享受和奢侈生活的重要源泉。

（三）对生产资源（包括基本资源和战略性物资）的占有和控制

在古代文明之初，铜矿、锡矿、玉矿、金矿等自然资源，往往是一个文明古国最为重要的、并且富于战略意义的资源，也是一国之中最为重要的物质财富。

三星堆遗址出土巨量的青铜器，总重量达到1吨以上，而且，青铜器成品与青铜原料的熔炼比例至少有1∶5，甚至可达1∶20，足见制造这批青铜器所需要的铜、锡原料之多，表明神权与王权控制并占有着这种最重要的物质资源。

三星堆遗址出土金器达100件以上，不仅其数量之多，而且其形体之大，均为商代中国所仅见。黄金，自古以其富丽的体态、辉煌的光泽和优越的自然属性，为人间视为珍宝中的珍宝。人们总是将黄金世代相传，不轻易弃置，所以亘古以来，考古中发现的金器并不多见。可是仅仅在古蜀国故都废墟的一角，便埋藏着如此丰富的纯金器物，不能不使人感到古蜀国的神权政治领袖们严密控制着黄金的开采、加工和金器的生产，并把所有黄金据为己有。

三星堆遗址出土的玉石器，绝大多数发现于显贵们的居住区和祭祀坑当中，同样表明了玉石器资源为统治阶级控制和占有的事实。

（四）对宗教礼仪用器以及宗教性建筑的占有和控制

三星堆遗址出土的全部青铜器群、玉石器群、黄金器物群以及某些陶器群，

第三章 古蜀王国的兴起

在性质上均属礼仪之器，均在礼仪和仪式中使用。这些礼器和祭祀用器，无一不为上层宗教神权集团所占有，一方面表明宗教神权集团拥有属于自己的生产者队伍，占有世俗生产者及其剩余劳动；另一方面，也表明宗教神权是古蜀王权最为重要的组成部分，是王权的核心。

三星堆古城高大坚厚的城墙，也是神权无限强大的证据。兀立于成都平原一望无垠的田野川泽上的高大城墙，配合以光怪陆离、发出阴森惨烈光泽的青铜器群和黄金器群，能够产生巨大的恐怖和威慑效应，以其无法抗拒的物质形式震慑治民的心灵，达到巩固神权统治的目的。这就说明，三星堆城墙，其实就是象征神权统治的一座宗教性建筑。

（五）对生产工具以及劳动分工的占有和控制

对生产工具和劳动分工的占有和控制，可以从古蜀窖藏和墓葬中埋葬的大批成套工具得到说明。

迄今为止，有关古蜀窖藏和墓葬中埋葬生产工具的最早材料出于新繁水观音墓葬[①]和两次在彭县竹瓦街发现的铜器窖藏[②]。关于这批材料的时代，目前在学术界还存在一些争论。其中的关键问题，在于对蜀式三角形援无胡青铜戈形成年代的认识。这里不打算对此问题展开讨论，只是指出，三角形援无胡蜀戈的形成年代不会晚于三星堆二号祭祀坑的年代，即不会晚于殷墟二期的年代。因为二号坑出土的 20 件齿形援无胡青铜戈是从第Ⅲ式蜀戈即三角形援无胡蜀戈脱胎而来的[③]，而Ⅲ式蜀戈既见于彭县竹瓦街铜器窖藏，又见于新繁水观音晚期墓葬。因此，新繁水观音晚期墓和彭县竹瓦街铜器窖藏的材料，就同样不会晚于三星堆二号祭祀坑，也就是说不晚于殷墟二期。如果按照杜迺松先生的意见，彭县竹瓦街窖藏青铜器的年代可以早到商代前期[④]。林春先生也将水观音墓葬划在商代前期[⑤]。总之，新繁水观音晚期墓和彭县竹瓦街铜器窖藏的年代

---

① 《四川新繁水观音遗址试掘简报》，《考古》1959 年第 8 期。
② 王家祐：《记四川彭县竹瓦街出土的铜器》，《文物》1961 年第 1 期。《四川彭县西周窖藏铜器》，《考古》1981 年第 6 期。
③ 参考段渝：《论商代长江上游川西平原青铜文化与华北和世界古文明的关系》，《东南文化》1993 年第 2 期。
④ 杜迺松：《论巴蜀青铜器》，《江汉考古》1985 年第 3 期。
⑤ 林春：《巴蜀的青铜器与历史》，《巴蜀历史·民族·考古文化》，巴蜀书社 1991 年版，第 164~173 页。

不晚于殷末，应是可以肯定的。

从新繁水观音墓葬开始，蜀墓中随葬大量成套的金属生产工具成为传统，而且工具往往与青铜兵器、礼器等形成组合关系。从整个蜀墓的发展序列来看，墓主地位越高，墓葬规模越大，随葬金属工具的品种就越多，数量就越大，新都大墓①可以说是一个典型代表。这种情形表明，随葬金属工具的多少，是与墓主的身份和地位大有关系的。对于金属工具的占有数量，成为区分尊卑贵贱的一个标志，从一个方面显示出社会分层的情况。

在古代，青铜属于战略性物资，青铜器的生产是由国家直接控制的，青铜武器、工具均属此类，被统治阶级最多只能在官方监督下使用，不能占有，更不能以之随葬。在经济生产部门，国家对青铜工具的管理十分严格，一般是集中管理用后收回，使用磨损后必须回炉，所以考古中往往难以发现青铜生产工具。殷墟曾出土石镰窖藏，有石镰3500把，均有使用痕迹，同出的还有若干奢侈品，表明是由统治者占有、集中分发、使用、管理的，生产工具是与生产者相分离的。石质生产工具尚且如此，就更不用说青铜生产工具了。

蜀墓和窖藏出土的金属生产工具，大多数是刀、凿、斧、斤、削、锯、锛等，与手工业关系密切，而与农业耕作关系不大。这种情形意味着：一方面，古蜀的青铜手工业工具是属于官方所有的，手工业生产和劳动分工完全被统治者控制；另一方面，蜀地在农业生产中不存在大规模使用奴隶劳动的情况，因而无须将农具集中管理使用。

以上分析表明，在古蜀王国，基本资源是由国家和统治阶级所占有的。其中，自然资源、战略性物资资源和宗教礼仪所用资源，由核心统治者集团代表神权国家所垄断占有；生活资源如粮食、酒类、肉类等和一些生产性资源（如生产工具）则由各级统治者所分别占有，国家则以贡赋的形式同各级统治者分享这些资源。

三、再分配系统的运作机制

对于古蜀王国再分配系统的运作机制，可以从四个方面进行探讨。

---

① 四川省博物馆等：《新都战国木椁墓》，《文物》1981年第6期。

第三章 古蜀王国的兴起

（一）农业产品的再分配模式

一切农业生产品的流动模式，总是从次级聚落流向中心城邑，供各个脱离食物生产的阶级和阶层消费，而次级聚落的食物资源，都从广大农村直接流动而来。

三星堆古城和成都黄忠小区遗址、十二桥遗址，都分布着不少平民的居址、作坊和工场，表明存在大量的非食物生产者。他们当中，有建筑者、运输者、各门各类的手工业生产者、艺术者等等，也有若干贵族阶级私有的家内奴隶。这一大批非食物生产者的基本生活资料，均由周围甚至远地的农村生产，直接或间接地流向这些中心城邑。这部分农业产品，连同被中心城邑内麇集着的大批贵族显宦们消费、挥霍的大量粮食、肉类、酒类、蔬菜、瓜果及其他各种食品，均由各个次级和低级聚落无偿提供。

（二）畜牧和渔猎产品的再分配模式

在三星堆遗址，出土大量各种兽类的遗骨遗骸，如鹿骨和大型动物遗骸等。这些野兽，是由狩猎部落或兼事狩猎、畜牧的部落为中心城邑的统治者贵族们提供的，也是一种由次级或低级向高级中心流动的模式。

成都金沙遗址和十二桥遗址，除出土各种兽类遗骨外，还出土不少龟甲，是作为占卜所用的。据动物学家研究，这种龟甲是陆龟的腹甲，而陆龟并不出产在成都平原。可见，十二桥出土的卜用龟甲是从外地引进的。据《山海经·中次九经》记载：

> 又东北三百里曰岷山，江水出焉，东北流注于海，其中多良龟。

《华阳国志·巴志》记载：

> （四川盆地东部）土植五谷，牲具六畜……灵龟……皆贡纳之。

左思《蜀都赋》刘逵注引谯周《异物志》也说：

> 涪陵多大龟，其甲可以卜，其缘中叉，似瑇瑁，俗名"灵叉"。

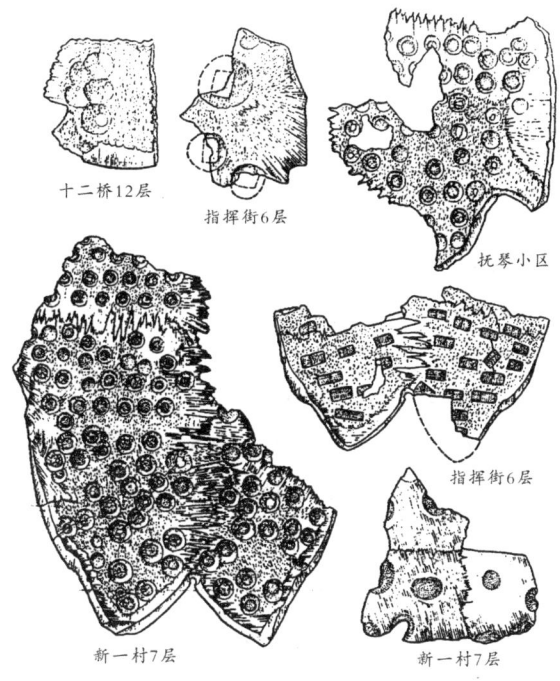

图 3—22　十二桥文化卜甲

岷山为江水所出，其上源为氐羌之地，非蜀国王权所能及[①]。而四川盆地东部各地，夏商时代曾为古蜀王国的属地。因此，出产于这些地方的良龟、灵龟、大龟，应是通过贸易交换或贡纳等方式输入古蜀王国中心城邑的，呈现为双向性或单向性的物资流动模式。

（三）手工业产品的再分配模式

一是贵重的手工业产品，如金器、青铜器、玉石器和雕花漆木器等，从目前所见资料仅在中心城邑出现，表现出单向性的流动模式。

二是珍稀原材料，如铜、锡、铅、金、玉等资源的流向，其中出产在蜀地的，呈单向性地流往中心城邑；不产于蜀地的，则以贡纳或交换等形式，呈单向或双向性地流往中心城邑。如三星堆出土青铜器中的铅，据科学测定，来源于云南，这部分铅就只能以贡纳或贸易或交换等方式从云南引进。

三是青铜兵器的流动。三星堆文化时期，三星堆遗址以外各地所发现的蜀

---

① 古蜀王国的势力范围在岷山山区只达到岷江下游区域，即今四川阿坝州茂县北境，未及上源。

式兵器,在发现地点均无铸铜作坊的遗迹,而在三星堆遗址,却发现大量铸铜的坩埚和铸出铜器后取出的模具(范土)碎块,以及大量熔炼青铜器后遗留下来的炼渣(铜渣),表明三星堆遗址有大型青铜器作坊和工场。这些现象可以说明,包括兵器在内的金属军事装备,在古蜀王国是由中心城邑直接流向次级城邑或各个军事据点的,属于单向性的流动模式。

四是大型礼器群的流动,仅仅出现在核心统治集团所在的三星堆古城,分布范围极为有限,其成品的制作也在这座古王城内部,或部分来源于次级城邑,呈现为封闭式、单向性的流动模式。

(四)富于特殊用途的自然资源的再分配模式

这类自然资源,主要是大自然极其普通的赐品,例如土、石、木材等。由于这类自然资源可以充作各种各样的建筑材料,所以也被赋予了某种权力的成分。

据史书记载,在成都平原古蜀王国的故土上,分布着数量众多的巨石,这就是为专家们所盛称的"大石文化遗迹"。这些大石文化,来源于蜀人对其先民及其居住环境的怀念,被作为宗教上的纪念性建筑,耸立在成都平原古蜀王国故土各处。成都平原是一个大河冲积扇平原,本土不产任何大石。作为古蜀王国大石文化建筑材料的巨石,都是从邛崃山开采,经过千辛万苦运输到成都平原,再立于各地的①。这种流动,是一种单向性的流动模式。

另外,还有不少海洋生物资源,例如在三星堆一、二号祭祀坑内,出土了大量海贝。这些海贝的原产地,主要在印度洋和南海的深水海域,它们被古蜀王国的权贵们充作财富的象征和垄断对外贸易的标志,也是古代东南亚和南亚次大陆的通用货币。海贝的发现,表明古蜀王国权贵们对于外贸及其手段的占有掌控。这也是一种互动的、双向性的物资流动模式。

再分配模式体现着生产、消费、交换、分配体系的全过程及其运作机制。古蜀王国的再分配模式,据上所述,大体上可以归结为三种结构:一种是各次级聚落或民间的广泛的互惠性交换,或贸易,对于这种结构,我们这里不多作分析论述。二是各种物资从次级聚落向中心城邑单向性流动和高度汇聚,主要

---

① 冯汉骥:《成都平原之大石文化遗迹》,原载《华西边疆研究学会会志》第 16 期,转载《冯汉骥考古学论文集》,文物出版社 1985 年版。童恩正:《古代的巴蜀》,四川人民出版社 1979 年版,第 83 页。

第三章 古蜀王国的兴起

物资种类有食物、贵重手工业产品、奢侈品、艺术品，尤其是富于王权权威和神权威严以及具有重大战略意义的自然资源和物资。三是从中心城邑反向流动于次级聚落和军事据点的单向性流动，这类物资主要是青铜兵器。第二类物资流动的大规模化及其在中心城邑的集中化所表现出来的高度社会控制，与第三类物资的反向流动模式所表明的对专职暴力机构的控制，说明古蜀王国的王权行使范围和程度，都已远远超出酋邦制组织的酋长权力，达到国家政权的水平。这一方面意味着蜀文化的城乡连续体、文明中心和原始边缘等诸种结构的形成，更重要的则是说明，在古蜀王国的再分配机制中起决定性作用的控制系统，是凌驾于社会之上的国家政权，其核心是神权与王权，其典型物化形式是金杖、青铜雕像群、青铜礼器、青铜兵器、玉石器、城墙、宫殿建筑、大型祭坛。

古蜀王国王权的内涵表明，古蜀王国的神权统治集团业已形成了一个集权性的政府，可以任意征发、调集和支配广大农业生产者、手工业者、建筑者、运输者以及各类艺人，控制了劳动分工，占有广大劳动者阶级的剩余劳动及其产品，并将其全部据为己有，变公天下为家天下。这个政府可以通过各种强制手段，把大量劳动力集中使用于建造规模巨大的城墙和礼仪中心，生产各种各样奢侈品，又突出地表现出它的专制主义色彩。因此，蜀王权力具有专制主义的集权性质。

古蜀王国王权的另一个特点，是宗教神权的异常强大和活跃。除三星堆古城墙外，成都金沙遗址是一处重要的祭祀中心①，成都羊子山土台也是一座用于宗教性目的的大型祭坛②。这座土台三级四方，底边长103米，一、二级各宽18米，第三级宽31.6米，

图3-23 成都金沙遗址祭祀区域遗迹

---

① 成都文物考古研究所：《金沙——21世纪中国考古新发现》，五洲传播出版社2005年版。
② 四川省博物馆：《成都羊子山土台遗址清理报告》，《考古学报》1957年第4期。

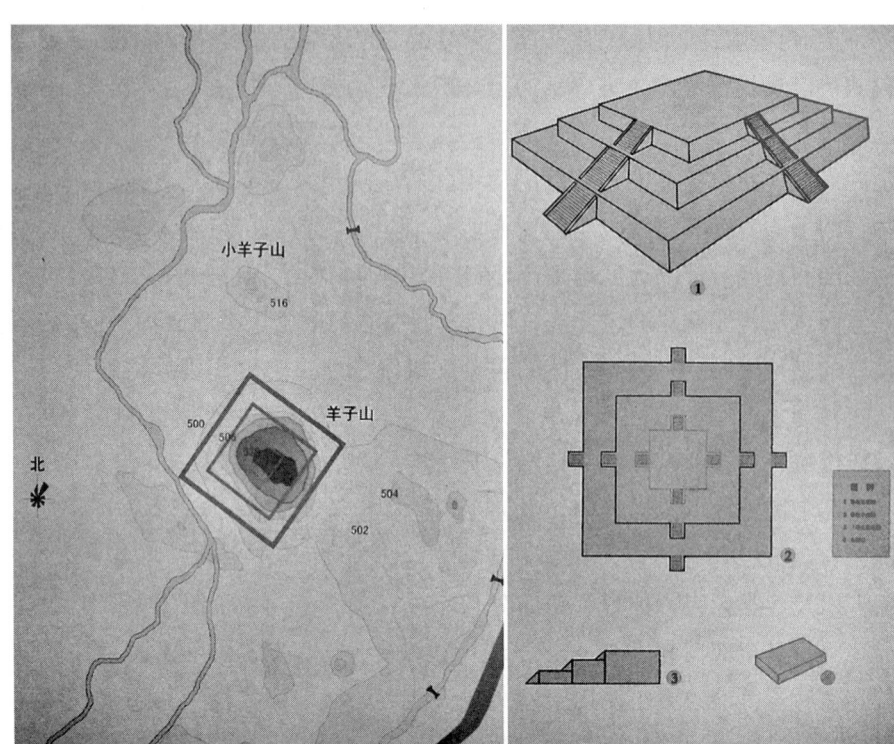

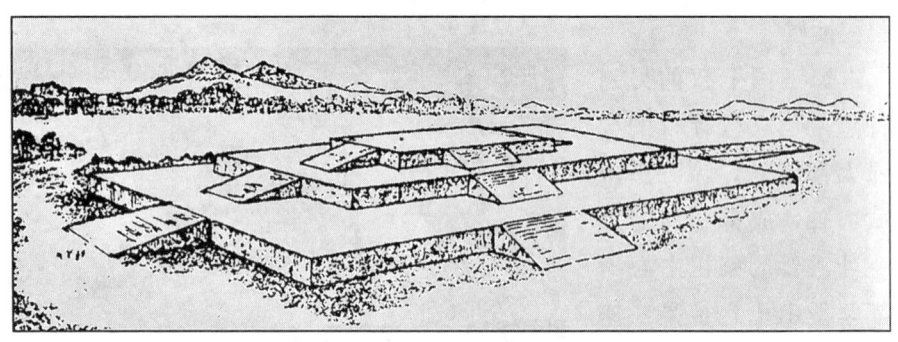

图 3—24　成都羊子山土台复原图、地理位置和结构图

高达 10 米以上，总面积约为 10732 平方米，估计使用泥砖 130 多万块，用土总量在 7 万立方米以上。规模如此浩大的宗教礼仪工程，即使动用数万人修建，也得好几年才能竣工，足见宗教集团握有治民之权。三星堆出土的大批青铜器、金器、玉石器、象牙等稀世珍宝，集中出现在一、二号祭祀坑内，也充分显示出宗教神权的统治地位。因此，古蜀王国实质上是一个实行神权政治的国家，

政教合一，王权正是在神权外衣的掩盖之下，对广大劳动者阶级实施严酷的阶级统治的。

四、统治集团的分级制体系

权力体系的研究，是了解权力性质的关键。在这方面，历史文献基本上什么也没有遗留下来，几乎是一片空白。考古学材料弥补了这个缺憾。三星堆出土的大型青铜雕像群，便是其秘密之所在。

我们首先需要研究青铜雕像群的功能。

我们已经知道，三星堆大型青铜雕像、人头像、人面具、金杖、金面罩，是采借的一种外来文化。这些新移入的某些文化成分，因其处处充满着的神秘王国气氛，因其为古代蜀人所从未见，为整个古代中国所从未见，而恰好适应了古蜀王国在神权的庇护下强化王权机制的需要。例如，作为神权、王权和财富垄断之权统一体的最高象征物金杖的出现，无疑适应了蜀王统一政权并作为群巫之长的标志的现实需要；而大型青铜雕像群不仅显示出物质财富上的垄断和在精神世界中的巨大威慑力量，而且还活生生地展现出古蜀王国的神权与政权结构，即群巫从属于大巫、诸王从属于蜀王这一现实的权力结构，也足以使诸神或诸王对于大型礼仪中心的奢望得到充分满足。同时，这种文化采借，由于在某种程度上有助于古蜀王国的地方主义运动，有助于与中原王朝相抗衡①，也特别有助于王权的神化和强化，因而较易于为蜀所吸收。

那么，青铜雕像群反映了一种什么样的历史文化背景呢？

从文化人类学角度分析，环境（包括自然环境和社会文化环境）的适应可能引起文化的变异，但以不影响基本文化结构为限②。青铜雕像群在古蜀王国的突然展现，对于蜀的土著文化来说，无疑是一种变异。发生变异的根本原因，不在于社会基本结构的变化——核心统治集团依然是以鱼凫王为代表的王者和巫师——而在于适应一种新的统治机制。这种新的统治机制，就是以蜀王为核心的一个统治空间更广、族类更多的政治实体的形成，即以蜀为中心的多元一

---

① 在金杖、雕像的制作、使用时期，战争和对抗在蜀、商的官方交往中，占据着重要内容。参见段渝：《商代蜀国青铜雕像文化来源和功能之再探讨》，《四川大学学报》1991年第2期。

② M. 萨林斯、L. 塞维斯：《文化与进化》第3章，浙江人民出版社1987年版。

第三章 古蜀王国的兴起

体的统治的形成。

三星堆一、二号祭祀坑出土的青铜全身人物雕像、人头像、人面像，都是服式、冠式、发式各异。服式上，有左衽长袍、对襟长袍、右衽长袖短衣、犊鼻裤等，各不相同。发式上，有椎髻、辫发、盘发等区别。冠式上，有花状齿形高冠、兽面高冠、平顶冠、双角形头盔等区别。从人类学和中国史籍对古代民族的识别标准来看，衣、冠、发式都是区分族别的最重要标志，此外还有言语、饮食等。言语、饮食今已难以详考；仅就衣、冠、发式而言，一、二号坑出土的雕像群显然标志着不同族类的集合。这些族类，证之史籍，当包括氐羌和西南夷诸族，也有不见于古代中国的某些外来族类。

根据结构分析，这些雕像的社会地位至少有两个层次或等级。二号坑所出连座通高 260 厘米、与真人大小基本一致的戴兽面高冠的青铜大立人，衣襟前后饰异形龙纹，显然是群像之长、一代蜀王，即古蜀王国的最高政治领袖，同时又是主持宗教仪式的神权领袖，即群巫之长、一代大巫师。第二层是各式人头雕像，看不出明显的高低贵贱之别，何况共置一处，无主次之分，表明地位基本没有差别，绝不是用作祭祀礼仪的牺牲（人牲）。各坑人像、人头像与礼器的共存情况，明白无疑地展示出众多族类举行共同的祭祀礼仪活动的情景。这个青铜雕像群结构的核心，便是青铜大立人。

青铜大立人头戴兽面高冠，形象与金杖图案上的人头一致，表明是最高神权政治领袖。它脑后椎髻，与《蜀王本纪》所记蜀人"椎髻"一致，表明是蜀国之王、群巫之长。其余各式人头雕像，则是各族首领，次级群巫。而无论群巫之长还是群巫，在当时都被奉若神明，代表着各式各样的大大小小的神。

《国语·鲁语下》记载了孔子的一段言论，颇能说明这种现象。孔子说：

> 丘闻之，昔禹致群神于会稽之山，防风氏后至，禹杀而戮之，其骨节专车。

又说：

> 山川之灵，足以纪纲天下者，其守为神。社稷之守者，为公侯，皆属于王者。

这件事还载于《左传》。《左传》哀公七年记载道：

> 禹合诸侯于涂山，执玉帛者万国。

两书所记，实为一事。《左传》中所记的"诸侯"，在《国语》里记为"群神"。显然可见，"群神"其实就是诸国之君，而大禹就是主神，也就是万国共主，所以《史记·夏本纪》称禹为"帝禹"。

在古代社会，各国之君、各族之长同时又都是其治民所尊奉的神，这是一种普遍现象。又因为这些为君为长者主持各种祭祀礼仪，主持天地人神之际的交通，就像《国语·楚语》所记重、黎"绝地天通"一样，因而同时又成为了巫师。群巫与群巫之长、各国之君与天下共主，这种关系就形成了多元一体，有层次、有主从的结构关系。

三星堆青铜大立人，由于其巫师的形象特别突出，由于它高踞于群像之上，既有王者之风，又有主神之仪，因此是群巫之长。其他人头像、人像则多为西南夷形象，或氐羌人形象，它们代表着蜀王治下各级统治者、各族之长或群巫。由此看来，青铜雕像群所展示出来的，是一个以蜀王为核心的，有着众多族类君长拥戴的统治集团结构。

包括出土青铜雕像群的一、二号坑时期的三星堆文化面貌，是成序列地继承和演进的，表明从三星堆二期以来，社会基本结构未变，统治者族属未变。同一时期三星堆文化的空间分布，从考古学文化上显示出来的有成都金沙遗址商代文化层、十二桥遗址、羊子山土台基址、成都指挥街遗址、新繁水观音遗址、雅安沙溪、忠县㴩井沟以及汉中城固的青铜器群，还有《华阳国志·蜀志》所说的岷江上游的蜀文化，等等。它们在面貌和内涵上都同三星堆遗址属于同一区系文化，均应纳入古蜀文化范畴。它们与三星堆遗址的关系，应是蜀文化结构框架中的各个层面和各个支撑点同文化中心的关系。其空间构架可以从两个方面来认识。

第一，从平面结构看，三星堆遗址与其他遗址的关系，是一种中心遗址与边缘遗址的关系。

第二，从垂直结构看，又是一种高级中心与次级中心、低级中心和一般性居址的关系。

平面与垂直两种结构,使我们能以立体的视角,清楚地看出古蜀王国的统治在空间上的广延性和分级性,看出王权实施的广度和深度。

再从年代上看,根据从考古地层学理论发展出来的民族学"年代—区域原则"(age-area principle)①,在一定条件下,广为分布的文化要素比其分布受到限制的文化要素的历史悠久;一种文化因素的空间分布越广,其年代就越悠久。由此判断,分布于成都平原至汉中盆地的与三星堆遗址相同的文化因素,由于在当地找不到其起源和演变的序列,就只能认为是三星堆文化在空间上的延伸,或者说是传播。而三星堆遗址本身有清楚的发展演变序列,在考古学年代上又早于其他遗址,说明它是同一文化的传播源所在。同时,三星堆遗址文化本身持续发展了上千年之久,又充分说明了蜀王统治在时间序列上所达到的高度稳定性发展。

空间上的连续性和时间上的稳定性,无可非议地说明,三星堆作为蜀王之都,是最高权力中心之所在;其他处于边缘地区和不同层次上的各级次中心及其支撑点,则是这个高级权力中心在各地进行统治的坚强基础和有力支柱,只是其族别各异。这种情况,与青铜雕像群所呈现出来的统治结构完全一致,表明古蜀王国的最高神权政治集团控制着分布有众多族类的广阔地域,这片广阔地域内的各个地方性族系之长,都是臣属于古蜀国王权的小国之君,也是共奉古蜀国主神的群巫。这一点,同商代诸方国对商王室的关系颇为类似。

早于三星堆遗址第二期的年代,是《蜀王本纪》、《华阳国志》等史籍所记载的"三代蜀王"时期。从三星堆第二期始建的城墙看,这时已形成了古蜀王国的都城。从第二期开始,各系文化一系相承,无本质变化,表明古蜀王国的统治者族属没有发生变化,权力未曾易手。这就说明,三代蜀王(蚕丛、柏濩、鱼凫)的角逐争雄年代,还在三星堆遗址二期以前,即在中原的商王朝之前。而三代蜀王的战争性质,实际上也是酋邦征服战争,当时社会还处在文明时代的前夜。三星堆遗址第二期对第一期的显著变异,事实上就是三代蜀王战争的结果。其最终结局,是成都平原政治的一体化发展和古蜀王国的建立,并且直接导致了王权与神权的极大发展和本质性转变,导致国家诞生,进入文明。

---

① P. K. 博克:《多元文化与社会进步》,余兴安等译,辽宁人民出版社 1988 年版,第 356 页。

考古资料与上述分析恰相吻合。这一时期，不仅器物群较前有显著变化，而且标志王权稳固有力和神权至高无上的都城也建立起来，其辽阔面积甚至超出了同一时期中原商王朝的王都。而三星堆文化在后来近千年的持续稳定发展和继续扩张，也正表明三代蜀王角逐争雄的时代业已结束，新的统治业已建立，统治秩序趋于稳固。据史书记载，三代蜀王的最后一代为鱼凫。恰恰从三星堆第二期开始，出现大量以鱼凫为蓝本的鸟头勺柄，不仅与城墙的修建年代相当，也与三星堆文化的巨大变异契合，这明确反映了鱼凫王统治的建立，标志着古蜀王国王权神化的开端。

通过以上分析，一方面揭示出古蜀国王权的宗教神权性质，另一方面也揭示出古蜀国统治集团的分级制体系，展现出它在民族关系上有中心、分层次的多元一体结构框架。

第五节　古蜀王国与夏王朝的关系

鱼凫氏古蜀王国历三星堆遗址文化第二、三期，约略相当于夏代到商代晚期。换言之，鱼凫王国与夏、商王朝大体同时。显然，雄踞西南的鱼凫氏古蜀王国必然要与中原雄主夏、商王朝发生这样那样的关系，从而加深了长江上游西南地区同黄河流域中原地区的政治经济文化交往，为后来秦汉王朝的统一奠定了基础。

蜀、夏同源，是帝颛顼之后的不同分支，由此而使蜀、夏在文化上有不少内在联系，这不论在文献还是考古资料上都可以得到比较充分的证明。

一、蜀与夏：帝颛顼之后的两支亲缘文化

从古史传说看，黄帝、昌意、乾荒、颛顼是发源于西北地区的一支文化，后来黄帝和颛顼先后入主中原，成为黄河中游地区的主宰者，其文化也成为构成早期中原文化的渊源之一。由黄帝和帝颛顼的东迁，可以知道，两位古史上的帝与后来成都平原的蜀文化，其间关系可以经由两条途径相联系。其一是由西北至岷江上游以达于成都平原，即由颛顼的母系蜀山氏所在之地南出岷江河谷至蜀文化的腹心之地。其二是从中原经长江中游溯江西上达于成都平原，即

第三章 古蜀王国的兴起

由颛顼入主中原后所建之都帝丘①（今河南濮阳），南下长江与蜀文化相沟通。这两条途径，在考古学上均有若干证据，足以证明黄帝、帝颛顼与古蜀文化关系的存在。

考古学已证实，四川广汉三星堆文化古城遗址是夏代至商末蜀王国的都城，三星堆遗址的年代则可上溯到距今4700年前。三星堆遗址在考古分期上分为四个大的时期，第一期属于新石器文化，第二期以后进入文明时代。第一期属于宝墩文化范畴，第二期则有一组新文化因素，与第一期显然不同，从考古学上证实了有新文化的进入并成为三星堆文化的主人和当地的统治者。这种显著的文化变异，不仅表现在陶质陶色上，在陶器形制上的变化也引人注目。在出土的属于这一时期的新型陶器组合中包含有二里头文化（夏文化）的因素，如陶盉、高柄豆。这些文化因素出现在取代三星堆一期的三星堆二期，充分表明它们是作为这支新文化的一部分进入三星堆的。换言之，这些夏文化的因素，是三星堆二期主人带进的，是三星堆二期新型文化的组成部分之一。

据邹衡先生研究，陶盉是夏文化的礼器之一，《礼记·明堂位》所谓"夏后氏以鸡彝"中的"鸡彝"即是形态仿自鸡的一种陶盉，所以二里头文化的陶盉往往捏出眼睛。②三星堆遗址出土的陶盉，也恰在封口处捏出眼睛，并在鋬上刻划横斜相同的纹路。两者细部的相似，以及二里头陶盉在形态上早于三星堆陶盉等情况，说明三星堆二期与中原二里头夏文化存在某种内在的联系③。三星堆陶盉从二期到四期一直存在和发展演变，说明了这种联系的必然性和深刻内容。李学勤先生最近提出，在商代及其以前，蜀与中原便有文化上的沟通，从考古上看，蜀、夏同出于颛顼的传说绝不是偶然的④。这一论述确有根据。可以说，蜀与夏是帝颛顼之后的两支亲缘文化。

三星堆文化的主人是古史传说中的鱼凫氏。鱼凫氏的来源，正好与《山海经·大荒西经》所载颛顼所化的鱼妇（即鱼凫）有关。此篇所说"风道北来，……是为鱼妇"，即是从神话学的角度反映出来的鱼凫氏的来源。而"颛顼死即复苏"，更从这一古人特有思维方式的角度，反映出鱼凫在成都平原建立蜀王国

---

① 《左传》昭公十七年。
② 邹衡：《夏商周考古学论文集》，文物出版社1980年版。
③ 孙华：《巴蜀文物杂识》，《文物》1989年第5期。
④ 李学勤：《〈帝系〉传说与蜀文化》，《四川文物·三星堆古蜀文化研究专辑》，1992年版。

的史迹，表明鱼凫氏与颛顼有着千丝万缕的联系。

前面指出，颛顼是夏文化早期因素的来源之一，禹为其后，夏启又为禹后。因此，三星堆二期出现的若干夏文化因素，正是对鱼凫氏蜀文化与颛顼关系的一个极好说明。鱼凫氏来源于岷江上游，岷江上游正是蜀山氏之所在，为颛顼母家的居所，也是大禹兴起之地。其地新石器文化也受到西北甘青地区古文化的若干影响，这种现象应与古史传说所谓"昌意娶蜀山氏女，曰昌仆，生高阳"① 有关。可见，三星堆文化所反映的蜀山氏与昌意（乾荒）和颛顼的关系，两者是恰相一致，而年代则有早晚之别，从而证明黄帝和颛顼与蜀的关系是千真万确的史实，不能轻易否定。

二里头夏文化与三星堆文化相联系的另一途径是长江。徐中舒先生早就指出，四川新繁水观音遗址出土的陶鬶、陶豆，与湖北、河南、安徽、江苏出土的后期黑陶，可以说是一系的宗支。从这些陶器的分布，可以清楚地看出古代四川与中原地区的联系，其主要道路是沿江西上的②。长江三峡地区的考古发掘和研究也一再证实，在三峡地区长江沿岸，三星堆蜀文化遗存同二里头夏文化遗存是交互分布的。这种现象无疑是对两者关系的重要说明。

二、三星堆文化中二里头因素的来源

三星堆文化，是指三星堆遗址第二期到第三期的文化。从三星堆第二期开始，形成了具有自身鲜明特征的文化特质集结。其文化形态，表现在考古遗存上，是一组典型器物群，即由小平底罐、盘、瓶、器盖、高柄豆以及鸟头形柄勺、瘦袋足盉等器物组成，并且纹饰丰富，盛行粗绳纹等特征的器物群。据碳—14测年数据并经树轮校正，年代在距今4070~3600年左右，略相当于中原的夏代和商代前期。继后的一期即三星堆第三期，大量涌现出来的典型的物质文化形态，是宽沿三袋足炊器以及个别尖底器为特征的器物组合群，出现云雷纹、乳钉纹、米粒纹等纹饰图样。这一期的年代，碳14测定为距今3600~3200年左右，约略相当于商代前期到中晚期。也有学者认为，有关三星堆的碳14数据不尽可信，必须根据地层来结合研究其分期年代，认为三星堆二期的年代上限

---

① 《史记·五帝本纪》。
② 徐中舒：《论巴蜀文化》，四川人民出版社1981年版，第4~6页。

第三章 古蜀王国的兴起

为距今 3700 年左右①。

二里头文化,是以河南偃师二里头遗址为代表,以豫西晋南为主,分布范围及于豫东、冀南的一支考古学文化,绝对年代约为距今 3900～3500 年②。多数学者认为,二里头文化是中、晚期的夏文化。

上文说到,在三星堆遗址二期即三星堆文化的形成期,出现了一组新的文化因素,其中与二里头文化相关的有陶盉、陶高柄豆等等。那么,二者之间是一种什么样的关系呢?

我们知道,二里头文化的面貌有其独特的特征,最典型的有一组区别于其他考古学文化的陶器组合。在这组陶器中,做炊器的是鼎、折沿深腹罐、侈口圆腹罐等,做食器和容器的是深腹盆、三足盘、平底盆、豆、小口高领罐、瓮、缸等;另外,还有澄滤器,器盖以及觚、爵、盉等酒器。侈口圆腹罐口沿部位的花边形装饰和深腹盆、甑、侈口罐等口沿下附加对称的鸡冠形鋬,是这组陶器中很有特色的风格③。

青铜器方面,二里头遗址历年来出土不少青铜器,有工具、武器和礼器。工具主要是小刀、钻、锥、凿、锛、鱼钩等,造型简单;武器有镞、戈和钺,戈分为直内和曲内两种,钺有上下阑;礼器有爵和铃④。还发现背面有纽的铜牌形器⑤。

根据二里头文化的陶器组合的特点,我们再来看它在三星堆文化中所占的比重,就很容易看出,二里头文化的典型陶器组合并没有在三星堆文化中出现。换句话说,三星堆文化中的一些二里头文化的陶器形制,只是零星地、不成组合地出现,二里头陶器组合中多数最典型的器物如鼎、爵等并没有出现在三星堆文化当中。相反,三星堆文化的陶器组合是按自身的发展序列有序演进的。这表明,尽管三星堆文化中出现了二里头文化的某些陶器形制,但二里头陶器却并没有在三星堆陶系中占据重要地位,更谈不上占据主导地位。

---

① 此据成都市文物考古研究所江章华先生见示。
② 夏鼐:《碳十四测定年代与中国史前考古学》,《考古》1979 年第 4 期。
③ 中国社会科学院考古研究所:《新中国的考古发现和研究》,文物出版社 1984 年版,第 212～213 页。
④ 《偃师二里头遗址新发现的铜器和玉器》,《考古》1976 年第 4 期。
⑤ 《近十年河南文物考古工作的新进展》,载《文物考古工作十年 (1979～1989)》,文物出版社 1991 年版,第 179 页。

第三章 古蜀王国的兴起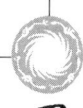

三星堆文化中出现的两件铜牌饰，图案形制与二里头出土的极为相似，应与二里头文化有关。但二里头青铜爵、曲内戈以及青铜工具等，则不见于三星堆。而三星堆青铜文化的代表是后来产生的大型雕像群，这在二里头文化中是绝对没有的。这也可以表明，尽管三星堆文化中发现了二里头文化的某些青铜器形制，但二里头青铜器却并没有在三星堆文化中占据重要地位，更谈不上占据主导地位。

至于玉器中的牙璋，如据林向先生所论，三星堆是中华牙璋的最早发源地①，那就更谈不上二里头文化的影响。

三星堆遗址出土的陶器种类较多，据资料，复原的器形有罐、高柄豆、圈足豆、鸟头把勺、盉、圈足盘、平底盘、瓮、器盖、喇叭形器、碟、瓶、杯、碗、壶、纺轮、网坠等20多种，每种又有不同的类和型②。其中可见到的与二里头文化有关的只有盉、高柄豆、觚，而且并不是所有高柄豆都与二里头有关。可见，在三星堆陶器种类上，二里头因素所占比例很小，不到7%，不占主导地位。

从陶器功能上认识，三星堆文化自身的陶器组合是全方位的，炊器、食器、饮器、日常用器、器盖、器座等，形成完整的功能体系。但其中的二里头文化陶器则没有形成完整的功能体系，只是零散的、个别的。高柄豆只能盛装少量食品，盉则只能盛水或酒，或作加温水、酒之用，觚仅能做饮酒之器，这三种功能不但根本构不成一个人们共同体所需陶器的功能体系，而且就每一种来说，也完全没有它的组合配套器物，更可见其功能之片面。就陶盉而论，它只是盛酒之器，应有一群相应的酒器组合与之配套，才能形成一支文化的酒器组合。我们看三星堆文化的酒器，从酿酒之器高领大罐，到盛酒之器瓮、缸、壶，到舀酒之器鸟头把勺，再到饮酒之器平底束颈瓶形杯等③，应有尽有，形成完整的酒器组合及功能体系，这与其中二里头文化因素仅见陶盉、陶觚的情形，是截然不同的。可见，三星堆文化中的二里头文化因素，从功能体系上看是极度缺乏、极不全面的。

从以上分析来看，二里头文化因素不但没有在三星堆文化中占据主要地位，

---

① 林向：《古蜀牙璋新论》，见所著《巴蜀文化新论》（成都出版社，1995年），又见所著《蜀与夏——从考古新发现看蜀与夏的关系》（《中华文化论坛》1998年第4期）。
② 四川省博物馆等：《广汉三星堆遗址》，《考古学报》1987年第3期。
③ 林向：《蜀酒探源》，《南方民族考古》第1辑，四川大学出版社1987年版。

· 129 ·

第三章 古蜀王国的兴起

相反却居于很次要的地位，同时它自身也并没有形成组、群的集合关系，没有形成文化特质集结（文化丛）和功能体系。这几种文化因素，只有与三星堆文化相充分结合时，才能形成完整的组、群关系和功能体系。

要从陶器方面分析一支新型文化的形成，应该而且必须看这支文化形成时期新出现的全部陶器组合，即是把新出现的陶器看成一组完整的文化特质集结，而不仅仅是看其中的一种文化因素。对于三星堆文化来说，也必须如此，就是要看在它的形成时期（即三星堆遗址二期）同时新出现了哪些陶器。从公布的资料看，三星堆遗址二期同时新出现的器物，有喇叭形大口罐、陶盉、高柄豆、平底束颈瓶、圈足盘、器盖、觚、杯、碗、盘等[1]。这些陶器形成一个比较完整的组合及功能体系，不能把其中的某几件从中剥离出来指认为属于另一支文化。由于这组陶器是同时新出现的，功能体系也是完整的，所以，这一组完整的陶器组合才是三星堆文化形成时期的特色要素。换言之，只有把这一组陶器作为一个完整的组合，才能证明从三星堆遗址一期到三星堆遗址二期发生变化的原因，才能说明一支新型文化进入三星堆地区，改变了当地原先的文化面貌。显然，作为一组完整的陶器组合，三星堆文化形成期的这组富于特色的陶器，绝不是直接来源于二里头文化的。

根据前文所述，三星堆文化的开创者是鱼凫，那么，在三星堆文化形成期所出现的这一组陶器组合就应当是鱼凫带入的。而鱼凫为帝颛顼所化，与夏同源，具有共同的文化底层，所以在鱼凫文化中有夏文化的某些色彩是完全可以理解的，是不足为异的。

蜀与夏既然是帝颛顼之后的两支亲缘文化，就不能不有某些内在的文化联系。三星堆文化中所包含的二里头文化因素，正是这种关系的生动体现。

另有一种可能性是，根据新出土的东汉朐忍令景云碑[2]所记述的"帝高阳之苗裔"，"先人伯沇，匪志慷慨，术禹石纽、汶川之会。帷屋甲（帐）帐，龟车留迹"来看，大禹不但兴于西羌、家于岷江上游的石纽之地，而且曾在石纽召集过盟会，而大禹后代、夏后氏少康之子帝杼曾遵循大禹"石纽、汶川之会"

---

[1] 四川省博物馆等：《广汉三星堆遗址》，《考古学报》1987年第3期。陈显丹：《广汉三星堆遗址发掘概况、初步分期》，《南方民族考古》第2辑，四川科技出版社1990年版。

[2] 东汉景云碑现藏重庆中国三峡博物馆。

的遗则，甲帐龟车，巡狩回蜀。这从另一个重要侧面表明了蜀与夏所具有的深厚的同源关系。由此看来，三星堆文化中的二里头文化因素，也有可能是帝杼"甲帐龟车"、巡狩回蜀时带来的。帝杼的时代约为夏代中期，这也和三星堆文化中的二里头文化因素出现的时代大体相合。

不过，尽管蜀、夏同源，文化上源具有相关性，但既已别为支系，发展地域有异，政治单位不同，蜀在西南立国称雄，夏在中原建立王朝，因而文化上必然又具有相当差异。三星堆文化与二里头文化在主体文化面貌上的差异，正是二者别为支系、独立发展、自成体系的生动体现。夏王朝作为中原之主，以九鼎象征至高无上的国家政权；蜀为西南雄长，则以金杖象征王权，表明已别为一方之主，政体不与夏同。但是，即令如此，帝颛顼文化的传统特征仍顽强地在蜀地持续不断地传承下来，终鱼凫王朝之世，即从三星堆文化的形成期直到它的衰亡，始终未曾间断。这种现象，也正是对古蜀在政治上与夏别为王国，而在文化上又与夏同源异流的生动体现。

三、夏末的蜀夏关系

古本《竹书纪年》记载："后桀伐岷山，岷山女于桀二人，曰琬、曰琰。桀受二女，无子，刻其名于苕华之玉，苕是琬，华是琰。"屈原《天问》："桀伐蒙山，何所得焉？""蒙"、"岷"一声之转。《韩非子·难四》："是以桀索崏山之女"，崏与"岷"通。《左传》昭公四年："夏桀为仍之会，有缗叛之"；昭公十一年："桀克有缗以丧其国"，"缗"、"岷"音通。顾颉刚先生认为，夏桀所伐岷山当为有缗氏，地在汉山阳郡东缗（今山东金乡县），与蜀无关①。但年湮代远，事属渺茫，以此盖棺定论，似嫌仓促。《管子·山权数》："汤以庄山之铜铸币"。"庄山"即汉严道（今四川荥经）铜山，《史记·佞幸列传》记载汉文帝"赐邓通严道铜山得自铸钱"，即指此。夏末商初成汤在严道采铜铸币固不足信，但与夏桀伐岷山之说一样，总是事出有因，有文献为据，且均将年代上推至夏末，也不能毫无根据，而成向壁虚构之言。

据徐中舒先生研究，夏商之际，夏民族由于遭殷人打击而大迁徙，其中一

---

① 顾颉刚：《论巴蜀与中原的关系》，四川人民出版社1981年版，第49~51页。

支逾西北而远徙①。在迁徙过程中，必然会留下文化交流和传播之迹，也会与沿途民族和古国发生战事。古本《竹书纪年》所记，应即与这些情形有关。

第六节　三星堆古蜀王国与商王朝的关系

商文明是一个高度发达而开放性十分强烈的文明。有商一代，商王朝在政治上与黄河流域和长江流域各个方国发生并保持着程度不等的广泛的联系，文化上则在吸收各地优秀文化的同时，向各地作强劲辐射，因而不但大大扩展了商王朝的版图范围，还极大地拓宽了商文明的分布空间，使它盛极一时，成为世界古代文明史上最辉煌、最有影响力的文明之一。

在商王朝政治扩张和文明辐射的强烈冲击下，西南地区的蜀不能不同它发生深刻的联系，不能不对它作出强烈的回应。

一、殷墟甲骨文中的蜀

殷商时期，蜀与商王朝的关系多见于殷墟甲骨文，考古资料也有不少根据可资佐证。

关于殷卜辞中蜀的地理位置，向有争议。董作宾认为"约当今之陕南或四川境"②。岛邦男认为约在陕西东南商县、洛南附近③。郭沫若认为"乃殷西北之敌"④。胡厚宣认为在山东泰安南至汶上⑤。陈梦家先是认为约在殷之西北、西南，后又释蜀为旬，以旬在山西新绛西⑥。

确定殷卜辞中蜀的地望，关键在于确定卜辞中与蜀相关的一系列方国的地望。与蜀同在一辞的，有羌、缶等方国。羌为西羌，古今无异词。缶，卜辞中屡与"我方"发生关系。我方，据卜辞"乙未〔卜〕贞：立事于南，右比我，

---

① 徐中舒：《夏史初曙》，《中国史研究》1979年第3期。
② 董作宾：《殷代的羌与蜀》，《说文月刊》1942年第3卷第7期。
③ 岛邦男：《殷墟卜辞研究》，台北，鼎文书局1975年版，第378~383页。
④ 郭沫若：《卜辞通纂》，科学出版社，第119页。
⑤ 胡厚宣：《殷代之农业》，《甲骨学商史论丛》第2集，成都，齐鲁大学国学研究所，1945年。
⑥ 陈梦家：《陈代地理小记》，《禹贡》第7卷第6、7期合刊；《殷墟卜辞综述》，中华书局1988年版，第295页。

中比舆，左比瞢（曾）"（《掇》2.62），地在舆、曾之西，均为南国。曾在汉水中上游，见于周成王时铜器《中甗》铭文。地在曾国之西的我方，其地当在汉水上游附近。因此，缶地亦当在汉水上游。缶，应即文献中的褒。古无轻唇音，读褒为缶。褒即夏代褒姒之国，地在汉中盆地故褒城。殷卜辞记"伐缶与蜀"（《粹》1175），又记"缶眔蜀受年"（《乙》6423），显然两国地相毗邻。缶既在陕南，则蜀亦当在此，殆无疑义。

但陕南之蜀并非独立方国，它是成都平原蜀国的北疆重镇，故亦称蜀。蜀早在商代早期就已形成强盛国家，疆域甚广，北及汉中。汉中盆地近年所出商代晚期的青铜器群中①，蜀式三角形援无胡直内戈占全部兵器的84%以上，另有青铜人面具、兽面具、陶尖底罐等也是蜀文化的产物，都是蜀文化向北连续分布的结果，说明汉中曾是蜀境。出土的蜀戈之多，说明是蜀的北方军事重镇。可见，殷卜辞中的商蜀关系，实际上记载的就是双方在各自边境接壤地带所发生的一系列和战事件。

殷卜辞中所见商、蜀关系，有如下数辞：

(1) □寅卜，殼贞，王㠯人正蜀　　　　　（《后》上9.7）

(2) 丁卯卜，殼贞，王敦缶于（与）蜀　　（《粹》1175）

(3) 贞，㱿弗其戈羌、蜀　　　　　　　　（《铁》105.3）

(4) 丁卯卜，共贞，至蜀，我又（有）事　（《簠》547）

(5) 癸酉卜，我贞，至蜀无祸　　　　　　（《乙》811）

(6) 癸巳卜，贞，旬在蜀　　　　　　　　（《库》1110）

(7) 贞，蜀不其受年
　　王占曰，蜀其受年　　　　　　　　（《乙》6422）

(8) 缶眔蜀受年　　　　　　　　　　　　（《乙》6423）

(9) ……㞷蜀……　　　　　　　　　　　（《乙》7194）

(10) □蜀御□　　　　　　　　　　　　（《铁》1.30.6）

(11) ……蜀射三百　　　　　　　　　　（《铁》2.3.8）

(12) 庚申卜，母庚示蜀不用　　　　　　（《南明》613）

---

① 唐金裕等：《陕西省城固县出土殷铜器整理简报》，《考古》1980年第3期。

第三章 古蜀王国的兴起

以上十二辞可分五类。(1) 至 (3) 辞是殷王征蜀。(4) 至 (6) 辞是殷王 (?) 至蜀、在蜀。(7) 至 (10) 辞是殷王卜蜀年，卜蜀祸。(11) 辞是蜀向殷王朝提供服役 (?)。(12) 辞是殷人用蜀人为祭祀牺牲。

从卜辞看，蜀与殷王朝和战不定，是国际关系，而不是方国与共主的关系。第一类战争卜辞意义明确，无须深述。后四类则需要分析。

据陈梦家《殷虚卜辞综述》，凡卜辞中所见"才（在）某"、"至某"之例者，即作为殷商方国，对商王室有五种义务：卜其年则当有入贡其谷物的义务；参加商王室征伐多方的战役；入龟于王室；来其牛马等；载王事①。通观上列卜辞，很难认为蜀对商有这些义务。

卜辞中虽有商王卜蜀年，但绝无蜀入谷于商的记载，应为商觊觎蜀年之辞。虽蜀有龟，且多良龟②，却绝无入龟于商的记载。第 (4) 辞"至蜀"，应为我方至蜀，不是殷王至蜀，故第 (5) 辞"我贞（我方提供的贞人）"，卜问是否至蜀无祸。第 (9) 辞岂蜀，是诅咒蜀人之辞。第 (10) 辞蜀御，也并非蜀向商提供御人。御者祀也，为禳灾除祸之祭③。此辞残，全辞不明。第 (11) 辞亦残，无法确定是否为蜀向殷王室提供射手。第 (12) 辞是卜问是否用蜀人作为祭祀母庚的牺牲，证明了商王室捕捉蜀人为人牲的事实。除这些而外，卜辞中完全没有蜀入卫、来牛马、参加征伐多方的战役以及载王事等记载。

据《尚书·酒诰》，商王朝将其征服的方国均纳入"外服"体制："越在外服：侯、甸、男、卫邦伯"，邦伯即方伯，方国之长。"侯，为王斥侯也。""甸，治田入谷也。""男，任也，任王事。""卫，为王捍卫也。"④ 按生产区域和地理方位⑤，如蜀被殷征服，当为男服，治田入谷。但卜辞的记载不能支持这种推测。并且，卜辞对蜀绝不称方。而卜辞所见之蜀，均在蜀之北疆重镇陕南地区，不是蜀的中央王朝所在地成都平原。可见蜀王不是殷代外服方伯，蜀国并未成为殷王朝的外服方国。

---

① 陈梦家：《殷虚卜辞综述》，中华书局1988年版，第316页。
② 《山海经·中次九经》。考古亦可证实。
③ 杨树达：《积微居甲文说》上海古籍出版社1986年版，第30、31页。
④ 《逸周书·职方》孔晁注。
⑤ 殷代外服的生产区域和地理方位，参阅徐中舒《论西周是封建社会》，《历史研究》1957年第5期。

考古资料可以得出同样结论。三星堆古蜀王国都城,总面积 3.5~3.6 平方公里,大于作为早商都城的偃师商城(总面积 1.9 平方公里)①,而与商代前期都城郑州商城相当(郑州商城总面积 2 平方公里以上)②。按照商王朝的内、外服制度和匠人营国之制③,王都必定大于方国之都,故卜辞屡称商都为"大邑商"。殷代方国都城的遗址,都远远小于商都。湖北黄陂盘龙城是方国都城,总面积仅 7 万平方米④。山西夏县东下冯方国城址,南垣约长 400 米,余三垣不清⑤,总面积甚小。可见,方国都城无不小于大邑商,是为定制,不能逾越⑥。但蜀都却不仅大于早商都城,也大于中商都城。如将蜀国纳入商代外服体制,显然是严重逾制,在当时根本无法想象。只能表明蜀国都制与商王朝都制分属于两个不同的政权体系,二者之间不存在权力大小的区别。于此可见,蜀国没有成为商王朝的外服方国,这与卜辞中绝不称蜀为方是恰相吻合的。

虽然如此,古蜀文化还是明显地受到了商文化的较深影响。古蜀文化青铜礼器中的尊、罍等形制,玉石器的圭、戈等形制,都来源于商文化,反映了其间经济文化的交往。

二、商、蜀和战与资源贸易

商代中叶,古蜀三星堆文明走向极盛,与商文明比肩而立。这种形势,从当时全中国范围内各大地域与商文明的力量对比来看,都是十分特殊的,在整个商代历史上也是极为罕见的。

商王朝经过数代苦心经营,到武丁在位时,"朝诸侯,有天下,犹运之掌也"⑦,对黄河流域中下游地区的统治,近乎取得绝对权力。但对长江流域则不然。在长江中游今湖北黄陂盘龙城,有商王朝的城邑,在遗址中出土 159 件殷商青铜器(二里岗期),器形分作 29 种,其中有大量钺、戈、矛等兵器⑧。在湖

---

① 黄石林、赵芝荃:《偃师商城的发现及其意义》,《光明日报》1984 年 4 月 4 日。
② 《郑州商代城址发掘报告》,《文物资料丛刊》第 1 辑,文物出版社 1977 年版。
③ 《尚书·酒诰》;《周礼·考工记》。
④ 《盘龙城一九七四年度田野考古纪要》,《文物》1976 年第 2 期。
⑤ 《山西夏县东下冯遗址东区、中区发掘简报》,《考古》1980 年第 2 期。
⑥ 参见《左传》隐公元年。
⑦ 《孟子·公孙丑上》。
⑧ 《盘龙城商代二里岗期的青铜器》,《文物》1976 年第 2 期。

南宁乡曾出土数以百计的商代晚期青铜器，其中一些青铜器铸造极为精美，较之中原同时代器物，有过之而无不及，以致有学者认为是湖南就地铸造的，其青铜铸造技术已超过中原地区①。在江西新干大洋洲，出土了400多件青铜器②，虽然其中一些器物颇受商文明影响，但主要是地方风格，不能说是商文明的亚型，表明那里存在一支较强的地域文明。这种形势说明，商王朝在长江中游的政治扩张并不十分顺利，颇有阻力。至于长江上游和西南地区，情况则更为复杂。

长江上游、西南地区以蜀为泱泱大国，殷卜辞中已见有蜀的记载，是一个有实力、有影响的地域性政治实体和文明。陕南汉中地区的考古发现还证实，古蜀又是一支富于实战能力的强大军事力量。尤其广汉三星堆青铜文明的发现，更显示出古蜀王国具有鲜明个性的青铜文明特点，而它的青铜文明，在主体方面并不是商文明所能涵盖的。由三星堆极宏富、极辉煌的青铜文明，可知当时的蜀必然是一个拥有相当广阔地域的大国，也是一个握有相当丰富资源的大国。商中叶时，蜀的北境在汉中，这已由城固出土铜器群③所证实④。蜀的东境在长江三峡之东，这也由大量考古材料所证实⑤。而蜀的南方是广袤的西南夷之地，三星堆祭祀坑出土的数十尊西南夷青铜人头像，已表明西南夷是蜀的附庸⑥。因此，如果从地域广运的视角看，蜀拥有长江上游和上、中游之交，北至陕南、南至西南夷的广阔地域。虽然它的腹心之地只有成都平原一块，但由于根基深厚，基础广博宏阔，触角伸出很长，支撑点密集、深广而牢固，所以能够强大到极致，以致敢于起而与商王朝相抗衡。

就资源而论。

农业资源方面，黄河中、下游主要是旱作农业区，商代是温暖气候，农产量应当不错。但商都殷墟积聚了巨量人口，需要消费巨量粮食，并且，商王室

---

① 参考夏湘蓉、李仲均、王根元：《中国古代矿业开发史》，地质出版社1980年版，第203页。
② 《江西新干大洋洲商墓发掘简报》，《文物》1991年第10期。
③ 唐金裕等：《陕西省城固县出土殷商铜器整理简报》，《考古》1980年第3期。
④ 段渝：《论商代长江上游川西平原青铜文化与华北和世界古文明的关系》，《东南文化》1993年第2期。
⑤ 段渝：《论早期巴文化——长江三峡的古蜀文化因素与"早期巴文化"》，载《巴渝文化》第3辑，西南师范大学出版社1994年版。
⑥ 段渝：《商代蜀国青铜雕像文化来源和功能之再探讨》，《四川大学学报》1991年第2期。

第三章 古蜀王国的兴起

上下和朝内外大小官员又大量饮酒,"作长夜之饮","腥闻在上"①,也需消耗大量粮食原料,而商王朝都城殷墟所在地区是有名的沁阳田猎区,不可能提供巨量粮食满足其需要。所以商王经常为农业收成担忧,卜辞中常见"卜年"之辞,就意味着商王朝时感人口压力与粮食短缺矛盾所造成的严重威胁。

  古蜀王国的中心成都平原是一个不算很大的冲积平原,现在面积充其量不超过9500平方公里,古代开发有限,并没有达到这个水平。假如仅凭成都平原的农业资源,是绝不可能造就出也不可能支撑起一个敢于同商王朝相抗衡的强大政治实体的。但是,蜀自三星堆二期即夏代以来,长期奉行沿江东进的政策,大力向东方扩张,占有川中、四川盆地东部之地,又东出三峡,据有夔、巫之地,其扩张冲击波一直推进到西陵峡以东的江陵荆南寺,前锋几乎触及江汉平原。这些地区不是商王朝的统治区,甚至不是商王朝的争夺区,加之文明程度浅演,不能抗衡古蜀三星堆文明的强劲扩张之势,因而成为蜀国北疆汉中盆地和汉沔嘉陵江经济区的战略大后方。古蜀王国西南的南中广大地区也是蜀的战略大后方,那里稻作农业相当发达,资源极其丰富,是商王朝的政治势力和军事力量不能触及之地,但却长期为蜀所控临。上述三个农业发展区域——成都平原经济区、汉沔嘉陵江经济区、南中经济区,共同支撑起了古蜀文明的基础。三星堆古蜀王国都城之所以有巨大的城圈、庞大的人口和复杂的政治宗教机构和辉煌的文明,就在于它植根于它所统治的广阔地域的富足农业资源之上。商代长江流域气候较之现代更为温暖,是稻作农业较理想的经营地区,收成相当丰厚,汉代寒冷期这里尚且能够"无冻饿之人"、"无凶年忧"②,商代更应如此,所以才会引起商王朝的觊觎。由此可见,长江上游、西南地区农业资源的富足,使蜀能够供养大量非食物生产者,培育一个复杂的政治组织及其庞大的分级制体系,从而创造出灿烂的古代文明。

  战略资源方面,尤其青铜原料方面,中原无锡,可开采的铜矿也少。商王朝的青铜原料究竟来自何方,学术界还没有取得一致意见。翦伯赞认为来自长江上游西南地区③,石璋如认为就在河南商王朝本土④,但均苦于没有确据而不

---

① 《尚书·酒诰》。
② 《汉书·地理志下》。
③ 翦伯赞:《中国史纲》第1卷,三联书店1950年版,第207页。
④ 石璋如:《殷代的铸铜工艺》,《中央研究院历史语言研究所集刊》第26本,1955年版。

第三章 古蜀王国的兴起

能论定。近年来安徽、江西发现了古铜矿，有证据表明商代已在那里进行开采。如此看来，商王朝的青铜原料，可能大多来源于长江流域。作为商王朝南土据点的湖北黄陂盘龙城①曾出土孔雀石②，或许可以表明盘龙城的功能之一，就是扮演维护长江流域"金锡之道"的兵站的角色。殷墟 5 号墓的部分青铜原料，已经科学测试证实来源于云南③。这表明，除长江中游而外，商王朝青铜原料的另一个重要来源地是长江上游。

商王朝要获取长江上游云南地区的铜、锡、铅矿料，就非得首先跨越蜀国不可，或者通过蜀国，让蜀起中介作用。不管采取哪种形式，总之在商王朝从云南获取青铜原料的过程中，不可避免地会与蜀发生各种关系。

蜀国青铜原料的来源，同样并不在成都平原蜀的腹心地区。川西高原汉之严道（今四川荥经）地区，那里古有铜山，铜矿资源相当丰富，汉文帝"赐邓通严道铜山，得自铸钱，邓氏钱布天下"④。《管子·山权数》所称"汤以庄山之铜铸币"，庄严同义，庄山之铜即指严道铜山。这意味着严道铜山是蜀国青铜原料的产地之一。除此而外，川西高原的灵关（今四川芦山）、徙（今四川天全）、青衣（今四川雅安），以及南中北部川西南山地的邛都（今四川西昌）、朱提（今四川宜宾、云南昭通）等地，也是蜀国铜矿资源的来源地⑤。但是，以上产铜地区却并无产锡的记载，因此，蜀的大部分青铜原料必然来源于其他地区。据科学测试，蜀国青铜器的铅料来自云南⑥，而蜀国青铜器同云南青铜器的合金成分又十分接近。由此看来，云南是蜀国青铜原料的主要来源地之一。

商王朝和蜀国都要在云南取得青铜原料，必然就会因此而发生关系。但对于这些关系，历史文献完全没有记载，只有上引《管子·山权数》记有"汤以庄山之铜铸币"一语，透露出商王朝在蜀地取铜的一丝信息。这条材料并非完全不可靠。商代有铜贝是考古学上的事实，不但中原发现过，山西发现过，而且三星堆祭祀坑也曾出土 3 枚。虽然说成汤时商在蜀取铜不大可能，但如果说

---

① 江鸿：《盘龙城与商朝的南土》，《文物》1976 年第 2 期。
② 《中国古代冶金》，文物出版社 1978 年版，第 5 页。
③ 中国科技大学科研处《科研简报》1983 年 5 月 14 日第 6 期。
④ 《史记·佞幸列传》。
⑤ 见《汉书·地理志》，《续汉书·郡国志》。
⑥ 金正耀等：《广汉三星堆遗物坑青铜器的铅同位素比值研究》，《文物》1995 年第 2 期。

商中叶商王朝在蜀取铜却并非不可能。既然商中叶武丁时可以在蜀国以南的云南取铜，那又为什么不可能在蜀地取铜呢？问题其实不在这里，而在商王朝以什么方式，通过什么途径在蜀、滇取铜。这个问题的实质，是要回答商、蜀关系的问题。

显然，蜀国因控制了南中而拥有富足的铜、锡、铅资源，三星堆祭祀坑出土西南夷形象的青铜人头像已充分证实西南夷广大地区为蜀所服，而三星堆青铜原料多来于云南，这是不成问题的。而在历年的云南考古中，都几乎没有发现商文化的影响之迹，这就表明商王朝对云南的关系不是直接而是间接的。商王朝要获取云南的青铜原料，只能通过蜀国。从殷墟卜辞和汉中考古可以知道，商王朝并没有征服蜀国，蜀也不是商的臣属方国。在这种情况下，为了获取蜀国以南云南地区的青铜原料，商王朝必须而且只能采用贸易方式，通过蜀为贸易中介的途径来取得，甚至有可能直接与蜀进行贸易，从蜀人手中获取青铜原料。这应当就是《管子》所说"汤以庄山之铜铸币"的本来面目。可见，商、蜀之间的铜矿资源贸易，是形势使然。

从可能性上看，不论商还是蜀都有比较发达的贸易系统，而共同的贸易中介物是海贝即贝币，这种贝币在商、蜀地域内都有大量发现，背部磨平穿孔，以便串系，进行交易。贝币为商、蜀之间的铜矿资源贸易提供了双方通用的等价商品，使双边贸易成为可能。殷卜辞中有"至蜀"、"在蜀"的卜辞，也许就和铜矿贸易有关。

从商文化对蜀文化的影响来看，它主要体现在礼器上而不是兵器上。这意味着商王朝的军事力量并没有能够深入蜀地，而是它的礼制深入到了蜀地，这是和平的文化交流的结果。如果联系到商、蜀双方的青铜原料贸易来看，商王朝礼制对蜀文化的影响应是随着贸易而来的，这正是文化交流的重要途径之一。

以上分析表明，有商一代，商王朝始终未能征服蜀国，也没有能够控制蜀国以南西南夷地区的铜矿资源。由于商王朝缺乏青铜原料资源，而对于富产青铜原料资源的西南夷地区又鞭长莫及，所以只能仰给于控制了西南夷资源的蜀。因而，为了保证青铜原料来源渠道的畅通，商王朝必须容忍一个强大的蜀国在它南边恣意发展——既然不能摧毁它，那就只能利用它。这也是三星堆文明得以雄踞中国西南的重要政治经济原因之一。

第四章 蜀王国的盛衰

先秦蜀国并不是一脉相传的单一王朝。在古代蜀国的历史上,史前至夏商时代,有蚕丛、柏灌、鱼凫三代蜀王的角逐争雄和鱼凫王朝的建立;殷周之际,有杜宇取代鱼凫为蜀王的王朝代兴;春秋早期,有开明取代杜宇的帝位禅让;最后是公元前316年秦惠文王伐蜀,灭掉开明氏蜀王国,从此结束了古蜀国雄踞西南的历史,归于秦的一统天下。

杜宇、开明时期的蜀王国,不论在国家形态、政治制度还是文化模式等方面,比起以三星堆文化为内涵的鱼凫王朝来说,都发生了深刻变革。这些变革,从政治制度上看,是以官僚政治取代了神权政治,从文化模式上看,是以礼乐文明取代了神权文明,从而在国家与文明演进的道路上向前迈进了一大步。

第一节 杜宇王朝

约在殷末,杜宇取鱼凫而代之。杜宇时期,蜀的国家机器日益强化,疆域不断扩张,形成一个规模更大的王国。

一、杜宇王朝的建立和发展

杜宇取代鱼凫王蜀,是蜀国的一次王朝更迭。虽然这次政权兴替的内部原因

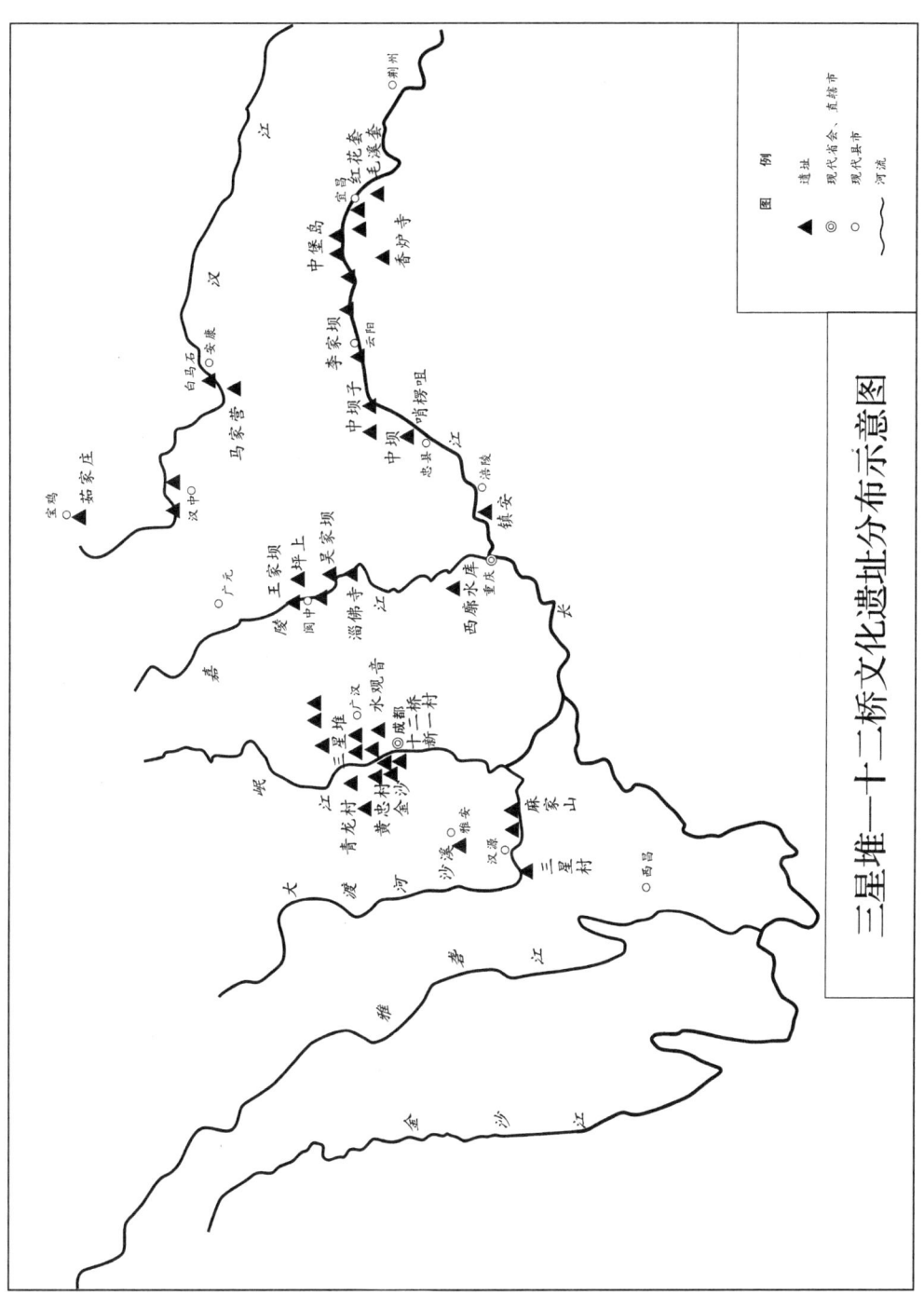

第四章 蜀王国的盛衰

为史籍所未载，但显然与殷周之际的政治动荡和中原的王朝代兴有关，以致可以说是殷周之际政局演变的直接产物。

（一）殷周之际的蜀

殷代晚期蜀与商王朝的关系，从上一章第六节所举卜辞第（12）辞（第四期卜辞）可见，已日益趋于恶化。稍后，殷王畿西方的周文王经营南土，联络江汉，西土诸邦和蜀等南土之国一并加入周人的反殷集团，"三分天下有其二，以服事殷"①，终成灭纣翦商大业。

殷末蜀国加入以周文王为首的反殷集团，周原甲骨文和古文献都有记载。周原甲骨载"克蜀"、"伐蜀"。

此两甲本身无年代。根据殷周之际形势，可以断在周文王之时②。周原甲骨说明，殷末周人经营南土，并非一帆风顺，对蜀即以兵戎相见。文王伐蜀，以克蜀告终，从此蜀即成为周之南土的重要盟国。而此役的直接后果，就是鱼凫王朝的灭亡和杜宇王朝的诞生。

文王殁，武王继其绪业，东伐商纣。其时武王所率西土南国之师，兵力不多，而"殷商之旅，其会如林"③，以致"商周之不敌"④，力量悬殊。蜀师参加伐纣，是中坚力量之一⑤。《华阳国志》称"周武王伐纣，实得巴蜀之师，著乎《尚书》"，颇有根据。

正因蜀师参与伐纣，故西周建立之初，蜀随即被周王室册封为诸侯。《华阳国志·蜀志》称蚕丛为"蜀侯"，王名和年代固属有误，但蜀为西周诸侯国之说则有根据。

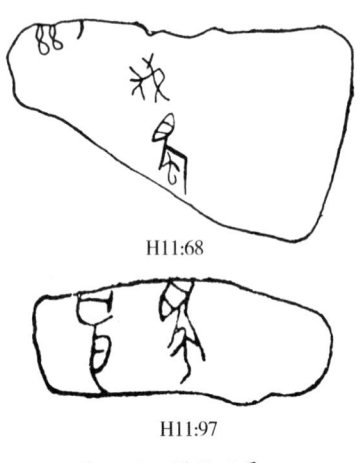

图 4—1 周原甲骨

---

① 《论语·泰伯》。
② 陈全方：《陕西岐山凤雏村甲骨文概论》，《四川大学学报丛刊》第 10 辑，《古文字论文选集》1982 年版。
③ 《诗经·大雅·大明》。
④ 《左传》桓公十一年。
⑤ 《尚书·牧誓》。

据《逸周书·世俘》，周武王克商后，"辛荒命伐蜀"。曾有学者认为这条材料记载的是周武王克商后立即伐蜀。实际上，这条材料是说周武王曾令辛荒追讨逃入蜀地的商王朝旧臣霍侯等①，并不是讨伐成都平原的古蜀国。

考古工作者于1959年和1980年先后在彭县竹瓦街发现两处仅距10米的青铜器窖藏②，共出铜器40件，计罍9、觯2、尊1、戈18、矛1、戟3、钺5、锛1。其中兵器有浓厚的蜀文化色彩，礼器中的若干件则是殷器。所出2觯，分别有"覃父癸"、"牧正父己"铭文，属分布于陕南一带的殷人之器，为蜀人所获，是蜀参加伐纣的有力物证③，也是西周初年册封蜀国的有力物证。《左传》定公四年记周初分封，"昭之以分物"，中有"官司彝器"，即封赐以青铜礼器。《书序》云："武王既胜殷，邦诸侯，班宗彝，作《分器》。"《史记·周本纪》载："武王……封诸侯，班赐宗彝，作分殷之器物。"这些都说明周初在分封的同时，也将俘获的殷人器物封赐予诸侯。考古发现中，全国许多地方发现周初青铜器群中夹杂殷器，都是周初诸侯受封时所分得的彝器④。彭县竹瓦的街周初窖藏中

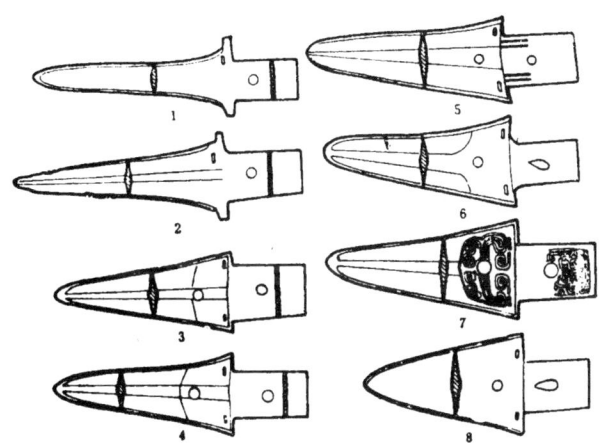

图4-2 四川彭县竹瓦街青铜器窖藏中的部分器物

---

① 李学勤：《论繁蜀巢与西周早期的南方经营》，《南方丝绸之路研究论集》，巴蜀书社2008年版，第3~5页。
② 王家祐：《记彭县竹瓦街出土的铜器》，《文物》1961年第11期。《四川彭县西周窖藏铜器》，《考古》1981年第6期。
③ 徐中舒：《四川彭县濛阳镇出土的殷代二觯》，《文物》1962年第6期。
④ 李学勤：《西周时期的诸侯国青铜器》，《中国社会科学院研究生院学报》1985年第6期。

殷器，类皆同此，当是周王朝分封蜀侯时所同时分赐。这是蜀为西周诸侯的有力证据。

西周分封制，不论侯、甸、男、卫还是稍后兴起的采服，均称诸侯。《矢令方彝》铭文"众诸侯：侯、甸、男，舍四方令"，《尚书·康诰》"侯、甸、男邦、采、卫"，皆其证。蜀既有分封之实，相应也有分封之名。《华阳国志》称"蜀侯"，以诸侯通称为侯而论，亦无不可，故其说可信。蜀侯之封，是以在周文王时已攘夺的鱼凫氏王朝的土地和人民，因而封之。此蜀侯即是文献所记的杜宇。杜宇王朝由此开创。

武王殁，周公摄政，成王继立。成王时期的蜀，已是西周南土的大国。成王时铜器《班簋》铭文以蜀为周的"四方望"之一，即西南边疆之表率①。周成王大会诸侯于成周（今洛阳），各方诸侯以其方物进献王室。《逸周书·王会篇》："成周之会……蜀人以文翰。文翰者，若皋鸡。"孔晁注："鸟有文彩者。皋鸡似凫。"所谓"有文彩"而似凫的皋鸡，实即鱼凫王朝的神物和标记。三星堆第三、四期出土的陶塑鸟头，头顶、颈部、眼眶及嘴部饰有云雷纹，就是这种"有文彩"的凫。蜀王参加成周诸侯大会而献凫与周成王，其意义正如西周春秋时期诸侯告捷、献功、荐俘于周王廷一样，表示告以对鱼凫王政权的彻底推翻和取代。这无疑是杜宇王朝代兴的象征，同时也是杜宇开国年代的极好佐证，还证明《王会篇》具有相当可靠性，堪称实录。

终西周之世，蜀与周王室一直保持着比较紧密的联系。古本《竹书纪年》载："夷王二年，蜀人、吕人来献琼玉，宾于河，用介圭。"② 据群书所记，周夷王时周室共主地位有所下降，"诸侯或不朝，相伐"③，夷王也不得不"下堂而见诸侯"④。此时蜀王朝周，礼仪隆重，为时所罕见，说明蜀王对周室一往情深，关系非同一般。

（二）杜宇王蜀

杜宇取代鱼凫氏的过程，文献无征。参证有关记载和考古资料，可以窥其梗概。

---

① 郭沫若：《班簋的再发现》，《文物》1972 年第 9 期。班簋年代，尚有争议，此从郭说。
② 《太平御览》卷 85 引。
③ 《史记·楚世家》。
④ 《礼记·郊特牲》。

第四章 蜀王国的盛衰

《蜀王本纪》载:"(鱼凫)王猎于湔山,便仙去。"此说颇与同书所记三代蜀王"皆神化不死"相似,均为战败而亡之义。所谓"猎于湔山",也颇与古籍"天子狩于×"、"王者狩于×"的笔法相类,都是古代史家为王者避讳之辞,实指王者遇难或逃亡。《蜀王本纪》又说:"其民亦颇随王化去",即随鱼凫王败亡。又说:"望帝治汶山下,邑曰郫,化民往往复出",即言杜宇统治确立后,原随鱼凫王败亡的蜀国民众,又从湔山出来,归服杜宇王朝。可见,以上史料所说明的实际是同一事实,即鱼凫为杜宇所逐,蜀国王政归于杜宇。

周初以后蜀国青铜器形制及所反映的文化内容已与商代鱼凫王国有重要区别,重器绝无大型雕像群,亦无金杖、金面罩。成都市金沙遗址发现了商周时

图 4-3 金沙遗址出土的金面罩

期的金冠带和一大一小两件金面罩,根据同时发现的器物分析,特别是金冠带和金面罩极为近似于三星堆所出同类器物,所以这几件黄金制品应属商代晚期蜀王国的遗物。金沙遗址出土的一件小型青铜立人雕像,其形态也与三星堆大立人像相似,亦应属于商代晚期蜀王国的遗物。礼器中形成列罍之制,形制花纹多取诸中原同类器物,组合意趣不同,是蜀国本土所铸[①]。引人注目的是,彭县竹瓦街窖藏铜器中的两件兽面饰象纹铜罍,与辽宁喀左所出西周燕国铜罍,形制花纹基本相同,并且其纹饰又见于周武王时的天亡簋、成王时的仲禹簋[②],显然有浓厚的周文化色彩。可见,自周初开始,蜀国统治阶级的青铜礼器群发生了重要变化,表明了享有这些礼器的统治集团发生了重要变化,反映了蜀国政权的易手。这种变化,也正与陶器中鸟头柄勺的消失同时,反映了鱼凫王的势力已遭到彻底扫荡。

---

① 冯汉骥:《四川彭县出土的铜器》,《文物》1980年第12期。
② 晏琬:《北京、辽宁出土铜器与周初的燕》,《考古》1975年第5期。

从迄今为止的三星堆遗址和金沙遗址的考古发掘资料来看①，可以揭示出两者之间这样的结构关系：在族群结构上，金沙遗址商周之际文化层的主体族群，是与三星堆文化相同的一个族群或亚族群；在政治结构上，金沙遗址商周之际文化层的政治单位，是三星堆高级政体即以鱼凫王为最高神权政治领袖的古蜀王国内的一个次级政体。周初以后三星堆文化的衰落和金沙遗址三星堆文化内涵的逐步消失，正是考古学上对鱼凫王朝消亡的真实反映。

图4-4 金沙遗址出土的小型青铜立人雕像

从这个意义上看，金沙遗址商周之际文化层并不是三星堆文化衰亡后迁徙而来所留下的文化遗存，而是三星堆文化金沙遗址的文化延续。换句话说，在作为商代古蜀王国首位城市的三星堆古蜀王都衰亡后，作为古蜀王国次级中心城市的金沙政体并没有同时消亡②，它仍然在连续发展中延续着三星堆文化的余脉，但为时不长，就被杜宇彻底灭亡，所以西周时期金沙遗址的面貌与商周之际相比已发生了重要变化。

应当指出的是，我们在西周时期的金沙遗址中能够发现商周之际古蜀文明的某些遗存，这是不奇怪的。其原因可以从两个方面进行分析：一方面，任何王朝的代兴都不可能完全切断前朝文化的延续，何况杜宇王朝的建立是以他和蜀地的江源女相结合所达成的政治联姻为基础的③，可以说是古蜀王国内部政

---

① 参见成都文物考古研究所：《金沙——21世纪中国考古新发现》，五洲传播出版社2005年版，第12～15页。

② 成都在商代晚期就已形成为一座具有相当规模的早期城市，作为一座次级中心城市，它与较之更早形成的三星堆古蜀王都一道，构成商代蜀国的早期城市体系。见段渝：《巴蜀古代城市的起源、结构和网络体系》，《历史研究》1993年第1期。金沙遗址的发现，提供了更加坚实的新材料和新证据。

③ 参见段渝：《四川通史》第1册，四川大学出版社1993年版。

变的结果，因而在杜宇王朝的文化中必然保留着大量的鱼凫王朝时期的文化。另一方面，杜宇立为蜀王后，大量招徕随鱼凫王退保岷山的部众，使"化民往往复出"①，回归其家园安居乐业，因而杜宇王朝初期的成都必然聚集着大量的三星堆文化因素。从历史的观点分析金沙遗址西周早期的文化遗存，对于其中包含或聚集了不少三星堆文化因素乃至其精华因素的现象，就不会感到奇怪了。

考古资料显示，在商周之际，今成都市区西部以十二桥和金沙遗址为中心的区域，是一座颇具规模的城市②。参证文献资料，杜宇立为蜀王后，定都成都，都城以今金沙遗址为中心，以郫（今郫县）为别都。西周晚期，杜宇王朝移都"汶山下邑曰郫（今郫县）"③，"或治瞿上"（今双流县境）④，为别都。

杜宇王朝建立后，对外加深同周王朝的关系，对内推行重农政策，加强统治机构，稳定统治秩序，并使随鱼凫"仙去"的"化民"复出，恢复了生产力，蜀国逐渐重新走向强盛。

（三）杜宇族属

扬雄《蜀王本纪》记载杜宇来源说⑤：

后有一男子名曰杜宇，从天堕，止朱提。有一女子名利，从江源井中出，为宇妻。乃自立为蜀王，号曰望帝。

来敏《本蜀论》⑥所记与此有同有异：

望帝者，杜宇也，从天下。女子朱利自江源出，为宇妻。遂王于蜀，号曰望帝。

来敏虽对望帝的具体来源未置一词，但说"从天下"则与扬雄《蜀王本纪》

---

① 《华阳国志·蜀志》。
② 段渝：《巴蜀古代城市的起源、结构和网络体系》，《历史研究》1993年第1期。
③ 《蜀王本纪》。
④ 《华阳国志·蜀志》。
⑤ 严可均辑：《全汉文》卷53，《全上古三代秦汉三国六朝文》，中华书局1958年版，第414页。
⑥ 《水经·江水注》引。

所说"从天堕"一致，表明来于蜀国以外。朱提，今云南昭通。江源，今四川崇州市。据此，杜宇来源于朱提，入蜀后与江源的蜀人族氏进行政治联姻，进而夺取蜀国王政。

关于杜宇的来源地问题，《太平御览》卷166引《蜀王本纪》作"后有一王曰杜宇，出天堕山"。宋人罗泌《路史·余论·杜宇鳖令辨》以为："天堕山，人讹曰天回云。"有人据此认为，杜宇出自天回山，地在今四川新都南十五里。但是，"堕"、"回"二字，"堕"在歌韵定纽，"回"在微韵匣纽，古音迥异，不能通转。而新都南之天回山，乃是宋代才有的地名，在《华阳国志·蜀志》记作"平阳山"，在《新唐书·地理志》"成都县"下记为"繁阳山"。"繁"字，古音读如"蟠"，"繁"、"平"一声之转①。可见，以天堕山之名来谈论杜宇出自成都附近的新都，并无坚实可信的证据。而且，《太平御览》卷888引《蜀王本纪》亦作"后有一男子名曰杜宇，从天堕，止朱提"，与《全汉文》所引完全相同，均作"杜宇从天堕止朱提"，并无"天堕山"之说。何况，早于宋代《太平御览》的唐代司马贞《史记索隐》，在《史记·三代世表》下案曰："《蜀王本纪》云：'朱提有男子杜宇，从天而下，自称望帝，亦蜀王也。'"明确记载杜宇来自朱提。而诸书并谓杜宇"从天下"，或谓杜宇"从天堕"，其意完全相同，均非所谓"天堕山"。由此可见，杜宇来源于朱提，应是上古流传下来的史实，而所谓杜宇出自天堕山之说，则是始自晚唐至宋代的讹传。

《华阳国志·蜀志》载，杜宇"号曰望帝，更名蒲卑"。杜宇又名蒲卑。《文选·蜀都赋》刘渊林注引《蜀王本纪》记为"蒲泽"。"蒲泽"当为"蒲卑"之误。古"卑"、"睪"形近，"泽"与"卑"形近而讹，本当作"卑"，"卑"即"郫"②。卑，下也。"郫"字从卑从邑，合乎"汶山下邑曰郫"之说。"蒲"，与"濮"音近相通，即濮人之谓。杜宇来自朱提，古为濮人居地。朱提汉属犍为郡。《说文》："僰，犍为蛮夷也。"僰即濮，来源甚古。杜宇本为朱提濮（僰）人，封为蜀侯后建都于汶山下，命名为"卑"（郫），其本人改曰"蒲卑"（濮郫），实即以居为氏，表示濮人所建之邑。

杜宇为濮人，但不是《尚书·牧誓》所记"庸、蜀、羌、髳、微、卢、彭、

---

① 刘琳：《华阳国志校注》，巴蜀书社1984年版，第199页。
② 蒙文通：《巴蜀古史论述》，四川人民出版社1982年版，第42页。

濮人"之濮。此八国均为国名，不是指其族系。庸，古国，见于《左传》文公十二年。蜀，古国（此指杜宇）。羌，殷卜辞中有羌方，屡见，方者国也，乃国名。髳，古国，见于殷卜辞，作🐾①，称🐾方（《丙》22）。微，殷周古国名，王国维以《散氏盘》铭文中的"眉"当之②。卢，古国，见于《左传》桓公十三年。彭，古国名，见于《尚书·立政》。濮，当为百濮之一，此为国称，《国语·郑语》韦昭注谓："濮，南阳之国。"杜预《春秋释例》说：濮人"无君长总统，各以邑落自聚，故称百濮。"百濮离散，各有国名。《尚书·牧誓》所记濮，仅为百濮之一而专有濮名者，这与杜宇之为濮，并不矛盾。这种例子很多，如夏之于西羌，殷之于东夷，巴之于汉阳诸姬，类皆同此，国名与族称都不一致。

杜宇一系入蜀后，与早期蜀族相结合，给蜀族注入了新鲜血液，生命力更加旺盛。

二、杜宇王朝的国家形态和政治制度

杜宇王朝的国家形态和政治制度，无论史籍还是考古资料都反映极少，只能辑佚钩沉，简略地予以清理。

（一）国家形态的演进

商周之际古蜀鱼凫氏三星堆神权文明衰落后，在它的废墟上面，一个以礼乐文明为表征的新型的国家形态建立起来。

所有关于杜宇王朝的史料，均未显示出宗教神权占国家核心统治地位的迹象。杜宇"教民务农"，扩大蜀疆，全部是非常实际的治国措施。而杜宇之为农业神，为子巂、杜鹃鸟，都是杜宇亡后才兴起的一种农神崇拜，并且与政治领域中的神权即所谓国家崇拜无关。考古资料方面，从目前所见有关西周时代蜀国的资料，例如成都金沙③、黄忠小区④、十二桥⑤和指挥街⑥遗址的情况看，

---

① 于省吾：《甲骨文字释林》，中华书局1979年版，第15~17页。
② 王国维：《观堂集林》卷18《散氏盘跋》，中华书局1959年版，第886~888页。
③ 资料藏成都市文物考古研究所。
④ 资料藏成都市文物考古研究所。
⑤ 《成都十二桥商代建筑遗址第一期发掘简报》，《文物》1987年第12期。
⑥ 《成都指挥街周代遗址发掘报告》，《南方民族考古》第1辑，四川大学出版社1987年版。

还没有发现足以表示神权至上的遗物遗迹；相反，都是表现王权至上的器物，以及生产、生活用具等实用器物，与鱼凫王朝不同，是耐人寻味的。虽然，在成都市金沙遗址出土了大量祭祀或与祭祀有关的遗迹和遗物，但这些遗迹和遗物并不能作为神权至上的证据。先秦时期，各地都有频繁的祭祀活动，中原诸夏直到春秋时期仍然是"国之大事，惟祀与戎"，考古学显示的情况也是如此。关键问题在于，金沙遗址至今还没有发现堪与三星堆相匹的大型祭祀重器，没有发现神权至上的遗物。所以，尽管金沙遗址出土的祭祀遗迹规模相当庞大，但仍不足以说明它是一个神权至上的政体。

文化与政治是两个互相促动的变量，文化模式的变化通常会引起政治制度的变化，同样，政治制度的变化通常也会引起文化模式的变化。西周时代蜀文化考古所见文化模式的这种变化，正是政治制度变化的反映。

西周时代蜀文化考古未见商代蜀国所特有的大型青铜雕像群一类标志神权统治的遗物，正是从考古学文化上反映出的杜宇王朝与鱼凫王朝在国家形态上的重要区别。这种区别的实质在于：以鱼凫王为代表的早期蜀王国，对内实行彻底的神权政治，统治阶级的意志是通过神的意志来表达的。其最精美、最华贵的物品均属用以祭祀神灵的祭祀礼仪用器，就是最为明确的证据。而金杖实为集神权、政权和财富垄断权为一体的最高象征物，各种青铜人像也是祖先崇拜的象征，或巫师的形象。种种现象表明，古蜀王国还处于实行神权政治的早期国家阶段。这与世界古代文明中的各个早期国家都无不以实行神权政治为特征，是为宗教国家或神权政治国家的情形大体相同。但是在杜宇王朝则否。杜宇王朝的一系列治民措施，无论是使三代蜀王的"化民"复出，还是耕战治水，都无不带有显著的务实特点，其礼乐制度也不是国家宗教的产物，而是突出表现现存的等级制度，表现现实政治和赤裸裸的阶级统治。可见，在杜宇王朝的统治秩序中，宗教神权固然必不可少，但却不占第一位，已成为统治机制中较次要的成分，现实阶级统治则是最核心的部分。这就意味着，杜宇时期的蜀王国，已走出早期国家的发展阶段，进入比较成熟的阶段。这种直接实施阶级统治的国家形态，比起早期的神权政治国家，无疑是一个历史性的进步。

（二）政治制度

杜宇王朝实行君主制政体。《蜀王本纪》称杜宇立为蜀王，王为君主之称。《华阳国志·蜀志》说杜宇"一号杜主"，"主"为人主之义，是古代君主的通称。

杜宇在周室为侯，在蜀国为王，所称蜀王并非对周王室的僭越。古代诸侯往往自尊为王，如文献所见徐、楚、吴、越之王，青铜器铭文所见夨王、釐王、㐭王等等。其中既有周之同姓诸侯，又有周之异姓诸侯。王国维据此提出"古诸侯称王说"①，十分正确。此即《孟子·尽心下》所说"得乎丘民而为天子"。杜宇所称王，其实如此。

杜宇王朝政治制度的核心是王位世袭制度。《蜀王本纪》载"望帝积百余岁"，指王位传袭百余年，绝非望帝一人的积年。《古文苑》章樵注引《蜀纪》载："自望帝以来，传授始密。""传授"即继立为王的君权传授，"传授始密"是指其王位一代一代地世袭。两书所记，完全相合。

杜宇又称望帝。《华阳国志·蜀志》说："七国称王，杜宇称帝。"时代既误，以帝为帝王之帝亦误。西周时期，各国均不称帝。上溯至殷代，虽文献称帝，但甲骨文则否。甲骨文中帝为天神，后演为祭名和谥号。中国古代君主生前称帝，最早见于战国年间齐、秦互尊东、西帝，并且很快就予取消。而殷周时代的蜀王根本没有任何称帝的前提条件和效法样板，生前应仅称王，与古代各西南民族相同，绝无称帝之实。所说望帝，实为蜀王死后的谥号，或祭名。

杜宇王朝统治机构加强的内容之一，是确立职官制度，此亦西周分封制的要求②。但年湮代远，书阙有间，文献中仅能考见"相"职。《蜀王本纪》："望帝以鳖灵为相。"相，为殷周旧制，但西周一代并不常设，周王室和诸侯国一般设卿大夫等职官，春秋时代"相"始成为正式职官，称相、丞相或相国，是作为取代卿制而出现的一种行政官制。蜀王杜宇以鳖灵为相，也正值春秋之初，时代与列国同。以此看来，杜宇王朝的设官分职及其变化，与西周春秋时期中原诸夏有着同步性。如此推断，西周时期蜀国官制当与诸夏略同，设有卿、大夫等。

杜宇王朝所赖以建立、巩固的最重要工具是军队。虽文献对蜀国兵制无载，但杜宇王朝军队的强大却屡见于文献。与此相适应，必有一定的兵制。然因文献无征，只能付之阙如。

---

① 王国维：《观堂集林》第 4 册，《观堂别集》卷 1，中华书局 1959 年版，第 1152~1154 页。
② 《左传》定公四年。

至于礼乐、贡赋、法律等制度，均因文献无征，不可得其详。

三、杜宇王朝的疆域

《华阳国志·蜀志》记载：

> （杜宇）自以功德高诸王，乃以褒斜为前门，熊耳、灵关为后户，玉垒、峨眉为城郭，江、潜、绵、洛为池泽，以汶山为畜牧，南中为园苑。

据此，蜀疆北达今陕西汉中，南抵今四川青神县，西有今四川芦山、天全，东至嘉陵江，而以岷山和南中（今凉山州、宜宾以及云南、贵州）为附庸。这是基本正确的。

值得讨论的是蜀的东部和南部疆界。

杜宇王朝的东界，从蜀"以褒斜为前门"，北界直抵汉中来看，嘉陵江流域和渠江河谷可能就是从蜀国东部到达汉中的主要通道之一，应是蜀境。四川盆地东部地区并三峡及鄂西宜昌长江干流沿岸，新石器时代和夏商时代曾受古蜀文化的深刻影响，应是古蜀王国的势力范围之所至[①]。《蜀王本纪》说"蜀王据有巴蜀之地"，应是指此而言。虽然古代四川盆地东部地区称为巴地，但从《左传》有关巴国史事的记载并结合考古资料来看，春秋末叶以前的巴国是在汉上而不在江上，更不在四川盆地东部。从《华阳国志·蜀志》记载的巴在杜宇影响下致力于务农来看，将西周时

图4-5 位于四川郫县望丛祠内的望帝墓

---

① 段渝：《论"早期巴文化"》，《巴渝文化》第3辑，西南师范大学出版社，1994年；《三星堆文化》，四川人民出版社1993年版，第610~611页。

期的四川盆地东部地区作为杜宇王朝的势力范围，即其声威所达之地，应当是合乎历史实际的。

杜宇王朝的南疆以熊耳为界，应当说是正确的。熊耳即熊耳山，在今青神县境①。越境而南，即是古代的南中地区。南中包括云南、贵州、四川凉山州和宜宾地区。宜宾是僰人聚居区，至开明氏王朝才成为蜀土。凉山州主要是邛都夷所居，与蜀王国没有行政隶属关系，其地的考古学文化面貌也是自成一系，不是蜀国文化的亚型或分支。云南的滇、昆明和贵州的夜郎，更非蜀王国疆土。《华阳国志》说杜宇以"南中为园苑"，"园苑"是指古代君王狩猎之地。由此看来，南中地区虽非杜宇疆土，但却是杜宇王朝的附庸或仆从，亦即蜀王国的势力范围。

第二节 开明王朝

开明王朝是古蜀最后一个王朝。在开明氏统治时期，蜀王国不仅出现了若干新的变化，而且在当时南中国瞬息万变的政治形势中，扮演了一个并非无足轻重的角色。同时，由于开明王朝的扩疆战略和经济文化建设，又对秦汉及后世我国西南地区的历史产生了深远影响，并对成都取得中国西南地区经济文化中心的地位起了决定性作用。

一、开明王朝的建立和发展

如果说，杜宇取代鱼凫的统治与殷周之际政治形势的急剧变化直接相关，那么开明氏取代杜宇王蜀，则是通过蜀王国内部的王权战争来实现的。

（一）开明王蜀

开明原是杜宇王朝之相。杜宇末世，蜀地水灾，杜宇不能治。开明因成功地治服了洪水，得到蜀民拥戴，于是发动王权战争，逐走杜宇，推翻了杜宇王朝，取而代之，立为蜀王。《蜀王本纪》记载：

---

① 《读史方舆纪要》卷71。

第四章　蜀王国的盛衰

望帝积百余岁。荆有一人名鳖灵，其尸亡去，荆人求之不得。鳖灵尸随江水上至郫，遂活，与望帝相见。望帝以鳖灵为相。时玉山出水，如尧之洪水，望帝不能治。使鳖灵决玉山，民得安处。鳖灵治水去后，望帝与其妻通，惭愧，自以德薄不如鳖灵，乃委国授之而去，如尧之禅舜。鳖灵即位，号曰开明。

其他诸书，如来敏《本蜀论》①、常璩《华阳国志》②、阚骃《十三州志》③等，均有大同小异的记载，此不具引。

杜宇因治水无能而亡国，当为史实。成都平原是一复合冲积扇平原，地势由西北向东南倾斜。岷江自川西北高原而来，夏秋之际，山洪暴涨，直接冲刷甚至吞噬着成都平原。自古以来，治水就是蜀人生活中的一件大事。杜宇之末，既遭特大洪水侵袭，杜宇无能为力，而开明则决玉山宣泄洪水，使蜀民得以安居乐业，故得蜀民拥戴，推翻杜宇，立为蜀王，也是必然之事。但诸书关于杜宇"委国授之"、"遂以国禅"等说法，颇与古代王权更替规律不符。至于所谓望帝因与开明妻通而有愧，于是乃禅位于开明，就更是荒诞不经，仅为传奇罢了。

所谓禅让，是中国古史传说时代尧、舜、禹之际部落联盟首领的一种选举方式，其时尚有四岳、十二牧等贵族会议，其社会属于原始社会末叶的军事民主主义即酋邦制时期，国家还没有形成。杜宇、开明之际，私有制早已根深蒂固，蜀业已是"父传子，家天下"的国家。在这种社会形态下，王权岂有禅让之理？《蜀王本纪》又载："望帝去时子规鸣，故蜀人悲子规鸣而思望帝。"倒是透露了一丝杜宇失国的信息。《太平寰宇记》记载："望帝自逃之后，欲复位不得，死化为鹃。每春月间，昼夜悲鸣。蜀人闻之曰：我望帝魂也。"④ 说明开明取代杜宇为蜀王，乃是王权战争的结果。对此，《华阳国志·蜀志》也隐括其意曰："（望）帝升西山隐焉。"其实质是杜宇失国后，效法鱼凫故事，败亡于蜀西山（岷山）。

应劭《风俗通义·怪神》引《楚辞》载："鳖令尸亡，泝江而上，到岷

---

① 《水经·江水注》引。
② 《舆地纪胜》卷164引，今本佚有关内容。
③ 《太平御览》卷116引。
④ 并见嘉庆《四川通志》卷201《杂类志五·外纪一》。

（按：即古文岷）山下苏起。蜀人神之，尊立为王。"这里略去了鳖令取代杜宇的斗争，却明确记载鳖令立为蜀王，得到了广大蜀人的拥护和支持，说明开明氏是在蜀人的支持下推翻杜宇王朝，建立开明王朝的。这条材料出于战国时的《楚辞》，其时去春秋不远，比起《蜀王本纪》等更加可信。扬雄《蜀都赋》也说"昔天地降生杜虡（宇）密促之君，则荆上亡尸之相"，实亦隐括了开明氏推翻杜宇王朝的史实。足见禅让之说完全不可信。

史称开明立，号曰丛帝，"年号万通"。至此，蜀地最后一个古王国正式建立。

开明王朝的开国年代，据《华阳国志·蜀志》所说开明氏"凡王蜀十二世"，以及《路史·余论》所说开明氏传三百五十年等，从其亡于秦之年（公元前316年）往上推算，约当公元前7世纪初①，时为春秋早期。

开明王朝建立后，沿袭杜宇王朝旧制，定都郫邑，而以广都樊乡（今双流县境）为别都。至春秋中叶开明五世时，"自梦郭移，乃徙治成都"②。成都市商业街发现的战国早期大型船棺、独木棺墓地③，就是这个日期开明氏蜀王的家族墓地。

图4-6 位于四川郫县望丛祠内的丛帝墓

（二）开明王朝的疆域扩张战略

开明王朝的国力比杜宇时期大大增强。从开明二世开始，蜀北征南伐，东攻西讨，争城夺野，剧烈扩张。到战国时代，蜀已成为一个幅员辽阔的强大国家。

---

① 蒙文通：《巴蜀古史论述》，四川人民出版社1981年版。
② 《华阳国志·蜀志》。
③ 成都市文物考古研究所：《成都商业街船棺、独木棺墓葬发掘报告》，《成都考古发现（2000）》，科学出版社2002年版。

第四章 蜀王国的盛衰

蜀国北境是与中原交通的重要门户，不仅是蜀国力保的战略要地，而且是力图北进的战略方向。《华阳国志·蜀志》记载："开明立，号曰丛帝。丛帝生卢帝，卢帝攻秦，至雍。"雍，今陕西凤翔县，秦德公元年（公元前677年）始以为秦都[1]。据上文推算，开明一世约当公元前7世纪初，则开明二世约当公元前7世纪前半叶，大致在秦都初迁雍后不久，在秦德、宣、成公之际。其时秦尚未强，又东与晋国相争。此时蜀北攻秦至其雍都，并非不可能。卢帝攻秦至雍，"生保子帝"[2]。"保"应作"褒"，即殷卜辞中的"缶"，地在汉中褒城。保子帝即以褒为名。可见，陕南汉中盆地一带，已全部入于蜀的北部版图[3]，这对后来蜀国北境的安宁，起了极大的保障作用。

向东扩张是蜀的重要国策。早在三代蜀王和杜宇时期，蜀的声威即已远播于四川盆地东部并三峡及鄂西。开明王朝也以东进为战略扩张的重点。《太平寰宇记》卷86"阆中"下记载："仙穴山在县东北十里。"《周地图记》云："灵山峰多杂树，昔蜀王鳖灵帝登此，因名灵山。"《舆地纪胜》卷185亦载："灵山一名仙穴，在阆中之东十余里宋江上，有古丛帝开明氏鳖令庙存焉。"《蜀王本纪》则说："蜀王据有巴蜀之地。"可见开明王朝的东界已越过嘉陵江。在长江一线，开明王曾于公元前377年伐楚，取楚之兹方[4]（今湖北松滋县），势力远达鄂西清江流域。清江之名即为蜀人所取[5]，故其地蛮人"所在祀之"[6]。

开明三世时期，蜀王西征青衣羌地。《华阳国志·蜀志》："（保子）帝攻青衣"。青衣，今雅安芦山一带。《舆地纪胜》卷147"芦山县"下记其地有"开明王城"，又引旧经说此城是"开明王所筑"，当为保子帝亲征青衣时在当地所设宿卫行帐以及班师后留驻军队的镇所，并非都城。《读史方舆纪要》卷66引《华阳国志》说："蜀王开明以灵关为前门。"说明保子帝攻略青衣后，今芦山一带成为蜀国的西方门户。这对成都平原的园艺农业经济、城市手工业经济与川西高原的畜牧业经济及粗耕农业经济之间的进一步交流，起了不可忽视的促进作用。

---

[1] 《史记·秦本纪》。
[2] 《华阳国志·蜀志》。
[3] 殷商西周时期，汉中并不全部属蜀，商代有缶、覃等国，西周末郑桓公死难，其民南奔，据有南郑之地。至开明二世攻秦至雍，始将汉中盆地全部入于蜀国版图。
[4] 《史记·楚世家》及《六国年表·楚表》。
[5] 《水经·江水注》。
[6] 《太平寰宇记》"清江县"下。

第四章 蜀王国的盛衰

开明三世国力强盛，又大举向南兴兵，沿岷江南下，征服僚、僰之地。《华阳国志·蜀志》载保子帝"雄张僚、僰"，表明僚、僰之地这时已为蜀国所控制，成为蜀之附庸①。僚指夜郎，今贵州安顺地区至黔西地区；僰指僰道，今四川宜宾到云南昭通地区。从考古上看，在西周春秋之际，即公元前800年左右，今贵州西部地区受到了来自四川盆地青铜文化的强烈影响，文化发生了变异②。2002年，贵州省文物考古研究所在黔西地区威宁县中水的水果站墓地钻探出土扁（直）内青铜钺和有领玉镯。2004～2005年，在威宁中水红营盘墓地发掘出土柳叶形扁茎无格青铜短剑③。这些青铜兵器和玉器，都是古蜀文化的典型形制。其中，直内青铜钺与四川彭县竹瓦街、四川汉源背后山出土的相同，有领玉镯与三星堆相同。典型的蜀式青铜直内钺和蜀式扁茎无格青铜短剑在黔西地区出土，这个现象非常值得注意。它表明，蜀王国的军事力量在这个时期已经深入到黔西，控制了当地僚人的上层。从黔西威宁中水几处墓地只发现蜀式青铜兵器和玉镯，却没有发现蜀人的陶器等生活用品的情况分析，很有可能是蜀王在征服僚地后，迫使僚人纳贡服役，

图4-7 贵州威宁中水出土的有领玉镯

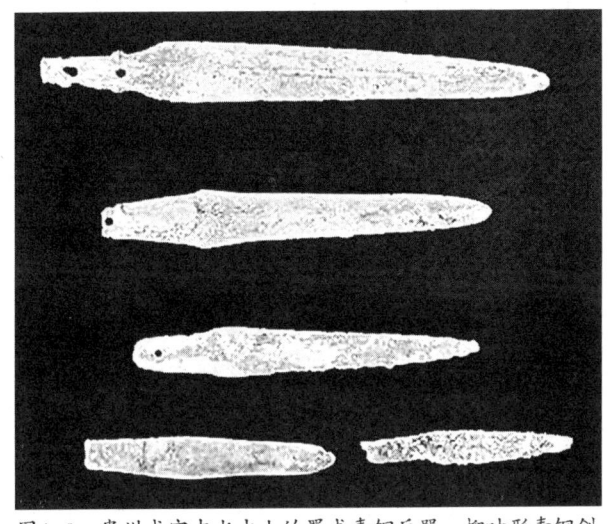

图4-8 贵州威宁中水出土的蜀式青铜兵器，柳叶形青铜剑

---

① 方国瑜：《中国西南历史地理考释》上册，中华书局1987年版，第9页。
② 王红光：《贵州考古的新发现和新认识》，《考古》2006年第8期。
③ 贵州省文物考古研究所：《2005年度全国十大考古新发现——贵州威宁中水史前至汉代遗址》，2006年6月，打印本。

并将蜀式兵器发放给当地上层，使其镇抚边地，作为蜀之附庸。僰，僰侯之国，今川南滇东北地区，以四川宜宾为中心①，本有僰人，故名。这个地区历年来出土不少蜀式青铜器，均与蜀王南征有关。《水经·江水注》载：南安（今四川乐山市）"县治青衣江会，衿带二水矣，即蜀王开明故治也"。《华阳国志·蜀志》说："僰道有故蜀王兵兰"。"兵兰"指驻兵营寨，此谓蜀王为前出攻僰所筑驻兵之所，并非都城。这些材料说明，蜀王"雄张僚、僰"，开疆拓土，其结果，是使蜀地"南接于越"②，广地至于南中濮越之地。

开明王朝累代开疆拓土，所实施的是一种积极向外扩张的国策，而不是消极的保境安民政策。尤其是历代开明王把北方和东方作为最主要的战略发展方向，并取得一系列成功，一方面充分显示出蜀的强盛国力，另一方面则反映了蜀国试图跻身于中原大国之列，参与诸侯聘享盟会的战略意图。《华阳国志·蜀志》说："有周之世，限以秦、巴，（蜀）虽奉王职，不得与春秋盟会，君长莫同书轨。"仅是对当时形势的描述，并未反映出开明王朝的战略动态。成都平原春秋战国时代的考古遗存中，有不少中原和秦、楚的文化因素，这固然与当时的文化交流有关，同时也与开明王朝对外来文化的态度有关，与其发展战略有关。开放性的文化与扩张性的战略已经充分巧妙地结合起来。

由于历代开明王的开疆拓土，到战国时代，蜀王国疆域"东接于巴，南接于越，北与秦分，西奄峨嶓"③，成为中国西南首屈一指的泱泱大国。

（三）开明氏的来源

关于开明氏的来源和族属，向有争议。《蜀王本纪》、《本蜀论》、《舆地纪胜》卷164引《华阳国志》及其他诸书均谓开明氏为荆人。荆者楚也，即荆楚之人。按荆作为地名，最初为泛称，泛指江汉平原及以东的广袤地域，而非族称④。史籍所记早期的"荆蛮"、"楚蛮"，乃是泛指居于荆楚之地的广大非华夏族类。自西周初年周成王"封熊绎于楚蛮"⑤，熊氏之国方称楚国，而荆、楚始作为国名，成为芈姓季连后代的专有国称。但春秋战国时代，楚国以外仍有许

---

① 《水经·江水注》。
② 《华阳国志·蜀志》。
③ 《华阳国志·蜀志》。
④ 段渝：《楚为殷代男服说》，《江汉论坛》1982年第9期。
⑤ 《史记·楚世家》。

多地名称荆称楚，直到秦汉时代亦然①。可见，荆、楚作为地名，不一定就是指楚国，而荆人也不一定就是楚国人。那么，开明氏称为荆人，究竟是指楚族、楚国人，还是楚国以外的荆地之人呢？这个问题还得从鳖灵之名说起。

鳖灵，一作鳖令，或作鄨令。鳖灵见于《蜀王本纪》、《华阳国志·序志》，鳖令见于《风俗通义》所引《楚辞》，鄨令见于《本蜀论》。鄨，《说文·邑部》："鄨，牂柯县。"段玉裁《说文解字注》云："牂柯郡，武帝元鼎六年开。"又云："鄨字必其时所制。今贵州遵义府府城西有鄨县故城是也。"《汉书·地理志》："不狼山，鄨水所出，东入沅。"可见鄨得名于鄨水。鳖字从鱼敝声，虽不见于《说文》，但以鄨水而言，得其初义，显然是指水中之鳖。而鄨水，以其初义而言，实应作鳖水，以其水中多鳖故也。因此，鄨为后起新造字，因建县于鄨水旁，故从邑敝声。

令，令者长也，氏族长、部族长之义。灵，古文从玉。《说文·玉部》："靈，巫也，以玉事神。从玉霝声。靈，靈或从巫。"《楚辞·九歌·东皇太一》："灵偃蹇兮姣服"；《云中君》："灵连蜷兮既留"；《东君》："思灵保兮贤姱"。诸篇"灵"字，王逸注皆云："灵，谓巫也。"又说："楚人名巫为灵子。"这里所谓楚人，是指战国末叶的楚国人，非楚王族。灵字义与令通。《尚书·吕刑》："苗民弗用灵"，《礼记·缁衣》引作"苗民不用令"。命者令也，令者长也。古代社会实行神权政治，君长即是以玉事神之巫。正如陈梦家所说："王者自己虽为政治领袖，同时仍为群巫之长。"②灵为巫，巫即长也。因此，鳖灵、鳖令、鄨令，字形虽异，而其实相一。但以形义而言，用"鳖灵"二字为名，早于"鄨令"二字。

据上所考，鳖灵来源于鄨水流域，原以地为氏，为鳖氏。称鳖灵，乃因其为群巫之长，亦即君长。所称开明，则是其族的称号，并非私名。

鳖灵既为鄨水流域族类，何以称为荆人呢？这实际来源于后人对鄨水流域属地的一种通称。

古代常见地名称谓由后以名前的情况，即《穀梁传》桓公二年所说"名从主人"。由于战争、灾害以及其他各种原因造成的迁徙和移民，常将过去地名带

---

① 段渝：《荆楚国名问题》，《江汉论坛》1984年第8期。
② 陈梦家：《商代的神话与巫术》，《燕京学报》1936年第20期。

第四章 蜀王国的盛衰

至新徙之地。如楚都丹阳、郢，均先后数易其地而都名不变。而随着疆域的扩大，将新占之区按占领者的国名称之，又是亘古以来的常理。战国时代，楚国带甲百万，地半天下，所占领地区全部划入其版图，通称为荆、为楚，被占领区的原住各族也随之被通称为荆人、楚人，这也是自古以来的常理，丝毫也不奇怪。如楚灭吴、越后，"通号吴、越之地为荆"①。而《史记》则将楚灭吴、越前其地的上古居民直称为"荆蛮"，则是地名由后以称前、由今以例古的显著例证。

鳖地位于黔中，其地于战国年间为楚所有。《史记·秦本纪》载："秦孝公元年，河山以东强国六……楚自汉中，南有巴、黔中。"楚占黔中后，黔中成为楚地，其地居民也被通称为楚人、荆人。鳖灵虽早在楚占黔中以前就已西上入蜀，但由于地名由今例古、由后称前的惯例，战国秦汉间人乃称述其为荆人，这是不足为异的。鳖灵之称荆人，实源于此。可见，鳖灵既非楚族，亦非楚国人。

那么，鳖灵当属何国何族人呢？史籍说明，鳖地古属夜郎之地，为"夜郎周围之小国"②。夜郎，诸史并称为僚③，或称为濮④。鳖灵既来源于此，显然就是僚人或濮人，而僚、濮实为一系，可知鳖灵出自百濮系统。鳖灵一族入蜀，与蜀族融合后，使原先蜀族中已有的濮人文化成分得以加重，蜀族的濮人之风更加明显。

有的学者认为，蜀王开明氏既来自楚，那么战国时期的蜀国就应当是楚国贵族所建，甚至称之为楚国的内府。对于这种看法，我们在上面对开明氏来源的分析，已经表明是不符合历史实际的。下面我们再从考古资料方面进行一些简略分析，将进一步证实此说之误。

1980年在四川新都发掘清理了一座开明九世至十一世之间的一代蜀王之墓⑤，其墓葬形制、随葬青铜器组合等显示，蜀王宗室并不是来自楚国的贵族，不是楚国宗室之后。

新都墓有墓道，椁室分有头、足、边箱，椁壁填有青色膏泥，墓底有腰坑。楚墓虽有这些现象，但其他文化亦有之。如在殷墟、北京昌平白浮西周燕墓、

---

① 《史记·吴太伯世家》正义。
② 《华阳国志·南中志》。
③ 《三国志·蜀书·张嶷传》引《益部耆旧传》。
④ 《华阳国志·南中志》。
⑤ 四川省博物馆等：《新都战国木椁墓》，《文物》1981年第6期。

山东栖霞周墓、山西长子牛家坡战国墓、甘肃天水放马滩秦墓内，都有此类现象。在椁室上下填塞白色或青色膏泥，乃是一种防潮措施，凡有膏泥之地，人们就会利用①，并不是楚文化的独有特点。新都木椁墓的地面上无任何人工建筑，坑壁基本垂直，无台阶，墓向正西，墓道开在墓坑西面，与楚墓截然不同。棺具是一独木棺，常见于成都平原战国时代蜀文化墓葬，均有别于楚墓棺具。新都墓出土的随葬青铜器，同样器物以两件或五件为一组。五件成组的共计20种，170件；两件成组的计9种，共18件。这种组合形式，与楚墓随葬青铜器的组合形式明显有别。新都墓中许多器物不见于楚墓，楚墓中也有许多器物不见于新都墓。新都墓所出鼎，虽与楚器形制较接近，但用鼎制度却颇不相同。新都墓中的列罍之制，是蜀国礼制中的古老传统，楚墓却无此制。新都墓某些器物与楚器风格接近，应如李学勤先生所分析的，是"道一风同"的缘故，即在同样的时代流行类似的器形和艺术风格②。这种情形也表现在一些典型的蜀文化墓葬中。

2000年在成都市商业街发掘的大型船棺、独木棺墓葬③，是开明氏的王族墓葬。其中虽有一些楚文化的因素，但并不浓厚，这些楚文化的因素来自蜀与楚的文化交流和互动，完全不能作为楚文化入主蜀国的证据。

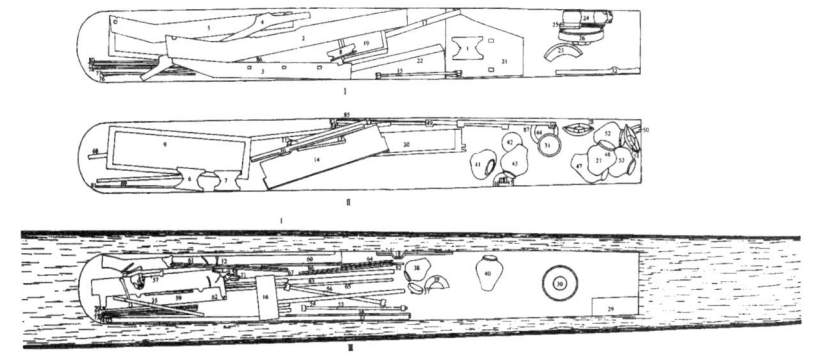

图4—9　成都市商业街大型船棺

---

① 宋治民：《四川战国墓葬试析》，《四川文物》1990年第5期。
② 李学勤：《论新都出土的蜀国青铜器》，《文物》1982年第1期。
③ 成都市文物考古研究所：《成都市商业街船棺、独木棺墓葬发掘报告》，《成都考古发现(2000)》，科学出版社2002年版。

在这些蜀墓中有楚文化因素,也有中原和秦文化因素,是因为文化交流所致。由此也证明,并不存在楚国宗室贵族在蜀国夺取王政的任何事实①。

二、开明王朝的政治制度和社会结构

(一) 政治制度

开明王朝承袭杜宇王朝的君主制政体,实行王位世袭制度。《蜀王本纪》和《华阳国志·蜀志》中,鳖灵以下见于记载者,有开明二世、三世、五世、九世、十二世及其史迹。《蜀志》说开明氏"王蜀凡十二世",王位是一脉相传的。王室立太子,别子为群公子。《史记·秦本纪》和《六国年表·秦表》都记载秦灭蜀后三封蜀公子为蜀侯②,而蜀太子已经死难③,表明蜀有太子与群公子之分,与诸夏同制。

开明王朝的职官可考者,有太傅、丞相、郎中令等,皆为朝官。封君可考者有侯,为一方之长。余皆不可考。仅此来看,职官制度也是比较完善的,并且与中原诸夏的职官制度有相近之处。

开明王朝效法西周分封制,封其王室子弟于边防重镇,以为屏障。《华阳国志·蜀志》载:"蜀王别封弟葭萌于汉中,号苴侯,命其邑曰葭萌焉。"侯,即是"为王斥侯"④,主要职守是攻伐征战,镇守边圉。分封是分封土地人民,即所谓"授民授疆土"⑤,本为西周制度。春秋战国时代,中原"王者之迹熄"⑥,诸侯逾制,分封制早已名存实亡。诸夏虽自尊为王,但绝不封侯。楚有封君,亦少称侯。蜀却效法西周,重建分封,充分表露出开明王朝的勃勃雄心。同时也说明蜀仍是一个独立王国,与中原"君长莫同书轨"⑦,典章制度仍有很多区别⑧。

开明王朝建立了一套完备的礼乐制度,祭祀之制在其中占有重要地位。史

---

① 参考段渝:《论新都蜀墓及所出"昭之食人鼎"》,《考古与文物》1991 年第 3 期。
② 蒙文通:《巴蜀古史论述》,四川人民出版社 1981 年版,第 56~61 页。
③ 《华阳国志·蜀志》。
④ 《逸周书·职方》孔晁注。
⑤ 《大盂鼎》铭文。
⑥ 《孟子·离娄下》。
⑦ 《华阳国志·蜀志》。
⑧ 《史记·张仪列传》载,秦灭蜀后,"贬蜀王更号曰侯"。由此可以窥见王与侯的关系。

称开明一世为丛帝，二世为芦帝，三世为保子帝。《蜀王本纪》又说："开明帝下至五代有开明尚，始去帝号，复称王也。"称帝之说不足凭信。开明一系所称的帝，实与杜宇之称帝相同，都是祭名或谥号，与帝王之义无关。

《华阳国志·蜀志》记载："九世有开明帝，始立宗庙……未有谥列，但以五色为主，故其庙称青、赤、黑、黄、白帝也。""九世"为"五世"之误，当以上引《蜀王本纪》为是。所说开明五世始立宗庙，未确。宗庙之制，起源甚古。虽各地各族宗庙形式有所不同，但总有神主灵位，这来源于上古时代的祖先崇拜。古代民族最重祭祀制度，在绝大多数文化变迁中，祭祀模式变化最为缓慢，因为它是文化传统最核心的部分之一。古代中国西南民族巫鬼和鬼主的长期存在，就是一个典型的例子。因此，开明五世之前绝不可能没有宗庙之制。上引文献说开明五世迁都成都后，"始立宗庙"，所谓"始立"，应理解为重建，即在新迁的都城内重新建立先王宗庙。而所称"以五色为主"，主即神主，即先王灵位，五色神主恰好是开明一世至五世的宗庙之数。所说"其庙称青、赤、黑、黄、白帝"，正是以一代先王神主为一色，以示区别。显然可见，所谓五色，其实均为谥号。而"五帝"之"帝"，不过全是祭名罢了。由此可知，开明诸王所称的帝，乃是在其宗庙举行禘祭所命名，为死谥，非生称。

开明王朝的礼乐之制还可从新都木椁墓见其一斑①。此墓早年虽曾被盗，仍出有大批青铜器、部分玉器和漆器。青铜器中有相当多的礼器，也有乐器。兵器光洁如新，礼器也多为赶制而成。列鼎五件中，有一件盖内有"邵之飤鼎"铭文四字，邵即昭祭，为祭名，是为墓主（蜀王）下葬前所举行的昭祭仪式中所用燕享之器②。由此可以说明上述五色帝为祭名，也可从中看到蜀王礼乐制度的某些情况。古代"事死如事生"。礼器、乐器、兵器、玉器等共出一墓，反映出蜀王政权的集中统一，说明当时的蜀王国仍处于"礼乐征伐自天子出"那样一种全盛时代。

（二）阶级和社会结构

开明王朝的阶级划分比较明显。统治阶级包括蜀王、王室子弟和姻亲、王

---

① 《四川新都战国木椁墓》，《文物》1981年第6期。
② 段渝：《论新都蜀墓及所出"邵之飤鼎"》，《考古与文物》1991年第3期。

朝大臣、封君，以及各地大大小小的所谓"王"、"侯"即族群之长①。被统治阶级主要有农奴、广大平民以及工商业者等。整个阶级结构呈现为中间大、两头小的橄榄形。

统治阶级的上层由蜀王、王室成员及亲戚组成，拥有一切权力，是统治阶级内部的核心集团，人数不多。蜀王是其总代表，拥有绝对权力。封君为一方之长，有土有民，但对蜀王有各种义务，在内外政策上必须听令于蜀王。各级臣僚和其他统治者，占统治阶级中的大多数，是统治阶级的中下层，权力或大或小，均受其上层或蜀王制约，形成层层从属的品级制结构。

被统治阶级的最大多数是农奴、工商业者和其他平民。奴隶只占极少部分，主要是王室和大小统治者的家内奴隶，生产奴隶则绝未见于记载，考古资料也绝少反映。

广大被统治者被编制固定在一种称为"五丁"的社会组织中。所谓五丁，从文献记载来看，主要使用于各种劳役，如凿山开道等公共工程、王室迎送等，称为"五丁力士"。其性质，根据古代史的通常情形分析，除可能含有什伍连坐的意义外，主要是一种社会基层组织，既是统治机构中的基层组织形式，又是政府征调力役、征收贡赋的基本单位。它最初可能是农村公社的一种地缘性结构，后随蜀王统治的强化，演变为五家为邻、五邻为里一类的社会基层组织和行政单位。至于什伍连坐之制，则是建立在这种社会基层组织基础之上的一种强化统治的措施，它的出现较晚，也与五丁制度的本来意义无关。

手工业者有各行各业的工匠，内部又有细密的分工。其中很大一部分属于"食官"的官手工业者，具有与农奴相近的身份。也有相当的个体手工业者，其产品直接面向市场，为销售而生产。荥经曾家沟古墓群中出土的大批漆器，制地为成都②。青川战国墓群中出土的漆器，多有制器工匠的姓名③，是古代"物勒工名，以考其诚"的传统做法，表明生产者具有自由人身份，不是官手工业，而是民间个体手工业者。成都漆器大量出现在荥经、青川等地，并且所由随葬

---

① 《三国志·魏志》裴松之注引鱼豢《魏略·西戎传》记载："氐人有王，所从来久矣。"如像"夷王"、"狄王"一类所谓"王"，实即族群之长，与古代国家君主所称的王具有本质的区别，不可混为一谈。
② 《四川荥经曾家沟战国墓群第一、二次发掘》，《考古》1984年第12期。
③ 《青川县出土秦更修田律木牍》，《文物》1982年第1期。

第四章　蜀王国的盛衰

的墓均非王室墓，有的可能还是秦、楚墓，显然可见漆器是经由贸易所得。这就说明了蜀国有不少个体手工业者存在的事实①。

商业中也存在官商和个体商贾两类。官商主要经管富于战略性的物资、资源以及王朝的对外贸易等，也管理国内的官市如"成都市"等。在开明王朝迁都成都以前，成都是一座自由都市②，荥经出土的"成造"漆器，就是在成都的集市"成市"上出售的商品。但官商不一定亲自经营买卖，其主要职责是管理市场并收税。市场中以个体商贾为主。个体商贾不仅在国内市场从事贸易活动，还常常从事边境贸易，夜郎和滇越（今东印度阿萨姆境内）是其主要外贸对象，汶山、笮都和僰也是其内外贸易的重点。

开明王朝的土地制度是国有制。《汉书·地理志》说"秦昭王开巴蜀"，《史记·秦始皇本纪》说"昭王四年初为田，开阡陌"，只能认为是把商鞅的辕田制度在此时推行于巴蜀③。商鞅变法，"为田开阡陌封疆而赋税平"④，"除井田，民得买卖"⑤，确立起以封建地主制经济为主体的新的生产关系。秦昭王时始在巴蜀推行封建地主制经济，表明蜀王国时还没有形成这种新的经济结构。青川秦田律规定了田亩、阡陌、封畛等具体实施办法⑥，说明了同样的事实。但从五丁制度本质上属于力役地租范畴，以及蜀有大量个体工商业者等情形看，开明王朝却也不是奴隶制社会，而属于领主封建制即早期封建社会。

一些论著在分析蜀国社会性质时，往往征引盛弘之《荆州记》，据以认为是奴隶社会的证据。仔细推敲，大有疑问。先看这段记载：

> 昔蜀王栾君王巴蜀。王见廪君兵强，结好饮宴，以税氏五十人遗廪君。⑦

---

① 段渝：《先秦秦汉成都的市及市府职能的演变》，《华西考古研究》（一），成都出版社1991年版，第324～348页。
② 徐中舒：《成都是古代自由都市说》，《成都文物》1984年第1期。
③ 蒙文通：《巴蜀古史论述》，四川人民出版社1981年版，第65～66页。
④ 《史记·秦本纪》。
⑤ 《汉书·食货志上》。
⑥ 《青川县出土秦更修田律木牍》，《文物》1982年第1期。
⑦ 郑樵：《通志·氏族略》引盛弘之《荆州记》。

被蜀王遗以廪君的五十人，既以税为氏，就表明他们并非奴隶。根据古代命氏之法，贵族有氏，庶人、奴隶无氏。《左传》隐公八年记载："天子建德，因生以赐姓，胙之土而命之氏。诸侯以字为谥（同氏），因以为族。官有世功，则有官族。邑亦如之。"可见，有土斯有氏。"或氏号谥，或氏于国，或氏于爵，或氏于官，或氏于字，或氏于事，或氏于居，或氏于志。"① 顾炎武《原姓篇》指出："最下者庶人，庶人无氏，不称氏，称名。然则氏之所由兴，其在于卿大夫乎！"所论极是。《左传》昭公三年记载晋之八氏"降在皂隶"，《国语·周语》称为："亡其姓氏，踣毙不振，绝无后主，湮替隶圉。"贵族一旦降为皂隶，即被取消其称氏的资格，亡其姓氏。由此可证，税氏五十人既有氏，显然不是奴隶。

不是奴隶而被遗人，是农奴制的一大特点，表现出强烈的人身依附关系。恩格斯指出："毫无疑问，农奴制和依附关系并不是某种特有的中世纪封建形式，在征服者迫使当地居民为其耕种土地的地方，我们到处看到，或者说几乎到处都可以看到。"② 从《荆州记》来看，蜀王正是在征服了四川盆地东部及鄂西而"王巴蜀"后，将被征服的税氏五十人遗于夷水清江的廪君。而且，把人连同土地一并加以夺取，也并不是唯一在奴隶制下才有的特征，农奴制同样如此。关于此点，马克思早已指出过③。西周封建制就是由此而来的。

第三节　蜀与西南夷

对于一个泱泱大国来说，跨有不同生态的地区，控制不同类型的资源，从而把自己的国力建立在多区位、多资源、生产性经济多样化的广阔坚实的基础之上，以提高经济能力，强化政治权力，增强对于各种内外突发事件的反应力，是绝对的需要。因此，在古代史上，跨生态的文化和政治扩张成为司空见惯的历史现象。古代蜀国就是这样一个泱泱大国，它的强大国力和强硬的对外政策，

---

① 王符：《潜夫论·志氏姓》。
② 《马克思恩格斯全集》第35卷，人民出版社1971年版，第131页。
③ 《马克思恩格斯全集》第46卷（上），人民出版社1979年版，第474页。

就是建立在跨有大片不同生态地区的基础之上的，它对西南夷地区的文化和政治扩张，不过是它典型扩张方向的一个典型事例而已。

所谓西南夷，大体即古代南中地区，是指今四川省西南部和云南、贵州地区，大致与《史记》、《汉书》、《后汉书》中"西南夷传"所述区域相当，也就是《华阳国志·南中志》所述"盖夷越之地"的"南中"。

在地理位置上，南中地区相当于今天所说的云贵高原，它内部各区域虽有小生态的差异，但从大生态上说，南中生态环境是自成一系的，与横亘其北面的巴蜀有较大差异。良好的生态环境，使南中物产丰饶，资源富足，尤其富于铜、锡、铅等古代最重要的战略资源。

古蜀与南中毗邻而居，自古以来就有密不可分的关系，尤其在民族关系上，均属古代氐羌系或濮越系集团，仅分支不同而已。由此，其间的政治、经济、文化联系便从各个层面铺展开来。

一、古蜀文化在青衣江、大渡河流域的传播和扩张

在成都平原西南，越过边缘，便是青衣江流域和大渡河流域。两条河被大相岭隔绝，分别由北向南流经川西南地区，在今乐山市注入岷江。这两条流域，有不少考古遗址，文化面貌异同不一，但有数处遗存与三星堆、十二桥文化雷同，是三星堆和十二桥文化向南传播、分布的结果。

大渡河流域的古遗址，以汉源县附近最为集中，迄今已发现不下十余处。大体言之，这些古遗址可粗略分为狮子山类型和背后山类型①。狮子山类型的文化面貌与三星堆区别甚大，大约是当地的土著新石器文化。背后山类型的文化面貌则与三星堆遗址一期有密切联系，对于当地来说，无疑是一种外来文化。

背后山类型发现于背后山、麻家山、桃坪、青杠等地点。出土的石器除一般的磨光石斧、石锛外，还有一些玉质白色的细长形凿、锛、削等，研磨和切割都很细致。陶器以泥质灰陶系为特征，有轮制、手制两种，器形有细长柄豆、竹节长柄豆、瓠形器座、尖底或小平底角状双腹杯、薄胎扁腹罐、卷沿盆等。这些文化遗物，其内涵与三星堆遗址一期一致，应是三星堆一期文化的南向传播和扩展。

---

① 赵殿增：《四川原始文化类型初探》，《中国考古学会第三次年会论文集》。

第四章 蜀王国的盛衰

在汉源背后山鹿鸣村，1976年出土商代青铜器8件，器物上留有细密的编织物印痕，原应有纺织品包裹。其中，有青铜钺3件，青铜戈2件，凿1件，斧2件①。当中的直内钺、銎内钺和Ⅰ式无胡戈，是

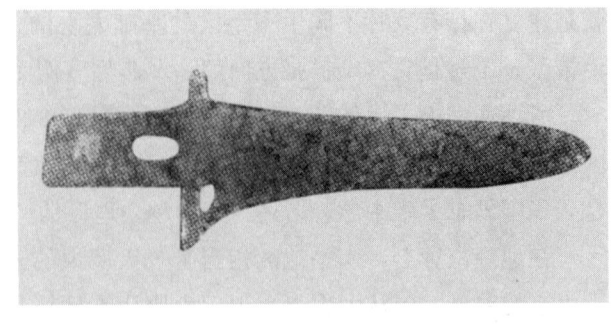

图4-10 四川汉源背后山出土的商代青铜兵器

古蜀文化兵器比较典型的形制，年代当在三星堆文化时期。这表明，继三星堆一期以后，三星堆二、三期即三星堆文化也同样在向大渡河流域扩张，而其目的应与军事行动有关。

从遗迹分布看，上述背后山类型文化应是古蜀移民从成都平原拓殖而来的结果。因为从生产工具到生活用品的——具备，是移民的反映，而不仅仅是文化影响所能导致。可见，古蜀文化的南向传播，早在三星堆一期之时已大大超出了四川盆地，有向古代南中深入的发展趋势，到三星堆文化时，更是愈演愈烈。

在青衣江流域四川雅安沙溪遗址的下文化层，出土不少陶器。陶质以夹砂灰陶为大宗，约占陶片总数的74%。陶片绝大多数素面无纹饰，所见纹饰种类有绳纹、划纹、凸棱纹、凹旋纹等。制法以轮制为主，也有手制。陶片大多碎小，复原器较少；

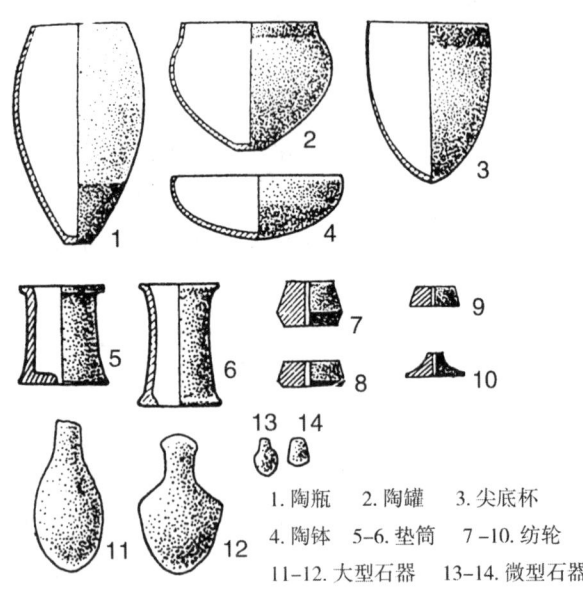

1.陶瓶　2.陶罐　3.尖底杯
4.陶钵　5—6.垫筒　7—10.纺轮
11—12.大型石器　13—14.微型石器

图4-11 四川雅安沙溪遗址出土的部分陶器和石器

---

① 岳润烈：《四川汉源出土商周青铜器》，《文物》1983年第11期。

· 168 ·

以小平底器为主，约占器底总数60%，尖底器次之，约占器底总数的34%，圈足器、大平底器极少，不见三足器。可辨器形有罐、杯、盏、豆、盆、钵、缸、器盖、器座和纺轮等。从陶器器底的分期看，早期多为小平底，尖底较少，晚期则以尖底为主，小平底较少。

沙溪遗址的年代，下文化层的早期约在商代后期偏早，下文化层的晚期约为商代后期偏晚。

沙溪遗址下文化层的陶器，无论就陶质、陶色、纹饰、制法，还是就器类和同类器器形而言，均与成都平原的三星堆遗址、成都十二桥、新繁水观音、成都指挥街、岷山饭店、抚琴小区、方池街等遗址的陶器有许多相似或相同之处，属于同一文化系统，具有早期蜀文化面貌的陶器群是沙溪遗址下文化层的主导文化因素①。

以三星堆文化的生活用具为特色和主导的沙溪遗址下文化层，无疑是古代蜀人南下发展的驻足点之一，并且在此经历了长期的发展。陶器从小平底为主到尖底为主的演变，正是同三星堆文化的发展演变一致的。

沙溪遗址下文化层的文化面貌还反映出一个重要史实，即：当成都平原的三星堆文明刚刚确立不久，便开始了向青衣江流域的移民和扩张。而沙溪陶器的演化所保持的与三星堆陶器演化的同步关系，又表明它并不是古蜀文化外向发展的一个孤立无援的点，证明它同古蜀文明的中心保持着密切的联系，常有往返，因而是三星堆文明中心有组织地派遣而出的南下发展小分队，是古蜀王国扩张战略的有机组成部分之一。

西周时期，也就是考古学上继三星堆文化而起的成都十二桥文化时期，古蜀人继续坚持不懈地向着南中发展。2006年，四川省文物考古研究院和四川石棉县文物管理所在汉源以南的石棉县发掘的遗址中，清楚地看到了成都十二桥文化的成组、群的遗物②。显然，西周时期的古蜀人继承了商代古蜀人向南扩张的战略，而这正是古文献所说西周时期蜀王杜宇"以南中为园苑"的历史背景之所在③。不难看出，对南中实施文化和政治扩张，是古代蜀国累代相继、

---

① 《雅安沙溪遗址发掘及调查报告》，《南方民族考古》第3辑，1991年版。
② 资料存四川省文物考古研究院。
③ 《华阳国志·蜀志》。

贯彻不二的国策，具有极强的政策连续性。

川西南青衣江流域和大渡河流域，新石器文化面貌复杂，内涵不一。在这些区域内发现的古蜀文化遗址、遗存，年代均属青铜时代，是外来文化的楔入，即是由三星堆文明的南向扩张所造成的。

从迄今为止的考古材料分析，大渡河流域汉源的蜀文化遗存和青衣江流域雅安沙溪的蜀文化遗存，有着同时抵进，相互依托、捍卫的作用，但它们与成都平原蜀文化尚未形成连续性空间分布关系。在汉源，出土了蜀文化的青铜兵器，表明曾经在此建立过军事据点，可能充任着古蜀文明南下扩张的前哨。汉源和雅安，仅一大相岭所隔，一南一北，两地扼守着古蜀文化中心与南中交通的要道。再往南，就深入到古代的"濮越之地"①。从古蜀文化的对外扩张和文化交流看，这条道路是南中金锡之道和"南方丝绸之路"的要道之一，也是古蜀文明与南亚、东南亚交流的必经之路。因此，大渡河和青衣江流域的古蜀文化据点和军事据点，肩负着开道与保驾护航的双重责任，极为重要。

为什么在远悬于古蜀文明本土之外的崇山峻岭中艰难创业、筚路蓝缕的古蜀先民的这几处文化遗存中竟会保持着与古蜀文化同步演进发展的痕迹？可以想见，若没有经常性的密切联系，没有绵延不绝的人员往返、信息往来和多种补给，那么，在长达数百年的历史岁月中，这几处孤悬在外又远离古蜀文明中心的前出点或孤军深入据点，就不仅不可能始终保持蜀文化特色并与古蜀文明中心保持文化形态演变的一致，相反只能较快发生异化。或像后来庄蹻王滇那样，"变服，从其俗而长之"②，至多只能保持不太鲜明的古蜀文化的某些基调，而绝不至于依旧是完整的蜀文化。

由此看来，大渡河、青衣江流域的蜀文化，完全是古蜀王国精心策划，有计划、有步骤安排的其战略规划的一部分。而这些据点前后存在数百年之久，目的也并不仅仅在于占领几处小小的地盘（这样做对于古蜀王国来说，并无重大意义和实际价值）。如果我们将这些战略措施同古蜀王国控制南中资源、开辟南方商道和文化交流孔道的战略意图联系起来，将南中富足的青铜原料资源同三星堆西南夷青铜人头像以及蜀、商的资源贸易联系起来，将南方商道同古蜀

---

① 《华阳国志·南中志》。
② 《史记·西南夷列传》。

文明中出现的若干南亚以至西亚文化因素集结的情况联系起来，立即就能看出，这些古蜀文化据点之在大渡河、青衣江流域建立并巩固数百年，几乎与古蜀文明相始终，绝不是偶然的。可以说，它们起着相当于后来"兵站"的作用，其实际战略目的在于控制南中资源、维护南方商道的通达和安全。

二、古蜀文化在金沙江、安宁河流域的传播和扩张

翻过大相岭，越过大渡河，由笮都而南，便进入邛都地区，这是以金沙江支流安宁河流域为居息范围的邛人各部之地，其活动中心在今凉山州西昌市。

安宁河流域的古代文化面貌极为复杂，从考古学的角度看，除了可以确定为邛人文化的大石墓而外，还有多种不明族别的文化遗存。如西昌市大洋堆祭祀遗址，其不同地层就显示出不同民族的文化遗存，最早期与西北马家窑有关，后几期则族属不明。又如会理县鹿厂畚箕湾墓地，墓坑狭长而窄，有独特的埋葬习俗，年代约在春秋，却找不到可资比较的材料，也是族属不明。这类现象表明，古代安宁河流域是多种民族的南北迁徙栖息之地，一般居留时期不太长久。只有邛人，自商周在此定居以后，就一直在此从事辛勤开发，发展起当地的土著文化。

在安宁河流域的复杂文化中，可以看出古蜀文化的渗透、影响和扩张之迹。近年来，在凉山州的西昌、盐源、会理等地，发现大量青铜器。这些青铜器大多出土于墓葬，但因盗掘或采集，其具体出土地点多数不能确知，妨碍了对这些青铜器及其共生物的综合研究，因而很难判断它们的来源、原因以及各种相关情况。从这些青铜器看，种类比较丰富，有兵器、礼（容）器、宗教用器、杂器等，它们年代不一，估计最早的可早到商周，最晚的可晚到汉代，大量的则属春秋战国之间①。

从这些青铜器种类看，青铜杖（首）较多，应是受蜀文化影响所致。兵器数量亦多，其中既有典型的蜀式兵器如三角形援无胡方内戈，又有典型的滇式兵器，似未发现因两支青铜文化之间互受影响而产生发展出的变体形制。宗教用器的数量也很多，大量的是摇钱树枝叶，而且不少叶片是单个成片的，表明是单个插入使用而不是组装使用的。另有一些宗教用器形制十分特殊，为考古

---

① 资料分别藏于四川省凉山州博物馆、西昌市文管所、盐源县文化馆、会理县文管所。

家所罕见。在一件杖的顶端有一立鸟,形似杜鹃,其体态与三星堆立鸟酷似。礼(容)器中的铜鼓则是滇式的。其他杂器,则有许多不知用途,也叫不出名称。

上述青铜器似乎可以说明如下三种情况:

第一,一般说来,宗教用器最能体现一个民族的特色,它在一个民族中会长久流传,承为传统。安宁河流域青铜器中极具特色的宗教用器,既不与蜀相同,又不与滇相同,表明由它所代表的这支青

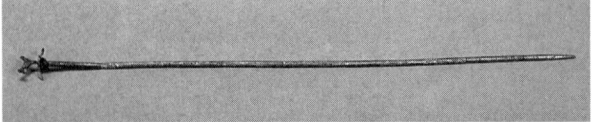
鸟饰鱼纹杖

铜三人背水杖

铜四联星杖首

图4-12 四川盐源县发现的青铜杖、青铜杖首

铜文化是属于当地民族自身的创造,自有其渊源,自有其传统。

图4-13 四川盐源县发现的铜枝形饰片

第二,青铜兵器中的蜀式三角形援无胡方内戈,属于蜀戈的第Ⅲ型,这种

戈型在蜀国本土的流行年代是从商代中期到战国晚期①，时间跨度极长，因而很难断定是在什么时期流入安宁河流域的。但如果考虑到在汉源原属邛都地界出土的蜀式青铜器窖藏来看，其间的联系应当说是一清二楚的。即是说，两地均属古邛都之地（汉源原为邛人所居，笮都居此是汉初的事），两地分别发现的蜀式青铜兵器不论在年代上还是意义上都是相互关联的，汉源发现的蜀国窖藏青铜兵器的年代为商代中叶或更早，那么盐源等地发现的蜀戈也不致太晚，至少应在商代中叶。汉源蜀戈的意义在于可以说明蜀文化对南中资源的控临（见前），盐源蜀戈也应当可以说明同样意义。并且，正是在商中叶，蜀文化的大本营三星堆出现了南中各族首领的青铜人头雕像，不论在年代上、意义上都恰与两地蜀戈相吻合，这不是偶然的。因此，安宁河流域蜀式青铜器的发现，表明了蜀文化在南中传播和扩张的事实。

图4—14 四川盐源县发现的青铜戈

第三，滇式青铜器的发现，说明了战国秦汉之际滇文化的北进。滇池区域青铜文化产生较晚，西汉是它的极盛时期。从安宁河流域发现的滇器看，大多制作精美，纹饰华丽繁缛，当为极盛时期的产品。这表明，战国晚期蜀灭于秦后，蜀的政治军事势力很快从南中消失，而秦国曾在西南夷地区"尝通为郡县"②，"诸此国颇置吏焉"③，但政治经济军事力量却并未深入这一地区④，使这个地区出现统治真空，从而引致了当时尚不属秦王管辖的滇人的北进。因此，尽管在安宁河流域发现了滇式兵器，也发现了蜀式兵器，但二者之间却并无共生关系，即是说，先秦时代并没有在南中地区出现蜀、滇军队直接交锋的情形，因为它们出现在南中的时期不同，有先后之别，并不同时。

---

① 参考段渝：《巴蜀青铜文化的演进》，《文物》1996年第3期。
② 《史记·司马相如列传》。
③ 《史记·西南夷列传》。
④ 段渝：《支那名称起源之再研究》，《中国西南的古代交通与文化》，四川大学出版社1994年版。

在安宁河注入雅砻江处之南,雅砻江与金沙江交汇之处,紧邻滇文化区的攀枝花市,近年也发现多种蜀式兵器。把蜀、滇之间多处发现的蜀式青铜器联系起来看,主要是兵器,表明了蜀文化对南中的军事控临关系。这种军事控临关系,从商代中叶三星堆文化开始,"有故蜀王兵兰"①,建有驻兵营寨,到西周时代蜀王杜宇"以南中为园苑"②,把西南夷诸族作为附庸③,确有文献和考古材料可资证实。

三、古蜀文化在滇文化区的传播和扩张

滇文化是分布在云南东部以滇池区域为中心的一支地方文化,其创造者为古代滇人。滇池地区青铜文化的时代,据近年来的考古发掘及碳14测年数据,上限约为公元前5世纪,下限约为公元前1世纪,相当于春秋末战国初到西汉,前后相续达400余年。

滇文化是一支灿烂的青铜时代文化,具有极为发达的青铜器农业、进步的青铜器手工业,各种青铜器不仅制作精美,而且富于鲜明的民族特色,在中国青铜文化中具有不可低估的地位,也足以和世界上任何一种青铜文化相媲美。

比较而言,古蜀青铜文化诞生年代比滇文化更加古远,连续发展的时代也比滇文化长久。固然这两种青铜文化各有优长之处,也互有影响,但成都平原古蜀青铜文化较早渗入和影响了滇文化,却是考古学上的事实。

在云南晋宁石寨山④、江川李家山⑤古墓群出土的青铜器中,包含有古蜀早、中期青铜文化的某些因素。晋宁在汉代为滇池县,是古滇国故都之所在。这里出土的青铜器上,铸有若干人物和动物的立雕像。这种风格完全不同于华北诸夏文化和长江中下游楚文化,却与三星堆青铜文化有着相近似之处,造型艺术也较接近,仅有体量大小的不同。青铜雕像人物,有椎髻、辫发、穿耳等形式,与三星堆青铜人物雕像群不乏某些共同点。一件长方形铜片上刻划的文字符号中,有一柄短杖图像,无杖首,杖身上刻四个人头纹。从滇文化发现大

---

① 《华阳国志·蜀志》。
② 《华阳国志·蜀志》。
③ 方国瑜:《中国西南历史地理考释》上册,中华书局1987年版,第9页。
④ 《云南晋宁石寨山古墓群发掘报告》,文物出版社1969年版。
⑤ 《云南江川李家山古墓群发掘报告》,《考古学报》1975年第2期。

量各式杖首来看,应有发达的用杖制度。滇文化以杖而不以鼎来标志宗教权力和政治权力,与古蜀文化颇为一致,其间关系的确发人深思。

滇文化的青铜兵器也含有蜀文化色彩。江川李家山和晋宁石寨山墓地,均发现了无格式青铜剑。与蜀式扁茎无格柳叶形青铜剑相比较,其间区别仅在于,滇式无格剑为圆茎,

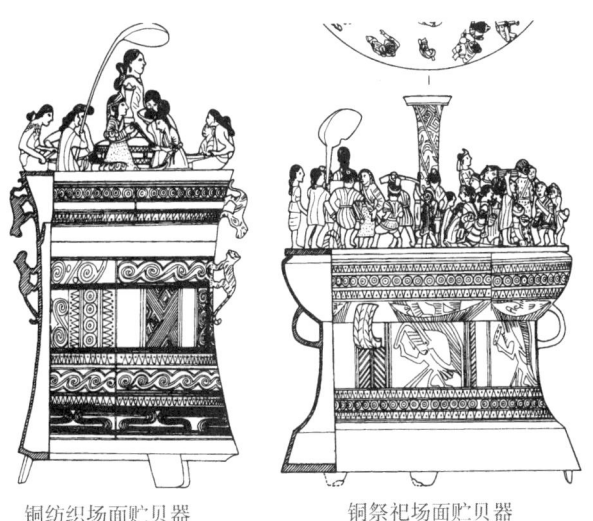

铜纺织场面贮贝器　　铜祭祀场面贮贝器

图4-15　云南滇文化贮贝器

而蜀式无格剑为扁茎,两种剑实际属于同一风格,没有本质性区别,显然存在文化交流和传播的关系①。滇文化的青铜戈,最大特点是以无胡式戈为主,占总数3/4以上。其基本形制有四种,除前锋平齐的一种外,都是戈援呈三角形,这正是蜀式戈的最具特色之处。滇文化青铜戈上的太阳纹或人形纹,在蜀戈上也是早已有之。固然,滇式无胡戈具有自身的特点,也都制作于当地,但它在发展演变中显然曾经受到过蜀式戈的重要影响②,却是没有疑问的。

滇文化青铜器大量模仿蜀式兵器,显然是长期积习所致,意味着滇池地区曾被长期置于蜀的军事控临之下。滇文化青铜贮贝器上的人物雕像,在造型和风格上模仿三星堆青铜雕像,滇文化的用杖制度模仿蜀制,也都意味着滇池地区曾经长期为蜀王所控临。滇文化青铜

图4-16　云南滇文化青铜戈

---

① 童恩正:《我国西南地区青铜剑的研究》,《云南青铜器论丛》,文物出版社1981年版,第168页;张增祺:《滇西青铜文化初探》,《云南青铜器论丛》,文物出版社1981年版,第94页。

② 霍巍、黄伟:《试论无胡蜀式戈的几个问题》,《考古》1989年,第3期。

第四章 蜀王国的盛衰

兵器当然具有自己的特色，如靴形青铜钺等，这种钺的钺身多刻铸有繁缛精美的纹饰，似非实战兵器，而与礼仪有关，当为礼器。滇文化青铜戈中有一种巨型戈，内部满刻精美花纹，也属礼仪性质，不是实战兵器，实战用戈则多仿蜀戈。这表明，滇文化对蜀文化的吸收，多在军事方面，恰与上文所述蜀对南中的军事控制相符合。《华阳国志·蜀志》说蜀王杜宇以"南中为园苑"，的确是有大量史实根据的。

云南自古富产铜、锡矿石。早在商代，中原王朝就大量从云南输入铜、锡，作为制作青铜器的原料。中国科技大学运用铅同位素比值法对殷墟5号墓所出部分青铜器进行测定，发现这些青铜器的矿料不是来自中原，而是来自云南。蜀、滇近邻，蜀地固然有铜矿，但商代开采的记载极少，锡料却必须仰给于云南。据四川省文物考古研究所测定，三星堆青铜器中的铅，就是取之于云南的。大概其铜、锡原料也离不开这条供应途径，蜀、滇青铜器合金成分比较接近，足以说明这个问题。而这正是蜀文化向滇文化区大力扩张的主要目的之所在。

应当特别指出的是，古蜀文化在滇池地区的扩张，并不是也没有把它纳入自己的直接版图之中，正如方国瑜先生所论，南中是蜀的附庸。蜀仅是南中各族之长，而非南中各族之君，正如《华阳国志·蜀志》所说蜀王开明氏"雄长僚僰"一样，有控制力量但却不是实施直接统治。其控制方式，大概与文献所记匈奴对西域的控制相似。

西汉元、成间博士褚少孙补《史记·三代世表》载："蜀王，黄帝后世也，至今在汉西南五千里，常来朝降，输献于汉。"正义引《谱记》说："蜀之先，肇于人皇之际……历虞、夏、商、周。衰，先称王者蚕丛国破，子孙居姚、巂等处。"唐时姚州治今云南姚安，巂州治今四川西昌，均为南中重地所在。蚕丛国破，年代约当夏商之际，正是三星堆文化兴起之时。蜀王蚕丛后代南下南中姚、巂之间，世代在那里活动居息，对于古蜀文化在南中立稳足根、世代传承起了重要作用，同时也对蜀文化对南中发生持续影响起了重要作用。《史记·三代世表》既然记载西汉时南中蜀王后代能够常至京师朝降输献，那就说明蜀王后代必为当地邑君，这也正是《史记·三代世表》褚先生对所谓黄帝后世"王天下之久远"的举证，是当时的实录。这说明，从夏商以来到西汉之世，蜀王后世在南中地区一直保有相当的影响。

第四节 蜀与巴、楚、秦的关系

蜀东抵巴,北界楚,西邻秦。在开明王朝数百年的历史中,与巴、楚、秦均发生过若干关系,既有和平的交往,又有战争的对抗。和平与战争的交替,构成蜀与列国关系的基本内容。

一、蜀与巴

巴为姬姓封国。西周时代,巴立国于陕南与鄂西之间,为周王室的南土之一。春秋时代,巴国东与楚争,遭受巨大挫折,于春秋末辗转南下进入四川盆地东部,于是始与早在四川盆地称雄称长的蜀国邻敌。史籍所述"巴与蜀仇"、"巴、蜀世战争"①,就是从这时开始的。

四川盆地东部长江一线原是蜀的势力范围,一度成为蜀土。《史记·楚世家》记载楚肃王四年(公元前377年)"蜀伐楚,取兹方,于是楚为扞关以拒之"。蜀大军能东出三峡,进军鄂西清江口之东,说明在四川盆地东部长江之地可以通行无阻。《水经·夷水注》载:"夷水,即佷山清江也。水色清,照十丈,分沙石。蜀人见其澄清,因名清江也。"《水经·江水注》还说鳖灵时,"巫山峡而蜀水不流,(望)帝使(鳖)令凿巫峡通水。"《太平寰宇记》"清江县"下载:"磨嵯山本在黔州界,极高,蛮依为巢穴,颇为边患。蜀王击之,屡获神助,故所在祀之。"徐中舒先生认为,此虽出自传说,但清江原为蜀地,则是不可否认的事实。据此言之,巴在巫夔以西的五都,战国前必然也都是蜀的旧壤②。事实上,西周春秋时代四川盆地东部的经济文化还颇为落后,不能同早已进入文明时代的泱泱蜀国相抗衡。因此蜀以先进的经济文化向四川盆地东部地区拓展,并非不可能。

春秋战国之际,巴国由鄂西进入四川盆地东部,与蜀争城夺野。但关于"巴、蜀世战争"的详情,史籍记载绝少,无法知其详。

---

① 《华阳国志·蜀志》。
② 徐中舒:《论巴蜀文化》,四川人民出版社1982年版,第98~99页。

第四章 蜀王国的盛衰

史称巴的农业来源于蜀。《华阳国志·蜀志》："后有王曰杜宇，教民务农，一号杜主……巴亦化其教而力务农。迄今（按指东晋）巴蜀民农时，先祀杜主君。"从四川盆地东部地区的考古情况看，曾在重庆万州唐房坪遗址发现相当于夏代的8件小件青铜器[1]，在万州中坝子遗址商末周初的地层中发现1件铜鱼钩[2]，在巫山双堰塘西周时期的遗址中清理出28件小件青铜器[3]，在西陵峡以东的湖北长阳也零星出土了西周时期的小件铜器，这些铜器均为小件工具如箭镞、刮刀、鱼钩、锥、针等，并且形态原始、质地粗糙。直到春秋战国之际，在峡江地区才开始出现大型青铜器。在这样的生产力水平下，四川盆地东部地区的土著农业必然是停留在原始的粗耕农业阶段。杜宇王朝的年代为西周初年至春秋早期，当时四川盆地东部固无所谓巴国，但四川盆地东部、鄂西却通称巴地。杜宇教民务农影响到巴，显然是指四川盆地东部巴地而言，绝不是指当时还在陕东南与鄂西之间拥有强大武装力量的姬姓巴国。

蒙文通先生认为，中国最早的经济地理学著作《禹贡》对于西南地区的记载，偏在川西，当时人们对大巴山地区和嘉陵江以东的地区所知甚少，因为那是没有开拓的地区。《禹贡》所记西南，以岷、嶓以南的蔡、蒙和成都平原为中心，因为那是最早开拓的地区[4]。蒙文通先生的认识应是特指夏商时代。从考古文化所显示的情况来看，四川盆地东部地区的古代巴地，其文明起源的曙光虽然初现于夏商之际，但四川盆地东部巴地文明时代的到来却在春秋战国之交，这种情况可以大体印证《华阳国志》关于巴受蜀地农业的影响而日渐发展的记载[5]。蜀不仅向巴地传播先进的农耕文化，而且随着农耕文化的东传，也向巴地传播蜀的古文字。过去学术界所说"巴蜀文字"、"巴蜀符号"，实为蜀的古文字系统，是巴人借用蜀文，而不是相反[6]。

---

[1] 陕西省考古研究所、万州区文物管理所：《万州唐房坪遗址发掘报告》，《重庆库区考古报告集·1997卷》，科学出版社2001年版。

[2] 西北大学考古队、万州区文物管理所：《万州中坝子遗址发掘报告》，《重庆库区考古报告集·1997卷》，科学出版社2001年版。

[3] 中国社会科学院考古研究所长江三峡工作队、巫山县文物管理所：《巫山双堰塘遗址发掘报告》，《重庆库区考古报告集·1997卷》，科学出版社2001年版。

[4] 蒙文通：《巴蜀古史论述》，四川人民出版社1981年版，第47、48页。

[5] 段渝：《论巴蜀地理对文明起源的影响》，《四川大学学报》1988年第2期。

[6] 段渝：《巴蜀古文字的两系及其起源》，《考古与文物》1993年第1期。

巴、蜀经济文化的交流是多方面的。在战国青铜文化方面，巴、蜀均有绝少见于其他文化系统的鍪、釜、甑。巴式剑与蜀式剑的形制大体相似，青铜矛、钺也大同小异。到战国后期，巴、蜀文化合流的趋势愈益明显，一些巴式青铜器上饰以蜀器纹饰，有的器物竟难以区分究竟是巴式还是蜀式，只能笼统地称为巴蜀器物。所谓巴蜀文化，实应指战国以来四川地区以巴、蜀为主体的文化。

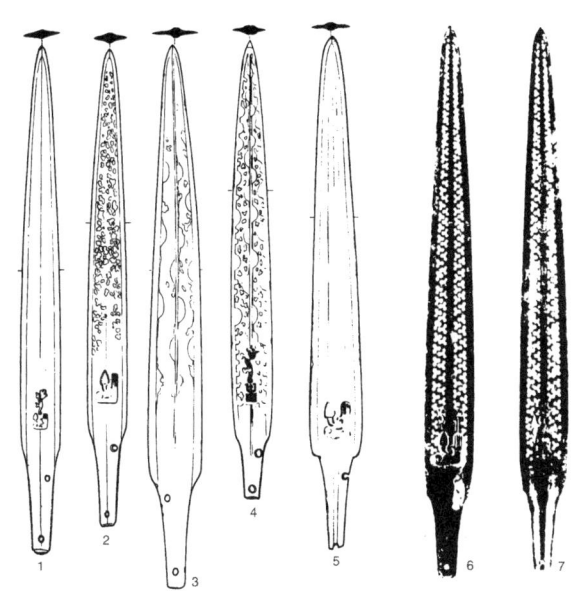

1-5.四川什邡城关战国墓葬出土的蜀式剑；6、7.重庆涪陵小田溪9号墓出土的巴式剑

图4-17　巴、蜀青铜剑

战国时代巴、蜀两国的居民中都有很大部分属于百濮民族系统的各个支系，因此两地常常发现有大体相似的埋葬习俗。四川盆地东部地区多见船棺葬，棺具做成独木舟形，两端由底部向上斜削，船头船尾呈上翘状。川西平原和川中地区则既有船棺也有独木棺，独木棺与船棺的区别，仅在于两端不做成上斜形，而是截齐做成平头状。这两类棺具当出自一源，并且与水居的濮系民族有关。由此看来，战国时代巴、蜀文化的交流和融合，除地域毗邻等因素外，民族文化的相近和相通也是最基本的因素之一。

二、蜀与楚

蜀、楚两地，江水上下，一苇可航。早在新石器时代晚期，古蜀文化就同

第四章 蜀王国的盛衰

先楚文化的居民发生了较多的经济文化关系，三星堆文化的某些陶器形制即顺江东下，深刻地影响了三峡以东长江沿岸鄂西的新石器文化①，对先楚文化来源之一的江汉地区路家河文化产生了若干明显的影响。青铜时代早期，即相当于中原夏代的二里头文化时期，已近成熟的川西平原蜀文化仍然长期持续地不断东进，给鄂西地区的先楚文化以继续影响。

大致说来，在夏商时代，蜀文化对鄂西先楚文化的影响和传播是持续有力的，而蜀文化东传的轨迹似乎也以此为限，考古学上未见其继续东进分布的趋势。其时楚文化尚未形成，据史籍所记，鄂西长江沿岸居住着称为"荆蛮"、"楚蛮"的土著原始部落。从当时长江上、中游之际的文化进化和政治演进来看，先进的蜀文化顺江东下，播染于鄂西，符合文化扩张的法则，而鄂西土著文化却难以溯江西上，深入蜀文化区，也并不奇怪。因此，总的说来，夏商时代，作为整个长江上、中游之交最发达的蜀文化，其影响力和文化传播力超过了这一流域包括先楚文化在内的任何一支文化。

西周时代，蜀王国势力蒸蒸日上，蜀文化继续不断沿江东进。湖南发现的"楚公豪"青铜戈②，事实上就是"蜀式戈"，仅铭文为后世加刻③。此戈年代，从铭文看，"楚公豪"为楚国熊咢之子熊仪④，时为西周晚期周宣王之时⑤，可见此戈入湘年代还在周宣王之前，反映了此期间蜀文化东进的史迹。

楚文化的形成期是在春秋中叶⑥。从春秋中叶到战国中叶，蜀、楚文化互有交流，蜀文化东进的势头较之以往明显减弱，而迅速上升、发展很快的楚文化却溯江西上，在与蜀的文化交流中处于优势地位。显然，这种状况是与两国实力的消长完全一致的。

蜀、楚两国的统治者王族，据《大戴礼记·帝系》、《山海经》、屈原《离骚》、《史记》中的《五帝本纪》和《楚世家》等古籍所述，均同为帝高阳颛顼后代，是颛顼一系的不同分支。于蜀，与颛顼的关系始于蜀山氏，"历夏、商、

---

① 林春：《宜昌地区长江沿岸夏商时期的一支新文化类型》，《江汉考古》1984年第2期。
② 高至喜：《"楚公豪"戈》，《文物》1959年第12期。
③ 冯汉骥：《关于"楚公豪"戈的真伪并略论四川"巴蜀"时期的兵器》，《文物》1961年第11期。
④ 郭沫若：《两周金文辞大系图录考释》（八），第164页。
⑤ 《史记·楚世家》。
⑥ 张正明：《楚文化史》，上海人民出版社1986年版。

周"①，不过蜀国王族并非一系相传。于楚，自偁、老童之后，经祝融吴回一系相传②，为陆终氏少子季连一脉之后，楚王族以熊为氏，即始于季连之孙穴熊③。大概由于同为颛顼苗裔之故，当然加上其他诸多原因，夏、商时代楚地文化面貌近蜀，西周时代早期楚文化有明显的蜀文化因素，看来就是极其自然的。

直接记述战国时代蜀、楚关系的文献材料，仅见于《史记》所载两条，并记一事。《六国年表·楚表》载："蜀伐我兹方。"《楚世家》载："肃王四年，蜀伐楚，取兹方，于是楚为扞关以拒之。"兹方，正义引《古今地名》云："荆州松滋县，古鸠兹地，即楚兹方是也。"松滋，今县，在今湖北宜都东南，距离楚之郢都（今湖北江陵）的直线距离不过百余公里。扞关，《史记集解》云："李熊说公孙述曰：东守巴郡，距扞关之口。"《史记索隐》云："《郡国志》巴郡鱼复县有扞关。"据此，此扞关在今四川盆地东部奉节。楚肃王四年为公元前377年，时值吴起在楚变法失败以后。蜀于此时长驱直入，挥师于楚之腹心，不能不说蜀国势力炽盛。

蜀、楚之间，地域毗邻，有水路陆路相勾连，相互间自然会发生若干经济文化交流。又由于所处自然生态环境颇相近似，因而无论在经济类型还是人们的气质、性格、民风、民俗等方面都比较接近。《汉书·地理志下》记载："而汉中淫失枝柱，与巴蜀同俗。"所说汉中，是指楚之汉中郡地。足以证明蜀、楚经济文化的交流，除政治原因外，相当大的程度上还是一种自然过程，历史的、地理的、民族的、文化的原因起着十分显著的作用。而这些和平因素，是政治所不能也无法完全左右的。当然，这些现象主要是大量地发生于两国的民间。

战国时代蜀、楚漆器制造业都很发达，相互间都曾发生过较大影响④。蜀国漆器对楚的影响，明显表现在髹漆、器形、纹饰等各个方面。楚国漆器对蜀的影响，主要表现在漆器图案中的神怪、神兽等母题当中，尤其在时代稍晚的

---

① 《华阳国志·蜀志》。
② 《史记·楚世家》。关于祝融一系的考证，可参阅段渝《〈山海经〉中所见祝融考》，《山海经新探》，四川省社会科学院出版社1986年版，第203~216页。
③ 《史记·楚世家》。
④ 李昭和：《"巴蜀"与"楚"漆器初探》，《中国考古学会第二次年会论文集》，文物出版社1982年版。

"成市"和"工官"漆器上，这一点愈益明显。

蜀、楚两国境内都有众多濮人，这是两国经济文化比较接近，交流比较畅通的原因之一。而且，蜀地濮人的某些支系，似乎还是从荆楚之地迁徙而来。例如川西南的僰人，《礼记·王制》说"屏之远方，西方曰棘"，郑玄注："棘，当为僰。僰之言偪，使之偪寄于夷戎。"僰人就是居于荆棘所制棘围之中的濮人①，而此习俗与楚地有关②。这些原居江汉的濮人入蜀，对蜀地的开发作出了同样的贡献。

三、蜀与秦

秦在西周，甚微。周孝王时，赐秦之先公非

图4-18 四川青川县郝家坪战国墓出土的漆鸱鸮壶

子嬴姓，分土为附庸，邑为秦，号曰秦嬴。西周末年，周王室避犬戎难，东徙雒邑，秦襄公以兵护驾周平王。于是平王封秦襄公为诸侯，赐以岐以西之地③。至秦穆公时（公元前659-前621年在位），秦势强盛，"益国十二，开地千里，遂霸西戎"④，史称春秋五霸之一。

秦初居西陲，距蜀较远，文献中未见两国发生交往的记载，至春秋初年秦文公时，始见两国发生经济文化往来。春秋早期，蜀王开明二世攻秦至雍，这是蜀、秦构兵的最早记录。战国时代，蜀、秦和战不定，但相互间经济文化的交流却也在日益增强。

战国初，蜀、秦基本上保持着对等的与国关系。《史记·秦本纪》载秦厉共公二年（前475年）"蜀人来赂"，《六国年表》所记相同。这是诸侯间常见的互通聘享之礼，致告命之辞的传统。或以为这是蜀人朝秦，不确。因为"赂"并不就是朝贡。《国语·晋语》"骊姬赂二五"，韦昭注曰："赂，遗也。"遗就是赠

---

① 徐中舒：《论巴蜀文化》，四川人民出版社1982年版，第97页。
② 《左传》昭公十三年；《国语·吴语》。
③ 《史记·秦本纪》；《史记·六国年表》。
④ 《史记·秦本纪》。

遗。秦厉共公时，秦势不振，国家内忧，未遑外事，"诸侯卑秦，丑莫大焉"①。在这种情形下，秦不可能具有使蜀国前来朝贡的威势。况且此时蜀势正值鼎盛之期，更不可能向秦朝贡。因此，战国初期，蜀、秦地位平等，一长南夷，一霸西戎，相互间不存在任何臣服关系。

蜀、秦之间的大规模战争始于公元前451年，围绕南郑展开长期争夺。

南郑（今陕西南郑）位于汉中盆地西南部，米仓山之北，扼东汉水（今汉江）与西汉水（今嘉陵江）上源之间。其地左右逢源，既可北出褒斜道以进中原，又可南下金牛道以入蜀中，战略地位十分重要。商周之际，已有蜀人活动于汉中，并在若干地点建有蜀的军事据点。但当时汉中显然并非全部为蜀地。其时地广人稀，各族、方国所据之地均以点状分布，并且犬牙交错，其中还有大片瓯脱之地。此时南郑尚不为蜀所有。《水经·沔水注》于"南郑县"下载："县故褒之附庸也"，又引《耆旧传》云："南郑之号，始于郑桓公。桓公死于犬戎，其民南奔，故以南为称，即汉中郡治也。"郑桓公死于公元前771年。可见春秋初年南郑为郑之遗民所居。但不久，其地即被蜀国占领。《华阳国志·蜀志》载开明二世"攻秦至雍"，雍在今陕西宝鸡以北。蜀北上伐秦，必经褒斜道前出，故知此役蜀国必已先期攻克南郑。由此看来，至少在春秋前期，即公元前7世纪前半叶，南郑已并入蜀的版图。

秦国战略，自穆公开始，一直企图东进与诸夏争雄。然而，"会往者厉、躁、简公、出子之不宁，国家内忧，未遑外事，三晋攻夺我先君河西地。诸侯卑秦，丑莫大焉"②。终不能东渡黄河争霸中原。于是企图南略汉中，以为向东进取的战略基地。《史记·六国年表》秦厉共公二十六年（公元前451年），"左庶长城南郑。"《秦本纪》集解引徐广曰："一本二十六年城南郑也。"秦以左庶长城南郑，表明秦于此年初取蜀之南郑，并按秦国习俗构筑城池，以防蜀师反攻。或以为此年以前南郑早已属秦，未当。开明二世时蜀已据有南郑，有史可考，毋庸置疑。自开明二世攻秦以后至公元前451年，蜀、秦无战事，蜀也不可能将南郑拱手送秦。可见秦厉共公二十六年以前的确未曾染指南郑，谈不上据有南郑之地。

---

① 《史记·秦本纪》。
② 《史记·秦本纪》。

第四章 蜀王国的盛衰

秦初取南郑，经营10年，至秦躁公二年（公元前441年），蜀师反攻，收复南郑。《史记·秦本纪》及《六国年表·秦表》均记载此年"南郑反"，表明秦复失南郑于蜀。此后数十年间，由于秦与三晋再开战端，加之秦内部有乱，故与蜀无大战事。

秦惠公十三年（公元前387年），秦再度出师，"伐蜀，取南郑"①。蜀师迅速组织反攻，于当年一举再复南郑。《史记·六国年表》于秦惠公十三年下记载："蜀取我南郑"，即是同一年秦取南郑得而复失。或以为《秦本纪》所载"伐蜀取南郑"发生在《六国年表》所载"蜀取我南郑"之后，似不确。按《华阳国志·蜀志》记载："周显王之世，蜀王有褒汉之地。"周显王于公元前368年至前321年在位，其即位之年距此役仅19年，其间蜀、秦无战事。如蜀先取南郑，而后复为秦取，则周显王之世就应当是秦王有褒汉之地，而不是蜀王。褒为褒中，汉为汉中，褒汉之地即包括南郑在内。可见，应当是《秦本纪》所记在前，《六国年表》所记在后，即秦取蜀之南郑后，旋又复失于蜀。

蜀、秦南郑之役，历时65年，终以蜀国胜利而告终。蜀国保有南郑之地，不仅对巩固蜀的北方防线有重要意义，同时蜀还以此为基地，进一步向西北拓展，一度兼有武都之地（今甘肃西和县南，一说成县境）。并且，此役的胜利，还对稍后（公元前361年）楚国占领汉中以东并企图进一步攻略汉中西部起到遏制作用，使楚不得不由汉中以东折而向南，兵锋指向巴、黔中。这说明，公元前4世纪前半叶蜀对南郑的固守，对于巴、蜀、楚、秦之间战争局势的变化起到了明显的影响。

此后大约70年间，由于秦国战略方向的变化，由南下转而东进，又中经孝公用商鞅变法，乡邑大治，民富国强，于是"蚕食六国"②，"常雄诸侯"③，一时无暇南顾。在此期间，蜀、秦基本无战事，双方维持着和平的表象。秦惠文王元年（公元前337年），"楚、韩、赵、蜀人来"④，与秦聘享告命。蜀王还和秦惠文王互致馈遗。不过，正如楚威王所说："秦有举巴、蜀，并汉中之心。

---

① 《史记·秦本纪》。
② 《史记·秦楚之际月表序》。
③ 《史记·六国年表序》。
④ 《史记·六国年表·秦表》。

秦，虎狼之国，不可亲也。"① 对此，蜀王也有所戒备，曾亲率万余人东猎褒谷，会见秦惠王，耀武观兵②。蜀王为进一步巩固汉中防守，又封其弟苴侯坐镇汉中，驻节葭萌（今广元昭化）。但是，从当时整个中国的形势看，秦的实力已日强于各国，而秦的兼并战争也日益向着统一全中国的性质转化。因此，蜀虽号为一方之长，但终究不能抵挡强秦的战略攻势。蜀为秦灭，不过只是时间的早迟罢了。

图 4-19 昭化古城葭萌亭

蜀、秦毗邻数百年之久，双方除战争外，经济文化交流也在经常发生。《史记·货殖列传》载："及秦文、德、缪居雍，隙陇蜀之货物而多贾。"早在春秋前期，双方就存在官方和民间的通商贸易关系。用以交换的物品，主要是农产品和畜牧产品。史载蜀人嘲笑秦人为"西方牧犊儿"，秦人许之，而秦伐蜀的重要原因之一在于借助于蜀国丰富的粮食以增国力。似乎说明在秦、蜀贸易中，蜀的商品主要是农产品以及各种手工业品，秦的商品主要是各种畜牧产品。

蜀、秦之间有数道相通，主要商道除汉中褒斜道外，还有岷山青衣道，即秦道。古本《竹书纪年》梁惠成王十年（公元前 361 年）"瑕阳人自秦道岷山青

---

① 《史记·苏秦列传》。
② 《蜀王本纪》。

衣水来归。"这几条道路经常开通，在两国经济文化交流中发挥了重要作用。战国时两国文化中一些因素的相近，就是经济文化交流渠道畅通的绝好说明。蜀国青铜文化所特有的鍪、釜、甑等器形，就是由秦人再流布到其他地区的[①]。秦国髹漆工艺中的某些做法，也来源于蜀，表现出强烈的蜀文化风格[②]。这些影响不仅仅限于战国，还延及秦汉甚至更为久远。

第五节　蜀王国的衰亡

　　战国时代，开明王朝虽盛极一时，号为西南诸侯之长，但较之于中原诸夏和秦，却有不可比拟的弱点。中原诸夏在战国初先后兴起变法运动，改革田制、税制、兵赋之制，确立起新的生产关系，推动了社会发展。秦虽变法较晚，步伐较慢，但秦孝公时，任用商鞅变法，使新的生产关系迅速确立并日益巩固。秦经变法，成为新型的地主阶级政权，国富兵强，势力蒸蒸日上。公元前4世纪，秦连年发兵攻魏，夺魏河西地，又东渡黄河，略取魏之上郡15县。同时又频出伐韩，攻赵。公元前318年，秦大败魏、赵、韩、燕、楚五国合纵攻秦之师，声势大振，日强于诸侯。

　　同一时期称雄于西南的蜀王国，生产关系虽已突破落后的奴隶制度，也获得了一定发展，但究属初期的领主封建制，还没有转变为进步的地主制经济。虽沃野千里，物产丰饶，但经济实力的增长速度却不适应政治形势的日益变化。在秦国实力迅速增长，一面东击三晋，一面图谋汉中、兼并巴蜀的严重形势面前，蜀非但不亡羊补牢，采取应急措施，反而内讧不断。这样，蜀亡于秦就是完全不可避免的了。

一、秦灭蜀

　　秦早有吞并巴蜀的战略意图。秦惠王即位后，一面与蜀王通好，互赠馈遗，

---

① 李学勤：《论新都出土的蜀国青铜器》，《文物》1982年第1期。
② 李昭和：《"巴蜀"与"楚"漆器初探》，《中国考古学会第二次年会论文集》，文物出版社1982年。

一面寻找秦兵南下伐蜀的大道。相传秦惠王用计使蜀王开道，蜀王中计，引狼入室，自取灭亡。《水经·沔水注》引来敏《本蜀论》记载：

> 秦惠王欲伐蜀而不知道，作五石牛，以金置尾下，言能屎金。蜀王负力，令五丁引之，成道。秦使张仪、司马错寻（同循）路灭蜀，因曰石牛道。

石牛道（或称"金牛道"）既成，秦军伐蜀已畅通无阻。剩下的问题只是寻找师出有名的借口和寻求战机了。

这时，蜀国内部有乱，政局动荡。先是出现诸多"灾异"之说，这在古代是所谓的亡国之征。《华阳国志·蜀志》载："武都有一丈夫化为女子，美而艳，蜀王纳为妃。不习水土，欲去。蜀王必留之，乃为《东平之歌》以乐之。"不久，此妃去世，蜀王征发五丁力士远至武都取土，担回成都，为妃作冢。秦惠王知蜀王好色，乃许嫁五女于蜀。蜀王又征五丁力士远迎。不料返至梓橦，见一大蛇入洞穴，五丁相助揽掣蛇尾，大呼拽蛇，顿时山崩，五丁及秦五女并化为石①。及蜀王与秦惠王会于褒谷，蜀王所赠秦王珍玩之物却又化为泥土。秦臣以此为喜兆，并贺秦惠王："土者地也，秦当得蜀矣。"② 这些所谓灾异之辞，其实都从不同侧面暴露出开明

图 4—20　金牛道

---

① 《蜀王本纪》。
② 《蜀王本纪》。

第四章 蜀王国的盛衰

王朝社会的不稳定和政治的动荡。

蜀国统治集团内部的矛盾加剧了政局动荡。本来，蜀与巴世仇，累代战争。但开明王分封至汉中重镇的王弟苴侯却私下与巴交好，蜀王震怒。周慎靓王五年（公元前316年），蜀王亲率大军伐苴侯，占领葭萌。"苴侯奔巴，巴为求救于秦。"① 由是自毁长城，引狼入室，酿成灭国之祸。对于蜀国统治集团的内乱，秦国群臣喻之为"蜀有桀、纣之乱"②，其内乱之剧烈可以想见。

巴、苴和蜀同时告急于秦③，为秦军南下提供了充分借口。但对于是南下伐蜀还是东进伐韩，秦群臣之间有相当分歧。为此，秦惠王广开言路，召集臣僚展开辩论。大夫张仪主张伐韩，逐鹿中原，诛周主之罪，取九鼎宝器，案图籍，挟天子以令天下，以成王业。大夫司马错主张伐蜀，他从秦地小民贫的历史出发，从富国强兵的利益着眼，针锋相对地指出："夫蜀，西辟之国也，而戎狄之长也，而有桀、纣之乱。以秦攻之，譬如使豺狼逐群羊也。取其地足以广国也，得其财足以富民缮兵，不伤众而彼已服矣。故拔一国而天下不以为暴，利尽西海，诸侯不以为贪，是我一举而名实两附，而又有禁暴止乱之名。"如伐韩挟取周天子，则于义、于利、于形势皆不利。并且，伐蜀还可一并取巴，进而谋求东伐楚国。"（蜀）水通于楚，有巴之劲卒，浮大舶船以东向（伐）楚，楚地可得。得蜀则得楚，楚亡则天下并矣。"因此不如伐蜀④。

秦惠王经过充分听取群臣辩论，最终采纳了司马错之议。公元前316年秋，秦惠王遣张仪、司马错、都尉墨率大军从石牛道南下伐蜀。蜀王仓促应战，亲率蜀军迎战于葭萌，为秦军大败。蜀王败逃至武阳（今四川彭山县东北），被秦军追杀。蜀王太子及蜀国太傅、丞相等率残部再逃至逢乡，败死白鹿山（今四川彭州市北）。冬十月，秦军扫荡了蜀的反秦势力，一举兼并了蜀国，遂定蜀。蜀国至此灭亡。

秦灭蜀后，据蜀以为东进伐楚的战略基地，得蜀之美丽江山，丰饶物产，有其粮食、布帛、金银，极大增强了秦国实力。《战国策·秦策一》载："蜀既属，秦益强，富厚轻诸侯。"为秦统一战争的胜利开展提供了坚实而广阔的大后

---

① 《华阳国志·巴志》。
② 《战国策·秦策一》。
③ 《史记·张仪列传》。
④ 《战国策·秦策一》，《华阳国志·蜀志》。

方，并促使青铜时代的古蜀文明逐步融汇于铁器时代统一的中国文明之中。

二、蜀王子安阳王的南迁

蜀亡后，蜀之群公子先后被秦封于蜀，贬蜀王之号为蜀侯。但开明王的群公子并未全部降秦，号为安阳王的蜀王子，即在蜀亡后率所部兵将三万辗转南迁，最后到达交趾之地，建立王朝，称雄达百余年之久。

在《水经·叶榆水注》所引《交州外域记》以及其他一些史籍中，保存了蜀王子安阳王南迁的珍贵史料。《交州外域记》记载：

> 交趾（按：指今越南北部红河地区）昔未有郡县之时，土地有雒田，其田随潮水上下，民垦食其田，因名为雒民。设雒王、雒侯，主诸郡县。县多为雒将，雒将铜印青绶。后，蜀王子将兵三万来讨雒王、雒侯，服诸雒将。蜀王子因称为安阳王……后南越王尉佗举众攻安阳王……安阳王发弩，弩折，遂败。安阳王下船径出于海。今平道县后王宫城，见有故处。

据越籍《大越史记》、《安南志略》、《越史略》诸书所记，安阳王名泮，巴蜀人，显然是开明王后代。安阳王既称蜀王子，说明是蜀王后世子孙[1]。"开明"与"安阳"，也是一词的同音异写，仅音读稍异[2]。其史迹，除上举诸书外，还见于《史记·南越尉佗列传》索隐所引《广州记》、《唐书·地理志》所引《南越志》以及《太平寰宇记》所引《日南传》等。

安阳王自开明王朝灭亡后，即率部经今雅安芦山地区逾大相岭，出牦牛道，至汉源渡河抵越西，跨小相岭出泸沽，沿安宁河至西昌，再出云南之濮水（礼社江）、劳水（元江），入越南红河地区[3]，征服当地雒王、雒侯，建立政权。《续汉书·郡国志》"交趾郡"下刘昭补注曰："即安阳王国"。《广州记》称安阳王"治封溪县"[4]。越人陶维英《越南历史疆域·附录》记载越南民间传说，以今越南永福省东英县古螺村为安阳王城。经查，地在河内正北，桥江以南。螺

---

① 徐中舒：《论巴蜀文化》，四川人民出版社1982年版。
② 蒙文通：《越史丛考》，人民出版社1983年版。
③ 蒙文通：《越史丛考》，人民出版社1983年版。
④ 《史记·南越列传》索隐引。

第四章 蜀王国的盛衰

城为雒城之讹。

约在公元前 180 年,安阳王为南越王赵佗所灭,上距蜀亡于秦已 130 余年,足见安阳王在交趾建国相当长久,非只一二代。据蒙文通研究,史籍称安阳王将兵三万讨雒王,实为一民族之迁徙,而其中不胜兵者当不下三万人,则南迁的蜀人略有六万,与当地骆越民数九万之比为二比三。如此,南迁的蜀人对于后世越南民族形成的关系至为重大。越南旧史尊蜀泮为蜀朝,而蜀泮在越南民间长期享有崇高威望,当非偶然①。这说明,开明王室的后代子孙,对越南北部红河地区的开发,作出了不可磨灭的贡献。

蜀王子安阳王南迁的史迹,在考古学文化上也有若干反映。近年在峨眉符溪、峨边共安和永东、犍为金井、汉源小堡、会理瓦石田、盐源柏林、盐边团结等地均发现大量蜀式器物,反映了安阳王南迁的情况②。云南滇池区域青铜文化中,也有大量蜀式器物,如呈贡龙街石碑村、晋宁石寨山、江川李家山古墓群中,都出土大量蜀式无胡青铜戈。从流行年代及戈的形制纹饰分析,其中一些与蜀人南迁、蜀文化因素的渗透和影响有关。而越南北部东山文化中的无胡青铜戈③,也应与蜀文化有某种联系。从而证实了中、越史籍关于蜀王子安阳王南迁北越建国的史实。

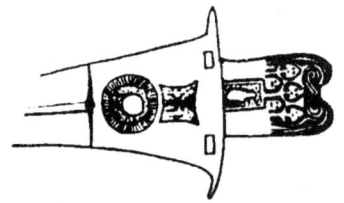

图 4—21 东山文化青铜矛

---

① 蒙文通:《越史丛考》,人民出版社 1983 年版。
② 王有鹏:《犍为巴蜀墓的发掘与蜀人的南迁》,《考古》1984 年第 12 期。
③ [越]黎文兰等:《越南青铜时代的第一批遗迹》,河内科学出版社 1963 年版,中国古代铜鼓研究会 1982 年译,第 106、109 页。

第五章　古代蜀国的社会经济

古蜀文明以成都平原为地理基础，而辐射到整个四川盆地，并向东西南北延伸。这是一片富饶美丽的土地，《史记·货殖列传》称颂说：

> 巴蜀亦沃野，地饶卮姜、丹砂、石、铜、铁、竹木之器，南御滇僰，僰僮，西近邛筰，筰马牦牛。然四塞，栈道千里，无所不通，惟褒斜绾毂其口，以所多易所鲜。

《汉书·地理志》艳称道：

> 土地肥美，有江水沃野、山林、竹木、疏食、果实之饶。南贾滇僰僮，西近筰马牦牛。民食鱼稻，亡凶年忧，俗不愁苦。

蜀地农业开发的历史相当久远。早在四五千年以前，成都平原以及周围边缘丘陵山地就已得到初步开发。至夏商时代，蜀的农业经济不断发展，西周时代已是当时全中国农业先进的富庶之区。春秋战国之际，蜀国由于水利的大规模兴建，促进了农业的长足进展，不仅"民食鱼稻，亡凶年忧，俗不愁苦"[1]，

---

[1] 《汉书·地理志下》。

而且富于"桑、漆、麻、纻之饶","其山林泽渔,园囿瓜果,四节代熟,靡不有焉"①。由是沃野千里,"利尽西海"②,以富饶著称于中华。

第一节 农业经济

人类最原始的农业是刀耕火种,它起源于人类对野生植物的培植。原始农业不翻土耕种,农业生产工具也极为简陋。原始家畜饲养业起源于人类对野生动物的饲养。最初的所谓家畜,其实在体质形态上与其野生同类并无多少区别。虽然如此,不论原始农业还是原始家畜饲养业,却对人类的发展作出了极为重要的贡献,其高级形式至今仍是人类赖以生存的主要经济手段。原始农业和家畜饲养业的产生、发展在人类历史上占的地位是如此重要,以致历史学家和考古学家普遍称之为"农业革命"。

显然,在成都平原,在四川盆地,假若没有这场农业革命,就不会有灿烂的古蜀文明。

一、农业革命的遗迹

考古学上,在成都平原古蜀文化的各个遗址中,普遍出土各种用于炊煮谷类食物的陶质炊器、容器、食器、饮器和用器,出土各种用于农耕的石斧、石刀、石锄、石凿、石矛、石杵等生产工具。它们确凿地表明,早在四五千年以前,农业革命的浪潮便已经席卷了古蜀大地,古蜀的农业获得了初步发展。

虽然文献资料没有留下这场革命的任何记录,考古资料中也还没有确切发现年代很早的农作物遗迹,然而,通过对磨制石器、陶器和家畜饲养等因素的研究,可以帮助我们认识古蜀农业革命的一些基本情况。

中外考古资料已经揭示,磨制石器是适应农耕的需要逐步产生起来的。在最原始的农业文化遗存中,农业生产工具大都沿袭旧石器时代的打制石器,少量磨制石器也仅为局部磨光。农业生产工具的这种粗陋性是与原始农业的"刀

---

① 《华阳国志》卷3《蜀志》。
② 《战国策》卷3《秦策一》。

耕火种"状况相联系的。由于既不中耕，也不除草，因此农业生产工具只需用以收割的砍伐器和用以挖穴播种的挖掘棒，就地取材，极为简陋和方便。当从最原始的粗耕农业进入锄耕农业阶段，各种磨制石器也随之广泛地发展起来。磨制石器与农业发展进步之间这种紧密关系，不论在黄河流域、长江流域还是其他上古农耕文化遗存中，情形基本相同。

以成都平原为中心，波及大渡河流域和四川盆地东部长江沿岸以至三峡以东地区的各个古蜀文化遗址中，均出土大量石质农业生产工具，大致有打制和磨制两种。成都平原诸遗址所出磨制石器，主要有斧、锛、凿、矛、杵等，打制石器主要为盘状器、砍砸器、刮削器、有柄石锄、斧形器等①。大渡河流域汉源背后山类型诸遗址，多见磨光石斧、石锛以及一些玉质白色细长形凿、锛、削等②。四川盆地东部长江沿岸的忠县㑇井沟遗址，生产工具多取材于卵石，打制较多，主要器形有石斧、有柄石锄、石矛等③。种类如此繁多的农业生产工具，是古蜀农业已脱离原始阶段，进入锄耕农业阶段的有力证据。

成都平原古蜀文化的某些遗址所出石质农业工具，打制的比重较大，如成都方池街遗址出土的石器中，打制的占80%以上。根据对石器的微痕磨损进行的分析，大部分打制石器如盘状器、刮削器等，加工对象是竹木类植物。由于这类加工对象对工具的损耗较大，石器的使用寿命短，用量大，因此不必进一步磨制加工④。就磨制石器来看，许多通体磨光，制作精细。三星堆遗址出土的大量生产工具，绝大多数是磨制，不少通体磨光，加工精整，半透明⑤。成都市金沙遗址还出土一件木耜，用一块整木制成，长141厘米⑥，是作为翻土工具所用的。农业生产工具的专门化，工具组合成套化，是古蜀农耕遗址所出石器的特点之一，它反映了农作物品种的多样性，充分显示出古蜀农业欣欣向荣的繁荣景象。

陶器也是农业产生以后出现的一种新生事物，它是适应炊煮谷类食物的需

---

① 王毅：《成都市蜀文化遗址的发现及意义》，《成都文物》1988年第1期。
② 赵殿增：《巴蜀原始文化的研究》，《巴蜀考古论文集》，文物出版社1987年。
③ 《四川忠县㑇井沟遗址的试掘》，《考古》1962年第8期。
④ 王毅：《成都市蜀文化遗址的发现及意义》，《成都文物》1988年第1期。
⑤ 四川省文物管理委员会等：《广汉三星堆遗址》，《考古学报》1987年第2期。
⑥ 成都文物考古研究所：《金沙——21世纪中国考古新发现》，五洲传播出版社2005年版，第118、119页。

第五章 古代蜀国的社会经济

要逐步产生形成的。在原始农业的早期阶段，农作物的栽培数量很少，人们的食物主要还是来源于采集天然产品，对炊煮用具并无特别的需求。这在世界古代民族史和近代民族志中有大量实例可以类比、佐证。只有当原始农业获得一定发展，谷类食物大量增加时，便于炊煮谷类食物的用具，才成为人们的迫切需要。在古代社会，陶器由于取材便利，制作简便，具有不透水、可经高温烧烤等优点，成为各个农业民族的理想炊器。在中外考古学上，凡是农业经济比较发达，人们的食物以谷物类为主的文化遗存中，制陶业都比较发达，反之亦然。可见，陶器的产生和进步，与农业的发展密切相关。反过来说，凡是制陶业比较发达的文化遗存，也都是比较发达的农业文化。

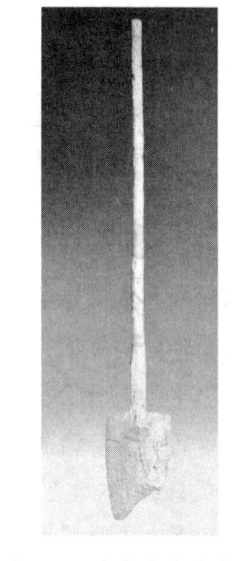

图 5-1 成都市金沙遗址出土的木耜

在古蜀文化诸遗址中，都有发达的制陶业。三星堆遗址陶器的基本组合是小平底罐、高柄豆、鸟头柄勺、尖底罐，成都遗址基本相同。器形多种多样，有各种炊器、食器、饮器、贮器，如杯、盘、盏、豆、钵、罐、碗等。这些复杂的器形，反映了食物的多样性。尤其各种酒器出土甚多，更加显示出农业进步，产量富而有余的情景。

二、主要农作物种类

迄今为止的古蜀考古中，尚未发现直接从对本地野生植物的栽培转化而来的早期农作物的实物遗存。至于稻作农业的开端，也因迄今无可靠资料，不能予以确定。从中国栽培水稻的起源和发展看，古蜀的栽培水稻不大可能是本地的原产，很有可能是从四川盆地以外引进的一个农作物种类。虽然距今 5000 多年前的三峡大溪文化遗址中发现水稻，但大溪文化的发展方向是长江中游的两湖地区，与四川本土的古蜀文化没有关系；何况从大溪文化的栽培水稻看，也应是从其他地区引进的。

严文明认为，中国稻作农业的最早起源地在杭州湾，从公元前 5000 年代到 3000 年代形成三次大的传播浪潮，成波浪形逐级向长江三角洲、两湖盆地（包括大溪文化的分布范围）和江淮地区广泛的范围推进发展①。游汝杰认为：云南南部、广西南部和中南半岛处于多年生野生稻的分布范围内，这也就是栽培稻的起源地②。李昆声根据地理气候环境、植物种类等因素，并根据云南省农业科学院对云南稻种进行同功酶研究的结果，认为云南现代栽培稻种的亲缘关系十分接近于现代普通野生稻，即云南现代栽培稻的祖先很可能就是云南的普通野生稻，因此云南极有可能是亚洲栽培稻的起源中心③。外国学者亦有不少类似看法④。由于近年在湖南道县玉蟾岩发现了1万年前的稻种，所以对中国稻作农业起源的问题还有重新研究的必要。成都平原至今尚未发现野生稻标本，缺乏稻作农业起源的条件，因此古蜀的稻作农业是从外引进而发展起来的。揆诸史籍，似乎有蛛丝马迹可寻。

《华阳国志·蜀志》记载道：

> 后有王曰杜宇，教民务农，一号杜主……巴亦化其教而力农务，迄今（按：此指东晋）巴蜀民农时，先祀杜主君。

虽然蜀地农业绝不是始于杜宇时代（早不过殷末周初），而应在新石器晚期就已有相当发展。但是，杜宇来源于朱提（今云南昭通）。如果认为杜宇入蜀，从云南把栽培水稻及其种植技术传播引入，却也是有一定可能性的。扬雄《蜀王本纪》、许慎《说文解字》、左思《蜀都赋》及常璩《华阳国志》等书，都说杜宇死后化为杜鹃，而杜鹃与蜀地稻作农业又有紧密关系。这虽是传说，不过其中应有其历史素地，其间关系看来绝非偶然。

科学工作者曾在距今4500~4300年前的都江堰芒城遗址中，发现有水稻硅酸体的存在，认为那时成都平原已出现了稻作农业⑤，这是完全有可能的，虽然它并不能说明成都平原稻作农业的起源问题。

---

① 严文明：《中国稻作农业的起源》，《农业考古》1982年第1期。
② 游汝杰：《从语言地理学和历史语言学试论亚洲栽培稻的起源和分布》，《中央民族学院学报》1980年第3期。
③ 李昆声：《亚洲稻作文化的起源》，《云南文物》1984年第15期。
④ 参阅童恩正：《略述东南亚及中国南部农业起源的若干问题》，《农业考古》1984年第2期。
⑤ 成都文物考古研究所：《金沙——21世纪中国考古新发现》，五洲传播出版社2005年版，第118页。

第五章 古代蜀国的社会经济

无论怎样，至少在殷周之际，古蜀的腹心之地成都平原已发展成为中国栽培水稻的中心种植区之一，并盛产菽、黍、稷等农作物。《山海经·海内经》说道：

> 西南黑水之间，有都广之野，后稷葬焉。其城方三百里，盖天下之中，素女所出也。爰有膏菽、膏稻、膏黍、膏稷，百谷自生，冬夏播琴（按：郭璞注："播琴犹播殖，方俗言耳。"即是播种。）

据蒙文通研究，此篇是古巴蜀的作品，成书年代不晚于西周中叶[①]。"都广之野"，是指成都平原，"都广"实为"广都"。杨升庵《山海经补注》说："黑水广都，今之成都也。"这里所指的"城"当指成都平原腹心之地的三星堆古城，"方三百里"，是一个夸张之数，犹如"白发三千丈"之类。三星堆古城为古蜀王都，正是蜀国的"天下之中"，其使用年代，从夏代一直延续到周初。这一方面说明，《山海经·海内经》关于蜀都的记载有其一定依据，另一方面则说明，它关于商周之际成都平原农业兴盛的记载也必然是有所根据，可以凭信的。所说"冬夏播（琴）种"，说明成都平原已是双季栽培农业。

《山海经·海内经》所说的"膏菽、膏稻、膏黍、膏稷"，是当时的几个主要农作物品种。为什么称其为"膏"呢？郭璞注释道：

> 言味好皆滑如膏。

郝懿行疏证说：

> 赵岐注《孟子》云：膏粱，细粟如膏者也。

由此可知，"膏"是指粮食细腻、滑润，如膏一般。说明成都平原所产的菽、稻、黍、稷，大多品种优良，被人奉为上品。正因为如此，成都才被人称引为先秦农官"后稷"的归葬之处，以其富饶而为人向往。

[①] 蒙文通：《略论〈山海经〉的写作时代及其产生地域》，《中华文史论丛》第 1 辑，1962 年版。

第五章 古代蜀国的社会经济

古蜀除粮食作物为世所闻名外，还发展了经济林木的栽培和种植。《汉书·地理志》说道：

> 土地肥美，有江水沃野、山林、竹木、疏（师古注："疏，菜也。"）食、果实之饶。

《华阳国志·蜀志》也说：

> （蜀盛产）桑、漆、麻、苎……园囿瓜果，四节代熟，靡不有焉。

中外当代植物学家在对世界栽培作物的起源地、中心地和植物栽培带的研究中，多数认为长江流域、华南地区是世界栽培作物起源中心之一。有的专家认为，中国中部、西部的山区及附近低地是最大和最早的中心，这包括湖北西部到四川西部的山区及其附近低地①。这一片地域，正好与中国最早的经济地理学著作《尚书·禹贡》中"梁州"的地域范围大体吻合，其中当然包括成都平原及周邻山区在内。

有的专家还进一步研究了起源于南华带（秦岭以南，长江流域及南部中国的大部分地区）的人工栽培植物种类②，认为其中的若干种，古代就已见于成都平原，而以桑、漆、麻、苎为荦荦大者。汉初驰名中外的"蜀布"，据任乃强研究，是用原产于蜀中的苎麻制成的细布③。茶叶也是原产于蜀地，顾炎武《日知录》说："自秦人取蜀，而后颇知有饮茶之事。"此外，《史记·西南夷列传》还说到汉初唐蒙在南越吃到的"蜀枸酱"，也是"独蜀出"。枸树就是蜀人最早栽培的一种木本植物，用枸树果实制成的枸酱，"蜀人以为珍味"④，后来才"流味于番禺之乡"⑤，再传入华北等地，成为众口所向的美味。

---

① N. I. Vavilov, The Origin, Variation, *Lmmunity and Breeding of Cultivated plants*, Chronica Botanica, vol. B, 1949.
② 李惠林：《东南亚栽培植物之起源》，香港中文大学出版社1966年版。
③ 任乃强：《蜀枸酱、蜀布、邛竹杖考辨》，载《四川历史研究文集》，四川省社会科学院出版社1987年版，第1~17页。
④ 《史记·西南夷列传》索隐引。
⑤ 《文选·蜀都赋》刘逵注。

第五章 古代蜀国的社会经济

三、主要农业经济区

由地理的、民族的、文化的原因所决定，在古代蜀国的范围内，大体包含成都平原农业经济区、岷江上游农业经济区和汉沔嘉陵江农业经济区等几个主要的自然农业经济区，它们与今天的经济区并不完全相合。

（一）成都平原经济区

成都平原是大河冲积扇平原，地势西北高东南低，岷江、沱江及其支流自西北流向东南，纵贯平原，为自流灌溉提供了良好条件。这里雨量充沛，气候温和，土质疏松，渗透性良好，保温力强，通气易碎，涵水力强，含有深厚而丰富的腐殖质，十分有利于农业的发展。因此成都平原的灌溉农业发生很早，在古代就是蜀地开发最早、面积最大和最重要的农业经济区。

至迟在距今5000年前，成都平原的农耕村落已初步兴盛起来。夏商时代，在农业极大发展的基础上，成都平原已进入阶级分化和城市形成的历史进程，进而产生文明。考古学上的广汉三星堆遗址、成都金沙遗址、成都十二桥遗址、新繁水观音遗址、成都方池街遗址、抚琴小区遗址第四层、岷山饭店遗址第六层、指挥街遗址第六层的商代文化因素等等，无一不为这一时期古蜀农业经济成片分布的情景，提供了有力证据。

殷周之际杜宇入蜀，促进了成都平原农业经济的进一步发展。《蜀王本纪》记载道：

> 后有一男子，名曰杜宇，从天堕，止朱提。有一女子名利，从江源井中出，为宇妻。乃自立为蜀王，号曰望帝。

江源，或作江原，为今成都平原中部崇州市一带。《华阳国志·蜀志》盛称江原"小亭有好稻田"，看来是有其历史渊源的。

杜宇入蜀后，"治汶山下，邑曰郫"，在成都平原长期开发，同时又"教民务农"，并使随鱼凫王败亡湔山的蜀民返归田里。这一系列的措施，都大大推动了古蜀农业的发展。

春秋战国时代，蜀王开明氏在蜀大兴水利，战胜水患，"民得安居"①，"蜀得陆处"②，成都平原的农业经济获得了进一步发展的必要条件，处处"有渔田之饶"，"有好稻田"，"有美田"，斑斑可见，史不绝书。成都平原以其"地沃土丰"，"居给人足，以富相尚"③，而成为名冠中华的重要稻作农业经济区。

成都平原农业经济所特有的一些陶器、石质生产工具，还向南延伸分布到大渡河地区，向西扩展分布到青衣江流域，并且沿江东下，直达四川盆地东部嘉陵江、长江沿岸以及三峡以东的宜昌地区，同时又向北传播到汉沔之地，其影响所及，不可谓不广。可以毫不夸张地说，四川盆地周邻地区的各种生产性经济，都曾程度不等地受到过成都平原农业经济的渗透和影响。《山海经·海内经》盛赞成都平原为"天下之中"，确乎是颇有根据的。

（二）岷江上游经济区

本区指分布在岷江上游及其支流杂谷脑河一带的地区，大致包括今汶川、茂县、理县等地，是古代四川最早开拓的地区之一。

古文献记载，岷江上游属于蜀文化区之一，三代蜀王中的蚕丛氏便兴起于此。陈登龙《蜀水考》卷1陈一津《分疏》说，此即汶江"南过蚕陵山，古蚕丛氏之国也"。

岷江上游地形复杂多变，气候呈垂直性分布。生态环境的多样性造成动植物资源的多样性，为人们的生存发展提供了良好条件。三代蜀王在败亡之后，先后退走"蜀西山"，就在这一地区内。这从一个侧面反映出岷江上游经济区拥有的深厚基础和实力。

岷江上游地区的粗耕农业早在新石器时代即已产生。大约兴起于五帝之际的蚕丛氏，就是当地一个经营粗耕农业并兼事畜牧的族类。岷江上游地区考古发现的新石器时代文化遗址，如茂县营盘山遗址和汶川姜维城遗址，都出有大量陶器和石器。从历史学上认识，这可以被认为是蚕丛氏以及当地其他族群经营粗耕农业的一个重要见证。

《尚书·禹贡》说"岷、嶓既艺"，"艺"为种植的意思，即言岷山地区已得

---

① 王象之：《舆地纪胜》卷164引《华阳国志》。
② 郦道元：《水经注》卷33《江水注》引《本蜀论》。
③ 《华阳国志·蜀志》。

到开发并种上了庄稼。《先蜀记》说："蚕丛始居岷山石室中"。石室即《后汉书·冉駹夷传》所说的"邛笼"，亦即累石为屋的石碉房，说明蚕丛氏已经定居。这两条材料合起来看，证明了蚕丛氏是以经营定居农业为主要经济形式的。蒙文通先生认为，岷山河谷是最早开拓的地区，蜀的农业即是从岷山河谷开始的①。他的见解固然还需进一步取得证据，可是仍无疑有着重要参考价值。考古学已经证明，畜牧业是从农业中分离出去的，而不是相反。岷江上游曾发现与马家窑文化有关的新石器彩陶和磨制石器共存的情况，这些材料早于当地畜牧业兴起的材料，无可置疑地揭示出农业起源年代很早的事实，也让人看出蚕丛氏首先是作为一个农业族类兴起于此的。

岷江上游地区的农业最早属于高地农业。本区考古调查和发掘中，文化遗存越往高地，其年代越古，就是一个很好的证据。这类高地农业，经过一定程度发展，又往往向低地拓展移殖。史籍中所见今都江堰市一带的蚕崖关、蚕崖石、蚕崖市等古地名，以及成都平原所见蚕丛氏的考古文化遗迹，就是高地农业向低地拓展移殖的例证②。

岷江上游经济的特点是农业与畜牧业相结合，从大量石棺葬中出土的各种农业生产工具、日常生活用陶器以及各种动物骨骼来看，可以证明这一点。汶川罗卜寨SLM3墓内出土的粮食作物，经鉴定为粟稷之属③。茂县城关石棺葬内出土大量谷物，盛于釜、鍪、罐内，经鉴定为皮大麦④。理县佳山石棺葬IM2、LM4内，出土盛于豆、罐等容器中的粮食，亦为皮大麦⑤。皮大麦俗称"水米子"，是高地农业普遍种植的一种耐寒、耐旱粮食作物。《华阳国志》和《后汉书·冉駹夷传》都说岷江上游地区"土地多寒，在盛夏冰犹不释"，又说"土地刚卤，不生谷粟麻菽，惟以麦为资"，"惟种麦"。这种麦，看来就是出土于石棺葬内的皮大麦，它应是先秦岷江上游粗耕农业的主要产品。但两书所说本区"不生谷粟麻菽"，"不宜五谷"，则与考古发现有异。看来，皮大麦和粟稷

---

① 蒙文通：《巴蜀古史论述》，四川人民出版社1981年版，第47～48、75～82页。
② 段渝：《论巴蜀地理对文明起源的影响》，《四川大学学报》1988年第2期。
③ 冯汉骥、童恩正：《岷江上游的石棺葬》，《考古学报》1973年第2期。
④ 《四川茂汶羌族自治县石棺葬发掘报告》，《文物资料丛刊》第7辑，1983年版。
⑤ 《四川理县佳山石棺葬发掘清理报告》，《南方民族考古》第1辑，1987年版。

类都是本区的粮食作物品种。根据竺可桢对近5000年来中国气候变化的研究①，中国近5000年来气候变化并不太大，周、秦、西汉时期，气温的差别很小。结合两《汉书》等古文献和考古资料分析，岷江上游地区从先秦秦汉以来都是干寒型气候。因此出土于石棺葬的这几种粮食作物，必然也就是本区从农业起源时代直到秦汉时代的主要农作物品种。

岷江上游石棺葬出土的动物骨骼，主要是羊骨，一些石棺葬内还出土青色羊毛织品，说明这里的畜牧业以养羊为主。石棺葬内还发现一些野猪、野鸡等野生动物骨骼，说明狩猎还是当时人们经济生活的一项重要内容，这无疑是当地居民兼事畜牧并辅以狩猎的实物证据。

（三）汉沔嘉陵江经济区

本区指分布在汉中盆地并南及四川盆地东部嘉陵江流域的古代农耕区，早在商周时代即已开拓。

汉中原为蜀地。殷商时代，汉沔之地是古蜀王国的重要农业经济区之一，也是古蜀王国的北方屏障之所在。1955年至1981年间在汉中渭水河下游约7公里的范围内，共出土商代青铜器530余件②。其中有相当多的蜀式三角形援无胡戈、大批青铜人面具和兽面具，也发现蜀文化特有的陶尖底罐。这一大批兵器、祭祀用器和生活用器的出土，无可非议地说明当地原为蜀土。殷卜辞中屡见的商蜀关系以及"蜀"地，其实都是指汉中盆地蜀王国的北部疆土而言。

在殷卜辞中，汉沔的蜀是经常提到的一个农业经济区。殷卜辞中有为蜀卜年之辞：

（1）贞，蜀不其受年
　　王占曰，蜀其受年　　　　　（《乙》6422）
（2）岳眔蜀受年　　　　　　　　（《乙》6423）

殷卜辞中的"受年"，是卜问年成收获的丰歉的用语。《穀梁传》桓公三年

---

① 竺可桢：《中国近五千年来气候变迁的初步研究》，《考古学报》1972年第1期。
② 唐金裕等：《陕西省城固县出土殷商铜器整理简报》，《考古》1980年第3期；王寿芝：《一批商周青铜器在城固县出土》，《陕西日报》1981年1月27日。

说"五谷皆熟为有年也",即是这个意思。上举辞例中,不仅贞人卜问蜀是否丰收,殷王还亲自占卜问蜀年。这说明,汉沔经济区谷物的丰歉,不仅对蜀本土有重要意义,而且也引起了殷商王朝的高度关注。这种情况,当然是以汉沔之地有着发达的农业和丰盛的谷物为前提的。《华阳国志·汉中志》赞汉中盆地道:

厥壤沃美,赋贡所出,略侔三蜀。

三蜀,指蜀、广汉、犍为三郡,因后两郡从蜀郡分出,故有"三蜀"之说。三蜀皆富庶之区。汉中盆地的农业经济既然能够与三蜀略相比侔,足见其经济的发展程度确实达到了相当水平,成为古蜀王国北部的重要经济中心。

汉沔之南,即是川北嘉陵江谷地,也是蜀的农业经济区之一。开明王朝曾封苴侯于葭萌(今广元市昭化),北镇汉中,一方面出于军事目的,一方面也带有明显的经济意图。由此看来,汉沔和嘉陵江经济区在古代很有可能是连为一体、互为依托的。所以《尚书·禹贡》既言"沱(今沱江)、潜(今嘉陵江)既道",又说"浮于潜,逾于沔(沔水,汉水上源)"。

在以上经济区外,古蜀还有若干其他或大或小的农业经济区。比较知名的如:青衣江谷地,自古便是以农业为主兼营牧业的地区,负有盛名。金沙江下游河谷,也以农业、种植业著称。顺长江东下,还有若干经济区,主要富产荔枝、姜、蒟、巴菽、桃枝、给客橙、麻、苎等多种产品,更有渔盐之利,形成蜀中连绵甚广的农业经济带。各区都为古蜀经济的发展,为古蜀文明的光大,作出了巨大的贡献。

事实说明,在公元前4世纪末叶以前,古蜀的各个农业经济区,都在农林牧副渔业诸方面获得了重要进展,为古蜀的经济繁荣和社会进步,为后来四川经济的继续发展,奠定了广阔而坚实的基础。

四、水利建设

古蜀的膏腴之地成都平原,虽说有着天然的舟楫灌溉之利,然而上古时代却经常受到岷江洪水的侵害。夏秋之季,岷山雪融,江水暴涨,奔腾的洪流一泻千里,呼啸而下,摧枯拉朽,便会吞噬成都平原的田地、村庄,危害蜀人的生命和财产。成都各考古遗址，多有被洪水冲刷、淹没留下的淤积遗存，甚至有被多次冲刷而又反复重建的遗迹。三星堆遗址也同样有着这类洪水冲刷淤积层的现象。诸多的洪水遗迹，展示出诸多的巨大灾难。然而，在洪水淤积层之上，往往又出现若干新的文化遗存，重新展示出蜀人欣欣向荣的社会生活景象。这些，又充分表现了古蜀人治服洪水，重建家园的大无畏精神和英勇气概，谱写出一曲曲气吞山河的篇章。

（一）导江为沱

大禹兴于西羌，生于石纽，地在今四川西北岷江上游。大禹因为治水而成为中国历史上千古相传的英雄。大禹治水，决江疏河。他治理长江洪水，是从江水上源岷江（古人认为岷江是长江正源）开始的。《尚书·禹贡》说："冀州既载，壶口治梁及岐"。《伪孔传》说："壶口在冀州，梁、岐在雍州"。梁即梁山，岐即岐山。岐山在雍州，古今无异词。唯梁山，除有雍州说而外，另有主张梁州说者。顾祖禹《读史方舆纪要》即主张汉水南岸南郑东南的梁州山为古梁山，劳干先生也主张大禹治水故事与梁州系连而不切于冀州[①]。从《诗经·大雅·韩奕》所说"奕奕梁山，维禹甸之"，以及《禹贡》所说"壶口治梁及岐"来看，大禹导江，当是从岷江开始的。王象之《舆地广记》卷30说："《禹贡》岷山在西北，俗谓之铁豹岭。禹之导江，发迹于此。"十分正确。

大禹导江，治理岷江上游洪水，主要功绩是从岷江开挖出一条人工河道，用来分引岷江洪水，这条人工河道称为"沱"。《尚书·禹贡》记载："岷山导江，东别为沱"，说的就是这件事情。为什么称为"沱"呢？按照《尔雅》的解释，出于江又还入于江叫沱，《说文解字》则解释为"江别流也"，就是从大江分别出一条水道，这条水道又还流入大江。大禹开挖的这条人工河道，根据《汉书·地理志》和历代注疏家的意见，是指"江沱"。按照清人胡渭《禹贡锥指》以及其他诸书的看法，江沱的进水口在今都江堰南马尔墩。江沱在这里首受岷江后，东行经徐堎河故道，东注于毗河，向东直入金堂峡，汇入沱江后南行，在今泸州市还入大江。

大禹"岷山导江，东别为沱"的目的，在于解决成都平原常年遭受岷江水患的问题。四川盆地的地势，是西北高，东南低，整个盆地由西北向东南倾斜，

① 劳干：《论禹治水故事的出发点及其他》，《禹贡》1934年第1卷第6期。

天然水系的分布由此也多为西北东南向,加上成都平原东南边缘有龙泉山脉一道门槛,造成排水困难,所以每当岷江山洪暴发,倾泻于成都平原时,平原就会遭受水灾。大禹治理岷江洪水,就是根据地势和水系分布,尽量把分洪水道安排在平原中部偏北,方向应与天然水流交叉,采取自西往东的方向,以顺应地势和水情。这样,就便于沿程拦截暴雨径流,向东集中到沱江金堂峡这个口门泄走①。这种根据地势和水情而设计实施的分洪工程,即令在现代水利科学家看来,也是十分合理的。

按照古代累世相承的说法,"芒芒禹迹,画为九州"②,大禹制服洪水以后,"更制九州"③,今四川全境都在禹划分的"梁州"以内。《尚书·禹贡》说:"华阳黑水惟梁州。岷、嶓既艺,沱、潜既导,蔡、蒙旅平,和夷厎绩。其土青黎。"由于大禹治理了岷江洪水,从川西北到川西南都得到了开发整治,农业发展,水利兴旺,道路开辟,推动了社会的发展。所以,四川历代建有禹庙,铭记大禹治理洪水之功,而大禹治水的精神,也为四川人民世代景仰、继承和发扬。

(二) 鳖灵治水

早在史前和夏商时代,古蜀人就同洪水作过英勇的斗争,传颂着大禹"岷山导江,东别为沱"的英雄事迹。到两周之际,为了制服岷江上游特大洪水,古蜀国又进行了大规模的治水活动,这就是历史上有名的鳖灵治水。

据史书记载,在蜀王杜宇末期,蜀地遭到特大洪水的侵袭,"若尧之洪水",危害惨烈。杜宇面对这场灾难,束手无策,于是命令时任蜀相的鳖灵(又写作鳖令、鼈令)治水。鳖灵在岷江上游入成都平原之处,开凿了一条人工河道,即江沱,分岷江水为沱水。于是消弭水害,使"蜀得陆处","民得安居"。由于鳖灵治水有功,取得了广大蜀民拥戴,积聚了力量,终于推翻了无能的杜宇王朝,建立了开明王朝。此即鳖灵治水的大概始末。

历史上常常有惊人的相似之处。鳖灵治水上承大禹治水而来,两者都是分引岷江洪水,以解决成都平原的水患。由于其间事迹有相似之处,因而引起不

---

① 冯广宏:《夏禹文化与古蜀史》,载《夏禹文化研究》,巴蜀书社 2000 年版,第 161 页。
② 《左传》襄公四年引《虞人之箴》。
③ 《汉书·地理志上》。

少学者的怀疑，或认为鳖灵治水之说是抄袭大禹治水的传说，或认为完全没有根据，不足凭信。其实，大禹治水与鳖灵治水，尽管都在岷江上游，但二者治水的地点却并不在一处，大禹治水的地点在今都江堰南马尔墩，而鳖灵治水的地点在今都江堰宝瓶口。

关于鳖灵治水的具体地点，古书记载颇不一致，主要有三种说法。

第一种说法是"巫山说"，认为鳖灵治水之地在四川盆地东部的巫山。来敏《本蜀论》[①] 这样写道：

> 时巫山峡而蜀水不流，帝（按：指望帝杜宇）使令（按：指鳖灵）凿巫峡通水，蜀得陆处。

应劭《风俗通义》也有相同的记载：

> 帝使鳖令凿巫山，然后蜀得陆处。

阚骃《十三州志》、王象之《舆地纪胜》，还有其他一些舆地之书，也主张这种看法。

第二种说法是"玉山说"。扬雄《蜀王本纪》这样写道：

> 时玉山出水，若尧之洪水，望帝不能治，使鳖灵决玉山，民得安处。

第三种说法是"玉垒山说"。常璩《华阳国志·蜀志》这样写道：

> 会有水灾，其相开明决玉垒山以除水害。

以上三说中，凿巫峡之说显系附会不可信。三峡形成于地质年代学上的第三纪初，至今已有数千万年之久，而且也绝非人工所能开凿。所以此说仅为神其本事而已，没有丝毫真实性。

---

① 《水经·江水注》引。

玉山，见于《山海经·中次九经》，这座山在今巫山县以东，长江北岸①。玉山远处成都平原之东，其海拔高度也大大低于成都平原。倘若玉山出水，泛滥成灾，是无论如何也威胁不到成都平原安全的。但四川盆地东部以至三峡之地曾为蜀壤，"蜀王据有巴蜀之地"②，若是玉山泛洪，对当地形成大的威胁，以致蜀王派遣鳖灵前往整治，清壅除塞，消除水患，也是可能的。

玉垒山，《汉书·地理志》"绵虒县"下原注云："玉垒山，湔水所出，东南至江阳入江。"《说文》"湔"字下云："湔水，出蜀郡绵虒玉垒山，东南入江。"湔水为今白沙河，玉垒山即湔水发源地以北的九顶山。九顶山逶迤而南，直趋都江堰城西北，亦谓之玉垒山③，此即湔山。历史上岷江上游泛洪，就是从这里直奔成都平原的。而首当其冲者，便是杜宇之都郫。杜宇命鳖灵治水，正在此处。今都江堰宝瓶口，即是鳖灵决玉垒山之处，目的在于分引岷江之洪水入沱江。这也就是《水经·江水注》所说"开明之所凿也，郭景纯所谓玉垒作东别之标者也"的由来。前述人工江沱，即与此分洪工程有关。由此看来，开明氏所凿的玉垒山，就是鳖灵治水之处，即今都江堰市玉垒山。

从考古资料看，开明氏迁都成都后，还对流江进行过整治，在成都进行了水利工程建设。成都方池街发现数条人工砌筑的卵石埂，大概就是某个水利工程的一部分。成都方池街一带是先秦蜀都的城市中心之一，这个卵石埂，应当就是城市防水设施或排水设施，或防洪与排水相结合的设施。这处石埂的年代为东周，约当开明王都移治成都之时。足见开明王迁都成都后，对城市的水利工程建设是做了相当努力的。

有学者认为鳖灵治水只是一些较小的整治，未决玉垒山。但几乎所有关于杜宇鳖灵之际王朝代兴的文献记载中，均以杜宇失政于治水，鳖灵夺权于治水。假如这治水不是一个标新立异的大工程，那么杜宇何以失国呢？而不论地理位置、工程量还是历代蜀王所从未采用过的新鲜工程技术（此指凿山泄洪，开挖人工河道引水），都与文献所记和宝瓶口本身的基本情况相合。可见，鳖灵决玉垒山以除水害，应是确有其事的。也正因鳖灵凿通宝瓶口并分引岷水入沱，保

---

① 温少峰：《〈五藏山经·中次九经〉考释》，《山海经新探》，四川省社会科学院出版社1986年版，第40页。

② 《蜀王本纪》。

③ 刘琳：《华阳国志校注》巴蜀书社1984年版，第184、185页。

证了成都平原蜀人的生命财产安全,使"民得安居","蜀得陆处",才能够赢得广大蜀人的拥戴,从而一举夺取杜宇王政,立为蜀王。

鳖灵治水,为战国末叶李冰在蜀治水,壅江作堋(堰),引水以溉田,分洪以减灾,"穿二江成都之中"①,提供了先例和经验,有着极为重要的意义。

相传鳖灵还开凿了金堂峡②。但金堂峡是自然峡口,非人力斧凿而成。不过这一传说却也反映了鳖灵在成都平原治水的斑斑史迹。

(三) 水利工程技术

古蜀人在长期治水实践中,积累了许多经验,形成了许多宝贵的、行之有效的水利工程技术。综合文献和考古资料看,这些工程技术主要有杩槎、竹络笼石、竹编拦沙筐、木桩工程和砌筑卵石工程等等。其中有的优秀技术经验还北传中原,而多数经验则一直为蜀人世代相袭,流传至今,表现出极大的生命力。

古蜀人最便利的治水技术是制作杩槎。杩槎,是用三根木料,成三角形直立水中,槎腰间,中镇以石。成排直立的杩槎,可以形成坚固的水利工程,起到固堤、截流等作用。此法自古即有,今仍习见于川西北高原。

竹络笼石技术也是古蜀人的传统水利技术。据群书所记,竹络笼石是破竹为笼,立于水中,再装填卵石。如此层层累叠,其间系以木桩,即可用以截流壅水、笼口筑坝等。这种方法,就地取材,技术简易,汉代以后还传到中原和海滨地区,用以治理黄河水患和海塘③。

竹编拦沙筐类似于竹络,所以不同者,竹筐用以装沙,编织得很细密。成都指挥街的周代遗址春秋文化层内发现 1 只竹编拦沙筐,筐无底,残高 0.6 米,现存长度 1.52 米,平编,纬篾用竹,经篾竹、木皆用④。该遗址位于河沿,证实这只竹编拦沙筐是作为装沙防水之用的。

成都市指挥街遗址第 5A 层还发现一排木桩,共 6 根,柱桩 1~5 排列在一条直线上,基本呈正东西走向。柱间距为 0.72~1.06 米不等。柱桩 6 紧靠柱桩 5 之南,与其他柱桩成 145°夹角。柱桩均已残,现残高 0.16~0.67 米不等,直

---

① 《史记·河渠书》。
② 顾祖禹:《读史方舆纪要》卷 67。
③ 徐中舒:《都江堰情况探源》,《四川文物》1984 年第 1 期。
④ 《成都指挥街周代遗址发掘报告》,《南方民族考古》第 1 辑,1987 年版。

径 0.07～0.1 米不等。柱桩下部成尖形，从遗痕观察，是受重力后插在沙砾层表面或插入沙砾中的。这项工程可能与防水有关。木桩与沙筐是否有组合关系，尚待深入研究。

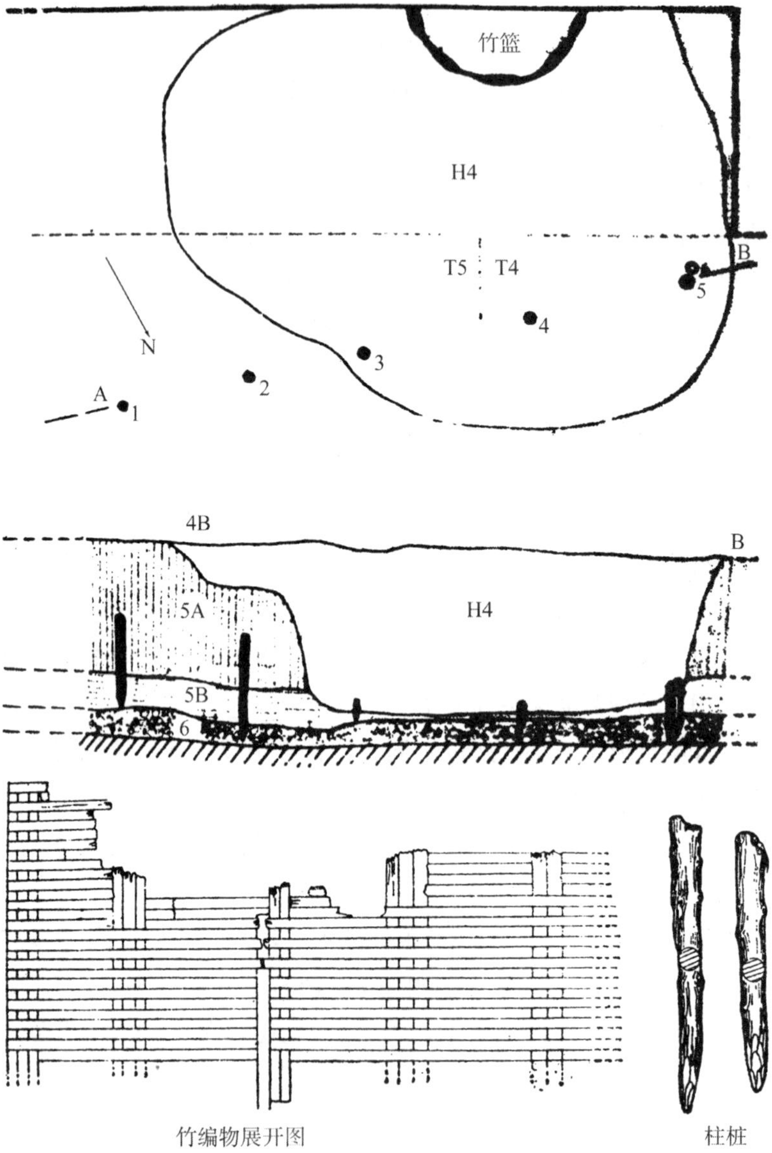

图 5-2　成都市指挥街遗址第 5A 层发现的木桩

砌筑卵石工程的实例，发现于成都方池街遗址第 4 文化层（约属东周时期）。这处卵石建筑是由三条大的成规律分布的石埂组成，形状呈工字形。西埂方向北西 37°，长约 39 米，宽 1~2 米，北高南低，斜度 5 米；其南端与中埂相遇，交角 32°，南北两端均未到头。中埂长约 26 米，宽 3 米，方向北偏西 5°，由 3 条紧挤的小埂组成，其南与西埂相交，北与东埂相接。东埂北西 23°，自西而东由 5 条小埂组成，与中埂相连处高高隆起，堆积厚实，总宽约 4 米。这处石埂，据研究，大概是倒人字形滚水、支水埂①。它的发现，为古蜀人防水、治水技术工程，提供了实物研究证据，也为古蜀城市的水利建设设施提供了可靠的研究依据。

总而言之，古蜀人的各项水利工程技术，对于蜀人的生产和生活起到了巨大的保障作用。秦灭蜀后，秦国蜀守李冰之所以能够成功地修筑起举世闻名的都江堰水利工程，就是充分地吸取了蜀人的治水经验并加以发展创新的。在一定意义上可以说，没有古蜀人千百年来积累起来的丰富治水经验和水利工程技术，便没有李冰时期的都江堰。

由于水利的大规模兴建，古蜀国的农业生产得到了大幅度发展。《战国策·楚策一》记载纵横家张仪说：

> 秦西有巴蜀，方船积粟，起于汶山，循江而下，至郢三千余里。舫船载卒，一舫载五十人，与三月之粮，下水而浮……

足见蜀地产粮之多。《华阳国志·蜀志》记载：

> （公元前 308 年）司马错率巴蜀众十万，大舶船万艘，米六百万斛，浮江伐楚。

这一年，距离秦灭蜀（公元前 316 年）仅 8 年。8 年之间，由于战事紧迫，秦在故蜀国之地还来不及开展农业水利建设，却能迅速征集到六百万斛大米

---

① 王毅：《从考古发现看川西平原治水的起源和发展》，载《华西考古研究》（一），成都出版社 1991 年版，第 146~171 页。

(一斛等于十斗，一斗等于十升)，完全是因蜀本身之富饶。这也足以说明，战国时代的蜀，确实是中国著名的粮食丰产区。

五、渔猎和畜牧

(一)渔猎概貌

商周时代成都平原的蜀人，经济类型是农业经济，以稻作农业为主。同时，由于成都平原得天独厚的优越生态条件，有着丰富的动植物资源，因此蜀人也以渔猎作为农业经济的补充手段。

在成都平原及其他边缘地区发掘清理的古蜀文化遗址内，往往出土不少兽类骨骼，种属众多，计有虎、黑熊、大型猫科（豹？）、小鹿、梅花鹿、水鹿、赤鹿、白唇鹿、豪猪、猪獾、灵猫、犀牛、短尾猴、猕猴、中华竹鼠等哺乳类动物骨骼以及鱼类和乌龟、鳖等爬行类动物骨骼。根据这些野生动物骨骼与家养动物骨骼共生的现象，可以说明三点：

第一，各种野生动物是蜀人肉类食品的不同来源，是对家畜动物食品的补充，从成都方池街遗址和指挥街遗址的动物骨骼看，家养动物在蜀人肉类食品来源中，占有重要地位。

第二，成都平原的渔猎，并不是一个独立的经济类型，在各遗址中，它显然属于农业经济的辅助手段。

第三，以狩猎和捕鱼相比，狩猎的成分重于捕鱼的成分，这显然与成都平原野生动物资源的丰富有关。

生产工具中也有一些同渔猎有关。石镞、铜镞、石弹丸、石矛等工具，是用于狩猎的有效用器。石网坠、陶网坠则是捕鱼的器具。不过，作为农业经济补充手段的渔业和狩猎，在任何时代都是人们所需要而不予遗弃的两种经济形式，不能简单地称之为落后。杜宇王国时，"以汶山为畜牧，南中为园苑"①，而杜宇是以农业著称于世的。开明王朝时，"平阳山（即今天回山）亦有池泽，蜀之鱼畋之地也"②。既有渔业，又有狩猎业。开明王朝的蜀，已堪称天府之国。所以，不能以有无渔猎业来判定一个社会发展程度的高低。尤其是在古代

---

① 《华阳国志·蜀志》。
② 《华阳国志·蜀志》。

成都平原，野生动物资源十分丰富，古蜀人充分利用大自然的礼品，扩大动物蛋白质来源，同时又大量饲养家畜家禽，体现了因地制宜、综合发展利用的生产性经济体制，是具有相当进步意义的。所以，我们才会在蜀文化遗址中发现有渔猎工具。至于遗址中一些可能与狩猎业有关的其他用具，如斧、锛、锥、刀、砍砸器、盘状器等，其实本身同时也是武器，又是农具，或手工工具，具有多种功能，难以截然分开，绝不能单纯作为猎具看待。

（二）鸟头柄勺与古蜀先祖

广汉三星堆遗址第二期至第四期，数百年间均存在以鱼凫为原型做成的陶质鸟头柄勺，鸟头长喙带钩，极似鱼鹰。《诗经·大雅·凫鹥》注说："凫，水鸟。"即是《说文·鸟部》所记䴏鹚，俗称"鱼老鸹"。《尔雅·释鱼》郭璞注道："䴏鹚也，嘴头曲如钩，食鱼。"恰与三星堆所出鸟头柄勺上鸟头的特点相符，也与三星堆一号坑所出金杖图案上鸟头的形象一致，可见鸟头勺柄的鸟头形，就是从鱼凫这种水鸟衍化出来的。

三星堆出土的鸟头柄勺，是鱼凫王朝用在宗教礼仪场合的舀酒之器，以酒供奉祖先，告慰神灵。之所以如此，就是因为鱼凫王的祖宗先公先王，是以捕鱼为生的一支族类，而鱼凫则是其借以捕鱼的重要工具。正因为鱼凫这种水鸟为古蜀先民带来了兴旺的鱼类，解决了他们的一桩生计，所以古蜀先民才如此敬仰它，供奉它，以致这支族类被人们称为"鱼凫氏"。这就是古代命氏之法中所谓"以事为氏"，而这氏号也就世代沿袭不改了。

不过，如果把三星堆出土的鸟头柄勺，当做当时鱼凫氏经济类型的象征，那就大错特错了。因为很明显，作为一种经济类型，捕鱼经济还不是生产性经济，仅仅是一种攫取性经济，在人类社会的发展中还处在野蛮时代。以这种生产力极为低下的经济类型为基础，怎么可能创造出三星堆那巨大的城市、复杂的社会结构和辉煌的青铜文化？怎么可能同一个灿烂的古代文明中心相称？显而易见，鸟头柄勺并不代表三星堆文化古蜀人的经济类型，而是为纪念古蜀人先祖及其事业而制作的。建立古蜀国的鱼凫氏，虽是渔猎族类的后代，但早已转化为一支农业民族，并以农业为坚强基础，从而才迈进了文明社会的门槛。

当然，作为农业经济的有益补充手段之一，在三星堆文明时期，古蜀人毕竟不会放弃这一获取肉类蛋白质的经济手段。三星堆遗址出土的网坠，便是明确的证据。但是，从网坠在出土生产工具中只占很小比例的现象看来，又可以

第五章 古代蜀国的社会经济

肯定地说，捕鱼在三星堆文明时期的古蜀经济生活中，其地位是很次要的。

（三）成都平原兴旺的家畜饲养业

家畜饲养业在世界许多地区大致是与农业同时出现的，并成为农业兴旺发达的一种标尺。

古蜀国在成都平原发展农耕的同时，也大力发展了家畜饲养业。三星堆遗址出土了37枚动物牙齿，全系猪牙和鹿牙；还出土了众多的家养动物陶塑像，有猪、绵羊、水牛、公鸡等。三星堆出土的八鸟四牛青铜尊、一鸟三羊青铜尊等，也都反映了三星堆先民家畜饲养业发达的景象。成都地区历年也出土了大量的动物骨骼。如方池街遗址第五层，除去其中的野生动物，可以确认属于家养动物的有猪、犬、水牛、黄牛、马、羊、鸡等，可谓六畜兴旺。成都指挥街西周至春秋前期遗址内，出土大量家养动物骨骼，有犬、马、猪、黄牛四种家畜和鸡一种家禽，其中家猪材料约计有30个个体。据鉴定，成都地区出土的家畜，如马、牛、猪等的体质变异，均在现生饲养种类范围内，与野生动物已判然有别，可见已有相当长久的驯养历史。饲养动物骨骼中，家猪约占75%，说明古蜀人家畜以养猪为主。家猪骨骼中，又以半年至一年半之间的个体为主，显然出于有意识的行为，即养猪食肉。可见，猪肉是古蜀人肉类食物的一个主要来源。

（四）畜牧业

古文献中，有一些涉及古蜀人田猎的史迹。《华阳国志·蜀志》有如下记载：

(1) 次王曰鱼凫，鱼凫王田于湔山。
(2) 后有王曰杜宇……以汶山为畜牧，南中为园苑。
(3) 周显王之世，蜀王有褒、汉之地，因猎谷中，与秦惠王遇。
(4) 平阳山亦有池泽，蜀之渔畋之地也。

第一条，"鱼凫王田于湔山"，"田"为田猎之意，意即狩猎。但此条是鱼凫王败于杜宇，退走湔山以求自保的隐括之词，是史家为王者讳、为尊者讳的笔法，我们不必求其田猎之实。湔山，蜀之茶坪山，在今都江堰市与汶川县界，正是退走岷山之路。

第二条，杜宇以"汶山为畜牧，南中为园苑"。"汶山"即岷山。岷山地区为氐羌之地，大多从事粗耕农业与畜牧业相结合的复合型经济。岷江上游又为蜀王势力范围，蜀王将其作为田猎场所，射猎游乐，或训练军队，是为固然。南中指今宜宾、凉山州、云南和贵州。园苑是供古代君主狩猎的场所。杜宇以南中这片广袤土地为园苑，当然是一种借喻，主要指杜宇能够恣意在此间为所欲为，是南中地区的主人。但是这句话里也包含着部分史实。《后汉书·南蛮西南夷列传》记载今凉山地区的筰都夷，"或土著，或随畜移徙"，《史记·货殖列传》和《汉书·地理志下》也都说当地出产"筰马、旄牛"，确实存在典型的畜牧业。不过，南中并非古蜀国本土，只是其势力范围，南中诸国也只是古蜀国的附庸，而不是它的行政区划或官府派出机构。因此，南中的畜牧业，自不会是蜀王国自身的畜牧业。

第三条，蜀王猎于褒、汉之地，与秦惠王遇。《蜀王本纪》也有类似的记载，说蜀王率万人猎于褒谷。褒、汉之地即指此褒谷。这一条材料，年代在蜀、秦大战南郑，蜀师固守，秦师败退之后。蜀王于此时东猎褒谷，并非狩猎，而是向秦惠王炫耀军力，耀武观兵。

第四条，平阳山有蜀之"渔畋之地"，"畋"为田猎之意，平阳山为今天回山，蜀人在此开辟猎场，意在游玩，或练兵，与畜牧无关。

这说明，进入了文明时代的成都平原蜀人，是没有一个完整形态的、独立于其他经济部类之外的畜牧业的。当然，从全蜀来看，毕竟还不能说古蜀没有畜牧业。

蜀的畜牧业，主要分布在成都平原周边山地和高原地区，如岷江上游"出名马"，青衣江流域和南中出"筰马、旄牛"。这些动物，都是驰名海内的畜牧产品。

这里试述岷江上游畜牧业的概况。《后汉书·冉駹传》记载说：

> （汶山）又土地刚卤，不生谷粟麻菽，惟以麦为资，而宜畜牧。有旄牛，无角，一名童牛，肉重千斤，毛可为毦。出名马，有灵羊，可疗毒，又有食药鹿，鹿麑有胎者，其肠中粪亦疗毒疾。又有五角羊、麝香、轻毛鹠鸡……其人能作旄毡、班罽、青顿、毞毲、羊羖之属，特多杂药。地有咸土，煮以为盐，麋羊、牛、马食之皆肥。

这段史料，详细罗列了岷江上游隆盛的畜牧业的各种主要产品。这些畜牧产品，除了供人们食用外，其皮、毛还可充作多种用途，其中不少还相当名贵，成为蜀商内外销售牟取暴利的一大财源。

六、制盐与酿酒

古蜀与农业有关的，还有一系列经济活动，其中主要的有制盐和酿酒。

（一）制盐

食盐在人类生活中是不可缺少之物。我国战国末叶以前的食盐，主要通过晒、煮富含盐分的土、石、水等方式获得，故有海盐、池盐、岩盐、泉盐等。古代蜀人的食盐，主要有泉盐、池盐、岩盐。

产盐之地，据《华阳国志·蜀志》所记，南安（今乐山市）有"盐濑"。濑，张澍《蜀典》卷7释曰："濑，为水中滩碛之名。"南安盐濑，应是蜀人就地取煮盐水之地。《水经·江水注》说南安是"蜀王开明故治"，也应与开明王朝控制南安之盐有关。

岷江上游是另一产盐之地。《太平御览》卷52引《华阳国志》记载："汶山有碱石，煎之得盐。"《后汉书·冉駹夷传》所记同。《太平御览》卷865引任预《益州记》又说："汶山有咸石，先以水渍，既而煎之。"是为岩盐之类。

古文献中关于蜀人制盐的记载虽然不多，但从《华阳国志·蜀志》所记秦灭蜀后第五年就在成都置"盐、铁、市官"来看，蜀的产盐量应该很大，故置盐官以主其税。

（二）酿酒

古代蜀国农业的发展促进了酿酒的兴盛。早在广汉三星堆古蜀文化遗址中，就有大量酒器，包括各种酿酒器具、盛酒器和饮酒器，既有陶质，也有青铜质。从大量饮酒器做成束颈、侈口的器形看，蜀酒似与中原"汁滓相将"（连糟食用）的酒不同，很有可能是去滓后仅饮其汁的低度发酵酒①。

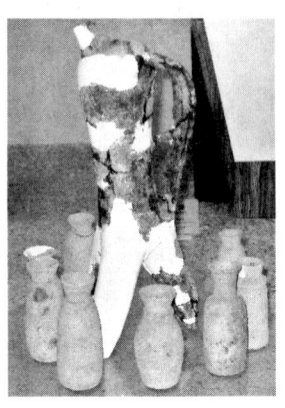

图 5-3 三星堆遗址出土的陶酒器

---

① 林向：《蜀酒探源》，《南方民族考古》第 1 辑，四川大学出版社 1987 年版。

商周至战国时期蜀的酒器，各地有大量出土。其中仅青铜酒器就已发现百余件，有罍、壶、尊、觯、钫、缶、彝、鉴、勺等。或出于遗址，或出于墓葬，表明酒在蜀人的日常生活和祭祀活动中，都已成为不可或缺之物。

（三）蜀醴享祀

《华阳国志·蜀志》有这么一段记载：

> 九世有开明帝，始立宗庙，以酒曰醴，乐曰荆，人尚赤，帝称王。

从酒的角度看，从开明九世（约当战国早期）起，古蜀人即把酒称为"醴"，至于从前怎样称呼，便不得而知了。何为"醴"？

《释名·释饮食》解释说：

> 醴，齐醴，体也（按：今本"体"字皆作"礼"，据毕沅校本作"体"），酿之一宿而成体，有酒味而已也。

郑玄注《周礼·天官·酒正》说道：

> 醴，犹体也，成而汁滓相将，如今恬酒矣。

许慎《说文解字》解释说：

> 醴，酒一宿孰（熟）也。

可以知道，所谓"醴"，原来是一种仅发酵酿造一宿而取用的酒。这种酒，虽酒味淡薄，却也成酒之"体"，所以称为"醴"。

醴这种酒，由于味薄清淡，所以饮用时是"汁滓相将"，即连滓和汁一道饮用。因此，古代称"醴"为浊酒一类。邹阳《酒赋》[①] 说道：

---

① 《初学记》卷6引。

第五章 古代蜀国的社会经济

　　清者为酒，浊者为醴，清者圣，浊者顽。

　　拿现代语言来说，所谓醴，原来是用曲蘖酿造一宿而成的糖度较大、酒度很低、连糟食用的酒，略似今之醪糟；但因发酵期比醪糟短，所以不论甜度还是酒度又都赶不上醪糟。

　　有学者认为，从《华阳国志·蜀志》的记载看，"醴"似乎是古蜀人对酒的专门称谓，以为醴应当属清酒类而不属浊酒类。对此，有必要略辨如下：

　　《华阳国志·蜀志》在说到蜀人"以酒曰醴"时，有一个十分重要的前提不能忽视，即是"九世有开明帝，始立宗庙"。这句话说的是开明九世移治成都后，重新建立其先公先王的宗庙，"始立"应理解为重新建立，而不是史无前例的头一遭，而这里的"开明九世"，其实也是"开明五世"之误。从文意看，古蜀人把酒叫做醴，也是在"始立宗庙"并进行一系列改制之后，并不是自古而然。因此，在此之前，蜀酒是不称为醴的。

　　何以古蜀人要在此时称酒为醴呢？这个问题，由于文献无征，很难解释清楚。有学者认为，醴为楚语，但楚语并不如此称呼，这从《左传》、《国语》诸书均可取得证明。我们认为，这还是得从蜀王改制谈起。

　　蜀王开明前世的宗庙制度如何，今已失考。开明五世迁都成都后，始以"五色为主，其庙称青、赤、黑、黄、白帝也"①，建立以色相别，而无以功德相称或左昭右穆那种习见于中原的谥列制度。庙堂供奉，不可无酒；古蜀人的庙堂祭祀，也飘着浓郁的酒香。但用于新建庙堂内的酒，不再是过去的酒，而是仅酿一宿即可快速取用的醴。这种改变，是与蜀王的宗庙改制一致的，却并不妨碍绝大多数普通蜀民对酒的原有称谓。关于此点，只要细读一下《华阳国志·蜀志》"以酒曰醴，乐曰荆，人尚赤，帝称王"这段，就可发现所举四例都是针对蜀国王室的，从而明白"以酒曰醴"仅是针对庙堂享祀之礼而言，绝不是所有或大多数蜀人对酒的普遍称呼。

　　从对青铜酒器的研究分析中，我们同样可以得出与此一致的结论。

　　古蜀国的青铜酒器，几乎均与中原常见的酒器相似。器形的相似，总是同功能的相似一致的，通常情况下不会出现例外。中原的酒，有"清酒"与"浊

---

① 《华阳国志·蜀志》。

酒"之分，而据《周礼·酒正》，醴这种浊酒，也正是宗庙之中用以祭祀的酒。再据文献，核以考古，中原宗庙之中的盛酒器，也就是罍、尊、觯等，表明这些酒器置于宗庙，是盛装醴这种祭祀用酒的。古蜀的盛酒器，也以罍、尊、壶等为常见，并且绝大多数属于礼器，置于庙堂，或随主人下葬。因此很自然，不论置于宗庙还是随主人下葬（如果下葬时内中盛装酒汁的话），器中所盛，必然也是醴，而不会是清酒。所以，《华阳国志》说蜀人"以酒曰醴"，这"醴"字并非音译，而有其确定的、真实的内涵。

至于说到音译，还有必要深入一步核查一下《华阳国志·蜀志》记载的这段材料，以便更进一步证实我们以上的结论。所说"以酒曰醴，乐曰荆，人尚赤，帝称王"，这四者中，其实没有一条可以真正令人信服地指作是音译的。

"乐曰荆"，这"荆"字，开初似乎不好理解，容易使人误以为音译。可是，只要联系一下《蜀王本纪》、《本蜀论》、《风俗通》所引《楚辞》、张衡《思玄赋》等古籍关于"荆人鳖灵（即开明）"或"荆尸"等记载，便不难看出，"乐曰荆"之"荆"，是与"荆人鳖灵"之"荆"息息相关甚至来源于此的。蜀王开明氏来源于荆；开明五世建立宗庙时，为纪念其先王，命名庙堂祭祀之乐为荆。两者之间，正是一种因果关系。而这种称为"荆"的庙堂音乐，自然也饱含着开明氏所从来的荆地的浓郁生活气息。类似这种情形的例子，在古今中外都十分常见。某种意义上可以说，称宗庙之乐为"荆"，在语言形式上表达了一种归葬的理念。可见，所谓"乐曰荆"，实际应是指庙堂祭祀音乐的名词，而不是音译。

"人尚赤"，发生在开明五世宗庙改制以后或同时，说明此前则不如此[①]。可见，联系开明五世的迁都和改制，对于理解这段文字，是非常重要的。

"帝称王"，"帝"和"王"这两个字显然绝对不是音译，而有两种可能。一种可能是意译，即将在蜀语中关于"帝"和"王"的概念直接用汉语表达出来。另一种可能是，开明氏原本就用"帝"和"王"的语音来表达两者的概念，即

---

① 新石器时代的岷江上游营盘山遗址出土有涂朱的遗物，商代的广汉三星堆遗址也出有面部涂朱的遗物，其含义应与祭祀有关。这一类现象在许多古遗址中都可以见到，对此现象还不能称为"尚赤"。所谓"人尚赤"，是人们崇尚赤色的意思，并不表示墓葬随葬品或祭祀用具涂朱之意。开明氏治蜀的时代为东周，其来源、族属和时代与前两者均不相同，在史籍和考古中还没有发现开明五世之前有"尚赤"的习俗。

音、义均与华夏相同。两种可能中，后一种可能性不太符合历史实际。因为既然"蜀左言"，颇不与华相类，就不会恰巧如此偶然地刚好在两个最重要的语词上与华夏完全一致。与此相应，前一种可能性则是大致合理的，即是用汉语记录的蜀语语义。

由此可见，"乐曰荆，人尚赤，帝称王"，三者无一是所谓音译。那么，"以酒曰醴"，又怎么可能是音译呢？应当说，"以酒曰醴"，这"醴"字也正是用汉语表达的古蜀人关于仅发酵一宿便加以取用，而享祀于庙堂之内，供奉于先王灵前的那种汁滓相将的薄酒的概念。所以，"以酒曰醴"，既不能理解为广大古蜀人对酒的专门称谓，也不能理解为古蜀人只有这么一种薄酒。

第二节 蜀的手工业

手工业是蜀国古代文明最重要的支柱。先秦蜀国手工业中，冶金、制玉、制陶、漆器、竹木器、纺织、矿业、建筑业都十分发达，不仅具有特色，有些行业的产品还在当时全中国范围内居于领先地位，反映出蜀国文明的辉煌成就。

一、青铜业

(一) 冶金术的起源

从世界范围看，一般认为最早的冶金术诞生于西亚安那托利亚等地①，由此向埃及、巴尔干、希腊、印度等方向传播。

公元前4000年代末3000年代初，美索不达米亚首先进入青铜时代②。中国冶金术早在公元前3000年已经产生，甘肃东乡林家出土的1件用单范铸成的青铜刀③，表明已进入早期青铜时代。由于青铜冶炼和铸造技术是上承红铜重熔、铸器的技术而来，在此基础上才逐步掌握了还原氧化铜矿以得到纯铜的人工冶炼方法，因此中国冶金术的开端还在公元前3000年以前。

---

① R. Ghirshmann, Fouilles de Sialk, Vol. 2, P. 205, 1938. C. C. Lametbg-Ratlovsky, *Excavations at Tepe Yahya*, 1976.

② R. F. Tylecote, *A History of Metallurgy*, 1976.

③ 北京钢铁学院冶金史研究组：《中国早期铜器的初步研究》，《考古学报》1981年第3期。

古代蜀国的冶金术，在公元前2000年代中后期已达到高度成熟的发展阶段。广汉三星堆遗址一、二号祭祀坑出土的大量青铜器，是迄今已知年代最早的蜀国大型青铜器群。无论从合金水平还是制作技术来看，这些青铜器与同一时期华北商王朝相比，都并不逊色，而又明显地分属于不同的文化系统。

广汉三星堆遗址祭祀坑所出青铜器，初步预测总重量超过一吨，这在当时的中国范围内是不多见的。这批青铜器中的绝大多数器形，都与同一时期蜀国的陶、石等器物形制不同，显然早已脱离模仿其他原料器物的初级阶段。在造型技术上，诸如大型青铜立人、各种青铜人头、面具、神树等，其工艺之复杂，远远超出其他任何质料所做器物的技术难度，而同出的玉石器中却有模仿青铜器的情况。就器物性质和用途来看，多数为礼仪性非实用器。这些都是青铜时代高级阶段的显著标志。这一切显然意味着，蜀国冶金术的起源时代还更早，远远早于这批大型青铜器群的瘗埋时代（公元前2000年代中后期）。

冶金术的起源与制陶术的进步有着不可分割的关系。矿石冶炼所必备的高温，一般是在制陶术发展到已经可以提供足够的加热温度后才可能获得。三星堆遗址所出陶器，多为轮制，火候较高，还出土大量厚胎夹砂坩埚和翻模铸造的泥芯，确凿无疑地表明蜀人已掌握了相当的高温加热技术，足以为冶铸金属器提供温度技术条件。从成都平原古蜀文化各遗址所出陶器的阶段性进步，到三星堆遗址中坩埚和红砂泥芯的出现，绝不是偶然的，它恰好反映了从制陶术的进步到冶金术的兴起这一必然历史进程。我们相信，随着考古工作的深入开展和研究工作的深入进行，有关蜀国冶金术起源的诸问题，将会日益揭示出来。

（二）采铜和炼铜技术

在四川辽阔的地域上，蕴藏着丰富的铜矿资源，为古代冶金业的发生和发展提供了不可缺少的物质原料条件。根据《汉书·地理志》、《续汉书·郡国志》等史籍，古代四川铜矿主要分布在金沙江流域、青衣江流域和成都平原边缘地带，如邛都（今四川西昌）、灵关（今四川芦山）、徙（今四川天全）、严道（今四川荥经）、青衣（今四川雅安）以及朱提（今四川宜宾至云南昭通）等地。这些铜矿在古蜀国的时代是否已经开采，目前的资料还不能给以确切解答。不过，《管子·山权数》的一条材料值得注意。此书记载："汤以庄山之铜铸币"。"庄"、"严"同义，庄山即严道铜山。虽然成汤不大可能至川西平原开采铜矿，当时也无所谓铜币，但由此却反映出严道铜山之铜开采历史的悠远。

第五章 古代蜀国的社会经济

据历史文献记载，蜀人用于炼铜的矿石，除了自然铜外，兰铜矿可能是矿料的重要种类之一。《华阳国志·蜀志》记载蜀地矿产富于"空青"，空青即兰铜矿，是一种含铜量为55.3%的次生氧化矿物。据章鸿钊《石雅》①引陈藏器说："铜之精华，大者即空绿，次者空青也。""空青生益州山谷及越巂山有铜处，铜精熏则生空青，其腹中空。"② 现代矿物学确认，空青就是"其腹中空"、钟乳状、葡萄状或肾状的兰铜矿，常与孔雀石（绿青）共生③。古代蜀人大概以蜀地富产的空青作为青铜矿料诸种来源中的一种，这与华北青铜时代主要以孔雀石作为铜矿料有所不同。

蜀人的炼铜技术固无文献可以征引，但从三星堆祭祀坑所出骨渣中杂有大量竹木灰烬、泥芯和铜熔渣，坑内填土中也含有灰烬、红砂泥芯和铜熔渣等情况推断④，应当是火法冶铜，以铜矿石为原料，以木炭为燃料和还原剂，同炉而冶，获得金属铜。

三星堆祭祀坑出土青铜熔渣结核、泥芯（内范）和坩埚，表明当地拥有大型铸铜作坊。因为古代即使选用最富的矿石，每炼一百斤铜需要三百至四百斤或更多的矿石⑤。这就意味着，三星堆铸造青铜器所需的铜、锡等原料，是首先在矿石产地或其附近的炼铜作坊分别炼出金属铜、锡后，再输送到三星堆熔铸成合金，最后制作成器的。这一方面说明蜀国冶金工业布局的科学性，另一方面则说明，商代晚期蜀国的冶金术已经脱离了直接从矿石混合冶炼中获取青铜的初级阶段，达到首先分别炼出金属铜、锡，再将金属铜、锡同炉而冶，熔炼成为青铜的高级阶段⑥。

（三）青铜合金技术

青铜是以铜、锡或铜、锡、铅为主要原料的合金。古代蜀国的铜制品，有铜锡、铜铅、铜锡铅、铜铅锡、红铜等五类。前四类均为青铜，其中第一、二

---

① 章鸿钊：《石雅》再刊本，第347页、348页。
② 章鸿钊：《石雅》引《名医别录》。
③ 夏湘蓉等：《中国古代矿业开发史》，地质出版社1980年版，第247页。
④ 四川省文物管理委员会等：《广汉三星堆遗址一号祭祀坑发掘简报》，《文物》1987年第10期；陈显丹、陈德安：《试析三星堆遗址商代一号坑的性质及有关问题》，《四川文物》1987年第4期。
⑤ 中国古代冶金编写组：《中国古代冶金》，文物出版社1978年版，第23页。
⑥ 段渝：《论商代长江上游川西平原青铜文化与华北和世界古文明的关系》，《东南文化》1993年第1期。

类为二元合金，第三、四类为三元合金。下列表格是对广汉三星堆祭祀坑所出铜器的分析结果，从中可以看出商代蜀人的青铜合金术水平①。

表5-1 广汉三星堆一号祭祀坑试样基体电子探针成分分析结果

试样编号	器物名称及取样部位	出土号	基本成分（%）								总计
			铜	锡	铅	锌	镍	磷	硅	铁	铝	
01	铜人头下嘴唇	K1-207	94.41	4.84	0.05			0.70				100.00
13	铜罍盖沿口	Kl-135	93.08	3.01	3.91							100.00
14	铜瑗残片	K1-285-5	97.77		2.23							100.00
17	龙虎尊虎头左侧腹片	K1-258	71.76	3.18	25.06							100.00
10	铜戈穿前腹部	K1-53-1	98.40					0.70	0.90			100.00

表5-2 广汉三星堆二号祭祀坑试样基体电子探针成分分析结果

试样编号	器物名称及取样部位	出土号	基本成分（%）								总计
			铜	锡	铅	锌	镍	磷	硅	铁	铝	
01	铜面具嘴唇下部	K2-148	96.48	3.17	0.09			0.27				100.00
02	铜人腰部	K2-149	95.81	3.22	0.03		0.23	0.71				100.00
03	铜人底座	K2-149	98.09	0.23	0.07		0.63	0.98				100.00
05	铜面具耳部	K2-152	96.16	3.26	0.11			0.47				100.00
06	铜人头颈部	K2-82	97.08	2.45	0.12		0.35					100.00
07	铜罍下腹部	K2-88	65.31	8.56	16.82					1.51	7.80	100.00
08	铜罍底部	K2-146	62.91	5.29	29.90			1.90				100.00
15	铜尊上腹部	K2-127	77.69	4.42	15.17			1.92				100.00
16	铜尊沿口	K2-129	99.05				0.95					100.00
11	星状器外沿口	E2-139-1	78.08	4.65	16.37			0.96				100.00
12	铜车器尖部	K2-123	73.11	0.63	24.70		0.69	0.87				100.00
09	铜戈尖部	K2-261-5	87.02	7.90	1.64		1.32	2.12				100.00

---

① 曾中懋：《广汉三星堆一、二号祭祀坑出土铜器成分的分析》，《四川文物》1989年专辑；《广汉三星堆二号祭祀坑铜器成分的分析》，《四川文物》1991年第1期。参考金正耀等：《广汉三星堆祭祀坑青铜器的化学组成和铅同位素比值研究》，载《三星堆祭祀坑》，文物出版社1999年版，第490~499页。

第五章 古代蜀国的社会经济

续表

试样编号	器物名称及取样部位	出土号	基本成分（%）									总 计
			铜	锡	铅	锌	镍	磷	硅	铁	铝	
18	铜树座底部	K2-191	79.19	2.32	18.49							100.00
19	铜树树干	K2-215	89.55	0.76	9.69							100.00
20	铜树干浇铸缝	K2-24	78.86	1.19	19.95							100.00
21	铜树干缠卷枝	K2-322-11-2	79.65	0.09	20.26							100.00
22	铜树上的细小树枝	K2-261-5	73.86	0.43	25.72							100.00
23	铜树上果实	K2-322-11-1	64.48	1.38	32.71			1.43				100.00

表 5-3　广汉三星堆二号祭祀坑出土铜器试样能谱成分分析结果

试样编号	器物名称及取样部位	出土号	基本成分（%）								总 计
			铜	锡	铅	铝	铁	硅	钙	磷	
01	铜人头耳后	K2-15	86.96	3.14	9.19		0.71				99.30
02	铜面具下嘴唇	K2-201	78.18	8.54	12.25		1.04				100.01
03	铜人头耳内壁	K2-121	90.99	3.15	4.99	0.12	0.62	0.14			100.01
04	铜罍腹部	K2-159	88.84	4.76	6.27		0.56				100.00
05	铜罍底部	K2-88	83.78	10.44	4.52	0.16	1.10				100.00
06	铜罍底部	K2-103	85.39	4.03	9.16	0.22	0.73				100.03
07	铜尊沿口	K2-135	80.76	15.71	2.89	0.07	0.53	0.05			100.01
08	铜尊沿口	K2-200	66.80	10.05	19.23	0.34	3.42	0.16			100.04
09	铜尊沿口	K2-129	79.04	3.26	16.77	0.44	0.95				100.46
10	铜车轮沿口	K2-67	82.92	0.03	10.34	0.12	0.53	0.07			100.01
11	铜车轮轴沿边	K2-74	79.66	9.24	9.93	0.22	0.86	0.08			99.99
12	铜神树底部中心	K2-215	96.98	0.67	1.65		0.46		0.24		100.00

广汉三星堆一号坑的年代，大体相当于殷墟一期；二号坑的年代，约略相当于殷墟晚期①。可见，当商代中、晚期（殷墟时期）之时，蜀人已熟练地掌

---

① 《广汉三星堆遗址一号祭祀坑发掘简报》，《广汉三星堆遗址二号祭祀坑发掘简报》，分载《文物》1987 年第 10 期、1989 年第 5 期。

握了二元和三元青铜合金术。

商代蜀国的青铜合金，与相同时期华北商王朝相比，有如下显著特点：

第一，蜀国青铜礼器的锡含量一般较低，而实用器如罍、尊的锡含量则较高。殷墟出土的青铜器，兵器绝大多数是铅青铜，只有少量优质兵器使用锡青铜①，大量的锡青铜则用以制造礼器②。这说明蜀国锡青铜的使用有其自己的标准，与商文化不同。

第二，蜀国青铜礼器的铅含量较高，最高者可达 32.71%，实用器的铅含量很低甚至完全不含铅。而殷墟出土的兵器铅含量较高，多数大于锡含量，高者可达 26.78%，礼器的铅含量则大大低于兵器③。如司母戊大方鼎，含锡 11.64%，含铅仅 2.79%④。又如司母辛大方鼎，含锡 12.62%，含铅仅 0.50%⑤。可见，蜀国锡青铜和铅青铜的使用，是依器物性质而定，礼器一般用含铅量较高的铅青铜或铅锡青铜，实用器一般用含锡量较高的锡青铜或锡铅青铜。表明它与商文化铅锡青铜和锡铅青铜的用途恰好形成鲜明对比，说明是两个不同的青铜文化系统。

第三，蜀国青铜器，无论礼器还是实用器，均不含锌。商王朝青铜器往往含有微量锌。这种情况可能是由于青铜原料的产地不同所致，说明两者青铜原料的来源不同。

第四，蜀国铜锡类和铜锡铅类青铜器，多数含微量磷元素。在青铜合金的熔炼中掺入微量磷，可增加青铜的流动性，提高其强度、硬度和弹性⑥。历来对商文化青铜器的分析中，均未发现含有磷元素。这不仅说明蜀国青铜合金术富于特色，而且说明蜀人在掌握青铜合金的脱氧技术方面，达到了当时的先进水平。

第五，三星堆出土的1件青铜器中，含有微量钙元素。这种含有微量钙元素的铜锡合金，过去从未发现，是冶金史上的首例。究竟是怎样形成的，是人

---

① 闻广：《青铜与锡矿》附表1，1963年。
② 夏湘蓉等：《中国古代矿业开发史》，地质出版社1980年版，第205页。
③ 闻广：《青铜与锡矿》，1963年；马承源等：《中国青铜器》，文物出版社1988年版，第504、507页。
④ 杨根、丁家盈：《司母戊大鼎的合金成分及其铸造技术的初步研究》，《文物》1959年第12期。
⑤ 《殷墟妇好墓》，文物出版社1980年版，第16页。
⑥ 《重有色金属材料加工手册》第1册，冶金工业出版社1979年版，第155页。

为还是矿料杂质所致,值得进一步研究。

上述情况表明,商代蜀国的青铜合金术,无论在选料、合金类别的用途还是熔炼技术方面,都自成体系,独具一格,有别于华北商文化。因此,蜀应是中国冶金术起源的若干个中心地之一。

战国时代蜀国青铜器的合金成分,锡含量较之商代又有显著提高,合金配比日益与中原系统相近。无论兵器还是容器,没有一件是红铜器①(见下表),全部是锡、锡铅或铅锡青铜,且前两者占绝大多数。各类青铜的合金配比均较稳定,变化量较小,达到稳步发展状态。这一时期的蜀国青铜剑、矛、钺的合金成分中,都发现了微量磷元素②,而同一时期中原地区的青铜器中都不含磷。表明它是从商代以来蜀青铜合金的技术传统直接发展而来的,可以说是一脉相传,世代相承。在蜀文化与中原文化交流日益频繁的战国时代,蜀国的青铜合金术仍然保留了这一古老的优秀传统,突出反映了蜀国青铜文化的特殊性质,强烈显示出它自身的发展脉络、演变源流和独特的青铜文化传统。

表5—4 战国时期蜀国青铜器合金成分表

原编号	试样名称	出土地点、时间	成 分(%)				
			铜	锡	铅	锌	氯
B102	钟	四川乐山	71.88	15.31			
B104	钟	四川乐山	75.56	14.12			
S2	钺	成都郊区(1976)	82.244	10.560	6.155		1.038
S5	戈	成都郊区(1976)	86.423	13.576			
S6	环首大刀	成都郊区(1976)	84.322	11.293	4.383		
57	矛	四川彭县(1958)	89.162	10.837			
S8	戟矛	四川彭县(1958)	81.948	7.528	10.523		
S9	弧形小刀	四川彭县(1958)	81.400	16.700	0.880		
S10	矛	四川彭县(1958)	78.282	10.002	11.715		
S11	矛	四川彭县(1958)	84.628	8.126	5.763		1.508

---

① 田长浒:《从现代实验剖析中国古代青铜铸造的科学成就》,《成都科技大学学报》1980年第3、4期合刊;何堂坤:《部分四川青铜器的科学分析》,《四川文物》1987年第4期。

② 曾中懋:《磷——巴蜀式青铜兵器中特有的合金成分》,《四川文物》1987年第4期。

续表

原编号	试样名称	出土地点、时间	成 分（%）				
			铜	锡	铅	锌	氯
S12	带钩	四川遂宁（1956）	78.500	14.600	7.500		
S13	带耳铜镦	四川遂宁（1956）	69.500	11.800	18.900	<0.01	
S14	戈		75.500	6.600	17.700	<0.01	
S15	戈		88.178	11.821			
S29	矛		87.147	9.570	3.282		

表5-5 战国晚期蜀式剑、矛、觚合金成分表

名 称	出土地点、时间	取样部位	成 分（%）					
			铜	锡	铅	铁	锌	磷
铜剑	绵竹清道（1976）	背脊	84.50	13.90	0.76	0.091	0.260	0.27
铜矛	绵竹清道（1976）	刃	83.77	12.38	0.91	0.609	—	0.303
铜矛	犍为罗城（1980）	背脊	81.55	15.93	0.79	1.000	0.030	0.300
铜剑	犍为罗城（1980）	背脊	74.75	17.14	0.46	0.300	0.030	0.112
铜觚	广汉城关（1985）	口沿	91.31	1.43	3.64	0.301	0.050	0.301

（四）青铜器铸造技术和装饰工艺

蜀国青铜器的制作，主要采用范铸法，并运用了铜焊、锻打等技术，使其青铜制品不仅精美华丽，而且具有很高的技术和工艺价值。

青铜器绝大多数是用陶范铸造，石范的实例发现极少。

从铸痕分析，青铜器的范铸技术主要有浑铸法、分铸法和嵌铸法。

浑铸法即多范合铸，一次成形。三星堆所出铜人头、小型铜面具、小型铜人、铜太阳轮器等，都采用此法制作。

分铸法是在浑铸法的基础上发展起来的，也是商代华北广泛采用的一种进步的范铸技术。[①] 其中又有先铸法、后铸法之分。先铸法是先铸造器物的附件，再将附件置于铸器身的范中，与器身接为一体。后铸法是先铸造器身，再在其上造范，浇铸附件。这些方法在三星堆铜器上都得到广泛运用。

---

① 《中国古代冶金》，文物出版社1978年版，第39页。

嵌铸法主要用于尊、罍的兽头装饰和铜面具上突出的双眼等。

几种范铸方法往往结合运用。如人像的铸造就采用了浑铸法与分铸法结合浇铸的方法。

加工工艺主要有焊、铆、热补等技术。如三星堆 K1：36 的爬龙柱形器柱身上的龙及其他装饰，就是先铸成形，再施以铜焊，或用铜铆钉予以焊接。热补技术主要用于修补器物铸造时发生的某些裂痕和缺陷①。

战国时代蜀国青铜器除采用范铸成形外，还运用了局部塑性加工的技术。表八所测的 S5、S15、S29，在刃部或近刃部的金相组织中有部分滑移线，当是锻打加工留下的痕迹。《尚书·费誓》有"锻尔戈、矛"一语，是指锻打青铜戈、矛，但在考古学上一直未曾得到证实。这几件蜀式戈、矛的金相组织状态为弄清这段文献提供了科学依据②。

与同期华北青铜器相比较，蜀国青铜器在制作技术上有两个特点值得重视：

第一，商代晚期蜀已大量运用先铸法，而商周时期华北青铜器的分铸法是以榫卯式后铸法为主流，到春秋时期才转变为以先铸法为主③。

第二，商代晚期蜀人已熟练地掌握了铜焊技术，三星堆青铜器对此提供了可靠的实物证据。冶金史学界普遍认为，华北的铸焊工艺起源于西周末东周初，春秋中期较多地使用，战国时代使用更为普遍，是当时中原青铜工艺转变期的一种重要的新兴金属工艺④。而蜀国对这种新兴金属工艺的熟练掌握和应用，至少可上溯到晚商，较之中原诸夏和东方江淮流域诸族早达数百年。

蜀国青铜器的装饰工艺，主要有刻镂、嵌错金银丝、嵌错红铜、浮雕，以及表面镀锡等。

刻镂多用于纹饰图案等装饰。从商代到战国时期蜀国的许多青铜器上都应用了刻镂工艺，多为浅刻，花纹纤细流畅。嵌错工艺是先在青铜器上镂刻或铸出沟槽，然后将金、银、红铜等金属丝嵌入，使纹饰呈现出极强的立体感。成

---

① 陈显丹：《广汉三星堆青铜器研究》，《四川文物》1990 年第 6 期。
② 何堂坤：《部分四川青铜器的科学分析》，《四川文物》1987 年第 4 期。
③ 华觉明：《中国古代金属技术》，《世界冶金史》第二部分，科学技术文献出版社 1985 年版，第 493 页。
④ 华觉明：《中国古代金属技术》，第 504 页。

都白马寺坛君庙出土的多数青铜戈都嵌错金银丝，光耀夺目①。成都百花潭中学10号墓出土的铜壶，通体用红铜错成各种复杂的宴乐、弋射、狩猎和水陆攻战纹饰图案，其精美程度全国罕见②。

浮雕形式多样，立体感非常强，是青铜容器和部分兵器上的主要装饰手法。

蜀国青铜器表面处理的最大工艺特点是镀锡，使青铜器表面含锡高，含铜低③。经表面镀锡处理的多为兵器，目的显然在于装饰，使其产生寒光闪闪那样的效果。古代所谓"白刃"的说法，即由此而来。由于镀锡而形成了高锡保护层，客观上也起到了保护金属内层的作用。

表5-6　战国时期蜀国青铜器扫描电镜表面成分分析表

试样名称及编号	电子束取样情况		成　分（%）							其他（%）
	序号	位置和状态	铜	锡	铅	铁	硅	铝	磷	
戈 S_5	1	表面，青黑色，稍亮	44.585	47.455	3.723		4.234			
	2	表面，灰黑色	50.327	46.159	1.434		2.078			
	3	同1另一处	40.219	50.628	4.601		4.550			
	4	同2另一处	43.413	46.513	5.709		4.363			
环首大刀 S_6	1	表面，灰黑色	41.884	46.251		2.53	5.392	1.997	1.763	
	2	同上，另一处	36.578	43.539	9.521	2.265	4.865	1.716	1.530	
矛 S_7	1	表面，灰白色	65.751	28.648	4.439		1.160			
矛 S_{10}	1	表面，灰黑泛绿	9.571	40.915	25.332	3.680	14.149	6.350		
	2	在1之上的虎斑纹	14.867	46.097	21.327		11.807	5.899		
矛 S_{10}	1	表面，灰绿色	22.492	28.351	12.657	3.015	13.921	7.573		铂11.986
	2	同上，另一处	9.101	38.329	5.716	6.094	10.853		6.774	硫7.154
	3	同上，另一处	14.781	50.244	5.612	9.954	5.947		7.224	硫5.330
戈 S_{14}	1	表面，灰黑泛绿	26.584	32.240	32.257		7.714	9.943		
	2	表面特殊保护层脱落处	53.703	5.787	19.634	3.16	9.970	8.258		

---

① 卫聚贤：《巴蜀文化》，《说文月刊》1942年第3卷第7期。
② 《成都百花潭中学十号墓发掘记》，《文物》1976年第3期。
③ 何堂坤：《部分四川青铜器的科学分析》，《四川文物》1987年第4期。

续表

试样名称及编号	电子束取样情况		成分（％）						其他（％）
	序号	位置和状态	铜	锡	铅	铁	硅	铝	磷	
矛 S_{29}	1	表面，灰黄色	12.222	38.168	22.928	9.503	6.512	4.142		铂 6.521
	2	同上，另一处	14.671	39.873	23.953	9.596	5.414	3.972	2.517	
	3	在普表面之上的虎	17.915	43.808	21.554	3.712	15.008			
	4	同上，另一处	35.775	56.614		4.609	2.692		0.308	
两试样三朋纹分析，白平均成分			22.852	48.840	14.294	2.774	9.169			
一般试样十四表面分析点平均成分			31.870	41.236	10.373		5.537			

注："十四表面分析点"，不包括三个虎斑纹分析点（S10.2，S29.3，S29.4）以及特殊保护层脱落处（S14.2）。

  蜀式兵器中常见一种特殊的圆形、椭圆形和虎纹形的黑色斑纹，过去学术界常为此迷惑不解，甚至以为是后世作伪的证据。根据对这类兵器表面的科学分析，这类斑纹其实是表面二次镀锡所产生的特殊效果。程序大致是：先在器物表面均匀镀上一层锡，再依一定图案进行第二次镀锡处理，并使用某种现在还不知道的特殊方法加速这种图案的腐蚀过程，使其很快变黑。最后，一种有规则的几何图案或动物图案便在底色上清晰地显现出来①。带有这类斑纹的青铜兵器，目前所见年代最早的是"楚公豪戈"，约为西周后期。若考虑到这件蜀戈流传到楚熊仪（周宣王时）之手需一个过程，则此戈的制作年代还应提前。从这件蜀戈上的黑色圆斑十分规整的情况看，至少在西周后期，蜀人已熟练地掌握了青铜器表面二次镀锡技术和加速镀锡表面氧化的十分复杂的技术和工艺。这不仅不见于相同时期的中原诸夏，而且其中一些复杂的工艺即令现代科学还未能揭示其奥秘，充分显示了蜀国高度发达的冶金工艺和技术。

  总之，在商周至战国时代，蜀国的青铜冶金术在若干方面走在全中国的先进行列。

  （五）青铜器种类

  最近几十年来，蜀国青铜器在川西平原及周边地区陆续有出土，以成都和附近各市县所出为多。年代上起殷商，下迄西汉。出土数量以商代和战国时期

---

① 何堂坤：《部分四川青铜器的科学分析》，《四川文物》1987 年第 4 期。

为多。依用途和性质划分，可大致分为生产工具、兵器、礼器和生活用器、雕像等类别，每一类又包含若干分类和形式。

1. 青铜生产工具

主要有刀、锛、斧、斤、凿、曲头斤、锯、削、雕刀、锥等，从商代到战国时代都有发现。早在商代晚期的新繁水观音墓葬中，就出有蜀国的青铜斧、削等青铜生产工具，显示出当时生产工具的进步程度和生产力的较高发展水平。战国时代的新都木椁墓腰坑中，出土大量成组的青铜生产工具，计7种12套60件，每种以5件为组，有的还是大中小几套有序配置①。而同一时期中原和楚、秦的墓葬中，极少见到如此大量且成套成组的青铜生产工具。以蜀国墓葬、遗址和窖藏所出各种青铜工具，同相应时期出土各种其他材质的生产工具进行比较，可以看出青铜生产工具是当时生产力进步的突出代表，其他材质的工具在总体上说来只起辅助作用。1989年，在成都西郊大型战国木板墓内，引人注目地出土过一件尖叶形青铜锄②。但总的说青铜农具出土极少。这种情况，对于同一时期蜀国高度发达的青铜文化和进步的农业经济，显然极不相称，与长江中、下游和云南青铜时代存在大量青铜农具相比较，也很不相称。对其原因，还须进一步深入探究。

2. 青铜兵器

青铜兵器在青铜器中占有重要地位，数量大，种类多。历年来蜀国兵器出土数量相当多，也十分富于特征。主要器形包括戈、矛、剑、戟、钺、镞、弩机、胄等，除胄为防御性兵器外，均为攻击型兵器。其中既有长兵器和短兵器，又有远射程兵器。其分布范围十分广阔，以成都平原为中心，在四川盆地普遍分布，向南延伸到川西南高原和云南，向北连续分布达于汉中，并跨秦岭而延展到渭滨之域，这已是周之腹心了。

蜀国青铜兵器以戈、矛、剑、钺最富特色，有别于商周同类兵器，有其自身清晰的发展演变脉络，是一个自成体系的青铜兵器系统。

蜀戈可分无胡与有胡两类。无胡戈的基本特征是三角形援、无胡、方内。

---

① 《四川新都战国木椁墓》，《文物》1981年第6期。
② 《我市西郊大型战国木板墓的发现与抢救》，《成都文物》1989年第4期。

可分为五式①。无胡戈起源甚早，在商代就已大量出现，是当时蜀国军队的一种主要武器。其中的几种形式一直延续使用到战国时代，个别形式还见于西汉，表现出独特的文化内涵及发展连续性。有胡戈在战国时代始大量使用，不过并未取代无胡戈在蜀国军队装备中的地位，两类蜀式戈往往并行使用。

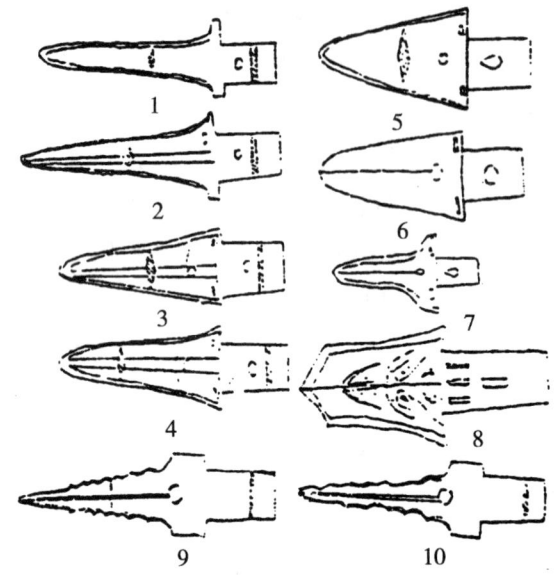

1、2. Ⅰ型（彭县竹瓦街）　3、4. Ⅱ型（彭县竹瓦街）　5、6. Ⅲ型（彭县竹瓦街，成都百花潭中学 M1O）　7. Ⅳ型（新都马家）　8. Ⅴ型（成都金牛区）　9、10. 三角形锯齿援戈（广汉三星堆二号坑）

图 5-4　蜀式无胡青铜戈

蜀国青铜矛最富特色之处是骹两侧对称的弓形耳系，与中原的环形耳系断然有别。依矛骹部的长短，蜀式矛可分为长骹和短骹两式。长骹式的叶与骹长相等，骹一般通至近尖处。短骹式可分为窄叶和宽叶两型，骹一般仅占全长三分之一。两式矛骹部多有纹饰或符号。长骹式最早见于新繁水观音②，短骹式最早见于彭县竹瓦街，相当于商代晚期③。战国时代的蜀国青铜矛多承此形制，改进不大。

---

① 霍巍、黄伟：《试论无胡蜀式戈的几个问题》，《考古》1989 年第 3 期。
② 王家祐、江甸潮：《四川新繁、广汉古遗址调查记》，《考古》1958 年第 8 期。
③ 王家祐：《记四川彭县竹瓦街出土的铜器》，《文物》1961 年第 11 期。

第五章 古代蜀国的社会经济

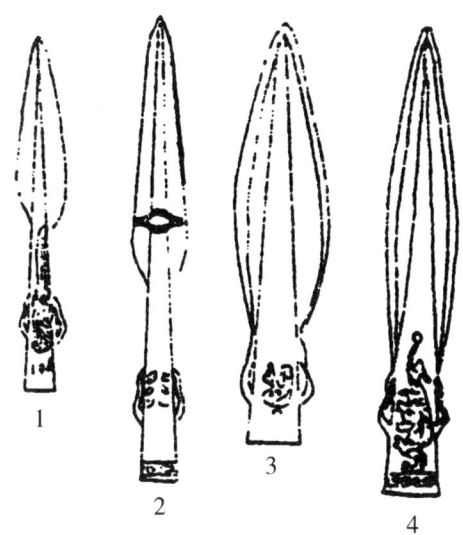

1、2. 长骹式　3、4. 短骹式
图 5—5　蜀式青铜矛

蜀式青铜剑的特点是扁茎、无格、剑身呈柳叶形、茎与身同时铸成。这种剑可分二式。Ⅰ式剑身较宽而薄，Ⅱ式剑较窄而厚。学术界常称Ⅰ式为巴式剑，Ⅱ式为蜀式剑。剑基多浅刻各种纹饰、符号。在峨眉符溪、成都罗家碾还出土带鞘的双剑，童恩正称之为用于遥击投掷的飞剑①。柳叶形剑过去在蜀国不多见，在宝鸡竹园沟、茹家庄、西安张家坡、甘肃灵台白草坡、北京琉璃河等西周早期到中期的墓葬中有较多发现，而过去在蜀国范围内的出现年代不早于春秋时期，因此学术界常认为发源于宝鸡地区或中原。但1986年春在广汉三星堆遗址相当于殷末周初的地层中出土1件柳叶形铜短剑，长24厘米②。1985～1989年，成都十二桥遗址第12层中出土一件柳叶形铜短剑，残长20.2厘米，年代为晚商；1990年在成都十二桥新一村晚商地层中出土一件残长20.9厘米的柳叶形青铜剑③，三星堆一号祭祀坑内也出土一件扁茎、身似柳叶、残长28.2厘米的玉剑，年代为殷墟一期。这几件柳叶形剑均早于宝鸡和中原等地区出土的同类剑。看来，这种柳叶形扁茎无格剑极有可能是从蜀国发源的。

---

① 童恩正：《我国西南地区青铜剑的研究》，《考古学报》1977年第2期。
② 林向：《三星堆考古发掘琐记》，《文物天地》1987年第5期。
③ 江章华：《巴蜀柳叶形剑渊源试探》，《四川文物·三星堆古蜀文化研究专辑》，1992年版。

蜀式铜钺可约略分为直内和銎内两类。直内钺出土于四川汉源富林①，弧刃，身长大于宽，为晚商之物。汉中城固出土的同一时期直内钺②，形制与富林所出近似，仅身长稍小于宽。

銎内钺分为六型。Ⅰ型仅有半圆形刃部③。Ⅱ型弧刃，斜肩，身近舌形④。Ⅲ型半圆形刃，中空，后部V型槽以受楔⑤。Ⅳ型身作圆形或椭圆形，中部折收成腰，平肩，椭圆形銎口⑥。Ⅴ型直身，弧刃，平肩，椭圆形銎口。Ⅵ型弧刃，两侧为锐角尖锋，扁长形銎口⑦。

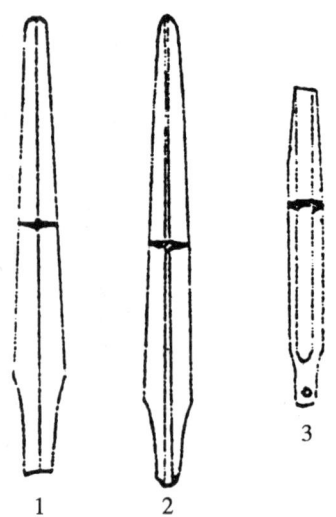

1、2. 铜剑（成都十二桥、成都新一村）
3. 玉剑（广汉三星堆 1 号坑）

图 5-6 蜀式柳叶形剑

蜀式铜钺具有显著特色，直内钺刃部外突近半圆，銎内钺圆刃，身近斧形，均不见于商文化。它们在蜀地出现均为晚商，两者间不大可能具有演变关系，但銎内钺的演变脉络较明显。西周以后，蜀式铜钺均为銎内钺，直内钺已不见使用。

3. 青铜礼（容）器

礼（容）器在蜀国青铜器中占有突出的地位。蜀国礼器绝大多数是专供统治阶级享用的奢侈品，其中既有用于祭祀、礼仪的礼乐之器以及专供随葬使用的明器，也有一部分实用器，包括各种饪食器、酒器、盥水器以及车马器、生活用品等。

---

① 岳润烈：《四川汉源出土商周青铜器》，《文物》1983 年第 11 期。
② 唐金裕等：《陕西省城固县出土殷商铜器整理简报》，《考古》1980 年第 3 期。
③ 岳润烈：《四川汉源出土商周青铜器》，《文物》1983 年第 11 期。
④ 《四川彭县西周窖藏铜器》，《考古》1981 年第 6 期。
⑤ 冯汉骥：《四川彭县出土的铜器》，《文物》1980 年第 12 期。
⑥ 《新都战国木椁墓》，《文物》1981 年第 6 期。
⑦ 刘瑛：《巴蜀铜器图录》，《文物资料丛刊》1983 年第 7 期。

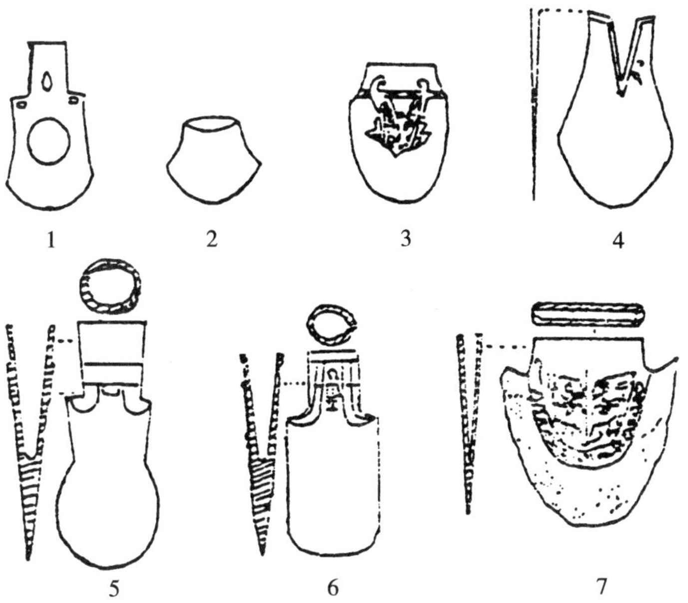

第五章 古代蜀国的社会经济

1. 直内钺 2—7. 銎内钺
图 5—7 蜀式青铜钺

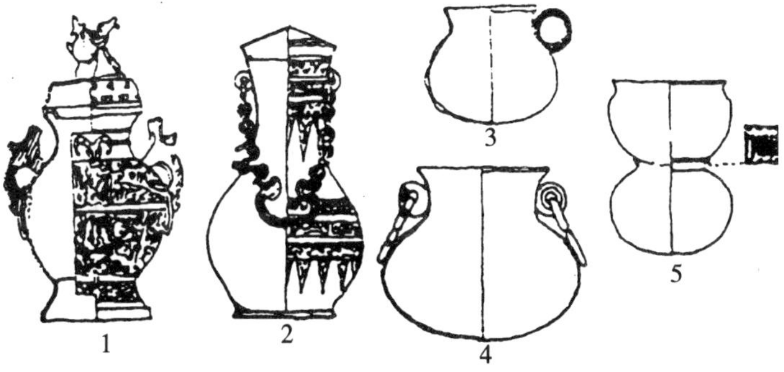

1. 夔龙兽纹罍 2. 提梁壶 3. 盉 4. 釜 5. 釜甑
图 5—8 蜀国青铜礼（容）器

蜀国青铜礼器中以列罍为重器，区别于商周以鼎、簋相配的列鼎之制。蜀的罍制，件数不一，而以五件一组为巨制。以五件为一组的列罍①，早期多为一大四小，如彭县竹瓦街一号窖藏和抗日战争时期在川西出土者，皆是②。彭

---

① 关于列罍的概念，冯汉骥教授最早提出，见《四川彭县出土的铜器》，《文物》1980年第12期。
② 冯汉骥：《四川彭县出土的铜器》，《文物》1980年第12期。

县竹瓦街二号窖藏所出列罍4件，为一大三小①。晚期的列罍五件之制，大小已完全相同，见于新都木椁墓。蜀国青铜礼（容）器还有鼎、尊、盘、壶、缶、鉴、匜、勺、鍪、釜甑、豆、瓿、敦、钫、编钟、钲等种类，其上多有复杂的纹饰和符号，制作精美，体现出高超的工艺水平。

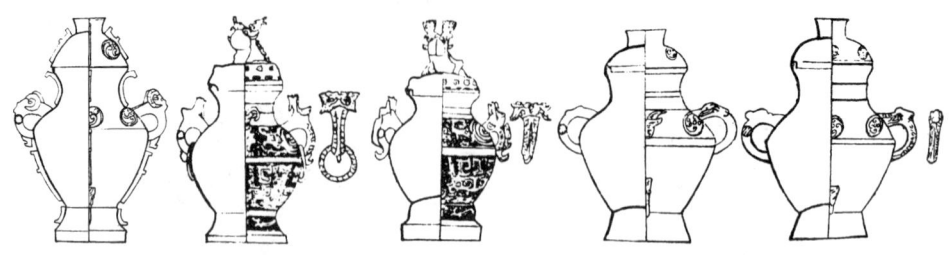

图5-9　青铜列罍（彭县竹瓦街一号窖藏）

在商周时代的蜀国礼器中，均未发现鼎，迄今所见青铜鼎均属战国时代。这从一个侧面说明，商周时代蜀国礼制自成系统，而随着战国时代蜀与列国间经济文化交流的日益扩大和频繁，尤其是全中国逐渐走向统一的步伐的加快，在礼制上也出现了由多元走向一体的格局，蜀的礼制也日益渗进融入越来越多的中原成分。

鍪、釜、甑是蜀国青铜礼（容）器中极有特色的器形。器身常饰几何纹，或素面，肩部有一或二只辫索耳。单耳鍪的出现年代可早到战国早中期，双耳鍪可晚至西汉初。过去多认为这些器形由秦传入蜀，但近年考古发现说明，秦地出现这些器形却迟至战国晚期。李学勤先生认为，鍪、釜、甑的发祥地可能是巴蜀，秦灭巴蜀后北传至秦，再流布到其他地区，这是古代巴蜀人民在文化史上的一项贡献②。

蜀国青铜器的组合十分别致。新都木椁墓内出土的青铜器，同样器物以两件或五件为一组，而以五件成组者居多。有九种器物是两件成组，二十种器物是五件成组，且大小有序，体现了蜀王特殊的礼制和葬制，与《华阳国志·蜀志》所记开明氏"以五色为主"及其他一些"尚五"的现象有关，也是直接继承了商周之际蜀国青铜罍以五件为巨制的文化传统，可谓源远流长。

---

①　《四川彭县西周窖藏铜器》，《考古》1981年第6期。
②　李学勤：《东周与秦代文明》，文物出版社1984年版，第167页。

4. 青铜雕像

1986 年，在广汉三星堆一、二号祭祀坑内发现的大型青铜雕像群，是商代蜀国最典型、最重要的青铜器群。其奇特的造型、瑰丽的艺术、丰富的想象力，无论在蜀文化还是商周考古中都是前所未见、绝无仅有的。它以它那雄浑壮观、博大精深和精美绝伦，全面显示出这一时期蜀国青铜文明的辉煌成就。

这批青铜雕像群可分为两大类，每大类又包含若干小类和不同形式①。

第一类为人物造像，包括各种全身人物雕像、人头雕像和人面具②，共计 80 余尊。全身人物雕像中，最大的一件通高 260 厘米，最小的仅高 3 厘米左右。此类造型包括站立、双膝跪坐、单膝跪地等形式。人头雕像依冠式和面部特征分为八式，有双角形盔、平顶头、头上部为子母口、回字形平顶冠、圆头顶、辫发、编发、椎髻等冠式和发式，面部多为粗眉大眼，高鼻梁，高鼻尖或蒜头鼻，阔嘴，嘴角下勾，耳垂穿孔，有的下颌至耳后饰一圈短胡须。人面具分为五式，最奇特者是双眼外突 16.5 厘米、双耳斜上极大以及鼻上饰夔龙的两种形式。

表 5-7　三星堆一号祭祀坑出土铜人头像统计表

（长度单位：厘米；重量单位：千克）

序号	出土编号	型式	保存情况	尺寸				重量	备注
				头纵径	头横径	通宽	通高		
1	K1:2	Aa	残	18	15.4	20.6	29	4.48	颈以下前后被火烧残
2	K1:6	Ab	残	15	14.2	20.4	25	3.36	颈前后被火烧残
3	K1:26	Ab	残	12.5	14.4	21.4	17.2	3.57	被火烧残，仅存头部
4	K1:7	Bb	残	17.6	15	22.8	27	7.66	颈以下被火烧残
5	K1:11	Bb	残	19.4	17	26.4	37.4	6.72	颈后被火烧残
6	K1:72	Bb	残	14	11.5	17.8	30.8	2.01	颈以下被火烧残

---

① 四川省文管会等：《广汉三星堆遗址一号祭祀坑发掘简报》，《文物》1987 年 10 期；《广汉三星堆遗址二号祭祀坑发掘简报》，《文物》1989 年第 5 期；陈显丹：《广汉三星堆青铜器研究》，《四川文物》1990 年第 6 期。

② 四川省文物考古研究所：《三星堆祭祀坑》，文物出版社 1999 年版。

续表

序号	出土编号	型式	保存情况	尺寸				重量	备注
				头纵径	头横径	通宽	通高		
7	K1:8	Bc	残	13	12.2	21	21.1	2.49	脸右侧被火烧残
8	K1:3	Bc	甚残	15.6	13.5	21.6	30.2	4.45	被火烧残,仅存头顶部
9	K1:192	Bc	甚残			13.1	10.1	0.64	被火烧残,仅存头顶部
10	K1:12	Bc	甚残		11	14.5	13	1.02	被火烧残,仅存头顶部
11	K1:10	Bc	残	14.6	13	19.4	27.8	4.36	颈以下被火烧残
12	K1:21	Bc	甚残	11.5	9	19.9	14.6	0.56	烧残仅存顶部及双耳
13	K1:5	C	微残	16	12.5	22	45.6	4.54	颈以下前面倒尖烧残

表5—8 三星堆二号祭祀坑出土铜人头像统计表

(长度单位:厘米;重量单位:克)

序号	出土编号	型式	保存情况	尺寸				重量	备注
				头纵径	头横径	通宽	通高		
1	K2②:83	A	完好	7.3	7.4	10.8	13.6	710	头后及头顶后部均有捶击痕迹
2	K2②:154	Ba	完好	7.4	6.7	10.8	17.6	691	
3	K2②:147	Ba	微残	11.4	10.5	18.6	33.4	2645	头顶部被砸扁变形,经修复复原
4	K2②:15	Ba	残	14.3	11.1	17.8	38.8	3015	经修复复原
5	K2②:68	Ba	残	14.4	12	20.4	39.2	3140	头额部有砸击痕迹,头后微残缺
6	K2②:121	Ba	残	15	13	19.8	42.5	4225	经修复复原
7	K2②:14	Ba	残	13.8	11.8	19.5	39.5	3075	面部残缺,经修复复原
8	K2②:53	Ba	完好	15.2	12.7	19.8	41.6	4615	眉及眼均涂有黑彩,发辫涂朱砂

续表

序号	出土编号	型式	保存情况	尺寸				重量	备注
				头纵径	头横径	通宽	通高		
9	K2②：104	Ba	完好	13.8	11.6	19	38.6	3145	
10	K2②：156	Ba	残	14	11.8	20.4	38.5	2400	头顶盖无存，经修复复原
11	K2②：69	Ba	残	14.1	11.7	17.4	37.5	3340	头顶盖无存，面部有捶击痕迹，额残
12	K2②：47	Ba	残	13.9	12.5	19.6	39	3375	经修复复原，眉、眼均涂有黑彩，顶盖脱落
13	K2②：48	Ba	完好	13.3	15	21.6	41	3665	眉、眼均涂有黑彩
14	K2②：59	Ba	残	13.5	11.9	17	38	3275	头顶盖无存，经修复复原
15	K2②：12	Ba	微残	13.8	12.7	19.4	38.2	3600	经修复复原，眉、眼、耳均涂有黑彩
16	K2②：77	Ba	残			17.5	36.7	2485	捶击后严重变形，头顶盖脱落
17	K2②：110	Ba	残	13.5	11.3	11.8	39.3	3142	头顶盖无存
18	K2②：41	Ba	残	13.5	11.8	19.1	40.8	2642	头顶盖无存，左耳部微残，经修复复原
19	K2②：22	Ba	残	15.1	13.2	21.7	42.2	4245	头后有捶击痕迹
20	K2②：78	Ba	残				38.7	2800	头部严重变形，眉、眼均涂有黑彩
21	K2②：52	Ba	残	15.5	12.4	18.8	39.7	4262	头顶盖脱落
22	K2②：113	Ba	残	14.7	10.8	16.3	37.9	3150	头顶盖无存，经修复复原

续表

序号	出土编号	型式	保存情况	头纵径	头横径	通宽	通高	重量	备 注
23	K2②：73	Ba	残	13.8	12.3	19.5	40.2	2833	经修复复原
24	K2②：72	Ba	残	13.6	12.3	18.9	39.1	2825	头顶盖无存，经修复复原
25	K2②：71	Ba	微残	14.8	13	21.2	45.9	4555	经修复复原
26	K2②：2	Ba	完好	13.6	11.2	17.7	36.3	3565	眉部涂有黑彩
27	K2②：40	Ba	完好	14.1	11.7	17.7	37.4	3445	
28	K2②：107	Ba	残	13.8	11.9	17.3	36.6	3295	
29	K2②：50	Ba	完好	14	11.5	17.6	37.3		※
30	K2②：82	Ba	完好	13.1	12	Ⅲ.1	39.6		※
31	K2②：34	Ba	完好	13	11.1	17.4	36.8	2400	
32	K2②：118	Ba	完好	13.8	11.4	18	37.8	2930	发饰涂有黑彩，口缝涂朱砂
33	K2②：51	Ba	残	15.2	13	20	40.4	4200	经修复复原，口缝涂朱砂
34	K2②：17	Ba	完好	15.7	12.6	18.2	40	4000	
35	K2②：95	Ba	完好	13.8	11.2	17.9	39	3681	
36	K2②：160	Ba	甚残				20.5	1375	颈部以下及头后部、左耳残缺
37	K2②：55	Ba	完好	14.2	11.8	18.3	41.3	3715	
38	K2②：90	Bb	完好	13.7	10.6	17.2	34.8	2081	
39	K2②：58	Ca	完好	18.3	14.6	23.8	51.6	5800	
40	K2②：63	Cb	甚残	18	13.2	15.6	23.3	3385	
41	K2②：115	A	残	13.8	12	18.8	41	2959	经修复复原，金面罩右侧残缺

续表

序号	出土编号	型式	保存情况	尺寸				重量	备注
				头纵径	头横径	通宽	通高		
42	K2②：45	A	残	14.5	12.6	19.6	42.5	2550	经修复复原，金面罩右耳一角残缺
43	K2②：214	B	残	17.6	15	22	48.1		发簪残甚，金面罩右侧及颐部残缺
44	K2②：137	B	残	17.8	15	22.4	45.8	4500	发簪残缺，金面罩仅存右侧及左侧局部

表5-9 三星堆二号祭祀坑出土铜人面具统计表

（长度单位：厘米；重量单位：克）

序号	出土编号	型式	保存情况	尺寸			重量	备注
				高	宽	厚		
1	K2②：314	A	甚残				7220	仅存耳部及下颌
2	K2②：153	B	完好	40.3	60.5	0.6	13400	口缝涂朱砂
3	K2②：60	C	完好	26	40.8	0.4	6050	左额有砸击痕迹，眉部、眼眶均涂有黑彩
4	K2②：293	C	完好	25.5	37.8	0.4	4660	砸击变形，额中錾凿的方孔未穿
5	K2②：57	C	微残	25.5	40.2	0.4	3730	额中略残缺，方孔未穿
6	K2②：114	C	完好	26.6	40.2	0.4	4540	额上方孔未穿，上有凿击痕迹
7	K2②：109-1	C	甚残	24.8	25	0.3	2250	仅残存左侧
8	K2②：100	C	完好	26.5	41.8	0.30	3320	
9	K2②：128	C	完好	25.4	41.5		4200	
10	K2②：33	C	完好	25.5	42.2	0.3	3400	
11	K2②：111	C	完好	25.2	45.4	0.6	*	
12	K2②：14	C	残	25.6		0.4	2920	仅存右侧
13	K2②：152	C	残	18.3		0.3	925	甚残

第五章 古代蜀国的社会经济

续表

序号	出土编号	型式	保存情况	尺寸 高	尺寸 宽	尺寸 厚	重量	备注
14	K2②:131	C	残	25.3		0.35	1785	仅存左侧
15	K2②:119	Da	完好	15	20.7	0.25	1060	眉梢涂有黑彩
16	K2②:102	Db	完好	15.2	19.0	0.3	1120	眉、眼均涂有黑彩，口缝涂朱砂
17	K2②:57	Db	完好	15.1	18.6	0.35	1055	眉、眼均涂有黑彩
18	K2②:331	Db	完好	15.4	18.2	0.3	1090	眉、眼眶、眼球均涂有黑彩
19	K2②:65	Db	甚残	12.6	11.2	0.25	500	仅残存右侧
20	K2②:	Dc	完好	15.6	15.8	0.25	1380	

引人注目的是青铜大立人雕像。立人头戴筒形兽面高冠，粗眉大眼，鼻棱突出，嘴角下勾，方颐大耳，两耳垂下各穿一孔。左臂上举，右手置于鼻前，右臂平举，左右手腕各戴三只手镯。着鸡心领长襟衣，后摆呈燕尾形。衣上右侧和背部都主要饰异形龙纹，左侧主要饰回字形纹和异形纹。左肩向右斜饰一方格纹带，两端至后背结节。两小腿近足踝处各饰一周方格形脚镯，赤足立于象首方座之上。座分三层。立人花冠高17.7厘米、冠下至足底人高163.5厘米、座高78.8厘米、通高260厘米。根据这尊立人像的造型、形态、衣冠服式以及它在全部雕像中高于一切的崇高地位，可以断定它是蜀国的大巫师亦即蜀王的形象。象首方座为祭台，这种三层见方的祭台，在性质上与商周之际的成都羊子山土台完全相同，前者正是后者的缩影。

各式人头雕像和人物雕像反映了蜀国统治集团内部的民族构成，反映了蜀人的祖先崇拜，无论在文化人类学还是在宗教学上都有重要意义。

第二类为动植物造型，主要有龙、蛇、虎、鸡、凤鸟、蝉、兽、神树等类，都与蜀人的泛灵信仰有关，

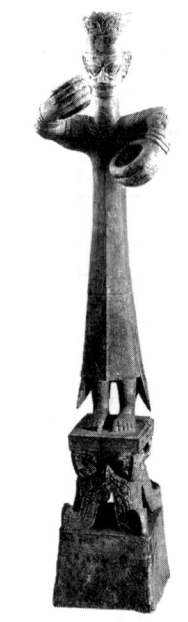

图 5-10 三星堆二号坑出土青铜大立人像

反映了蜀人的神灵世界,充满了扑朔迷离、奇异怪诞的神话,造成凝重、恐怖、庄严肃穆、令人望而生畏的神秘氛围。这正是在大型礼仪中心举行隆重仪式时所要达到的效果。神树共有六棵,其中可复原的有三棵,二大一小。大神树通高396厘米(图五十八),上有三层树枝,每层三枝,共有九枝,每枝

图5-11 三星堆二号祭祀坑出土的青铜兽面具

上有一鸟立果实上,每枝枝端各开一花朵,树的一侧有一悬龙,头在下,尾在上,可能与《山海经》和《淮南子》记载的"众帝所自上下"的"建木"有关。

从商周考古可以知道,同一时期全中国范围内均无这种青铜雕像文化形式和风格。陕西汉中城固出土过23件铜人面具和25件铜兽面具(铺首形器)[1],近于三星堆所出,应是蜀文化向北连续分布的结果。宝鸡茹家庄弧伯墓出土铜人2件[2],风格也同于三星堆所出,且其年代为西周昭、穆时期,显然是受蜀文化的影响,或者本身就是蜀文化的产物。殷周之际北方夏家店上层文化[3]、北京刘家河商代墓葬[4]、安阳西北冈大墓[5]都有一些青铜雕像因素,但无论体量、数量还是风格、功能,均与三星堆不同。江西新干晚商大墓出有青铜双面人神器雕像[6],功能为祭祀,但种类、数量、大小同样不能与三星堆相比。可见,三星堆大型青铜雕像群的来源与上述地区无关。

即使在蜀国本土,这种大型青铜雕像也是绝无仅有,没有任何迹象可以表明它在蜀地具有发生演化序列。在非金属制品中,也同样找不到其祖型。这就意味着,三星堆大型青铜雕像群虽制作于当地,但其文化形式和风格却不是蜀人所固有。

---

[1] 唐金裕等:《陕西省城固县出土殷商铜器整理简报》,《考古》1980年第3期。
[2] 《陕西省宝鸡市茹家庄西周墓发掘简报》,《文物》1976年第4期。
[3] 《宁城南山根遗址发掘报告》,《考古学报》1975年第1期。
[4] 《北京市平谷县发现商代墓葬》,《文物》1977年第11期。
[5] 陈梦家:《殷代铜器》,《考古学报》1954年第7册。
[6] 《江西新干大洋洲商墓发掘简报》,《文物》1991年第10期。

从世界文明史上青铜雕像文化的起源和发展观察,三星堆雕像文化的来源可寻端倪。它不仅与世界文明初期青铜雕像文化的发展方向符合,风格一致,功能相同,而且在年代序列中的位置也恰相吻合。据推测,它有可能是通过古代"蜀身毒道"的途径,通过缅甸、印度、巴基斯坦等地区,吸收了西亚近东文明的青铜雕像文化因素,并把它创造性地融合进古蜀自身的青铜文明之中,使它表现出异常鲜明的风格和特点。以此再结合由金杖、黄金面罩、象牙和海贝等因素所形成的文化集结来看,这一点就更加清楚了①。

二、黄金及其他金属工业

(一) 黄金

黄金自古视为珍宝。1986 年,在广汉三星堆遗址两个祭祀坑内,共出土近百件黄金制作的器物,有金杖、金面罩、金璋、金虎、金箔鱼形饰、金箔叶形饰等,并出有金块②。出土金器之多,在我国商代考古中是空前的。2001 年 2 月至 2005 年,成都市金沙村遗址发现金器 200 余件,器类主要有人面具、金冠带、太阳神鸟饰、鸟首鱼纹带、蛙形饰、喇叭形器、盒形器、球拍形器、鱼形器以及大量器物残片等,其年代约为晚商到西周③。金沙遗址所出金器,有些与三星堆所出极似,可归于三星堆文化系统,另有一些则不见于三星堆文化,当属新创。

三星堆金杖是用较厚的纯金皮包卷制成的金皮木芯杖,杖的上端有 46 厘米长的一段平雕纹饰图案。出土时,在距杖头约 20 厘米处,有一穿孔的铜龙头饰件,有学者认为此杖原为一柄金皮木芯铜龙头杖。杖长 143 厘米、直径 2.3 厘米,重约

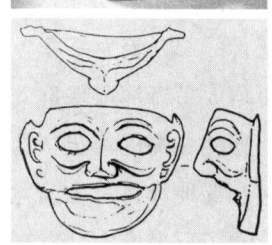

图 5-12 成都金沙遗址出土的金面具

---

① 参阅段渝:《论商代长江上游川西平原青铜文化与华北和世界古文明的关系》,《东南文化》1993 年第 2 期。
② 《三星堆祭祀坑》,文物出版社 1999 年版。
③ 成都文物考古研究所:《金沙——21 世纪中国考古新发现》,五洲传播出版社 2005 年版,第 16、17 页。

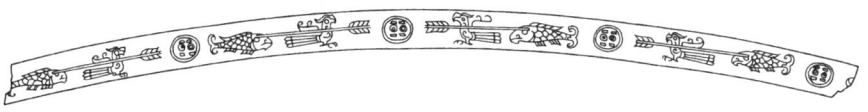

图 5-13 成都金沙遗址出土的金冠带

图 5-14 成都金沙遗址出土的
太阳神鸟金箔

图 5-15 成都金沙遗址出土的蛙形金箔

463 克。这是迄今我国商代已发现的最大一件金器。从三星堆祭祀坑所出全部器物所体现出来的浓厚的神权色彩，以及早期蜀王国的性质等分析，这柄金杖应是王权（政权）、神权（宗教权力）和财富垄断之权合一的最高象征物，其性质和功能与中原夏商周三代的"九鼎"相同。

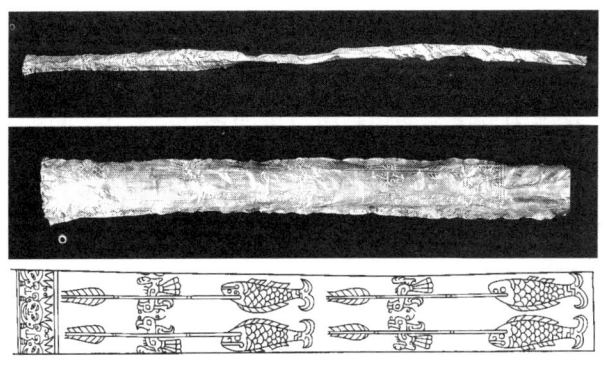

图 5-16 三星堆一号坑出土的金杖及图案

金面罩是用薄金片模压而成，同真人面部大小相近。出土时，有的金面罩还覆盖在青铜人头雕像面部，应为祭祀礼仪所用。金面罩为双眉、双眼镂空、鼻部凸起，标本（k1：282）残宽 22 厘米、高 9 厘米。

第五章 古代蜀国的社会经济

图 5-17 三星堆一号坑出土的金面罩、金虎形饰

金虎形饰系用金箔模压而成。大头昂起，眼镂空，大耳，身细长，前足伸，后足蹲，尾上卷，生动地表现出虎的扑击之状。通身模压目形斑纹。长 11.7 厘米。

金箔鱼形饰、叶形饰等多有穿孔，当为挂饰。

成都金沙发现的金射鱼纹带（2001CQJC：688）为捶揲成形，纹饰采用錾刻与刻划相结合的工艺。金带由四组相同的图案构成，各组图案分别有一鱼、一箭、一鸟和一圆圈。金射鱼纹带的纹饰与三星堆金杖纹饰基本相同，均以鸟、鱼、箭为主要构图元素，但也存在一些差别。有学者认为，金射鱼纹带应为戴在头上的金冠。

太阳神鸟饰（2001CQJC：477）是一厚仅 2 毫米的圆形薄金片，采用捶揲、切割等工艺制作而成。图案分为内外两圈，均用镂空工艺制成。内圈图案为等分成 12 条旋转的齿状芒，外圈图案为四只逆时针飞翔的鸟。内外两圈图案，是四只神鸟正围绕着旋转的太阳展翅飞翔。这件太阳神鸟饰，寓意深远，极具想象力和艺术性，是中国古代黄金制品中仅见的珍品，已于 2005 年由中华人民共和国文化部命名为"中国文化遗产标志"。

三星堆和金沙出土的黄金制品表现出精湛的制作技术和加工工艺。根据三星堆金杖的长度和直径计算，其展开面积为 1026 平方厘米。这样大的金皮，又捶制得如此平整、伸展，在当时实属罕见。说明蜀人对黄金良好的延展性以及耐久性、抗蚀性等物理性能有了较充分的认识和掌握。除捶制外，三星堆黄金制品还较多地运用了包卷、粘贴、模压、雕刻、镂空等深加工工艺和技术。再从金杖表面的平整度和光洁度分析，当时可能还运用了表面砑光工艺。还运用了模压、雕刻、镂空等加工工艺和技术，比起直接将砂金在坩埚中熔化铸成小件饰物的黄金加工技术前进了一大步。而包卷、粘贴、模压、雕刻、镂空、表面矸光等工艺又必然建立在捶制技术已取得了充分发展的基础之上，它们无疑是中国古代黄金加工工艺和技术高度发展的科学结晶。三星堆和金沙黄金制品的制作技术和加工工艺，有一些是商代黄金制品的北方系统所没有的，如雕刻、镂空、包金等技术，在北方系统的黄金制品中还没有发现①。在商代的全中国范围内，除蜀外，其他地区均未见到如此精湛高超的黄金制作技术和工艺。可见，商代蜀国在黄金制品的生产技术和加工工艺方面，在中国处于领先的地位。

三星堆金杖和金面罩的发现，为探讨商代蜀国与西亚近东文明的关系提供了珍贵的实物资料。

世界上最早的一具杖，出土于西亚欧贝德文化第Ⅳ期，约为公元前4000年代前期②，它是后世权杖或权标的起源③。稍后，西亚近东地区出土了不少铜杖首④。这些杖，都是用以代表王权、神权和社会财富的标志。埃及考古中也发现大量形制不同的杖，既有纯金制品，也有青铜制品⑤。这种用杖标志权力之风，后来盛行于全世界的许多国家和地区，至今不绝。

中国古代历代中原王朝从不以杖作为权力象征，先秦三代均用九鼎象征国家政权⑥。而由王朝授予大夫以上年高致仕者的"鸠杖"⑦，虽有尊荣却毫无权力价值。这种杖的实物资料，迄今所见最早者为春秋晚期，主要出于长江下游吴越之地。而三星堆金杖则为商代全国范围所仅见，即令在蜀，除此以外也未发现其他任何金杖。这意味着金杖也不是蜀国原有的权力标志物。

纯金面罩在迈锡尼王陵中发现过不少，埃及、西亚考古中都有发现，多覆盖在死者或青铜、大理石雕像上。迈锡尼金面罩明显受到埃及文化的影响⑧，而埃及的黄金面罩又受到了西亚文化的影响。西亚艺术中的许多雕像，不论青铜制品、大理石制品还是木制品，多覆以金箔，或用黄金包卷，黄金饰件则多

---

① 段渝：《商代黄金制品的南北系统》，《考古与文物》2004年第1期。
② Strommenger, 5000 Years of the Art of Mesopotamia, 1964, p. 12.
③ 《世界上古史纲》上册，人民出版社1979年版，第121页。
④ R. F. Tyjecote, A History of Metallurgy, 1976.
⑤ A. T. White, Lost Worlds, 1956.
⑥ 《左传》宣公三年。
⑦ 《吕氏春秋·仲秋纪》高诱注；司马彪《续汉书·礼仪志》等等。
⑧ 雷. H. 肯拜尔等：《世界雕塑史》，浙江美术学院出版社1989年版，第23~24页。

第五章 古代蜀国的社会经济

施以模压纹饰①。这些黄金制品的艺术形式和加工工艺，在商代中国除蜀外，不见于其他地区。西亚近东文明中的黄金面罩，普遍发现于王陵和神庙内，就其功能而言，都是祭祀礼仪性用品。三星堆金面罩出土于祭祀坑，其功能与西亚近东完全相同。

蜀国黄金制品的艺术风格、加工工艺，尤其是黄金面罩的礼仪和祭祀功能体系和金杖的权力象征系统，与西亚近东文明如此惊人地相似，绝非偶然。尽管文化史上不乏彼此相似的例子，但必须以彼此都有自身的发生演变序列为基本前提，否则就必须考虑文化交流和文化采借的问题。蜀国金杖、金面罩既然无论在蜀本土还是当时的全中国范围内都没有起源演变的痕迹，那么就应当考虑它同西亚近东文明之间的文化交流问题，这与上述三星堆大型青铜雕像群以及后面将要述及的琉璃珠的来源问题，是一样的情形。

西周以后蜀国考古中，已很少有黄金制品出土。战国时代一些蜀文化墓葬中出有少量金块，以及错金器物。从当时中原列国在内政外交上多将黄金作为赏赐、馈赠等情况看，蜀国大概也是将黄金作为贮藏手段，故一般不再大量制作礼仪性黄金器物，黄金也很少用在艺术品和其他装饰品上。

蜀地自古富产金。《禹贡》梁州贡物首推"璆"。璆，郑本《尚书》、《汉书·地理志》、《释文》引马融等并作"镠"。《尔雅·释器》："黄金谓之璗，其美者谓之镠。"郭璞注："镠即紫磨金。"紫磨金为黄金中的上品，《水经·温水注》："华俗谓上金为紫磨金。"《禹贡》中贡黄金的只有梁州，说明梁州的金，是先秦质量最高的优质金。《华阳国志·蜀志》记载涪县（今四川绵阳市）、晋寿县（今四川广元市）均产金，其民"岁岁洗取之"。岷江、沱江、涪江、大渡河、金沙江、雅砻江流域亦盛产砂金，或为山石中所出金，或为水沙中所出金。这些自然金的颗粒绝大多数极小，"千百中间有获狗头金一块者，名曰金母，其余皆麸麦形"②。披沙拣金，来之不易，而水中洗取，亦属难事。淘出的细碎砂金须经熔炼纯化，成为赤金，方能制作各种器物，也才能作为金块入贡。由此可见，蜀国不仅有精湛的金器制作术，而且有发达的黄金淘洗术，两者是相辅相成的。

---

① R. F. Tyiecote, *A History of Metallurgy*, 1976.
② 《天工开物》下卷《五金》。

（二）白银

蜀地富于银矿。《禹贡》梁州贡银，是九州中唯一的贡银之地。但商周时代的蜀文化遗存中，至今尚未发现银器。战国时代蜀文化遗存中出有白银制品，如成都羊子山172号墓出有银盘、银管、壶形银饰等，工艺较高，其他遗址和墓葬出有错银青铜器，有相当高的水平。《汉书·地理志》、《续汉书·郡国志》记载朱提（今四川宜宾、云南昭通）、徙（今四川天全）出银，时称"汉嘉（今四川雅安）金，朱提银"，均为黄金白银的上品。

先秦蜀国无论金器还是银器，由于制作技术的精良和悠久的传统，对秦汉及后世产生了重要影响。汉代"蜀、广汉（工官）主金银器"①，唐代成都金银工艺制品的发达，都可在先秦蜀王国寻到其历史渊源。

（三）冶铁

考古工作中，迄今尚未发现春秋以前蜀国的铁器。战国时代蜀地铁器续有所出，多为铁斧、削、凿等工农业生产工具，也有铁三足架等。

中国冶铁的起源是考古学和冶金史的一大课题。迄今我国发现的最早的铁器，出土于河南三门峡市西周晚期的虢国墓中，是一口铜柄铁剑②。但这并不是中国冶铁业的开端。有些古矿业学者根据《禹贡》梁州贡铁的记载，参以周初《班簋》铭文关于"戕人"的记载，推断古梁州是中国古代冶铁业的发源地，冶铁的起源可能在殷周之际或更早③。古梁州主要为蜀地。此论尚须考古发现的证实。

三、制玉和制陶业

（一）制玉

中国在世界上素有"东方玉国"的美称。由于玉具有质地细腻、坚韧致密和温莹润泽等物理属性，自古人们就对它十分偏爱，"君子比德于玉"④，赋予它美好而圣洁的品性。

在考古工作中，蜀国玉器发现较多，从商代到战国时代的均有，主要器形有圭、璋、琮、钏、戈、凿、锛、斧、锄、斤、匕、刀、瑗、佩、环等。1929

---

① 《汉书·贡禹传》。
② 《虢国墓地再次出土大量珍贵文物》，《中国文物报》1991年1月6日。
③ 夏湘蓉等：《中国古代矿业开发史》，地质出版社1980年版，第212页。
④ 《礼记·玉藻》。

年在广汉真武宫发现的一个窖藏，出土玉石器不下三四百件[1]，1986年广汉三星堆祭祀坑出土玉器，计有200多件[2]，2001～2005年成都金沙遗址出土玉器2000余件[3]，足见制玉之盛。

蜀国玉器多为软玉，常见的色泽有白、灰白、绿、暗绿、黄、黑、褐等色。多数不透明，个别半透明。玉器主要用于礼仪、随葬和装饰，其中礼仪玉器和随葬玉器占最主要地位，比例也最大。

蜀玉制作技术比较成熟，玉器形制也富于变化，但有刻纹者较少，大多数玉器素面无纹饰，但雕镂复杂的玉制品时有所见。三星堆二号坑出土的一件玉璋（K2③∶201-4），两面刻有相同的"祭山图"图案[4]。金沙遗址出土的一件玉璋，两面也刻有相同的肩扛象牙人物图案[5]。这两件玉璋，是古蜀玉器中的珍品。

图5-18 三星堆二号坑出土的玉璋
（K2③∶201-4）图案

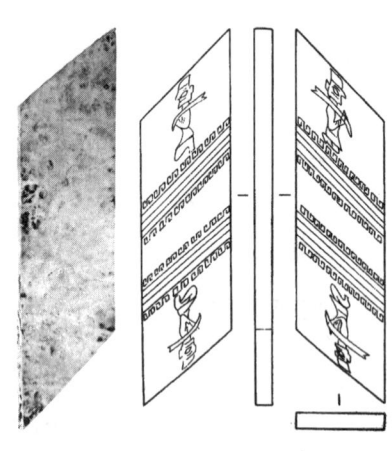

图5-19 成都金沙遗址出土的肩扛象牙人物玉璋图案

从玉器的形制看，蜀玉多与商文化中常见玉器的器形相近，表明与商文化

---

[1] 林名均：《广汉古代遗物之发现和发掘》，《说文月刊》1942年第3卷第7期。
[2] 四川省文物考古研究所：《三星堆祭祀坑》，文物出版社1999年版。
[3] 成都文物考古研究所：《金沙——21世纪中国考古新发现》，五洲传播出版社2005年版，第17页。
[4] 四川省文物考古研究所：《三星堆祭祀坑》，文物出版社1999年版，第358页，彩图90。
[5] 成都文物考古研究所：《金沙——21世纪中国考古新发现》，五洲传播出版社2005年版，第74页。

有关，但也不排除辗转来源于时代更早的长江下游新石器时代晚期良渚文化的可能。三星堆遗址出土的几件玉锥形器，十分近似于良渚文化的同类器。成都金沙遗址出土的一件十节玉琮①，在每节的角位都刻有简化的良渚文化"神徽"图案，其形制和图案与良渚文化晚期玉琮几乎完全相同，这件玉琮应是由长江下游良渚文化辗转流传而来。

从中国古玉制作地区的分布看，辽西红山文化早在7000年前就是一大制玉中心，长江下游新石器时代晚期的良渚文化则是南中国最优秀的制玉中心。从辽西跨渤海湾至山东半岛，再越黄、淮以至长江三角洲，在距今5000年前的古代，就是中国东方的玉器分布带，其产玉之多，制玉之精，超乎其他任何地区。近年来学术界提出"玉器时代"这一新概念，用以指称石器时代与青铜时代之间一个独立的文化发展阶段②。即令夏商文化中的许多玉器形制和制玉技术，都来源于此。蜀玉中的若干品种，亦与东方古玉有千丝万缕的联系。三星堆出土的玉锥形器，金

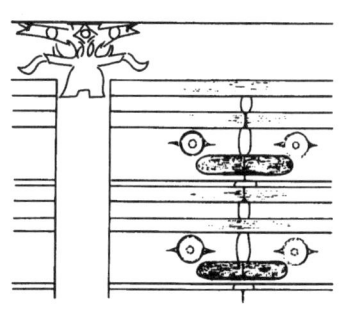

图5—20 成都金沙遗址出土的十节玉琮图案

沙遗址出土的玉琮，便与良渚古玉有关。长江上下，一水相通，为蜀与东方古玉的联系，提供了便利条件。

包括蜀玉在内中国古玉的玉料来源，过去多认为出自新疆。章鸿钊说："中国自昔以多玉称，其产玉之地，略而未详，求之载籍，又若独钟于西方焉。"③所说"西方"，是指中国西北地区。英国科技史家李约瑟也认为："新疆的和田

---

① 成都文物考古研究所：《金沙——21世纪中国考古新发现》，五洲传播出版社2005年版，第56、57页。
② 牟永祎、吴汝祚：《试谈玉器时代》，《中国文物报》1990年11月1日。
③ 章鸿钊：《石雅》再刊本，第115页。

第五章 古代蜀国的社会经济

和叶尔羌地方的山上和河中是两千年来主要的、也许是唯一的产玉中心。"[1] 但这种意见带有片面性。中国辽宁的岫岩、河南南阳的独山等地早在五六千年前已经产玉,而新疆玉输入中原,据《穆天子传》、《竹书纪年》等文献,年代迟至西周中叶周穆王之时。若再南输于蜀,则年代更晚。因此蜀国古玉的玉料必不产于新疆。

据古本《竹书纪年》记载:"(周)夷王二年,蜀人、吕人来献琼玉,滨于河,用介圭。"[2] 介圭为玉质,"介,大也"[3],"圭大尺二寸,谓之介"[4]。蜀人会同吕人至周室献琼玉,"用介圭""滨于河",说明蜀、吕关系亲密。而吕地在河南南阳,正是南阳玉的产地所在。这就暗示着蜀国古玉的玉料来源,至少有相当部分来自南阳,是为南阳玉。

据《华阳国志·蜀志》记载,古代蜀地亦盛产玉料。《续汉书·郡国志》刘昭注引《华阳国志》:"有玉垒山,出璧玉,湔水所出。"玉垒山在今都江堰市和汶川县,汶川玉矿至今产玉不绝。所产璧(碧)玉大约是真玉,是古蜀王国制玉玉料的主要来源之一。

(二)制陶

蜀国制陶业相当发达,各种生活上所不可缺少的炊器、饪器、食器、饮器、酒器以及一些工具,在社会各阶层广泛而大量地使用。陶礼器也是祭祀礼仪中必备的器种,无论统治阶级还是被统治阶级,在当时观念支配下,都要随葬多寡精粗不等的陶器。陶土还是制作工艺品的理想材料之一,可塑性大,黏性强,工艺简便,成型烧制后,耐蚀耐久,具有一般金属器所没有的优越性。

蜀陶颇有特色。大体说来,商周时期以圈足豆、小平底罐、尖底罐、高把豆、鸟头柄勺、喇叭形器、三足形炊器等为典型器物群,春秋战国时期则以圜底罐、盂、釜、喇叭状口矮圈足豆等为典型器物群。前后两期陶器组合的变化,反映了文化面貌的发展演变。

新石器晚期蜀地陶器多为手制,到三星堆二期以后,轮制已占绝大多数,有快轮和慢轮两种制法,反映了制陶术的巨大进步。

---

[1] 李约瑟:《中国科学技术史》第 3 卷,英文版,第 64 页。
[2] 《太平御览》卷 85 引。
[3] 《尔雅·释诂》。
[4] 《尔雅·释器》。

第五章　古代蜀国的社会经济

从三星堆陶质陶色的变化，可以看出蜀人制陶水平的不断提高和成熟。第一期以泥质灰陶为主，第二期以夹砂褐陶为主，第三期夹砂褐陶有所增多，第四期仍以夹砂褐陶为主，夹砂灰陶比例增高①。陶质的变化，尤其是以某种陶质占主要比例的情况，是人们有意识地选择某种陶土的结果。一般说来，早期的制陶原料多为就地取材。三星堆一带的成都平原主要是灰色土，故第一期陶器大多是泥质灰陶。第二期以后泥质灰陶急剧减少，夹砂褐陶不断增多，显然不是随意的行为，而是经过专门的选择，反映出蜀人对陶土性能认识的巨大提高。

古蜀文化的陶器纹饰十分丰富，有粗细绳纹、弦纹、压印纹、附加堆纹、划纹、几何形纹、方格纹、戳印纹、圆圈纹、F形纹、人字形纹、波浪纹等，多施于器物的特定部位。晚期陶器纹饰大多简单，以粗、细绳纹为主。

四、竹、木、漆器业

（一）竹、木器

蜀地有丰富的竹、木资源。《史记·货殖列传》和《汉书·地理志》称引蜀地富产竹、木之器，有着悠久的历史文化传统。

考古中发现了不少蜀人制作的竹、木器。成都金沙遗址出土了10余件木器，有木雕彩绘人头像、虎头像、兽面像、木耜等②。成都指挥街周代遗址春秋文化层也出土不少竹木器③。战国时代蜀国竹木器出土较丰，在青川墓群中出土50件，有竹笥、竹竿、发簪、木梳、木篦、木柲、木俑、马俑、车轮、木牍等④。在荥经曾家沟春秋末战国早期墓群中，出土木器有楠木棒、杖、木片、撬棒等，竹器有笥、圆盒、篮等⑤。稍晚的21号墓内也出土不少

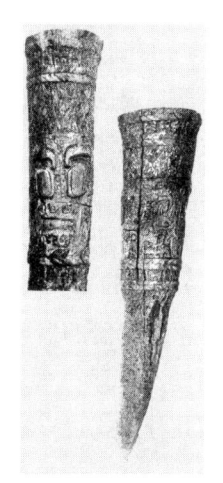

图 5—21　成都金沙遗址出土的木雕彩绘人头像

---

① 四川省博物馆：《广汉三星堆遗址》，《考古学报》1987年第2期。
② 成都文物考古研究所：《金沙——21世纪中国考古新发现》，五洲传播出版社2005年版，第18、第118~121页。
③ 《成都指挥街周代遗址发掘报告》，《南方民族考古》第1辑，四川大学出版社1987年版。
④ 《青川县出土秦更修田律木牍》，《文物》1982年第1期。
⑤ 《四川荥经曾家沟战国墓群第一、二次发掘》，《考古》1984年第12期。

竹、木器①。新都大墓内还发现残木弓、残竹笥等②。

图5—22 成都金沙遗址出土的木雕兽面像

竹器编织大多精美，编织方法有经纬编织、人字形编织、六角形编织、人字形与经纬叠压编织等等。竹编工艺也很精巧，荥经M16出土的竹圆盒，每厘米内编织细篾丝11根③，可见一斑。

竹、木被蜀人广泛地用于制作各种生活用具、生产用具、兵器、刑具、礼仪性装饰品、艺术品，并作为建筑材料、棺椁用料等，在当时是最经济实惠且又适应蜀地生态环境的用品。

（二）漆器

漆器在蜀国手工业中占有重要地位。蜀漆的最早实物资料见于三星堆遗址，是精致的雕花漆木器④。春秋战国时代的蜀漆，大量出土于成都商业街船棺墓以及荥经和青川墓群，后两者据漆器上的烙印戳记文字，制地均在成都。

成都市商业街战国船棺墓葬出土的漆器除少量为乐器外，绝大多数是生活用器⑤。荥经和青川墓群出土的蜀漆多数也是生活用器。乐器器形主要有鼓、鼓槌；生活用器的器形主要有箧子、鸥鹩壶、扁壶、圆壶、耳杯、碗、奁、卮、匕、圆盒、双耳长盒、双耳长杯、盘、篦、案、几、器座、剑、筲等，多数器形都有几种形式，丰富多姿多彩。

---

① 《四川荥经曾家沟21号墓清理简报》，《文物》1989年第5期。
② 四川省博物馆、新都县文物管理所：《新都战国木椁墓》，《文物》1981年第6期。
③ 赵殿增等：《严道古城的考古发现与研究》，《中国考古学会第五次年会论文集》，文物出版社1988年版。
④ 陈显丹：《广汉三星堆遗址发掘概况、初步分期》，《南方民族考古》第2辑，四川科技出版社1989年版。
⑤ 成都市文物考古研究所：《成都市商业街船棺、独木棺墓葬发掘报告》，《成都考古发现（2000）》，科学出版社2002年版。

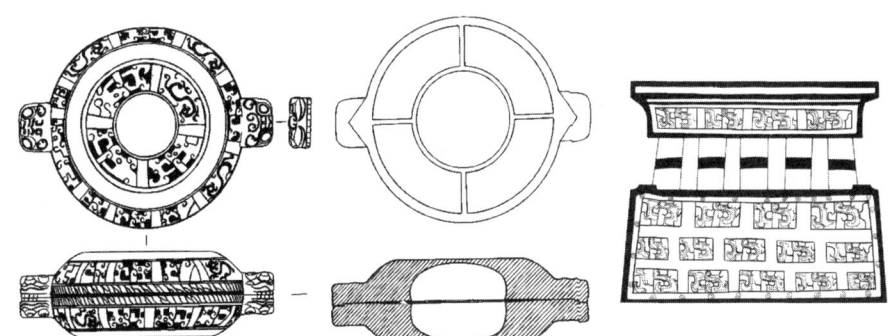

漆盒（2号棺：28）　　　　　　　　　　　B型漆案右侧视图

图5—23　成都市商业街船棺墓出土的漆器

胎骨多木胎，也有在木胎上贴麻布的做法，夹纻胎不太多。木胎有厚胎和薄胎两种。制法有旋、雕、挖、卷、削等。工艺技法有彩绘、雕绘、镶嵌和针刻等。纹饰有龙、凤、鸟、兽、鱼、云彩、花草及各种几何形图案。多髹红漆、黑漆、褐漆，有的内红外黑，有的几色兼髹。成都羊子山172号墓出土的漆器①，有铜质的钮、环、圈足等附加装饰，1件漆盒的口沿部有铜扣，属釦器之类。

漆礼器也有出土。荥经21号墓出土的1件漆剑，形似玉具剑，剑、鞘合一，剑格铜制，制作精美，形态逼真，是四川现已发现的先秦漆器中唯一的仿兵明器。其形制与常见的蜀式剑不同，而与新都木椁墓所出带鞘铜剑基本一致，其风格当来源于长江下游吴越地区的青铜剑系统。

五、纺织、建筑、矿业

（一）纺织

纺织是蜀地的传统手工业，起源甚古，流变至今，在中国纺织史上占有重要地位。

先秦蜀国纺织业主要有织锦和织布两大门类。

锦是帛类丝织物的一个品种。蜀锦古称锦缎，亦称锦绣缎，实际是缎，质地平滑有光泽。这种锦缎至六朝时才北传中原，非中原古代所有，是古代四川

---

① 《成都羊子山172号墓发掘报告》，《考古学报》1956年第4期。

第五章　古代蜀国的社会经济

的特产①。

古蜀是中国丝绸的早期起源地之一，在夏商时代，古蜀丝绸已达到相当水平②。

蜀国织锦业在战国时代已具相当规模，呈现一派繁荣昌盛的景象。《华阳国志》记载秦将司马错说："得其布、帛、金、银，足资军用"。又载秦灭蜀后，"于夷里桥南立锦官"③。又载："其道西城，故锦官也。锦工织锦濯其江中则鲜明，濯他江则不好，故命曰'锦里'也。"谯周《益州志》记："成都织锦既成，濯于江水，其文分明，胜于初成，他水濯之，不如江水也。"④ 这些记载虽出自汉晋间人，但联系到战国后期秦在蜀置锦官来看，古蜀王国之时必然已是如此。

考古中，蜀文化墓葬内发现过零星丝织物痕迹，但完整的蜀锦，迄今尚未发现，大约与环境潮湿遗物易腐有关。有学者认为两湖战国楚墓所出织锦是蜀地所产⑤，当有根据⑥。

蜀布究为何物，向有分歧。童恩正认为是橦华布，又写作桐华布，即木棉所织的布⑦。任乃强则认为蜀布应为苎麻布，因其性能优良，故能畅销于身毒

图 5-24　舞人动物纹锦（战国），采自《蜀锦》

---

① 徐中舒：《蜀锦》，《说文月刊》1942 年第 3 卷第 7 期。
② 段渝：《嫘祖考》，《炎黄文化研究》1997 年 12 月第 4 期。
③ 《读史方舆纪要》卷 67 引。
④ 《蜀都赋》刘逵注引。
⑤ 武敏：《吐鲁番出土蜀锦的研究》，《文物》1984 年第 6 期。
⑥ 王君平主编：《蜀锦》，四川美术出版社 2004 年版。
⑦ 童恩正：《古代的巴蜀》，四川人民出版社 1979 年版，第 112 页。

(印度)①。究属哪一类，迄无定论。

麻织品在蜀地战国考古中可以见到，一般出于墓葬内，但多残朽，难以见其全貌。

(二) 建筑

古蜀建筑多种多样。从结构上说，既有地面木构建筑，又有干栏式建筑和石砌建筑。从用途上说，既有民居建筑、宫廷建筑、城墙建筑，又有陵墓建筑、庙宇建筑和礼仪性建筑。

早在宝墩文化时期，成都平原已有面积达550平方米的大型建筑②。夏商之际，蜀国都城所在的广汉三星堆遗址，已分布有密集的建筑群。已发掘的27座房址③，全部是地面木构建筑，平面有圆、方、长方形等三种，多数为长方形。房间面积多在14～35平方米之间，多是五六间连成一组，个别房屋的面积达60多平方米。建筑材料采用土、木、竹等。建筑结构多是以榫卯和分段搭接技术为主的穿斗和抬梁式骨架，墙体为木骨泥墙。

在成都金沙遗址发掘的面积达2000平方米以上的大型建筑基址，基址内有密集的柱洞痕迹，推测应是木骨泥墙建筑形式。这个大型建筑基址由五座房址组成，其布局颇类似中国后来的四合院的形式，发掘者认为这一建筑群很可能是商代晚期至西周（前1046～前771年）早期金沙遗址的宫殿建筑④。

在成都十二桥发掘的商代晚期大型木结构建筑遗址⑤，分布范围近1万平方米，已发掘面积1200平方米，揭露出丰富的木构件和复杂的建筑结构。建筑材料主要有圆木、方木、木板、圆竹、竹篾、茅草等。构件结合方法，主要有竹篾绑扎、原始榫卯与竹篾绑扎相结合、榫卯连接第三种。建筑基础有地梁式和桩柱式两种。地梁式用于大型建筑，有可能是宫殿建筑的庑廊部分的基础。桩柱式用于小型建筑，这种在密集的木桩上的长方形建筑基础，使居住面略微抬高，建筑的下部架空，属于干栏式的结构。小型房屋的墙体结构是木骨竹编泥

---

① 任乃强：《蜀枸酱、蜀布、邛竹杖考辨》，《四川历史研究文集》，四川省社会科学院出版社1987年版，第1～16页。
② 《郫县古城发掘取得重大收获》，《中国文物报》1998年3月18日。
③ 《广汉三星堆遗址》，《考古学报》1987年第2期。
④ 成都文物考古研究所：《金沙——21世纪中国考古新发现》，五洲传播出版社2005年版，第9～10页。
⑤ 《成都十二桥商代建筑遗址第一期发掘简报》，《文物》1987年第12期。

第五章 古代蜀国的社会经济

图 5—25 成都金沙遗址三和花园发掘区出土的大型建筑基址

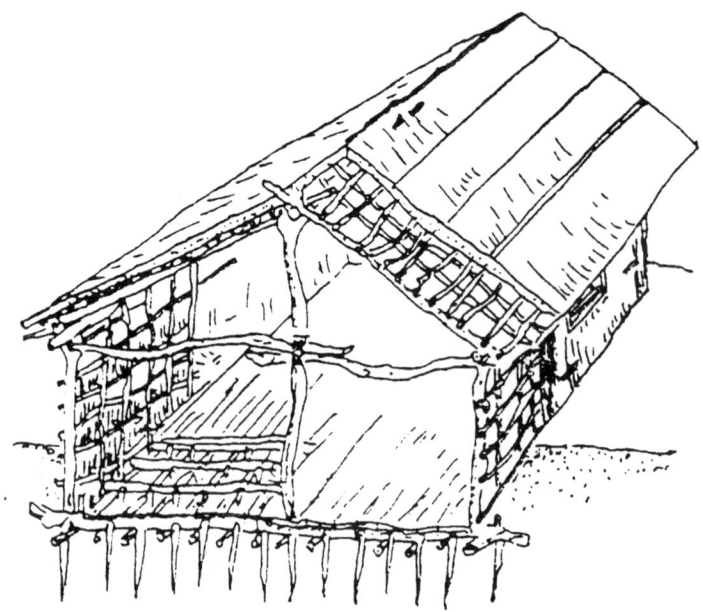

图 5—26 成都十二桥商代干栏房屋（小型房舍）复原图

墙，房顶两面坡形式。建筑布局，开间小的单间约 10 平方米，中型的一组桩基房屋面积共达 100 多平方米①，大型房屋仅发现了复原长度为 12 米左右的庑廊地梁，因阻于现代楼房，无法知其全貌。

十二桥商代木结构建筑群遗迹，揭示出蜀人因地制宜，就地取材，采用打桩法、竹篾绑扎法、榫卯连接法所创造的一种具有独特风格的建筑形式。大型建筑的地梁，柱洞纵横对应整齐，推测上部已形成较为规矩的梁架。就结构而言，较之中原地区同一时期的大型建筑所用的纵向梁架先进。

十二桥遗址第八、九层还发现春秋战国之际大型建筑的墙体、散水和秦汉时期大型建筑的夯土台基，说明十二桥一带自商代以来一直是成都的中心区域之一，秦汉时期仍有重要地位。

近年来在成都市西门到南门还发现多处商周时期的遗址，都属干栏式结构。成都城防大概也是木结构，即所谓"管钥成都，而犹树木栅于西州"②，无夯土城墙。即令秦灭蜀后筑成都城，也是"上皆有屋，而置观楼射兰"③，干栏遗风仍存。

蜀国的大型礼仪建筑可以成都羊子山土台为代表④。土台是在平整过的基础上，用泥草制的土坯垒砌成宽 6 米，高度不等的三级边墙，墙间填土夯实。底边 103.7 米见方，一、二级各宽 18 米，第三级 31.6 米见方，高出地面 10 米以上。林向先生认为土台始建于商代，至少在殷末周初，其使用下限不晚于战国末年⑤。其性质，可以肯定是一处大型礼仪建筑，是进行包括各种集会、观望和祀典的场所。这座土台建筑反映出高超的工程技术、丰富的几何学、建筑学、力学以及其他技术和科学知识。它是迄今我国商周考古中所见最大的土台建筑。

夏商时代古蜀国的大型城墙建筑发现于三星堆遗址⑥。城墙现有东、西、南三段。东城墙和西城墙横跨鸭子河与马牧河之间。东城墙长 1800 余米，西城

---

① 赵殿增：《近年巴蜀文化考古综述》，《四川文物》1989 年专辑。
② 李昊：《创筑羊马城记》。
③ 《华阳国志·蜀志》。
④ 《成都羊子山土台遗址清理报告》，《考古学报》1957 年第 4 期。
⑤ 林向：《羊子山建筑遗址新考》，《四川文物》1988 年第 5 期。
⑥ 陈德安、罗亚平：《蜀国早期都城初露端倪》，《中国文物报》1989 年 9 月 15 日。

墙被鸭子河冲毁后残存 800 余米。南城墙建筑在马牧河几字形弯道上，长约 2100 米。北面未发现城墙，当以鸭子河为天堑。调查和勘测结果表明，三星堆古城东西长 1600～2100 米，南北宽 1400 米，现有总面积 3.5～3.6 平方公里。这样就形成以城墙和河流相结合的城建体系。城墙为五花土夯筑，横断面为梯形，墙基宽 40 余米，顶部宽 20 余米。墙体由主城墙和内、外侧城墙三部分组成。主城墙呈梯形，内、外侧墙多贴土，斜面夯打。在主城墙局部，使用了 36 厘米×47 厘米×14 厘米左右的土坯砖作为城墙建筑材料，这是我国城墙建筑史上最早使用土坯垒砌城墙的实例。整个建筑方法与华北有异，未使用中原常见的版筑法。城墙始筑于夏代。其年代之早，墙体之厚，城圈之大，建筑技术之高，在当时全中国的范围内实属罕见。

（三）矿业

蜀地富于矿产资源。《华阳国志·蜀志》记载：

> 其宝则有璧玉、金、银、珠、碧、铜、铁、铅、锡、赭、垩……丹黄、空青。①

其中的许多种类，前面各节已有论列，不再复述。值得一提的是蜀地生产的丹砂和空青。

丹砂即朱砂，是一种汞矿物，即硫化汞，既可升炼水银，又可入药。空青又称曾青、石青，即蓝铜矿，是一种次生氧化矿物，既是炼铜的矿料，又可入药。这两种矿物在先秦还是重要而名贵的矿物颜料。先秦蜀地出丹砂之地主要有徙（今四川天全县东）②，出空青之地主要有徙、越嶲（今四川凉山州）以及诸多山谷③。《荀子·王制》提到蜀地生产著名的丹砂和曾青，李斯《谏逐客书》也说到"西蜀丹、青不为用"④，可见蜀地丹砂、空青名扬海内，盛极一

---

① 《华阳国志·蜀志》所说蜀地的矿产资源，其开采年代自然不可能都始于先秦，但其中的某些种类在先秦已获开采，如黄金、丹砂等。至于铜矿，目前在考古资料上还没有找到先秦已获开采的证据，但文献资料反映出严道庄山铜矿开采于先秦。
② 《续汉书·郡国志》刘昭注引《华阳国志》。
③ 《名医别录》；《本草纲目》。
④ 《史记·李斯列传》。

时，有悠久的开采历史。

第三节　商业的兴起和发展

蜀的商业比较兴盛发达，不但是城市经济的动力和支柱，而且在农村经济中也发挥着重要作用，尤其古蜀的国际贸易比较发达，在先秦时代的中国历史上有着重要地位。

一、蜀国境内通商的几种形式

在古代蜀国广大的农村，存在着明显的单一经济形式，因此各邑聚和族落之间存在着广泛的商品交换关系。即令是某些复合型经济中，往往也有一些生活必需品不能自给。例如食盐，仅从战国晚期秦在成都设盐官主盐税来看，先秦蜀地的盐，主要就是通过贸易形式输送到各邑聚和族落中去的。事实上，农业民族与狩猎民族之间的交换关系从很早以来即已发生，而成都平原由其区位所决定，很早以来就是几种不同经济类型民族间进行交易的中心地。这在考古发掘中斑斑可见。例如，东周时期成都各遗址出土不少羊骨，当从川西高原交换而来。因为其时成都业已开发成市，不再是野羊出没之地，而成都农人以养猪为主，养羊虽有，数量并不很多。又如成都指挥街遗址出土的1件白唇鹿犄角，原产于川西高原，必为交换而来。

城市兴起后，城市人口中的大量平民、工商业者，其生活必需品，从农产品到手工业品都必须通过交换获取。所谓"公食贡，大夫食邑，士食田，庶人食力，工商食官，皂隶食职"①，实指各阶级、阶层生活资料的来源，是针对各阶级、阶层的阶级地位和职守而言，也是指阶级关系，并不是指其唯一的经济形式。其实这种结构，与早期的商品经济并不矛盾，因为无论其中哪一种，都不可能包容所有生活必需品的生产，因此必然存在交换。

蜀国城市规模庞大，人口众多。按照林沄对中国早期城邑人口与每户平均

---

① 《国语·晋语四》。

占地比例的研究，每户占地约 158.7 平方米①，与《墨子·杂守》所说"率万家而城方三里"，平均每户占地 154.2 平方米略合。据此计算，商代三星堆古蜀都城市面积为 3.5～3.6 平方公里，则应有 22698 户。以户五口计算，应有 113490 口。东周时期成都人口当然大大超过此数。迄今考古发掘说明，东周成都遗址的分布范围，由西到东约 5 公里，从南而北约 3 公里②，共约 15 平方公里。如果以林沄所说数据计算，应有户 94517、口 472585，似乎过多。如果以战国时临淄故城面积与人口的比例计算，每户占地约 268 平方米③。参照这个数据推算，战国时成都大约有户 55970、口 279850④。如此大量的人口，需要消费大量的农业产品、副食品和各种手工业品。城市各阶级、阶层中，依靠食贡获取消费品的仅是王族、显宦等一小部分上层统治者，而他们的消费品中的某些种类，尤其是奢侈品，仍须通过交换从外获取。中下级统治者的衣食来源，虽可以收取租税等方式，或因拥有产业（主要是田产）予以解决，但要得到租税所无的产品和奢侈品，也必须加入商品交换行列。至于一般平民和工商业者，交换更是寻常之事。

农村能够解决基本生活消费，但手工业产品或者制作手工业品的原材料多须交换。交换的主要途径是城镇市场，或如中土的"市井"。

城市是重要手工业产品的产地和销售市场。例如，春秋战国时代的成都，就是蜀国漆器、织锦等的生产中心，并形成了大型市场，产品多销往外地。荥经、青川等地发现的大批漆器，即由成都市鬻来。

先秦蜀国有大批行商坐贾。《史记·西南夷列传》记载："巴蜀民或窃出商贾，取其筰马、僰僮、髦牛，以此巴蜀殷富。"筰马产自筰都，僰僮是指僰人之为奴婢者，髦牛主要产于汶山。这些商人买空卖空的传统手段，自不会始于秦汉之际，先秦已是如此。《华阳国志·蜀志》记载："成都县本治赤里街，（张）若徙置少城内，营广府舍，置盐、铁、市官并长丞，修整里阓，市张列肆，与

---

① 林沄：《关于中国早期国家形式的几个问题》，《吉林大学社会科学学报》1986 年第 6 期。
② 罗开玉：《成都城的形成和秦的改建》，《成都文物》1989 年第 1 期。
③ 马世之：《略论楚郢都城市人口问题》，《江汉考古》1988 年第 1 期。
④ 按：《汉书·地理志》记载，西汉成都县有户 76256。如《汉书·食货志》"一夫挟五口"即户均五口计算，西汉成都县应有口 381280。相比较而言，东周时成都人口的这个推算数据，应是比较符合实际的。

咸阳同制。"可见蜀灭前，成都本有繁华的市场。张咏《益州重修公宇记》载："案《图经》，秦惠王遣张仪、陈轸伐蜀，灭开明氏，卜筑是城（按指成都秦城），方广十里，分筑南、北二少城，以处商贾。"左思《蜀都赋》："亚以少城，接乎其西（按指大城西），市廛所会，万商之渊"，刘注："少城，小城也，在大城西，市在其中也。"这些分处于南北二少城内的大批商贾，绝大多数是蜀商贾，原来就在成都市场开业经商，故上引《华阳国志》记秦灭蜀后在成都"修整里阓"（阓为市门①），而不是新建市场。由此可见先秦蜀国专门商人阶层的大量存在，亦可见蜀国商业繁荣之一斑②。这是与成都人口的大量集中相适应的。

《华阳国志》还说秦灭蜀后，成都"市张列肆"，这其实也是自先秦而然。《蜀王本纪》记载春秋时老子为关令尹喜著《道德经》，临别曰："子行道千日后，于成都青羊肆寻吾。"肆为货栈，"肆所以陈货鬻之物也"③，古有"市廛列肆"之说。市肆是商业兴盛发达的产物。青羊肆这一名称，表明蜀已形成各种类别的市肆，即所谓"肆以类分"，物资交易在专门的市场分门别类地进行④。说明春秋时代成都市场已十分繁荣，而专门商人阶层的大量存在，也是确定无疑的事实。这种专门商人在当时社会就是富有者。故《史记·货殖列传》说："用贫求富，农不如工，工不如商，刺绣文不如倚市门。"即指此而言。

二、蜀与境外各地的贸易关系

（一）蜀与中国各地的贸易关系

蜀与相邻地区的通商，主要对象有秦、楚、滇、夜郎等古国，以及中原地区。

蜀、秦间很早就有广泛的贸易关系。《史记·货殖列传》说："及秦文、德、缪（穆）居雍，隙陇蜀之货物而多贾。"春秋时代已建立起官方贸易，民间贸易

---

① 《说文解字·门部》。
② 段渝：《先秦秦汉成都的市及市府职能的演变》，《华西考古研究》（一），成都出版社1991年版，第324~348页。
③ 崔豹：《古今注》。
④ 关于老子为关令尹喜著书之事是否真实的问题，学术界曾有怀疑，不过却不能因此质疑先秦成都青羊肆的存在。青羊肆地在今成都青羊宫，其地正是先秦成都城市的中心区域之一，汉代也是繁华之区，市肆所在。说明《蜀王本纪》所载春秋成都青羊肆，有其所本，断非虚语。

当更早，也更普遍。

蜀与楚的贸易，漆器为其大宗，丝绸可能也是交易品之一。除此而外，铜料当也是一项重要内容。楚地富铜，《诗·鲁颂·泮水》说商周"大赂南金"，西周青铜器铭文屡次提到伐楚"俘金"，金即是铜。著名的湖北铜绿山古铜矿早在西周时已经开采，在当时是中国的主要产铜区之一。春秋时铜器曾伯霊簠铭文讲到"金道锡行"，就是铜锡交易的商道。曾国位于汉水中游，近蜀。商周时期蜀国青铜器的大部分铜料，必须仰给于蜀境之外。而楚地之铜历来输出很多，蜀在缺乏足够的铜料的情况下，或许会从楚地输入铜料。

蜀、滇通商也有迹可寻。云南的铜、锡矿开采甚早，商代就曾输往中原。蜀地历来乏锡，也不可能不取之于云南。商代三星堆青铜器所含铅，就来源于云南。蜀、滇青铜器合金成分的接近，当即与此有关。而蜀、滇都曾使用贝币，这就为两地的大宗商品交易提供了相同的等价物，形成金锡交易的有利条件。当然，由于蜀对南中的控临，云南输往古蜀的青铜原料中，相当部分应出于贡纳，但也存在贸易的情况。

蜀地自古产枸酱，《史记·西南夷列传》记载枸酱"独蜀出"。汉初唐蒙在南越食蜀枸酱，南越乃从夜郎经由牂柯江辗转输入，而夜郎之蜀枸酱又是蜀商"窃出"交易。可见其间具有一定的交流渠道，有悠久的历史，自不始于汉代。

《史记·货殖列传》记载蜀与中原间的贸易说："然四塞，栈道千里，无所不通，惟褒斜绾毂其口，以所多易所鲜。"说明蜀与中原的贸易经常存在。先秦时著名的"西蜀丹、青"，并见于战国时人的著作，说明蜀的丹砂和空青是输往中原和东方各地的名贵商品。

（二）蜀与外域的贸易关系

至迟在商代，蜀与中国以外的一些地区和国度就已建立并发展了商品贸易关系。从商周以迄战国，与蜀通商的主要外域地区有南亚、中亚、西亚和东南亚。

蜀与南亚的商品贸易关系，《史记》有明确记载。《西南夷列传》载：

> 博望侯张骞使大夏（今阿富汗）来，言居大夏时见蜀布、邛竹杖，使问所从来，曰："从东南身毒国，可数千里，得蜀贾人市。"

《史记·大宛列传》载：

> （昆明之西）可千余里有乘象国，名曰滇越，而蜀贾奸出物者或至焉。

身毒，今印度。滇越，即迦摩缕波国，位于今东印度阿萨姆地区①。此虽为汉世，但从商情探查、商道开辟直到商品贸易，有一漫长过程，固非短期所能奏效。结合其他文献和考古资料看，早在秦汉以前，蜀与南亚间的商路业已开通。

南亚地区是蜀与中亚和西亚进行贸易的必经之地。商代晚期三星堆出土青铜雕像群、黄金权杖和黄金面罩，其文化因素的来源即与西亚有关，当从西亚经南亚引入。东周时代蜀国王公卿相当中流行佩戴一种称为"瑟瑟"的宝石串饰或琉璃珠串饰，后世屡有出土。杜甫《石笋行》说："君不见益州城（今成都）西门，陌上……雨多往往得瑟瑟，此事恍惚难明论。恐是昔时卿相家"。成都西门一带正是春秋战国时代蜀王国的墓区所在。唐时瑟瑟往往出于成都西门地下，足见随葬之多。瑟瑟（sit-sit），是古代波斯的宝石名称，是示格南语或阿拉伯语的译音。中国古书关于瑟瑟的性质有不同说法，主要指宝石，明以后主要指人工制造的有色玻璃珠或烧料珠之类②。成都西门多出瑟瑟，从其时代看，应指宝石一类。既称瑟瑟，当然是来自西亚地区，并且经由南亚而来。

古代西南地区多见蚀花琉璃珠，也是瑟瑟的一种。《唐书》和《蛮书》都记载南蛮和南诏妇女以瑟瑟为发饰，《太平寰宇记》卷87记载四川威州（今汶川县）妇女把成串的瑟瑟挂于发上为饰。四川茂县曾出土不含钡的琉璃珠③，理塘县也有发现④，四川盆地东部考古中还发现公元前8世纪的早期琉璃珠⑤，云南江川李家山战国24号墓中，也出土蚀花肉红石髓珠⑥。中国古代琉璃珠，按其成分分为两种，一是含钡玻璃，产自战国时代的中国，属铅钡玻璃类；一是

---

① 汶江：《滇越考》，《中华文史论丛》1980年第2辑。
② B. 劳费尔：《中国伊朗编》，林筠因译，商务印书馆1964年版，第345～347页。
③ 童恩正：《略谈秦汉时期成都地区的对外贸易》，《成都文物》1984年第2期。
④ 作铭：《我国出土的蚀花肉红石髓珠》，《考古》1974年第6期。
⑤ 龚廷万、庄燕和：《重庆市南岸区的两座西汉土坑墓》，《文物》1982年第7期。
⑥ 张增祺：《战国至西汉时期滇池区域发现的西亚文物》，《思想战线》1982年第2期。

不含钡的钠钙玻璃类,产自中亚和西亚①。以上西南各地所出,经化验和比较,均来自中亚和西亚,显然是从那些地区交换而来的商品。可见,从商代到春秋战国时期,蜀与西亚、中亚和南亚的商品贸易一直在持续不断地进行和发展。

古代蜀文化曾给东南亚以强烈影响。东南亚的粟米种植、岩葬、船棺葬、石棺葬、大石遗迹等,都与蜀文化的影响有关。东南亚的青铜器文化也吸收了相当多的蜀文化因素,手工业品中的铜、铁、竹、木之器等,也多仰给于蜀②。在其间经济文化的频繁往来中,蜀主要扮演着文化传播和商品输出者的角色。

蜀与外域持久而频繁的商品贸易关系说明,早在商周时代,蜀已初步成为中国西南的对外贸易枢纽。而南方丝绸之路,正是以成都为其起点的,从中可见蜀国商业的繁荣和发达。

三、蜀的货币

在不断发展进步的商业中,会自发形成充当等价物的货币。广汉三星堆出土的大量海贝,大多数背部磨成大孔,应是一种贝币。这与云南出土的贝币相似③,也与华北商周贝币大同。

战国时代,蜀国还流通一种铜币,形制如璜,学术界通称为"桥形币"④。这种铸币在成都平原及附近地区多有出土,具有强烈的区域性,是境内贸易中流通的一种货币。

黄金在商代蜀国就具有超乎其他金属之上的重要地位,与同一时期华北"金玉同色"的情况也有很大区别。战国时代蜀墓葬中常有金块出土,应即是充当贮藏手段的货币。它与楚国以金版郢爰为流通手段的情形不同,而与中原将黄金作为贮藏手段的情形一致。

由上可见,蜀国早在商代就已初步发展了内外商品贸易,到战国时代,无论对内还是对外的贸易都在继续扩大,日益成为中国西南以及与东南亚、南亚、中亚和西亚商品贸易的枢纽。因此,先秦蜀国商业的地位和作用,是不能不给予充分重视和进一步深入研究的。

---

① 高至喜:《论我国春秋战国的玻璃器及有关问题》,《文物》1985年第12期。
② 童恩正:《试谈古代四川与东南亚文明的关系》,《文物》1983年第9期。
③ 李家瑞:《古代云南用贝币的大概情形》,《历史研究》1956年第9期。
④ 李光廷:《吉金志存》卷1。

第四节 城市的形成和发展

城市是文明社会最重要的标志之一①。城市的形成与阶级社会和国家的形成步伐大体一致。它既是经济发展的必然结果,也是私有制发展的必然产物。这在世界上任何一个古文明当中都是一样的。人类文明中城市的发展是有阶段的,先秦城市不等于中世纪和近代以来的城市,而是城乡分化初期阶段的城市,即早期城市。

一、城市的形成

城市的出现,关键在于与史前村落相对立的新的生产方式和生活方式的出现。考古资料表明,在殷商时代,蜀国已经产生了早期城市,并初步形成了城乡一体化的政治经济格局。

在广汉三星堆遗址,考古工作者发掘清理了商代早期蜀国修建的巨大城墙,从而确认三星堆遗址是蜀国早期都城的废墟。在三星堆古遗址周围12平方公里的范围内,分布着十多处密集的古遗址群,文化面貌与三星堆相同②。这些古遗址群,毫无疑问是古蜀都城直接统治下的广大乡村。这正是古代城乡连续体业已形成的最显著实例。三星堆古蜀都城,首先就是作为这些乡村的对立物,从中生长、发展起来并对之实施统治的。

在三星堆遗址已发掘清理的房屋遗迹中,既有平民居住的木骨泥墙小屋,又有王公显贵居住的穿斗抬梁式大厅堂,反映出深刻的阶级分化。遗址内发掘的基本无随葬品的墓葬,与两个祭祀坑出土的大量财富形成鲜明的对比。城区内多出生产工具的区域,与基本不出生产工具而出有大量精雕细琢的玉石器、精美豪华的酒器、饮器、食器、雕花漆木器以及各种精致的工艺品的区域,对比也相当强烈,展示出一幅复杂社会中分层的生活方式图景。高耸的城墙,深

---

① C. Kluckholm, *The Moral Order in the Expanding Society*, *City Invincible*: *An Oriental Institute Symposium*, 1960, P. 400.

② 陈德安:《三星堆遗址》,《四川文物》1991年第1期。

第五章 古代蜀国的社会经济

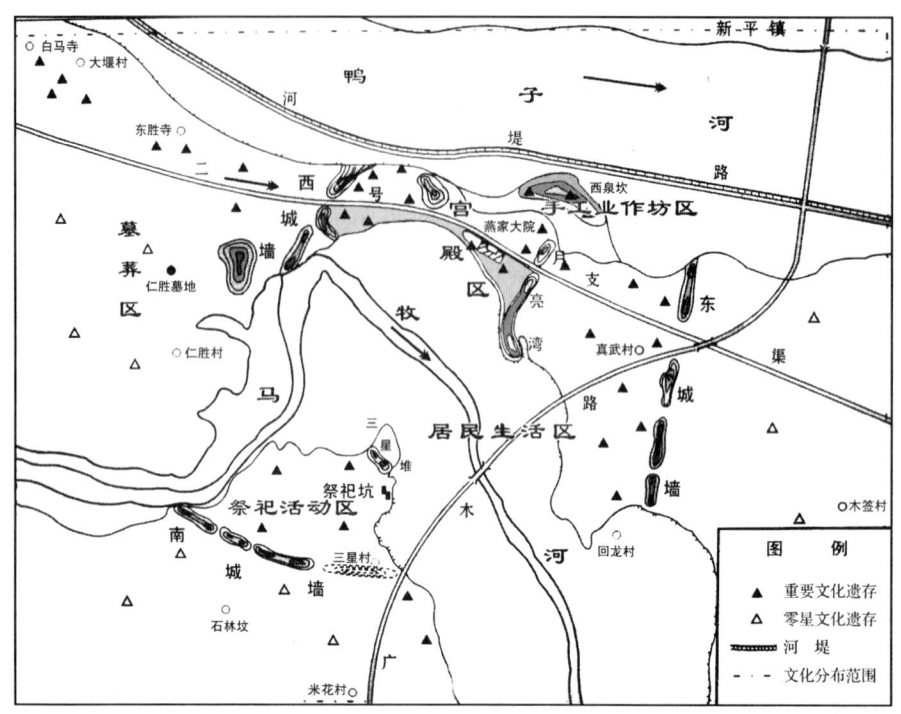

图 5—27 三星堆古城址平面图

陷的壕沟，是阶级冲突加剧的象征。早期的文字，是劳心者与劳力者分野的标志。祭祀坑内出土的大批金器、青铜器和玉石器，又无可置疑地显示出一个巨大的权力中心的崇高权威。所有这些，都无不表现出人口的集中、生产的专门化、剩余财富的集中和以神权、王权为核心的阶级统治的形成。而所有这些，正是形成为一个古代城市所必须具备的重要条件，也是衡量是否形成为城市的最主要标准[①]。

在三星堆古城的中轴线上，分布着三星堆、月亮湾、真武宫、西泉坎等四处台地，文化堆积颇为丰富、集中。1929年发现的玉石器坑和1986年发掘的两个大型祭祀坑，都处在这一中轴线上，说明这一区域是三星堆蜀国都城的宫殿区[②]。

---

① V. G. Childe，*The Urban Revolution*，*The Town Planning Review*，vol. 21，No. 1，pp. 3—17，1950.

② 陈德安、罗亚平：《早期蜀国都城初露端倪》，《中国文物报》1989年9月15日。

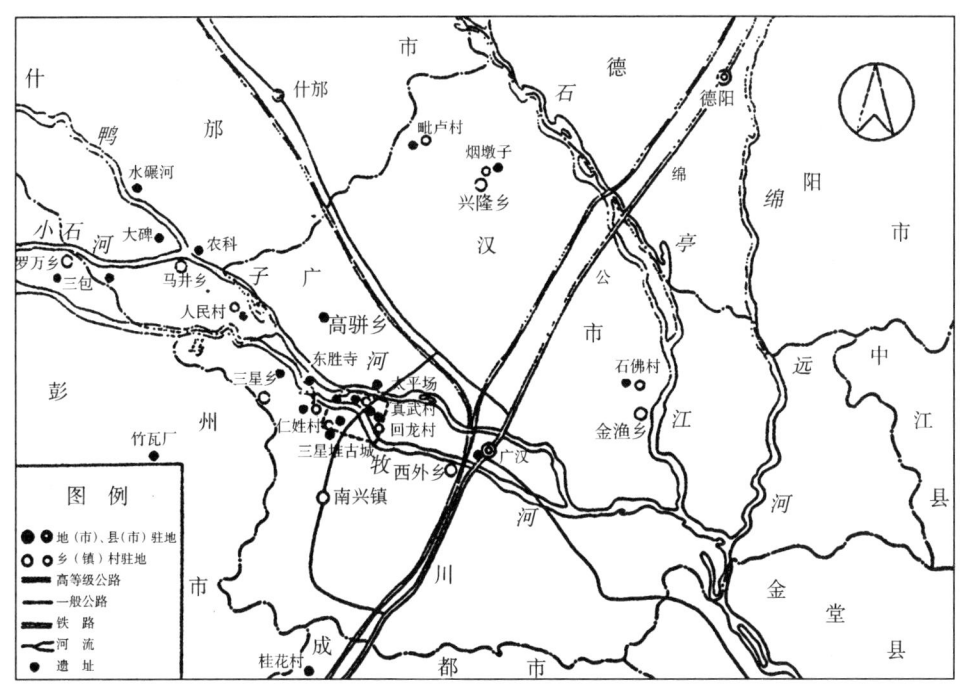

图5—28 三星堆周围地区古文化遗址分布图

商周时代的成都,是蜀国又一座具有相当规模的城市。

首先,1985~1986年在成都十二桥发现了商代晚期大型木结构建筑,总面积达15000平方米以上[①]。其中发现了宫殿建筑庑廊部分的遗迹。在主体建筑周围又发现了小型干栏式建筑遗迹,是大型木结构宫殿的附属建筑群。大型主体建筑与小型附属建筑相互联结,错落有致,浑然一体,形成规模庞大的建筑群体。1990年初又在该遗址新一村住宅工程地面下掘出堆积4米以上的文化层,发现了纵横交错的房屋构件20多根,还发现一批商代至春秋战国时期的陶、石和青铜器[②],为证明成都是一座文明古城提供了珍贵资料和重要依据。

其次,成都羊子山土台高10米以上,面积约10372.96平方米,用土总量在7万立方米以上[③]。在一望无际的成都平原,这座土台显得倍加巍峨高大。成都羊子山土台的方向,测定为北偏西55°,而广汉三星堆遗址2个祭祀坑的方

---

① 《成都十二桥商代建筑遗址第一期发掘简报》,《文物》1987年第12期。
② 周尔太:《十二桥商代建筑遗址有新发现》,《成都晚报》1990年4月9日。
③ 《成都羊子山土台遗址清理报告》,《考古学报》1957年第4期。

第五章　古代蜀国的社会经济

向，同样也都是北偏西55°。羊子山土台三级四方，与三星堆二号坑所出青铜大立人的三层四方形基座形制相类，绝非偶然。它显然是成都城市的礼仪中心所在。

再次，在以十二桥建筑群为中心，沿古郫江故道分别向北面和西南面延伸的弧形地带上，分布着密集的遗址群，由西向东约5公里，由南而北约3公里，其中任一个遗址均未发现边沿，表明它们都是同一个大型遗址的不同组成部分。这些遗址中出土陶器极为丰富，绝大多数已碎。一般说来，文化层中每一平方米范围内（厚约20厘米），可发现碎陶片100~1000片，说明人口分布相当密集①。

最后，2001年发现的金沙遗址，在商周文化层内出土大量青铜器、黄金器物和玉器。从平面分布观察，遗址总面积达5平方公里，包括金沙村、黄忠村、龙嘴村、红色村、郎家村等自然村。在金沙遗址的东南面，20世纪80年代以来，已发现和发掘了抚琴小区、方池街、君平街、指挥街、盐道街、岷山饭店、岷江小区等十几处商周遗址，绵延10余公里②。在年代关系上，成都各遗址的早中晚各期的历年基本一致。这种同一时期的共存关系表明，各遗址是同步演进的，具有明显的空间连续性和时间稳定性。从布局和级别上看，金沙遗址，显然是这一相互连接、绵亘数公里的大型遗址群的中心遗址，无论其出土器物的级别层次，还是其建筑规模和主从配置，都远远超乎其他遗址之上，因此它毫无疑问处于各遗址的首脑和中心的地位。而位于这一大型遗址群北面，建有高大巍峨的羊子山大型土台礼仪性建筑，同金沙、黄忠小区和十二桥大型建筑群遥遥相望。这一格局，恰是作为一座早期城市最明显的标志，无论其规模还是布局，显然是任一个史前村落所无法比拟的，充分证明商代成都是一座当之无愧的早期城市。

从更深刻的意义来认识，金沙遗址出土的金属器群、十二桥遗址和羊子山土台建筑遗址所体现出来的技术的发展，知识的进步，动员组织人力、物力、财力的广泛和深入，还反映出一个更加波澜壮阔的时代背景，足以证明已经产

---

①　罗开玉：《三星堆遗址与古代西南文化关系初论》，《四川文物》1989年专辑。
②　成都文物考古研究所：《金沙——21世纪中国考古新发现》，五洲传播出版社2005年版，第8、9页。

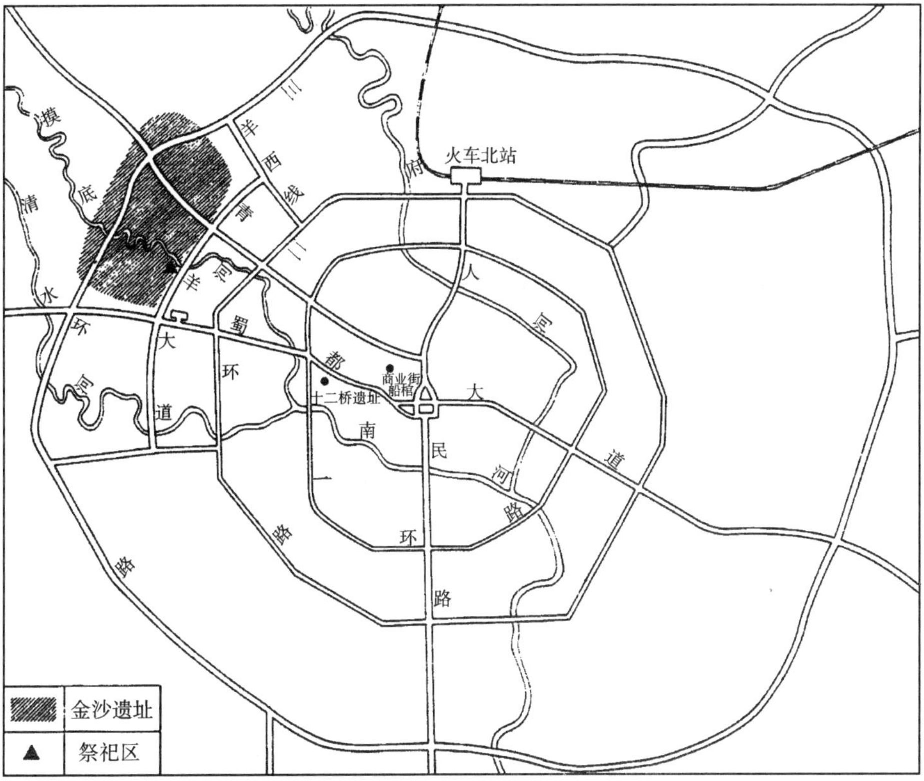

第五章 古代蜀国的社会经济

图 5—29 成都市金沙遗址位置图

生了一个拥有相当集中化权力的政治中心在支配着大批手工业者、建筑者、运输者、掌握科学知识和技术的专门人员、各级管理者，以及为他们提供食物的大批农业生产者及其剩余劳动。而上述各人等，恰好形成一个早期城市所必须具备的阶级、阶层和社会结构，说明一个植根于社会而又凌驾于社会之上的政权组织业已形成。这种社会结构和政权组织，同样是任一个史前村落所无法比拟的，更充分地证明商代成都是一座早期城市。

三星堆作为鱼凫王朝的蜀都，大约在商末周初废弃。西周时代，蜀王杜宇建都成都，西周晚期"治汶山下邑曰郫（今四川郫县）"①，"或治瞿上（今四川双流县）"②，前者为王都，后者为别都，实行两都制。西周时期的成都，由于

---

① 《蜀王本纪》。
② 《华阳国志·蜀志》。

第五章 古代蜀国的社会经济

金沙遗址的发现，证明是一座具有相当规模的城市，是为杜宇都城，它从商代晚期以来一直在持续发展，没有衰败。春秋前期开明氏代蜀后，定都郫（今郫县）。至春秋晚期，开明五世迁都成都①，进一步推动了成都经济文化的进步。从此，成都作为全蜀的政治经济和文化中心，形成了稳定的格局，再未发生变动。

二、早期城市体系

一般说来，在邦国林立的上古时代，一个邦国只有一个政治经济中心，而一个文明古国也只有其王都可以称得上城市。《左传》庄公二十八年："凡邑，有宗庙先君之主曰都，无曰邑。"刘熙《释名·释州国》："国城曰都，都者国君所居，人所都会也。"王都不仅政治地位高于邑聚，而且是宗庙之所在，人口最为集中，具有城市的规模。邑只是较大的聚落，不具备城市的规模和性质。在商代，"大邦殷"是一个庞大邦国联盟中的首脑之邦，在其本土也只有一座城市中心，即商都。商都"不常厥邑"②，前八后五，屡有迁徙。每迁新都，旧都即废。周初也是邦国联盟，周王实为共主，常称各国为"友邦"。其时周有两都，形成西土和中土两个政治中心。宗周重在宗庙先君之主，成周重在军事，但西周中晚期已开始出现组织区域性商业的萌芽③。邑一级的聚落，是在春秋中叶以后，随着从卿大夫专权到"陪臣执国命"局面的出现和发展，才开始逐渐上升为城市。这时的城市，除少量的具有政治中心或军事重镇的主导功能外，大多数已走上工商业城市的发展道路，比起商代和西周已有非常显著的变化和巨大的进步。

但是蜀国早期城市体系的形成，却与华北商周有较大差异。三星堆古城作为商代蜀国的都城已经比较明确，值得研究的是商代成都城市的性质。

早期成都的功能体系中，起主导作用的是工商业，是一座早期的工商业城市，与具有王都气象的三星堆古城不同。成都是古代的自由都市④，它的聚合形成，即与工商业有关。成都古无城垣，一方面是同它大量的干栏式建筑有关，

---

① 此据《蜀王本纪》。《华阳国志》则以为开明九世始迁都成都。考之载籍，当从扬雄之说。
② 《尚书·盘庚》。
③ 参见《兮甲盘》铭文；《周礼·地官·司市》。
④ 徐中舒：《成都是古代自由都市说》，《成都文物》1984年第1期。

显示出早期城市居民的民族风格和文化特性。一方面与它的功能体系相适应，是它作为一座早期的工商业城市的特点所决定的。这与三星堆作为王都尤其是神权政治中心，需要建筑高大坚固的永久性城垣，恰好形成一个鲜明的功能性比较。它与中原古城一般在聚合过程中就形成设防城市故需城垣，其区别也在于功能体系的重大差异。

商代成都已开始形成为一座早期的工商业城市，拥有青铜器作坊、黄金作坊、石璧制造作坊、陶器作坊、漆器作坊等大型手工业生产基地，在专门化分工上业已达到相当高的水平。由成都大量的人口所决定，必然已形成专门的市场。它的进一步发展，使它成为一座典型的工商业城市。春秋战国之际荥经、青川等地出土的漆器，就是成都制造并销售的。漆器铭刻不用古蜀文字而用中原文字，其意图显然是为了销往蜀国以外，是为了销售而生产。商代至春秋战国之际成都各遗址出土的大量卜用龟甲，据《山海经·中次九经》，产于岷山，当在成都有销售市场。可见，从商代起，成都就开始走上早期工商业城市的形成和发展道路，由此使它得以进一步发展成为中国西南的工商业中心[①]。如果再联系到商代已开辟的南方国际商路的起点在成都，而以成都为中心，分布范围广及四川盆地东部并波及盆周山地的地域内，出土不少南亚、中亚和西亚文化风格的制品来看，这一点就更加清楚了。

成都古为工商业城市，它与三星堆蜀王都城共同形成了蜀国的早期城市体系。在这个体系中，三星堆王都是首位城市，居于中心的、支配的地位，发挥着神权政治中心的功能。成都是次级城市，居于从属地位，主要发挥工商业功能。

一般说来，城市体系的形成属于比较晚近的现象，它主要导源于工商业经济的高度发展。尤其是功能体系分区建立的城市体系，不仅为商代中原所不见，而且在世界文明初期的城市史上也是不多见的，正反映了古蜀工商业经济兴盛发达的情况。无怪乎秦大夫司马错力主秦惠文王伐蜀时说："其国富饶，得其布帛、金、银，足给军用"[②] 是以"富国强兵"而"利尽西海"[③]。而秦灭蜀后，

---

① 段渝：《先秦秦汉成都的市及市府职能的演变》，《华西考古研究（一）》，成都出版社1991年版，第324～528页。

② 《华阳国志·蜀志》。

③ 《战国策·秦策一》。

也的确使"秦益强，富厚轻诸侯"[1]。

西周和春秋战国时代，蜀国还陆续产生了一批城市。西周时代的蜀国是两都制，郫为王都，瞿上为别都，体制与周王室的两都制略同。《华阳国志·蜀志》记载："蜀以成都、广都、新都为三都，号名城"。此三都即是春秋战国之际蜀国的中心城市体系。在三都以外，蜀地还产生了一大批新兴城市。东周时代，杜宇故都郫城仍然是一座具有相当规模的城市。《华阳国志·蜀志》记载秦灭蜀后"城成都"的同时，还城郫："郫城周回七里，高六丈"。如按上文所述人口密度指数估算，约 2600 户，合 13000 口，如此规模必然是西周以来持续发展的结果。东周时期的临邛（今四川邛崃市境），是又一座新兴城市。《华阳国志·蜀志》说秦城临邛，"临邛城周回六里，高五丈"，约有 2300 户，合 11500 口，够得上一座中等级的古代城市，必然也是经长期发展形成起来的。另据《舆地纪胜》卷 147 记载，川西山区今芦山县有"开明王城"；《水经·江水注》载南安县（今四川乐山市）"即蜀王开明故治也"；而川北的葭萌（今四川广元市昭化），《华阳国志·蜀志》载为蜀国封疆大吏苴侯的封地。这几处地方，均当形成具有一定规模的中小城市。此外，据《史记·秦本纪》、《六国年表》，陕南重镇南郑在西周和东周中叶以前属蜀，而南郑是一座有名的古代城市。另据考古资料，位于今川西南荥经的严道古城，出土大批巴蜀墓葬，其聚合成形至晚是在春秋中晚期之际。可见，东周时代蜀国的城市网络体系一直在不断扩展，成为蜀国经济不断进步的强大推动力之一。

春秋战国时代蜀国的城市网络覆盖了整个成都平原，并辐射到盆周山区，其空间组织形态日益表现出稳定性和成熟性。在这个巨大的城市网络当中，协调与均衡发展的必要条件是功能体系分区的形成和发展。成都作为首位城市，是蜀地政治经济文化的中心。成都以北的新都，起着联系川西平原北部的作用。陕南的南郑，既是北疆军事重镇，又是控扼褒斜道，出入中原，"以所多易所鲜"[2] 的经济门户。成都以西的郫城，重在沟通成都平原工农业与川西北高原畜牧业的经济文化联系。成都以西的临邛城，重在沟通成都平原与川西高原的经济文化交流，《史记·货殖列传》载临邛城"民工于市，易贾"，正是对临邛

---

[1] 《战国策·秦策一》。
[2] 《史记·货殖列传》。

城市经济功能的客观表述。可以说，郫城和临邛，充当着成都平原农业经济、城市手工业经济同川西北和川西高原畜牧业经济进行交流的媒介。而成都以南的南安，则不仅是蜀盐的供应基地，还是成都平原农业经济、城市手工业经济同南中半农半牧经济进行交流的媒介。位于川西南山地的严道古城，也不但是控制着当地丰富铜矿资源的经济战略要地，同时还是南方国际商道贸易线路的前出点①。由此可见，蜀国城市网络的形成及其功能体系分区的不断完善，对整个四川盆地以及周边地区的经济文化发展，起到了巨大的组织、协调和推动作用。这种格局，不仅对先秦、秦汉及整个中古时代，而且对近现代四川城市网络的继续扩大和发展，都产生了明显的影响②。

第五节　内外交通

蜀地虽然"四塞"，然而"栈道千里，无所不通"③，交通却较发达，境内外交通一直畅通无阻。

一、境内交通

蜀地河流众多，多可通航。《战国策·燕策二》："蜀地之甲，轻舟浮于汶，乘夏水而下江，五日而至郢。"《楚策一》："秦西有巴蜀，方船积粟，起于汶山，循江而下，至郢三千余里，舫船载卒……下水而浮……不至十日而距扞关。"这是岷江至长江的航路，横贯蜀中，是从川西北高原经巴蜀至楚、吴、越的东西交通大动脉。《禹贡》记载"沱、潜既导"，足见沱江、嘉陵江都能通航，是联系蜀地南北的交通动脉。

在高山峡谷和大河绝壁之处，蜀人发明了栈道和笮桥。栈道分为石栈和木栈两种。木栈是在森林中斩木铺路，或杂以土石④，也广泛地运用于悬崖绝壁

---

① 刘弘等：《南方丝绸之路文化论》，云南民族出版社1991年版。
② 参见段渝：《巴蜀古代城市的起源、结构和网络体系》，《历史研究》1993年第1期。
③ 《史记·货殖列传》。
④ 郑德坤：《四川古代文化史》，华西大学博物馆印1946年版，第113页。

之地，主要有标准式、立柱式、依坡搭架式、悬崖搭架式等形制①。石栈即"傍凿山岩，而施版梁为阁"②，"凿石架空，为飞梁阁道"③，也有不同的形制。

笮桥起源甚古，其最初运用与笮人有关④。《广韵》释笮曰："竹索也，西南夷寻之以渡水。"笮桥主要用在河流绝壁无以渡越之处，后来又演化出溜筒等形制⑤。

古代成都处多水之乡，西、南两面临江，故多桥。秦时李冰在成都建七桥，其实并非全部新建，其中多沿古蜀国旧有桥梁。否则，古成都便无以西出江原（今崇庆县）、临邛（今邛崃县），南出南安（今乐山）、严道（今荥经），不能顺利实现与川西地区和川南地区的经济文化联系。

二、对外交通

（一）东路

蜀有江水通于巴、楚，直抵吴、越。《史记·楚世家》所记"蜀伐楚，取兹方"，《史记·秦本纪》、《华阳国志》等记载秦因蜀攻楚，即由此路。蜀与长江中下游各地的交往，都由此顺江东下。

（二）西路

蜀西主要有岷江河谷与川西北高原沟通，有岷江支流南河达于临邛、青衣（今芦山县），入西夷各地。又有"秦道岷山青衣水"⑥，入青衣河谷，折转岷山谷地，北出秦陇，转达中原。

岷江河谷的交通线早在新石器时代即已开辟。岷江上游新石器文化的彩陶，即是西北地区马家窑文化循由此道南下而来的。

川西北地区的交通亦开辟甚早。史籍所载黄帝后代在此活动，便是明证。《山海经·海内东经》所载"出蜀（山名，今西倾山）而东南注江"的白水（今甘南白水江），是联系蜀与武都（今甘肃西和县南）的重要通道。《禹贡》："西倾因桓是来，浮于潜，逾于沔，入于渭，乱于河"，即指此，可见也是川西北地

---

① 兰勇：《四川古代栈道研究》，《四川文物》1988年第1期。
② 《史记·高祖本纪》索隐引崔浩之说。
③ 《初学记》卷8引《华阳国志》。
④ 《元和郡县图志》卷32。
⑤ 姚莹：《康輶行记》卷15《笮桥》；嘉庆《四川通志》卷31《津梁》。
⑥ 《古本竹书纪年》。

区与中原联系的重要通道。由甘青入若水（今雅砻江），再转渽水（今大渡河），又可入岷江下游，进抵蜀之腹心，亦可由若水达绳水（今金沙江），转入南中。

（三）北路

北路是蜀与中原联系的最重要通道。蜀的北方通道主要有褒斜道和故道，统称蜀道。

褒斜道见诸史乘很早。《史记·货殖列传》记载："巴蜀亦沃野……然四塞，栈道千里，无所不通，惟褒斜绾毂其口，以所多易所鲜。"《史记·河渠书》："而褒水通沔，斜水通渭，皆可行船漕。"褒斜道是水、陆两条并行的古道。这里所述为陆路，水路从略。

古褒斜道沿渭水南侧支流斜水（今名石头河）和汉水北侧支流褒水河谷行进，故名，亦省称为斜谷道。其走向，首先由蜀之金牛道抵汉中，经褒城，出褒谷口，越七盘岭或穿石门洞，经孔雀台，沿褒水干流狭谷险段至褒河上游三源相会的西江口，又经两河口，西折入红岩河上游虢川平地，入石头河中游宽平的桃川河谷，翻老爷岭，东北入斜谷关，经眉县，过周至，西行至户县，再东北直抵西安[1]。

褒斜道在商代即见开通。殷卜辞所见蜀与商王朝交往，蜀文化中所见商文化因素，多由此道南入汉中，再入蜀之本土。武丁期卜辞"伐缶与蜀"，缶即褒，可见褒、蜀有路相通。殷末蜀师北出褒斜伐纣，西周末郑之遗民南奔南郑，春秋初蜀、秦商品的流通，战国时蜀、秦争南郑，蜀有褒、汉之地等等，都说明褒斜道在先秦时长期畅通不衰。

故道是北出蜀地，联系关中的另一条重要道路。因此道沿嘉陵江东源故道水河谷行进，故名。故道的走向，先由金牛道经五盘岭或阳平关至金牛镇，北至略阳，沿嘉陵江东北行，翻老爷岭，至白水江，北越青泥岭至徽县，东北折入两当县，东越嘉陵江支流永宁川、庙河、红岩河，入嘉陵江河谷狭谷区至凤县，东北经黄牛岭，越大散门，进抵渭水之滨的宝鸡[2]。

故道在商周之际已经开通。近年在宝鸡发现的大量古蜀文化遗物，即由故道进入。西周早期在宝鸡的渭水之南建有散国，周初青铜器散氏盘铭文中记有

---

[1] 李之勤等：《蜀道话古》，西北大学出版社1989年版，第24页。
[2] 李之勤等：《蜀道话古》，西北大学出版社1989年版，第29页。

"周道"，王国维考证此周道即是故道①。《水经·渭水注》也提到宝鸡附近渭水支流汧水有"周道谷"。可见故道之开通，其年代大概与褒斜道相差不远。

故道是蜀道北段诸线中里程最长的一条道路。"故道多阪，回远"，从中原经此入蜀，比经由褒斜道多四百里路程②。因此先秦故道的繁荣不如褒斜道。不过，由于故道途经之地居民区较多，又较之褒斜道安全，故汉唐时期官员商旅，多由此道往来。

（四）南路

蜀南有数道，分别入南中、夜郎（今贵州安顺）。这几条道路都十分重要，尤其是自蜀入滇再出外域的几条道路，是我国古代西南地区最重要的国际交通线。

蜀至夜郎的道路，在今四川合江县沿赤水河南下，经赤水、习水、温水，跨娄山关，直抵夜郎。两周之际，蜀王开明氏即由此路自鳖入蜀。先秦秦汉独产于蜀的枸酱，也经此路输于夜郎，再转输番禺（今广州）。考古学上，在广东揭阳和香港南丫岛发现了三星堆文化牙璋，表明了由蜀至南中国海的交通和文化交流早在商代就已经存在的事实。

三、国际交通线

从蜀经云南出外域的国际交通线，学术界称为"南方丝绸之路"。南方丝绸之路的起点为古蜀文明的中心——成都③，向南分为东、西两线，西线为从成都到印度的"蜀身毒道"，或称为"川滇缅印道"；东线为从成都到越南的"步头道"和"进桑道"。

西线从成都出发南行，分为东、西两路。西路沿牦牛道南下，出四川双流、新津、邛崃，经名山、雅安、芦山、荥经、汉源、越西、西昌、会理、攀枝花、云南大姚、姚安、楚雄，西折至大理。东路从成都南行经今四川彭山、乐山、犍为、峨眉山、宜宾，再沿五尺道经今云南大关、昭通、曲靖，西折经昆明、楚雄，进抵大理。两道在楚雄汇为一道，又继续西行，经云南保山、腾冲，抵达缅甸密支那，或从保山出瑞丽进抵缅甸八莫，向北进至东印度阿萨姆和曼尼

---

① 王国维：《散氏盘跋》，《观堂集林》卷18，中华书局1959年版，第887页。
② 《史记·河渠书》。
③ 一般认为，南方丝绸之路的起点是成都。不过，从三星堆出土文物分析，在商周时代尤其商代，南方丝绸之路国内段应是以成都平原古蜀都城为重心。

普尔①,至南亚、中亚和西亚地中海地区。这条国际交通线的线路最长,途经国家最多,可谓古代亚洲的交通大动脉②。

南方丝绸之路东线也分为东西两路。西路即步头道,是一条水陆相间的道路,从成都南行,经四川宜宾至云南昆明、晋宁,至通海利用红河下航越南。《蛮书》卷6:"通海城南十四日程至步头,从步头航行沿江三十五日出南蛮。"通海之南步头所在,众说纷纭,但诸说都认为步头是出云南至越南的水路分程地点,以下即沿红河下航③。方国瑜先生在《南诏通安南道》中认为,步头道在红河之元江经河口以至河内一线,这条线路是沟通云南和中南半岛交通的最古老的一条水道④。东路即进桑道,严耕望先生在《汉晋时代滇越道》⑤中认为,进桑约在今河江县(东经105°、北纬22°50′)境,此道行程,北由贲古县东南行,沿叶榆水(今盘龙江)而下,经西随县(约今开化、文山县,东经104°15′、北纬21°25′地区),达交趾郡(今河内地区)。据此,东路从蜀入滇,至昆明,经弥勒,渡南盘江,经文山,出云南东南隅,经河江、宣光,循盘龙江,直抵河内⑥。

早在商代,中国西南地区便初步发展了与印度和东南亚大陆的陆上交通。西方考古资料也说明,中国丝绸至少在公元前600年就已传至欧洲,希腊雅典kerameikos一处公元前5世纪的公墓里发现了五种不同的中国平纹丝织品,而中国丝绸早在公元前11世纪已传至埃及⑦。到公元前4~5世纪时,中国丝绸已在欧洲流行。这两种情况,在早期中西交通的开通年代上是完全相互吻合的。可是如果仅仅根据中国古文献的记载,则至公元前2世纪末期汉武帝时,汉王朝才开通西域丝绸之路,这远远晚于考古发现所真实反映的中国丝绸西传欧洲

---

① 伯希和:《交广印度两道考》,冯承钧译,中华书局,1958年;桑秀云:《蜀布邛竹杖传至大夏路径的蠡测》,《中央研究院历史语言研究所集刊》41本10分,1969年;饶宗颐:《蜀布与Cina Patta——论早期中、印、缅之交通》,《中央研究院历史语言研究所集刊》45本4分,1974年。
② 段渝:《古代巴蜀与近东文明》,《历史月刊》1993年第2期;段渝:《古代巴蜀与南亚和近东的经济文化交流》,《社会科学研究》1993年第3期。
③ 参阅向达:《蛮书校注》卷6。
④ 方国瑜:《中国西南历史地理考释》上册,第521~530页、第566~586页。
⑤ 严耕望:《汉晋时代滇越道》,《中央研究院历史语言研究所专刊》之八十三,1986年版。
⑥ 参考李绍明:《南方丝绸之路滇越交通探讨》,《三星堆研究》第二辑,文物出版社2007年版,第4~7页。
⑦ Philippa Scott, *The Book of Silk*, London: Thames & Hudson, 1993, p.78.

第五章 古代蜀国的社会经济

的年代。

中国是丝绸的原产地，早在商周时期丝绸织造就已达到相当水平①，而四川是中国丝绸的原产地之一，丝织业素称发达，到商周时期，蜀地的丝绸业已有相当发展②。广汉三星堆二号祭祀坑内出土的青铜大立人像头戴的兽首花冠和身着的长襟衣服上所饰的有起有伏的各种花纹，显示出蜀锦和蜀绣的特征③。西周前期，渭水上游宝鸡附近分布着一支弓鱼氏族类④，是古蜀人沿嘉陵江向北发展到渭水上游的一个拓殖点。在弓鱼氏墓葬内，发现丝织品辫痕和大量丝织品实物，丝织品有斜纹显花的菱形图案的绮，有用辫绣针法织成的刺绣，这些丝织品其实就是古蜀丝绸和蜀绣⑤，它们出土于以丝织著称的蜀人墓中，是不奇怪的。春秋战国时代，蜀地的丝绸业已达到很高的水平，湖南长沙和湖北江陵出土的战国织锦和刺绣，即是古代蜀国的产品⑥，与四川炉霍卡莎石棺葬内发现的织品相似⑦。不少学者认为，张骞在大夏看见的"蜀布"，其实就是蜀地生产的丝绸。扬雄《蜀都赋》说蜀地"黄润细布，一筒数金"⑧，意思是蜀地的丝绸以黄色的品质尤佳。印度考古学家乔希（M. C. Joshi）先生指出，古梵文文献中印度教大神都喜欢穿中国丝绸，湿婆神尤其喜欢黄色蚕茧的丝织品⑨。这种黄色的丝织品，也许就是扬雄所说的"黄润细布"⑩。印度教里湿婆神的出现年代相当早，早在印度河文明时期已有了湿婆神的原型，后来印度教文明中的湿婆神就是从印度河文明居民那里学来的⑪。从印度古文献来看，湿婆神的出现至少也是在公元前500年以前，相当于中国的两周时期，那时中原尚不知九州以外有印度的存在，而古蜀经由西南夷已与印度有了丝绸贸易关系。

---

① 夏鼐：《我国古代蚕、桑、丝、绸的历史》，《考古》1972年第2期。
② 段渝：《黄帝嫘祖与中国丝绸的起源时代》，《中华文化论坛》1996年第4期。
③ 陈显丹：《论蜀绣蜀锦的起源》，《四川文物》1992年第3期。
④ 《宝鸡弓鱼国墓地》，文物出版社1988年版。
⑤ 段渝：《渭水上游的古蜀文化因素》，《三星堆文化》，四川人民出版社1993年版，第601、602页。
⑥ 武敏：《吐鲁番出土蜀锦的研究》，《文物》1984年第6期。
⑦ 四川省文物考古研究所等：《四川炉霍卡莎湖石棺墓》，《考古学报》1991年第2期。
⑧ 扬雄：《蜀都赋》，丛书集成初编本。
⑨ 转引自［印］谭中、［中］耿引曾：《印度与中国——两大文明的交往和激荡》，第71、72页。
⑩ 事实上，至今四川出产的生丝，仍略带黄色。
⑪ 刘建、朱明忠、葛维钧：《印度文明》，第48、50页。

公元前4世纪印度古书里提到"支那产丝和纽带",又提到"出产在支那的成捆的丝"①,即是指成都出产的丝和丝织品。季羡林先生指出:"古代西南,特别是成都,丝业的茂盛,这一带与缅甸接壤,一向有交通,中国输入缅甸,通过缅甸又输入印度的丝的来源地不是别的地方,就正是这一带。"② 由此看来,先秦时期中国丝绸的西传,应当或主要是从蜀身毒道西行的。阿富汗喀布尔附近发掘的亚历山大城的一座堡垒内曾出土大量中国丝绸,据研究,这批丝绸是经南方丝绸之路,由蜀身毒道转运到中亚的蜀国丝绸③。喀布尔正当南方丝绸之路要道④,这批丝绸出现在那里不是偶然的。

先秦和汉初,从四川经云南至缅、印、中亚的南方丝绸之路在中西文化的早期交流中已扮演着重要角色。春秋以前,由中国西北方面民族的迁徙所带动的一些民族群团的大规模西迁还未发生。据西史的记载,欧亚民族的大迁徙发生在公元前7~8世纪。当公元前7~8世纪之际,欧亚大陆间的民族分布大致是:西梅瑞安人在今南俄一带,斯基泰人(Scythian,或译西徐亚)在西梅瑞安人稍东之地,索罗马太人(Sauromathae)在里海之北,马萨及太人(Massagetae)自黠嘎斯(kirghiz)草原至锡尔河(Sir Daria)下游,阿尔其贝衣人(Argippaei)在准葛尔及其西一带,伊塞顿人(Issedones)在塔里木盆地以东,阿里马斯比亚人(Arismaspea)在河西一带⑤。这一时期经中国西北方面以及经北方草原方面的对外文化交流尚存困难。至秦穆公时(前659~前621年在位),用由余之谋,"伐戎王,益国十二,开地千里,遂霸西戎"⑥。但秦在西北地区获取最终胜利是在公元前3世纪初,此后西戎也才远居秦陇之西。而秦穆公固然武功勋烈,独霸西戎,但却得而复失。《汉书·韩安国传》所以说"秦穆公都雍,地方三百里",其原因正在于此。诚如蒙文通先生所说:"秦陇西之得而复失屡也,则穆公都雍地方三百里,疆土之蹙,事可互证。非秦之支柱其间,

---

① 《国事论》,或译《政事论》第11章,81节,转引自季羡林:《中国蚕丝输入印度问题的初步研究》,《中印文化关系史论文集》,第76页。
② 季羡林:《中国蚕丝输入印度问题的初步研究》,《中印文化关系史论文集》,第75页。
③ 童恩正:《略谈秦汉时代成都地区的对外贸易》,《成都文物》1989年第2期。
④ [英]哈维:《缅甸史》,姚楠译,商务印书馆1957年版,第51页。
⑤ 参见方豪:《中西交通史》上册,第47、48页。
⑥ 《史记》卷5《秦本纪》,第194页。

第五章 古代蜀国的社会经济

是诸戎者胥相率而东也。"①

战国至汉初，由于匈奴和西羌分别封锁了河西走廊和北方草原地带，致使中国西北和北方的中西交通仍受阻隔，张骞所说"今使大夏，从羌中，险，羌人恶之；少北，则为匈奴所得"②，反映的正是这种实际情况。而在中国西南方面，古蜀文化的空间分布十分广阔，《华阳国志·蜀志》记述道："其地东接于巴，南接于越，北与秦分，西奄峨嶓"，其西南方向与永昌、滇越等夷越直接相连，这正是蒙文通先生所论证的包括汉之益州、永昌、越巂等在内的蜀之南中③。由于西南夷很早就已是蜀的附庸④，商周时期古蜀王作为西南夷诸族之长，长期控制着西南夷地区，"以汶山为畜牧，南中为园苑"，"僰道有故蜀王兵栏"⑤，古蜀与西南夷诸族之间的关徼常常开放，因此出西南夷道至缅、印而达阿富汗、中亚再至西亚和地中海，实比从西北和北方草原西行更容易。张骞西行报告说，通过他的实地考察，得知不论从西北还是从北方草原地区出中国去中亚，都不但路途遥远，而且沿途环境险恶，民族不通，极为困难，只有从蜀经西南地区去印度到中亚，才是一条既便捷又安全的道路。而古蜀在西南地区的文化辐射和影响，基本上就是沿着南方丝绸之路展开的。张骞，汉中城固人，亦即蜀人⑥，深知西南夷道上蜀与南中诸族的历史关系，所以说"从蜀宜径，又无寇"，可以由此打通中国与外域的关系。把张骞在中亚所见"蜀物"、"蜀贾"，同蜀贾在次大陆身毒和在东印度阿萨姆滇越从事商业活动等情况联系起来分析，可以清楚地看出，先秦和汉初蜀人商贾在印度和中亚从事丝绸、"蜀物"等长途贸易，必然是通过蜀身毒道进行的。

南方丝绸之路以巴蜀为重心，正如苏秉琦先生在《中国文明起源新探》一书所说："四川的古文化与汉中、关中、江汉以至南亚次大陆都有关系，就中国

---

① 蒙文通：《周秦少数民族研究》，《古族甄微》，巴蜀书社1993年版，第157页。
② 《史记》卷123《大宛列传》。
③ 蒙文通：《巴蜀史的问题》，《四川大学学报》1959年第4期。
④ 方国瑜：《中国西南历史地理考释》上册，第15页。
⑤ 《华阳国志·蜀志》。徐中舒先生认为"兵栏"即驻兵的营寨，见《巴蜀文化续论》，《四川大学学报》1960年第1期。
⑥ 汉中城固先秦时"属蜀"，见《华阳国志·汉中志》。考古学上，汉中城固亦曾发现大量商代中晚期的蜀式青铜兵器和陶尖底器，见唐金裕等《陕西省城固县出土殷商铜器整理简报》(《考古》1980年第3期)，可证实《华阳国志·汉中志》之说。直到东汉，汉中仍"与巴蜀同俗"，见《汉书》卷28下《地理志下》(中华书局1962年版，第1666页)。

与南亚的关系看,四川可以说是'龙头'。"① 以成都平原为起点的南方丝绸之路,是中国丝绸输往南亚、中亚并进一步输往西方的最早线路。早在商代中晚期,南方丝绸之路已初步开通,产于印度洋北部地区的齿贝和印度地区的象牙即在这个时期见于广汉三星堆和成都金沙遗址,三星堆青铜雕像文化因素和古蜀柳叶形青铜短剑形制等也由此而来,产于印度和西亚的"瑟瑟"也不仅见于四川考古,而且见于文献记载②。印度所最早知道的中国,梵语名称作 Cina,中译为"支那",或"脂那、至那"等,就是古代"成都"的对音或转生语,其出现年代至迟在公元前4世纪,或更早。Cina 这个名称从印度转播中亚、西亚和欧洲大陆后,又形成其转生语 Seres、Thinai 等,如今西文里对中国名称的称呼,其来源即与此直接相关。而 Cina 名称的西传,是随丝绸的西传进行的③,说明古蜀丝绸在中西交流中发挥了积极作用,不愧为古代亚洲以至欧亚大陆的文化交流大纽带。

以上各条国际线路,在先秦均已开通。蜀、滇五尺道,《史记》记为秦时官道,但早在殷末,杜宇即由此从昭通北上至蜀。从云南通海之南步头下红河入航越南的水路,蜀王子安阳王在战国晚期率众数万从越巂循此道入交趾。从蜀至云南,经滇缅道抵中亚,再进而北上西亚的远程国际交通线,近年来也以蜀、滇各地所出南亚、中亚和西亚的物品或文化因素,证明自商代即已开通④。由诸多此类线路所共同形成的南方丝绸之路,从商代以来一直发挥着国际经济文化交流纽带的重要作用。

综上所述,古代蜀国的对外交通四通八达,对外经济文化交流频繁,而这些都是与古代蜀文化强烈的开放性和兼收并容性相一致的。这也是古代蜀文明具有世界文明特点的一个原因。

---

① 苏秉琦:《中国文明起源新探》,三联书店 1999 年版,第 85 页。
② 段渝:《古蜀瑟瑟探源》,载《三星堆文化》,第 542~545 页。王滨蜀:《试论"菱形"网纹蜻蜓眼古代玻璃在四川地区存在的情况》,载干福熹主编《丝绸之路上的古代玻璃研究》,复旦大学出版社 2007 年版,第 225~234 页。
③ 参见段渝:《支那名称起源之再研究》,《中国西南的古代交通与文化》,第 126~162 页。
④ 段渝:《论商代长江上游川西平原青铜文化与华北和世界古文明的关系》,《东南文化》1993 年第 2 期。

第六章 蜀文化

　　古代蜀国悠久的历史，发达的经济，造就了与之相适应的优秀的文化。由历史的、地理的、民族的以及其他诸因素所决定，蜀文化有鲜明的区域文化特色，而有别于任何其他地域的文化。

第一节 古蜀的文字

　　语言是人们形成为一个民族的要素之一，而把语言变成文字，则是这个民族进入文明的一个重要标志。因此，语言和文字在一个文化系统中占有显著的地位。要研究一个文化，不能不首先研究它的语言和文字。

　　蜀与华夏不同族，言语异声，文字异形。但蜀语早在秦灭蜀后不久即基本消失，从"蜀左言"[①]变成"言语颇与华同"[②]，今已不可考。古蜀文字则赖考古发掘得以重见天日。

　　巴蜀古文字存在两种类型或两系，一为表意文字，一为象形文字。

---

① 《蜀王本纪》。
② 《蜀都赋》刘逵注引《地理志》。

一、巴蜀表意文字

20 世纪 20 年代,在成都白马寺出土的青铜器上,曾发现一种与中原古文字不同的文字,当时的学者卫聚贤认为是古代巴蜀的文字①。1954 年,在四川广元昭化宝轮院和重庆巴县冬笋坝考古发掘出土的船棺葬器物上,发现不少"似汉字而又非汉字"的文字和符号②。这种"似汉字而又非汉字"的文字符号,20 世纪 60、70 年代以来,在四川郫县、新都、峨眉、什邡、荥经、

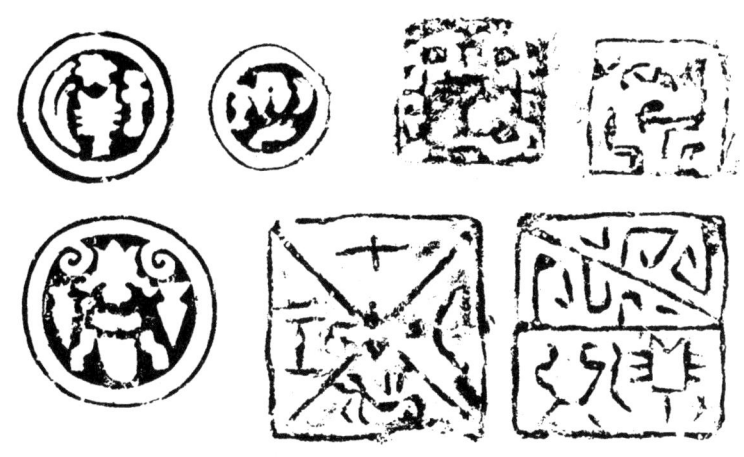

图 6-1　四川什邡战国船棺葬出土的巴蜀印章拓片

广元,重庆万州、涪陵,湖南常德等地出土的巴蜀青铜器和印章上,有着较多发现③,其后在四川和重庆的一些考古遗址中续有发现,学术界将其笼统地称为"巴蜀文字",或称为"巴蜀图语"。这种文字和符号,有的单个出现,有的成组出现,成行出现的铭文目前仅见于青铜戈上。这种巴蜀古文字作方块形,偏旁结构与汉字有别,运用汉语古文字的方法不能释读,表明它是不同于汉语

---

① 卫聚贤:《巴蜀文化》,《说文月刊》1942 年 3 卷 7 期。
② 四川省博物馆:《四川船棺葬发掘报告》,文物出版社 1960 年版。
③ 李复华:《四川郫县红光公社出土战国铜器》,《文物》1976 年第 10 期;童恩正、龚廷万:《从四川两件铜戈上的铭文看秦灭巴蜀后统一文字的进步措施》,《文物》1976 年第 7 期;刘瑛:《巴蜀兵器及其纹饰符号》,《文物资料丛刊》1983 年第 7 辑;《四川郫县发现战国船棺葬》,《考古》1980 年第 6 期;《湖南常德德山楚墓发掘报告》,《考古》1963 年第 9 期;四川省文物考古研究所、什邡市文物管理所:《什邡市城关战国秦汉墓葬发掘报告》,《四川考古报告集》,文物出版社 1998 年版。

古文字的一个独立的古文字系统。由于出土巴蜀古文字的单字不多，特别是缺乏进一步比较研究的材料，所以目前还不能释读。

巴蜀古文字的特点，是方块字而非拼音字，是直行而非横行，属于表意文字的范畴①。字体也已达到简化、省略、定型、单位小的水平。从其分布看，不仅在成都平原，而且在四川盆地东部巴地和湘西均有发现。说明这种文字在一定范围内既经约定俗成，得以推行使用，成为一种通行的文字。

迄今考古发掘出土的巴蜀有铭青铜戈的年代，上限为春秋时代，下限约在战国晚期秦并巴蜀前后。从文字的发展演进规律出发，巴蜀方块字既已发展成为表意字，其起源必定早得多。通观迄今为止的考古资料，可以认为，至迟在商代晚期，巴蜀方块字便已产生。主要证据如下：

第一，在广汉三星堆遗址出土的一些陶器上，发现有刻划符号②，作 X、∧、◻、ᖱ、◻、ᕬ、◠ 等形。它们显然不是偶然的刻划。因为同一种符号往往见于不同的器物上，说明这些符号及其含义已初步固定化、约定俗成，其意义与大汶口陶器上的刻划符号一样，代表着早期的文字。X、∧ 可能具有计数的意义，与陕西西安半坡、临潼姜寨、河南偃师二里头夏代遗址以及侯马东周遗址出土的陶

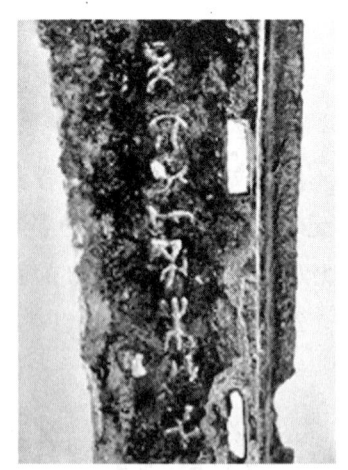

图 6-2　四川峨眉符溪出土青铜戈内部的巴蜀文字

图 6-3　巴蜀青铜戈上的表意文字

---

① 童恩正：《古代的巴蜀》，四川人民出版社 1979 年版，第 132 页。
② 《广汉三星堆遗址》，《考古学报》1987 年第 2 期；林向：《三星堆遗址与殷商的西土》，《四川文物》专辑，1989 年。

器符号,有相同之处。⚑、⼸意义不明。⬛像贝形,是一个象形字,当释为"贝"。⽊像以一绳并系两串贝之形,当释为"朋"。联系到三星堆一、二号坑出土的大批海贝多穿有大孔来看,释⬛为贝,释⽊为朋,当有根据。⬛酷像人眼之形,外框像眼眶,中间小圆像眼球,当释为"目"。此字与河南舞阳贾湖遗址所出龟腹甲上的目字作⬛形相似,不过更突出眼眶和眼角。

第二,三星堆二号祭祀坑出土的一件玉璋上,两面各阴刻两组相同的图案,在每一组的第二幅图案的两山之间,都刻有一个⬛形符号①。从这个符号的方块化、抽象化和线条化等特点来看,与前述春秋战国之际巴蜀青铜戈上的方块表意文字有异曲同工之处。此字是由《》和□两个独体字构成的合体字。□像器皿,《》像器中所盛物之形。这个字的意义,由它所在图案的位置可以看出,应与祭祀有关,故有可能是祭品名或祭名。

第三,在成都十二桥商代木结构遗址第 12 层内,出土一件陶纺轮,腰部刻有⬛、⬛两字②。这两个字也是抽象化、线条化了的方块表意字。此两字颇似汉语古文字中的指事字,横笔和直笔是基本的象形结构,小圆点则是所指明的事物要点。

以上陶器和玉璋上的文字,虽目前发现数量还少,但其形体结构比起西安半坡等地所出仰韶文化刻画符号以及山东莒县等地所出大汶口文化陶器符号,有的已有明显的进步。既然仰韶文化刻画符号是"原始文字的孑遗"③,大汶口文化刻画符号也是文字④,那么古蜀文化的刻画符号又何尝不是文字?

二、巴蜀象形文字

古蜀象形文字,即学术界通称的巴蜀符号,往往铭刻在巴蜀青铜器、漆器和其他器物上。巴蜀符号按其形态大体可分为两类。一类是直观象形、笔画繁复的符号,如巴蜀符号Ⅰ。一类是不易看出象形、经过相当简化的抽象符号,

---

① 《广汉三星堆遗址二号祭祀坑发掘简报》,《文物》1989 年第 5 期。
② 《成都十二桥商代建筑遗址第一期发掘简报》,《文物》1987 年第 12 期。
③ 郭沫若:《古代文字之辩证的发展》,《考古学报》1972 年第 1 期。
④ 于省吾:《有关古文字研究的若干问题》,《文物》1973 年第 2 期;唐兰:《从大汶口文化的陶器文字看我国最早文字的年代》,《大汶口文化讨论集》,齐鲁书社 1981 年版;李学勤:《论新出大汶口文化陶器符号》,《文物》1987 年第 12 期。

如巴蜀符号Ⅱ。两类符号各包括一系列独体单符和由独体单符组成的复合符号。各类符号或单独、或重复、或成组、或交叉出现。不论出现在哪一件器物上，每一种符号的基本形态均较一致，因此是已经定型化的符号。据初步统计，巴蜀符号的单符已发现100余种，成组的复合符号现已发现200余种①。

巴蜀符号Ⅰ可以初步分为六型单符：动物、植物、器物、人物、自然景观、抽象事物。巴蜀符号Ⅱ包括若干独体单符，特点是形体简化，不易识别其原来所象之形。

图6-4　巴蜀符号Ⅰ单符

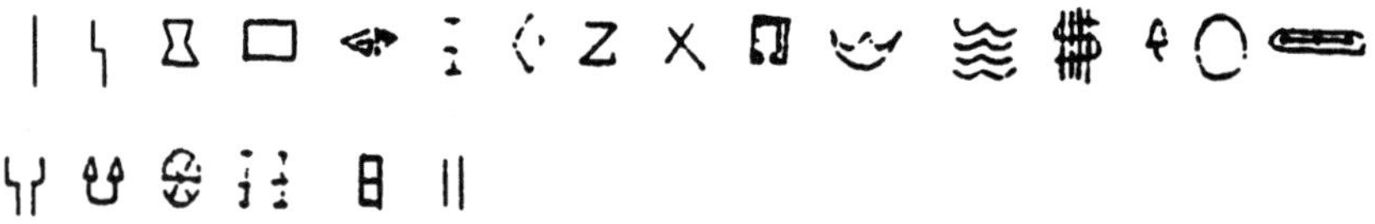

图6-5　巴蜀符号Ⅱ单符

巴蜀符号是不是文字？这是一个不成问题的问题。

众所周知，文字是记录语言的符号，是传递语言和交流思想的工具。在文字起源时代，它的最初目的和功能重在记事和表达思想。古苏美尔文字，最初是祭司为管理的方便，出于管理目的而创制，不是为了读，而是为了记。由于所记事物本来就有读音，因此记录事物的符号也就同时具备了形、音、义三要素，从而成为记录语言的符号，于是成为文字。埃及古文字亦复如此。我国大汶口早期陶文的起源明显地与祭祀有关，是为了便于向神灵陈述思想和表达行为，因此最初目的也在于记事。殷商甲骨文的直接目的和功能与此相同。它们

---

① 李复华、王家祐：《关于"巴蜀图语"的几个问题》，《贵州民族研究》1984年第4期。

都具有形、音、义三要素,无一不是文字。巴蜀符号与上述各古文字系统有着基本共同点,同样也是形、音、义皆备的表形文字。

巴蜀符号Ⅰ中,不论独体字还是合体字,字形基本定型,因此不能随意勾勒字形,不能随意解释字义。由此,每一个字形及其含义也就有了区别于其他字形字义的公认的标准。巴蜀符号Ⅰ的合体字,还有某些规律可寻。例如,合体字所由构成的独体字,在同一个合体字中一般不重复出现,而多数合体字几乎总是含有一个或几个巴蜀符号Ⅱ。合体字的大量存在以及所形成的某些规律,表明它已不是最初纯粹一字一形的图画文字,已开始出现向会意的表意字发展的趋势。

图6-6 巴蜀符号合体字

巴蜀符号Ⅱ从巴蜀符号Ⅰ简化而来,进化程度高于巴蜀符号Ⅰ。李学勤先生认为巴蜀符号Ⅱ当是音符①,此论甚精。从巴蜀符号Ⅱ的简化程度以及它与巴蜀符号Ⅰ合体构字及其出现频率分析,此论是完全可以成立的。巴蜀符号Ⅱ本身也可能包括两个组,其中那些完全抽象化的符号为一组,纯粹是声符。另一部分可稍辨其原形并易于与巴蜀符号Ⅰ会意的为一组,当兼具意符与声符两种功能,颇类于汉语古文字中"会意而兼形声"的"亦声"。如学者们释为"心手纹"或"心臂股肱之意"的字:左边字是巴蜀符号Ⅱ中最常见的一种,常与符号Ⅰ合体构字,显然在字中是一偏旁;从又常与其他符号Ⅱ构字来看,当兼具意符和声符两种功能。

从现有资料考察,商代晚期可能是巴蜀符号的滥觞期。三星堆遗址二号坑出土的青铜大立人雕像的衣襟前左侧和后右侧,从上到下各有一直行形纹,与回形纹相间分布。这种符号与青铜立人衣襟上的其他图案纹饰不同,当有某种特定的意义。考虑到青铜立人是蜀巫亦即蜀王的形象,身着的长衣具有宗教

---

① 李学勤:《论新都出土的蜀国青铜器》,《文物》1982年第1期。

首领法衣的性质，因此这种符号可能与祭祀有关。而这种符号又是春秋战国时代巴蜀符号的常见之形，其中的联系看来不是偶然的。以此言之，巴蜀符号的起源当可上推到商代晚期，其起源与祭祀有关。春秋战国时期大多数巴蜀符号见于墓葬中的随葬器物之上，这一点看来也是一脉相传的。

三、巴蜀文字的两系及与汉语古文字的关系

古蜀文字中表意文字和表形文字的区分，显示出了其发明创制者的不同族属和文化背景。古蜀表意文字的物质载体都是典型蜀文化器物，因此这些方块字无疑是蜀人的发明成果。古蜀表形字的最早物质载体青铜大立人雕像，由于在古蜀文化的范围内找不到其文化渊源，故有可能属于某种外来文化因素与古蜀文化相结合的产物，其上的符号当即与此有关。后来两系文字并存，则反映出民族融合的情况及其相互间语言文字的处理方式。

由此可见，无论川西平原、四川盆地东部还是湘西所发现的两系巴蜀文字，从其起源看，其实都发源于蜀，都应是古蜀文字和符号。四川盆地东部巴人使用古蜀文字符号，当与蜀的稻作农业文化向四川盆地东部传播有关，而文字的传播则应稍晚于农耕。巴国从汉水上游地区向四川盆地东部移徙，其年代在春秋战国之际，正与古蜀文字符号在四川盆地东部巴地出现的年代基本吻合。说明是巴人借用古蜀文字及其构字方法，而不是相反。

古蜀表意文字和表形文字都是文字，但其间存在区别。这种区别，不但表现为两者进化程度的不同，而且从其起源看，也是不一样的。因此毫无疑问，它们属于不同的两个系统，绝不是草书、异体或奇字等同源异流关系。

但是，从广义上说，两系古蜀文字又都同属于古代象形文字大系统，均从具有形、音、义三要素的象形字发展而来。这与世界文明初期任何一个古文字系统相同。但两系古蜀文字从其起源挚乳直到战国时代，经上千年发展演变，基本结构未变，仍属象形文字系统，这又明显区别于古代苏美尔、埃及等文字系统，而与汉语古文字有着相当共性。对此，或许可借用徐中舒先生的推论：巴蜀古文字与汉语古文字在构成条例上具有一定的共同基础，但它们的分支，应当远在殷商以前[①]。正因如此，两者才在上千年的演变中，始终保持了象形

---

① 徐中舒：《论巴蜀文化》，四川人民出版社1982年版，第47页。

文字这一共同的基本特征，而没有向表音文字方向发展。也正因如此，蜀中才可能在统一于中原王朝后不久，很快涌现出司马相如、严君平、扬雄、犍为舍人[1]等饮誉全中国的大文学家、大语言文字学家和大哲学家。

巴蜀文字的发现和研究，大大丰富了古蜀文明的内容，证明古蜀文明与华北商周和世界上大多数古文明一样，是拥有文字的灿烂的文明，同时也进一步证实巴蜀是华夏以外中国古代文明的又一个起源地。而巴蜀古文字与汉语古文字的关系，则是对中国古代文明多元一体结构框架的极好证明[2]。

秦灭蜀后，巴蜀文字仍继续流传。秦始皇推行文字统一制度，但直到汉初，巴蜀文字仍屡有所见。直到汉中叶后，作为一个文字系统，巴蜀文字才逐渐归于消失，但在民间仍有流传。汉末张陵在蜀之鹤鸣山所得"符书"，即是巴蜀文字的孑遗[3]。

殷周至战国时代，蜀在使用自己文字的同时，也使用中原文字，这在荥经、新都、青川以及其他地点出土的巴蜀器物上有明确证据。一方面反映了中原文化对蜀文化的影响，另一方面也说明了蜀文化具有开放性，绝不是一个封闭的系统。

第二节 神话、宗教和巫术

世界古代民族都有自己的神话、宗教和巫术，古蜀也不例外。

一、神话的构拟

古代蜀国有着丰富的自然神话和社会神话。自然神话以怪兽等为主要内容，这里不拟赘述。社会神话大致可分为英雄神话和起源神话两类，不过其间往往没有严格界限，交融一体。分类的目的，仅仅是为了叙述的方便，也可从中看

---

① 《文选·羽猎赋》李善注曾引用"《尔雅》犍为舍人注"，并引用"《释诂》郭舍人注"。唐儒陆德明《经典释文叙录》说："《尔雅》犍为文学注，三卷。一云犍为郡文学卒臣舍人，汉武帝时待诏。"汉犍为郡，先后治今四川筠连、宜宾、彭山。
② 以上参阅段渝：《巴蜀古文字的两系及其起源》，《考古与文物》1993年第1期。
③ 段渝：《巴蜀文化与汉晋学术和宗教》，《中华文化论坛》1999年第1期。

出古蜀国神话是如何构拟形成的。

古蜀英雄神话的主体人物是历代蜀王，许多内容、传奇和故事都是以蚕丛、柏灌、鱼凫、杜宇、开明为中心展开的。这类神话，多有真实的历史材料为依据，包藏着丰富的历史事件。它们之所以成其为神话，正是在于以荒诞而虚幻的形式来表述严肃而真实的历史。关于这类神话，前面各章节已有叙述，此从略。

蜀人的起源神话中存在明显的缺环，这就是没有"创世神话'、"出生神话"，以及其他若干属于神话范畴的传奇、故事等。这是为什么呢？对此历来缺乏研究。不过从一些出土文物所反映的神话痕迹看，有些原来应当是有的，例如出生神话，只不过未见诸文献，无以保存流传下来。

这里可举出一个蜀人出生神话的实例。广汉三星堆二号祭祀坑出土的一件玉璋射部和柄部，两面各阴刻两组相同的图案，每组五幅。在每一组的第二幅和第五幅上，都有两座相连的山峰。每座山的内部，都包藏着一个即将成熟的人形，犹如母腹之内即将脱胎而出的婴儿。其中第二幅的两山之间，还刻有一个表示祭品或祭名的文字。这就给人以极大启示：蜀人既然把群山作为崇祀对象，而山峦之中又隐含着人之雏形，那么这山峦自然就是蜀人观念中的人类母体，也就是蜀人之所源了。这不正是出生神话中常见的母题吗？如果细审其他考古资料，也许还会有一些令人感兴趣的主题或题材能够被发掘出来。至于创世神话的有无，迄今还是一个谜。

图6-7 三星堆二号祭祀坑出土玉璋上的图案

二、宗教信仰

宗教的显著特点是信仰超自然存在物和超自然力量,"人间的力量采取了超人间力量的形式"①。蜀人的宗教体系中大致有这样一些信仰和崇拜主题:泛灵信仰、主神信仰、祖先崇拜、大石崇拜。除此而外,也还广泛地存在其他一些信仰主题,但以上列四种最为重要。

(一)泛灵信仰

泛灵信仰是对超自然存在物最普遍的信仰之一,E. B. 泰勒称之为万物有灵论。它认为各种精灵使自然有了生命,而各种自然物也同时被赋予了灵魂。有关蜀人泛灵信仰的材料比较丰富,从商周至战国均可见到。

动物是蜀人泛灵信仰中常见的主题之一。诸如虎、豹、虫、蛇、牛、羊、马、鱼、鸟、鹰、鸡等,以及人们想象中的龙、凤、夔和其他怪兽,都是崇拜的对象。三星堆出土的各种金、铜、玉、陶动物雕像,都不只是一般意义上的美术作品,它们出于祭祀坑,明确说明属于被顶礼膜拜之物,即诸种神灵。这些神灵,有些见诸《山海经》,多数在西周春秋战国时代仍常见于蜀国青铜器、漆器之上,做成浮雕或纹饰,不过这时已是原始泛灵信仰的遗风流俗了。

三星堆二号坑出土的青铜神树,可复原者有三棵,两大一小,最高一棵将近4米,树座呈圆形,有的座上还有面向外下跪的青铜武士。树上有繁盛的树枝、花朵,还有飞禽、悬龙等。有一棵树的树枝还用金箔包卷,是名副其实的"金枝"。这些树无疑是神树。《山海经·海内南经》记载:"有木,其状如牛,引之有皮,若缨、黄蛇。其叶如罗,其实如栾,其木若蓲,其名曰建木。"同书《海内经》也有相似的记载。郭璞注曰:"建木青叶、紫茎、黑华、黄实,其下声无响,立无影也。"建木所在及其功能,《淮南子·地形篇》说:"建木在都广,众帝所自上下,日中无景,呼而无响,盖天地之中也。"高诱注:"众帝之从都广山上天还下,故曰上下。"高说于义得之,所说"从都广山"则未达一间。众帝上天还下,乃缘建木,而非都广山,并且都广之地无山。可见建木即是所谓"天梯",为天地人神之间的通道②。都广,《山海经·海内经》记载:

---

① 《马克思恩格斯全集》第35卷,人民出版社1971年版,第354~355页。
② 袁珂:《山海经校注》,上海古籍出版社1980年版,第450页。

"西南黑水之间，有都广之野……鸾鸟自歌，凤鸟自儛，灵寿实华，草木所聚。爰有百兽，相群爰处。此草也，冬夏不死。"与《淮南子·地形篇》相合。可见建木所在，必为都广之野。都广之野实指成都平原，是蜀人的天下之中。而建木形态，又合于三星堆祭祀坑所出青铜神树。以上文献之所以说建木"下声无响"、"呼而不响"，就在于它是以青铜制作而成。如此，青铜神树就是建木，也就是蜀人的通天之梯了。

自然界的无机物如山川河流也被赋予神的灵性，山有山神，江有江神。山神已由前述玉璋图像予以说明。此外，山神、江神在史乘中亦有据可考。《史记·封禅书》记载秦并天下，立"天地名山大川鬼神"，"自华以西……渎山。渎山，蜀之汶山"。又载："江水，祠蜀。亦春秋泮涸祷塞，如东方名山川，而牲牛犊牢具珪币各异。"（《汉书·郊祀志》所记略同）《蜀王本纪》还记载："李冰以秦时为蜀守，谓汶山为天彭阙，号曰天彭门，云亡者悉过其中，鬼神精灵数见。"可见岷（汶、渎音同字通）山为蜀之神山。江水即岷江，古人以之为长江正源。《史记索隐》引《广雅》："江神谓之奇相。"又引《江记》："帝女也，卒为江神。"《史记正义》引《括地志》："江渎祠在益州成都县南八里。秦并天下，江水祠蜀。"可见江水在古代蜀国时早已有江神。《华阳国志·蜀志》还记载李冰于南安江中通正水道，"水神怒，冰乃操刀入水中与神斗"，此水神也是蜀人世代相奉之神，故而怒斗李冰。

石头也具有无限神性。三星堆一号祭祀坑瘗埋一块大石，与金、玉、青铜器共存，显然是被共祭的神灵之一。李冰治蜀时，"作石犀五头以厌水精"，又"于玉女房下白沙邮作三石人，立三水中"①，应是因袭蜀人大石崇拜的传统意识所为。

（二）主神信仰

主神信仰源于泛灵信仰，而又居于泛灵信仰的最高层次。蜀之主神在文献中有迹可寻，这就是《淮南子·地形篇》所载"建木在都广，众帝所自上下"中的"众帝"。

"帝"，在汉语言文字中有着特殊的意义。帝原是祭名，后演化为天人之际的主神。殷卜辞中即有"帝使风"、"帝令雨"等辞例，表明帝凌驾于诸神之上。

---

① 《华阳国志·蜀志》。

"帝"虽是汉语言文字,不是古蜀语,但《淮南子》成书于西汉,是用汉人的语言文字表述的蜀人主神概念。而且,众帝上下于建木,缘之以登天,与中原和其他地区的神灵、主神以山为登天之梯不同,显然不属于同一个宗教文化系统。袁珂指出,古籍中以树为天梯,"可考者惟此建木"①。《淮南子》写作于楚地,而上古楚地深受古蜀文化影响,故其关于建木、众帝之载,必非虚言,仅是用汉语言文字记录的蜀事,所以用"帝"字及其文义表述蜀人的主神观念。并且,三星堆出土的神树为建木,也证实了《淮南子》此段记载的可靠性。可见,以树为古蜀人主神的天梯,是古蜀宗教的一个突出特征。

既然古蜀宗教已产生了帝的概念,并且唯有帝能上下于天,高居于群神之上,那么帝作为主神的地位,就可以充分肯定。而帝与群神的关系,也就是主神与诸神的关系。由此可见,早在商代,蜀人宗教的神统已经形成。这种等级层次泾渭分明的神统,恰恰又与当时业已形成层级结构的君统相对应,也恰恰与三星堆祭祀坑所出青铜大立人与其他青铜雕像人物的主从结构相一致,这就从宗教结构上折射出社会结构,从而揭示出宗教最重要的社会功能。

从以上文献和考古资料中很容易看出,蜀人的帝是一种拟人神,有人的形态,有生命,有灵魂,有意志。帝自建木上下于天,又表明帝的基本功能是替天行道,是天神意志和行为的代表。而天神基本上只是一个虚拟,帝才是现实的力量。因此,在实际的宗教生活中,帝总是扮演着天神的角色。事实上,蜀人的帝就是至上神。所谓"众帝",应是指历代蜀王所尊奉的帝的序列,而不是同一时期并存数帝。

(三)祖先崇拜

祖先崇拜又称为祖灵信仰,根源于人们关于灵魂永生那样一种宗教观念。商周的神主,秦汉的庙主,都属于祖先崇拜范畴。

蜀人的祖先崇拜十分发达,大体可以分成两个不同的发展阶段。鱼凫氏古蜀王国以大型青铜人物雕像群作为祖先崇拜的主要形式,杜宇和开明王朝则以宗庙来表现其祖先崇拜。

三星堆祭祀坑所出大型青铜人物雕像群,衣、冠、发式各异,表现出不同族类的集合,都是各族类的代表人物。它们同出于祭祀坑,表明都是宗教偶像,

---

① 袁珂:《山海经校注》,上海古籍出版社1980年版,第451页。

第六章 蜀文化

是各族类祖先崇拜的产物，也就是各族类先公先王的神主。其间关系反映了宗教上的多元一体结构。

从雕像群的个体情况分析，可以分作几类。青铜大立人既有王者之风，又有大巫之仪，地位最高，是雕像人物群的核心。他既是一代蜀王，又是群巫之长。其他稍小和较小的雕像，地位均等而下之，应是蜀王治下的各级统治者，同时又是各地各族的首领，稍小或较小的群巫。在他们中间，也应有层次和等级之别。各种雕像衣冠发式的不同，展现出宗教上的一个多元化世界。但这个世界是有中心、分层次的，青铜雕像体量的大小就体现出各族祖先地位的高低①。这在古史上也是宗教发展、扩大的一般规律，反映了政治和社会结构的多元一体性质。

杜宇王朝以立宗庙来表现祖先崇拜。杜宇又称望帝，望帝即是杜宇谥号。《华阳国志》还记载杜宇"一号杜主"，"主"即宗庙内所置神主（生称"主"，主为"人主"之义）。

古代帝有数义，一般说来，一为神名，一为祭名，一为谥号。古蜀王国有"众帝"，为主神。西周以后，杜宇王朝则以帝为祭名，用禘祭这种固定礼仪祭祀先公先王，于是祭名又进一步演变为谥号。《国语·鲁语上》对此类事物有明确记载："有虞氏禘黄帝而祖颛顼，郊尧而宗舜；夏后氏禘黄帝而祖颛顼，郊鲧而宗禹；商人禘舜而祖契，郊冥而宗汤；周人禘喾而郊稷，祖文王而宗武王。"韦昭注曰："此上四者，谓祭天以配食也。祭昊天于圜丘曰禘。"帝本为天神，故祭天神曰禘。杜宇为望帝，表明其后世已将他上升尊奉为天神。

古代"望"亦祭名。《左传》哀公六年："三代命祀，祭不越望。江汉雎漳，楚之望也。"《礼记·王制》："柴而望祀山川"。望即境内名山大川。杜宇为蜀之天神，其神力远至蜀境四至之望。故所谓望帝者，蜀国境内之天神也。可见，望、帝均为祭名（其祭法大体相似，都用柴），蜀人用这两种祭名称其先王杜宇，于是演化成为杜宇的谥号。

杜宇王朝是西周封国，在礼制上也较多地接受了周王朝的礼制规则和特点。正由乎此，蜀在其祖先崇拜的名称和方法上采用周王朝的祭名、祭法系统，完全可以理解。《华阳国志》的作者常璩不解此意，而以望帝为名称，释帝为帝王

---

① 段渝：《商代蜀国青铜雕像文化来源和功能之再探讨》，《四川大学学报》1991年第2期。

之义，自然去古甚远，大错特错了。

开明王朝亦如此，先王谥号称帝。《华阳国志·蜀志》称开明五世（原作九世，误，此据《蜀王本纪》改）时宗庙，"未有谥列，但以五色为主，故其庙称青、赤、黑、黄、白帝也"。很明显，所说"主"，自然是宗庙内的神主。神主称帝，帝即禘，自然就是神主之号，即谥号。五色帝，即以每帝配以一色。因为是以色别谥，无中原常见的以功或以德名谥，故所谓"未有谥列"实指无中原那样的谥列，或无"左昭右穆"那样的庙制。

"五"这个数字，在蜀人的宗教意识中有着特殊的意义。商代蜀国玉璋上的祭祀图案以五幅为一组，周代蜀国的青铜列罍以五件一组为巨制，开明一至五世谥为五色帝，开明九至十一世中某一世的墓葬（新都木椁墓）所出青铜器绝大多数以五件为一组，五件为一式，开明妃有五妇，民有五丁，地有五妇山，墓有五丁冢，而李冰沿袭蜀人传统以五石牛以压水精。如此之多神秘的"五"，都与蜀王有关。看来，"五"的神秘性，是同蜀人的祖先崇拜一道与生俱来的，大概起源于蜀人以"五"配祭（或即五种祭品，五种祭法等等）其先公先王的古老传统，竟成古蜀文化的精神动力之一，具有特殊的意义[①]。

（四）大石崇拜

大石崇拜是蜀人宗教体系中一种特殊的崇拜形态，它是祖先崇拜和对祖先生存环境的崇拜相结合而形成的信仰综合体，包含着社会的和自然的两种因素。

在考古学文化上，新石器时代至青铜时代的大石崇拜遗迹分布十分广阔，从欧洲大西洋沿岸向南经地中海沿岸，从亚洲高加索经伊朗、印度到环太平洋地区的中国、东南亚、日本，以至太平洋岛屿和美洲大陆，多有分布。由于它以巨石建筑物如石棚、石圈、石台、石墙、石雕以及石室为特征，所以考古学上一般称之为"巨石文化"，亦即大石文化。但是应当指出，世界各地的大石文化，都程度不等地从属于所在地区的史前或青铜文化，并不是全世界所有的大石遗迹共同组成为一个单独的大石文化体系，这是必须首先明确的一个基本概念。

---

① 段渝：《政治结构与文化模式——巴蜀古代文明研究》，学林出版社1999年版。

第六章 蜀文化

根据科学分类，蜀地的大石文化遗迹可分为墓石、独石、列石三类①。

墓石集中分布在川西南安宁河流域，这里大量的大石墓，即属墓石之类。特点是用大石砌成墓室，顶部又覆盖以大石。大石通常重达数千斤，甚至逾万斤。安宁河流域大石墓的年代大约在春秋中晚期至东汉②。

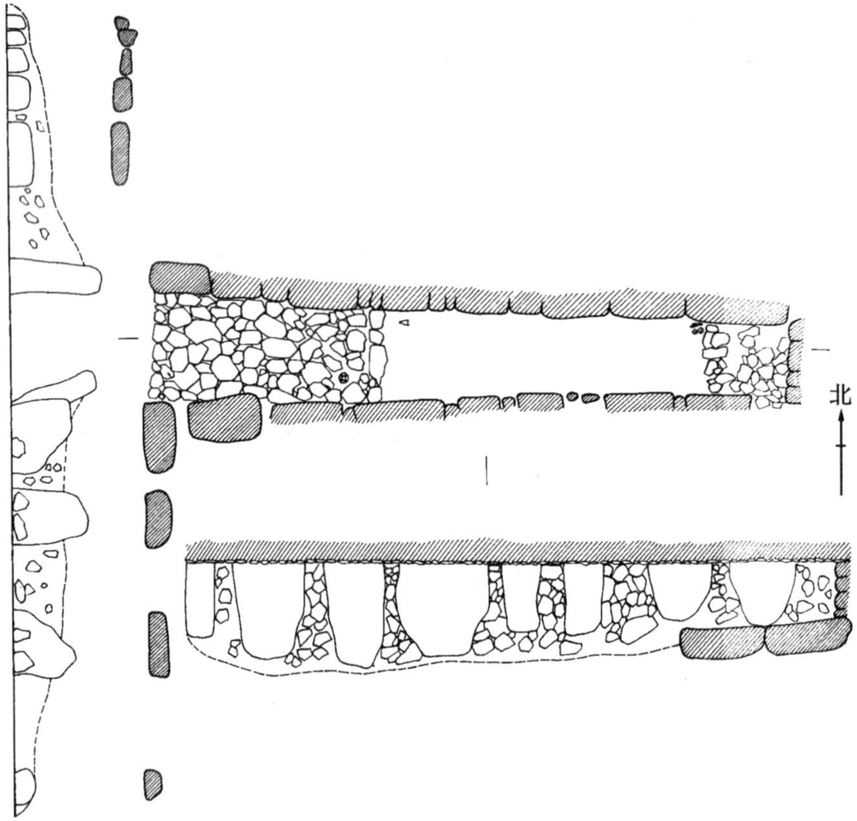

图 6-8 安宁河流域大石墓

独石集中分布于成都市，主要有石笋、五丁担、石镜、天涯石、地角石、支机石、五块石等。其年代，文献或记为古蜀王蚕丛时，或记为蜀王开明王朝

---

① 冯汉骥：《成都平原之大石文化遗迹》，《华西边疆研究学会会志》第 16 期；郑德坤：《四川古代文化史》，华西大学博物馆，1946 年；童恩正：《古代的巴蜀》，四川人民出版社 1979 年版。

② 童恩正：《四川西南地区大石墓族属试探》，《考古》1978 年第 2 期；四川省文物考古研究院、凉山彝族自治州博物馆、西昌市文物管理所：《安宁河流域大石墓》，文物出版社 2006 年版。

时。但事实上，从各种独石的功能来看，它们应分属于不同时期的古蜀王朝，不会是仅属于某一个古蜀王朝的作品。

列石，或称石行，亦称石阵。新都有旱八阵，双流有八阵图，新繁有飞来石，皆属此类，与宗教行为直接相关。

古人普遍有崇拜祖先生存环境这样一种宗教信仰。即使进入早期城市社会后，尽管随着社会的发展和生存空间的变迁，生存环境发生了极大变化，但仍然要以不同形式表达出对祖先生存环境的崇拜。从高地迁往低地的族类尤其如此。世界文明史上早期城市中的一些巨型建筑，如埃及金字塔、巴比伦神庙，都是以埃及人和巴比伦人祖先的生存环境——山洞——为原型的[1]，本质上都是祖先崇拜和其生存环境崇拜两方面的综合。

图6-9 成都支机石

古蜀早期的大石崇拜发源于蚕丛氏，"蚕丛氏始居岷山石室"[2]，石室即"累石为室"的邛笼，即今碉楼。岷江上游的石棺葬其实也是模仿石室建筑的墓穴。当蚕丛氏从岷江上游下迁至成都平原后，空间和环境发生了很大变化，虽不再居石室，但仍以不同形式的大石建筑来寄托对祖先及其生存环境的崇拜。此即古人所谓"祭如在，祭神如神在"。大石即为蜀人先祖灵魂和石砌建筑灵魂的共同载体，亦即二者相结合的物化形式。

令人感兴趣的是，三星堆一号祭祀坑内出土一块与金、玉、铜器共生的大石，明显地是大石崇拜的遗迹。无独有偶，在岷江上游理县佳山寨石棺葬中，也出土一块不规则的梯形自然石块。两者虽然异时异地，但其大石崇拜传统如出一辙，绝非偶然。另一饶有兴味的事实是，三星堆一号坑的方向为北偏西

---

[1] Leuis Mumford, *The City in History*, *Its Origins*, *Its Transform ations*, *and Its Prospects*, 1961, pp. 6—11.
[2] 《古文苑》章樵注引《先蜀记》。

第六章 蜀文化

图 6-10 今日岷江上游碉楼

45°，二号坑为北偏西 55°，共同朝向蚕丛氏所由兴起的岷山。而同一时期成都羊子山土台大型礼仪建筑，方向也是北偏西 55°，同样朝向蚕丛氏发源的岷山。这一系列现象无不显示出存在于其中的深刻的内在联系，说明其共同源头都在岷山，都与蚕丛氏始居岷山石室有不可分割的渊源关系。可见，古蜀王国大石崇拜的祖源在岷山，大石崇拜正是对蚕丛及其所居岷山石室加以顶礼膜拜的信仰综合体。由此也可看出，成都平原的大石文化遗迹，其中相当部分的年代应是夏商时代的遗迹。而五丁担、石镜等，根据《华阳国志·蜀志》的记载，则与蜀王开明氏有关。

至于成都平原大石的来源，由成都平原的地理条件所决定，必不产于当地，全部从成都平原以西的邛崃山开采、运输而来①。一方面说明成都平原的大石遗迹绝非天然生成，另一方面则有力地证明它是宗教的产物，起源于蜀人根深蒂固的大石崇拜信仰传统。

---

① 童恩正：《古代的巴蜀》，四川人民出版社 1979 年版，第 83 页。

(五) 大型礼仪中心

大型礼仪中心是举行各种大规模宗教仪式和祀典的场所。考古所见古蜀的大型礼仪中心有：商代三星堆古城、商代晚期至春秋早期的成都金沙和兴建于晚商并连续使用到战国时代的成都羊子山土台等等。

三星堆祭祀坑出土文物已再现出其地所处处充满着的神秘王国气氛，把一个大型礼仪中心的性质表露无遗。从祭祀坑内的遗物均经火焚而后瘗埋的情况，可以设想当年举行大型仪式时庄严隆重而热烈非凡的盛大场面。

在商代晚期至西周时期的成都金沙遗址中，有一处古蜀人的重要的祭祀遗址。金沙遗址的祭祀区位于遗址东部，可能是一处滨河祭祀场所，迄今在这里

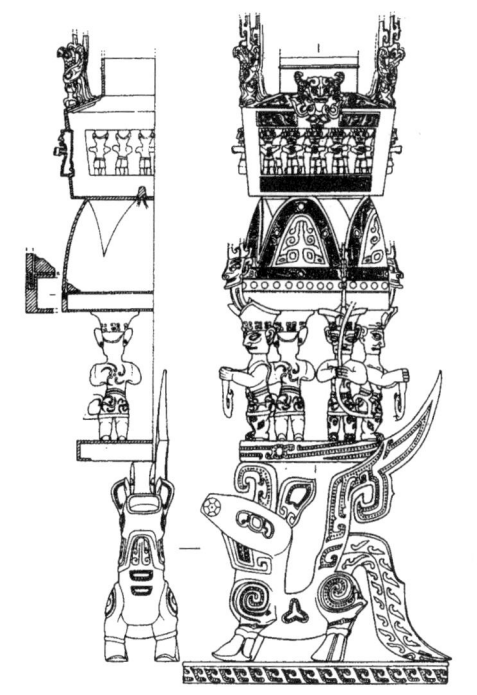

图 6—11　三星堆青铜祭坛

已发现 60 余处与祭祀有关的遗存。金沙祭祀遗迹大体分三个阶段。第一阶段（约公元前 1200 年前后）的祭祀用品以象牙和石器为主，例如 11 号祭祀遗迹，坑底是较多的柱状象牙段和一件玉器，中层是象臼齿、木胎虎头漆器和少量柱状象牙段，上层是 10 余根完整的象牙和一件镶嵌玉片的漆器。第二阶段（约前 1100～前 850 年）的最大特点是大量使用玉器、铜器作为祭品。例如 6 号遗迹，有近 150 件玉器、近 110 件铜器。第三阶段（约前 850～前 650 年）的特点是大量使用野猪獠牙、鹿角、美石和陶器，例如 2 号遗迹的野猪獠牙达千枚之多①古蜀人在金沙祭祀区域所进行的大型祭祀活动，前后达 500 余年，表明这里的确是古蜀的一处重要的祭祀中心。

---

① 成都文物考古研究所：《金沙——21 世纪中国考古新发现》，五洲传播出版社 2005 年版，第 12～16 页。

第六章 蜀文化

图 6—12　金沙遗址祭祀区局部

图 6—13　考古工作人员正在清理象牙

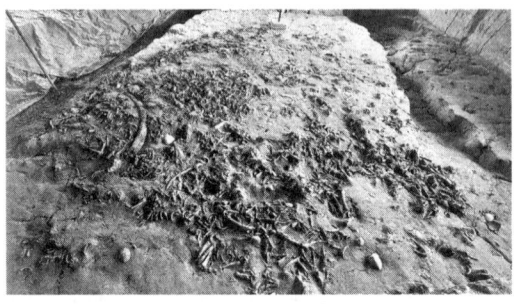

图 6—14　金沙遗址 2 号遗迹堆积物

羊子山土台规模宏大，它是殷代晚期至蜀灭以前蜀人的主要礼仪中心。当年各种祀典、仪式规模之大，从土台本身就可得到充分说明。

宗教仪式不仅是人们借以同神灵沟通的形式，它同时还具有维系并增进人们之间的社会关系，增强人们同一的宗教意识，稳定现存社会秩序，强化神权和王权统治等巨大作用。它实际上是从现实世界出发，升华到精神世界，而又从精神世界回归现实世界。仪式本身从属于宗教。因此，无论它的社会功能还是目的，都与宗教一致。

宗教仪式一般包括生命礼仪（如成丁礼）和强化礼仪。后者通常是针对群体或王国利益而举行的重大典礼，如祭祀、祈祷、求年、庆丰、求雨、临敌、罹难、祝捷、献俘等等。这些礼仪在华北商周王朝一般是在宗庙举行，而古蜀王国是在祭坛举行。

三、巫术

巫术是巫师运用特殊的法术，借助各种法器、咒语或药物，以达到与神灵沟通，贞问凶吉，降祸福于人间的目的。巫术通常区分为交感巫术和接触巫术。前一种即所谓"以类生类"，如汉武帝时的巫蛊之祸即属此。后一种即认为一旦接触过某物就会产生某种特殊的效应，占卜即属此类。在蜀人中一般流行甲骨占卜术，但核心统治集团不用甲骨占卜，而是通过仪式，使用隆重的交感巫术。

成都金沙、十二桥、青羊宫、方池街、岷山饭店、指挥街、抚琴小区、军区三所、君平街以及其他商周时代的遗址中，历年来出土不少卜用龟甲。卜甲的年代，自商代至春秋战国[①]，而龟卜的发生年代当不晚于商代早期。

图6—15 成都金沙遗址出土的卜用龟甲

---

① 罗二虎：《成都地区卜甲的初步研究》，《考古》1988年第12期；王毅：《古代四川的龟卜》，《历史知识》1988年第6期；四川省博物馆、成都市博物馆：《成都十二桥商代建筑遗址发掘简报》，《文物》1987年第12期；成都文物考古研究所：《金沙——21世纪中国考古新发现》，五洲传播出版社2005年版。

成都地区卜用甲骨绝大多数出土于一般性遗址，钻凿形态带有一定随意性，表明甲骨占卜术主要是在一般民众中流行。三星堆遗址绝未出土卜用甲骨，对此也是一有力旁证。表明在广大蜀人中仍流行以"夫人作享，家为巫史"① 为特征的原始宗教，一般民众可通过甲骨占卜自主接神，自次位序，自作享祀。与商周甲骨占卜完全由王室和公室巫师掌握的情形，有重大区别。

蜀国上层统治集团通过大型礼仪中心所举行的巫术仪式实现与神灵的交接，这就需要巫师来具体实施。而蜀王本身就是群巫之长，为大巫。三星堆出土的上刻人首和可以升天潜渊的鸟、鱼纹饰的金杖，就是神杖，亦即法杖，它显然就是蜀王实施交感巫术以便直接与神灵沟通的工具。此外，林向先生认为古蜀国存在萨满术，萨满（巫师）通过酒精的麻醉作用使自己进入恍若昏迷的状态，进而实现与神灵的交往②。

总之，无论占卜还是仪式巫术，都表现出蜀人巫术的丰富内容。由于巫术的最终目的在于现实生活，因此巫术实际上是蜀人借以了解并控制自然界和社会上各种事件、事物之间因果关系的种种企图和能力的一种方式。

第三节　艺术、哲学和科学

古蜀文明有发达的艺术、繁荣的科学，并创造出了自己的世界观和学术传统，初步发展出了有关人类、社会以及人类与自然界关系的各种学说，形成了重形象艺术而不重逻辑思辨的传统思维方式。但古蜀人在思想体系上还比较古朴，学术思想还没有达到中原和齐鲁那样的系统化、理论化水平。

一、艺术

蜀人的艺术大体包括口头艺术、乐舞艺术、绘画和雕刻艺术等形式。

口头艺术主要是指上文已述的神话、传奇和故事等，由蜀人世代口耳相传。文献所载蜀人口头艺术诸方面的内容，多为后世整理并追记。

---

① 《国语·楚语下》。
② 林向：《蜀酒探源》，《南方民族考古》第 1 辑，四川大学出版社 1987 年版。

乐舞即音乐舞蹈。古代音乐常伴以舞,能够更真切地表达人们的喜怒哀乐之情。蜀人对音乐十分爱好,考古中常见陶埙、石磬、青铜编钟、钲、铎、铃等乐器或其图像。文献还提到开明王亲自作歌,曲名有《臾邪歌》、《龙归之曲》(一作《陇归之曲》)、《幽魂之曲》等,但都没能保存下来。《华阳国志·蜀志》说开明王朝时,"乐曰荆",是称呼音乐为"荆"。

古代乐与礼并称,谓之礼乐。礼乐是上层建筑中的主要内容,是维护和巩固现存制度和社会秩序的重要手段。新都蜀王墓出土编钟一套五件,一件铜方印上刻有两铎,不少青铜兵器上还刻有铎的简化图形,都是对墓主举行昭祭时所用乐器①,与其他礼器一道,组成礼乐仪仗,说明蜀王国亦有发达的礼乐之制。

图6—16 四川新都蜀墓出土的铜方印印文

古蜀的绘画和雕刻艺术相当发达。绘画艺术的成就一方面在漆器上表现得淋漓尽致,另一方面也在雕刻作品上显露无遗。漆绘有朱、红、褐、赭、黑、白等色,色彩鲜艳而丰满。彩绘的龙、凤、鸟、兽、鱼、花草、云彩和几何纹等,有的严肃逼真,有的极度夸张,表现出蜀人的生活情趣和对艺术的强烈追求。

雕刻艺术主要体现在青铜器的纹饰图案上。商周至春秋战国蜀国青铜器出土甚丰,纹饰主要有动物纹和几何纹等。动物纹中,主要有蟠龙纹、兽面纹、饕餮纹、蚕纹等。纹饰布局,有布满全器的,有只在主要部位加以表现的,多采用对称、单独、二方连续等方式。讲究运用传统的S纹、小钩子等作为图案单位的基本骨架,并广泛运用等距、等分、同心、同形等手法,加强纹饰的节奏感。纹饰作法,有立雕、浮雕、平雕、线刻、镶嵌等,集多种于一器较为普遍。而嵌错金、银丝的出现,则反映了蜀国雕刻工艺的新水平②。

三星堆所出大型青铜雕像群是古蜀国早期雕塑工艺的集中表现,是蜀国工艺史的巅峰。关于这些,前面已经叙述,不再重复。

---

① 段渝:《论新都蜀墓及所出"昭之饲鼎"》,《考古与文物》1991年第3期。
② 刘瑛:《巴蜀铜器纹饰图录》,《文物资料丛刊》第7辑,文物出版社1983年版。

可以看出，商周时代蜀国绘画和雕刻工艺带有浓厚的宗教神秘性特点，春秋战国时代则出现了比较纯粹的艺术化倾向，追求洒脱、飘逸的艺术风格和现实主义的表现手法，包含着新的艺术境界。然而多数雕刻作品仍具古风，表现出强烈的传统风格。

二、方术神仙家渊薮

方术神仙家是古蜀学术的重要内容之一，对于古蜀文化的整个体系影响至为深远。从整个古蜀学术史来看，倘若不了解它源远流长的方术神仙家传统，就等于没有把握住它的底蕴和精髓。

古蜀地区自古巫术流行，巫风弥漫。早在商代三星堆古蜀文明时代，以萨满为特征的巫术就已笼罩在古蜀大地之上①。三星堆祭祀坑出土的大型青铜雕像群，包括各种大小立人、跪坐人物、奉璋人物、顶尊

图6-17 四川什邡市出土的嵌错金银卷云纹铜带钩

人物、人头像、人面像、祭坛、黄金面罩、金杖和各种青铜动物、植物、怪兽群像以及大量象牙、海贝、玉器，均与降神、通神、祈神降祸福于人间的巫术仪式和巫歌、巫舞有关。几株大型青铜神树，上有立鸟、悬龙、贝、铃、花蒂等铜制海陆空神物，树座之旁又有铜人护卫，其中一株的树枝还用金箔包卷，竟与弗雷泽（J. G. Frazer）在其名著《金枝》（The Golden Bough）中所描写的情景相类似。这不是偶然的，当与《山海经》和《淮南子》所记载的"众帝所自上下"之"建木"有关。而"建木在都广"，即今成都平原，建木就是古蜀诸神的"上天还下"之梯②，也就是所谓天梯。三星堆文明如此盛大的通神、降神场面，在当时全中国范围内绝无仅有，足以显示出巫风之盛。延及周代，古蜀乃至整个西南夷地区的"巫鬼"（或作"鬼巫"）崇拜盛而不衰，不仅影响到江汉地区"信巫鬼，重淫祀"③传统的形成，还在西南各族中造成了深刻久

---

① 林向：《蜀酒探源》，《南方民族考古》第1辑，四川大学出版社1987年版。
② 见《山海经·海内经》、《淮南子·地形篇》及高诱注。
③ 《汉书·地理志》。

· 304 ·

远的影响，对于汉季道教的起源、形成和传播奠定了广泛的思想和社会基础，其遗风故俗直到隋唐之世仍然斑斑可见，以致在中国文化史上形成了一个引人注目的巫鬼文化圈，传奇甚多，由来甚古，与众不同①，使古蜀文化分外扑朔迷离，令世人颇感茫然，难以缕述。

流传至今的两部蜀史，西汉扬雄的《蜀王本纪》和东晋常璩的《华阳国志》，对于古蜀历史文化的记载，通篇充满了神仙家的浓重气息。在《蜀王本纪》中，蜀之先王蚕丛、柏灌、鱼凫，"此三代各数百岁，皆神化不死，其民亦颇随王化去"，"（鱼凫）王猎至湔山，便仙去"，当杜宇开国后，"化民往往复出"，而"望帝积百余岁，荆有一人名鳖灵，其尸亡去，荆人求之不得，鳖灵尸随江水上至郫，遂活，与望帝相见，望帝以鳖灵为相"。此类神化不死、死而复生的故事，都是极其典型的神仙家之言。《华阳国志·蜀志》的记载也是如此，如"鱼凫王田于湔山，忽得仙道"，又如"杜宇化鹃"，"帝升西山隐焉"，"石牛便金"，"丈夫化女"，"五担石折"等等，均为神仙家言。此类神仙家言流传到楚地，影响至深，故《楚辞》记载说："鳖令尸亡，溯江而上，到崏（岷）山下苏起，蜀人神之，尊立为王。"② 甚至可以说，整部古蜀史，就是由方术和神仙家言交织而成的宗教体系。

早于常璩的古蜀史著，据《华阳国志·序志》记载，在汉晋之间原有八家，但仅有题名扬雄的《蜀王本纪》因有清代辑本而流传下来，不过已属断简残篇，其余七家则均已散佚（仅《三国志·蜀志·秦宓传》裴松之注引谯周《蜀本纪》一条传世），难考其详。但八家《本纪》均为常璩所亲见，并"略举其隅"。从《华阳国志·序志》所举来看，八家《本纪》均充满了方术和神仙家言一类描写，如"三皇乘祇车出谷口"，"蜀王蚕丛之间周回三千岁"，"荆人鳖灵死，尸化西上，后为蜀帝，周苌弘之血变成碧珠，杜宇之魄化为子鹃"等，常璩斥之为"世俗间横有为蜀传者"。但这些事类均为古蜀历史和文化上的重要环节和关键之点，而八家《本纪》的作者又都是汉晋之间西蜀的成名之士。这就意味着，在两汉和魏晋之际，蜀中学人对于古代蜀史及文化的理解，本质上仍然是宗教性的，即是若干由方术和神仙家言汇聚而成的事类的叠加，亦即宗教史的延伸。

---

① 段渝：《略论巴、蜀与楚的文化交流关系》，载《长江文化论集》，湖北教育出版社1995年版。
② 《风俗通·神怪》引。

第六章 蜀文化

除常璩提到的八家《蜀本纪》外，汉末三国时言及古蜀史的尚有其人，有名的如汉末的来敏，魏晋之间的秦宓、陈寿等。来敏为刘焉宾客，著有《本蜀论》，记述蜀王本始，其书早佚，《水经·江水注》和《沔水注》分别引用一条，其中一条叙录望帝、鳖灵事，另一条叙录石牛便金事，与扬雄《蜀王本纪》大同小异，出自一辙。这些都是为常璩所驳斥的不雅驯之言。然而在有汉一代、魏晋之世，以神仙家言为脉络的古蜀历史一再在巴蜀文人学士中翻版传习，却恰恰表明古蜀文化史体系不论在先秦还是汉魏都是由宗教这个黏合剂所聚合起来的。

尽管常璩激烈批评这些"世俗间横有为蜀传者"，但他既是蜀郡江原人，就不可能不受到蜀中世代相承的神仙家言的深刻影响，所以在他编撰《华阳国志》时，虽经他以《汉书》作为取舍标准，多方删正，但书中受神仙家的影响之迹仍然斑斑可见。这种情况说明，直到两晋之际，蜀文化中依然弥散着相当浓厚的方仙气息，而这种气息深深浸润了蜀人的心灵，以致连标榜正统、人称"蜀史"的常璩也难以摆脱其窠臼，足见蜀文化内蕴的宗教化程度之深。

战国至秦汉广泛流传着关于方术的种种传说，其中颇有名气的是苌弘及其形迹。苌弘，春秋末周大夫，以星象、术数著称于世①，《史记·天官书》称他为"昔之传天数者"，《淮南子·氾论篇》还说："昔者苌弘，周室之执术数者也，天地之气，日月之行，风雨之变，律历之数，无所不通。"据《史记·封禅书》记，苌弘身怀"设射狸首"之术，"以方事周灵王。诸侯莫朝周，周力少，苌弘乃明鬼神事，设射狸首。狸首者，诸侯之不来者。依物怪欲以致诸侯，诸侯不从，而晋人执杀苌弘。周人之言方怪者自苌弘。"所谓"设射狸首"，渊源于古代的"射侯"，属于上古的一种方术。《封禅书》所说"方"、"方怪"，均指方术，可见苌弘是古代的大方术家。

大方术家苌弘与蜀大有关系。《庄子·外物》说："苌弘死于蜀，藏其血，三年而化为碧。"《吕氏春秋·必己》说："苌弘死，藏其血，三年而为碧"，虽未言蜀，但义近《庄子》。《华阳国志·序志》说："世俗间横有为蜀传者，言……周苌弘之血，变成碧珠"，可见汉代人所著《蜀王本纪》原有苌弘化碧于蜀

---

① 见《左传》昭公十一年、哀公三年；《国语·周语下》。

之说。① 晋人干宝《搜神记》亦说："周灵王时苌弘见杀，蜀人因藏其血，三年乃化而为碧。"这些记载说明，苌弘死于蜀是战国秦汉魏晋约及700年间流传广远的一种传说，这种传说的起源和流布必定有其深刻的历史文化背景，那就是蜀中历来为方术神仙家的渊薮。虽有人指认苌弘葬于洛阳②，但这并不重要。不论苌弘是否死于蜀，道家以《庄子》为首的诸书③，以及专门记载古代神怪事迹的《搜神记》和深受神仙家观念浸染的诸种《蜀王本纪》，均一致指认苌弘死于蜀，这绝非偶然。这种现象至少提供了一条非常清晰的线索，一头伸向上古，一头伸向近古，把千年之间蜀中连续发展的方术神仙家文化串联起来，对于我们理解蜀中为方术神仙家的一大策源地是大有帮助的，并且特别有助于我们理解巴蜀之成为道教发源地的历史文化渊源及其背景。

除苌弘而外，从战国至汉晋时期还风行关于仙人王乔和彭祖的传说。王乔之为神仙，见于屈原《远游》，其术显然属于行气一派仙术，屈原称其术为"道"，汉时亦称为"道"，即所谓"方仙道"④。《淮南子·齐俗篇》说："今夫王乔、赤诵子，吹呕呼吸，吐故内新，遗形去智，抱素反真，以游玄眇，上通云天。今欲学其道，不得其养气处神，而放其一吐一吸，时诎时伸，其不能乘云升假亦明矣。"《淮南子·泰族篇》也讲到王乔之道术，与《齐俗篇》篇所述大体相同，兹不具引。关于彭祖仙术之迹，较早的记载盖为孔子所说"窃比于我老彭"⑤，老彭即彭祖，因寿长，故称之为"老"。《庄子·刻意》明确讲到彭祖之术，此篇记载："吹呴呼吸，吐故纳新，熊经鸟申，为寿而已矣。此道引之士，养形之人，彭祖寿考者之所好也。"与庄子同时代的屈原也说："彭铿斟雉帝何飨，受寿永多，夫何久长？"⑥ 相传彭祖为殷守藏史、周柱下史，寿八百余

---

① 蒙文通：《巴蜀史的问题》，《古族甄微》，巴蜀书社1993年版，第267页。
② 《史记·封禅书》集解引《皇览》。
③ 除《庄子·外物》而外，唐初著名道教学者成玄英的《庄子疏》、宋林虙斋的《庄子口义》等，均述苌弘死于蜀、其血化为碧之说。
④ 方仙道之称，始见于《史记·封禅书》。但"依于鬼神之事"的方仙道，自不始于汉初，先秦即有之。屈原既称王乔之术为"道"，则方仙道至少在战国时即已有所流传。
⑤ 《论语·述而》。
⑥ 《楚辞·天问》。

岁①，汉晋间人对此颇多习知②。从《庄子》所述来看，彭祖和王乔的仙术，均以行气吐纳为特点，应属同一仙道派别。

王乔、彭祖都是蜀人，并且同出汉之犍为郡武阳县（今四川彭山县）。《淮南子·齐俗篇》高诱注："王乔，蜀武阳人也，为柏人令，得道而仙。"南朝萧梁李膺《益州记》（亦作《蜀记》）亦载，武阳"县有王乔仙处，王乔祠今在县"③。周、汉时还另有两个仙人王乔，一是周灵王太子王子乔④，一是东汉叶县令河东人王乔⑤，与蜀中仙人王乔不同，这一点汉晋间人是区分得很清楚的。但对彭祖之为蜀人，诸书则略有分歧。据《国语·郑语》、《史记·楚世家》，彭祖为祝融陆终氏之子，又称"大彭"，"自尧时举用，历夏殷，封于大彭"⑥。《汉书·地理志》以为："彭城，古彭祖国"，地在今江苏省徐州市。但蜀中也有彭祖遗迹，《华阳国志·蜀志》于犍为郡武阳县下载："郡治，有王桥（乔）、彭祖祠"，又载："王桥（乔）升其北山，彭祖家其彭蒙。""彭蒙"之"蒙"，与"望"音近相通，《续汉书·郡国志》犍为郡武阳县下载有"彭亡聚"，刘昭注引《南中志》云："县南二十里彭望山"，又引李膺《益州记》："县……下有彭祖冢，上有彭祖祠。"《元和郡县志》卷32亦载："彭亡城亦曰平无城，彭祖家于此而死，故曰彭亡。"蜀地这个彭祖渊源有自，应与《尚书·牧誓》所载西土八国"庸、蜀、羌、髳、微、卢、彭、濮人"中的彭人有关，不必勉强去同陆终氏之后的大彭相比附。从三国时张鲁之子叫彭祖的情况看⑦，西蜀有为子取名彭祖之习。再从仙人彭祖行迹看，他以"吹呴呼吸，吐故纳新"为特征，恰与其同乡王乔相同，所以《庄子》所说的仙人彭祖，应为西蜀犍为郡武阳县的彭祖，而非东方彭城的彭祖。此彭祖与王乔并为一派，蒙文通先生考证其为南方之仙道，与燕、齐有殊，而吴、越的行气一派也是源于西蜀王乔、彭祖的⑧。

---

① 《世本》，并见刘向《列仙传》卷上。
② 如刘向《列仙传》、应劭《风俗通》（逸文）、常璩《华阳国志》、干宝《搜神记》、葛洪《神仙传》和《抱朴子》等，均极杂而言之。
③ 《续汉书·郡国志》犍为郡武阳县下刘昭注引。
④ 见《列女传》，《风俗通·正失》。
⑤ 见《风俗通·正失》，《后汉书·方术列传》。
⑥ 《史记·五帝本纪》正义。
⑦ 见《三国志·魏志·张鲁传》。
⑧ 蒙文通：《晚周仙道分三派考》，《古学甄微》，巴蜀书社1987年版，第338页。

至于《华阳国志·序志》所说"彭祖本生蜀,为殷太史",则混淆了东方的彭祖和西方的彭祖,而两个彭祖又是各有渊源的,正如三个王乔各不相同一样。

从商代三星堆蜀都发达的巫术,到整个古蜀历史体系中无处不在的方术神仙家言,再到饮誉于世的方士神仙家苌弘、王乔、彭祖,可以清楚地看到蜀地巫术、方术、神仙之术从先秦到汉晋连续发展的历史陈迹,它们构成了古蜀文化最突出的特色要素,即是古蜀文化的底蕴,所以当秦汉时代蜀文化的其他子系统纷纷转型,与汉文化合流以后,这个子系统却依然保持着自己的内蕴,几乎完整地继承下来。正是因为蜀文化有着方术神仙家传统和巫鬼信仰传统,才使蜀中成为道教思想及其组织的重要发源地①。

三、道家哲学的流布

古蜀是深受道家思想重要影响的一个地区,早在战国时就受道家哲学影响甚大。扬雄《蜀王本纪》记载:"老子为关令尹喜著《道德经》,临行曰:'子行道千日后,于成都青羊肆寻吾。'今为青羊观是也。"② 青羊观即今成都青羊宫。关于这段材料的真伪问题,过去曾有争论,但无论如何,它反映了蜀中道家传统渊源古远,透露出战国时代道家学说曾有西上入蜀历史的蛛丝马迹。《汉书·艺文志》"道家者流"下著录有"《臣君子》二篇",班固原注曰:"蜀人。"其时代远在战国末叶的韩非子之前,传于汉代,书在道家,很有可能是严君平学术的来源③。以此联系战国时道家学说西上入蜀的史迹看,确有源流可考。

道家思想在蜀地原本是一种次生文化,但道家思想尤其庄子书中多见巫术和方术熏染之处,也流溢出宗教仪式的种种痕迹,而这些都是同古蜀地区原生文化中的巫术、巫鬼、方术、神仙之术合拍的。因此,蜀地成为道家土壤,道家能够在蜀地立足、传播和弘扬;而蜀地的原生文化虽然发达,却缺乏自身可以凝成体系的学说,又需要与其有着相当共同基础的道家学说作为理论指导。因此,道家学说一经西上入蜀,便迅速同古蜀的原生文化结合起来,交融发展,聚为特征,积为传统,于是在两汉之际便形成了道教思想,使蜀文化区成为道

---

① 段渝:《巴蜀文化与汉晋学术和宗教》,《中华文化论坛》1999年第3期。
② 严可均辑《全汉文》卷53。
③ 蒙文通:《巴蜀史的问题》,《古族甄微》,第251页。

教思想的主要策源地，经逐步发展，直至汉末天师道的正式创立，于是蜀文化区又成为道教的摇篮。这就是东汉顺帝时张陵在西蜀创立五斗米道的历史文化背景。

四、杂家思想的传播

蜀地是先秦杂家思想的传播地之一。《汉书·艺文志》记载有"《尸子》二十篇"，为"杂家者流"，班固注曰："名佼，鲁人，秦相商君师之。鞅死，佼逃入蜀。"据此，尸佼原为商鞅之师，商鞅被车裂以后，他恐遭株连，乃逃入蜀地避难，并在蜀完成其著述。《史记·孟子荀卿列传》集解引刘向《别录》说："商君被刑，（尸）佼并诛，乃亡逃入蜀，自为造此二十篇书，凡六万余言。卒，因葬蜀。"蒙文通先生认为，这些记载反映了蜀与中原文化的联系，而尸佼的著作也是通过蜀人流传下来的[①]。

从战国时期及秦汉蜀地的学术情况看，似乎还没有尸佼一派学术思想显达于世。这大概意味着，尸佼虽然在蜀完成了他的学术著作，其著作也由蜀人保存下来，但只是在极少部分人当中传习，或局限在某一狭小地域范围内，因此没有被更多的蜀人所了解和传习。另一种可能的情况是，尸佼从秦逃亡至蜀，属于叛秦之举，当巴蜀归秦后，他的学术思想也不可能在蜀中流传，因此隐而不显。不过究竟如何，因书阙有间，今已不可详知了。

五、古蜀文化与儒、法、墨诸家的关系

（一）古蜀文化与儒家

儒家学说及其思想在蜀地传播甚晚，至汉景帝末年文翁治蜀时，始开风气之先。先秦时期，古蜀的宗教信仰和鬼神崇拜盛行，并贯穿在古蜀文化的诸方面，以至成为蜀文化的精髓，而这种根深蒂固的文化精神同儒家所倡导的"不语怪、力、乱、神"[②]、"未能事人，焉能事鬼"[③]、"天道远，人道迩"[④] 等完全不能相容。儒家的伦理道德等学说，很难自发地渗透进古蜀文化区，更谈不上

---

① 蒙文通：《巴蜀古史论述》，四川人民出版社 1981 年版，第 91 页。
② 《论语·述而》。
③ 《论语·先进》。
④ 《左传》昭公十八年子产语。

占有什么地位。

汉景帝末年，文翁受命治蜀，"见蜀地辟陋有蛮夷风"①，于是兴办教育，终于使蜀地风气为之大变，史称"巴蜀好文雅，文翁之化也"②。其实，倘若从礼乐制度上来解说文化，理解文化的教化含义（这种含义是中国文化史上对文化一词内涵的最古老也是最权威的解说），那么蜀文化无疑早在商代就已达到了"有文化"（文明）的水平，即有文字、礼制、乐制、职官制度等，这在观念上完全符合华夏关于文化概念的理解。然而究因传统不同，古蜀与诸夏之间存在文明类型的差别与冲突（这导因于不同的民族、地理、环境和历史、文化等），所以尽管古蜀有文化，并且拥有灿烂的文明，但仍被中原诸夏视为"西僻戎狄"③、"南夷"④，表现出早期中原文化的惟我独尊意识，和"非我族类，其心必异"⑤的民族主义观念。所以，秦汉之际，当秦汉文化不断改造着古蜀文化之时，古蜀的强烈自我意识也在不断地产生着抗拒心理，青铜器、钱币、印章、文字符号等一直延续至汉中叶，人们仍以族相聚，很大程度上保持着古蜀文化的古老传统。文化差异、文明类型的冲突，自然使"质文刻野"即宗教鬼神信仰极为浓郁的古蜀文化表现出完全不同于以儒雅之风著称的中原文化的特点，这也就导致文翁以为蜀人"有蛮夷风"。显然，文翁是以中原为中心来看待文化差异和文明冲突的，自然会把异质文化视若蛮夷。

（二）古蜀文化与法家

法家主张"一断于法"、"法今不法古"，是一个富于彻底反传统精神的思想文化流派。法家的基本精神，与极为信奉传统、文化连续性特别显著的蜀文化格格不入。所以，战国时期列国相继以法家精神为指导实行变法图强时，古蜀仍然独安于传统，没有按照法家精神进行变法，实行政治变革⑥。尽管蜀与秦早在春秋时就已发生了经济文化交往，战国时交往更为频繁，但却并没有因此而受到秦国法家的影响。即令在公元前316年蜀归秦以后，直到秦始皇统一全

---

① 《汉书·文翁传》。
② 《汉书·文翁传》。
③ 《战国策·秦策一》。
④ 《汉书·地理志》。
⑤ 《左传》成公四年季文子引史佚之志。
⑥ 据《华阳国志·蜀志》，战国时代，开明九世"始立宗庙，以酒曰醴，乐曰荆，人尚赤，帝称王"，这大概也是一种变革，不过可能是宗教变革，而不是政治变革，与法家完全无关。

国以至秦灭的 100 余年当中，法家思想极盛于秦文化以至华夏文化圈，可是依然没有引起蜀文化的丝毫共鸣。法家思想完全渗透不到蜀文化圈中来，这在当时的中国文化中是少见的。这种现象，与其说是古蜀政治落后，毋宁说是古蜀文化传统精神的特别强烈，不存在反传统的思想文化基础。

公元前 316 年秦并蜀后，迅速从政治上、经济上采取了许多强硬措施，维护统一，巩固统一，但在思想文化上则采取了许多兼容政策，允许古蜀精神文化的生存和继续发展。从考古发掘成果看，这个时期的蜀墓葬中，许多仍然保存着完整的蜀文化特色，有些则是蜀与秦文化共生，表明了上述事实。所以，蜀文化的精神世界基本上仍然是完整的，表现在行为方式上，就是古蜀青铜兵器、礼器、印章、葬式等的继续风行和流传，直到秦灭以至西汉中叶。

秦并天下后，采丞相李斯之议，焚天下《诗》、《书》、百家语，只保留《秦记》和医药、卜筮、种、树之书①。这道法令对于东方六国地区的文化发生了直接的法律效力，导致了严重的文化摧残，但对蜀文化却几乎没有发生任何制约和影响力。蜀地原本就不传《诗》、《书》，百家语中仅道、杂两家在蜀地有所传习，并且在当时的蜀文化中不占主导地位；相反，蜀文化的精神动力是自古相传的尚五观念和神仙家思想，这些观念和思想不但不在秦王朝的文化专制主义所高压钳制的思想文化之列，反而在秦法予以保留的思想文化范围以内，因而使蜀文化的思想精髓得以保存下来并发扬光大，对于汉代蜀学的兴起产生了重要作用。这表明，秦王朝法家思想的统治，并没有排斥古蜀原生文化当中的思想精髓。

事实上，秦王朝为了宣扬皇权神秘理论，大量借用了阴阳家的思想学说，而秦始皇为了使自己的统治传之万世，为了自己长生不老，又求仙人，事鬼神。这些，均与蜀文化的方术神仙家传统一脉相通，若合符节。因此，在秦王朝的文化专制主义的严酷统治下，蜀文化仍然能够继续发扬光大，就是不奇怪的了②。

（三）古蜀文化与墨家

春秋战国之际，墨家曾是一大显学。《孟子》说过："杨朱、墨翟之言盈天

---

① 《史记·秦始皇本纪》。
② 段渝：《论秦汉王朝对巴蜀的改造》，《中国史研究》1999 年第 1 期。

下，天下之言，不归杨则归墨。"墨家在政治上主张"尚贤"、"尚同"，在社会关系上主张"兼相爱，交相利"，这些都与古蜀的精英政治和精英文化相去甚远，完全没有取得古蜀文化在思想上政治上的认同。

墨家思想中有十分浓重的宗教成分，主张"天志"、"明鬼"，表面上看来似乎与古蜀文化的思想精髓有相通之处。但是，正如郭沫若所指出的那样，墨家的"神道设教"，多少是出于利用，其《明鬼下》所说"今洁为酒醴粢盛以敬慎祭祀"云云，只是辩论时使用的所谓推援术而已①。自然，这样的"明鬼"，与蜀文化的崇奉鬼神和神仙的思想并不合拍，所以并没有能够引起蜀文化的共鸣。况且，墨家学说在春秋战国之际完全没有同蜀文化相接触的机会，没有交流、传播的土壤，而当战国末蜀归秦以后，墨家已由一分为三至于隐而不显，几成绝学，更谈不上传播到蜀地。所以，蜀文化中未见墨家学派的成分，是不足为异的。

有的学者认为，蜀的方术神仙家文化以至道教传统当中有墨家学派的思想影响，甚至认为二者之间有着因果关系。这种看法其实是完全没有历史根据的，其唯一材料是《后汉书·襄楷传》所说"于吉神书"（即《太平清领书》），此书为太平道张角所本。但是，道教创始人张陵在蜀之鹤鸣山"造作符书"，又制《老子想尔注》，均与张角有异，不能混为一谈②。并且，认为神仙家与古之方术异流，而道教之术"近出墨翟，既非老、庄，亦非神仙之术也"，是章太炎在《检论·黄巾道士缘起说》中提出来的，并无多少可信成分，早已遭到钱穆的驳斥③，不能引以为据。只要我们仔细分析研究蜀中道教的起源和发展，就能发现它与古蜀方术神仙家传统有着十分密切的关系。正是因为古蜀有源远流长而风行不衰的方术神仙家传统，才使它成为了道教土壤，最终发展为道教的重要起源地，而与墨家之术完全无关。

六、科学结晶

古代不断发展的经济，推动着科学的不断进步，而不断进步的科学，又促

---

① 郭沫若：《十批判书·孔墨的批判》，东方出版社1996年版，第110~111页。
② 参考段渝：《巴蜀文化与汉晋学术和宗教》，《中华文化论坛》1999年第1期。
③ 钱穆：《国学概论》，商务印书馆1997年版，第189页。

第六章 蜀文化

进着经济的不断发展。在古代，科学与宗教总是既相颉相颃，又相反相成。古代科学时常披着宗教的神秘外衣，戴着宗教的沉重枷锁，而宗教却又时常为科学提供一定的生存空间，给予一定的生长养料。古代蜀国的科学，就是在这种环境中，逐步萌芽生长起来直至结出累累硕果的。

蜀国农业和手工业的各个门类，无不体现着古代的科学。栽培技术、酿造技术、水利科学、金属技术、琢磨技术、制陶术、纺织术、采矿术、建筑科学、天文历算术，以至为人类学家所盛称的巫术科学，如此等等，都是古代科学的结晶，凝结着古代蜀人对自然界的深刻认识，包含着他们改造自然的经验总结。这些进步的科学技术成果表明，古代蜀人在几何学、算学、力学、化学、工艺学、矿物学等方面，业已取得巨大的进步。近代科学的一些基本知识和工艺技术，当时都已基本具备，从而创造出我们今天称之为文明的一块块科学晶体。尽管古代蜀人的科学，不过是古代世界人类科学上的沧海之一粟、百花之一枝，然而仅此就足以使我们赞叹不已，引以为豪了。

至今所见古代蜀人的科学，绝大多数是科学的物化形式，表明了当时的科学直接为经济、政治、军事和宗教服务的事实。科学直接就是生产力，这是毫无疑问的。遗憾的是，这些进步的科学，绝大多数没有见诸书面的经验总结，没有以文献的形式流传于世，妨碍了今天对古代科学的深入探究。但可以肯定的是，这些以经验相传的科学和技术，在秦汉时期曾发挥了巨大作用，是秦汉经济和社会高度发展的直接动力之一。因此事实上，今天的科学仍然包含着古代的科学，其中也有蜀人的贡献。

关于古代蜀国科学的诸方面内容，前面各章已有分别阐述，这里仅对天文历象做些补充。

天文学的诞生，本质上与农业有直接关系，因此古代很早就萌发了天文星象学。这在蜀国也不例外，不过现在所见史料，仅限于春秋末叶以后，其前概属缺环，有待新材料的问世。《庄子·外物》记载："苌弘死于蜀，藏其血，三年化而为碧"。苌弘，春秋末周大夫，著名天文星象家[①]，《史记·天官书》称他为"昔之传天数者"。《淮南子·氾论篇》还说："昔者苌弘，周室之执术数者也。天地之气，日月之行，风雨之变，律历之数，无所不通。"古书多言苌弘为

---

① 《左传》哀公三年；《国语·周语下》。

蜀人。古有归葬之习,苌弘死于周而其血藏于蜀,大概即与归葬有关。这也反映了天文星象律历之学在蜀中流传的情况。据吕子方研究①,蜀中的天文历象学特别发达,有其独特系统,在历史上产生过深远影响,对中国古代天文学的发展作出了卓越贡献。所谓"天数在蜀",实指此而言。

第四节 史学源流

古代蜀人崇尚历史,这种传统可以追溯到遥远的上古时代,《山海经》中的一些篇章,就是根据古蜀王的历史写成的。

一、《山海经》与蜀王旧史

先秦蜀国并无文献流传下来,但古蜀必定有不少资料通过种种形式传世,最常见的形式是口耳相传,或为他国所记录。除此之外,由于近年巴蜀文字研究的进展,已知古代巴蜀并非"无文字,无礼乐",相反却具有两个系统的文字。将来是否能够发现巴蜀文献或其孑遗,现在对于这种可能性,还不能完全断定。

迄今所见传世巴蜀文献,出于汉晋之际,据称原有多部,但大多数已失传而不存。现存的两部古蜀史,一是《蜀王本纪》,一是《华阳国志》。《蜀王本纪》旧题汉扬雄,此书原佚,后有多种辑本,残缺甚多,斯难成章。《华阳国志》作者为东晋常璩,流传之中也有不少缺失和错简。

今传《蜀王本纪》各家辑本,一个共通的特点是,均不载黄帝、颛顼事类,却有"禹生石纽"的记载;蜀史开端不在黄帝子昌意,不在乾荒和颛顼,也不在蜀山氏,而在蚕丛、柏濩、鱼凫等令人颇感"开国何茫然"的三代蜀王。相反的是,在《蜀王本纪》中盛传的三代蜀王,又不见于先秦中原所传古史。这是否意味着两者之中必有一谬呢?

首先应该认识到,《蜀王本纪》所记,当是出于古蜀人累代相传的旧说,或是古蜀中流传广远的旧史。它的材料来源,大多与中原文献所记蜀史并非同源。

---

① 吕子方:《中国科学技术史论文集》上册,四川人民出版社1983年版。

第六章 蜀文化

因此，对于其间的异同之处，不必指为必有一谬。可是，《蜀王本纪》各家辑本确无黄帝、蜀山氏等方面的内容。按照史家常识，对于如此重大的历史事件，必定会记录下来。倘若《蜀王本纪》是因不信此说而付阙，那么世人怀疑黄帝与巴蜀的关系也是有其道理的。究竟如何呢？蒙文通先生认为，蜀王自当有其家史和家谱，也就是《本纪》。既然《路史·国名记》引扬雄《蜀记》，其中有"蜀山"云云，那么蜀王为黄帝后世之说应当已见于《蜀王本纪》，今传辑本之所以无此记载，原因在于清代洪、严诸家辑本遗漏了这一条。而"昌意娶蜀山氏女"之说，既见于中原文献如《史记》、《帝系》等，又见于《蜀王本纪》，说明中原与蜀的相同说法是同出一源的[1]。对于此说，李学勤先生表示赞同[2]。

从《路史》辑有《蜀王本纪》关于"蜀山"的情况看，《蜀王本纪》原本应当记有黄帝与蜀的关系。这不仅在于蒙文通先生所说蜀王应有其家传材料，自会将此记入其中，而且早在《蜀王本纪》成书以前数百年，在西周中叶以后，就有《山海经·海内经》所记载的黄帝与蜀关系的内容传世。此篇出于蜀人之手，那么这条材料的来源应当是蜀王世代相传的家史，或在蜀中广为流传的旧说。而此说形成之古远，非《蜀王本纪》和中原所传蜀史材料所能及。这就是说，《蜀王本纪》的相关记载，不是取材于蜀王家传旧史，就是取材于《山海经·海内经》，总之，是来源于古蜀地，而不是取材于中原文献。关于此点，只要看看《蜀王本纪》所记内容绝大多数为中原文献所无，便会一目了然。

《山海经》中另外有一条材料，也可以证实黄帝一系与古蜀的关系。《山海经·大荒西经》记载："有鱼偏枯，名曰鱼妇。颛顼死即复苏。风道北来，天乃大水泉，蛇乃化为鱼，是为鱼妇。颛顼死即复苏。"鱼妇为颛顼所化，死而复苏，即言鱼妇为颛顼后代，鱼妇之族从颛顼之族中分化而出。此类情况屡见于古籍，基本上讲的都是族系分化关系。郭注引《淮南子》说："后稷龙在建木西，其人死复苏，其中为鱼。"今本《淮南子·地形篇》也说："后稷垅在建木西，其人死复苏，其半鱼在其间。"这条材料，其事、其地均与《海内南经》所

---

[1] 蒙文通：《巴蜀古史论述》，四川人民出版社1981年版，第37~41页。
[2] 李学勤：《〈帝系〉传说与蜀文化》，《四川文物·三星堆古蜀文化研究专辑》，1992年版。

载人面鱼身的氐人国如出一辙①,应是蜀王鱼凫氏来源的又一传说。妇、凫一声之转。三星堆出土金杖图案上的人、鱼、鸟刻纹,也正表现出"颛顼死即复苏"、"是为鱼妇(凫)"这样一种上古人们关于人类与动物相互转化的观念和族系分化的概念。

《山海经》中的《大荒经》,据蒙文通先生考订,当作于周室东迁以前,其产生地域为巴蜀②。袁珂先生也认为:"成书当不在山经及海外、内各经之后。"③ 这条材料讲鱼凫为颛顼所化,即从颛顼一系中分化出来,而后"风道北来",即从西北高原迁移到成都平原,其中几经分合,最终仍以颛顼支系名世。很明显,这条材料,正好是与《山海经·海内经》关于黄帝、昌意、蜀山氏、乾荒和帝颛顼的世系相衔接的。《海内经》叙蜀山氏,至帝颛顼而止;《大荒西经》这条材料则从颛顼起,至鱼凫立国而止,两条材料恰是相互应接的,并且其产生地域相同,成书年代一致,绝非偶然。由此可见,《山海经》中这两条早在西周即已流传于蜀的材料,一致叙述了黄帝、颛顼与蜀的关系,颇有根据,它们应当就是蜀王旧史中的一部分,所以才能够被成书于蜀的《海内经》和《大荒西经》所摭取。

这说明了两方面的情况:一方面,《山海经》本身证实了黄帝与蜀的关系;另一方面,同样成书于蜀的《蜀王本纪》,也理应采摭这一早在蜀中流传的旧史材料,并参以相关史实和事件,以更多的材料叙述蜀王历史,才与"本纪"的形式和内容相合。从这个角度看,关于黄帝、颛顼已见于蜀王家传史料的看法,是能够成立的,中原文献所记与此基本相符。

《华阳国志》虽成书更晚,但其材料来源却颇为古远。常璩叙说此书的材料来源说:"乃考诸旧纪先宿所传并《南裔志》,验以《汉书》,取其近是,及自所闻,以著斯篇。"即取材于前代故老所传蜀史、《南裔志》、《汉书》和作者自身的见闻。其中,除《南裔志》与三代蜀王来源关系不大以外,其余材料都应有所关联。尽管此书的材料取舍以《汉书》为尺度,即以中原王朝的正统史学为

---

① 《山海经·海内南经》载:"氐人国在建木西,其为人,人面而鱼身,无足。"同书《大荒西经》也载:"有互人之国",郭璞注:"人面鱼身。"郝懿行疏曰:"互人,即《海内南经》氐人国也。氐互二字,盖以形近而讹,以俗氐正作互也。"
② 蒙文通:《略论〈山海经〉的写作时代及其产生地域》,《中华文史论丛》第1辑1962年版。
③ 袁珂:《山海经校注》,上海古籍出版社1980年版。

第六章 蜀文化

标准，抹杀了许多珍贵的然而叙述不那么"雅驯"的蜀王传闻，但最基本的史料还是保存了下来。

《华阳国志》叙述古蜀先祖始自人皇，这是后起的谶纬之说，不可信；但又将古蜀先祖追溯到黄帝："五帝以来，黄帝、高阳之支庶，世为侯伯。""蜀之为国……至黄帝，为其子昌意娶蜀山氏之女，生子高阳，是为帝喾（当为帝颛顼），封其支庶于蜀，世为侯伯，历夏、商、周。"据上所述，《华阳国志》的编撰，其材料来源既有蜀之旧史，又有其亲耳听闻，当包括《蜀王本纪》（据常璩在《序志》中说，曾见八家《蜀王本纪》）等文献和蜀人相传的旧说在内。尽管他以《汉书》为取舍尺度，但中原史学却并不回避黄帝、昌意、颛顼之事，所以这类取之于《蜀王本纪》和故老传闻的史事，在《华阳国志》中能够被再次记录下来。

能够说明常璩所述依据的蜀中旧史，而又"验以《汉书》，取其近是"的事实是，蜀中旧史所传黄帝与蜀的关系，传诸世上的材料最古老且最著名的是《山海经》中的材料。《山海经·海内经》所述世次，在昌意与颛顼之间有乾荒一代，但《华阳国志》则无，明显地被删掉了。按理，素有"蜀史"之誉的常璩应取作于蜀中的《山海经》和《蜀王本纪》以入史，但由于中原文献《史》、《汉》无乾荒一代，故参验的结果是删掉了乾荒一代。常璩如此处理史料，完全出于其正统史家的立场。由上可见，常璩作《华阳国志》时，关于黄帝与巴蜀关系的材料，是来源于"诸旧纪先宿所传"和"及自所闻"，即蜀中世代相传的旧说。

二、中原文献所传古蜀史的材料来源

早年疑古派学者之所以对中国古史传说力加否定，一个主要原因，在于他们认为这种说法不过是战国秦汉年间流传的神话，不过是"层累地造成"的古史，完全不符合古史真面目，因此根本不可置信。可是，他们在分析史籍时，并未对其材料来源作出区域文化方面的判断。比如，对于中原文献所传黄帝与蜀的关系，仅以中原文献加以比较，而未意识到是否有来源于古蜀人所传古史的可能；而对于《山海经》，则仅断为战国秦汉之间成书，却不考虑它成书以前的流传情况，更不考虑它所产生的地域；对于古蜀文献所传古史，也不分析其源流和传播情况，仅一律斥之为据中原文献加以编造，如此等等。这种研究方

法，从当时中国史学所达到的水平而言，是可以理解的，其研究成果也对中国古史研究起到了推动作用。然而，在考古发现日益增多、区域文化研究日益深入的今天，再来看这种方法，却是大有疑问的。

近年中国考古研究已充分表明，中国文明起源并非出于一个中心，而是多元的。苏秉琦先生将这种情形形象地比喻为"满天星斗"，并创立了考古学区系文化理论，概括出中国史前文化的六大区系，巴蜀为其中之一。其中有的地区，史前文化的昌盛和文明的起源，要早于中原地区；有的地区在文明进步的历程上，与中原同步发展；有的地区则晚于中原。同时，中原文化与各地文化不是孤立发展的，而是互有交流、互有影响，在互动中发展演变，渐趋一体。这些，都是考古学向我们展示出来的不可否认的事实。

在中原与各区域文化的交流中，各地的古史传说必然会有交流，并在各地留下这种交流和影响的痕迹。同样，中原所传古史的材料来源，也不可能是尽取于中原一地，必然还吸收了其他区域文化的一些古史材料，从而形成东西南北中交织的情形。中原古史传说之所以常有牴牾，就是因为来源非一，汇集了各区域古史材料的缘故。在此情形下，古蜀史以某种形式北传中原，为中原古史所取，就不是不可能的。

中原文献所传黄帝与古蜀关系的材料，《史记·五帝本纪》来源于《大戴礼记·帝系》，《大戴礼记·帝系》来源于《世本》，《世本》来源于《吕氏春秋》。再上溯，《吕氏春秋》的有关材料，应来源于《山海经》中的《海内经》和《大荒西经》，而《山海经》中的有关材料，则直接取之于蜀王旧史。

《山海经》的《海内经》作于西周中叶以前，《大荒西经》作于周室东迁以前，足见这些材料本身的形成年代还要早得多，即应在西周以前。这些材料在如此之早的年代里为《山海经》所摭取，而《山海经》并非中原官修之书，则它的信息来源必定是蜀人所传的蜀王旧史，其流传年代应与黄帝、颛顼和蜀山氏、蜀王发生关系的年代一致，或稍晚；在《山海经》采摭这些材料时，这些旧说已在蜀人中世代相承了若干年。正如居于姚、巂等处的蜀王后世，累代"相承云黄帝后世子孙"① 的情形一样。可见，这些从上古蜀人世代相承下来的旧说，基本上是可靠的。

---

① 《史记·三代世表》索隐引《世本》。

第六章 蜀文化

《山海经》在流传过程中，较早北传中原，《海内经》至少在战国中叶魏襄王时（公元前318～前296年在位）已传至三晋。晋武帝太康二年出土于汲郡魏襄王墓内的《竹书纪年》，记事止于魏襄王二十年（公元前299年），记有"昌意降居若水，产帝乾荒"，除"乾荒"二字与《山海经·海内经》"韩流"二字形近而讹外，其他与《海内经》大同小异，而同样内容的记载却不见于中原其他史书。显然，《竹书纪年》的这段记载，来源于《山海经·海内经》。

《竹书纪年》梁惠王十年（公元前360年）记载："瑕阳人自秦道岷山青衣水来归。"瑕阳为魏地，今山西临猗。青衣水即今青衣江，为蜀之西境。由青衣水至岷江上游地区，出岷山峡谷北至秦地，然后东转中原至魏，是古代蜀、秦、中原的交通要道之一，故称"秦道岷山青衣水"。而岷江上游地区为蜀王蚕丛的兴起之地，蜀王鱼凫亦从川西北高原沿岷江南下成都平原，他们的先世即与兴起于中国西部的黄帝文化有关，因而这些地区必然留下蜀王旧史的传说。记有蜀王先世与黄帝关系的《山海经·海内经》，经由这条通道北传中原，是有可能的。由于《竹书纪年》接触《海内经》较早、较直接，因此除字讹外，所记昌意、乾荒的世系与《海内经》完全相同。这是中原文献吸收古蜀文献的一个显著例子，同时也证明了疑古学者早年所说黄帝与巴蜀关系的材料为战国秦汉之际人士伪造的说法，并不可信。

前面说到《世本》的有关材料出自《吕氏春秋》，那么，《吕氏春秋》的有关材料又来源于何处呢？《吕氏春秋》中讲黄帝系统与古蜀关系的材料仅有一条，即《古乐》："帝颛顼生自若水。"这条材料由来甚古，且与古蜀有关。据《史记·货殖列传》："及秦文、德、缪居雍，隙陇蜀之货物而多贾。"秦文、德、穆（缪）诸公之际，年代为公元前765年至公元前621年，相当于春秋初年到春秋中叶之际。在此期间，秦、蜀之间就已发生了双向的贸易往还。按照一般规律，文化交流要早于贸易往来，所以秦、蜀之间的文化往来一直是在长期开展的。秦、蜀毗邻，双方接壤，相互之间的古史传说必定随着经济文化的往来也在交流着。关于黄帝子昌意降居若水、帝颛顼生于若水这种在蜀长期广泛流传的古史旧说，也必然为秦人所知。《吕氏春秋》的有关记载，应与此相关。

值得注意的是，《吕氏春秋》的"十二纪"，对于五帝次序的排列，黄帝之后不是紧接颛顼，而是少皞，少皞之后才是颛顼。这个帝序既与中原所传五帝有异，也与古蜀所传黄帝、昌意、乾荒、颛顼的次第不同，显然是把中间的两代换成了少皞。为什么如此呢？秦人源于东方，少皞传说也源于东方。秦人西迁岐陇后，仍然奉祀少皞之神。《史记·封禅书》说："秦襄公既侯，居西陲，自以为主少皞之神，作西畤祠白帝。"黄帝传说源出西北，后成为中华文化之祖，秦人不敢妄改。但黄帝与颛顼之间的昌意、乾荒，虽为帝子、帝父，但本身不是帝，故尽可以改换。于是雄心勃勃的秦人便硬将东方的少皞挤入西方的帝系之中，排挤掉了两位非帝的西方帝子、帝父。这样，由蜀流传入秦的帝系便面目全非了。虽然如此，《吕氏春秋·古乐》却仍然保存了蜀人关于帝颛顼生于若水的旧说，从而透露了取材于蜀的事实。表明古蜀有其系统的历史资料传世，而这正是古蜀史学的渊源所在。

第五节　风俗与时尚

古蜀人有着丰富多彩的社会生活。不过，有关古蜀人社会生活的大多数文献材料已经散佚，使我们无法完整地复原古蜀人生活的情况。幸而考古发掘弥补了部分不足，使我们能够大体窥视到古蜀人风俗与时尚之一斑。

一、风俗和行为方式

《华阳国志·蜀志》记载：

> 其卦值坤，故多斑采文章；其辰值未，故尚滋味；德在少昊，故好辛香；星应舆鬼，故君子精敏，小人鬼黠；与秦同分，故多悍勇。在《诗》，文王之化，被乎江汉之域；秦豳同咏，故有夏声也。

剔除其中的迷信成分，可以看到古代蜀人风俗和行为方式的大概情况。《汉书·地理志》记载蜀地民风：

> 轻易淫泆，柔弱褊阨。景、武间，文翁为蜀守，教民读书法令，未能笃信道德，反以好文刺讥，贵慕权势。

第六章 蜀文化

所谓"柔弱褊陋",颜师古注云:"言其材质不强,而心忿陋。"
《汉志》又说:

而汉中淫失枝柱,与巴蜀同俗。

颜师古注云:"枝柱,言意相节却,不顺从也。"
以上记载,从正、反两方面反映了蜀人风俗和行为方式的基本情况。蜀人精于思辨,行为敏捷,而比较缺乏质朴,却又勇悍无畏,不惧艰险。至于"未能笃信道德","贵慕权势","柔弱褊陋",则不足以代表全部蜀人的行为方式,仅指部分文人而已。

蜀人椎髻左衽①,主要是指蜀族而言。从三星堆出土的各种青铜全身人像、人头像等来看,蜀人的衣、冠、发式具有不同的形式。战国时代蜀国青铜器上也常镌刻着蜀人形象,发式、冠式亦有差异。大体说来,衣式有左衽、右衽、对襟等,长袍、短衣皆具,长袍后摆呈燕尾形,即所谓"衣服制裁,皆有尾形"②。发式主要有椎髻、编发、盘发等。冠式有高冠、平顶冠、双角头盔等,可能因等级、身份、职业而定。

蜀人饮食以粮为主,蔬菜丰富,肉食较多。尚滋味,好辛香,喜鲜美。此俗自古而然,于今犹盛,可谓饮食文化一大传统。

二、居住方式

蜀人的居住方式,按建筑结构来说,主要有地面木构式、干栏式、石碉式等三种。

地面木构式又有长形、方形和圆形等形式。墙基多挖沟槽,沟底掘小槽或柱洞。也有地梁式。墙体为木骨泥墙。梁架多为榫卯和分段搭接为主的穿斗式和抬梁式。此种房屋是成都平原常见的一种类型。

干栏式的主要特征是在密集的木桩上建立建筑基础,以抬高居住面,下部架空,避免潮气侵袭。考古发现中的古代成都民居,多属此类居住方式。

---

① 《蜀王本纪》。
② 《后汉书·南蛮西南夷列传》。

石碉式即《后汉书·冉駹夷传》所载"依山居止,累石为室,高者至十余丈,为邛笼",即是用大石垒砌起来的碉楼、碉房。这种建筑主要见于川西北高原,至今仍比比皆是。

地面以下的民居,即所谓穴居,在成都平原未见,当与成都平原的地质构造有关。

三、丧葬习俗

蜀人的丧葬习俗主要体现在墓葬和祭祀制度上,墓葬大体可分为早、晚两期,战国以前属早期,战国时代属晚期。

早期墓葬主要发现于成都平原宝墩文化诸遗址,以及广汉三星堆①和新繁水观音②。在新津宝墩、温江鱼凫村、郫县古城村和成都十街坊、外化成村以及广汉三星堆发现的墓葬,全部是竖穴土坑墓,无葬具,无随葬品。新繁水观音土坑墓有早晚之分,墓坑均不规整,早期随葬品极少,晚期有所增加,出土陶器和青铜兵器、工具。目前早期墓葬发现很少且零星,主要限于小型墓,仅能反映一般被统治者或下层统治者丧葬习俗的某些方面。但从新繁水观音早晚两期墓葬内涵的发展变化上,可以看出地位高低同丧葬制度的某些关系。

晚期墓葬主要包括成都市商业街战国大型船棺墓群③、新都木椁墓④、成都百花潭中学10号战国墓⑤、大邑五龙墓⑥、蒲江墓群⑦、成都西郊墓⑧等等,年代大体为战国早、中期。成都市商业街墓葬M1为一座大型的多墓合葬的长方形土坑竖穴墓,墓坑长约30.5米、宽约20.3米、面积约620平方米,墓坑中发现船棺、独木棺等葬具17具,平行排列放置在墓坑中。墓坑周围发现具有一

---

① 《广汉三星堆遗址》,《考古学报》1987年第2期。
② 《新繁水观音遗址试掘简报》,《考古》1954年第8期。
③ 成都市文物考古研究所:《成都市商业街船棺、独木棺墓葬发掘报告》,《成都考古发现(2000)》,科学出版社2002年版。
④ 《四川新都战国木椁墓》,《文物》1981年第6期。
⑤ 《成都百花潭中学十号墓发掘记》,《文物》1976年第3期。
⑥ 《四川大邑五龙战国巴蜀墓葬》,《文物》1985年第5期。
⑦ 《蒲江县战国土坑墓》,《文物》1985年第5期。
⑧ 《成都西郊战国墓》,《考古》1983年第7期。

第六章 蜀文化

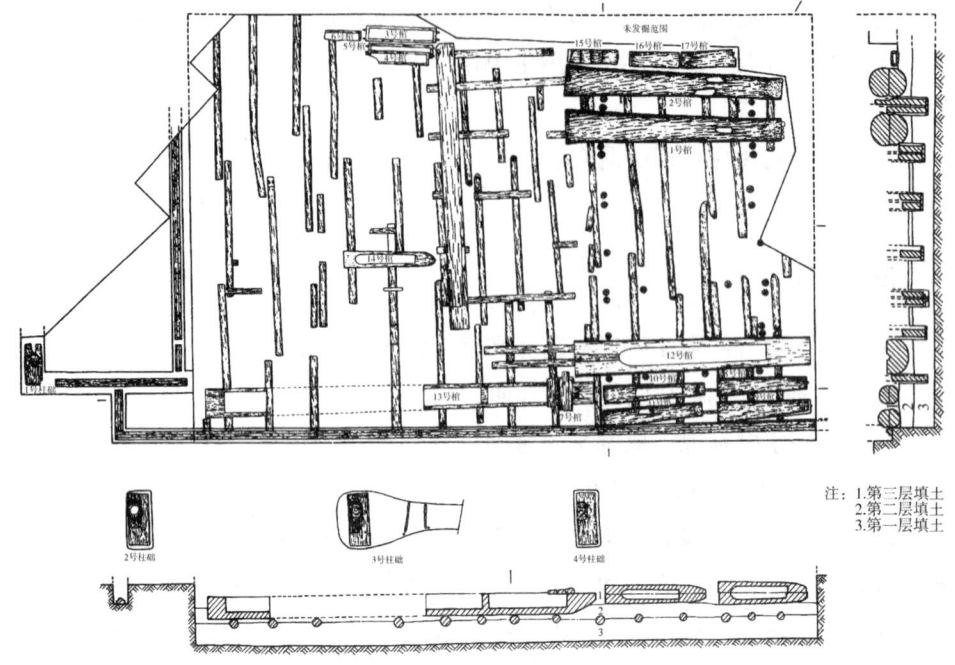

图6-18 成都市商业街墓葬M1平、剖面图

定分布形状和规律的基槽和木质基础，表明当时在墓葬之上建有地面建筑①。据分析，成都市商业街战国大型船棺墓可能是蜀之开明王朝王族的家族墓地。新都木椁墓是一座甲字形大墓，有棺有椁，椁室下有腰坑，棺为独木舟式船棺。腰坑中出土188件青铜器，有礼（容）器、乐器、兵器、工具等。它是一代开明王之墓。其他墓中的棺具均为独木舟式船棺，随葬品组合多与新都木椁墓相类，显示出共同的葬俗。

晚期墓葬存在着明显的等级制度。成都市商业街战国大型船棺墓群的宏大规模和精美的随葬品以及新都大墓的随葬品，无论在种类还是数量、质量方面，都远远高于其他中小型墓，无疑是墓主生前地位高低在葬仪中的反映。新都木椁墓内出土的器物还表明，墓主是经"昭祭"礼仪而后下葬的。所谓昭祭，即是以奏《昭》乐来隆重祭祀有功德的先王②。除此大墓外，其他中小型墓未见

---

① 成都市文物考古研究所：《成都市商业街船棺、独木棺墓葬发掘报告》，《成都考古发现（2000）》，科学出版社2002年版。

② 段渝：《论新都蜀墓及所出"昭之飤鼎"》，《考古与文物》1991年第3期。

此种礼制。昭祭本是天子所用①，东周时代诸侯逾制，礼崩乐坏，蜀王用此制下葬，是符合战国时代的一般情形的。

至于晚期土坑墓内的独木舟式船棺，则从葬具上反映了岷江流域等多河流地区蜀人的水上交通，这就是古人所谓"事死如事生"。也有学者认为与蜀人归葬用船棺送魂的宗教仪式有关。

石葬主要有石棺葬和大石墓两种。石棺葬主要流行于川西高原，大石墓则集中分布在川西南安宁河流域。石棺葬主要是氐羌民族系统的葬俗，大石墓则主要是百濮民族系统邛人的葬俗。从随葬器物分析，川西高原石棺葬的文化内涵与蜀文化比较接近，这同两者的历史关系和民族成分一致。川西南大石墓的文化内涵则自成体系，与蜀文化长期保持着相当距离。但它在大石崇拜等宗教信仰以及墓内出土的一些青铜器方面，又与成都平原的蜀人有一定共性，其间关系尚需进一步探究。

---

① 《周礼·春官·大司乐》。

第七章　巴的古史传说与文明起源

巴是一个历史悠久的文明古国。早在商代甲骨文中，就有关于巴方活动的历史记载。在有关古代文献里，史学家们则将巴的历史上溯到荒远渺茫的"人皇"之际。尽管根据史籍和考古学的发现与研究，巴史的一些主要方面已有大体分明的脉络，但仍有许多方面目前还知之甚少，甚至全然不知，还有待于新材料的问世和学术界的继续探索。

第一节　巴人来源的传说与史实

巴是一个内涵和外延都同样十分复杂的概念。关于巴人的起源问题，从古至今一直存在着相当的争论，歧说纷纭，难以缕析，必须经过相当的考辨，才有可能清理出一个大致清楚的头绪。

一、有关巴义的几种解说

有关巴的含义问题，自古以来就有不同的解说，众说纷纭，莫能相一，至今而然①。缕析起来看，古今对于巴的解释，主要有蛇称、草名、因水为名、坝称、鱼称以及其他一些不同看法。

（一）巴为蛇称说

巴为蛇称说，是有关巴义解释的诸种说法中流传最为广泛的一种说法。这种说法的主要根据，来源于《山海经·海内南经》和《楚辞·天问》的有关记载。

《山海经·海内南经》记载：

巴蛇食象，三岁而出其骨，君子服之，无心腹之疾。其为蛇青黄赤黑。一曰黑蛇青首，在犀牛西。

对于食象蛇的记载，又见于先秦文献《楚辞》。《楚辞·天问》记载：

一蛇吞象，厥大何如？

虽然，屈原《楚辞·天问》讲述的是与《山海经·海内南经》相同的故事，可是他并没有说食象的蛇是"巴蛇"，而是说"一蛇"，其义相当于"有蛇"。而郭璞注《山海经·海内南经》引《楚辞·天问》此句恰好作"有蛇吞象，厥大何如？"王逸注《楚辞·天问》则又引作"灵蛇吞象"，也不称"巴蛇"，均与今本异。

对于"巴蛇食象"的解释，《说文·巴部》解说道：

巴，虫也，或曰食象它，象形。

段玉裁《说文解字注》解释说：

---

① 参见徐中舒：《论巴蜀文化》，四川人民出版社1982年版，第91~99页；蒙文通：《巴蜀古史论述》，四川人民出版社1981年版，第62~63页；缪钺：《〈巴蜀文化初论〉商榷》，《四川大学学报》1959年第4期；邓少琴：《巴蜀史迹探索》，四川人民出版社1983年版，第56~75页；蒙默：《试论古代巴蜀民族及其与西南民族的关系》，《贵州民族研究》1983年第4期；李绍明：《川东南土家族与巴国南境问题》，《思想战线》1985年第6期；张正明：《巴人起源地综考》，《华中师范大学学报》2004年第6期。

第七章 巴的古史传说与文明起源

"巴，虫也"，谓虫名。"或曰食象它"，《山海经》曰："巴蛇食象，三岁而出其骨"。"象形"，伯加切，古音在五部。按，不言从己者，取其形似而龂之，非从己也。

按照许慎的看法，释巴为虫是巴的本义，而释巴为食象蛇（蛇即它）乃是他所知道的有关巴义的另一种看法，所以称之为"或曰"。段玉裁之说，是解释许慎的说法，对于巴究竟是指虫还是指蛇，他其实并没有表明自己的看法。

郭璞在《山海经·海内南经注》中说：

今南方蚺蛇（按，《藏经》本作"蟒蛇"）吞鹿，鹿已烂，自绞于树腹中，骨皆穿鳞甲间出，此其类也。《楚词》曰："有蛇吞象，厥大何如？"说者云长千寻。

按照郭璞的看法，所谓巴蛇，其实就是南方所见的蟒蛇，其事与其状均大致相互吻合。不过，郭璞在这里并没有采用《海内南经》"巴蛇"的记载，而是采用了与《楚辞·天问》相似的记载。这表明，郭璞所见到的是古本《山海经·海内南经》，古本对于此句的记载是"有蛇食象"，而不是今本所记载的"巴蛇食象"。

后来的学者在这个问题上，基本上采用的是今本的记载，所以后来的学者对于巴义的解释，不少人认为巴的本义就是指蛇。清人郭秋涛《王会篇笺释》说："按《说文》巴象蛇形，巴蜀之巴得名，盖其地所有之物为名，如朐忍县多朐忍虫，即以为名，正是其例。"章太炎也肯定这种看法，他在所著《文始》中说："巴盖即莽，古音莽如佬，借为巴也。"对此，今天有的学者亦颇以为然。

据《淮南子·本经篇》："（羿）断修蛇于洞庭"，《路史·后纪十》以"修蛇"作"长它"，罗苹注说："长它即所谓巴蛇"。六朝宋人庾仲雍《江记》（又称《江源记》，或称《寻江记》）说："羿屠巴蛇于洞庭，其骨若陵，曰巴陵也。"[①] 由此可见，西汉《淮南子·本经篇》所记载的"修蛇"，同于西晋郭璞

---

① 《太平御览》卷171《岳州》引。

所说"长千寻"的长蛇，二者又均合于战国《楚辞·天问》的记载；而"巴蛇"之说则是六朝时期及以后出现的说法，所以与战国、汉、晋的记载明显不同。这表明，"巴蛇"之说其实是后起晚出即今本的说法，而不是古本的说法。

将《楚辞·天问》、古本《山海经·海内南经》郭璞注、《淮南子·本经篇》，同《江记》、《路史·后纪十》以及罗苹注等文献相互对照来看，所谓巴蛇的故事很有可能是在南北朝时期在洞庭湖东岳州地区流传开来的。据《水经·湘水篇》："（湘水）又北至巴丘山入于江"。唐李吉甫《元和郡县图志》卷27载："昔羿屠巴蛇于洞庭，其骨若陵，故曰巴陵。"宋人范致明《岳阳风土记》说："今巴蛇冢在州院厅侧，巍然而高，草木丛翳。兼有巴蛇庙，在岳阳门内。"又说："象骨山。《山海经》云巴蛇吞象，暴其骨于此。山旁湖谓之象骨港。"袁珂先生认为，这些均是从《山海经·海内南经》及《淮南子》附会而生出之神话，"然而既有冢有庙，有山有港，言之确凿，则知传播于民间已久矣"①。从《华阳国志》关于巴人分布的记载并结合考古资料来看，两晋之际及以前巴人除其主体在今四川盆地东部和鄂西外，还大量分布在川西、陕南、鄂东以及湘西等地，在此期间巴人并没有移徙到湘东北洞庭湖以东地区。结合其他有关资料看，巴人流布到洞庭湖以东地带的时代应为南北朝时期，这恰与巴蛇传说在洞庭湖东岳阳一带的流传时间相吻合。可见，巴蛇传说确为后起晚出之说。

虽然如此，对于巴蛇的传说也并不能轻易否定，释巴为蛇还是有所根据的，因为它是古代巴人若干支系中移徙到洞庭湖一带的支系对于其来源的传说。古代巴人是由多支族群所构成的来源多元化的亚民族集团，其中的每一支系都是这个整体的重要组成部分，由于不同支系的来源不同，所以各个支系关于其自身来源的传说自然也就不同。类似情况常见于古代民族，当是不足为异的。

此外，潘光旦先生认为，根据《山海经·海内南经》和《说文》，"巴蛇"的"巴"就是"巴人"，他说："大概巴人所在之地以前出过一种大头的蛇，巴人与这种蛇既出同一地方，传说就把巴人比作蛇了"，并认为这是影射着一种不同族类的人，而决不是真的蛇②。另有学者认为，所谓巴蛇，是指巴地之蛇，

---

① 袁珂：《山海经校注》卷5，上海古籍出版社1980年版。
② 潘光旦：《湘西北的"土家"与古代的巴人》，《中国民族问题研究集刊》第4辑，中央民族学院研究部编，1955年11月，北京，第30页。

并不是指人或族群。这几种看法自然也可自备一说。

由上可见，释巴为蛇，其实仅仅是有关巴的含义的若干种解释之一，而且是后起晚出之说，既不能以此作为对于巴义的唯一解释，更不能以此作为对于巴义解释的全面定论。

（二）巴为草名说

三国蜀汉谯周认为，巴的含义是指一种草，即是所谓苴。

《史记·张仪列传》记载："苴、蜀相攻击"，《集解》引徐广曰："谯周曰益州'天苴'读为'包黎'之'包'，音与'巴'相近，以为今之巴郡。"《索隐》曰："苴音巴。谓巴、蜀之夷自相攻击也。今字作'苴'者，按巴苴是草名，今论巴，遂误作'苴'也。或巴人、巴郡本因芭苴得名，所以其字遂以'苴'为'巴'也。注'益州天苴读为芭黎'，天苴即巴苴也。谯周，蜀人也，知'天苴'之音读为'芭黎'之'芭'。按：芭黎即织木葺为苇篱也，今江南亦谓苇篱曰芭篱也。"

苴应是荆棘楚木一类植物，大概在古代巴地普遍生长着苴这种植物，所以把这个地区称之为苴，也就是所谓巴。

（三）因水为名说

还有一种说法，认为巴的得名来源于河流走向。谯周、李吉甫等持此看法。谯周在所著《三巴记》中说：

> 阆、白二水合流，自汉中至始宁城下入武陵，曲折三曲有如"巴"字，亦曰巴江，经峻峡中，谓之巴峡，即此水也。①

文中所说汉中，为今汉中地区；所说始宁城，据《隋书·地理志》"清化郡"："始宁，梁置，并置遂宁郡。开皇初郡废。有始宁山。"据《旧唐书·地理志》"山南道"："诺水，后汉宣汉县，梁分宣汉置始宁县，元魏分始宁置诺水县。"清末民国之间四川井研人龚煦春所著《四川郡县志》卷3《梁代疆域沿革考三》云："始宁，郡治。治今巴中县东南一百里。"②《三巴记》所说武陵，为

---

① 《太平御览》卷65《地部》30引。
② 龚煦春：《四川郡县志》卷3，四川大学历史系等校点，成都古籍书店1983年版，第91页。

黔中地区，大江在涪陵接纳从黔中而来的乌江，即"庾仲雍所谓有别江出武陵者也"①。据此，谯周所说巴的得名，应当来源于嘉陵江、渠江及其支流，因从汉中到涪陵，江水蜿蜒曲折，其形状有如巴字，所以称这个地区为巴。

唐李吉甫基本上沿用谯周的看法，他在《元和郡县图志》卷33《剑南道》"渝州"条下说：

《禹贡》梁州之域，古之巴国也。阆、白二水东南流，曲折如"巴"字，故谓之巴，然则巴国因水为名。

但是，李吉甫在文中并没有说到阆、白二水自汉中流至始宁城下入武陵，这又与谯周之说相异。有学者认为，《三巴记》所说的阆、白二水是指今渠江上游的支流南江（又称宕渠江或巴水）和它的分支。可是，南江在历史上从来没有称为阆水或白水。所谓阆水，是指嘉陵江的上游流经阆中之处；所谓白水，是指白龙江，在今四川省广元市老昭化汇入嘉陵江。李吉甫所说"阆、白二水东南流"，应如谯周所说的"阆、白二水合流"及以后的流向，即嘉陵江的流向，而不是指在嘉陵江以东的南江。谯周所说阆、白二水合流后，从汉中流至始宁城下而后入于武陵，他所说的汉中应是所谓巴汉之地，汉中东部先秦时期恰为巴地②；而始宁城所在的流域为南江、巴河，向南汇入渠江。渠江古称宕渠，即渝水，在今重庆合川市汇入嘉陵江，而后南流入于长江，又东流，在涪陵接纳发源于武陵地区的乌江。从阆、白二水曲折南流而后东流这种流向来看，恰好是谯周和李吉甫所说的曲折三曲有如巴字。由此看来，所谓巴义"因水为名"之说，应是有所根据的。谯周，蜀人，他的说法应是在巴蜀地区流传较为广泛的一种看法，不会是向壁虚构之说。

（四）其他诸说

徐中舒先生在《论巴蜀文化》中说道，巴的本义为坝，巴人即是居住在坝

---

① 《水经·江水注》引。
② 蒙文通：《巴蜀古史论述》，四川人民出版社1981年版。

子中间的人①。张勋燎先生认为，巴的含义应当是鱼②。此外，还有巴的含义指虎、石、白色等说法，不一而足。

（五）巴的含义

不论把巴解释为蛇、草还是解释为水流之形，都是有所根据而持之有故的，既不宜厚此薄彼，也不宜非此即彼，各执一端，而将其他诸种解说通通斥之为讹。

巴其实是一个内涵十分广泛的概念，而它内涵的广泛性来源于居于巴地的不同族群对于巴的不同传说和解说。我们知道，在古代被称为巴的一大片地域内，即北达陕南，包有嘉陵江和汉水上游西部地区，南及黔涪之地，包有黔中和湘西地区在内的一大片连续性地域之内，分布有"濮、賨、苴、共、奴、獽、夷、蜑之蛮"③，以及廪君蛮④。它们当中，既有属于濮系的族群，又有属于越系的族群，还有属于华夏后裔的族群。由于它们的所属族别有异，来源地域有别，不但本源文化有所差异，而且始居于巴地的年代也各不相同。所以，它们各自对于巴的含义自然会有不同的理解和传说，这是并不奇怪的。

从上述有关巴义的各种解说分析其各自来源，不难知道："巴为蛇称说"来源于六朝时期居于洞庭湖东岳阳一带的巴人；"巴为草名说"来源于先秦秦汉时期居于今四川广元市以西、剑门关之北，嘉陵江西岸老昭化的苴人，为巴人的一支，《华阳国志·汉中志》载："晋寿县，本葭萌城，刘氏更曰汉寿。水通于巴西，又入汉川"，《华阳国志·蜀志》载蜀王封其弟为苴侯，驻葭萌，即指此巴苴之地；"因水为名"说则来源于先秦秦汉时期居于从陕南到黔中几乎整个巴地的巴人。可见，由于巴人的各个组成部分来源不同，所以各个巴人的族群对于巴义的解说也就不尽相同。而古代文献对于巴义解说的不同记载，也是由于取材的地域、年代有所差异而造成的，以致歧义纷繁，难以缕析。

可见，巴的含义是多重的、复合的，我们对此不宜作出唯一的、形而上的、一成不变的理解。这里的关键在于，所谓巴人，其实是由多支不同族属、不同

---

① 徐中舒：《论巴蜀文化》，四川人民出版社 1981 年版。
② 张勋燎：《古代巴人的起源及其与蜀人、僚人的关系》，《南方民族考古》第 1 辑，四川大学出版社 1987 年版。
③ 《华阳国志·巴志》。
④ 《后汉书·南蛮西南夷列传》。

文化、不同语言、不同来源的族群所组成的亚民族集团,而它们在巴地往来迁徙的年代也并不一致,因此会产生形成属于自身族群关于巴义的解说,这是丝毫也不足为怪的。至于后来学者的一些不同解说,则与古代巴人的史实和文献的记载相去甚远,故难以为学界所取信认同。

二、巴人来源诸说

古文献对于巴人起源的记载,众说纷纭,莫衷一是。一般说来,无论学术界认为巴国源于黄帝、太皞,还是认为源于丹山之巴、廪君之巴,或源于周之宗姬,事实上都是针对巴国上层统治者而言,乃指其王室族系及其地域。就古代史的实际来看,统治者与被统治者的族属可能一致,但更多的情况则是不尽一致。巴是文明古国,历代迁徙频仍,版图变易甚大,这就决定了在不同的历史时期,巴国被统治者的民族成分颇不相同的情况,而其统治者核心集团的族属则始终未变。

(一)黄帝之后

《华阳国志·巴志》记载:

> 《洛书》曰:人皇始出,继地皇之后,兄弟九人分理九州,人皇居中州,制八辅。华阳之壤,梁岷之域,是其一囿,囿中之国则巴、蜀矣。其分野:舆鬼、东井。其君上世未闻。五帝以来,黄帝、高阳之支庶,世为侯伯。及禹治水,命州巴、蜀,以属梁州。禹娶于涂山,辛壬癸甲而去,生子启,呱呱啼,不及视,三过其门而不入室,务在救时,今江州涂山是也,帝禹之庙铭存焉。禹会诸侯于会稽,执玉帛者万国,巴、蜀往焉……巴国远世,则黄、炎之支。

这段文字是追述巴国的远世,实际上就是追述巴国统治者即其王族的远世。巴与周同姓,故以巴为黄帝之后,这自然是有相当根据的。至于说禹娶涂山为江州之涂山,则与《左传》等先秦史籍所记载的当涂说等大相径庭,学者多以《左传》所记为是。郦道元认为:"(江州)江水北岸有涂山,南有夏禹庙、涂君祠,庙铭存焉,常璩、(庾)仲雍并言禹娶于此。余按群书,咸言禹娶在寿春当

第七章 巴的古史传说与文明起源

涂，不当于此也。"① 郦说应当是正确的。根据新出土的东汉熹平二年（173年）景云碑铭文看②，江州的帝禹庙和涂君祠，可能与汉代所传大禹后代帝杼"帷屋甲帐"、巡狩回蜀途经江州时所建有关。据此，江州帝禹庙和涂君祠的来源当是十分古远的。

（二）太皞之后

《山海经·海内经》记载：

> 西南有巴国。大皞生咸鸟，咸鸟生乘釐，乘釐生后照，后照是始为巴人。

太皞是上古东方和中原地区传说中的人物，春秋时屡见记载。史称太皞风姓③，居陈④。《左传》昭公十七年记载："大（太）皞氏以龙纪，故为龙师而龙名。"杜预注曰："太皞，伏牺氏，风姓之祖也。有龙瑞，故以龙名官。"《吕氏春秋·孟春纪》："其帝太皞"，高诱注云："太皞，伏羲氏。"唐代司马贞《补三皇本纪》以及清儒吴任臣《山海经广注》、郝懿行《山海经笺疏》亦均以太皞为伏羲氏。但是，在先秦文献中，却并无将太皞与伏羲连称作为一人的说法。《易·系辞下》提到"古者包牺氏（按即伏羲）之王天下"，仅讲到伏羲观象、观法、始作八卦、作结绳网罟等，《世本》记载伏羲也是讲他作瑟、作琴、制俪皮嫁娶之礼等等⑤。在先秦古籍里，太皞是太皞，伏羲是伏羲，二者并不混同。而在编织"五神"、"五帝"的《吕氏春秋·十二纪》中，虽多次讲到太皞，却并无伏羲⑥，在西汉的《五帝德》、《帝系》和刘歆的《世经》里同样如此⑦。甚至在春秋时代及春秋以前，史籍里根本就没有伏羲。伏羲大概最早见于《庄子》，可

---

① 《水经·江水注》。
② 参见第二章第一节。东汉熹平二年朐忍令景云碑现藏重庆中国三峡博物馆。
③ 《左传》僖公二十一年。
④ 《左传》昭公十七年。
⑤ 《世本》张澍稡集补注本、茆泮林辑本。
⑥ 顾颉刚：《中国上古史研究讲义》，中华书局1988年版，第47～52页。
⑦ 顾颉刚：《中国上古史研究讲义》，第89～109，178～245页。

见太皞并非伏羲①。况且，太皞居东方，伏羲居西方②，二者在地域上全无关涉，也无法把他们合二为一。

潘光旦先生采取汉代以后太皞伏羲氏的说法，据以认为巴人发源于西北地区③。按，《帝王世纪》说伏羲"生于雷泽，长于成纪"，司马贞《补三皇本纪》亦曰"生庖牺于成纪"，或曰伏羲生于"仇夷山"④。成纪在今甘肃东南部西汉水以北的成县。仇夷山疑即仇池山，在今甘肃西和县境，西距成县不远。由成县沿西汉水往东，经陕西略阳入嘉陵江，经过勉县，即是汉中，这里正是巴地的所在。而在甘肃东南的成县、武都、西和、天水、秦安等地，均发现不少历史时期主要是战国秦汉时期巴蜀文化的遗存。看来，从甘肃东南经陕西略阳到汉中，其中的一些巴蜀文化遗存应与巴人当中的某些支系有关，或许与汉中地区巴人的西迁有关，甚或与东汉末四川盆地东部渠县巴人的西迁有关⑤，所以才会产生出伏羲与巴人关系的传说。不过，从太皞伏羲氏这一称谓可以看出，巴人源于伏羲的传说当为晚出之说。但伏羲氏与巴人的关系等问题，还比较复杂，尚需深入研究。

《山海经·海内经》说"大皞生咸鸟，咸鸟生乘釐，乘釐生后照，后照是始为巴人"。咸鸟，或认为即《诗经·商颂》所谓"玄鸟"。乘釐、后照，未详。或以为乘釐即廪君，后照即楚之昭氏之后，均无确切证据。

《海内经》这段记载所说的太皞远裔的巴国，既然有其世系可以寻绎，当有所本。但所说巴国，却不当是巴国的统治者姬姓王族，而应如李学勤先生所分析的，是巴国的一部分民众⑥，是组成巴人的族群之一。

（三）丹山之巴

《山海经·海内南经》记载：

---

① 徐旭生：《中国古史的传说时代》（增订本），科学出版社1960年版，第231～242页。
② 芮逸夫《苗族洪水故事与伏羲、女娲的传说》认为伏羲传说与苗族有关，参见徐旭生《中国古史的传说时代》（增订本），第237～238页。
③ 潘光旦：《湘西北的"土家"与古代的巴人》，《中国民族问题研究集刊》第4辑，第19页。
④ 《太平御览》卷78《皇王部》3引《遁甲开山图》，第364页。
⑤ 《晋书》卷120《李特载记》。
⑥ 李学勤：《巴史的几个问题》，《巴渝文化》第3辑，西南师范大学出版社1994年版，第41～45页。

夏后启之臣曰孟涂，是司神于巴，人请讼于孟涂之所，其衣有血者乃执之，是请生。居山上，在丹山西。丹山在丹阳南，丹阳，居[巴]属也。

孟涂，或作血涂、孟徐、孟余，均形近而讹。郝懿行《笺疏》云："《水经注·江水》引此经作血涂，《太平御览》六百三十九卷作孟余或孟徐。"不知孰是。此段引文的最后十一字，据郝懿行《笺疏》云："《水经注》引郭景纯云：'丹山在丹阳，属巴。'是此经十一字乃郭注之文，郦氏节引之，写书者误作经文耳。居属又巴属字之讹。"可知乃后人将郭注羼入。依此，郭注原当作"丹阳，巴属也"，居、巴形近而讹。丹阳，郭璞注云："今建平郡丹阳城秭归县东七里，即孟涂所居也。"郝懿行《笺疏》云："《晋书·地理志》建平郡有秭归，无丹阳，其丹阳属丹阳郡也。"丹阳，今湖北秭归，地在西陵峡上游。《路史·后纪十三》罗苹注云："丹山之西即孟涂之所埋也。丹山乃今巫山。"据此，丹山当在西陵峡与巫峡之间，即今渝、鄂交界的三峡峡区。

夏后启，夏代开国君主。据史籍和夏文化考古，夏的地域范围在晋南豫北，长江三峡地区不曾成为夏之统治地域，因而丹山不可能有夏启之臣。依引文意，巴为地名，孟涂为神名，"听其狱讼，为之神主"①。据此，孟涂当是长江三峡丹阳一带土著部落所信奉的专司诉讼之神。可见，这个巴与巴国王族的起源谈不上有丝毫联系。

(四) 廪君之巴

巴王族源出廪君，此说影响较大。廪君史迹出自《世本》，此书早佚，《后汉书·巴郡南郡蛮传》引之如下：

> 巴郡南郡蛮，本有五姓：巴氏、樊氏、瞫氏、相氏、郑氏，皆出于武落钟离山。其山有赤黑二穴，巴氏之子生于赤穴，四姓之子皆生黑穴。未有君长，俱事鬼神。乃共掷剑于石穴，约能中者，奉以为君。巴氏子务相乃独中之，众皆叹。又令各乘土船，约能浮者，当以为君。余姓皆沉，唯务相独浮。因共立之，是为廪君。乃乘土船，从夷水至盐阳。盐水有神女，谓廪君曰："此地广大，鱼盐所出，愿留共居。"廪君不许。盐神暮辄来取

---

① 《山海经·海内南经》郭璞注。

宿，旦即化为虫，与诸虫群飞，掩蔽日光，天地晦冥。积十余日，廪君伺其便，因射杀之，天乃开明。廪君于是君乎夷城。

夷水，今清江，古又称盐水。武落钟离山，即《水经·夷水注》的佷山，在今湖北长阳境。

《后汉书·巴郡南郡蛮传》李贤注引《世本》曰："廪君之先，故出巫诞也。"巫为地名，诞为族名，巫诞即巫地诞人。诞人属于百濮民族系统，故廪君族属，实为濮人。

廪君是组成巴人的主体族群之一。有的学者认为廪君是巴国的统治者，但是在《华阳国志·巴志》这篇专门记载巴国及其史事的历史文献中，对于廪君却只字未提，这已经充分说明了廪君并非巴国王族这一史实。不过，虽然廪君与巴王族无关，但廪君蛮却是巴国的国民之一部，是活动于巴地的众多族群中很有影响的一支，这也是不可否认的事实。

三、宗姬之巴——巴国王族的来源

有的学者认为先秦有若干个巴国并存，其实巴国只有一个，即姬姓巴国。除姬姓巴国外，其余所谓的巴国，都是居息在巴地上称为巴的族群。《华阳国志·巴志》说，巴国"其属有濮、賨、苴、共、奴、獽、夷、蜑之蛮"，显然这八个族群是巴国境内的属民，而不是与巴国并驾齐驱的另外八个巴国。

所谓宗姬之巴，即是《华阳国志·巴志》所叙述的巴国①。

《华阳国志·巴志》记载：

> 周武王伐纣，实得巴、蜀之师，著乎《尚书》。巴师勇锐，歌舞以凌殷人，前徒倒戈，故世称之曰："武王伐纣，前歌后舞"也。武王既克殷，以其宗姬封于巴，爵之以子。
>
> 巴国远世，则黄、炎之支；封在周，则宗姬之咸亲。

这里，两度指明巴为姬姓。

---

① 这里所论宗姬巴国，指其王室及其后代，不包括巴国其他族类的统治者各阶层和被统治者。

巴为姬姓，这在先秦史籍中可得而征引。《左传》昭公十三年记载：

> 初，（楚）共王无冢适，有宠子五人，无适立焉。乃大有事于群望而祈曰："请神择于五人者，使主社稷。"乃遍以璧见于群望曰："当璧而拜者，神所立也，谁敢违之?"既，乃与巴姬密埋璧于大室之庭，使五人齐而长入拜。

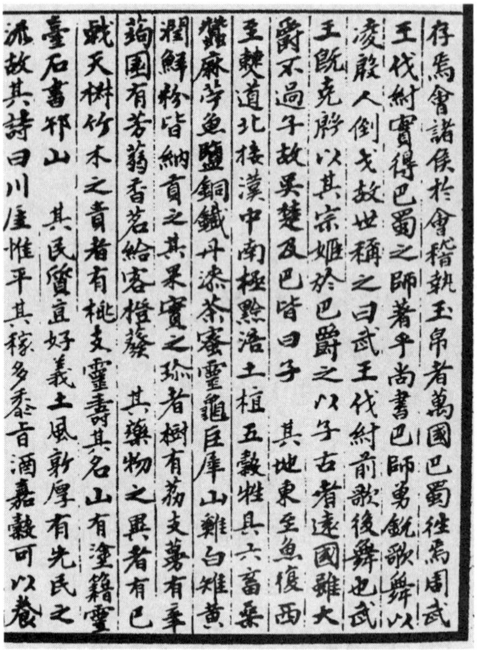
存焉會諸侯於會稽執玉帛者萬國巴蜀往焉周武
王伐紂實得巴蜀之師著乎尚書巴師勇銳歌舞以
凌殷人倒戈故世稱之曰武王伐紂前歌後舞也武
王既克殷以其宗姬於巴爵之以子古者遠國雖大
爵不過子故吳楚及巴皆曰子　其地東至魚復西
至僰道北接漢中南極黔涪土植五穀牲具六畜桑
蠶麻苧魚鹽銅鐵丹漆茶蜜靈龜巨犀山雞白雉黃
潤鮮粉皆納貢之其果實之珍者樹有荔支蔓有辛
蒟園有芳蒻香茗給客橙蔆　其藥物之異者有巴
戟天椒竹木之貴者有桃支靈壽其名山有塗籍靈
臺石書刊山　其民質直好義土風敦厚有先民之
流故其詩曰川崖惟平其稼多黍旨酒嘉穀可以養

图 7—1　四部丛刊本《华阳国志·巴志》书影

巴姬埋璧之事亦见于《史记·楚世家》。

《左传》所记"巴姬"，根据《周礼》所载"妇人称国及姓"之制[①]，巴为国名，姬为国姓，巴姬即是姬姓巴国嫁于楚的宗室女。《华阳国志·巴志》记载直到战国年间，巴、楚的通婚关系尚存，足证巴为姬姓之说不误。

巴子称为宗姬，宗姬之姬为姓，宗则是同宗之意，表示与周人为同宗之后。姓原是母系氏族社会的产物，《说文·女部》曰："姓，人所生也"，其字从女从生，表明姓所标志的是出生的血缘关系。《左传》昭公四年记载叔孙豹与其过去"所宿庚宗之妇人"对话，叔孙豹"问其姓"，妇人答曰："余子长矣。"杜预注云："问有子否？问其姓（生产），女生（女子生产）曰姓，姓谓子也。"可见，问其姓就是问她所生的孩子，姓也就是出生的血缘关系。这种出生的血缘关系最初以母系计算，故曰"女生为姓"。后来发展到以男系计算血缘关系时，就出现了宗。《说文·宀部》曰："宗，尊，祖庙也。"宗即是祭祀祖先的庙主，所表

① 《史记·周本纪》索隐引。

示的完全是父系的血缘关系①。因此，由姓到宗的发展是同社会由母系转入父系相适应的。显然，巴有宗姬之称，说明巴人的父系先祖与周人的父系先祖源出一脉，有相同的出生血缘关系，故为同宗之后。

对于宗姬的解释，有的学者从周之宗室子弟这一角度出发，认为宗姬应是周王室的直系后代。此说尚可商榷。如上文所论，宗为同宗之意，代表的是父系血缘上的同源关系，并非指宗室而言。从史实来看，根据《华阳国志·巴志》的记载，宗姬的分封是在周武王克殷之后。《左传》昭公九年也说是"及武王克商……巴、濮、楚、邓，吾南土也"，则此宗姬必与武王同时。假如宗姬果然是武王的宗室子弟，那么在有关文王、武王或成王进行分封的备物典册中就应该有史可考，但事实并非如此。从《史记·管蔡世家》关于王室世系的记载可见，周武王有子十人，长曰管叔鲜，最少曰冉季载，十人及其后代中没有一个同宗姬巴国有关。对于文、武、周公的后代即宗室子弟在西周初年分封为诸侯的情况，《左传》僖公二十四年的记载颇为详细，其文曰："昔周公弔二叔之不咸，故封建亲戚以蕃屏周。管、蔡、郕、霍、鲁、卫、毛、聃、郜、雍、曹、滕、毕、原、酆、郇，文之昭也；邗、晋、应、韩，武之穆也；凡、蒋、邢、茅、胙、祭，周公之胤也。"这些诸侯国均为西周宗室子弟所建，其源流大多在史籍或金文资料中可以考见，其中同样没有一个与武王分封的宗姬巴国有关。按《左传》昭公二十八年对"武王克商，光有天下"后的分封之数有一说明，文曰："其兄弟之国者十有五人，姬姓之国者四十人，皆举亲也。"这里所说的兄弟之国，其实就是指宗室子弟所建之国；而所说姬姓之国，在此与兄弟之国对举，显然就不是指王之宗室子弟，而是指与周同源的其他姬姓所建之国，二者间的区别是一目了然的。至于《荀子·儒效》记载："（周公）兼制天下，立七十一国，姬姓独居五十三人焉。周之子孙苟不狂惑者，莫不为天下之显诸侯。"所说"姬姓独居五十三人"，与上引《左传》所记兄弟之国和姬姓之国的总数五十五人基本一致。两相对照，可知这是举全部姬姓诸侯之数合而言之，未作王室子弟和其他姬姓间的区分。既然史籍已明确指出姬姓诸侯中存在王室子弟和同宗后代的区别，而王之宗室子弟所建诸侯国中又无一称巴，与宗姬巴国全然

---

① 徐中舒：《论尧舜禹禅让与父系家族私有制的产生和发展》，《四川大学学报》1958年第3、4期合刊。

第七章 巴的古史传说与文明起源

无关,那么,认为宗姬是周王室子弟的说法无疑就是一种误解了。

宗姬与周同宗,在班辈上低于武王,在同宗关系的庞大血缘纽带中居于子辈,由于早已别为氏族,故对武王来说,属于子族之列,因其分封于巴,故称巴子。巴谓国名,子谓子族,此即宗姬称为巴子的由来。

据《华阳国志·巴志》记载,殷周之际的宗姬之巴,由于迫使殷人前徒倒戈而"著乎《尚书》",名传千古。这里所说著乎《尚书》,古今学者均一致认为是指《尚书·周书》中的《牧誓》。《牧誓》是武王伐纣大战之前在商郊牧野所作的誓师词,篇首记载:"王曰:嗟!我友邦冢君、御事、司徒、司马、司空、亚旅、师氏、千夫长、百夫长,及庸、蜀、羌、髳、微、卢、彭、濮人。称尔戈,比尔干,立尔矛,予其誓!"(《史记·周本纪》所引与此略同)同参与伐纣之师的各族武装共同宣誓。可是在所有军队中,丝毫也未提到巴师,在整个誓词中也没有片言只语提到巴人,这同常璩之言显然矛盾。为了证实《华阳国志·巴志》关于巴师著乎《尚书》这一记述的可靠性,学者们已经作了许多阐释,或说彭即巴,或说髳即巴,或说濮即巴,或说举濮而包巴,总之都在篇中具体提到的八国中去加以论说,然而均无确据,难成所论。有学者从新的角度来考察这一问题,认为今陕西宝鸡附近的弪国墓中出土的一些器物与四川彭县竹瓦街所出颇为相似,当为巴人的弪氏所遗,并认为弪氏即是参与武王伐纣的巴师,应属《牧誓》篇首所称的"友邦冢君"之列,与西土八国不存在什么关系[①]。此说颇有新意,不过把弪氏器物看做巴人所遗,从而把二者等同起来,这一说法似可进一步研究。从弪伯、弪季所作之器特别是青铜兵器来看,其形制与早期蜀文化颇为近似,并且彭县竹瓦街无论就地域上说还是就已发现的器物来说,均无不与蜀有关,而同殷周之际的巴人谈不上直接的联系。

巴师伐纣确为史实,但既不应在庸、蜀、羌、髳、微、卢、彭、濮人中去强取其证,也不必在《牧誓》中去详加稽考,以求从中析出一支巴人。上文说过,巴与周为同宗之后,关系甚密,居地相邻,在殷末参与以周为首的反殷集团,成为"殷之叛国"[②],并协同武王伐纣,是没有什么疑问的,所以周初也才

---

① 尹盛平:《西周的弪国与太伯、仲雍奔荆蛮》,《陕西省文物考古科研成果汇报会论文选集》,第134、154页。
② 《左传》襄公四年。

能够被武王举亲而封于巴。如像宗姬一类非周王宗室子弟的其他姬姓之国也是如此，均由于相随伐纣而受王室分封，故其名称也未见诸《牧誓》，更未流传下来。而《牧誓》所举西土八国则与此不同，这八国中没有一个是周之同姓，它们与周的关系并不像周之同姓那样紧密，参与伐纣也有各自不同的原因，故武王在誓师词中要把它们特别举出，一方面可略示其间的区别，另一方面则可收儆戒训令之效。属于姬姓集团的各个宗支，则由于有血缘纽带的牢固维系，并且在军事上易于连成一体，服从统一的号令指挥，因而用不着把各支的名称一一列出。事实上，《牧誓》对姬姓集团中的任何一支都是没有直接列举的，只是在篇首总挈各部时举出了各自所任军职，即御事、司徒、司马、司空、亚旅、师氏、千夫长、百夫长之类，其中自然就包括了宗姬的军事称谓。因此在这篇誓词中找不到宗姬之名是极其自然而又合乎情理的①。

巴国虽为姬姓，与周同源，但诸姬集团早在殷代或在此以前即已别为氏族，依照上古姓氏有别，"女子称姓，男子称氏"的通例，其方国名称均不与姓发生联系，而以职司名、居邑名等作为国名，并以此作为氏号，此即古人所谓"诸侯以国为氏"，因此同一族属的不同宗支在别为氏族后即有不同的名称。仅以姬姓而论，《左传》成公十三年记载吕相绝秦之辞曰："白狄及君同州，君之仇雠，而我之婚姻也。"这里的白狄，即指《左传》中所记的晋献公夫人大戎狐姬和骊姬的族落，与晋同姓相婚，显为姬姓，此外鲜虞也是姬姓②，均为与周同姓而别为氏族后另立名号者，均为显著例证。

四、与巴有关的几个概念

巴是一个内涵复杂的概念。从最广泛的意义上说，作为地域名称，巴的内涵相当丰富，包容面相当广阔。由于古代以四川盆地东部、鄂西为中心，北达陕南，南及黔中和湘西地区在内的一大片连续性地域通称为巴，所以古代居息繁衍在这个地域内的各个古族也被通称为巴，并由此派生出巴人、巴国、巴文化等概念。从这个意义上看，巴这个名称包有地、人、国、文化等多层次的复

---

① 段渝：《试论宗姬巴国与廪君蛮夷的关系》，《四川历史研究文集》，四川省社会科学院出版社1987年版，第19页。
② 《春秋公羊传》昭公十二年《经》何注及徐疏皆谓鲜虞与晋同姓，是知其为姬姓。

杂内涵，是一个复合性概念。由于巴的内涵的复杂性，导致学者们从不同的视角出发，往往各执一端，发生很大分歧，至今在若干基本问题上还远远没有取得一致意见。

巴地、巴国、巴人、巴文化，是几个既有区别又有联系的概念。

巴地，有广、狭二义。狭义上的巴地，是指姬姓巴国之地，初位于汉水上游陕东南地区与大巴山之间，是著名的"汉阳诸姬"之一，后辗转南迁到长江上游中游之间的四川盆地东部和鄂西地区。广义上的巴地，则随时代的变化而广狭不一。先秦至秦汉时期的巴地，是指被称为巴的一大片地域，即以四川盆地东部、鄂西为中心，北达陕南，包有嘉陵江和汉水上游西部地区，南及黔涪之地，含黔中和湘西地区在内的一大片连续性地域。

巴国，是指以姬姓巴王族为主体，并包括版图内的其他族群，在先后以陕东南和四川盆地东部和鄂西为中心而其四至因时而异的地域范围内所建立的国家。但不同时期，由于巴疆范围的不同，巴国的范围也远非一成不变。在多数情况下，当巴疆缩小后，其故地仍可称巴。如汉中属秦后，其地仍有巴称。反之亦然。

巴人，是泛指生长在巴国和巴地范围内的所有人，以及从巴迁徙至其他地方的人，而可以不论其本来族别如何。

巴文化，有三个不尽相同的概念。战国以前的巴国文化与巴地文化是有区别的。巴国文化是指宗姬一系的巴国王族的文化，巴地文化则是指巴地各族的文化。春秋末战国初巴国从汉水上游南移长江干流，巴国文化与巴地文化才结合起来，形成完整意义上的巴文化。因此，巴文化含有巴国文化、巴地文化以及完整意义上的巴文化等三个不同的层次①。

完整意义上的巴文化是巴国文化与巴地文化复合共生的地域文化概念。春秋战国之际，巴国从汉水上游南迁长江干流两岸巴（西陵）、巫、夔峡地区和四川盆地东部地区，成为当地各族的统治者，于是巴国文化与巴地文化始多元共生，从复合、耦合到融合，两种不同文化的空间构架由此基本重合。到这个时候，巴国文化与巴地文化才合二而一，在考古学上表现为巴国青铜文化与巴地文化（陶、石）相融合，从生活、生产用具到武器等诸方面形成为一个具有特

---

① 段渝：《政治结构与文化模式——巴蜀古代文明研究》，学林出版社1999年版。

色的整体性系统性文化结构。这个时候的"巴文化"才是完整意义上的，可以用"巴"来涵盖并指称国、地、人、文化的一个具有独立意义的文化概念，从而形成巴文化区①。

巴文化区的地域范围，大致上北起汉中，南达黔中，西起川中，东至鄂西。它的基本特点：一是大量使用巴蜀符号，多刻铸在青铜器和印章上；二是巫鬼文化异常发达，以致在四川盆地东部和鄂西（尤其三峡地区）形成一个颇引人注目的巫文化圈，传奇甚多，来源甚古，与众不同②；三是乐舞发达，人民能歌善舞，其青铜乐器以錞于为重器；四是崇拜白虎（廪君蛮）与畏惧白虎（板楯蛮）信仰的共生和交织；五是具有丰富而源远流长的女神崇拜文化传统；

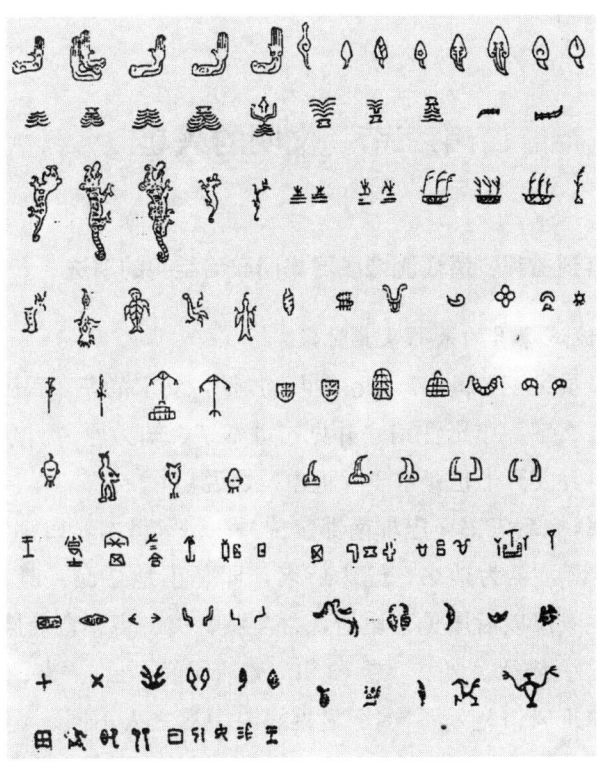

图7-2 广元昭化宝轮院和巴县冬笋坝出土器物上的巴蜀文字和符号

---

① 段渝：《巴文化与巴楚文化简说》，《楚俗研究》第3集，湖北美术出版社1999年版。
② 段渝：《略论巴、蜀与楚的文化交流关系》，《长江文化论集》，湖北教育出版社1995年版。

六是"其民质直好义，土风敦厚"，"俗素朴，无造次辨丽之气"①，等等。

春秋战国之际巴文化形成后，巴文化区的地域构架同时基本稳定下来，历秦汉魏晋南北朝基本没有大的变动，隋唐以后文化面貌始发生较多变化，但在峡区及岭谷之间其基本文化面貌则一直持续发展到近世。

考古学上的巴文化，研究对象与巴地的史前文化或全部巴人的文化有异有同。参照夏鼐所说历史时期的考古学文化应当用族名或朝代名（如夏文化、商文化等）来指代②，则考古学上的巴文化应当是特指历史时期巴人所创造的具有独自特征的全部物质文化遗存。另一种是狭义的文化概念，主要指巴人的精神文化。还有一种是文化人类学上的文化概念，包括巴人的全部物质文化、精神文化和社会结构③。

第二节　文明的兴起

一、从部落到酋邦：清江流域廪君集团政治组织的演进

（一）清江流域廪君的来源及其时代

廪君史迹最早见于《世本》，此书早已亡佚，刘宋范晔《后汉书·巴郡南郡蛮传》引有一段文字，李贤注谓"并见《世本》"，知为原文。东汉应劭《风俗通义》亦载其事，实际上也是本于《世本》之说。

廪君的族属，《后汉书·巴郡南郡蛮传》注引《世本》曰："廪君之先，故出巫诞也。"巫诞，巫为地名，诞为族名，即是巫地之诞。诞，别本或作蜒、蜑、蛋。蜒人在秦汉以后屡见于史册，常与獠、夷、僚、蛮等族杂居，有自己的"邑侯君长"④。樊绰《蛮书》卷10引《夔府图经》云："夷、蜑居山谷，巴、夏居城郭，与中土风俗礼乐不同。"显见蜒与中夏之人不同。《隋书·地理志》于"梁州"下记载："又有獠、蜒、蛮、僚，其居处、风俗、衣冠、饮食，颇同

---

① 《华阳国志·巴志》。
② 夏鼐：《关于考古文化命名的问题》，《考古》1959年第4期。
③ 参考段渝：《巴人来源的传说与史实》，《历史研究》2006年第6期。
④ 《三国志·吴志·黄盖传》。

于僚,而亦与蜀人相类。"所说"颇同于僚",是《隋书》作者就隋唐之际所见其风俗文化颇相类似而言,虽未考镜源流,却颇有根据。实际上这几个族系均出僚人,《太平寰宇记》卷 76 即载:"又有獠人,与獽、夷亦同,但名字有异而已",可见是僚的不同分支。而僚人其实就是濮人。据蒙默先生研究,先秦汉魏时期的濮或棘就是魏晋以后的僚,濮、僚同义,可以互用,濮是他称,僚是自称,濮、棘、僚只是同一民族在不同场合的异称而已①。徐中舒先生在《巴蜀文化续论》中也认为,廪君出自巫蜒,这是关于濮族的传说②。廪君实出濮系,这一看法可谓信而有征。

除上述诸证外,我们还可从另一个角度进行考察,以观廪君的渊源所自。根据《世本》的记载,廪君有"乃乘土船,从夷水至盐阳",并在那里与被称为"盐水神女"的土著居民争长的传说。按盐阳即盐水之阳,盐水为今清江。《后汉书·巴郡南郡蛮传》李贤注曰:"今施州清江县水一名盐水,源出清江县西都亭山。"盐水源于今湖北省西南的利川县,中经恩施、长阳,在宜都入江。其水名盐水,是因为沿岸产盐的缘故,盐水就应当是清江最早的称谓,故居于其旁的土著母系氏族部落才有"盐水神女"之称。其水又称夷水,那是因为"廪君浮夷水"③ 入主其地的缘故,显为晚出之说。而其水称作清江,则是蜀王开明氏东征时所命名,时代更要晚一些。

从《左传》记载来看,夷水本在汉水中下游之西,为汉水支流,即今蛮河。据《水经·沔水注》等书的记述,蛮河在东晋以前均称夷水,因桓温父亲名彝(夷),曾官宜城太守,故桓温执政时为避父讳改称夷水为蛮水,取蛮、夷义近。而宜城西山称为"夷谿"。1975 年在宜城县南楚皇城内出土一方汉印,文曰"汉夷邑君"④,确切证实当地至汉代仍称为夷,乃自先秦而然。而在此古夷水北面,先秦史籍中均记有一条水道名为丹水,即今丹、淅之会的丹江。这一带在商周时代本为濮人群落的分布之地。《左传》昭公九年所记载的周初南土四国

---

① 蒙默:《棘为僚说》,《凉山彝族奴隶制研究》1977 年第 1 期。
② 徐中舒:《论巴蜀文化》,四川人民出版社 1981 年版,第 95~97 页。
③ 《水经·江水注》。
④ 顾铁符:《楚三邑考》,湖北省楚史研究会、武汉师范学院学报编辑部合编《楚史研究专辑》,武汉,1982 年版,第 26 页。

巴、濮、楚、邓中的濮，正是在这里活动生息①。

廪君先世本为百濮之一，原在濮人聚居区之一的古夷水流域活动。清江本称盐水，由于廪君先世从夷水迁徙至此，将夷水之名带至，故始称其为夷水。原来的古夷水北面有丹水，廪君先世迁于清江后，亦将丹水名称带来，故清江北面也出现了丹水之名。这种南北二夷水、二丹水互相依托的现象绝非偶然，而且也是完全符合古代地名随人迁徙之习的。这种情况，在《左传》中称为"名从主人"。《世本》说廪君"乘土船从夷水下至盐阳"，可以说恰好是正确地反映了廪君先世从古夷水南下至于盐水的情况。

至于《水经·夷水注》所说："昔廪君浮土舟于夷水，据捍关而王巴"，其实也是反映了廪君先世从古夷水向南迁徙的情形。过去人们一提捍关就以为是一专指名称，或谓在今四川奉节，或谓在今湖北长阳，二说争执不休。其实捍关本非专指名称，捍为捍卫、防卫之意，不仅奉节、长阳有之，而且其它地方也有之。《盐铁论·险固》记载："楚自巫山起方城，属巫、黔中，设扞关以拒秦。"扞与捍，音同义通，可见楚在其西部边疆也是遍设扞关以为捍卫的。我们在排除捍关专指的成见以后再来看"廪君浮土舟于夷水，据捍关而王巴"的问题，就比较容易理解廪君先世从夷水南下节节设关之事了，这也就是《水经·江水注》中"捍关，廪君浮夷水所置也"一语所从来。

既然廪君先世是从古夷水南下至盐水，那么又如何解释《世本》所记的"廪君之先故出巫诞"呢？这需要抛开巫仅仅是指长江北岸的巫山这一成见才能给以合理的解释。

巫诞所在，历代史籍未详，学者多有争议。今按巫诞当即《史记·楚世家》所记载的楚熊渠封其长子康的封地"句亶"。按，句亶之亶，《世本》原作袒②，亶、袒上古均元部字，又同在定纽，声、韵全同，故得相通。亶、袒与诞（诞亦元部定母字），双声叠韵，以声类求之，诞即亶、袒。句、巫二字，句为侯部见母，巫为鱼部明母，上古音韵侯、鱼二部恒通，顾炎武即将这两韵同归一部（顾氏第三部）。又，句字，西周金文常作攻字，句吴即作攻吴。攻为见母，可知句亦可读见母。可见，句、巫二字亦音近相通。按上古字少，"寄音不寄形"

---

① 《史记·楚世家》正义引刘伯庄。
② 《史记·楚世家》索隐引。

之例,巫诞实即句亶,其地在巫山山脉的北端。《盐铁论·险固》:"楚自巫山起方城,属巫、黔中,设扞关以拒秦。"方城即庸之方城,在今湖北竹山县南,可知竹山古亦称巫。《水经·江水注》载:"扞关……弱关……秦兼天下,置立南郡,自巫上皆其城也。"可知扞关、弱关所在之地均称巫上。《晋书·地理志》"上庸郡"属县有"北巫",为今竹山县。由此可证,自竹山以南至今巫山县,古代皆属巫地。竹山南称巫,《史记·楚世家》所载西周中叶楚熊渠伐庸,封其长子康为句亶王,正在其地①。长子康,《世本》原作"庸",二字形近而讹,康原当作庸,此可谓铁证。句亶在竹山以南,其东南即是蛮河,即古夷水②,正是廪君先世巫诞的所在。廪君所浮夷水,原名盐水,由于廪君从古夷水南下而将夷水之名带至,故改称夷水。而古夷水(今蛮河)北至襄阳一带,正是殷周至春秋时代百濮的活动区域。由此可见,廪君之先,实为由汉至江之濮③。

《后汉书·巴郡南郡蛮传》既称廪君先世源于巫诞,又称廪君为"巴氏子",这显然意味着廪君的先世称为巴氏。而廪君先世所在的句亶(巫诞),位于汉中东南角与大巴山之间的鄂西北巴地,那里正是先秦姬姓巴国之所在。这种情况,表明廪君一系的巴氏的确来源于鄂西北之巴地。

至于廪君源于清江之说,此说其实只是指廪君一氏的起源。廪君在清江与其原先所在部落别为氏族后,成为当地的主要居民,但追根溯源,其先世却绝非清江土著。

关于廪君的年代,《太平寰宇记》卷168引《世本》云:"廪君种不知何代。"可见由于廪君史迹的渺茫难征,其年代在战国秦汉间已经失考了。但从上文所论廪君先世从古夷水南下的情况,以及廪君一系的史迹等情况来看,其年代是十分古远的,应在青铜时代以前的新石器时代之末,这正是文明起源的时代。

湖北省清江隔河沿考古队于20世纪80~90年代先后在湖北清江流域长阳地区发掘出大批旧石器时代至汉唐时期的遗址、遗迹和遗物,其中有大量新石

---

① 段渝:《西周时代楚国疆域的几个问题》,《中国史研究》1997年第4期。
② 《水经·沔水注》"夷水"条。
③ 段渝:《试论宗姬巴国与廪君蛮夷的关系》,《四川历史研究文集》,四川省社会科学院出版社1987年版。

器时代、夏商周和春秋战国时期的文化遗存,典型的有长阳香炉石遗址①。香炉石遗址共发掘出早商时期墓地 2 处,计墓葬 7 座和叠压埋葬的人骨架 10 余具,共获得夏商周至战国秦汉时期的文化遗物万余件,应是早期巴人的文化遗存。至于是否与廪君有关,还需要进一步深入研究。

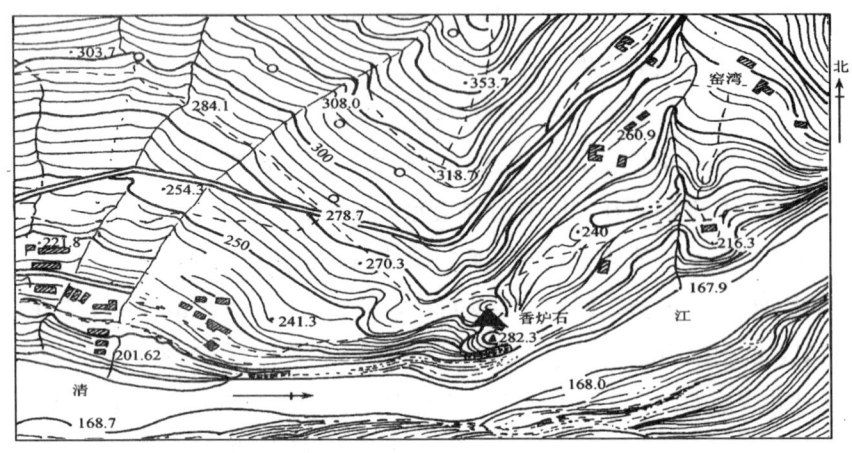

图 7-3 香炉石遗址位置地形图

(二) 廪君集团酋邦的形成

通过部落内部各个血缘单位的联合,实行各个血缘单位的政治一体化,形成血缘集团的政治组织,服从政治组织最高领袖的集中领导与决策,这是古代酋邦的一般特征。以廪君为最高首领的古代清江流域酋邦的形成,走的就是这条道路。

我们首先备列文献,然后进行分析。

《后汉书·巴郡南郡蛮传》记载:

巴郡南郡蛮,本有五姓:巴氏、

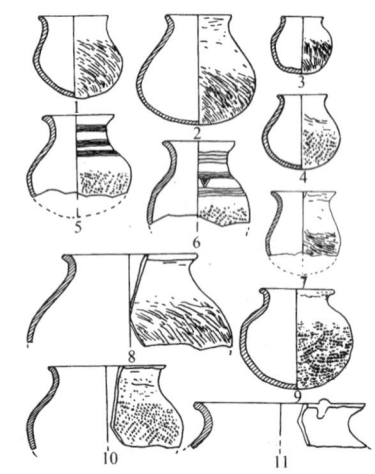

图 7-4 湖北长阳香炉石遗址第 5 层出土的陶釜

---

① 湖北省清江隔河沿考古队、湖北省文物考古研究所编著,王善才主编:《清江考古》,科学出版社 2004 年版。

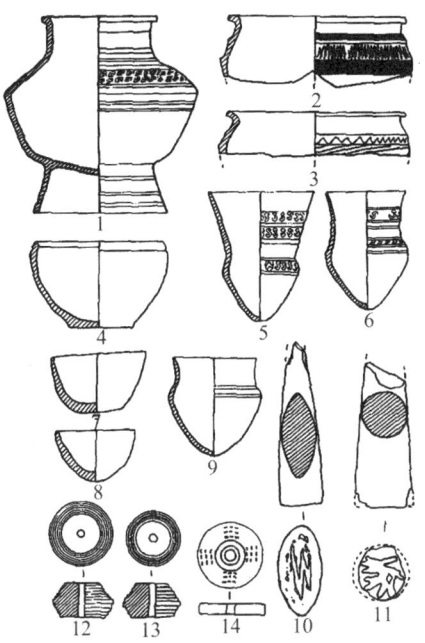

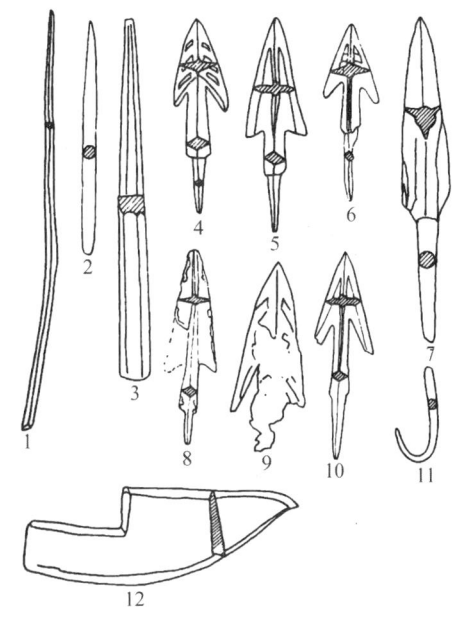

1. 罍　2、3. 盆　4. Ⅰ式钵
5. Ⅰ式杯　6. Ⅱ式杯　7. Ⅳ式杯
8. Ⅴ式杯　9. Ⅲ式杯　10、11. 印章
12、13. Ⅰ式纺轮　14. Ⅱ式纺轮

图 7-5　湖北长阳香炉石遗址
第 4 层出土的陶器

1、2. 锥　3. 凿
4~6、8、10. Ⅰ式镞
7. Ⅲ式镞　9. Ⅱ式镞
11. 鱼钩　12. 削

图 7-6　湖北长阳香炉石遗址第 4 层出土
的铜器

樊氏、瞫（李注：音审）氏、相氏、郑氏。皆出于武落钟离山（李注：《代（世）本》曰：廪君之先，故出巫诞也）。其山有赤黑二穴，巴氏之子生于赤穴，四姓之子皆生黑穴。未有君长，俱事鬼神，乃共掷剑于石穴，约能中者，奉以为君。巴氏子务相乃独中之，众皆叹。又令各乘土船，约能浮者，当以为君。余姓皆沉，唯务相独浮。因共立之，是为廪君，乃乘土船，从夷水至盐阳。盐水有神女，谓廪君曰："此地广大，鱼盐所出，愿留共居。"廪君不许，盐神暮辄来取宿，旦即化为虫，与诸虫群飞，掩蔽日光，天地晦冥。积十余日，廪君伺其便，因射杀之，天乃开明。廪君于是君乎夷城（李注：此以上并见《代（世）本》也），四姓皆臣之。廪君死，魂魄世为白虎。巴氏以虎饮人血，遂以人祠焉。

这段史料表明，武落钟离山赤黑二穴五姓的关系，是以血缘为纽带的同一部落内部不同血缘单位之间的关系。当时的时代，是没有君长的蒙昧时代，社会成员之间处于平等地位，廪君仅仅是巴氏之子而已，是氏族部落中的一名普通成员。

根据《后汉书》的这段记载进行分析，赤黑二穴五姓酋邦组织的形成，经历了三个发展阶段。

第一阶段是非暴力联合阶段。

巴氏之子与其余四姓根据部落制传统，以勇力、智慧和技艺来决定谁为最高酋长。掷剑和乘土船两次竞赛，一为"约能中者，奉以为君"，一为"约能浮者，当以为君"，均属约定，表现了充分尊重原始的部落习惯的特点，整个过程完全不带暴力性质，而是根据自愿原则进行。

在这个阶段，巴氏子务相以勇力、智慧和技艺取胜，得到五姓的共同拥戴，立以为君，自此称为廪君。不过，这个时候的所谓君，充其量不过是一个普通的部落酋长，还没有达到充分掌握并行使集中的政治、经济、宗教权力的最高领袖的地步，由五姓的联合所形成的组织，也充其量不过是一个血缘部落集团，还没有达到酋邦的发展水平。而这一切的变成现实，是通过下一阶段对外战争的途径实现的。

第二阶段是通过对外战争确立君权的阶段。

廪君部落集团形成后，迅速走上了发动对外战争的道路，其武力扩张的方向，是从夷水至清江的盐阳，以争夺那里的食盐资源。《后汉书·巴郡南郡蛮传》李贤注引《荆州图副》曰："夷陵县西有温泉。古老相传，此泉元（原）出盐，于今水有盐气。"又引盛弘之《荆州记》曰："今施州清江县水一名盐水，源出清江县西都亭山。"表明清江盐阳之地是当时有名的盐产地。其时，这一食盐资源为当地的母系部落女首领盐水神女所控制，盐水神女又有盐神之称[①]，表明其族在清江流域产盐区拥有相当大的势力。廪君集团来到盐阳，随即便与盐水神女展开大战，"掩蔽日光，天地晦冥，积十余日"，战争之残酷惨烈，规模之宏大，于此可见一斑。最后，廪君终于一举破敌，射杀了盐神，将盐源据为己有。

食盐是人类的基本生活资源之一。古代生活在非产盐区的族体，其获得食

---

① 《后汉书·巴郡南郡蛮传》李贤注引盛弘之《荆州记》。

盐的途径不外乎两种，一种是互惠性贸易，一种是暴力性劫掠。廪君集团原先所居的夷水虽不是产盐区，但原应有获得食盐的正常方式，那就是贸易。即令是采取非正常方式，通过抢劫的途径来获取食盐，那么按照原始社会氏族部落领地的通行原则，也只是抢劫食盐，而不占领产盐区。可是廪君集团通过发动大规模战争武装占领盐阳之地，并消灭了盐神，这就突破了原始氏族部落的领地原则，把不同生态之间族体的生态互补，变成了跨生态的武力扩张，以政治行为而且是流血的政治行为代替了文化行为和经济行为，这一点非常值得注意。

通过发动对外战争占领产盐区，不光是夺取了一种十分重要的基本生活资源，更为重要的是，这种资源原先并不属于廪君集团的公有财产，一旦通过战争夺取到手以后，这额外的财富就只属于军事领导集团的上层统治集团所有，于是使廪君的经济权力得到大大增长和加强，而经济权力的增长和加强，又带来了政治权力的大大增长和加强，从而把廪君推上了掌握集中的政治经济权力的最高领袖的地位，"于是君乎夷城，四姓皆臣之"。可见，正是由于对外战争扩大了廪君的政治、经济权力，才出现了"四姓皆臣之"的后果。两者之间的这种因果关系，也足可以反过来认识对外战争对于首领权力增长的极端重要意义。

廪君发动对外战争，武力占领清江产盐区后所发生的"于是君乎夷城，四姓皆臣之"，说明了两个事实：一是廪君成为这个集团的最高领袖，一是酋邦组织的正式形成，夷城便是它的权力中心所在地，四姓中的上层便是统治中枢的成员。这样，廪君集团的性质便从经济系统和政治系统两方面同时发生了根本的转变，从过去的单纯血缘集团转变为现在的酋邦组织，平等社会不复存在。

第三阶段是通过宗教仪式神化君权的阶段。

政治系统和经济系统的根本转变，又进一步推动了文化系统的根本转变，通过宗教仪式在意识形态领域神化君权于是成为必要。所谓"廪君死，魂魄世为白虎。巴氏以虎饮人血，遂以人祠焉"，便深刻地揭示了神化廪君的史实。

廪君集团原先并无以人祭祀的习俗，只是当廪君成为政治领袖以后，出于神化廪君的需要才产生的，表明他同时又成为了宗教领袖，集政治、经济、宗教大权于一身，俨然成为酋邦的最高领袖。同时，以人祭祀属于杀殉的性质，它与作为一些古代民族传统习俗的殉葬有着根本的区别，其实质是对被杀者人权的剥夺，而它是以对被杀者政治经济权力的剥夺为前提的。显然，这意味着廪君对于酋邦之内的族众有着生杀予夺之权,这种权力又是通过神权的形式反映出来的,表明了君权与神权合一的事实。

《世本》记载的廪君出自巫诞,从原家族中分化出来后,到达武落钟离山(今佷山)定居,然后扩张至清江流域,战败当地的"盐水神女","于是君乎夷城",是为了夺取食盐资源所进行的扩张,由此而导致了廪君集团层级组织的诞生和形成。在分层的政治体系中,使巴、樊、瞫、相、郑五姓的社会结构复杂化,最终形成酋邦这种政治单位。这是古代酋邦形成的一个十分典型的例子。从对廪君酋邦形成过程的详细分析,可以看出不是由于人口压力、土地限制等因素导致文明起源,而是由于对食盐资源的争夺,通过政治手段直至军事占领,而导致了文明因素的出现,导致了政治权威的兴起,导致了与平等社会不同的分层社会这样一个新型政治组织——酋邦的诞生。

由上可见,从族体的非暴力联合,到通过对外战争确立君权,再到通过宗教仪式神化君权,是廪君集团酋邦组织发展演变的三部曲,也是廪君从部落集团首领上升为战争首领再上升为酋邦领袖这一个人权力演变的三部曲。这一演变过程非常具有典型性,对于我们了解古代酋邦组织的发生途径、发展历程以及性质等,提供了一个完整的认识模式,有着极为重要的研究价值[①]。

二、峡江流域文明的起源

在峡江流域[②],由近年长江三峡的考古发现可以知道,在相当于中原的夏商时代,古代文明的一些要素开始在这里生长、发展起来,成为长江三峡巴地古代文明的曙光。

在长江三峡的湖北宜昌中堡岛遗址[③],考古工作者在遗址的外围清理出了多条沟槽,均为人工用石斧(或其他工具)挖凿而成。一般为数条排列,除东端因长年受洪水冲刷已崩塌破坏外,其他南端、北端、西端三面均保存较好。沟槽北端面朝长江,南端面朝内河(小河)。这些沟槽长短不一,最长有60余米,宽为0.3~0.5米,深0.6~1.10米。值得注意的是,在有的沟段内发现有

---

① 段渝:《政治结构与文化模式——巴蜀古代文明研究》,学林出版社1999年版。
② 长江自重庆奉节至湖北宜昌一段,称为峡江。参考《中国地图册》,地图出版社1966年版,第30~31页。
③ 国家文物局三峡考古队:《湖北宜昌中堡岛遗址发掘简报》,《文物》1989年第2期。

人工夯筑的痕迹，还有些沟槽附近分布有柱洞。这些沟槽有的压在大溪文化堆积层之下，也有的是压在屈家岭文化堆积层之下。

据有的学者分析，认为中堡岛遗址外围的沟槽建筑遗迹与防卫原始部落间的战争冲突有关。另有学者认为中堡岛遗址面积约有5万平方米，文化堆积层多在5米左右，有的地方近10米，结合相邻地区分布有秭归柳林溪遗址、朝天嘴遗址、宜昌五厢庙遗址、三斗坪遗址、杨家湾遗址、白庙遗址等情况看，认为中堡岛遗址可能是一处用木栅栏作为围墙的古城址①。但是，用 V. G. 柴尔德关于早期城市的10条标准来衡量，宜昌中堡岛遗址还不能说是一座古城址，而是一处大型的史前聚落遗址。

在峡江流域所发掘的属于夏商时代的考古地层中，发现不少小件青铜器，主要有箭、镞、刀、鱼钩、圈、锥、针等。在重庆三峡库区万州唐房坪遗址的第3层堆积下所发现的灰坑中，在第8号灰坑和第1号灰坑内，出土8件青铜器，有箭镞、锥形器、圈形器等，制作比较粗糙，形态显得原始，同时，在第8、第1和第15号灰坑内均发现一些残碎的铜渣块。从该遗址的地层分析，出土青铜器的第3层的时代相当于夏代后期或更早一些②。

在相当于商代的时期，峡江流域有好几处遗址发现了小件青铜器，如秭归长府沱遗址出土一件铜箭镞和一件铜针③，在宜昌杨家嘴遗址出土一件铜凿④。

以上峡江流域出土的夏商时代的小件青铜器说明了如下情况：

第一，金属器尤其青铜器是中国文明起源的重要因素之一。峡江流域发现的这几批青铜器，均为小件，形态原始，制作粗糙，器形均为常见的生产工具，有个别器形与人体装饰有关。从青铜器发展演化阶段的一般情况来看，最初为生产工具，其后发展出武器，最后发展出礼仪用器。因此，峡江流域发现的这几批小件青铜器，均为早期青铜器。

第二，在峡江流域发现的铜渣块说明，上述小件青铜器应是在当地铸造的。

---

① 杨华：《三峡先秦考古文化》，武汉出版社2003年版，第126～136页。
② 陕西省考古研究所、万州区文物管理所：《万州唐房坪遗址发掘报告》，《重庆库区考古报告集·1997卷》，科学出版社2001年版，第469～500页。
③ 国家文物局三峡工程文物保护领导小组湖北工作站：《三峡考古之发现》（二），湖北科学技术出版社2000年版。
④ 湖北省文物考古研究所：《湖北宜昌杨家嘴遗址发掘简报》，《江汉考古》1994年第1期。

第七章 巴的古史传说与文明起源

这就表明,在夏商时代,早期文明的因素已经开始在峡江流域生长并逐渐发展起来,峡江流域进入早期青铜时代。

此外,在宜昌发现过一件青铜罍,在巫山大昌出土过一件青铜尊,这两件青铜器均属商代中、晚期的大件青铜器。从三峡考古的整个情况来看,这两件大型青铜器应当不是在本地铸造,而是从外引入的。

三、渝东长江干流青铜文明的兴起

商周时代,早期

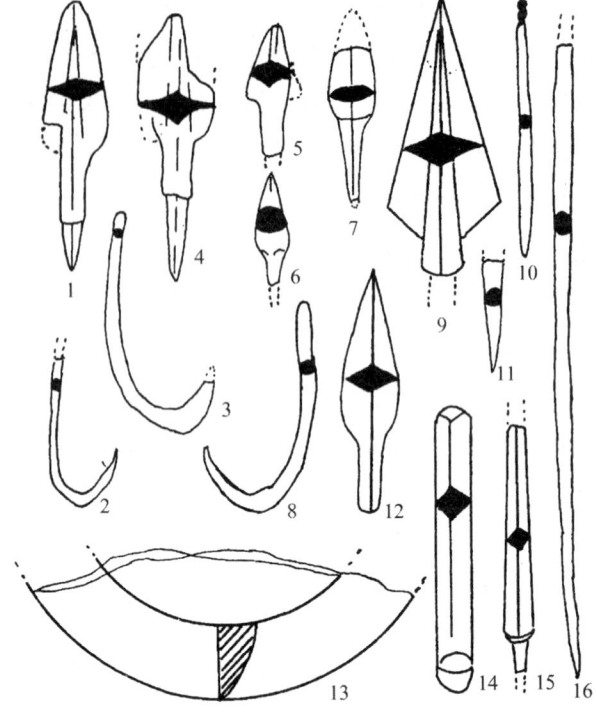

1. 4~7. 9. 12. 15. 镞 2. 3. 8. 钩 10. 针
11. 锥 13. 镭 14. 凿 16. 簪
(1. 4~7. 为夏代,出土万州塘房坪;余为商代,
2. 3. 8. 12. 13. 16. 出土宜昌中堡岛,
9. 10. 11. 出土秭归长府沱, 14. 15. 出土宜昌杨家嘴

图7-7 峡江流域出土的夏商时期的青铜器

青铜文化开始在今重庆渝中区以东长江干流地区萌芽,重庆万州中坝子遗址出土的一件铜鱼钩、一件铜镞[①],便是文明要素的点点曙光,昭示着早期文明的起源。

不过,在商周时代,由于渝东长江干流地区在整体上尚处于从史前向文明、从酋邦向国家过渡的历史阶段,同时该地区复杂的地理环境分隔了各族群、各村落之间的沟通、联合和政治上文化上的扩张,并且这一时期该地区长期受到来自西面的古蜀文化和东面的楚文化的较强压力,所以它自身的文明要素十分

---

① 西北大学考古队、万州区文物管理所:《万州中坝子遗址发掘报告》,《重庆库区考古报告集·1997卷》,科学出版社2001年版,第347~380页。

脆弱，其文化与政治成果难以充分扩展，以致严重影响了它自身文明起源的历史进程。可以说，渝东长江干流地区是在步履蹒跚之中走进了它的青铜时代的。即使到了战国时代，该区域内的一些地点不断制作青铜器，如在万州麻柳沱Ⅰ区发现的青铜钺、刀削、铜镞和柳叶形剑的石范①，以及在其他遗址如新浦遗址、石地坝遗址等发现的石范等，但均为造型简单的小型铜器，乃由各地自行制造，铸铜工业规模小而分散，因而抑制了该区域青铜器铸造业的发展②。这种情况意味着该地族群的分散性，它所表明的是这样一个历史事实，即：在春秋战国之际拥有发达青铜文化的赫赫巴国南移长江干流以前，渝东长江干流地区还没有产生出一个能够聚合区域内各族政治力量，并使区域政治一体化的强有力的统治权力中心③。

东周时期，由于巴国文明的南移、进入与推动，巴地的青铜文明达到全盛时代。属于这一时期的考古学文化遗存充分表明了这个事实。

1997年和1998年，四川大学历史文化学院考古系、云阳县文物管理所对重庆市云阳县李家坝遗址先后进行了较大规模的发掘，发现了从商周至

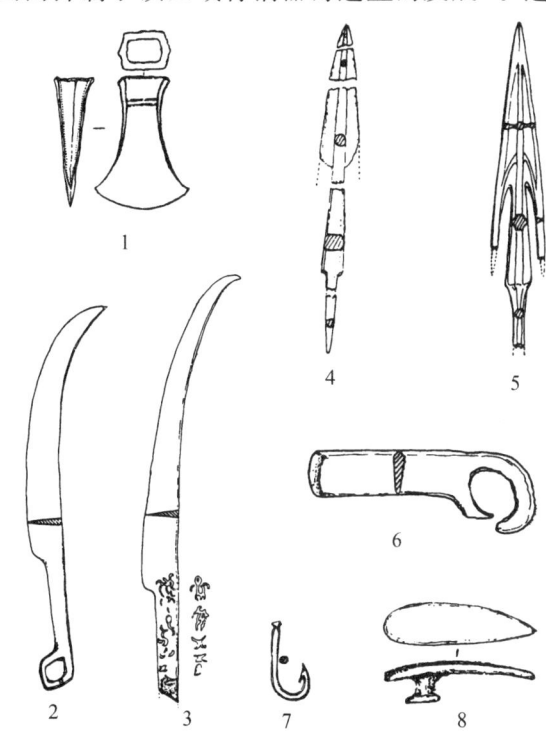

1. 钺　2. 刀削　3. 刀削
4. 镞　5. 镞　6. 凿　7. 鱼钩　8. 带钩

图 7-8　重庆万州麻柳沱东周时期遗存出土的铜器

---

① 重庆市博物馆、复旦大学文博系：《万州麻柳沱遗址考古发掘报告》，《重庆库区考古报告集·1999卷》，科学出版社2006年版，第498~524页。

② 王川平、邹后曦、白九江：《重庆库区1999年度考古综述》，《重庆库区考古报告集·1999卷》，科学出版社2006年版。

③ 参考段渝：《论巴蜀地理对文明起源的影响》，《四川大学学报》1988年第2期。

第七章 巴的古史传说与文明起源

汉初的大量文化遗存①，获得了引人注目的丰富成果，尤其是东周时期大量巴文化墓葬的发现②，对于东周时期巴地青铜文明兴起的研究具有十分重要的意义。

云阳李家坝遗址位于长江北侧支流澎溪河东岸一级台地，距南面的长江仅数十公里。该地海拔高度为 140～148 米，遗址面积约 60 万平方米，商周和东周时期巴人的文化遗存主要分布在坝区前缘的第Ⅰ、Ⅱ发掘区。1997 年在李家坝遗址

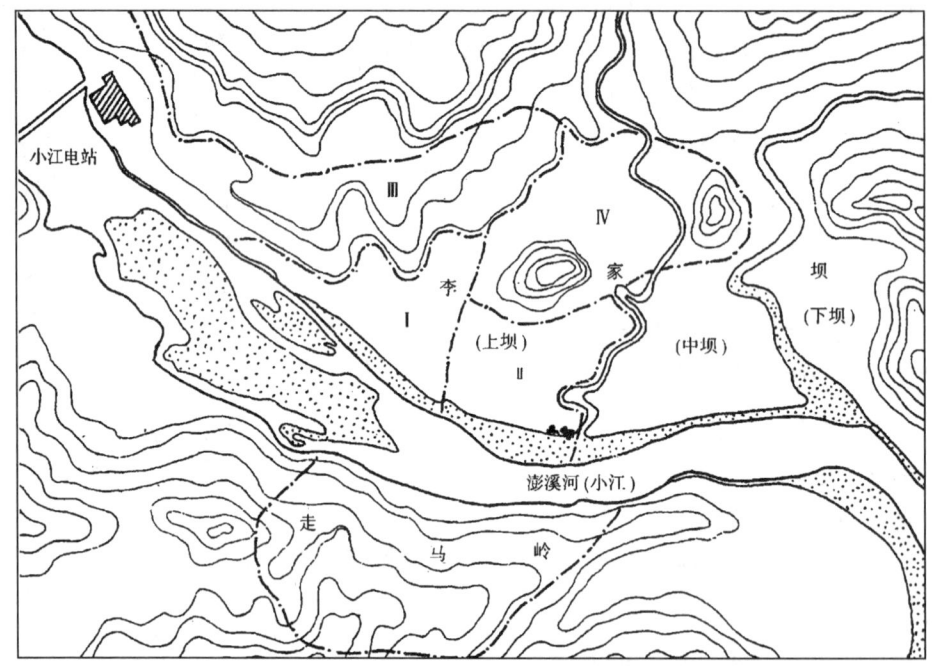

图 7-9　重庆云阳李家坝遗址位置图

----

① 四川大学历史文化学院考古系、云阳县文物管理所：《云阳李家坝遗址发掘报告》，《重庆库区考古报告集·1997 卷》，科学出版社 2001 年版，第 209～243 页；四川大学历史文化学院考古系、云阳县文物管理所：《云阳李家坝遗址发掘报告》，《重庆库区考古报告集·1998 卷》，科学出版社 2003 年版，第 299～347 页。

② 四川大学历史文化学院考古系、云阳县文物管理所：《云阳李家坝东周墓地发掘报告》，《重庆库区考古报告集·1997 卷》，科学出版社 2001 年版，第 244～288 页；四川大学历史文化学院考古系、云阳县文物管理所：《云阳李家坝巴人墓地发掘报告》，《重庆库区考古报告集·1998 卷》，科学出版社 2003 年版，第 348～388 页；罗二虎：《峡江巴文化寻踪——重庆云阳李家坝遗址 1997 年发掘记略》，《中华文化论坛》2003 年第 2 期。

发掘出土40座东周时期的巴人墓葬、多座房屋基址、3座陶窑以及大量遗物，1998年发掘出土45座东周时期的巴人墓葬、44个灰坑、2座房屋基址、5条灰沟以及大量遗物。

李家坝的两次发掘均出土大量青铜器。青铜器大多数出土于墓葬，少量出土于文化层。第一次发掘出土各式青铜器65件（其中可复原59件），第二次发掘出土各式青铜器169件，共计234件，在渝东长江干流可谓空前的发现。出土的青铜器基本为范模铸造，兵器均为双范合铸。按用途和性质分类①，有兵器、饪食器、酒器、乐器等，以兵器的数量为最多。属于兵器类的，主要有剑、矛、钺、戈、斧、箭镞、刮刀、削等；属于饪食器的，主要有鍪、鼎等；属于酒器的，主要有杯、壶、勺等；属于乐器的，仅有铃。青铜器大多制作精

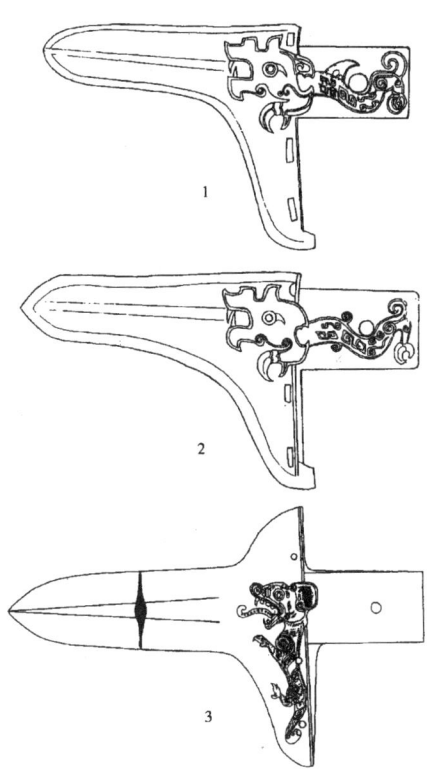

图7-10　重庆云阳李家坝墓葬出土的虎纹青铜戈

美，兵器如剑、矛、戈上常铸有虎、人头、人形、水鸟、蝉、手臂纹、心形纹、云雷纹等凹线纹饰图案，也有浅浮雕加阴刻线的纹饰图案，斧和钺上有各种几何形凸线纹饰图案，显示出比较精熟的青铜器制作技术和高超的工艺水平。

李家坝遗址的早期，相当于中原的西周时期，上限可到商代晚期。这一时期的主要遗迹，有房屋建筑、灰坑、墓葬、水沟、泥条等。房屋建筑可分为半地穴式建筑和地面建筑两类。地面建筑的全貌已不能确知，仅发现在斜坡上分布的大量柱洞。在柱洞的分布范围内没有发现居住面，仅发现少量陶片，推测房屋应属干栏式结构建筑。早期墓为浅竖穴土坑墓，随葬品为陶器和石器。遗

---

① 中国青铜器有多种分类方法，这里的分类，参考马承源主编《中国青铜器》（修订本），上海古籍出版社2003年版，第19~22页。

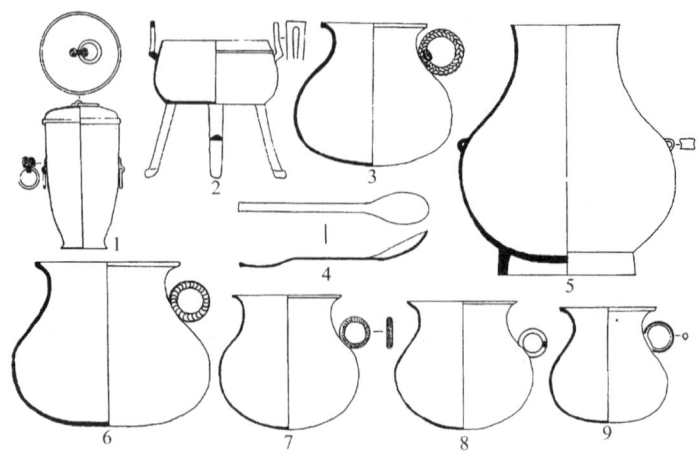

1. 杯　2. 鼎　3. Ⅲ式鍪　4. 勺　5. 壶　6. Ⅲ式鍪
7. Ⅰ式鍪　8. Ⅰ式鍪　9. Ⅱ式鍪

图 7—11　重庆云阳李家坝墓葬出土的青铜器

址内出土的遗物主要是陶器、石器和兽骨等。早期遗迹说明，在商周时期，那里还是一个人群不多、居住分散的小型聚落。然而到了遗址的晚期即东周时期，李家坝一带演变成为一个大规模的聚落，出现大片密集分布的墓葬，墓葬内随葬有大批精美的青铜器，这对于上一个阶段（商周时期）的较薄文化层堆积和零星墓葬来说，不啻是一个跨越式的大跃进。这种变化，尤其是该地区成熟形态的青铜文化的出现和兴起，从迄至当前的各种资料分析，应与春秋末战国初巴国从汉水流域南移长江干流，东与楚国数相攻伐，西与蜀国争城夺野有着直接关系[①]。

在李家坝遗址的早期遗存中没有发现青铜器，聚落也呈现为一般性村落的形态，没有表现出任何早期文明的因素。从遗址早期到晚期，其间也没有出现青铜器发生与演变的任何迹象。因此，东周时期（其实主要是战国时期）这里出现的大批青铜器，就不会是当地文化在自身基础上的创造。尽管从某些因素上看，李家坝遗址的文化特征一脉相承，但这却不能说明青铜文化的发生、发展和演变。从墓葬内出土青铜器的形制和年代分析，不管是第一期还是第二期墓葬内出土的青铜兵器，均多与川西平原出土的同类器相似，而川西平原的蜀式兵器有着清楚的发展演变序列。同时，李家坝墓葬在形制上和构筑技术上也

---

① 关于巴国南迁的问题，参考本书第八章第三节。

与川西平原蜀墓具有相当多的相似之处①。由此看来，李家坝巴人青铜兵器与川西平原蜀文化有着某种深层关系。

李家坝巴人墓葬表现出墓主之间还没有形成严格的层级制度这样一个特点，它从一个十分重要的侧面显示了当地巴人的社会与政治组织的构成情况。根据墓坑和葬具的规模，李家坝墓葬大体上可分为大、中、小三类，半数以上的墓葬无葬具。在两次发掘的 85 座墓葬中，仅有 40 座发现木质葬具，以单椁、单棺和一棺一椁为主。有葬具的墓葬形制一般较大，有的有二层台。这些现象似乎表现出层级或等级之分。但是，有的无葬具的墓坑具有熟土二层台，而大、中、小型墓内出土的器物尤其青铜器的数量相差不多，并未显示出其间具有明显的尊卑贵贱之分，意味着墓主生前的政治经济地位没有太大差别，说明这是族群的公共墓地。这样的墓地形态所揭示的是，东周时代这里是一个还没有达到国家水平的酋邦的聚落。

将李家坝墓葬同重庆涪陵小田溪先后发掘清理的 9 座巴国王族宗室墓葬相比较②，可以看出，不论在墓葬形制、器物规格方面，还是在墓葬及遗物所反映出来的严密有序的等级制度方面，李家坝墓葬显然都无法与涪陵小田溪墓葬同日而语。这表明，李家坝墓葬与巴国王室及其宗室或家族没有关系，不是后者的文化遗存。从葬俗方面看，李家坝墓葬明显反映出早期杀殉习俗的特点，而这种习俗在小田溪墓葬完全没有反映，可见同样与姬姓的巴国王族统治者集团无关。

《后汉书·巴郡南郡蛮传》记载："廪君死，魂魄世为白虎。巴氏以虎饮人血，遂以人祠焉。"有的学者用这段记载来对照李家坝墓葬，认为李家坝遗址所流行的杀殉遗俗，是该族群为廪君后代的证据，或认为因廪君死后化为白虎，其后代祭祀廪君，遂以白虎为图腾。但是，此说有好几个问题无法解释。

首先，从考古记录来说，李家坝墓葬所发现的现象是把人头葬入墓内，或把人体肢解成数段置于墓内，没有严格的规定或定制。而这几种现象均与"虎饮人血"没有直接关系。

其次，根据《后汉书·巴郡南郡蛮传》的记载，廪君后代是在宗庙用人牲

---

① 四川大学历史文化学院考古系、云阳县文物管理所：《云阳李家坝巴人墓地发掘报告》，《重庆库区考古报告集·1998 卷》，科学出版社 2003 年版，第 388 页。
② 四川省博物馆等：《四川涪陵地区小田溪战国土坑墓清理简报》，《文物》1974 年第 5 期；四川省文物考古研究所等：《涪陵市小田溪 9 号墓发掘简报》，《四川考古报告集》，文物出版社 1998 年版。

作为祭祀的牺牲，而不是把人牲肢解后葬入墓内。所谓"遂以人祠焉"，这个"祠"字非常关键，但却往往为学者们所忽略。祠，祠堂之谓。《史记·陈涉世家》："又间令吴广之次所旁丛祠中"，《索隐》引高诱注《战国策》云："丛祠，神祠也。丛，树也。"祠即祭祀先祖神主的庙堂。汉代所谓祠堂，即是先秦的宗庙，亦即所谓庙堂。《后汉书·巴郡南郡蛮传》所说"遂以人祠焉"的"祠"，乃是名词用如动词，即在宗庙（祠堂）进行祭祀之意。显然，廪君后代的这种祭祀方式，与李家坝墓葬把人牲肢解后葬入墓内的埋葬习俗完全没有关系。而且，《后汉书·巴郡南郡蛮传》所记载的是廪君后代以人血祭祀先祖廪君，并非把人牲肢解后葬入这些后代的墓中。可见，不论从祭祀环境、祭祀方式还是祭祀对象来看，李家坝墓葬均与廪君及其后代无关。

复次，李家坝墓葬所出青铜兵器上铸刻的阴线或浅浮雕的虎纹，不能作为器主或墓主是廪君后代的证据。在成都平原所发现的东周时期的蜀式青铜兵器上，同样铸有各式各样的虎纹。并且，早在商代的古蜀三星堆祭祀坑内就出土黄金和青铜制作的虎，在成都市金沙遗址还出土了大量石虎，而这些以黄金、青铜和石头制作的虎，均与廪君无关。虎是自然界的猛兽，因其威武和勇猛等特点受到人们的敬畏和赞赏。人们用各种材料制作成虎形和虎纹，特别是在兵器上铸刻虎纹，是为了借助虎的威力来增强自己的力量，这是古代交感巫术的产物。这种心理素质和行为方式并不专属某一族群所有，它是许多地区古代文化的共性，尤其在长江流域普遍存在，不足为异①。

再次，在专门叙录巴国史事的《华阳国志·巴志》中，对于廪君故事只字未提，说明《华阳国志·巴志》没有把清江流域的廪君族群及其史事置于今渝东巴地之内。而《后汉书·巴郡南郡蛮传》所记载的出于武落钟离山的廪君，确实与巴郡没有任何关系。武落钟离山，即《水经·夷水注》的㾟山，在今湖北长阳境。据《续汉书·郡国志》"南郡"条："㾟山故属武陵。"同书"武陵郡"条："武陵郡，秦昭王置，名黔中郡，高帝五年更名。"又据《太平御览》

---

① 在长江流域，除商周时代的成都平原而外，在新石器时代长江下游的良渚文化中亦有大量虎形刻画。如在良渚文化遗址中大量出土的"神徽"，有的学者就认为其下半部分的兽面所刻画的是虎形。参考张光直：《谈"琮"及其在中国古史上的意义》，《文物与考古论集》，文物出版社 1986 年版；张明华、王惠菊：《太湖地区新石器时代的陶文》，《考古》1990 年第 10 期；张明华：《良渚玉符试探》，《文物》1990 年第 12 期。

卷171引《十道志》载："施州清江郡，荆州之域，春秋时巴国，七国时为楚巫郡地，秦昭王时伐楚，置黔中郡，巫地属焉"。由此可知，廪君族群的居地佷山，战国时属楚巫郡，后属秦之黔中郡，汉初改称武陵郡，佷山是从汉之武陵郡改属南郡的。由于《后汉书·南蛮西南夷列传》是把南郡的廪君和巴郡的板楯蛮合传加以叙录的，而在篇首曰"巴郡南郡蛮"，所以容易造成廪君就是巴郡南郡蛮的错觉。可见，廪君族群并非汉之巴郡内的族群，而是南郡内的族群。因此，《华阳国志·巴志》不叙廪君故事，是极有道理的。而位于今渝东长江干流的云阳县，秦汉时并属巴郡之朐忍县，与南郡无涉。这就说明，云阳李家坝墓葬的族群应属汉之巴郡蛮，与南郡蛮不同。可见，李家坝墓葬并不是廪君后代的文化遗存。

最后，所谓图腾（totem），是说族群与自然界的有机物或无机物之间具有某种出生的关系，确切地说，是某族群把某种或某些有机物或无机物作为自身族群的来源，如易洛魁的鹰氏族把鹰作为图腾，就是说鹰氏族是鹰的后代，以此来区分氏族之间的血缘关系。但是廪君传说则与此完全不同，不是廪君来源于白虎，而是廪君死后化为白虎。很明显，这个传说根本不是关于图腾的传说，它同图腾恰恰相反，不是人来源于动物，而是动物来源于人。可见，用图腾来解释李家坝墓葬的杀殉现象，未免牵强，难以凭信。

至于李家坝究竟是哪一族群的聚落遗址，可以肯定地说，它是巴地八族中板楯蛮的聚落遗址。《华阳国志·巴志》"朐忍县"下记载："大姓扶、先、徐氏，荆州著名，《楚记》有'弜头白虎复夷'者也。"秦汉巴郡之朐忍县，即今重庆云阳县。朐忍县的扶、先、徐等大姓，均为板楯蛮，即所谓"白虎复夷"。据《华阳国志·巴志》记载，秦昭王时，因板楯蛮射杀白虎有功，昭王"乃刻石为盟要，复夷人顷田不租，十妻不算"。至汉初，板楯蛮因在楚汉之争中从高祖定秦有功，"高祖因复之，专以射白虎为事，户岁出賨钱口四十，故世号'白虎复夷'，一曰板楯蛮，今所谓'弜头虎子'者也。"可见，从先秦到汉代，今云阳县地一直是板楯蛮的活动地盘。既然如此，那么云阳李家坝遗址又何尝不是板楯蛮的文化遗存呢？

根据以上分析，可以将李家坝遗址的性质综括说明如下：

第一，从李家坝墓葬出土的大量青铜兵器来看，这个聚落表现出显著的军事性质。古代亦兵亦农，寓兵于农。由此可见，李家坝遗址在东周时是巴国治下的一个

第七章 巴的古史传说与文明起源

地方性族群聚落，这个族群还处于以血缘关系为纽带的酋邦制发展阶段。

第二，李家坝出土的青铜兵器多与蜀式兵器相近，却没有自身的发展演变序列，说明它的青铜文明或其上源与川西平原蜀文化有着比较深刻的关系。

第三，以李家坝青铜器为代表的巴国青铜器多与蜀式青铜器相近，这导源于商周和春秋时代巴、蜀地域的毗邻。商周时代，蜀的北境在汉中西部，而巴国位于汉中东部，两地长期毗邻，所以它们在许多文化因素上得以近似。随着春秋末战国初巴国从汉中南迁长江干流，进入鄂西渝东，成为这一区域的统治者，巴地八族于是成为巴国的治民，巴国青铜文化自然大量流布到其踪迹所至以及政治势力所至的区域。李家坝族群正是这样的族群之一，其青铜文明的兴起便是由此而来的。

第四，战国时期的李家坝既不是姬姓巴国王室或巴王族的中心聚落，也不是廪君蛮的聚落，而是板楯蛮的活动地域。

第五，李家坝青铜器尤其青铜兵器在渝东长江干流非常具有代表性，它反映出东周时代这片地域青铜文明的兴起，是同频繁而剧烈的战争与时俱来的。李家坝第二期墓葬大量出现的楚文化因素，正是清楚地反映了《华阳国志·巴志》和《水经·江水注》所说"巴、楚数相攻伐"的时代背景。

四、板楯蛮酋邦与嘉陵江、渠江流域的青铜文明

板楯蛮是先秦时期四川盆地东部地区和渝东地区最具影响的族群，是构成古代巴人最重要的族群之一，对于长江上游巴文化的创造有着极为重要的贡献。板楯蛮的分布，今渝东长江干流是一聚居区，而今四川盆地东部和东北部的嘉陵江和渠江流域则是板楯蛮的主要聚居区域。对这一区域板楯蛮历史的研究，在很大程度上是对嘉陵江、渠江流域文明起源与形成的研究。在这方面的研究，必须将历史文献与考古资料充分结合起来。

1999年和2003年，四川省文物考古研究所等单位对四川省宣汉县罗家坝遗址进行发掘，获得了大批重要材料[①]，使我们对板楯蛮历史的某些情况有了进一步的认识和了解。

---

① 四川省文物考古研究所、达州地区文物管理所、宣汉县文物管理所：《四川宣汉罗家坝遗址2003年发掘简报》，《文物》2004年第9期。

罗家坝遗址位于宣汉县城北约45公里处，海拔约为340米。中河在遗址东南汇入后河而后南流。遗址位于近似半岛的三江一级台地上，三面被河环绕。罗家坝遗址的地层可分为11层，依据地层叠压关系和出土器物的形制，发掘者将罗家坝遗址分为早、中、晚三期，其中第9～11层为新石器时代晚期。出土陶片以夹细砂红褐陶为主，夹细砂灰陶、黑陶、红陶次之。纹饰有绳纹、网格纹、附加堆纹、戳印纹、篦点纹、玄纹、篮纹等。器形有花边口沿罐、折沿罐、喇叭口罐等。从陶器形制和纹饰的比较分析，罗家坝陶器同四川东北部新石器时代遗址出土

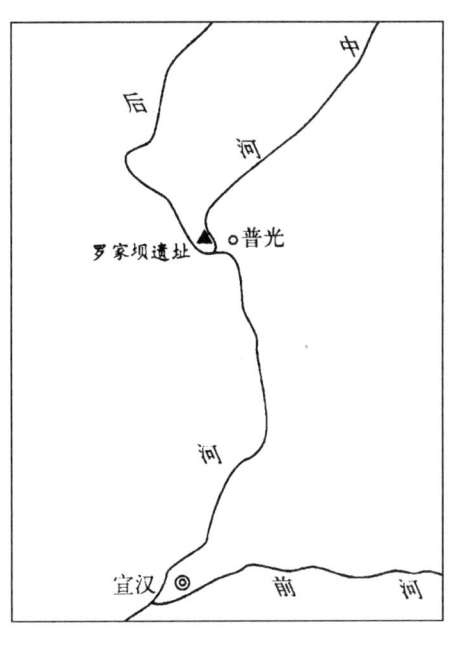

图7-12 四川宣汉罗家坝遗址位置示意图

的陶器比较近似，其中喇叭口沿罐、折沿罐与通江擂鼓寨遗址和巴中月亮岩遗址的陶器相似①，也与峡江流域忠县哨棚嘴一期②、奉节老关庙下层③有着较为密切的联系，同时与陕西西乡李家村文化④、城固单家咀遗址⑤等有着一定的关系，在内涵上也比较接近⑥。

渠江是嘉陵江的支流，先秦时嘉陵江以西主要是蜀地，嘉陵江以东大部分为巴地。罗家坝遗址所在地的中河与后河在宣汉北汇入州河，州河在渠县北小桥镇与巴河相合汇为渠江，是渠江的支流。罗家坝出土的陶器与位于其北而同

---

① 四川省文物考古研究所：《通江县擂鼓寨遗址试掘简报》，《四川考古报告集》，文物出版社1998年版。雷雨、陈德安：《巴中月亮岩和通江擂鼓寨遗址调查报告》，《四川文物》1991年第6期。
② 北京大学考古文博院三峡考古队等：《重庆忠县瓦井沟哨棚嘴遗址发掘简报》，《重庆三峡库区考古报告集·1997卷》，科学出版社2001年版。
③ 吉林大学考古系、四川省文物考古研究所：《奉节县老关庙遗址第三次发掘》，《四川考古报告集》，文物出版社1998年版。
④ 陕西省文物考古研究所：《陕西西乡李家村新石器时代遗址》，《考古》1961年第7期。
⑤ 唐金裕：《汉中地区新石器时代遗址调查简报》，《考古与文物》1981年第1期。
⑥ 四川省文物考古研究所、达州地区文物管理所、宣汉县文物管理所：《四川宣汉罗家坝遗址2003年发掘简报》，《文物》2004年第9期。

第七章 巴的古史传说与文明起源

处于渠江水系的通江擂鼓寨、巴中月亮岩等遗址所出同类器相似，这三处遗址出土的陶器又与位于其北的汉中所出陶器十分接近。据《汉书·地理志》，汉中东部在历史时期为巴地。可见，从汉中向南直到嘉陵江以东和渠江流域，史前时期亦应为巴地。罗家坝陶器又与峡江流域所出陶器有关，与时代稍晚的陕西城固宝山商周遗址[①]有一定的关系，而宝山遗址又与湖北宜昌路家河遗址有着密切关系。可见，以嘉陵江以东和渠江流域为中心，同类陶器的

1. 瓦棱纹　2、9. 附加堆纹和细绳纹　3、4. 附加堆纹、细绳纹和凹弦纹　5、8. 斜方格纹　6. 篦点纹　7. 附加堆纹和粗绳纹　10. 斜方格纹和凹弦纹　11. 凹弦纹和戳刺纹

图7-13　四川宣汉罗家坝遗址出土陶片纹饰拓片

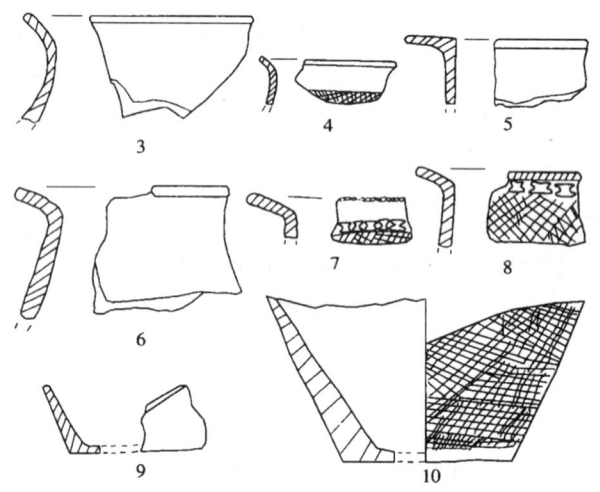

3. 喇叭口罐　4. Ⅰ式折沿罐　5～8. Ⅱ式折沿罐　9、10. 平底罐

图7-14　四川宣汉罗家坝遗址出土的陶器

---

① 西北大学文博学院：《城固宝山——1998年发掘报告》，文物出版社2002年版。

分布大致上呈南北向发展，它们应与巴地先民的迁徙和文化流布有关。从先秦史的角度来看，嘉陵江上游及以东地区包括渠江流域，有可能就是史前巴地先民文化的集中分布地区，而后渐次向其南流布，而主要流布方向是向南。在考古学上，喇叭口沿罐、折沿罐等是有可能从汉中东部向南渐次分布到嘉陵江上游和渠江流域地区的，说明巴地先民的文化大体上是呈历时性连续分布状态的。这种分布状态，有可能反映了史前至历史时期巴地先民文化的来源和走向，尤其可能反映了板楯蛮先民的来源和走向。

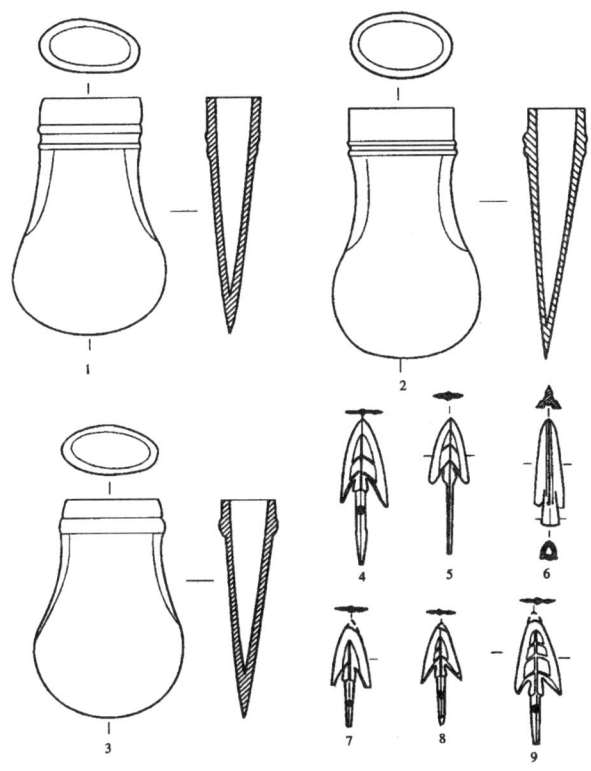

1. B型钺 2. A型Ⅰ式钺 3. A型Ⅱ式钺 4、5. A型Ⅱ式镞
6. C型镞 7、8. B型Ⅱ式镞 9. B型Ⅰ式镞

图7—15 四川宣汉罗家坝遗址出土的青铜钺、青铜镞

罗家坝遗址的中期以30多个墓葬为代表，属战国中晚期。出土的青铜器以兵器为主，主要有钺、剑、矛、削、镞等，生活用具有鍪、釜、甑等，生产工具主要有锯、凿等。所出的青铜兵器均为东周时期川东和渝东地区常见的器形，

青铜矛上的巴蜀符号也常见于川东和渝东出土的巴式兵器,青铜鍪、釜、甑同样为常见的巴式器物。根据文献的记载,罗家坝遗址所在的渠江流域,正是先秦时期板楯蛮分布的中心区域。可见,罗家坝遗址应为板楯蛮的文化遗存①。罗家坝遗址各期文化的连续性发展演变,从物质文化的角度反映了板楯蛮和嘉陵江、渠江流域文明起源与形成的进程。

板楯蛮的社会和政治组织是以血缘纽带为基础的。根据各种文献的记述,板楯蛮有七姓,即是七个大的部落组织。《后汉书·板楯蛮传》记载:"至高祖为汉王,发夷人还伐三秦。秦地既定,乃遣还巴中,复其渠帅罗(《风俗通》作

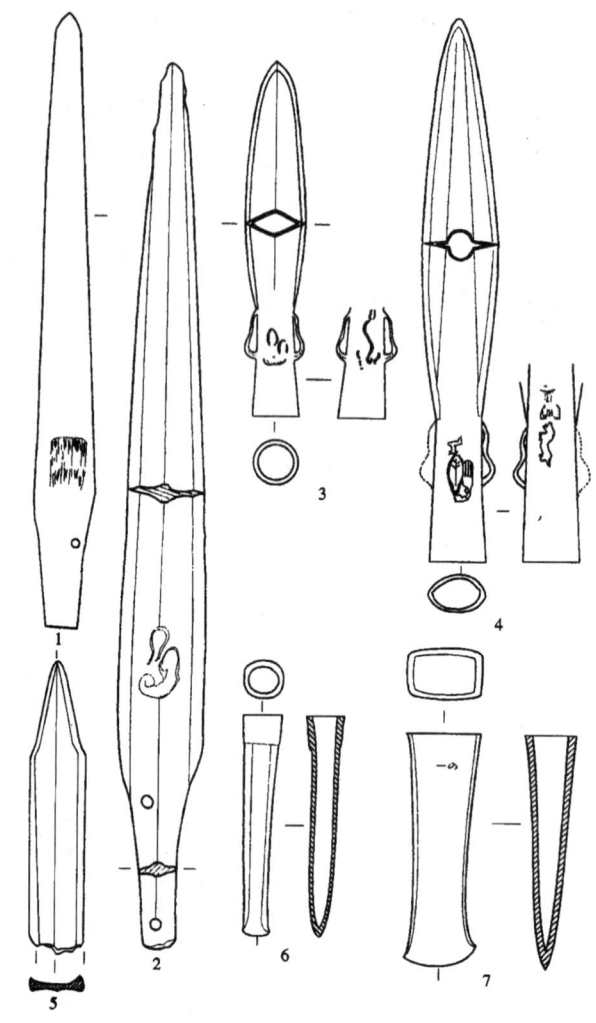

图7-16 四川宣汉罗家坝遗址出土青铜剑、青铜矛

卢)、朴、督(《风俗通》作沓,《华阳国志·巴志》作眘)、鄂、度、夕、龚(《风俗通》讹作"袭")七姓,不输租赋,余户乃岁入賨钱,口四十。"这里的姓是大姓的姓,是一种部落组织,每一个大姓,就是一个部落②,各个部落都有自己的渠帅,实行大姓统治。所谓渠帅,实即酋邦中的酋豪。从这段引文分

---

① 段渝:《略谈罗家坝遗址M33的时代和族属》,《四川文物》2004年第1期。
② 徐中舒:《论巴蜀文化》,四川人民出版社1981年版,第13页。

析，七个部落渠帅不输租赋，与余户不同，表明其间具有尊卑贵贱的等级关系。而渠帅与余户在租赋上的这种重要区别，其实是此前板楯蛮酋邦内部再分配制度在汉王朝政治框架内的延续和演变。透过此点，可以从经济制度上看出，酋邦制度是先秦板楯蛮的政治组织形式。

根据历史文献的记载，古代板楯蛮不但以族相聚，而且还建立过自己的政治中心。《华阳国志·巴志》记载说："宕渠盖为故賨国，今有賨城"。《舆地纪胜》卷162引《元和志》说："故賨城在流江县东北七十里。"《太平寰宇记》卷138也记载说："古賨国城在流江县东北七十四里，古之賨国都也。"所谓賨国、賨城、賨国都，其存在年代均应在公元前316年秦惠王灭巴国以前，表明先秦时代賨人（板楯蛮）确曾有

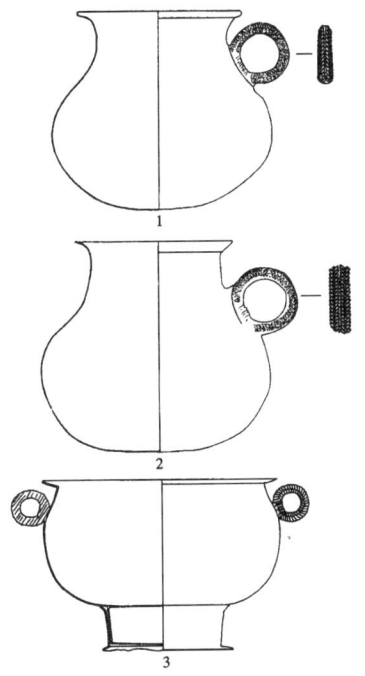

图7—17 四川宣汉罗家坝遗址
出土的青铜鍪、釜、甑

过比较发达的复杂酋邦组织，賨国是这个复杂酋邦的总称，其政治中心在賨城或賨国都，而板楯蛮七姓则是酋邦的第二层级，各姓渠帅即是賨国分布在嘉陵江、渠江流域的各级酋长。这表明，板楯蛮酋邦是建立在血缘关系基础之上的。罗家坝遗址墓葬内出土的大批青铜兵器以及某些遗迹现象，恰与历史文献关于板楯蛮"天性劲勇"，"陷阵锐气喜舞"，"其人性质直"，"勇敢能战"，"县邑阿党，斗讼必死"的记载相吻合[①]，表明这批墓葬是板楯蛮酋邦中某一大姓的文化遗存。

不过，所谓賨国即板楯蛮酋邦并不是一个已经演进为国家组织的独立王国，它是巴国境内的一个酋邦组织，建立在部落血缘关系之上，主要是以血缘纽带维系起来的，板楯蛮七姓是其全部力量，大姓传统大概就是从那一时代延续下来的。正如徐中舒先生分析的那样："他们一方面虽然服属于封建王朝，一方面

---

① 《华阳国志·巴志》。

第七章 巴的古史传说与文明起源

还是自擅山川,在自己的部族间,称王称侯。鱼豢《魏略》说:'氐人有王,所从来久矣';又说:'今虽都统于郡国,然故自有王侯在其虚落间。'这就是秦汉以来的大姓与封建王朝的关系最好的说明。"① 可见,到秦汉时代,虽然经过历代封建统一王朝的改造,板楯蛮的酋邦组织已经不复存在,但其基本组织结构却仍然顽强地保存了下来。

---

① 徐中舒:《论巴蜀文化》,四川人民出版社1981年版,第30页。

第八章 巴国的兴亡

第一节 巴方史迹

"巴蜀由来古,殷周已见传"①。

巴国在殷商时代已见称于世,殷卜辞称为"巴方"②。方者,国也。巴方在殷卜辞中屡见,是殷代很活跃的一个方国。

现将殷卜辞中有关巴方的记载列举如下:

(1) 贞,我收人伐巴方　　(《铁》259.2)

(2) □国从沚戓伐巴　　(《续》5.27.6)

(3) 壬申卜,㱿贞,令妇好从沚戓伐巴方,受㞢又。　(《粹》1230)

(4) □□卜,□贞,王佳妇好令沚戓伐巴方,受有又。
贞,王勿佳妇好从沚戓伐巴方,弗其受有又。　(《丙》313)

(5) 辛未卜,争贞,妇好其从沚戓伐巴方,王自东䢼伐䢼阱于妇好立。

---

① 郭沫若:《1960年2月初参观重庆博物馆题诗》,《重庆日报》1960年3月5日。
② 关于甲骨文中是否有"巴"的问题,还是一个颇有争议的学术问题,这涉及到甲骨文的考释和隶定,比较复杂,此不论。

第八章 巴国的兴亡

贞，妇好其从沚戛伐巴方，王勿自东橐伐橐陷于妇好立。

（《乙》2948+2950）

(6) 商（赏）于巴奠（甸）　　　（《屯南》1059）

上列卜辞中，第（1）至（5）辞属第1期卜辞，第（6）辞可能属第2期或以后的卜辞。这几片卜辞，可以从战争、地理位置和经济方面反映商代巴方的概况。

首先从战争方面看。第（1）辞的"我"，是方国名，卜辞屡见。"收人"，收即登，意为征调兵力①。登人伐巴方，说明巴方兵力较强，进一步表明巴方国力较盛。第（2）辞是殷王武丁亲率沚戛伐巴方。沚戛是武丁时名将，屡见卜辞。第（3）辞是武丁之妻妇好亲率沚戛伐巴方。巴方屡与殷战，其势之炽，可见一斑。第（4）辞是从正反两方面贞问，武丁令妇好伐巴方是否受到神灵保佑。第（5）辞亦两面贞问，意为王令妇好率沚戛伐巴方，武丁率大军从东橐攻击巴方在橐的驻军，把巴方的溃军歼灭于妇好所设埋伏处②。殷王朝长期对巴方的战争，终以巴方失败而结束。第（6）辞"赏于巴甸"，甸即甸服之称，表明巴方已臣服于殷王朝，成为殷代千里王畿边境上的一个方国。

武丁是殷王朝的中兴之君，"朝诸侯，有天下，犹运之掌也"③，他开疆拓土，至于"邦畿千里，维民所止，肇域彼四海"④，谥为高宗⑤。巴方在盛极一时的殷王朝调兵遣将、屡次大军压境的情况下，仍能顽强抵抗，屡战不屈，一方面说明实力较强，另一方面也对文献所说"巴师勇锐"、巴人"天性劲勇"⑥给予了充分证实。

巴方的地理位置，众说纷纭，一般认为在汉水上游地区。从殷卜辞分析，"我"登人伐巴方，我即"我方"（《南师》2.92）。我方，据卜辞"乙未〔卜〕贞：立事于南，右比我，中比舆，左比曾"（《掇》2.62），地在舆、曾之西，

---

① 杨树达：《积微居甲文说》，上海古籍出版社1986年版，第37、38页。
② 王宇信等：《试论殷墟五号墓的"妇好"》，《考古学报》1977年第2期。
③ 《孟子·公孙丑上》。
④ 《诗经·商颂·玄鸟》。
⑤ 《史记·殷本纪》。
⑥ 《华阳国志·巴志》。

均为南国。在汉水中上游,见于周成王时铜器《中甗》铭文。地在国之西的我方,其地当在汉水上游附近(参见第三章第六节)。据此,巴方亦应在汉水上游一带。

殷卜辞称巴为"巴奠(甸)",甸即甸服。殷自武丁以来实行外服制度,有侯、甸、男、卫四服。甸服,据《逸周书·职方》孔晁注:"甸,田也,治田入谷也。"甸服处于殷千里王畿边地,与侯服相表里,即所谓"殷边侯、甸"①。巴既为甸服,说明是位于殷千里王畿西边的农业方国。

第二节 巴国的兴起

一、巴子国的建立和发展

殷代末年,周武王率西土之师东伐殷纣王,巴师充当前锋。《华阳国志·巴志》记载:"巴师勇锐,歌舞以凌殷人,前徒倒戈。故世称之曰:'武王伐纣,前歌后舞也'。"由于巴师勇敢陷敌,克敌制胜,故"武王既克殷,以其宗姬封于巴",成为最早受周王室分封的姬姓诸侯之一。

周初大分封,"封建亲戚以藩屏周"②,巴国由周王室因而封之,乃是周之同姓诸侯,为大封。一方面,"诸侯有田以处其子孙"③,另一方面,"王者之封诸侯,非官之也,得以代为家也"④。巴国受封,获得了进一步发展的条件,同时又成为周王室控临南国的一个重要战略基地。《左传》昭公九年:"及武王克商……巴、濮、楚、邓,吾南土也。"巴为南土诸侯之首,与周王室陆续分封在成周之南、汉水之北的"汉阳诸姬"共同构成捍卫周室、镇抚南土的坚强军事防线,成为周王室的南国支柱,是为"天下之显诸侯"⑤。

在西周的外服诸侯制中,巴国班列男服,对周王室有职有贡。其职守为镇

---

① 《大盂鼎》铭文。
② 《左传》僖公二十四年。
③ 《礼记·礼运》。
④ 《史记·吴太伯世家》索隐引董仲舒语。
⑤ 《荀子·儒效》。

第八章 巴国的兴亡

抚南国，捍卫王室，其贡献主要是农产品。古代男通南。《史记·夏本纪》有南氏，《周礼·小司徒》并作男。所谓男服，徐中舒先生指出，即是位于王畿南部的农业邦国①。《逸周书·职方》孔晁注曰："男，任也，任王事。"任王事，实即《国语·周语》所说"王事唯农是务"。男，甲骨、金文均从田从耒，男即从事农耕之人。而男服取义于农耕，其贡献自然以农产品为主。《华阳国志·巴志》谓巴在春秋之世仍"班倅秦、楚，示甸、卫也"，所称甸、卫并非外服诸侯制度，因为其时外服制早已不存，而无论秦还是楚，也都不是甸服或卫服。这里所说甸，应取"治田入谷"之义，卫则取"为王捍卫"之义，这两者恰是巴国的职贡所系。

春秋时代，王纲解纽，诸侯逾制，巴国"虽奉王职，与秦、楚、邓为比"②，但究属表象。实际情形是，巴在周王室礼崩乐坏的形势下，政治经济军事力量也急剧膨胀，图谋东出汉东，扩张江汉，因而一度与楚结成联盟，扫荡江汉间小国。后来盟约破裂，巴、楚反目为仇，数相攻伐，巴慑于楚之锋芒，被迫放弃汉水上游故土，南下长江流域，转入渝东长江干流和四川盆地东部，重建统治。

战国时代，巴在四川盆地东部地区五易其都。《华阳国志·巴志》记载："巴子时虽都江州，或治垫江（今重庆合川），或治平都（今重庆丰都），后治阆中（今四川阆中），其先王陵墓多在枳（今重庆涪陵）。"虽"七国称王，巴亦称王"③，但由于东受楚攻，西临蜀伐，捉襟见肘，因此巴国政局动荡，极不稳固。考古学上，迄今在渝东长江干流地区所发现的巴人遗址，还没有一个称得上大型中心遗址，也没有发现彼此紧密联系并且在政治上军事上前后照应、相互扶持的遗址群。这种现象显然意味着，巴国在汉水流域败绩于楚后，仓促南下入渝，虽在渝东地区重新建立起它的政治军事统治，但却没有力量来重构系统的国家机器及其层级机构。《华阳国志·巴志》说："楚主夏盟，秦擅西土，巴国分远，故于盟会希。"实际上，其时巴国处于多事之秋，自顾不暇，岂有能力与盟？巴国五次迁都，就同当时政治军事局势的急剧变化直接相关，每次迁

---

① 徐中舒：《论西周是封建社会》，《历史研究》1957年第5期。
② 《华阳国志·巴志》。
③ 《华阳国志·巴志》。

都愈益远离战场。到战国中期，巴在接连失去长江三关以后，渝东长江干流之地已无险可守，而川中又面临一个赫赫蜀国，巴王室只得退保阆中，而将渝东重镇枳（今重庆涪陵）交由巴王子据守。尽管如此，也终究不能阻挡楚国沿江西进的凌厉攻势，更不能阻挡强秦的统一步伐。在这种情形下，巴国的灭亡已成定局，势有必致。

二、巴国的政治制度和社会结构

按照《华阳国志》作者常璩的看法，武王分封宗姬于巴，"爵之以子"，即授宗姬以子爵，理由是"古者远国虽大，爵不过子，故吴、楚及巴皆曰子"。其实此说不能成立。关于"子"，最初是儿子一辈的通称，又由此发展出儿子一辈的氏族，殷卜辞中所见"子族"、"多子族"均为此意，都是相对于"王族"而言。当氏族部落收留养子或养子氏族以后，"子"又具备了养子的含义。春秋以后，"子"也是男子的通称，史籍中所见"子某"、"某子"，很多即属此类。楚在周室之所以称子，是因为楚祖鬻熊与周文王有养子关系之故①，吴君称子则因太伯之故②。商周本无所谓爵位，当时"天泽之分未严"，古诸侯皆可自尊为王、为公、为伯③。所谓"殷爵三等"、"周爵五等"，乃后儒附会不足据。巴在周室称子，意即子族，与王族相对而言，表明巴为姬姓之后，与周室具有深厚的血缘关系。西周春秋时期巴国君主一直称"巴子"，其国称"巴子国"，即来源于此④。巴国君主在西周春秋时代称为巴子，战国时代，"及七国称王，巴亦称王"⑤，君主实行世袭制度，战国中叶以后巴国太子称巴王子，省称巴子⑥。春秋时代，从《左传》可以考见的巴国职官，仅"行人"一职，专司对外告命聘享。战国时代，据《华阳国志·巴志》所记，巴设有"上卿"，意味着有卿相之别。军队方面设有将军，看来与列国相同，文、武分职设官。

考古资料揭示出战国时代巴国有比较严密的礼乐制度。1972年在涪陵小田

---

① 段渝：《论周、楚早期的关系》，《社会科学研究》1986年第5期。
② 《史记·吴太伯世家》。
③ 王国维：《古诸侯称王说》，《观堂集林》卷10，中华书局1959年版。
④ 段渝：《"古荆为巴说"考辨》，《贵州社会科学》1984年5期。
⑤ 《华阳国志·巴志》。
⑥ 段渝：《论巴、楚联盟及其相关问题》，《楚学论丛》第1集，《江汉论坛》1990年增刊。

第八章 巴国的兴亡

溪发掘的 3 座巴人墓葬①,其中 2 号墓出土虎钮錞于和钲各 1 件,钲身两面铸有巴蜀符号,其中一面符号的下部两边分别有一"王"字。徐中舒认为,由于墓制和錞于形体较小,表明墓主仅是一个小部族的王②。錞于和钲是军中号令士众进退的乐器。从其他地方所出錞于形体大小的情况看,錞于大小显然表示其使用者地位的高低。又,小田溪 1 号墓出土编钟一组 14 枚,也是小架所用,而中架为 16 枚,大架为 24 枚③。依等级之制,"其功大者其乐备"④,则使用 14 枚一组编钟的 1 号墓主,其身份与 2 号墓主近,均非巴王,而与巴王子有关⑤。由此可以窥见巴国礼乐制度之一斑。至于其他制度,则因文献无征,难以查考。

图 8-1 虎钮錞于

图 8-2 重庆涪陵小田溪 2 号墓出土铜钲的文字符号

图 8-3 重庆涪陵小田溪 1 号墓出土的错金编钟

巴国的社会组织和结构是个相当复杂的问题,这不仅因为巴国疆域先后变化太大,而且春秋末叶以后国内政局极不稳定,在不同时期和不同地域都有不

---

① 《四川涪陵小田溪战国土坑墓清理简报》,《文物》1974 年第 5 期。
② 徐中舒:《四川涪陵小田溪出土的虎纽錞于》,《文物》1974 年第 5 期。
③ 陈旸:《乐书》。
④ 《史记·乐书》。
⑤ 段渝:《涪陵小田溪巴王墓新证》,《巴蜀历史·民族·考古·文化》,巴蜀书社 1991 年版,第 269~283 页。

同的统治对象，同时各个时期都存在文献不足征的情况。综合各方面资料考查，巴国统治阶级的核心是巴王，宗室子弟，其次是卿大夫和将军。统治集团上层主要由宗姬的一脉后代组成，但也吸引了一些土著民族的酋豪。如著名的巴将军蔓子就来自川中地区鄾地①。不过此类情况并不多见。

从四川盆地东部、渝东和鄂西巴国曾统治过的地域看，战国时代当地土著族群大多还处于由部落制向国家过渡的酋邦阶段，相应发展出一种以血缘纽带为中心的大姓统治。如《风俗通》所记賨人七姓（即板楯七姓）②，即是由七个部落组成的血缘集团，姓即部落名称。这种情形正是史前酋邦制的典型特征，也与四川盆地东部考古文化显示出来的情况相符合。从賨民七姓"勇敢能战"③来看，其酋豪也正是酋邦制时期的军事首长。清江流域的"巴郡南郡蛮"五姓，情形亦然。这些大姓，其首领原本都各自称王，如板楯七姓中的杜（度）、胡部首领即称"巴夷王"④。洪适《隶释》著录《东汉繁长张禅等题名碑》，中有"白虎夷王资伟"、"白虎夷王谢节"，以及各种"邑君"。据《玉篇》"资，故国，黄帝后"，其实也就是一个小国寡民的首领，实即部落或酋邦的酋豪。

第三节　巴国的迁徙和疆域变迁

《华阳国志·巴志》记述巴地的范围是：

> 其地东至鱼复（今重庆奉节），西至僰道（今四川宜宾），北接汉中（今陕西汉中），南极黔涪（今渝东南、黔东北以及湘西部分地区）。

如此广阔的地域，从最广泛的意义上说，的确可以称之为巴地。但从巴国疆域的角度上说，巴地中的每一部分，不论在哪一时期都并不是巴国同时所占有的疆域。巴国迁徙甚剧，在不同的时期占有不同的版图，《华阳国志·巴志》

---

① 《说文解字》："鄾，蜀广汉乡也。"
② 《文选·蜀都赋》李善注引。
③ 《华阳国志·巴志》。
④ 《华阳国志·汉中志》。

的这段文字其实是将巴国在不同时期所先后占有的版图与巴地的范围合在一起加以总述的。

按照巴国历史的发展,巴国疆域的历时性变迁大体上可以归纳为:商周时代,据有汉中东部;春秋时代,向大巴山东缘发展;春秋末叶,举国南迁长江干流鄂西、渝东之间;春秋战国之际,渐次进入长江、嘉陵江、渠江、乌江之间的渝东地区和四川盆地东部,并兼有与鄂、湘、黔相邻之地。以下按其历史发展予以概略分述。

西周初年,巴为周之南土,立国于汉水、大巴山之间。《战国策·燕策二》记载:"汉中之甲,乘舟出于巴,乘夏水而下汉"。《史记》索隐云:"巴,水名,与汉水相近。"这里的巴,是古巴国在汉水流域的明证①。《水经·沔水注》记载汉水上游陕南鄂西之间地有巴岭、巴溪戍、巴山等古地名,均确切表明早期巴国立于其地,在今陕西东南角与大巴山之间。历代旧注以为西周一代巴建都江州(今重庆市),不确。

春秋初叶,巴国在楚、邓之西②。邓在今湖北襄樊市西北③,楚都丹阳在丹、淅之间④。巴既在其西,也就是位于汉水上游一带。从《左传》文公十六年(公元前611年)所记巴与楚、秦灭庸之役来看,楚师西出石溪、仞(在今湖北均县境⑤),秦师从西北东进,巴师则从西面挺进,与楚师形成东西夹击之势,于是灭庸。庸在湖北房县至竹溪之间,其南有庸之与国鯈、鱼(今奉节)等⑥,与巴、楚、秦为敌。假如其时巴国地在四川盆地东部和渝东,则无以北出援楚。可见,其时巴国必在陕东南⑦。

春秋末叶,由于巴、楚联盟的破裂,巴国无法再在汉水、大巴山之间立足,于是南下长江干流,转入鄂西、渝东和川东。这在文献和考古资料上都有反映。

据《括地志》,今湖北竹山县、房县"是巴蜀之境"⑧。此两县地在汉水中

---

① 童书业:《春秋左传研究》,上海人民出版社1980年版,第241~243页。
② 《左传》桓公九年。
③ 石泉:《古邓国、邓县考》,《江汉论坛》1980年第3期。
④ 宋翔凤:《楚鬻熊居丹阳武王徙郢考》,《过庭录》卷9。
⑤ 《钦定春秋传说汇纂》卷18,"文公十六年"。
⑥ 《水经·江水注》。
⑦ 段渝:《西周时代楚国疆域的几个问题》,《中国史研究》1997年第4期。
⑧ 《史记·秦始皇本纪》正义引。

上游以西，大巴山东缘，靠近陕西东南角。所谓"巴蜀之境"，当然只能是巴境，蜀国从未扩张至此。房县本为庸国故地，春秋文公十六年巴与楚、秦共灭庸后，巴一度扩张至此，故称巴国之境。这也是春秋年间巴国从陕南东进的最东界线。但春秋之末，巴从汉水流域消失，南迁于鄂西南清江流域。梁载言《十道志》记载："施州清江郡，荆州之域，春秋时巴国，七国时为楚巫郡地。"①《括地志》②、《后汉书·公孙述传》李贤注及《通典·州郡》等又谓巴国在今湖北长阳设"捍关"，《水经·江水注》则说"昔巴、楚数相攻伐，藉险置关，以相防捍"，故称捍（扞同）关。这些记载都确凿无疑地表明，春秋末叶巴国已南下清江，作为暂时的栖身之所。

湖北省博物馆曾在襄阳山湾发掘了一批东周墓葬，出土大量青铜器，其中有巴式柳叶形剑、内上阴刻虎纹的戈、隆脊带血槽的柳叶形矛等③，年代早于四川盆地东部所出同类器物。湖北荆门曾出土巴国的"兵避太岁"青铜戈④，年代亦早于四川巴县冬笋坝所出同类戈⑤。湖北枝江、宜昌等地，近年也不断出土巴式青铜器。尤其在清江河谷，典型的巴式青铜器，如虎纽錞于、兵刃、残镦等，发现相当多⑥。这些都对文献所记巴国南下清江流域及其年代提供了充分的实物证据。

图8-4 湖北荆门出土的"兵避太岁"戈

战国初期，巴国已由清江流域西上发展到渝东和四川盆地东部地区。《汉书·西南夷传》颜师古注曰："黔中，即今黔州是其地，本巴人也。"唐黔州治今四川彭水，辖彭水、黔江等县地，与清江支流钟建河相近。在长江巫峡东面、鄂西巴东县一带发掘的战国墓葬中，出土大批巴国青铜兵器，有柳叶形剑、矛、

---

① 《太平御览》卷171引。
② 《玉海》卷10引。
③ 《襄阳山湾东周墓葬发掘报告》，《江汉考古》1983年第2期。
④ 王毓彤：《荆门出土的一件铜戈》，《文物》1963年第1期；俞伟超、李家浩：《论"兵避太岁"戈》，《出土文献研究》，文物出版社1985年版。
⑤ 李学勤：《"兵避太岁"戈新证》，《江汉考古》1991年第2期。
⑥ 林奇：《巴楚关系初探》，《江汉论坛》1980年第4期。

斧、戟、箭镞等①，确切表明峡江沿岸已成巴国之地。而川东和渝东长江干流的若干地点所发现的战国时代的巴国青铜器，则说明此时巴国已入主四川盆地东部和渝东，建国立都。战国初期巴国版图较广，东至清江流域，西至四川盆地东部，南至黔中②，而以四川盆地东部为政治中心。但随着楚国版图的推进，巴地又不断缩小。

不论从载籍还是考古资料看，巴国从汉上南移江上，尔后从巴峡以东节节退至夔峡以西，主要是迫于楚国的凌厉攻势。因此，在战国时期的楚国西境范围内，积聚了大量的巴文化要素。《汉书·地理志》载："而汉中淫失枝柱，与巴蜀同俗"。这里所说"巴蜀"，应理解为"巴"。汉中为西汉水所经之地，西汉水与沔水之间，有不少称为巴岭、巴山、巴水、巴溪成的古地名③，这与《左传》所记巴国的位置是一致的。据《括地志》，今湖北西北的竹山、房县"是巴蜀之境"，实则为"巴境"而非"蜀境"，这是春秋文公十六年巴与秦、楚共同灭庸后巴国扩张所至之地，也是春秋时代巴国东进的最东界域。这些地区均在战国时为楚所有，即先为巴地，后为楚地。《史记·秦本纪》载："（秦）孝公元年（公元前361年），河山以东强国六……楚自汉中，南有巴、黔中。"这里所说的"巴"，是指巴国故地，即上述春秋时代的巴国所在，其中包括峡江流域巴之故地。巴曾在西陵峡西口今秭归县地江上置"弱关"以御楚④，此时也一并被楚吞并。黔中是指今四川盆地东南渝东地区的彭水、黔江等地，与鄂西南清江支流钟建河相近。战国时代，巴国在长江干流三峡地区兼及清江流域的广大地区先后为楚所占领，成为了楚地。《太平御览》卷171引《十道志》载"施州清江郡，荆州之域，春秋时巴国，七国时为楚巫郡地，秦昭王时伐楚，置黔中郡，巫地属焉"，说的正是这种情况。由此可知，清江流域在公元前361年已尽

---

① 林奇：《巴楚关系初探》，《江汉论坛》1980年第4期。
② 贵州省东北部的松桃县曾出土过典型的巴式虎纽錞于，而黔北乌江西岸的沿河、洪渡河上游东岸的务川一带，是以今重庆彭水县为中心的汉晋涪陵郡之南部诸县地。湘西亦曾大量发现巴人的青铜器，见高至喜、熊传新：《楚人在湖南活动的遗迹概述》，《文物》1980年第10期。据《华阳国志·巴志》记载："涪陵郡，巴之南鄙，从枳南入，沂舟涪水。本与楚商於之地接。秦将司马错由之取楚商於地为黔中郡也。"战国时期巴国的南境在黔中，即今重庆东南部的黔江、彭水、酉阳，以及贵州东北和湘西的部分地区，应是没有问题的。参考李绍明：《川东南土家与巴南境问题》，《思想战线》1985年第6期。
③ 《水经·沔水注》；《战国策·燕策二》。
④ 《水经·江水注》。

第八章 巴国的兴亡

入楚国版图。战国时楚国不断溯江西上，鲸吞巴国之地。公元前280年左右"楚襄王灭巴子，封废子于濮江之南，号铜梁侯"①，所灭巴子为枳地（今重庆涪陵）的巴国王子，枳地也是楚国向西南方向扩疆的最西界限②。近年重庆云阳李家坝遗址和四川宣汉罗家坝遗址的发现，进一步证实战国中叶以后，位于长江干流云阳地区和位于渠江支流前江流域的巴地，均已成为巴、楚相攻的战场，而位于云阳的楚故陵的发掘③，则表明渝东长江干流的大部地域此时已成为楚国的西境④。可见，从春秋末至战国年间的历史看，从汉中沿汉水南至黔中、西至峡江流域的巴地，均先后变成了楚国的版图。巴在失去峡江和清江之地后，只有四川盆地东部和渝东一隅还可暂时据守，但已摇摇欲坠了。

第四节 巴与列国的关系

巴国在长期的历史发展过程中，曾与历代中原王朝和不少毗邻国家发生过各种关系。巴与中原商、周王朝的关系，已见上述各节，这里不再复述。巴与其他一些国家的关系，因文献无征，也难以缕述。本节仅扼要对巴与楚、蜀、秦的关系拟出一个大概线索。

一、巴与楚的关系

巴、楚在西周一代均为周之南国，但两国间分布有大批百濮群落。到两周之际，随着濮的衰落和大批远徙，巴、楚关系始获进一步发展的条件。

春秋时代，"王者之迹息而《诗》亡"⑤。随着大国争霸时代的来临，巴国也积极向外拓展，扩张势力。由于巴国地处汉水、大巴山之间，北限诸夏，西阻蜀、秦，而东面濮势正衰，"百濮离居，将各走其邑"⑥，因此其领土扩张，

---

① 《舆地纪胜》卷159引《益部耆旧传》。
② 段渝：《论巴楚联盟及相关问题》，《楚学论丛》第1集，《江汉论坛》1990年增刊。
③ 中国历史博物馆故陵考古队、云阳县文物管理所：《云阳故陵楚墓发掘报告》，《重庆库区考古报告集·1998卷》，科学出版社2003年版，第389~415页。
④ 段渝：《先秦巴文化与巴楚文化的形成》，《华中师范大学学报》2004年第6期。
⑤ 《孟子·离娄下》。
⑥ 《左传》文公十六年。

只有向东一途。而要渡汉水而东，就必须首先与雄踞江汉的楚国交好，打通东进之路。《左传》桓公九年记载："巴子使韩服告于楚，请与邓为好。楚子使道朔将巴客以聘于邓。"巴欲东出襄阳而请楚为中介，这已经显示出巴欲与楚交好的明显意图。楚武王应巴国之请，欣然派使与巴使同聘于邓，也表明了楚国愿与巴国进一步合作的意向。这一事件的进一步发展，便促成了巴、楚两国政治军事联盟的产生。

从《左传》桓公九年（公元前 703 年）所记巴、楚联师伐邓之役可以看出，两国军队协同作战，以楚将为统帅，分巴师为两队，将楚之精锐横陈其间，以佯败诱敌，然后回师夹攻，大获全胜。此役标志着巴、楚联盟的形成。

巴、楚结盟后，多次联合出兵，征伐汉水流域诸国，并有北进的意图。《左传》庄公六年（公元前 688 年）巴、楚联师伐申（今河南南阳市北），就是一例。申为周宣王分封的南方军事重镇，直接控扼着南方诸国进入中原的咽喉。巴、楚伐申（因楚师惊巴师而未克）[①]，也就表明了两国的政治意图，这也是联盟所以形成的一个重要的政治基础。

巴、楚联合作战的最重要成果是灭庸之役。《左传》文公十六年（公元前 611 年），庸人率群蛮叛楚，麇人率百濮将伐楚。楚与庸战，七战皆北。危难之时，巴师、秦师驰援楚师，迫使群蛮叛庸从楚，反败为胜，从而合围灭庸。此役，楚不但占领了庸国以西地，"群蛮率服"，而且还为后来的疆域大扩张奠定了广阔的后方。巴国则从陕东南扩张至鄂西北，占领庸之故地，深入到大巴山东缘，并取得了庸之鱼邑（今奉节），得以染指四川盆地东部，为日后南下转入四川盆地东部造就了立足基地。

但巴、楚联盟的目的在于利用对方力量，作为本国扩张的工具，造就本国的区域霸权。这种性质就从根本上决定了联盟的暂时性、不稳定性以及各种松懈的关系。早在二国联盟初成（前 703 年）不久，仅仅 15 年之后，就已开始产生了裂痕。《左传》庄公十八年追述庄公六年（前 688）年事说："及（楚）文王即位（前 689 年），与巴人伐申而惊其师（按：据《左传》庄公六年，此事发生在本年，时当楚文王二年）。巴人叛楚，而伐那处，取之，遂门于楚。阎敖游

[①] 楚伐申，事见《左传》庄公六年（公元前 688 年）。《左传》庄公十八年（公元前 676 年）、庄公十九年（公元前 675 年）追记楚与巴人伐申而惊巴师的事件。

涌而逸。楚子杀之，其族为乱。"巴、楚联军本来预定伐申（今河南南阳市东北），但由于楚文王惊巴师（原因不详），致使此次联合军事行动破产。文中所记"巴人叛楚"，即背叛巴、楚早已建成的军事盟约，因而导致巴人伐楚，取楚那处，进而直攻楚国郢都城门，讨伐楚国。在巴人攻取那处的战役中，楚之那处尹阎敖脱逃，被楚文王杀掉，引致阎敖的族人为乱。十二年后，即在《左传》庄公十八年（前676年）冬，巴人通过阎敖的族人"以伐楚"[1]，至次年（前675年）春，"楚子御之，大败于津"[2]。此次战役，巴国取消全胜的战果，而楚国被巴师大败于津后，楚文王率于归途。这两次战役，虽然说是巴、楚反目，然而从长远来看，仍属裂痕，二国联盟并未因此而完全破裂，仍然在相当程度上维持着原来的基础，所以在64年之后，当楚国遇有危难之际，巴师紧急驰援，与楚、秦共同灭庸，也是显著例证。

巴、楚联盟于公元前477年彻底破裂。《左传》哀公十八年（公元前477年）记载巴师伐楚，围鄾，楚大军迎战，大败巴师于鄾。此后，巴、楚政治上军事上的联合再未见诸史载，表明巴、楚联盟已不复存在。

巴、楚联盟的破裂，正如这个联盟的形成一样，有着深刻的政治历史背景。就楚而论，自武、文以后，发展迅速，灭国数十，其势与春秋之初已不能同年而语。此时，楚要实现扫荡江汉，吞并汝淮的目的，进而北上中原，更为霸主，就必须连同虎踞汉以西的巴国一并予以荡平。对巴而言，本欲借助与楚联盟实现其东出汉水进而建立区域霸权的战略目的，但事与愿违，不但一个赫赫楚国阻断了巴的东进之路，而且楚还日益暴露出独霸江汉之心。在这种形势下，原为消灭江汉间小国从而抗衡中原而存在的巴、楚联盟已经失去了它继续存在的基础，其崩溃已是在所难免。

由于巴以倾国之师伐楚而惨败，难以复原，面对步步逼凌的楚国攻势已无法抗衡，这就导致了巴在汉水大巴山之间已无法立足的严峻局势，致使巴国不得不弃土南迁。《华阳国志·巴志》说："哀公十八年（公元前477年），巴人伐楚，败于鄾。是后，楚主夏盟，秦擅西土，巴国分远，故于盟会希。"巴国势力最终从汉水流域消失了。

---

[1]《左传》庄公十八年。
[2]《左传》庄公十九年。

第八章 巴国的兴亡

巴、楚联盟不仅是两国共同谋求区域霸权的工具，也是直接作为中原诸夏集团的对立物而出现的。巴虽与周同姓，为汉阳诸姬之一，但春秋时代已被诸夏视为南夷①，楚则是中原诸夏"尊王攘夷"所打击的主要对象之一。因此这个联盟带有明显的政治意图，也是与诸夏对立的一个政治军事集团，伐申即其显著表现。巴、楚联盟与当时中原诸夏的各种同盟，在形式上有若干共同之处，如有中心，有统帅，有共同的作战部署，有相互支援的义务，等等。其间最大的不同之处在于，中原诸夏集团的同盟以"尊王攘夷"为旗帜，而巴、楚联盟决不朝觐周天子，没有丝毫"夹辅周室"的影子。这也正是对其性质的极好说明②。

战国时代，巴、楚"数相攻伐"。虽两国王室之间尚存婚姻关系，楚师也曾驰援巴将军蔓子，以救巴乱③。但其间婚姻已远非昔日的政治联姻，而楚之援巴，又必须以巴献城池作为代价。这时的巴、楚关系，本质上取决于各自的根本利益。因此尽管时有往来，却不能丝毫减弱两者间生死存亡的战争。巴为拒楚，在长江一线连置三道防线，即弱关（今秭归县境）、江关（今奉节县境）和阳关（今长寿县东南）④。但巴势既已一蹶不振，而楚正值蒸蒸日上，长江天险根本不能阻挡楚师西上的步伐。到公元前361年，"楚自汉中，南有巴、黔中"⑤，从鄂西清江流域到渝东今奉节、云阳长江干流的大部分地区已尽数纳入楚国版图，而楚之前锋业已深入到巴国的腹心之地。巴国在失去江关以后，东方大门完全向楚敞开，而在失去阳关以后，更是无险可守，不得不再度将其国都沿嘉陵江北移至阆中（今四川阆中），愈益远离长江战场，以避楚国的咄咄兵锋，其势已从根本上削弱了。

巴、楚由于长期交往，相互间都受到深刻影响。战国时楚郢都内有巴人聚居之区，名曰"下里"，下里巴人唱的歌，郢都不少楚人能够听懂，并能和而诵之。《文选·宋玉对楚王问》云：

---

① 《管子·小匡》及注，《汉书·地理志》。
② 段渝：《论巴、楚联盟及其相关问题》，《楚学论丛》第1集，《江汉论坛》1990年增刊。
③ 《华阳国志·巴志》。
④ 《华阳国志·巴志》云："巴、楚数相攻伐，故置扞关、阳关及沔关。"沔关为弱关之误。参考刘琳：《华阳国志校注》，巴蜀书社1984年版，第59～61页。
⑤ 《史记·秦本纪》。

客有歌于郢中者，其始曰'下里巴人'，国中属而和者数千人（《艺文类聚》卷43引《襄阳耆旧传》则谓"数万人"）。

巴人之歌能在楚都引起成千上万人的共鸣，说明楚文化曾受巴文化的一定影响。而战国时代巴地又多楚风。《华阳国志·巴志》："江州以东，……其人半楚，姿态敦重"，风俗文化上接近楚人，受到了楚文化的熏染。

巴人的文化也明显地影响到楚王族或公室的文化。其中最显著的两个例子，一是楚的"万舞"源自巴人板楯蛮的"巴渝舞"，一是楚之屈宋文学吸纳了大量巴文化的口头文学。而巴文化对楚人影响最大的，莫过于巴人的巫鬼文化在楚地的长期风行，盛而不衰①。

二、巴与蜀的关系

巴、蜀长期为近邻。商代巴方活动于陕南，与蜀之北方据点毗邻。两国共同参加武王伐纣，周初均受分封，地域仍相毗邻。在汉中，东部属巴，西部属蜀②。杜宇王蜀时，以其进步的经济文化东传巴地，"巴亦化其教而力务农"③，古蜀文字也东传于巴。虽然战国初巴国入主四川盆地东部，与蜀相敌，但长期以来形成的友好关系事实上不能割断。表现在考古学文化上，就是巴文化与蜀文化的相互影响、渗透以至渐趋同一的发展趋势，以至形成为后来学者们所盛称的"巴蜀文化"。

三、巴与秦的关系

春秋以前，巴与秦国交往很少。春秋年间巴、秦交往，文献仅两见。一是《史记·商君列传》所记百里奚相秦，"发教封内，而巴人致贡"，时为秦穆公早期，巴人为何致贡，原因不详。一是《左传》所记巴师与秦师援楚灭庸；但此役中巴、秦交往情况未详。

战国时期，"秦惠文王与巴、蜀为好"④，看来是一种远交近攻的策略。巴受楚、

---

① 参见本书第十章。
② 蒙文通：《巴蜀古史论述》，四川人民出版社1981年版，第10页。
③ 《华阳国志·蜀志》。
④ 《华阳国志·巴志》。

第八章 巴国的兴亡

蜀夹击而远交于秦,显然有借助秦势以制约西方蜀国和东方楚国的意图。秦与巴交好,则是因为巴有劲卒,又据长江天险,足以因之"浮大舶船以东向(伐)楚"①。后来的历史发展证明,秦正是贯彻了这一战略意图,将巴作为伐楚的战略基地的。而巴国企图在强秦的卵翼下抵制蜀、楚夹击,却根本不可能指望有所奏效,相反只能是巢倾卵覆,自取灭亡。这一切,很快就为历史所一一证实。

第五节 巴国的衰亡

一、秦灭巴

周慎王五年(公元前316年),蜀王伐苴侯,苴侯奔巴,巴、苴求救于秦。秦决计灭蜀取巴,遣大军伐蜀。冬十月平蜀。紧接着,秦移师东进,轻取巴之重镇江州和阆中,俘虏巴王,巴国由是灭亡。

二、楚灭巴子

巴灭后,巴国之祀并没有绝灭,巴国王室宗支仍存,据守江州以东的枳,负隅顽抗。《华阳国志·巴志》记载秦"因取巴,执王以归",《舆地纪胜》卷185引《九域志》转引《图经》说"秦司马错执(巴)王以归阆中",可见秦虽取江州(今重庆市),却没有进一步顺江东下取枳(今重庆涪陵),而是转而北上,溯嘉陵江取阆中(今四川阆中)。这就为巴王宗支依托枳地,重建巴子小政权提供了机会和条件。

秦不乘胜取枳,有其深刻原因。一方面,渝东地区土著大姓势力强大,秦不愿激化与其民族矛盾,只能实行羁縻政策,与土著"刻石为盟要"②,不改变其社会结构和大姓统治,因此巴的强兵劲卒仍存。另一方面,楚已先期夺取巴之江关、阳关,与枳咫尺相望。如秦师继续东进取枳,势必会立即形成与楚决战之势。这在当时为秦所不愿。因为秦军的精锐此时集结在汉中一带,正积极

① 《华阳国志·蜀志》。
② 《华阳国志·巴志》。

部署丹阳之战。楚也由于同样原因，不愿西上在故巴地与秦决战，以分汉中之势。这样，枳地实际上作为秦、楚两强之间的一个缓冲地带，起着避免两国军队直接发生接触的作用。因此，巴国宗支得以在两强的间隙中偏安一隅，继续维持其宗祀。重庆涪陵小田溪发掘的9座战国晚期巴人墓葬①，应即与此有关②。

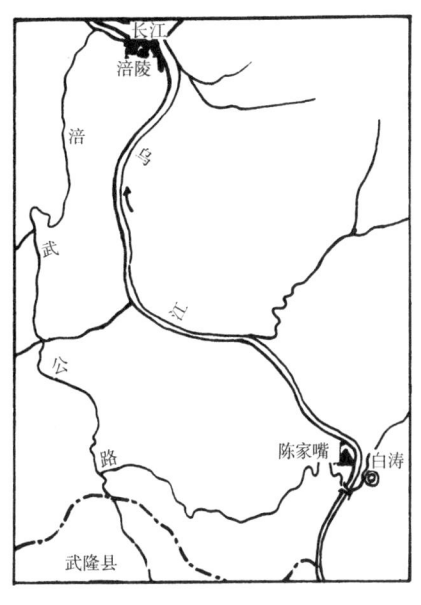

图8—5 重庆涪陵小田溪墓葬位置示意图

史籍均载秦所灭掉的是巴王，又一致记载巴灭国后仍有余部在枳地据守，这就是巴子及其所部。巴子即是巴王子。战国时代，"七国称王，巴亦称王"③，不再称巴子。这时的巴子，实即巴王子和巴之群公子的省称，正如列国君主的太子通称"王子某"，群公子通称"公子某"，又均省称"子某"一样。陈寿《益部耆旧传》记载："昔楚襄王灭巴子，封废子于濮江之南，号铜梁侯。"④《战国策·燕策二》记载："楚得枳而国亡"。国亡指楚之国都纪郢沦亡，楚襄王于是退保陈郢。楚得枳和楚襄王灭巴子，所指是同一事件⑤。可见，巴王室的宗祀最后亡于楚，时在公元前280年前不久⑥。

楚襄王灭巴子后，巴之群公子继续南逃，流亡于黔中。《十道志》记载："故老云：楚子灭巴，巴子兄弟五人流入黔中。汉有天下，名曰酉、辰、巫、武、

---

① 四川省博物馆等：《四川涪陵小田溪战国土坑墓清理简报》，《文物》1974年第5期；《四川涪陵小田溪四座战国墓》，《文物》1985年第1期；四川省文物考古研究所等：《涪陵市小田溪9号墓发掘简报》，《四川考古报告集》，文物出版社1998年版。
② 段渝：《涪陵小田溪巴王墓新证》，《巴蜀历史·民族·考古·文化》，巴蜀书社1991年版，第269～283页。
③ 《华阳国志·巴志》。
④ 《舆地纪胜》卷159引。
⑤ 徐中舒：《论巴蜀文化》，四川人民出版社1981年版。
⑥ 段渝：《论巴、楚联盟及其相关问题》，《楚学论丛》第1集，1990年；段渝、谭晓钟：《涪陵小田溪战国墓及所见之巴、楚、秦关系诸问题》，《四川文物》1991年第2期。

第八章 巴国的兴亡

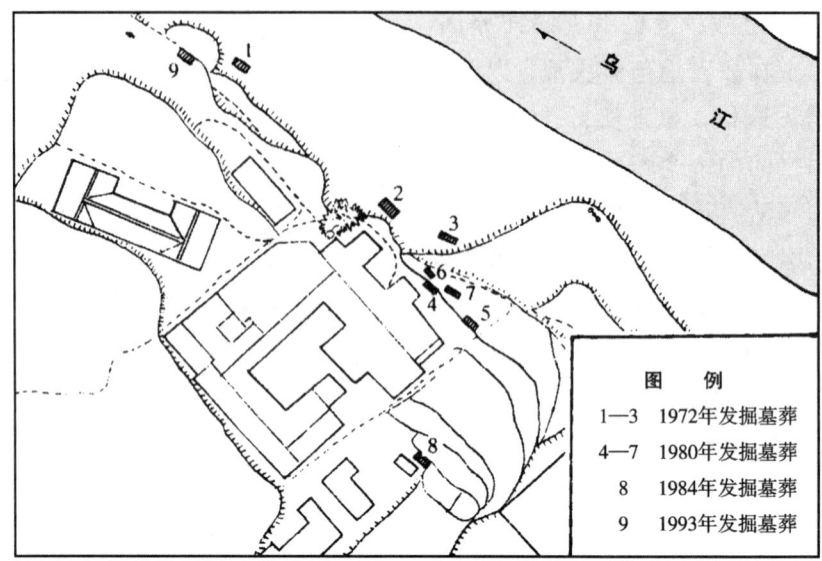

图8-6 重庆涪陵小田溪墓葬分布示意图

沅等五溪，为一溪之长，故号五溪。"五溪本有土著，巴子兄弟逃亡其地，各为一溪之长，很显然是"变服从其俗而长之"①，而不是说五溪蛮来源于巴子五兄弟。

不过，正像楚灭越却不能改变越文化一样，巴王族的文化也没有因为灭国绝祀被彻底消灭。巴子兄弟五人流入黔中，将其文化移植到黔中地区并继续保存下来。并且，为楚襄王所灭的巴濮子分封在"濮江之南"的铜梁地区，其地位于垫江（今重庆合川）之西，其文化也基本保存下来，很少受到楚文化的影响。《华阳国志·巴志》记载："江州以东，滨江山险，其人半楚，姿态敦重"，又载："垫江以西，土地平敞，精敏轻疾"，固然是对不同地域上受环境影响造成的性格差异的描述，也表明了江州（今重庆市渝中区）以东受楚文化影响颇深，而垫江（今合川）以西基本未受楚文化影响的情况，其中自当包括巴濮子的文化。湖南省博物馆收集到的一件战国晚期巴式虎纹戈，戈援脊下方有"泪滴纹"一行三个，与重庆万州出土的戈完全相同，是典型的巴式戈②。此戈援

---

① 《史记·西南夷列传》。
② 高至喜、熊传新：《楚人在湖南活动的遗迹概述》，《文物》1980年第10期。

脊上方有铭文一行十一字，释为："偈命曰：献与楚君监王孙袖。"①作戈者偈原是巴王族的一个成员，在巴灭于楚，巴地成为楚地后，仍保留了巴王族的遗风，铸造巴式戈，虽献与楚国派来的君监，仍以巴式戈相献。这些例子表明，巴国王族的文化在其灭国后仍以各种形式顽强地保存下来，没有为楚所完全改变。而在先是巴地后为楚地的大多数地方，考古资料所显示的情况，是巴楚文化的形成，它深刻地表现了巴、楚之间相互的文化认同和文化互融，这是巴楚文化形成的直接原因之一②。

---

① 李学勤：《湖南战国兵器铭文选释》，《古文字研究》第 12 辑，中华书局 1985 年版，第 329~335 页。

② 段渝：《先秦巴文化与巴楚文化的形成》，《华中师范大学学报》2004 年第 6 期。

第九章　巴的社会经济

巴地物产丰富，美丽富饶。《华阳国志·巴志》记载：

(巴地) 土植五谷，牲具六畜，桑、蚕、麻、苎、鱼、盐、铜、铁，丹、漆、茶、蜜，灵龟、巨犀、山鸡、白雉，黄润鲜粉，皆纳贡之。其果实之珍者，树有荔支，蔓有辛蒟，园有芳蒻、香茗，给客橙、葵。其药物之异者，有巴戟、天椒；竹木之瑰者，有桃支、灵寿。

其中列举的大多数工农业产品，在先秦时代即已出产，是巴文明的丰硕之果。

第一节　农业与渔猎

巴的农业经济，由于地理的、历史的、民族的、文化的原因，存在着不同的类型。巴国入川以前，巴地基本上还处于新石器时代晚期的社会阶段。西周春秋之际，由于蜀国稻作农业的传播和影响，四川盆地东部巴地部分地方开始经营稻作农业，发展较快，变化较大。但广大山区仍以后进的粗耕农业与狩猎相结合的复合经济为主，发展迟缓，变化甚微。这就使巴地农业经济发展不平衡，不同地区差别很大，呈现出完全不同的经济面貌。

一、农业

早在商代，巴方就是殷之甸服，"治田入谷"，是一个富庶的农业之区。西周一代，巴为汉阳诸姬之一，班列男服。"男，任也，任王事"，"王事唯农是务"，农业经济有所发展。春秋时代，巴国东进汉水之东，与楚交好结盟，也以坚实的农业经济为其雄厚的物质基础。战国初，巴举国南迁，转入渝东和四川盆地东部，在当地已有的稻作农业基础上，给以进一步推动促进，使渝东和四川盆地东部某些地区的稻作农业得到较大发展。《华阳国志·巴志》记载江州"有稻田，出御米"，当与文明成就较高的巴国入川有关。巴地出产的优质米，还用于研粉，"脂和以涂面"①。《华阳国志·巴志》：江州"县下有清水穴，巴人以此水为粉，则膏晖鲜芳，贡粉京师，因名粉水，故世谓江州堕林粉也。"刘熙《释名·释首饰》："粉，分也，研米使分散也。"说明堕林粉是巴人用优质米制作的。

《华阳国志·巴志》著录的几首古代巴国诗歌，有《诗经》流风，是姬姓巴人之作，从一个侧面反映出巴国农业取得的成就。诗曰：

> 川崖惟平，其稼多黍。
> 旨酒嘉谷，可以养父。
> 野惟阜丘，彼稷多有，
> 嘉谷旨酒，可以养母。

在川崖平地，多种植黍谷类作物，所获甚丰。丘陵山地则多种植稷谷类作物，所获亦丰。嘉谷之酿成旨酒，正是粮食有大量剩余的反映。

四川盆地东部和渝东地区在地理上由三十余条北东走向的平行山脉构成，山脉与河流相间分布，具有"一山二岭一槽"、"二山三岭二槽"或"一山三岭二槽"的特点，把四川盆地东部地区分割成无数方山丘陵、单斜丘陵和面积不大的小坝子，农耕条件不如川中和川西。因此总的说来，古代四川盆地东部稻

---

① 《释名·释首饰》。

第九章 巴的社会经济

作农业并不发达，多数山崖丘陵特别是峡中地区以开垦畬田为主，耕作形式仍然处于刀耕火种阶段，至唐宋亦然，比较落后。

所谓畬田，即是原始的刀耕火种。王洙注杜甫《秋日夔府咏怀奉寄郑监李宾客一百韵》诗曰："峡土瘠确，居人烧地而耕，谓之畬田"。范成大《畬田耕诗·序》记述畬田为："畬田，峡中刀耕火种之地也。春初斫山，众木尽蹶。至当耕时，伺有雨候，则前一夕火之，借其灰以粪。明日雨作，乘热土下种，则苗盛倍收。"此也即上古巴人畬田的实际情形。刀耕火种的农具，仅是简陋的木器、石器，因此生产力十分低下。

除稻、黍、稷类作物外，峡中还产燕麦。《华阳国志·巴志》记载："三峡两岸土石不分之处，皆种燕麦。春夏之交，黄遍山谷，土民赖以充食。"① 可见古代峡中居民的生活是相当艰苦的。

二、渔猎

先秦时代居住在四川盆地东部、鄂西南的巴人各族中，有相当部分经营狩猎或渔猎，或与粗耕农业相结合的经济。

古代生活在渝水（今嘉陵江）流域的板楯蛮，即以狩猎为主，古以射白虎著称。《后汉书·板楯蛮传》记载："板楯蛮夷者，秦昭襄王时有一白虎，常从群虎数游秦、蜀、巴、汉之境，伤害千余人。昭王乃重募国中有能杀虎者，赏邑万家，金百镒。时有巴郡阆中夷人，能作白竹之弩，乃登楼射杀白虎。"《华阳国志·巴志》所记略同，唯稍详："于是夷朐忍廖仲药、何射虎、秦精等乃作白竹弩，于高楼上射虎，中头三节。"又载："板楯七姓以射白虎为业。"以此，板楯蛮"世号白虎复夷"，"所谓弜头虎子也"，直到汉初仍"专以射白虎为事"，可见狩猎在其经济生活中居于主要地位。

板楯蛮也有锄农业。上引两书均记载秦昭王因板楯蛮射虎有功而"复夷人顷田不租，十妻不算"，双方盟词曰："秦犯夷，输黄龙一双，夷犯秦，输清酒一钟。"说明板楯蛮的农业经济还是有一定发展，虽较缓慢。

鄂西南清江流域故巴地的廪君蛮，是一支以农业与渔猎相结合的族群。《水经·夷水注》记载："昔廪君浮土舟于夷水，据捍关而王巴。"土舟当为陶质，

---

① 《蜀中广记》卷 64 引。

说明廪君已有农业。《水经·江水注》又称廪君为"浮夷",即水上民族,表明渔猎经济占有重要地位。盛弘之《荆州记》、郦道元《水经注》,以及其他史籍都记载廪君一系主要在水域活动,都反映了廪君为水居渔猎族类的事实。据《后汉书·巴郡南郡蛮传》引《世本》,清江流域为"鱼盐所出",廪君在此射杀盐水神女。又,廪君与另外四姓"掷剑于石穴,约能中者,奉以为君"。廪君所用剑,是一种遥掷的飞剑,是渔猎民族常用的中距离武器,这种样式的青铜短剑常出土于东周时期巴人的墓葬和遗址中,有的还带有双鞘。尽管已经发展到了酋邦制阶段,但打渔和狩猎仍然还是"廪君浮夷"生产之能事。

三、与农业有关的其他经济活动

巴人善酿酒,所酿巴乡清颇负名气。《水经·江水注》记载:"江之左岸有巴乡村,村人善酿,故俗称巴乡清,郡出名酒。"《郡国志》亦载:"南山峡峡西八十里有巴乡村,善酿酒,故俗称巴乡村酒也。"① 战国时秦昭王与板楯蛮订立盟约:"秦犯夷,输黄龙一双。夷犯秦,输清酒一钟。"黄龙即黄珑,黄玉雕龙,也有认为是黄金铸成的双龙。不管怎样,以黄龙一双值清酒一钟,足见酒质之优。

清酒是一种酿造时间较长因而浓度较高的酒,名列《周礼·酒正》。战国初期的酒称为薄酒,酒汁不清,又称浊酒。邹阳《酒赋》:"清者为酒,浊者为醴;清者圣,浊者顽。"《酒谱》亦说:"凡酒以色清味重为圣,色如金而醇苦者为贤。"由此定出等次。色清,成分高,才是上品。巴人善酿清酒,遐迩闻名,说明酿酒业发达,技术甚高,也说明粮食丰盛有余,并且富产质量很高的粮食②。

巴地富于鱼盐之利,煮盐业自古就很发达。据《水经·江水注》,四川盆地东部沿江一带多有盐泉和盐石。盐石,如瞿巫滩"入汤口四十三里,有石煮以为盐,石大者如升,小者如拳,煮之,水竭盐成。"③ 盐泉,《水经·江水注》记:"盐水下通巫溪,溪水是兼盐水之称矣。"并谓盐水经北井县。杨守敬《水经注疏》谓此水为大宁河。《文选·蜀都赋》"滨以盐池",刘注云:"盐池,出

---

① 《太平御览》卷53引。
② 邓少琴:《巴蜀史迹探索》,四川人民出版社1983年版,第29页。
③ 《水经·江水注》引王隐《晋书地道记》。

巴东北井县，水出地如涌泉，可以煮为盐。"《方舆胜览》："宝山，在大宁县北十七里，山半有石穴，出泉如瀑布，即盐泉也。"四川盆地东部大宁河自古产泉盐，此水称盐水，即以产盐得名。又，鄂西南清江一名盐水，"鱼盐所出"，也是著名的产盐区。

考古工作者在重庆忠县中坝遗址发现大量与制盐有关的遗迹和遗物，有卤水槽遗迹、盐灶，尤其是大量的制盐工具——陶角底杯和敞口深腹尖底缸。经对西周时期花边圜底罐内壁沉淀物的科学测试、分析，证实是当时的煮盐

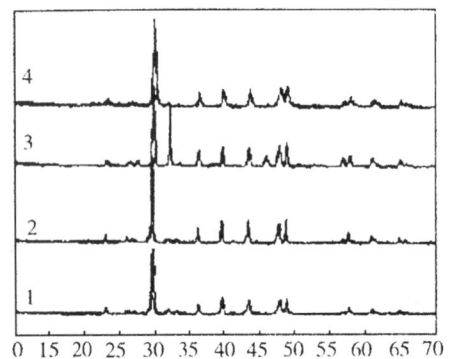

图 9-1 忠县中坝遗址周代花边口沿罐样品的 XRD 谱图

图 9-2 忠县中坝遗址样品 H457 剖面的线扫描 SEM 图

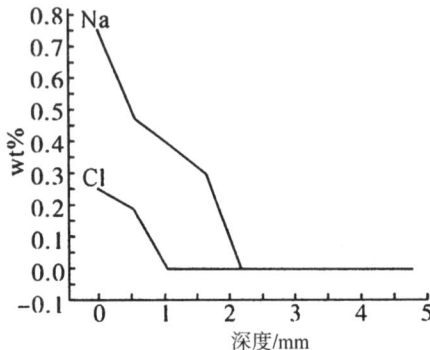

图 9-3 忠县中坝遗址样品 H457 剖面 Na、Cl 元素相应点扫描 EDS 定量分析结果

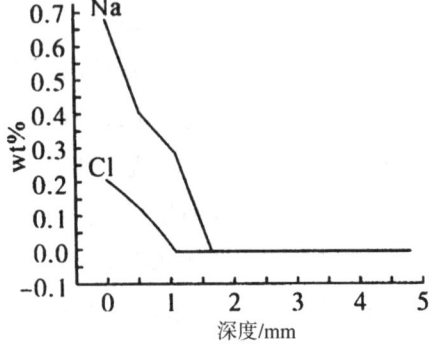

图 9-4 忠县中坝遗址样品 DT02 剖面 Na、Cl 元素相应点扫描 EDS 定量分析结果

工具①。《华阳国志·巴志》记载："临江县（今重庆忠县）有盐官，在监（今酱井）、涂二溪，一郡所仰，其豪门亦家有盐井。"《水经·江水注》在"临江县"下引《华阳记》也说："（临江县）县在枳东四百里，东接朐忍，县有盐官，自县北入盐井溪，有盐井营户，溪水沿注江。"这表明，忠县产盐，是长江三峡的一大产盐中心，自先秦而然。

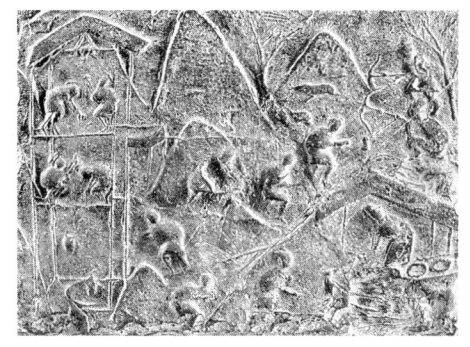

图 9-5　制盐图（汉画像砖）

第二节　手工业

巴国手工业的成就，主要反映在考古资料上。一般认为，1954 年在四川广元昭化宝轮院、巴县冬笋坝发现的大批墓葬②，1972 年及以后在涪陵小田溪清理发掘的 9 座墓葬③，以及近年来在长江三峡地区和嘉陵江、渠江流域所发掘的大批墓葬和遗址，多是古代巴人的文化遗存和遗迹。此外，在鄂西、湘西以及黔东北等地区也出有不少巴国遗物。所有这些，都是研究巴国手工业的珍贵实物资料。

一、青铜与青铜器

巴国青铜器出土较多，在四川盆地东部嘉陵江以东、渝东长江干流尤其三峡地区，近年发现大量巴国青铜器，年代从春秋至秦汉时期不等。虽然商代和西

---

①　四川省文物考古研究院、北京大学考古文博学院、美国加州大学洛杉矶分校、中国科技大学科技史与科技考古系、自贡市盐业历史博物馆：《中坝遗址的盐业考古研究》，《巴蜀文化研究集刊》第 4 卷，巴蜀书社 2008 年版，第 166～178 页。

②　冯汉骥、杨有润、王家祐：《四川古代的船棺葬》，《考古学报》1958 年第 2 期。《四川船棺葬发掘报告》，文物出版社 1960 年版。

③　四川省博物馆等：《四川涪陵小田溪战国土坑墓清理简报》，《文物》1974 年第 5 期；《四川涪陵小田溪四座战国墓》，《文物》1985 年第 1 期；四川省文物考古研究所等：《涪陵市小田溪 9 号墓发掘简报》，《四川考古报告集》，文物出版社 1998 年版。

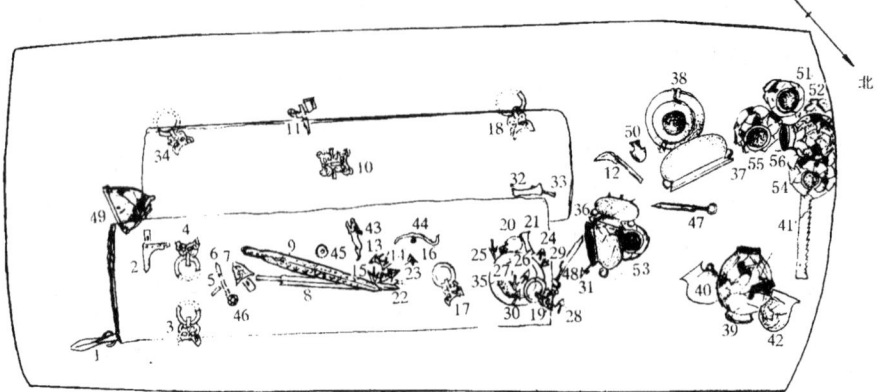

1. 铜牙 2、7. 铜弋 3、4、10、17、18、19、34. 铺首衔环 5. 琉璃管 6、47、48. 铜削 8、9. 铜剑 11. 弩机 12. 铜勺 13~16. 铜箭镞 20、50. 铜钺 21、32. 铜斤 22~31. 铜箭镞 33. 铜凿 35. 铜盘 36. 铜釜甑 37. 铜釜 38. 铜罍 39、51、54、56. 铜罐 40. 铜鍪 41. 铜锯 42、52、53、55. 陶釜 43. 玉龙饰 44. 铜带钩 45. 玉璧 46. 玻璃珠 49. 铜盔

图9-6 重庆涪陵小田溪9号墓平面图

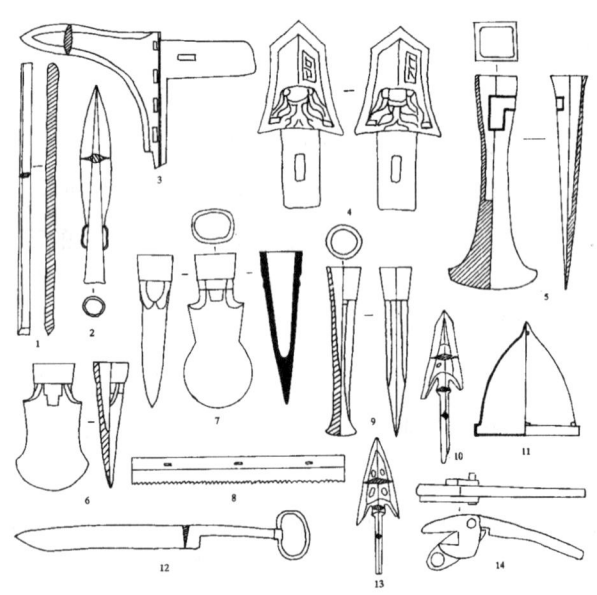

1. 凿 2. 矛 3. Ⅰ式戈 4. Ⅱ式戈 5. Ⅰ式斤 6. Ⅱ式钺 7. Ⅰ式钺 8. 锯 9. Ⅱ式斤 10. Ⅱ式镞 11. 盔 12. 削 13. Ⅰ式镞 14. 弩机

图9-7 重庆涪陵小田溪9号墓出土的铜器

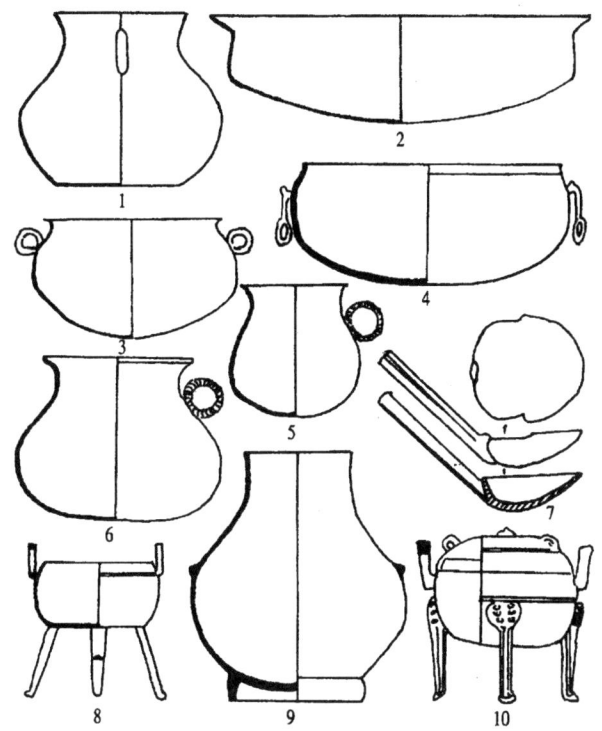

1、4、5、6. 鍪 2. 盆 3. 釜 4. 缶 7. 夂 8、10. 鼎 9. 壶
(1、2、3、4、7. 涪陵小田溪出土；5. 开县余家坝出土，
6、8、9. 云阳李家坝出土，10. 宜昌前坪出土)

图9-8　三峡地区战国墓葬出土的青铜器

周时期的巴国青铜器尚未发现，但从商代巴方之强劲，西周巴国之大封来看，必定有相应先进的青铜兵器。也就是说，巴国青铜工业早在商周时代已经有所发展，这是无可怀疑的。

战国时代，巴国青铜合金术达到相当高的水平。根据对1972年涪陵小田溪出土矛、剑的化验分析，巴国青铜合金配方与《考工记》"六齐"基本相合，发展水平与中原不相上下。

表9-1　涪陵小田溪出土战国铜兵器成分化验结果（%）

样品	出土坑位	铜	锡	铅	锌	铁	硫
矛	2号墓扰土中	82.11	15.04	1.51	0.037	0.064	0.110
剑	1号墓	82.11	14.67	1.28	0.043	0.039	0.056

第九章 巴的社会经济

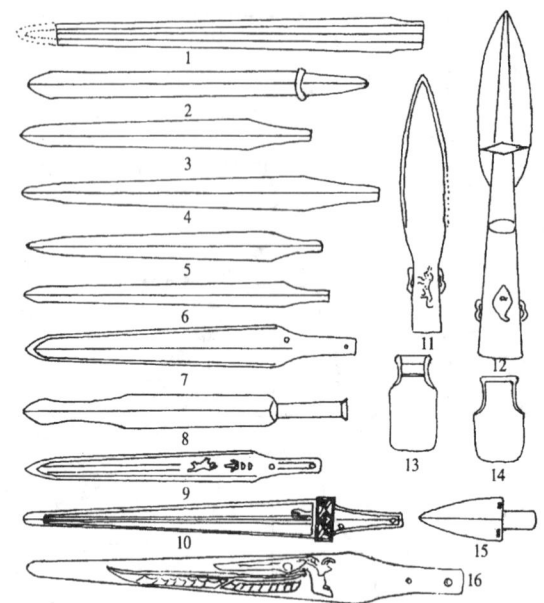

1. 剑（秭归庙坪出土） 2. 3. 剑（巴东冬笋坝出土） 4. 5. 剑（奉节风箱峡西汉墓出土） 6. 剑（秭归芝兰出土） 7. 剑（巴东西瀼口出土） 8. 剑（宜昌后坪出土） 9. 剑（枝江姚家港出土） 10. 矛（宜昌前坪出土） 11. 矛（开县余家坝出土） 12. 矛（秭归归州镇出土） 13. 14. 开县余家坝出土） 15. 戈（长阳城关镇出土） 16. 剑（云阳李家坝出土）

图 9-9 三峡地区出土的春秋战国时期青铜兵器

巴国青铜器主要有礼（容）器、兵器、工具以及杂器、乐器四大类。

礼（容）器以鍪、釜、甑为主，多成套，另有豆、盘、盆、壶、盒、罍、缶、勺等器形。

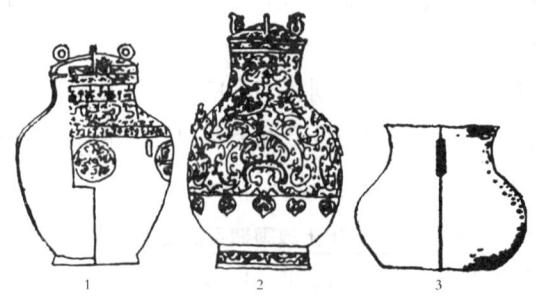

1. 罍 2. 错银云水纹壶 3. 鍪

图 9-10 巴国青铜礼（容）器

兵器主要有巴式剑、钺，矛、戈、戟、弩机、箭镞、甲胄等。巴式剑的剑身呈柳叶形，扁茎无格，与蜀式剑相类，但扁而薄，中有脊，两侧有血槽。巴式钺的最大特点是空首，钺身呈圆形，中部折成细腰，腰以上展开成肩，肩以上内收成銎，即通称的圆刃折腰式。巴式矛多为短骸。巴式戈多为长胡三穿，与中原青铜戈无大差异，也有无胡式戈，与蜀戈相似。荆门出土的一件巴式无胡三角援戈，上铭"兵避太岁"四字，属于蜀戈的第Ⅴ式，其上图像尤精。巴式兵器上多有巴蜀符号。

青铜工具主要有斤、凿、斧等。杂器有铜镜、灯台、铺首以及各种饰件等。

青铜乐器以錞于、钲、编钟为主。历年出土錞于数量较多，在湘西、四川盆地东部、鄂西、黔东北均有发现。巴式錞于的最大特点是纽作虎形，习称虎纽錞于。錞于和钲主要用于战阵，乃是号令士众进退之器。《国语·晋语五》，"战以

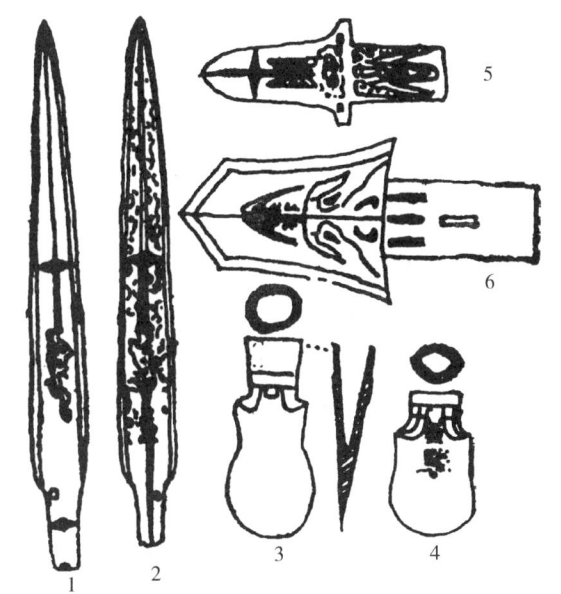

1.2.剑 3.4.钺 5.6.戈
图9-11 巴国青铜兵器

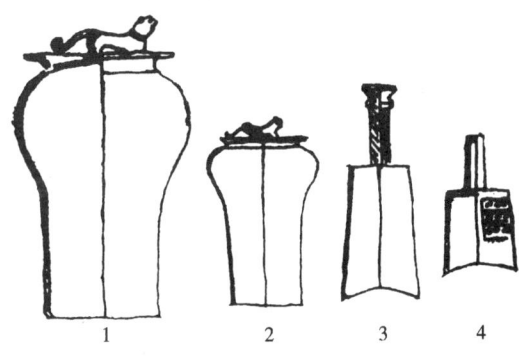

1.2.虎纽錞于 3.钲 4.编钟
图9-12 巴国青铜乐器

錞于，丁宁（即钲），儆其民也。"《国语·吴语》："吴王夫差乃秉枹，亲就鸣钟鼓、丁宁、錞于，振铎。"即其证。编钟出土于涪陵小田溪1号墓，共计14枚，大小有序，尺寸递减，显然是14枚一组。大者多数错金，小者不错金；这与中原地区整套大小一致的情况有所区别。陈旸《乐书》云："古者编钟，大小异制，有倍十二律而为二十四者，大架所用也，有合十二律四清而为十六者，中

架所用也,有倍七音而为十四者,小架所用也。"据此,小田溪编钟应为小架所用①。编钟是古代乐器中的重器,居于"钟鼓管磬羽籥干戚"之首。又因小田溪14枚一组为小架编钟,故知墓主不是作为诸侯国君的巴王,而是巴王子。

二、其他手工业

巴的制陶业颇为发达。从战国时代巴人陶器分析,已普遍采用轮制技术,也还有手制。陶器以各式圜底罐、绳纹圜底盂、喇叭状小圈足器和仿铜式陶釜甑等为代表,平底器出现较晚。陶质陶色,以夹砂红赭陶为主,硬度高低不一。炊器一般夹砂量大,食器类砂较少,另一些很少实用价值的器物如陶珠等则不夹砂。

竹木漆器制作业也比较发达。在巴县冬笋坝发现船棺棺底有六棱孔眼的篾垫痕迹。广元宝轮院也出土残篾器和木梳。此两处船棺葬中都还出一些竹木漆器,大多已腐,无法取出复原。但仅此已足见巴人在此方面的成就,而船棺葬具本身也反映出巴人木器业的发达。

四川盆地东部巴国墓葬内出土不少漆器,器形主要有盒、盘、奁、梳等,多为生活用器。色彩多黑、红两色。多以木为胎,也有竹编胎骨者。有的漆器还附加有铜足、铜盖、铜箍,称为釦器,堪称精品。

巴人向以纺织业发达著称。在巴县冬笋坝船棺中,发现了麻布和绢的痕迹。賨人自古长于织布。《说文》:"賨,南蛮赋也。"《后汉书·南蛮传》记载秦在黔中郡和武陵蛮中收取"賨布"。賨布亦称"幏"。《说文》:"幏,南郡蛮夷賨布也。"《文选·魏都赋》注引《风俗通》说:"槃瓠之后,输布一匹,小口二丈,是为賨布。廪君之巴氏出幏布八尺,幏亦賨也,故统谓之賨布。"賨布是賨人(板楯蛮)所生产,以布代赋,賨人之名即来于所织賨布。而賨人,据《华阳国志·巴志》的记载,在殷周之际即很活跃,可见賨布的产生历史十分悠远,且波及甚为广泛。

巴地富于矿藏,尤以丹砂著名。《史记·货殖列传》记载:"而巴寡妇清,其先得丹穴,而擅其利数世,家亦不訾。清,寡妇也,能守其业,用财自卫,不见侵犯。秦皇帝以为贞妇而客之,为筑女怀清台。"《集解》引徐广曰:"涪陵

---

① 邓少琴:《四川涪陵新出土的错金编钟》,《文物》1974年第12期。

出丹。"涪陵，今彭水。苏颂《图经本草》记载："丹砂生符陵（符、涪同）山谷，今出辰州、宜州、阶州，而辰州者最胜，谓之辰砂。生深山石崖间，上人采之，穴地数十尺始见，其苗乃白石耳，谓之朱砂床。砂生石上，其块大者如鸡子，小者如石榴子，状若芙蓉头、箭镞，连床者紫黯若铁色，而光明莹澈，碎之崭岩作墙壁，又似云母片可拆者，真辰砂也。"今四川盆地东部涪陵地区的涪陵、彭水、酉阳、秀山等县，西南与贵州铜仁地区相邻，自古为重要的汞矿分布区，矿石所含主要矿物是辰砂①。而湘西辰州（今湖南沅陵以南的沅江流域以西地）古为巴地，可见巴人开发丹砂之早、之精，巴寡妇清不过是其中因贞妇而出名者。早期的丹砂主要是作为一种名贵的矿物颜料，也可入药，是否用以升化为汞（水银），还有待于进一步研究。但从秦始皇在骊山建陵寝，"以水银为百川、江河、大海，机相灌输，上具天文，下具地理"来看②，至少战国时代已能将汞矿升化为汞。巴也许是最早可以化汞的文明古国之一。

第三节 城市、商业和交通

一、巴国城市的性质和特点

古代巴国的城市，在考古学上至今尚未见一隅。不过通过文献的研究，却也能初步揭示其端倪。

巴是文明古国。据殷卜辞所见"巴奠（甸）"③之称，可知巴为殷商王朝的"甸服"。甸服即《尚书·酒诰》所载殷代外服制"侯、甸、男、卫"之甸。《逸周书·职方》孔晁注："甸，田也，治田入谷也。"说明巴有比较发达的农业，这正是城市革命必要的先决条件之一。西周初年，巴国受周王室分封，位列南国诸侯之首，同时又是"汉阳诸姬"之一，镇抚周之南土，不可能不形成早期城市。但巴国早期城市既是分封制的产物，而分封制的目的在于"封建亲戚，

---

① 夏湘蓉等：《中国古代矿业开发史》，地质出版社1980年版，第313页。
② 《史记·秦始皇本纪》。
③ 《小屯南地甲骨》第1059片。

以藩屏周"①，固然也使"诸侯有国，以处其子孙"②，却诚如董仲舒所说："王者封诸侯，非官之也，得以代为家也"③。因此，分封制下直接以政治统治和军事镇抚为目的形成并发展起来的早期城市，不能不具有浓厚的军事重镇色彩，严格说来，它至多只能是正在形成中的城市。

战国时代，根据《华阳国志·巴志》的记载："巴子时虽都江州（今重庆市渝中区），或治垫江（今重庆合川县），或治平都（今重庆丰都县），后治阆中（今四川阆中市），其先王陵墓多在枳（今重庆涪陵）"。此五都即是巴国从陕南、川北、鄂西之间的汉水大巴山地区南下入川后，在四川盆地东部地区先后建立的5座都城。

巴子五都是否属于城市呢？按照先秦时期的一般看法，"凡邑有先君宗庙之主曰都，无曰邑。邑曰筑，都曰城。"④ 东汉刘熙《释名·释州国》解释"都"说："国城曰都。都者，国君所居，人所都会也。"国都是一国的政治经济文化中心，一般说来"都"是城市，仅有兴盛与否的区别。按巴国的发展程度，其国都自然会发挥中心城市的功能。战国时代中原诸夏以及楚、秦、蜀等都分别发展出若干中小城市，即令三晋之一的韩国也号称拥有"城市之邑十七"⑤。如像巴国这样的文明古国，春秋时一度称雄于汉中之东，假如没有城市，那是不可想象的。

一般说来，国都作为拥有广大土地人民的政治中心，应发展成为城市。按照战国时代长江流域经济的发展程度和巴国经济的发展水平，其国都当会自然地形成地区的增长中心和国内多种产业的生长点，考古发现的大批优质青铜器、精美漆器、玉器、陶器、竹木器等，均应与此紧密相关。《华阳国志·巴志》在叙述巴国五都后记载："又立市于龟亭北岸，今新市里是也。"《水经·江水注》也说："江水又东，左迳新市里南。常璩曰：巴旧立市于江上，今新市里是也。"据邓少琴先生考证，古新市里在今重庆市小南海⑥。既称巴国立市，当然是指

---

① 《左传》僖公二十四年。
② 《礼记·礼运》。
③ 《史记·吴太伯世家》索隐引。
④ 《左传》庄公二十八年。
⑤ 《战国策·赵策一》。
⑥ 邓少琴：《巴蜀史迹探索》，四川人民出版社1983年版。

官市。可见，此时的巴国都城，已具有组织区域内商业贸易的经济功能，同时也建有与其他地区进行贸易的官方职能机构。至于控制各种生产资源的机构，也不可能不相继建立起来。而在四川盆地东部地区的考古中，在巴人的墓葬中所普遍出土的形制如璜的巴蜀铜质货币"桥形币"，则反映出商品经济的触角已经伸入到巴人社会的各个阶层，成为四川盆地东部经济增长的动力之一。由此可见，战国时代的巴国国都已经开始发挥中心城市的功能，粗具都市规模，成为四川盆地东部地区的首位城市①。

巴国五都的城市规模、布局等，文献无征，考古资料迄今也无反映。所可知者，五都可能均无土筑城垣，仅在城周树立樊篱。《史记·张仪列传》索隐曰："苞黎，即织木茸以为苇篱也，今江南亦谓苇篱曰苞篱也。"苞篱即樊篱，今四川呼之为"篱笆"。织木茸为篱，就应是巴国五都周围的粗陋的防御设备。《华阳国志·巴志》说张仪取巴后，"仪城江州"，这里的"城"是名词用如动词，为"筑城"之义。《舆地纪胜》卷175记载："古江州城，东接（渝）州城，西接（巴）县城，《巴中记》云：张仪所筑。"可见江州本无城池，其土筑城垣乃是张仪所筑。据文献，张仪还在阆中筑城。《舆地纪胜》卷185记阆中古城曰："《九域志》云：阆中古城本张仪城也。《图经》云：秦司马错执巴王以归阆中，遂筑此城。"可见，阆中之有城垣，也始于秦灭巴后，为秦所筑，前此则无城垣。迄今四川盆地东部的考古调查和发掘中，在五都之地均未发现秦以前的城垣遗迹，也不失为旁证之一。

巴国都城不筑城垣，以木栅为城市界标，这与春秋楚平王以前楚都的情况恰相一致②。楚国早期城市无土砌城垣，使用荆棘等木构制樊篱③，其原因与频繁的军事行动相关④。巴族尚武，与楚相同，也有强烈的扩张愿望，并付诸频繁的军事行动。巴、楚地域相共，风俗略同，历史文化有许多共同之处，社会基础一致。因此春秋时代巴国都城不置城垣，当不奇怪⑤。战国时代，巴国初

---

① 段渝：《巴蜀古代城市的起源、结构和网络体系》，《历史研究》1993年第1期。
② 《左传》襄公十四年、昭公二十年杜预注；《汉书·地理志》。
③ 《国语·吴语》；《左传》昭公十三年。
④ 段渝：《古中国城市比较说》，《社会科学报》1990年1月25日，又见《人民日报》（海外版）1990年2月8日。
⑤ 段渝：《论巴、楚联盟及其相关问题》，《楚学论丛》第1集，《江汉论坛》1990年增刊。

入四川盆地东部，政局动荡，徙都频繁，百余年间竟五易其都。在这种形势下，要动员组织浩大的人力资源修筑高大的土城墙，实属空论。这与成都古无城垣，外象虽一，内容实质却截然不同。

二、商业的兴起

文献资料中，直接记载巴国商业的材料相当贫乏。《华阳国志·巴志》在巴子五都之下紧接着记载："又立市于龟亭北岸，今新市里是也。"《水经·江水注》记载："江水又东，左迳新市里南。常璩曰：巴旧立市于江上，今新市里是也。"邓少琴先生考证其地在今重庆小南海①。巴在龟亭所立市，当为官市，是巴国的中心市场，故大书特书。除此而外的市和一般民众互通有无所形成的市，则于史无征。

按《左传》桓公九年记载巴子使韩服东聘邓，"邓南鄙鄾人攻而夺之币"。币是布帛之类，是春秋列国往来聘享的主要礼品。巴既与邻国有聘享关系，推想商品贸易关系也不可能没有。比如巴国青铜器的铜料来源，就可能仰给于楚。而楚地富产铜，在西周春秋时代是人所共知的事实，无论周王室还是诸夏之国，其青铜矿料多来自楚，巴亦不可能例外。

战国时代巴国的外销商品以丹砂为大宗。《史记·货殖列传》说巴寡妇清的先世"擅其利数世"，实即为销售而生产，世代以此牟利，这当然至少要追溯到战国时代。巴地之丹砂既名闻海内，当然也是以其大量出口为前提的。

考古发掘中，1954年在巴县冬笋坝船棺葬中发现2颗蚀花琉璃珠②，纹饰与西亚伊拉克出土的略同，而年代比伊拉克晚。1978年在重庆南岸区出土2颗

图9-13 重庆市南岸区出土的蜻蜓眼琉璃珠

---

① 邓少琴：《巴蜀史迹探索》，四川人民出版社1983年版，第2页。
② 《四川船棺葬发掘报告》，文物出版社，1960年。

第九章 巴的社会经济

蚀花琉璃珠①，四川青川郝家坪13号战国墓也出土2颗蚀花琉璃珠②，形制近于早期的蚀花琉璃珠，年代可早到公元前8世纪初。蚀花琉璃珠，俗称"蜻蜓眼"，原是印度河流域文明和西亚文明的产品，早年贸易于蜀。巴地所出4颗，形制、纹饰同于西亚早期的同类产品，当是从蜀商手中交换而来。

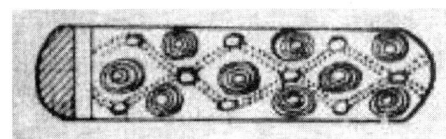

图9-14 四川青川县郝家坪第13号战国墓

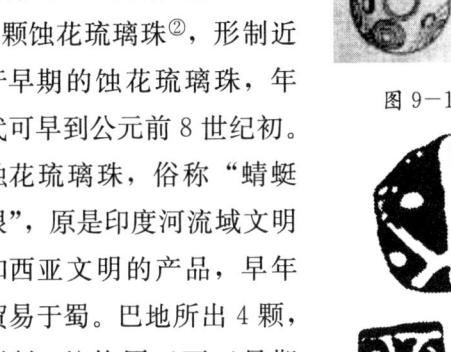

图9-15 蚀花石珠图案

由于商品贸易的发展，战国时代巴与蜀之间有大量贸易，因而蜀之桥形铜币也在巴地流通。巴县冬笋坝、广元宝轮院和涪陵小田溪墓葬中，均出土桥形币，是巴、蜀商品贸易关系的重要证据，同时表明巴国也有发达的商业，市场相当繁荣。由于涪陵小田溪墓主为巴国上层人物，冬笋坝和宝轮院船棺葬的墓主却并非巴国显宦，而是士阶层，所以两处墓地出土的桥形币也就说明，无论巴国的核心统治集团还是下级士阶层，都普遍加入了商品贸易的行列，可见桥形币已成为巴国社会所通用的货币。这就从一个重要侧面表明了巴国有着比较发达的商业的事实。

三、交通

商周至战国时代巴国的地理位置虽有变化，但无论在汉中东部还是四川盆地东部，对外交通都较方便。春秋时巴东出汉水以图发展，东交于邓，结盟于楚，讨伐汉水流域诸国，北上伐申，其东、南、北各方的交通均无阻塞。而四川盆地东部之地，东有峡江水通于楚，南有乌江水通黔中，北有嘉陵江、渠江

---

① 龚廷万、庄燕和：《重庆市南岸区的两座西汉土坑墓》，《文物》1982年第2期。
② 四川省博物馆等：《青川县出土秦更修田律木牍——四川青川县战国墓发掘简报》，《文物》1982年第1期。

直抵汉中，西可溯江通于蜀地，亦无交通阻碍。

巴国长期立足于大河两岸，水上交通发达，交通工具主要是各种舟船。巴人的木制船棺葬，即仿自生前的交通工具。清江流域廪君一系称为"浮夷"，"浮土舟于夷水"①，"乘土船从夷水至盐阳"②，大概是以陶制小船为水上交通工具。

---

① 《水经·夷水注》。
② 《后汉书·巴郡南郡蛮传》。

第十章 巴文化

巴文化是巴国文化与巴地文化复合共生的地域文化概念。巴文化的内涵，是指古代姬姓巴国和巴地各族所共同创造的丰富多彩的灿烂的古代文化。巴文化的分布地域所涉及的范围十分广泛。由于各种资料的限制，若要分别不同历史时期、不同族群及其地域予以分别考察阐述，是既不可能也不现实的。这里所述巴文化，以四川盆地东部地区为主，兼及鄂西南和汉水流域。

第一节 语言文字

一、语言

巴王族出自姬姓，语言与中原诸夏相同。《左传》桓公九年记载"巴子使韩服告于楚"，韩服为巴行人。按，韩为中原诸夏的姓氏之一，"邘、晋、应、韩，武之穆也"①，韩服当是姬姓的韩氏后裔，与周人同宗，他作为姬姓巴国的卿大夫，官至行人，符合春秋时期"非我族类，其心必异"的文化心态。韩服既为姬姓巴国卿大夫，显然是操中原诸夏语言。楚王族来源于中原，也是中原语言

---

① 《左传》僖公二十四年。

文字系统。故巴、楚在《左传》桓公九年，庄公十八年、十九年，文公十六年和哀公十八年等记载的多次交往中，全无语言障碍。《左传》昭公十三年记载巴宗室女为楚共王之妻，《华阳国志·巴志》记载战国时巴、楚通婚，都表明巴、楚王族语言相近，同属华夏语言系统。

在广阔的巴地上，活动着众多不同的族类，有"濮、賨、苴、共、奴、獽、夷、蜑之蛮"①和廪君蛮②，它们族属既然相异，语言亦有区别。巴地各族的语言，有不少词语被音译为汉语，综括史乘所载，可略举如下③（括号前为汉语音译，括号中为其义）：

务相（廪君）、阿蜴（巴濮人自称）、朐忍（蚯蚓）、螨姨（山鸡）、灵叉（大龟）、鱽隅（鱼）、桃笙（簟）、灵寿（木名）、彭排（木楯）、冒絮（头巾）、不律（笔）、穆护（木瓠）。

其中，有的属濮人语言，有的属賨人语言，有的属诞人语言。在语言分类上，则因文献不足征，难以确定。其中有些语言，当与汉藏语系中的苗瑶语族有关。

二、文字

巴王族既是汉阳诸姬之一，应当使用中原诸夏文字，即汉语古文字。周人使用殷商文字，这在近年来出土的大量西周甲骨文中已得到确切证实。与周同姓而又同为西土之人的巴，亦应如此。

湖南省博物馆曾在长沙收集到一件战国晚期的巴式虎纹青铜戈，戈援脊下方有"泪滴纹"一行三个，与四川万县出土的戈完全相同④。戈的援脊上方有铭文一行十一字，释为："偲命曰：献与楚君监王孙袖。"⑤此戈铭文完全是汉语古文字，作戈者偲是巴王族的一个成员，在楚国推行的军事监国制下统领被楚占领的巴国故地上的巴人⑥。说明直到战国时代，巴王族仍然通用汉语古文字。

---

① 《华阳国志·巴志》。
② 《后汉书·巴郡南郡蛮传》。
③ 邓少琴：《巴蜀史迹探索》，四川人民出版社1983年版，第36~48页。
④ 高至喜、熊传新：《楚人在湖南活动的遗迹概述》，《文物》1980年第10期。
⑤ 李学勤：《湖南战国兵器铭文选释》，《古文字研究》第12辑，中华书局，1985年版。
⑥ 何浩：《周初监国制与战国时的楚监巴》，《历史知识》1989年第6期。

图 10-1 重庆云阳李家坝墓葬出土战国青铜戈上的巴蜀符号

图 10-2 四川广元昭化宝轮院出土的巴蜀符号印章

在四川盆地东部、湘西、鄂西、黔东北等地发现的战国至秦时期的巴人青铜器和印章上,往往有许多巴蜀符号。这些符号不见于战国以前巴人的器物上,当是来源于川西平原的蜀国[①],它们之在巴地上通用,说明巴人也借用蜀的古文字。巴王族采用巴蜀符号,也是"变服从其俗"的结果之一,反映了巴国在长江流域立国的百余年间同当地人民交流以至融合的情形。

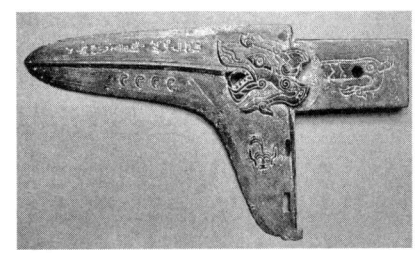

图 10-3 重庆万州新田发现的青铜戈援脊上方的巴蜀文字铭文

第二节 神话、宗教和巫术

古代巴人有着丰富的神话,发达的宗教信仰和各种巫术,它们是巴文化中最为神奇的部分,值得研究和探索。

---

① 段渝:《巴蜀古文字的两系及其起源》,《考古与文物》1993 年第 1 期。

一、神话的构拟

巴人的神话分为自然神话和社会神话两大类。自然神话中常见的主题有比翼鸟、窫窳、白虎、踩踢、双双、天犬、卤狗等，见于《逸周书》、《山海经》、《韩诗外传》、《华阳国志》、《后汉书》等古籍，这里不拟深述。巴人的社会神话，主要有英雄神话、起源神话、神女传说以及巫医传说等等。

在巴人的英雄神话中，以清江流域廪君的传奇最为著名。廪君从夷水至盐阳，盐水神女愿留共居，廪君不许。于是盐神每夜辄来取宿，早即化为虫，与诸虫群飞，掩蔽日光，天地晦冥，一连十余日。廪君伺其便，射而杀之，天乃开明①。盐水神女是居于清江流域的土著母系部落的首领。这则神话实际反映了廪君对清江土著部落的征服战争。

大禹治水是四川盆地东部巴人的英雄神话，起源甚古。《华阳国志·巴志》记载大禹娶于涂山，其地为"今江州涂山是也"，至东晋时"帝禹之庙铭存焉"。《水经·江水注》引《华阳国志·巴志》此说，谓江州"江水北岸有涂山，南有夏禹庙、涂君祠，庙铭存焉"，又说常璩、庾仲雍"并言禹娶于此"，但依《左传》等先秦古籍及群书所记，"咸言禹娶在寿春当涂，不当在此也"。根据先秦史学界多年的研究成果，禹娶涂山应在寿春当涂，而不在江州涂山。根据新出土的东汉熹平二年（173年）景云碑铭文看②，江州的帝禹庙和涂君祠，可能与东汉所传大禹后代帝杼"帷屋甲帐"、巡狩回蜀途经江州时所建有关。据此，大禹在江州治水的传说，以及江州帝禹庙和涂君祠的来源等，都是十分古远的。

起源神话方面，最重要的有"太暤起源说"和"丹山之巴说"。前者是巴与东方民族交流的产物，后者则形成于当地。

巴地文化自古充满神秘色彩。《山海经·海内南经》记载：

> 夏后启之臣曰孟涂，是司神于巴。人请讼于孟涂之所，其衣有血者乃执之，是请生。居山上，在丹山西。丹山在丹阳南，丹阳，巴[居]属也。

---

① 《后汉书·巴郡南郡蛮传》。
② 参见第二章第一节。东汉熹平二年朐忍令景云碑现藏重庆中国三峡博物馆。

"司神于巴"，是主管巴地诸神。巴地诸神众多，既有男神、女神，又有动物神、山神。诸多神灵，需要人间的巫师进行上下交通，于是巫咸、巫即、巫盼、巫彭、巫姑、巫真、巫礼、巫抵、巫谢、巫罗"十巫"便应运而生，降居"灵山"，从此升降，交游人神①。灵山即是巫山。《说文·玉部》："灵，巫也，以玉事神。"江汉之间楚人谓巫为灵②，巫、巴之间的巫山、巫师、神灵，正是其语源上的字根所在。灵山，原指巫山山脉一段，在嘉陵江流域阆中之东，为巴人中的板楯蛮（賨人）累世所居之地，又称"仙穴山"③。由此亦可看出，四川盆地东部及长江三峡一带的神秘巫风，乃是兴起于巴地，而后顺江东下，东出三峡，滥觞于江汉之间的。

在夔峡、巫峡之地，有许多关于神女的传说，而为楚之屈宋文学所取材。屈原《离骚》中的"女媭婵媛"，即取材于此。盛传于世的《楚辞》，亦多取材于巴山巫峡之间绮丽迷幻的巫文化。《水经·江水注》引袁崧说："屈原有贤姊，闻原放逐，亦来归，喻令自宽，全乡人冀其见从，因名秭归。"秭归以西便是巫山，而秭归古为巴地，屈赋中之所以随处流溢着巫文化的神奇色彩，巴人的巫文化当是其来源之一。宋玉赋中的一些篇章，也由于巴地巫文化的吸引，而流露出对"巫山之女，高唐之姬"的无限思慕之情，当非偶然。

巫山，相传是"帝女所居"，有著名的瑶姬传说。古人所谓"天帝之季女，名曰瑶姬，未行而亡，封于巫山之台"④，即指此。此"巫山之女，高唐之姬"⑤，屡见于宋玉赋中。《文选·宋玉〈高唐赋〉》述此如下：

> 昔者楚襄王与宋玉游于云梦之台，望高唐之观，其上独有云气，崒兮直上，忽兮改容。须臾之间，变化无穷。王问宋玉曰："何谓朝云？"玉曰："昔者先王尝游高唐，忽而昼寝，梦见一妇人曰：'妾，巫山之女也，为高唐之客。闻君游高唐，愿荐枕席。'王因幸之。去而辞曰：'妾在巫山之阳，高丘之阻，旦为朝云，暮为行雨，朝朝暮暮，阳台之下。'旦朝视之，如

---

① 《山海经·大荒西经》。
② 王逸：《楚辞章句》。
③ 《太平寰宇记》卷86引《周地图记》。
④ 《文选·江淹〈杂体诗〉》注引《宋玉集》。
⑤ 《太平广记》卷399引《襄阳耆旧传》。

第十章 巴文化

言。故为立庙,号为朝云。"

这一优美传说还见于《文选·宋玉〈神女赋序〉》、《襄阳耆旧传》,《集仙录》等诸多文献。瑶姬又被传为"云华夫人"。据《入蜀记》卷6:

> (巫山)真人,即世所谓巫山神女也。(真人)祠正对巫山,峰峦上入霄汉,山脚直插江中,议者太华、衡、庐,皆无此奇。然十二峰者,不可悉见。所见八九峰,惟神女峰最为纤丽奇峭,宜为仙真所托。祝史云:每八月十五夜月明时,有丝竹之音,往来峰顶,山猿皆唱,达旦方渐止。庙后山半,有石坛平旷,传云夏禹见神女,授符书于此。……惟神女峰上有白云数片,如鸾鹤翔舞徘徊,久之不散,亦可异也。

至今巫山十二峰中的神女峰,每逢晴空万里,即可见其峰巅,犹如一亭亭玉立的美丽淑女。这些传说形成于巴地,流布于楚国,渲染于华夏,不能不说是古代巴人对中国神话传说的一大贡献。

图10-4 巫山神女峰

巴地有如此丰富的神女传说，且与封建时代的烈女贞妇全然无关，这一现象很可注意。其基本内容，不是愿留共居，朝化为虫（盐水神女），就是自荐枕席，朝云暮雨（巫山神女），它们既反映了峡江巴地母系社会长期存在的历史，又与其他地区以男性人物为中心的英雄神话有着重要区别，真可谓千古绝唱，实乃上古风流的典型。

关于巫医神话，《山海经·大荒西经》记载："大荒之中，有山名曰丰沮玉门，日月所入。有灵山，巫咸、巫即、巫盼、巫彭、巫姑、巫真、巫礼、巫抵、巫谢、巫罗十巫，从此升降，百药爱在。"《海内西经》亦载："开明东有巫彭、巫抵、巫阳、巫履、巫凡、巫相，夹窫窳之尸，皆操不死之药以距之。"《水经·涑水注》引郭璞注曰："言群巫上下灵山，采药往来也。"《艺林伐山》卷4："巫山者，巫咸以鸿术为帝尧名师，生为上公，死为贵神，封于斯山，因此名之，见郭璞《巫山赋》。"巫医的各种传说，反映了巴地原始医学和药物学的兴盛发达。这应当是我国有关中医起源的诸种传说之一，具有重要意义。

二、宗教和巫术

巴人的宗教信仰体系中，以祖先崇拜和农业崇拜最为重要。

（一）白虎崇拜

清江流域巴人部落群团的祖先崇拜，以祭祀白虎为中心。

《后汉书·巴郡南郡蛮传》记载："廪君死，魂魄世为白虎。巴氏以虎饮人血，遂以人祠焉。"此即白虎崇拜的由来。樊绰《蛮书》卷10记载："巴氏祭其祖，击鼓为祭，白虎之后也。"又引《夔府图经》云："夷事道，蛮事鬼。初丧，鼙鼓以道哀，其歌必号，其众必跳，此乃槃瓠、白虎之勇也。"所谓槃瓠（即盘古），首见于三国时人徐整《三五历纪》，传为南蛮之祖，而与先秦廪君无关。这里所记祭仪，当为廪君后代分支入川后，仿其先祖的祭祀仪式。

有关白虎神话中，有一重要事件，就是《华阳国志·巴志》和《后汉书·巴郡南郡蛮传》所记载的白虎搏杀群虎后，被板楯蛮射杀。这大概反映了清江流域的廪君部落西上扩张以及为嘉陵江、渠江流域的板楯蛮所败的史迹，这也许和《后汉书·巴郡南郡蛮传》所载廪君化为白虎的神话有关。

由此也可以知道，巴是一个来源和组成多元化的亚民族集团，它的各个组成部分多属于本源不同的族群，所以各自保有各自的神话和传说，相互之间难免大相径庭而针锋相对。如像廪君蛮敬畏白虎和板楯蛮射杀白虎的神话传说就是这样，相反相成，应是不奇怪的。如果我们硬要去勉强辨别其中哪一个是巴，哪一个不是巴，那将是既无结果又毫无意义的。

（二）巫鬼崇拜

巴人所崇奉的"巫鬼"，是一种起源甚古的崇拜形式，并影响到江汉之间的楚国之地和巴蜀以南的南中广大地区。

《汉书·地理志》记载：

> （江汉）信巫鬼，重淫祀。而汉中淫失枝柱，与巴蜀同俗。汝南之别，皆急疾有气势。江陵，故郢都，西通巫、巴，东有云梦之饶，亦一都会也。

巫、巴之地，便是古代长江流域巫鬼文化的发祥兴起之地。由于这个地区曾在古代长江流域的文化交流中占着特殊位置，所以它就成为联系巴文化与楚文化精髓的神秘力量之所在。

何为巫鬼，历来众说纷纭，莫衷一是。其实所谓巫鬼，是指民间所崇奉的先祖神主，即所谓"鬼主"。古代除王公卿大夫可以宗庙祭祖外，民间概不可以立庙祭祖，"庶士庶人无庙，死曰鬼"①，就是指此而言。四川盆地东部巴人"家家养乌鬼"②，乌鬼即巫鬼，乌、巫音近义通。云南金沙江流域乌蛮，"大部落有大鬼主，百家则置小鬼主"③。周去非《岭外代答》则说："家鬼者，言祖考也。"说明所谓巫鬼，不过是民间所崇奉的先祖神主，即在家中自立先祖神主，以求保佑和庇护。

称先祖之灵为鬼，并不是长江流域特有的文化风尚，中国各地多有此习。《论语·为政》说："非其鬼而祭之，谄也。"表明中原和齐鲁文化亦以庶士庶人的先祖之灵为鬼，这同《礼记·祭法》的有关记载是一致的。但是除长江流域外，黄河流域民间所谓的鬼，并不称为巫鬼，这就显示了两种文化的区别，同时也证明，兴起于巫、巴之地的对于先祖神主的崇拜形式，当有其特殊内容，

---

① 《礼记·祭法》。
② 杜甫：《戏作俳谐体遣闷》。
③ 《新唐书·南蛮传》。

以致人们不得不用"巫鬼"（巫地之鬼）予以特别界定。《汉书·地理志》说江汉"信巫鬼，重淫祀"，以过于隆重的仪式来祭祀先祖神主之灵，大概就是巫鬼信仰有别于中原齐鲁鬼信仰的特点之所在。

古代长江三峡、江汉地区、嘉陵江流域等地是巫鬼文化的渊薮。除《汉书·地理志》以外，其他史籍亦有记载。《淮南子·人间》载："荆人鬼。"《隋书·地理志》载："大抵荆人率敬鬼。"《华阳国志·李特雄期寿势志》说嘉陵江流域賨人"俗好鬼巫"，鬼巫为巫鬼的倒文，而长江三峡巴人"家家养乌（巫）鬼"①。这些记载表明，巫鬼文化在长江上、中游之交长期风行，盛而不衰。

巫鬼文化发祥于巫、巴之地，它的兴起与古代四川盆地东部和长江三峡巴地的濮系巴人有关，原是当地濮系巴人的一种文化风尚。四川盆地东部嘉陵江流域和长江三峡，古为濮人所居。扬雄《蜀都赋》说："东有巴賨，绵亘百濮"，賨人属于百濮民族系统。《华阳国志·巴志》："阆中有渝水，賨民多居水左右，天性劲勇"，渝水为嘉陵江，是賨人（板楯蛮）的世居之地。四川盆地东部至长江三峡，也是濮系民族的累代居息之所。《蜀都赋》说："左绵巴中，百濮所充"，可见一斑。《华阳国志·巴志》所载分布在四川盆地东部和三峡的獽、夷、蜑等族，也都属于濮人的不同支系。《世本》说："廪君之先，故出巫诞也"②，巫诞正是巫、巴之地濮系民族的一支。而这些族系，据《华阳国志·巴志》："（巴）其属有濮、賨、苴、共、奴、獽、夷、蜑之蛮"，均属巴人的不同分支。可见，从地域与民族分布的关系来看，巫鬼文化起源于四川盆地东部和长江三峡的濮系巴人，应当是没有疑问的。

史称嘉陵江和长江三峡的巴人自古就发展了巫鬼文化传统。《汉书·地理志》："汉中淫失枝柱，与巴蜀同俗。"所谓"汉中淫失枝柱"，是说汉中之地信巫鬼、重淫祀之习太盛太过，与汉文化大相径庭。所以颜师古注说："失读曰泆。柱音竹甫反。枝柱，言意相节却，不顺从也。"汉中淫失枝柱，却与巴蜀同俗，足见汉中信巫鬼、重淫祀之风是来源于巴人的。汉中的东部原为巴地③，《华阳国志·巴志》说巴地"北接汉中"，是以秦汉的汉中郡置论的，先秦则不

---

① 杜甫：《戏作俳谐体遣闷》。
② 《后汉书·巴郡南郡蛮传》刘昭注引。
③ 蒙文通：《巴蜀古史论述》，四川人民出版社1981年版，第9~27页。

如此。《史记·苏秦列传》："汉中之甲,乘船出于巴,乘夏水而下汉,四日而至五渚"(并见《战国策·燕策二》),《索隐》云:"巴,水名,与汉水近。"既然船出巴水而下汉水,表明巴水在汉水上游。《水经·沔水注》则记载汉中之东有大量称为巴的古地名,亦证明其地古为巴地。汉中东部入于楚境,则在春秋末叶巴国举国南迁以后。《史记·秦本纪》:"秦孝公元年(公元前361年),河山以东强国六,……楚自汉中,南有巴、黔中",汉中及其以南的故巴地才全部成为楚国的版图的一部分。因而,"汉中淫失枝柱,与巴蜀同俗",并不是来自巴文化从外部对汉中文化的播染,而是存于汉中本土的巴人巫鬼文化传统的连续发展,这与汉中以南嘉陵江流域賨人"俗好鬼巫(巫鬼)"① 的文化传统是恰相一致而又互为照应。由此可见,在汉中这块后来的楚地上,其"信巫鬼,重淫祀"的文化风俗,来源于古代巴人的巫鬼文化传统,而不是楚人所固有。

　　四川盆地东部长江三峡巫、巴之地的巫鬼文化,源于濮系巴人,这一传统源远流长,文献可以概见。樊绰《蛮书》卷10引《夔府图经》记载:"夷事道,蛮事鬼。初春,鼖鼓以道哀,其歌必号,其众必跳,此乃槃瓠、白虎之勇也。"所称槃瓠、白虎,是指濮夷的廪君蛮。廪君为巴氏之子,相传死后化为白虎。"巴氏以虎饮人血,遂以人祠焉"②。廪君被称为蛮,信巫鬼,重淫祀,所以《夔府图经》记载"蛮事鬼",其来源十分古远。《蛮书》又载:"巴氏祭其祖,击鼓为祭,白虎之后也。"这种方式当为淫祀的内容之一,它同"其歌必号,其众必跳"的道哀仪式是一致的。《太平寰宇记》卷137记载:"巴之风俗,皆重田神,春到刻木虔祈,冬则用牲解赛,邪巫击鼓以为淫祀,男女皆唱竹枝歌。"虽然所记的是祭田神,但是"邪巫击鼓以为淫祀",却显然是巫鬼文化的内容之一,其形式与巴氏祭祖恰好相同,表明这种祭祀与巫鬼崇拜有关,当从巫鬼文化发展演化而来。

　　巴人的巫鬼文化在古代西南地区有着广泛影响,西南夷当中的濮系民族多受此风浸染,巫鬼崇拜长期风行,盛而不衰。《华阳国志·南中志》载夜郎牂柯风俗,"俗好鬼巫,多禁忌。"《后汉书·夜郎传》记载为"俗好巫鬼禁忌",一方面可见鬼巫确为巫鬼的倒文,另一方面则说明夜郎巫鬼风尚之盛。《后汉书·

---

① 《华阳国志·巴志》。
② 《后汉书·巴郡南郡蛮传》。

邛都夷传》载：邛人"俗多游荡，而喜讴歌，略与牂柯相类。"所说与牂柯相类，即指"俗好巫鬼禁忌"。《华阳国志·南中志》记载，四川西南与云南东北之间"自僰道至朱提"之地，"俗妖巫，〔惑〕禁忌，多神祠"，亦奉巫鬼崇拜。这些族系，均属古代濮系民族系统。这些濮系民族，有的在夏商之际即已在当地定居，有的在殷末以前从四川盆地东部长江一带迁入，因而其巫鬼崇拜必与巫、巴之地远古的巫鬼文化有关。至于夜郎，地近巴蜀，与巴蜀的早期关系较为密切①，其巫鬼文化则当是受巴文化的播染而来。

西周春秋时代，江汉地区多百濮，文献屡见。但江汉之濮却不是楚人，楚人的主要民族成分是屡见于《左传》、《国语》和《史记》的"荆蛮"、"楚蛮"，春秋时代与百濮同时活跃在江汉地区，族类判然有别，这在史籍中是区分得清清楚楚的。以西周末叶楚蚡冒"始启濮"②为开端，楚国"开濮地而有之"③，大批濮人群落纷纷迁徙。到战国时代，楚国境内的居民主要已是群蛮诸部和汉东的扬越，不见濮人的踪迹，所以孟子说楚人是"南蛮鴃舌之人"④。而《后汉书》也把"南蛮"与"西南夷"（濮越系、氐羌系）给予清楚的区分，是有其理由的。

既然巫鬼文化起源于巫、巴之地的濮系巴人，而楚人非濮，那么"西通巫、巴"的江汉地区"信巫鬼，重淫祀"，必然就是来源于巴人，当是信而有征的。

战国时代的巴文化与楚文化，大量相互渗透影响，可是当中影响至深至远的，还是巴地巫文化对楚风、楚辞的影响，一直持续演变到近世，而物质文明间的相互影响却早已随着汉代文化的大扩展而化于无形。四川盆地东部和长江三峡之间大量的原生巫文化，早在楚文化形成以前就已发展起来，形成传统，那里正是巴地文化的所在。战国以后此间至江汉之际、沅湘之间巫风盛行，其根源在巴，本源于巴地古老巫风的流溢、播染和蔓延，以致在中国文化史上形成了一个颇引人注目的巫文化圈，传奇甚多，来源甚古，与众不同⑤。这种情

---

① 方国瑜：《中国西南历史地理考释》上册，中华书局1987年版，第10页。
② 《国语·郑语》。
③ 《史记·楚世家》。
④ 《孟子·滕文公上》。
⑤ 段渝：《略论巴、蜀与楚的文化交流关系》，《长江文化论集》第1辑，湖北教育出版社1995年版，第230~239页。

形，不论在研究巴文化、楚文化还是巴、楚文化交流以及长江文化中，都值得学术界同仁充分注意。

（三）农神

巴人世代崇拜农神，农神即蜀王杜宇。《华阳国志·蜀志》记载：

> 后有王曰杜宇，教民务农，一号杜主……巴亦化其教而力务农，迄今巴、蜀民农时，先祀杜主君。

杜宇成为巴人的农神，岁岁为巴人所祭祀。

巴人又奉田神。《太平寰宇记》卷137记道州风俗：

> 巴之风俗，皆重田神，春则刻木虔祈，冬则用牲解赛，邪巫击鼓以为淫祀，男女皆唱竹枝歌。

道州在今湖南潇水流域。这里明言巴人，显然是巴人后裔移居者，"虽徙他所，风俗不变"①，仍保留了巴人重田神的古老宗教传统。"礼失而求诸野"。从巴人后裔远徙分支中可以见到巴人田神崇拜之一斑，也符合人类学上的"年代—区域原则"，说明田神信仰是巴人的一种起源古老的宗教遗存。

（四）巫术

巴人的巫术，从文献资料看，主要是交感巫术，以类生类。《山海经·海内西经》、《大荒西经》等，均提到巴地有"十巫"，都是著名的巫师，其中的巫咸还是占筮的发明者。《世本》："巫咸作筮。"《庄子》逸篇："黔首多疾，黄帝立巫咸以通九窍。"谯周《古史考》："殷巫咸善占筮。"《说文》："古者巫咸初作巫。"均表明巴人多占筮求吉凶。

巴人流行占卜。杜甫居夔州《戏作俳谐体遣闷》诗："瓦卜传神话，畲田费火耕。"王洙注："巫俗击瓦，观其文理分晰，定吉凶，谓之瓦卜。"原理与甲骨占卜大同。考古资料中，四川盆地东部峡江流域和鄂西清江流域早在铜石并用

---

① 《华阳国志·巴志》。

时代即有甲骨占卜之俗①,瓦卜不过是其流变罢了。而唐时四川盆地东部巴人的瓦卜,也是承袭古代遗风而来。

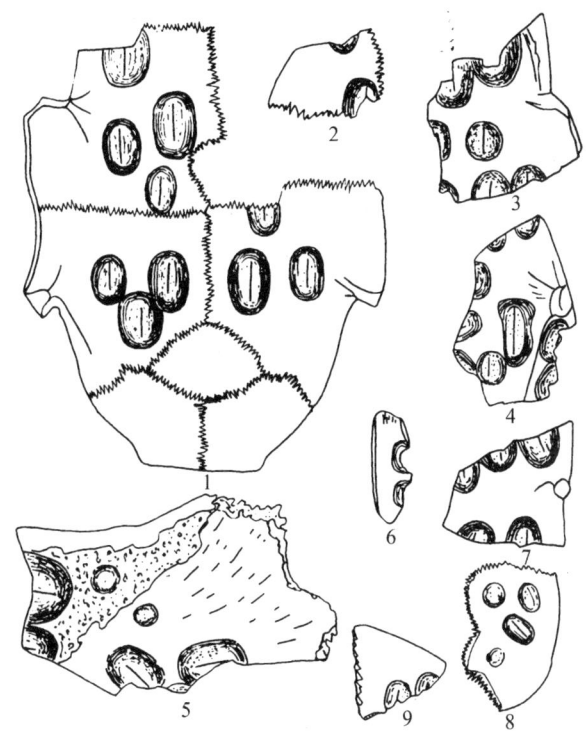

1~3. 卜甲　4~9. 甲骨

图10—5　长阳香炉石遗址第6层、第5层出土的卜用甲骨

第三节　艺术、哲学

一、文学

巴人丰富的神话、神奇的传说,是其口头文学取之不竭的源泉。这些脍炙人口的题材,不仅在巴人中世代相传,秦汉以后被润色整理记入各种汉文书籍

---

① 《四川忠县㽏井沟遗址的试掘》,《考古》1962年第8期。

中，而且早在春秋战国时代就东传楚地，对楚国文学中的巫文化成分产生了重要影响，成为楚辞题材的重要来源之一，得以千古流芳。

巴人文学见录于《华阳国志·巴志》，其中有农事诗（见前）、祭祀诗、好古乐道之诗。

其祭祀之诗曰：

> 惟月孟春，獭祭彼崖。
> 永言孝思，享祀孔嘉。
> 彼黍既洁，彼牲惟泽。
> 蒸命良辰，祖考来格。

其好古乐道之诗曰：

> 日月明明，亦惟其名；
> 谁能长生，不朽难获。

又曰：

> 惟德实宝，富贵何常。
> 我思古人，令问令望。

诗歌风格、韵律等与《诗经》诸篇如出一辙，十分优美流畅，应为姬姓巴人之作。

二、乐舞

（一）夔作乐

据史载，巴地很早就产生了音乐。《世本·作篇》："夔作乐。"夔即归。《水经·江水注》引《乐纬》曰："昔归典叶声律。"又引宋衷曰："归即夔，归乡盖夔乡矣。"把音乐和典叶声律之首功归于夔。据《山海经·海内南经》，夔地古属巴地。如依此说，则成书于战国时代的《世本》，是将音乐的起源追溯到夔了。

殷卜辞中有高祖夒，为殷人先祖。王国维考定高祖夒即是文献所记帝喾，后又讹为帝夋①。既如此，则高祖夒与作乐的夔无关。古代以居为氏，《世本》所记作乐的夔，当即夒地之人，即巴地之夒人。

相传夔为帝舜乐官。《尚书·尧典》载舜曰："夔！命汝典乐，教胄子，直而温，宽而栗，刚而无虐，简而无傲。诗言志，歌咏言。声依咏，律和声。八音克谐，无相夺伦，神人以和。"夔曰："於！予击石拊石，百兽率舞。"《吕氏春秋·古乐》记载："帝舜乃命夔（原作'质'，依高诱注改），修《九招》、《六列》、《六英》。"九招是《九歌》、《九辩》的总称，见于楚辞，原应有音乐相配，乐已佚。

以上记载显然掺进后代儒者的颇多附会。但即便如此，也可透过这些传说看到夔巫一带的巴人对于音乐的酷爱，说明巴人音乐辞赋曾对楚辞所产生过的重要影响，这与巴人的巫文化对楚文化的影响恰是一致的。

（二）乐舞

巴人以能歌善舞闻名于世，其中最有名的是巴渝舞。

巴渝舞之名，屡见于文献。《史记·司马相如列传》说到"巴俞宋蔡，淮南于遮"，所说"巴俞"，就是指巴渝舞。裴骃《集解》引郭璞曰：

> 巴西阆中有俞水，獠人居其上，皆刚勇好舞，汉高募取以平三秦。后使乐府习之，因名巴俞舞也。

《华阳国志·巴志》记载：

> 阆中有渝水，賨民常居水左右，天性劲勇，初为汉前锋，陷阵锐气喜舞。帝善之曰："此武王伐纣之歌也。"乃令乐人习学之，今所谓巴渝舞也。

巴渝舞名之于汉初，但其乐舞形式早在商代即见于世。《华阳国志·巴志》载汉高祖所说"武王伐纣之歌"，即是指"巴师勇锐，歌舞以凌殷人，前徒倒戈，故世称之曰：'武王伐纣前，歌后舞'也"。据《尚书大传》："武王伐纣，

---

① 王国维：《殷卜辞中所见先公先王考》，《观堂集林》卷9，中华书局1959年版，第411、412页。

第十章 巴文化

至于南郊，停止宿夜，士卒皆欢乐歌舞以待旦。"又载："惟丙午，王逮师，前师乃鼓鼗譟，师乃临，前歌后舞。"其他史籍如《白虎通·礼乐》等，都有大体相同的记载。表明汉高祖之言，并非子虚乌有。

根据巴师陷阵前歌后舞的特点，巴渝舞属于古代武舞即战舞类型，其舞风勇武刚烈，音乐铿锵有力。司马相如《上林赋》描述说："巴俞宋蔡，淮南于遮，文成颠歌，族举递奏，金鼓迭起，铿锵铛鞈，洞心骇耳。"左思《蜀都赋》也说："若乃刚悍生其方，风谣尚其武。奋之则賨旅，玩之则渝舞。锐气剽于中叶，蹻容世于乐府。"《隋书·音乐志》说巴渝舞"执仗而舞"，仗即兵仗。傅玄根据王粲改作的巴渝舞歌辞而作《宣武舞歌》，辞曰："乃作《巴俞》，肆舞士。剑弩齐列，戈矛为之始。进退疾鹰鹞，龙战而豹起"。"疾逾飞电，回旋应规。武节齐声，或合或离"，"退若激，进若飞。五声协，八音谐。"① 并有鼓员36人鸣鼓助乐②。气势浩大，威武雄壮，产生出惊心动魄的艺术效果。

巴渝舞的舞曲，据《晋书·乐志》记载，有《矛渝本歌曲》、《安弩渝本歌曲》、《安台本歌曲》、《行辞本歌曲》，共四篇，"其辞既古，莫能晓其句度。"四篇均以賨语演唱，华夏人不知其义。

发源于巴山渝水的巴渝舞，对后世产生了深远的影响。它不仅从汉代起进入宫廷，至隋代而止，成为历代王朝朝廷的宗庙祭祀大曲和迎接外国使者的迎宾大曲，而且在民间有着强大的生命力。巴渝舞在西南地区历代相传，长久保存并予以发展，形成了诸多流派。从考古出土铜鼓上的"羽人舞"图像与文献结合考察，西南地区的獠人一直相袭巴渝舞。江南地区的"盾牌舞"，湘西地区土家族的"摆手舞"，四川盆地东部巴人后裔的"踏蹄舞"，都是巴渝舞的变种③。其影响之深之广，无论在中国音乐史还是舞蹈史上，都无可争议地占有重要地位。

殷代的巴渝舞还对西周乐舞发生过重要影响。历代史籍所载周初为纪念武王伐纣而创作的"大武舞"，其动作设计就是直接取之于巴渝舞④。大武舞是中国舞蹈史上常论不衰的主题之一，它的动作却模拟自巴渝舞，这对认识巴渝舞

---

① 《宋书·乐志》。
② 《汉书·礼乐志》。
③ 董其祥：《巴渝舞源流考》，《重庆师范学院学报》1984年第4期。
④ 汪宁生：《释"武王伐纣前歌后舞"》，《历史研究》1981年第4期。

的历史地位是有帮助的。

巴人能歌善舞,还有丰富的民歌。《文选·宋玉对楚王问》所记郢都中有客歌《下里巴人》,"国中属而和者数千人"。巴人之歌所以能够在楚国郢都博得数千楚人的共鸣以至合唱,就是因为它是通俗易懂而易于为人理解和接受的民歌。

巴人的青铜乐器主要有錞于、钲、编钟,又有鼓,均是击之而鸣。錞于形如锥头,大上小下。钲似钟而狭长。编钟因音阶高低而大小递减。錞于和钲常用于古代战阵。巴人乐器以此为主,正与其武舞风格合拍。编钟之声,清新激越而悠扬,仅用于王室及其子弟,说明王族亦喜优雅闲婉的乐舞。

巴人的乐舞对楚文化产生过很大影响。楚地民间乐器大多以鼓为主①,统治者的乐队里也有不少鼓。从考古发掘看,楚人的鼓约可分作四类:第一类是悬鼓,第二类是手鼓,第三类是建鼓,第四类是鹿鼓②。目前所知道的楚鼓,大多数为战国时代。鼓主要用于乐舞,是武舞的重要伴奏乐器。楚的武舞,《左传》庄公二十八年记有"万"舞,即是"大舞"③、"干戚舞"④。这种舞除以鼓为主要乐器外,还用戈、矛等兵器为道具。湖北荆门战国楚墓所出的一件巴式兵器"大武阚兵"戈⑤(又释"兵避太岁"戈⑥),便是楚国武舞所用道具。而这些又都是承巴文化之风而来的,其上源便是古老的巴渝舞。

楚国的武舞,以戈为道具,以鼓为乐器,反映了上承巴渝舞的历史事实。荆门出土的用于楚武舞的巴式青铜戈,上铸神人双耳珥蛇,左手操龙,右手操双头怪兽,左足踏月,右足踏日,胯下乘龙的图像,显然表现的是巴人古老的神话传说。同墓所出巴式剑,也为此提供了证明。表明楚人的大武舞是由巴人导演的⑦。

其实楚国的巫舞,也同样与巴人有关。王逸《楚辞章句》记载:"楚国南郡之邑,沅湘之间,其俗信鬼而好祠,其祠必作歌乐鼓舞,以乐诸神。屈原……

---

① 《楚辞·九歌》。
② 张正明主编:《楚文化志》,湖北人民出版社1988年版,第383、384页。
③ 《初学记》引《韩诗》。
④ 《大戴礼记·夏小正》。
⑤ 王毓彤:《荆门出土的一件铜戈》,《文物》1963年第1期。
⑥ 李学勤:《"兵避太岁"戈新证》,《江汉考古》1991年第2期。
⑦ 俞伟超:《"大武阚兵"铜戚与巴人"大武"舞》,《考古》1963年第3期;《"大武"舞续记》,《考古》1964年第1期。

见俗人祭祀之礼,歌舞之乐,其词鄙陋,因为作《九歌》之曲。"沅湘之间,指巴、黔中之地①,历史上深受巴文化浸染,巴王子灭于楚襄王后,巴子五兄弟的逃难之地,正是巴、黔中②,可见巴文化原本在这里就具有相当深厚的基础。沅湘之间信鬼而好祠,与巫、巴之地"信巫鬼,重淫祀"毫无二致;而其祠必作歌乐鼓舞,又与巴氏祭祖"击鼓为祭","其歌必号,其众必跳"③ 恰好相同。显然可见,楚国所谓"巫舞",究其原委,实为巴人的祭祀乐舞。王逸所说"其俗信鬼而好祠,其祠必作歌乐鼓舞,以乐诸神",又"其词鄙陋",恰好是对巴人"信巫鬼,重淫祀"的正解。从这里也不难看出,江汉之间的巫风,完全是承袭巴人的巫鬼文化而来④。

三、雕塑艺术

巴人的雕塑艺术集中表现在青铜器工艺上。有三个特点:一是造型优美,线条流畅,二是嵌错金银工艺发达,三是镂空技艺出色。

涪陵小田溪3号墓出土的一件错银云水纹铜壶,壶身自口至腹下,满身布以极为纤细的银丝缀以曲状形银片,错成大小不同、连续对称的云、水纹图案,圈足上又是嵌银的水波纹,十分精美。1号墓出土的编钟,每一枚的舞、鼓、篆等部分都有精美的花纹,花纹突起之处,由蟠螭纹变化出来,在底子中加上极纤细的漩涡纹、绳索纹,其中8枚在钲、于、铣部有错金纹饰。4个虎头形架上的饰件,虎头嵌黑眼珠,虎口大张,其中2件虎口还张牙衔珠,虎身或腹部则错银云纹,生动逼真。2号墓出土的镂空双龙纹铜镜,镜背雕成双龙纹,镜片、镜背由两块铜片镶合而成,弥足珍贵。

图 10-6 重庆涪陵小田溪3号墓出土的错银云水纹铜壶

---

① 蒙文通:《巴蜀古史论述》,四川人民出版社1981年版,第12~22页。
② 梁载言:《十道志》。
③ 樊绰:《蛮书》卷10。
④ 段渝:《略论巴、蜀与楚的文化交流关系》,《长江文化论集》第1辑,湖北教育出版社1995年版。

四、哲学

关于巴人的哲学思想,书阙有间,惟《鹖冠子》一书可能与巴人有关。《汉书·艺文志》"道家者流"记有"《鹖冠子》一篇",原注曰:"楚人,居深山,以鹖为冠。"但应劭《风俗通义》则说:"賨人以褐冠为姓。褐冠子著书。"[1] 以其为賨人。按,賨人世居渝水[2](今嘉陵江),地与楚近。而巴地多有楚风,楚地又多巴俗。看来,《风俗通义》的说法即与此有关。无论鹖冠子是楚人还是巴人,如果说他受到巴文化很深的影响,应当是无可非议的。

第四节　巴人的社会生活

一、风俗和行为方式

巴地民风古朴。《华阳国志·巴志》说:"其民质直好义,土风敦厚,有先民之流。"又说:"而其失在于重迟鲁钝,俗素朴,无造次辨丽之气。"意思是说,巴人淳朴,性直好义,不随便造次,语言直率,无巧言华丽之辞。

《华阳国志·巴志》各节对巴人风俗和行为方式还有所记载。"巴郡"下说:"江州以东,滨江山险,其人半楚,姿态敦重。垫江以西,土地平敞,精敏轻疾。"这不仅描绘了自然环境对巴人性情的造就和影响,而且由于经济形态上,江州以东渔猎与粗耕农业为主的情形同垫江以西以农业为主情形的差异,所以决定了两地民风和行为方式的区别。"涪陵郡"下载:"土地山险水滩,人多戆勇,多獽、蜑之民。县邑阿党,斗讼必死。无蚕桑,少文学。"又载涪陵郡之板楯蛮后裔五千家移蜀为射猎官,又有弩士移居冯翊蓬勺,"其人性质直,虽徙他所,风俗不变。"于"巴东郡"下载:"郡与楚接,人多劲勇,少文学,有将帅才。"

不仅民众,王族亦尚武好斗。李文昌《图经》载,"巴王、濮王会盟于此

---
[1] 《通志·氏族略》引。
[2] 《华阳国志·巴志》。

第十章 巴文化

（按指今重庆合川钓鱼山），酒酣击剑相杀，并墓而葬"。可见一斑。

巴人墓葬一般都有钺、戈、剑、矛等兵器随葬，大墓中兵器更多。与文献所记巴人悍勇尚武相合。《华阳国志》总结说，"故曰'巴有将，蜀有相'也。"可以作为巴人民风和行为方式的标准模式，也是巴人与蜀人的差别所在。

二、居住方式

四川盆地东部和鄂西地区，群山叠嶂，河流众多，巴人多居河流两岸和岭谷。历史时期巴人的居住方式主要就是便于水居的干栏，这也是山间巢居（构木为巢）的一种方式。

《后汉书·板楯蛮传》说："阆中有渝水，其人多居水左右。"所居即是干栏。《华阳国志·巴志》载："郡治江州……地势侧险，皆重屋累居，数有火害，又不相容。结舫水居五百余家，承二江之会……"重屋累居实即干栏，因构木抬高居住面，居室在上，养畜于下，故称重屋。结舫水居，即船只相连，形成水上邑落。

岭谷间的巴人也习以干栏为居。《魏书·獠传》载，"獠者盖南蛮之别种，自汉中达于邛筰，川洞之间，所在皆有，种类繁多，散居山谷……依树积木，以居其上，名曰干栏。干栏大小，随其家口之数。"魏晋以后的獠即先秦时代的濮①。巴为巴濮，故有獠称。《旧唐书·南蛮传》说南平獠"人并楼居，登梯而上，号为干栏"。南平獠是唐宋时居住于南川綦江间的族类，《宋史·蛮夷传》称之为板楯蛮之后。南平獠居干栏之习，显然是从先秦时期世代相袭而来。

清江流域廪君蛮初为穴居，有赤穴、黑穴，均为石穴。后来，廪君一系从山岳下迁河谷，至盐水之阳，君乎夷城。从其活动看，是滨水而居的族类，故其居住方式亦极可能是干栏。

秦灭巴以前，巴国都城四周从未砌土石城垣，仅围以栅栏。这无疑也是同巴人居干栏的文化传统相一致的。

---

① 蒙默：《僰为獠说》，《凉山彝族奴隶制研究》1977年第1期。

三、丧葬习俗

巴人的经济活动多与渔猎有关,反映在丧葬习俗上,就是使用船棺葬具。巴县冬笋坝和广元宝轮院发掘的大批船棺葬,就是巴人的墓葬,从中可以看出巴人丧葬的大概情况[①]。

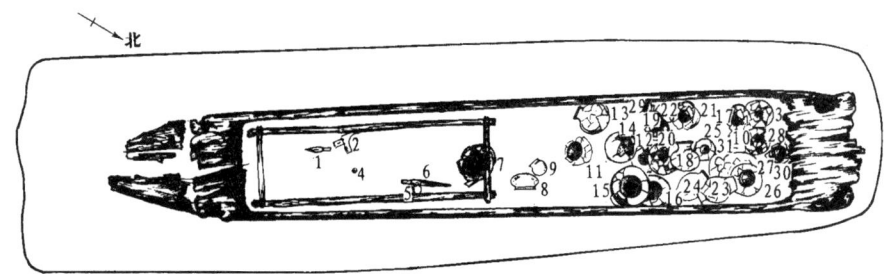

1. 铜矛 2. 铜弋 3. 10. 14. 16. 17. 20. 21. 23~28. 陶罐 4. 半两线 5. 铜钺 6. 铜剑 7. 铜铣 8. 铜釜 9. 铜鍪 11. 13. 15. 18. 陶圆底罐 12. 29. 陶豆 19. 22. 31. 陶釜 30. 陶钵

图 10-7 四川广元市昭化宝轮院船棺葬 M17 平面图

所谓船棺葬,就是以大楠木掏空制成船形棺具,船棺置于土坑中,船头正对河流。葬式分为两种:一种是将尸体和随葬品直接置于船舱内;一种是在舱内向河一端另置一木制小棺,以殓尸体并置随葬品,陶器和铜器则置棺外舱中。船棺葬的随葬品主要是陶器和青铜器,间或发现有竹木漆器和纺织品痕迹,多为生活用器、兵器和工具。从出土物可见,墓主均非上层统治者,而以武士阶层为多。

巴王族使用土坑木棺椁墓。涪陵为巴王陵墓所在地,涪陵小田溪先后发掘的 9 座土坑墓,棺具均非船棺,而是漆棺、椁,或一墓一棺一椁。这种葬制与船棺葬的区别,反映了出于中原诸夏的巴王族与四川盆地东部土著巴人在墓葬习俗上的差异,也反映了两者生前生活习俗上的差异。

三峡地区的巴人流行悬棺葬,有悬棺葬、幽岩葬、岩穴葬之别,其中出有巴式青铜剑和陶器,表明是古代巴人的文化遗存。

---

① 《四川船棺葬发掘报告》,文物出版社 1960 年版。

第十章 巴文化

巴人举行丧葬仪式时，多击鼓，跳歌①，场面隆重而热烈。这些古老的风俗，对四川盆地东部数千年以来的送往迎来活动产生了极为深刻的影响，形成一大文化特色。

---

① 樊绰：《蛮书》卷10。

第十一章　先秦四川的民族

横贯川西南和四川盆地的长江,自古就是我国东西民族迁徙的交通动脉。纵横川西地区的横断山脉,自古也是我国南北民族迁徙的往来走廊。四川自古就有许多民族活动、生息和繁衍,各族人民共同缔造了光辉灿烂的四川古代文明。

第一节　先秦四川各族的称谓和族系

先秦时代四川的民族,除巴、蜀两族外,还有众多族类。分布在四川盆地东部地区的,主要有"濮、賨、苴、共、奴、獽、夷、蜑之蛮"①。分布在巴蜀以西和以南的,则是汉代所谓"西南夷"。《史记·西南夷列传》记载:

> 西南夷君长以什数,夜郎最大;其西靡莫之属以什数,滇最大;自滇以北君长以什数,邛都最大;此皆魋结,耕田,有邑聚。其外西自同师以东,北至楪榆,名为巂、昆明,皆编发,随畜迁徙,毋常处,毋君长,地方可数千里。自巂以东北,君长以什数,徙、筰都最大;自筰以东北,君

---

① 《华阳国志·巴志》。

第十一章 先秦四川的民族

长以什数，冉駹最大。其俗或土著，或移徙，在蜀之西。自冉駹以东北，君长以什数，白马最大，皆氐类也。此皆巴蜀西南外蛮夷也。

西南夷族类有异，成分复杂。按《史记》有关篇章所记，实际上包括西夷和南夷两部分。所说夷，即上引《西南夷列传》末句所记"蛮夷"，是汉人对巴蜀西南外少数民族的通称，西、南皆方位词。西夷，即指巴蜀以西的少数民族；南夷，即指巴蜀以南的少数民族。

称巴蜀西南外少数民族为"西南夷"，是始见于秦汉时期的称谓，先秦时期并不如此。据《战国策·秦策一》所载张仪、司马错之言，蜀是"西辟之国而戎狄之长也"，此应为秦和东方六国的一致认识。《华阳国志·蜀志》也说秦灭蜀后，"戎伯尚强，乃移秦民万家实之"。"戎伯"即指臣属于蜀的各族君长。先秦臣属于蜀的民族众多，汶山、南中、僚、僰都曾先后为蜀附庸。蜀为其长，而称为"戎狄之长"，那么诸此族类也就是戎狄了。先秦文献中直接提到巴蜀西南外少数民族臣于蜀者，仅此一见，说明汉代所称西南夷，在先秦时代多称戎狄。这是随时代的变化而引起的称谓变化，这种名异实同，在古代史上是常见的通例。

应当指出，先秦史上所谓"东夷"、"西戎"、"南蛮"、"北狄"[①]，都是中原华夏对周边少数民族的称谓，是他称，非自称，是泛称，非专称。或又合称为"四夷"[②]，即四方之夷。关于此，唐孔颖达的解释最为精当。他说："四夷之名，随方定称，则曰东夷、西戎、南蛮、北狄。其当处立名，则名从方号。"又说："夷为四方总号。"[③]。从《左传》、《国语》等先秦史籍可见，不仅四夷事实上都包有大量不同的族系，其中许多族系可以蛮、夷或戎、狄互称，而且这些名称亦多随时代的变迁而异同不一。无论先秦西南地区的戎狄，还是汉代的西南夷，都包括若干不同的族类，所说戎狄或西南夷，都是泛称，而不是一个统一或单一民族的族称。

大体说来，先秦四川各族，除巴、蜀两族外，可以划分为百濮和氐羌两大

---

① 《礼记·王制》；《史记·五帝本纪》。
② 《左传》昭公十七年记载孔子曰："吾闻之，天子失官，学在四夷，犹信。"
③ 《左传》文公十六年孔颖达疏。

民族系统，此外还有华夏和百越系统，但不多。各系大致分布范围：百濮主要分布在四川盆地、川西南和四川盆地东部；氐羌主要分布在川西高原，部分进入成都平原；百越仅见于四川盆地东部之一部；华夏则多不成系统，混融于四川盆地各处，其成系统者，仅见于四川盆地东部之一部。

第二节　百濮民族系统

一、川境百濮的由来

濮人的历史十分悠久，因其分布甚广，群落众多，故称百濮。《逸周书·王会》载商代初年成汤令伊尹为四方献令说："正南，瓯、邓、桂国、损子、产里、百濮、九菌，请令以珠玑、瑇瑁、象齿、文犀、翠羽、菌、鹤、短狗为献。"这个殷畿正南的百濮，专贡矮犬，当即云南之濮[1]。濮或作卜，见于殷卜辞："丁丑贞，卜又象，□旧卜。"郭沫若释为："卜即卜子之卜，乃国族名。"[2] 卜子，《逸周书·王会》记载周初成周之会，"卜人以丹砂"，王先谦补注："盖濮人也。"卜、濮一声之转。先秦时代生产丹砂最为有名的是四川彭水，故此以丹砂为方物进贡的濮，当指四川盆地东部土著濮人。《尚书·牧誓》记载西土八国中也有濮，是殷畿西方之濮。可见，商周之际的濮，业已形成"百濮离居"之局，而不待春秋时期。这些记载说明，濮人支系众多，分布广泛，是一个既聚族而居，又与他族错居的民族系统。

西周初年，西方的濮人已东进与巴、邓为邻[3]，居楚西南[4]，分布于江汉之间。西周中叶，江汉濮人力量强大，周厉王时濮子曾为南夷、东夷二十六国之首[5]，势盛焰炽。西周末，楚在江汉之间迅速崛起，发展壮大，给濮人以重大打击，使濮势急剧衰落。"楚蚡冒于是乎始启濮"[6]。春秋初叶，楚武王"开濮

---

[1] 章太炎：《太炎文录·续编》卷6《西南属夷小记》。
[2] 郭沫若：《殷契粹编考释》。
[3] 《左传》昭公九年。
[4] 《史记·楚世家》正义引刘伯庄。
[5] 《宗周钟》铭文。
[6] 《国语·郑语》。

地而有之"①，大片濮地为楚所占，从而造成江汉濮人的大批远徙。

春秋时期江汉之间的濮人群落，已不复具有号令南夷、东夷的声威，部众离散，"无君长总统"②，各以邑落自聚，遂成"百濮离居，将各走其邑，谁暇谋人"之局③。在楚的屡次打击下，江汉之濮纷纷向南迁徙。文献中战国时代楚地已无濮人的记载，除留居其地的濮人改名换号，或融合于他族外，大批濮人的远徙是其重要原因。

江汉濮人的远徙，多往西南今川、黔、滇三省。究其原因，当为西南地区原来就是濮人早期聚居区之一的缘故。过去多有学者认为西南之有濮人，是由于春秋时期江汉百濮的迁入。其实不然。前引《逸周书·王会》提到商代初叶云南有濮人。川西南的大石墓，即文献所记"濮人冢"，为邛都夷所遗，其年代之早者，可上及商代。川南的僰人，是濮的一个支系，至少在商代即在当地定居。《华阳国志·蜀志》记载蜀郡临邛县有布濮水（《汉书·地理志》记为仆千水），广汉郡郪县也有濮地之名，均为濮人所遗。而殷末周初由滇东北至川南入蜀为王的杜宇，也是濮人。至于四川盆地东部之濮，有濮、賨、苴、獽、夷、蜒诸族。居于渝水两岸的賨、苴和长江干流两岸的獽、夷为土著，蜒则是从江汉之间南迁的濮人一支。《华阳国志·巴志》所载四川盆地东部诸族中作为专门族称的濮，也是从江汉迁来的濮，故虽徙他所，名从主人不变。

由此可见，先秦四川境内的濮人，多为商周时代即已在当地定居的民族，也有春秋时代从江汉地区迁徙而来的濮人支系。分布在川境的濮人，以四川盆地东部、川南和川西南以及成都平原最多，也最为集中。他们名号虽异，但在来源上却都是古代百濮的不同分支。后来，随着各地濮人经济、文化、语言等的不同发展、演变，以及与他族的混融，又形成了不同的民族集团。秦汉时期及以后历代史籍对这些民族集团或称夷，或称蛮，或称僚，就是因为这样的缘故。

二、賨（板楯蛮）、苴

賨人是板楯蛮的别称，为四川盆地东部土著民族之一。秦昭王时，因板楯

---

① 《史记·楚世家》。
② 杜预：《春秋释例》。
③ 《左传》文公十六年。

蛮射白虎有功，秦"复（免除）夷人顷田不租，十妻不算"①。汉初，板楯蛮因"从高祖定乱有功，高祖因复之，专以射白虎为事，户岁出賨钱口四十，故世号'白虎复夷'，一曰'板楯蛮'。"②称其为賨人，则如谯周《巴记》所说，"夷人岁出賨钱，口四十，谓之賨民。"本由交纳賨钱得名，秦汉以后逐渐演化为族称。

板楯蛮之名，来源于木盾。东汉刘熙《释名·释兵器》："盾，遁也，跪其后辟以隐遁也。大而平者曰吴魁，本出于吴……隆者曰须盾，本出于蜀……以缝编版谓之木络，以犀皮作之曰犀盾，以木作之曰木盾，皆因所用为名也。"胡三省《通鉴释文辨误》卷2说："板楯蛮以木板为盾，故名。"本由使用木盾得名，后遂成为族称。

板楯蛮古居嘉陵江和渠江两岸。《华阳国志·巴志》载："阆中有渝水，賨民多居水左右，天性劲勇。"《史记·司马相如列传》集解引郭璞曰："巴西阆中有俞水，獠人（按：指賨民，即濮人）居其上，皆刚勇好舞。"《华阳国志·巴志》"宕渠郡"下载："长老言，宕渠盖为故賨国，今有賨城。"《元和志》："故賨城在流江县东北七十里。"③《太平寰宇记》卷138："古賨城在流江县东北七十四里，古之賨国都也。"流江县为今渠江县。板楯蛮居此，当从嘉陵江东进而来。按盾又称为渠，《国语·吴语》："奉文犀之渠"，韦昭注曰："文犀之渠，谓楯也。"宕渠、渠江等名称，当由板楯蛮所居而得名。

据《华阳国志·巴志》，巴东朐忍（今重庆云阳）和涪陵郡也有板楯蛮错居。同书《汉中志》和《李特雄期寿势志》记载汉中亦有板楯蛮。《汉书·地理志》则说："而汉中淫失枝柱，与巴蜀同俗。"可见，板楯蛮分布甚广，包括整个四川盆地东部地区，北及汉中东部之南，都是板楯蛮的活跃出没之地。诸书记载说明，板楯蛮不仅是构成四川盆地东部巴地，而且也是构成四川盆地东部巴国各族中分布最广的主要民族之一。

板楯蛮是百濮的一支。扬雄《蜀都赋》说"东有巴賨，绵亘百濮"，这是賨人（板楯蛮）为濮系民族的确证。《华阳国志·巴志》所载阆中渝水有賨民，郭

---

① 《华阳国志·巴志》。
② 《华阳国志·巴志》。
③ 王象之：《舆地纪胜》卷162引。

璞注《上林赋》则记为獠人。賨、獠互代，可见两者皆一。而魏晋以后的僚实即先秦时期的濮[①]。这也是賨为濮人的极好证据。

板楯蛮的经济成分比较复杂，表现出农业与射猎相结合的复合型经济特征。社会组织上还保有浓厚的部落制色彩，处于以血缘为纽带的大姓统治即酋邦制发展阶段。其俗信巫鬼，其风崇勇武。文化上最突出的成就是创立了著名的巴渝舞，表明殷末曾随巴师参加武王伐纣。

苴也是四川盆地东部的一支土著民族。《华阳国志·蜀志》记载："蜀王别封弟葭萌于汉中，号苴侯，命其邑曰葭萌焉。"《汉中志》载："晋寿县，本葭萌城，刘氏更曰汉寿。水通于巴西，又入汉川。"地在今四川广元市以西、剑门关之北，嘉陵江西岸的昭化。

苴古读为巴。《史记·张仪列传》集解引谯周说："益州'天苴'读为'包黎'之包，音与'巴'相近。"《索隐》曰："苴音巴。"又曰："今字作'苴'者，按巴苴是草名，今论巴，遂误作'苴'也。或巴人、巴郡本因芭苴得名，所以其字遂以'苴'为'巴'也。注'益州天苴读为芭黎，天苴即巴苴也。谯周，蜀人也，知'天苴'之音读为'芭黎'之'芭'。按，芭黎即织木茸为苇篱也，今江南亦谓苇篱曰芭篱也。"可见，苴不仅读为包、芭，且意义也与巴同。《汉书·司马相如列传》载司马相如《喻蜀父老文》所说"略斯榆，举苞蒲"，"苞蒲"即"巴濮"[②]。说明苴即巴，是百濮的一支。

苴地本为巴濮所在地，故地名苴。后为蜀取，蜀王封侯于此，故曰"苴侯"，乃以居为氏。但此时苴地的被统治民族仍然是原居其地的苴人。1951年在四川昭化宝轮院出土的巴人船棺葬，实非入主其地的蜀人遗存，也非巴国王族的遗存，而应是秦灭巴后，为秦戍边的苴人的墓葬。至于《史记·张仪列传》所载"苴、蜀相攻击"，这里的苴则不是指苴人，而是指苴侯。由于蜀王开明氏并非巴人或楚人，故其弟苴侯也不是巴人或楚人，这是应当顺便指出的。

三、獽、夷

獽人史迹不详。据《华阳国志·巴志》，涪陵郡和巴郡都分布有獽人群落。

[①] 蒙默：《濮为僚说》（上），《思想战线》1977年第1期。
[②] 邓少琴：《巴蜀史迹探索》，四川人民出版社1983年版，第18页；徐中舒《论巴蜀文化》，四川人民出版社1981年版，第92、93页。

《水经·江水注》记载:"(江水)又东迳壤涂而历和滩",地在今重庆市万州境内。又说鱼复故城东傍"东瀼溪",地在今奉节。长江干流和峡区这两处獽地,均因古獽人所居而得名①,说明是獽人的主要分布地。

夷本为中原华夏对周边少数民族的通称,但四川盆地东部之夷既为专称,显然就不是泛指。《华阳国志》记载巴东郡有夷人,也分布在长江干流和峡区一带。

獽、夷均为濮人。《隋书·地理志》"梁州"下记载:"又有獽、蜒、蛮、賨,其居处、风俗、衣冠、饮食,颇同于僚"。《太平御览》卷76亦载:"有獽人,言语与夏人不同,嫁娶但鼓笛而已。遭丧乃立竿悬布置其门庭,殡于其所。至其体骸燥,以木函置山穴中。李膺《益州记》云:'此四郡獽也。'又有夷人,与獽类一同。又有僚人,与獽、夷一同,但名字有异而已。"明确指出獽、夷与僚"一同",足见两者均属古代濮(僚)人系统。

獽、夷居大江两岸山区,应是当地粗耕农业的开拓者。从上引史料看,獽人也是峡区悬棺葬"幽岩葬"类型的创造者之一。

至于川西平原简州(今简阳县)的獽、夷之民②,则当是后来从四川盆地东部迁至,不是川西平原先秦时期的原住民。

四、濮

《华阳国志·巴志》所记巴国之属的八种族类中的"濮",与四川盆地东部其他百濮系统相对举,说明此"濮"是专称。百濮虽分布极广,但春秋时代直接称之为濮的,仅见于江汉之濮,其他地区的濮人则各以其名号为称,"其当处立名,则名从方号"③。四川盆地东部这支专称的濮人,既无方号,可见是从江汉百濮迁徙进入的一支。

这支濮人主要分布在今涪江下游,中心在今重庆市以北,涪江、嘉陵江和渠江相会的合川一带。《舆地纪胜》卷159引《益部耆旧传》载:"昔楚襄王灭巴子,封废子于濮江之南,号铜梁侯。"铜梁,山名,在今合川附近。濮江当即

---

① 邓少琴:《巴蜀史迹探索》,四川人民出版社1983年版,第18页。
② 《太平寰宇记》卷76。
③ 《左传》文公十六年孔颖达疏。

今涪江,濮、涪音近而讹。《舆地纪胜》引《图经》说合川钓鱼山双墓的来历:"巴王、濮王会盟于此,酒酣击剑相杀,并墓而葬",说明合川一带是这支从江汉迁徙入川的濮人的分布中心。

五、蜑

"蜑"字又作"蜓、诞、蛋",形近音通。四川盆地东部之蜑主要分布在巴东郡、涪陵郡。《华阳国志·巴志》"涪陵郡"下载:"土地山险水滩,人多戆勇,多獽、蜑之民。""巴东郡"下载:"有奴、獽、夷、蜑之蛮民。"与涪陵郡相接的清江流域的廪君,《世本》称:"廪君之先,故出巫诞。"巫为地名,诞为族称,巫诞即是巫地之诞,可见廪君也是蜑人。

蜑人属百濮支系,秦汉以后史籍亦屡有记载,常与獽、夷、賨等杂居。《蛮书》卷10引《夔府图经》:"夷、蜑居山谷,巴、夏居城郊,与中土风俗礼乐不同。"《隋书·地理志》"梁州"下载:"又有獽、蜓、蛮、賨,其居处、风俗、衣冠、饮食,颇同于僚,而亦与蜀人相类。"蜀人,因蜀王杜宇、开明皆濮人,故西周以后蜀人的濮系民族特征愈益突出,一般即将蜀人视为濮系。僚本即濮。可见,蜑人确是濮人的一支。由于蜑人主要分布在峡区以至清江流域,为古代巴中之地①,故左思《蜀都赋》说:"东则左绵巴中,百濮所充"。此亦蜑为百濮的确证。

四川盆地东部蜑人民风勇悍,"人多戆勇","县邑阿党,斗讼必死,无蚕桑,少文学"②,只有粗耕农业,部落组织长久存在。清江流域廪君之诞亦勇武,好为飞剑遥击之术,与其长期居于水滨所形成的狩猎捕鱼传统技艺有关。

六、僰

先秦时期,僰人集中分布在四川宜宾至云南昭通一带。《华阳国志·蜀志》"犍为郡"下记载:

---

① 《后汉书》卷86《巴郡南郡蛮传》记载:"及秦惠王并巴中,以巴氏(即指廪君)为蛮夷君长"。可证从四川盆地东部至清江流域之地为古之巴中。
② 《华阳国志·巴志》。

僰道县，在南安（今四川乐山市）东四百里，距郡百里，高后六年城之。治马湖江会，水通越嶲。本有僰人，故《秦纪》言僰僮之富，汉民多，渐斥徙之。

《汉书·地理志》"僰道"下应劭注曰："故僰侯国也。"可知今四川宜宾一带是僰人的分布中心。

僰人很早就在川南地区定居，成为川南的主要民族。《吕氏春秋·恃君览》："氐、羌、呼唐，离水之西，僰人、野人……多无君。"《礼记·王制》："屏之远方，西方曰棘。"棘即僰。郑玄注云："棘，当为僰（"为"字据惠栋校宋本增）。僰之言偪，使之偪寄于夷戎。"僰人入居川南的年代，可追溯到殷末以前，殷末杜宇就是来自朱提（今云南昭通）的僰人。而朱提汉属犍为郡之南部，蜀汉始分置朱提郡。《说文·人部》："僰，犍为蛮夷也，从人棘声"，说明朱提古为僰人居地，与今宜宾地相连接。方国瑜也认为僰人以僰道县为中心，散居其南境，《秦纪》所言的僰僮应在犍为南的朱提之地①。杜宇既为朱提僰人，殷末即已北上至蜀，说明殷末以前僰人已是定居在汉之犍为郡即今川南至滇东北地区的民族。

僰人是濮之支系，僰即濮。以声类求之，"僰，蒲北反"②，蒲、濮双声叠韵，故得相通。《史记·货殖列传》和《汉书·地理志》的"滇僰"，《华阳国志·南中志》作"滇濮"，证实僰为濮系民族。因其居于棘围之中，故称僰人，"从人棘声"③。所谓僰人，即是居于棘围之中的濮人④。

僰人是农业民族。《华阳国志·蜀志》记载杜宇在蜀"教民务农"，时为西周，足见西周以前僰人农业已有相当水平。《华阳国志·蜀志》还记载僰道有荔芰、姜、蒟。蒟当即蒟酱原料，而荔枝名闻遐迩，历代盛产不衰。《水经·江水注》引《地理风俗记》说："（僰于）夷中最仁，有人道，故字从人。"是指僰人具有较高的文化素养，超乎诸夷之上，这固然是同僰人较高水平的农业经济相适应的。

---

① 方国瑜：《中国西南历史地理考释》上册，中华书局1987年版，第18、19页。
② 《史记正义》。
③ 《说文解字》卷8上《人部》。
④ 徐中舒：《论巴蜀文化》，四川人民出版社1982年版，第97页。

第十一章 先秦四川的民族

僰人又常被华人称为"西僰"。《史记·司马相如列传》："唐蒙略通夜郎、西僰"，"南夷之君，西僰之长，常效贡职，不敢怠堕"，"且夫邛、筰、西僰之与中国并也"，皆是。所言西僰，均应导源于上引《吕氏春秋·恃君览》和《礼记·王制》，都是指犍为之僰。"西"为方位词，因僰在华夏之西，故名。但由此却引起了僰人族属的争议。因《史记·平津侯主父列传》及《淮南衡山列传》、《后汉书·杜笃传》、《文选·长扬赋》等，每以"羌、僰"并述，《后汉书·种暠传》又说僰为"岷山杂落"之一，故《史记·司马相如列传》集解引徐广曰："僰，羌之别种也。"固然秦以后僰人之一部有可能因"汉民斥徙之"，北迁至岷山山谷，但至少从先秦到西汉初叶人们都还能明辨僰、羌有别，是不同的族类。《淮南子·齐俗篇》："羌、氐、僰、翟，婴儿生皆同声，及其长也，虽重象狄鞮，不能通其言，教俗殊故也。"象，狄鞮，皆汉语"翻译"之义①。虽屡经辗转翻译，羌、僰之间仍不能通其语言，足见两者语言差异很大。而"教俗殊故也"一语，更确切指明了两者文化和风俗都完全不同，可见僰人非羌。

僰与蜀的交通，从杜宇入蜀可以知道，早在殷末即初步开通。春秋时代，蜀王开明氏"雄长僚、僰"②，进一步开通了成都平原与川南、滇东北的交通。以后，"秦时常破，略通五尺道"③，对殷周至战国时代已经存在的这条道路予以进一步整修和扩建。显然，这并非其始辟。

汉武帝派唐蒙略通西僰，张骞因蜀、犍为发使出僰，皆由此道。这条古道以今四川宜宾为起点，南接云南昭通、曲靖、昆明，而从宜宾则可经乐山达成都，是南方丝绸之路滇、蜀段的东道（西道为牦牛道），在沟通古代中、印和中、越交通及经济文化往来方面发挥了重要作用。并且，在蜀与夜郎并经牂柯江同南越进行的商品贸易中，僰当交通要冲，也发挥了重要作用。

今川南地区的山崖半山腰处，每每可见悬棺葬，相传"僰人悬棺"，应是古代僰人的文化遗存。

---

① 《礼记·王制》："五方之民（指华夏、东夷、南蛮、西戎、北狄），语言不通，嗜欲不同。达其志，通其欲：东方曰寄，南方曰象，西方曰狄鞮，北方曰译。"
② 《华阳国志·蜀志》。
③ 《汉书·西南夷传》。《史记·西南夷列传》作"秦时常頞略通五尺道"，常頞或作常颇。据《汉书》，当以作"常破"为是。

七、邛都

邛都即邛人，汉人又称之为邛都夷。《后汉书·邛都夷传》记载：

> 邛都夷者，武帝所开，以为邛都县。无几而地陷为汙泽，因名为邛池（今西昌邛海），南人以为邛河。后复反叛。元鼎六年，汉兵自越巂水伐之，以为越巂郡。

汉代越巂郡，大体上就是先秦时代邛都夷的集中分布地区，主要包括今凉山州的西昌、德昌、米易、会理、会东、宁南、普格、冕宁、喜德、越西、甘洛、峨边等县、市，以今西昌市为中心。

邛都夷还向北深入到大渡河之东、之

图11-1 四川宜宾的悬棺葬

北。《续汉书·郡国志》刘昭注引《华阳国志》记载："邛崃山本名邛莋，故邛人、莋人界也。"又引之说："邛人自蜀入，度此山，甚险难。南人毒之，故名邛崃。"此处邛崃山，即今大相岭，汉源之北，雅安之南。邛崃山既为邛人、莋（筰）人界，则邛人向北分布直抵汉源以北。《华阳国志·蜀志》"临邛县"下载："本有邛民，秦始皇徙上郡民实之。"秦汉临邛县辖今邛崃、蒲江、大邑诸县地，这些地区当是入蜀邛人的聚居及与蜀人的错居之地。

邛人属百濮民族系统。《史记·西南夷列传》将邛都与滇、夜郎划为同一族系，《华阳国志·南中志》称夜郎为"濮夷"，称滇为"滇濮"，可知与之同类的邛都也是濮系。《华阳国志·蜀志》"越巂郡"下载："会无县（今会理县）……故濮人邑也。今有濮人冢，冢不闭户，其穴多有碧珠，人不可取，取之不祥。"直接说明为濮人居地。所谓"濮人冢"，实即今天考古学上的大石墓。这种墓用大石砌墓室，顶部覆以大石，酷似石头房屋，当地彝族称为"濮苏""乌乌"的住房。"濮苏"意为濮人，"乌乌"意为另一种民族。"濮苏""乌乌"即濮人墓

第十一章 先秦四川的民族

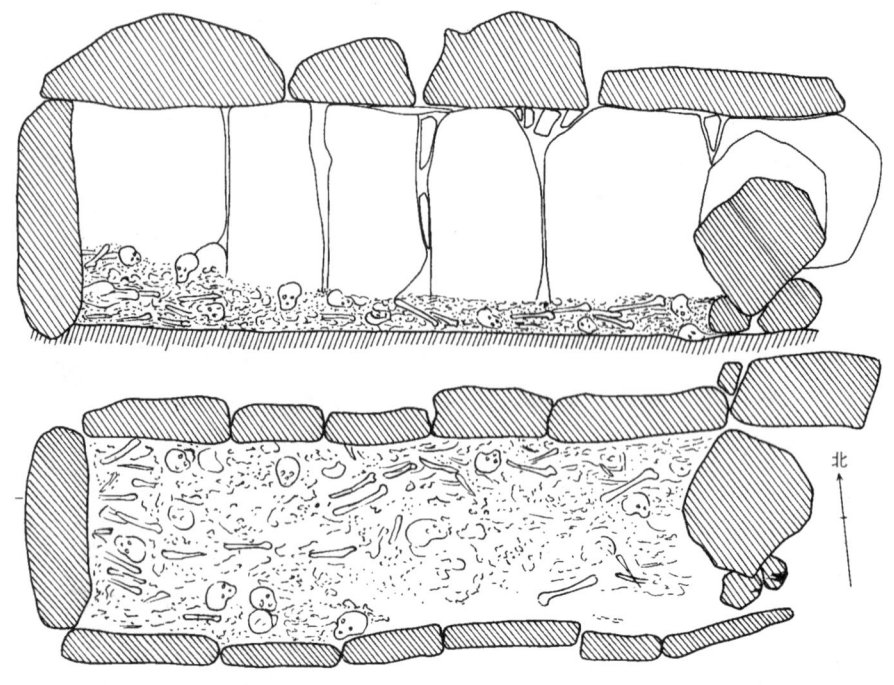

图 11-2 安宁河流域大石墓

冢,此即文献所称的"濮人冢"①。大石墓的分布,集中在安宁河流域②,即汉代越巂郡地。其年代上起商代,下迄西汉,其空间、时间都与邛都的活动相吻合,表明邛都确属百濮民族系统。

邛都是川西南古老的土著民族。上引《华阳国志》说会无县是"故濮人邑","邛崃山本名邛莋",临邛县"本有邛民",都是言其本来如此,即言邛人是当地的原住民。考古资料说明,早在春秋时代,濮人冢(大石墓)即已在今西昌地区出现③,表明邛人在春秋时代就已定居于此。再从川西南大石墓的文化内涵分析,其墓室基本形制和所出陶器,均上承新石器时代晚期的礼州遗址而来,表明大石墓的起源同当地新石器文化有直接关系④。

---

① 童恩正:《四川西南地区大石墓族属试探》,《考古》1978年第2期。
② 四川省文物考古研究院、凉山彝族自治州博物馆、西昌市文物管理所:《安宁河流域大石墓》,文物出版社2006年版。
③ 四川省文物考古研究院、凉山彝族自治州博物馆、西昌市文物管理所:《安宁河流域大石墓》,文物出版社2006年版,第134页。
④ 罗开玉:《古代西南民族墓葬研究提要》,《华西考古研究》(一),成都出版社1991年版。

邛人社会经济以农耕为主，《史记·西南夷列传》记载邛都"魋结，耕田，有邑聚"，《后汉书·西南夷传》记载邛人"其土地平原，有稻田"，都明确指出邛人是农耕民族。手工业方面，从考古资料可见，东周时代大石墓内多出陶器、石器，无金属器，至春秋中叶始有青铜器，主要是环、镯、削、剑、箭镞等小件制品，表明已步入青铜时代。春秋中至战国中叶，出土青铜器较多，并出土手镯、发饰等银器。战国晚期以后，出现小件铁器，初步进入铁器时代。

邛人"椎结左衽"①，民风"俗多游荡，而喜讴歌，略与牂柯相类"②。所说与牂柯相类，即指《后汉书·夜郎传》所说"俗好巫鬼禁忌，寡畜生，又无蚕桑"。俗好巫鬼，也正是濮系民族的普遍习尚，四川盆地东部、鄂西南、云南皆如

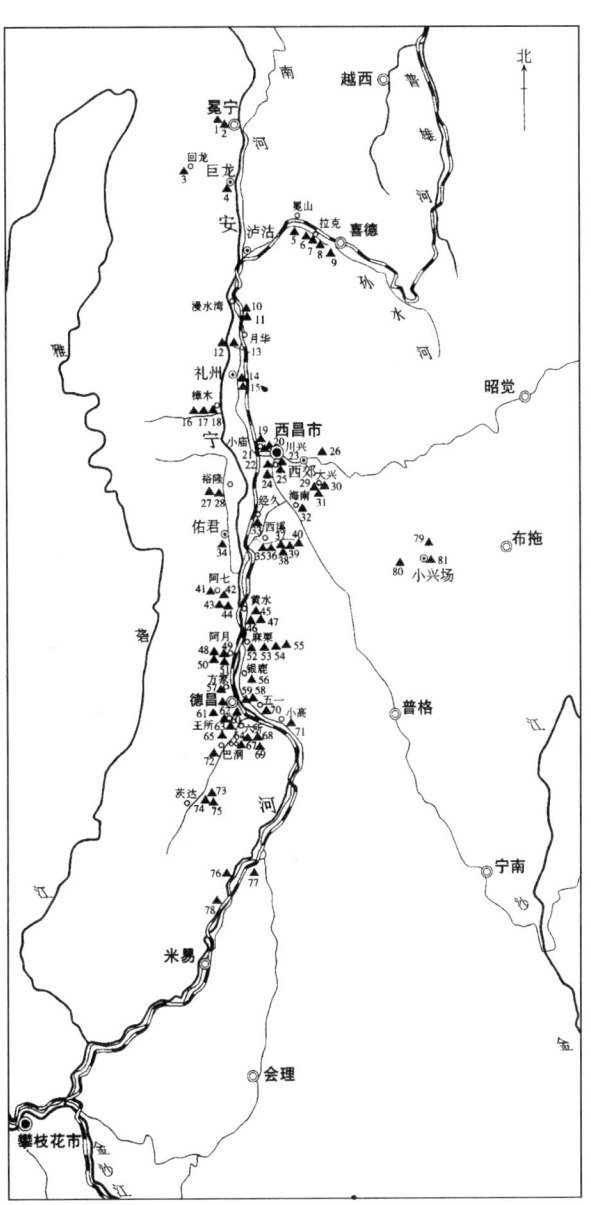

图11-3 安宁河流域大石墓分布图

---

① 《后汉书·西南夷传》。
② 《后汉书·邛都夷传》。

是。邛人亦尚武，民风彪悍。春秋战国时代的大石墓内多出青铜短刀，极少长兵器，表明邛人勇于近战。《后汉书·邛都夷传》又说邛人"豪帅放纵，难得制御"，显现出桀骜不驯的气质和风貌。

邛人在两周之际初步进入早期国家阶段，青铜时代的到来便是一个明证。《史记·西南夷列传》说"自滇以北君长以什数，邛都最大"，说明邛都的国家组织形态超乎其他部落君长之上。但邛人内部还保有部落组织。《华阳国志·蜀志》说："邛之初有七部，后为七部营军。""七部"即七个部落，军事力量也以七部为编制单位，表明血缘纽带仍长期发挥着重要作用。

邛都与蜀的交通路线，在商周时代即已开通。《华阳国志·蜀志》说杜宇以"南中为园苑"，即以其为附庸[①]。既如此，则交通亦应畅达。在以蜀为起点的南方丝绸之路上，邛都是滇蜀道西段（牦牛道）的中点，北连青衣（今雅安）通蜀，南跨泸水（金沙江）入滇，地位显要。尤与金沙江以南的滇、昆明族的交通线，有着非常重要的作用。《华阳国志·蜀志》"会无县"下记载："路通宁州，渡泸得堂狼县。"堂狼为今云南会泽、巧家等县地，属滇。《蜀志》又载："（三缝县）道通宁州，渡泸得蜻蛉县。"蜻蛉县为今云南大姚，西临洱海昆明族之地。商周时代蜀王蚕丛国破，"子孙居姚、巂等处"[②]，唐姚州为今云南大姚，巂州为今四川西昌，蚕丛子孙即沿牦牛道至西昌，其中一部分再由西昌至会理，渡金沙江入云南，抵大姚及姚安。战国末开明王子安阳王亦由此道入滇，再沿礼社江、元江而下，入航红河而抵越南。从西昌南下的这两条线路，都对古代中国西南与东南亚、南亚的经济文化交流做出了重大贡献，也对西南各族与内地的政治经济文化交流做出了巨大贡献。探其原始，邛人功莫大焉。

第三节　氐羌民族系统

一、川境氐羌的由来

氐、羌民族的历史十分悠久，在商代就已屡见于史册。《诗经·商颂·殷

---

① 方国瑜：《中国西南历史地理考释》上册，中华书局1987年版，第15页。
② 《史记·三代世表》正义引《谱记》。

武》:"昔有成汤,自彼氐、羌,莫敢不来享,莫敢不来王,曰商是常。"《竹书纪年》成汤十九年:"氐、羌来宾。"又载武丁三十四年:"王师克鬼方,氐、羌来宾。"又载:"是时(殷)舆地东不过江、黄,西不过氐、羌,南不过荆蛮,北不过朔方,而颂声作。"《尚书·牧誓》记载西土八国有羌人。《逸周书·王会》:"氐、羌以鸾鸟。"都表明氐、羌为古老民族。

氐、羌同源异流,原居西北甘青高原,后分化为两族。羌,殷墟甲骨文屡见,其字从羊从人。《说文》:"羌,西戎牧羊人也",是以畜牧业为主并营粗耕农业的民族。氐,《说文》释为"本也",原为低、平之义①。《逸周书·王会》孔晁注曰:"低地羌,羌不同,故谓之氐羌,今谓之氐矣。"鱼豢《魏略·西戎传》说氐人"其俗、语不与中国同,及羌杂胡同",又说"其嫁娶有似于羌","其妇人嫁时著衽露,其缘饰之制有似羌,衽露有似中国袍,皆编发"。氐、羌在语言、风俗上的相同处,正是两者同源之证。而氐人"俗能织布,善田种,畜养豕、牛、马、驴、骡"②,以农业为主,羌人则"地少五谷,以产牧为业"③。氐人"无贵贱皆为板屋土墙"④,羌人则是"其屋,织氂牛尾及羖羊毛覆之"⑤。两者的差异,又正是其异流的极好证据。综此可知,氐族其实就是从羌族中分化出来后由高地向低地发展并主要经营农业的族类。其初始分化年代,至少可上溯到商代。

从考古学观察,新石器时代至青铜时代今甘肃、青海有众多民族活动居息。甘肃地区的古文化遗存,如马家窑文化、半山文化、马厂文化等,在广义上都同古羌人有一定关系⑥。分布在河西地区山丹、民乐至酒泉、玉门一带的火烧沟类型文化,年代与夏代相当,可能是古羌族文化的一支。而相当于殷商时期的辛店文化,也与古羌人有关。在陇山之东西,则分布有相当于殷周时期的寺洼文化。它分两个类型⑦。寺洼类型分布在洮河流域和陇山以西的渭水流域,

---

① 徐中舒:《论巴蜀文化》,四川人民出版社1982年版,第79页。
② 《三国志·魏志·乌丸鲜卑东夷传》注引。
③ 《后汉书·西羌传》
④ 《三国志·魏志·乌丸鲜卑东夷列传》注引鱼豢《魏略·西戎传》。
⑤ 《北史·宕昌传》。
⑥ 俞伟超:《古代"西戎"和"羌"、"胡"文化归属问题的探讨》,《青海考古学会会刊》1980年第1期。
⑦ 《甘肃古文化遗存》,《考古学报》1960年第2期。

第十一章 先秦四川的民族

年代早于西周①；安国类型分布在甘肃的泾水、渭水、白龙江、西汉水诸流域，年代大致与西周同时②。寺洼文化这两种类型，应即是古代氐族的文化遗存③。它们西起洮河，东至白龙江、西汉水（嘉陵江上游），波及甘肃境内的泾水、渭水等域。这些地区，正是文献所记"世居岐、陇以南，汉川以西"④，以武都、阴平为中心的古氐人的分布区域⑤。可证寺洼文化为氐人所遗。而氐人所居之区，较之古羌人所居的河曲以西、以北⑥，地势相对说来既低且平，又多滨水，正与氐字本义相合。所谓低地之羌曰氐族，即由此而来。可见，氐、羌分化，在商代已是如此。

至于辛店文化和寺洼文化均出陶双耳罐，则如上述氐、羌文化风俗的联系一样，是两者同源的反映。《吕氏春秋·义赏》："氐、羌之民其虏也，不忧其系累，而忧其死不焚也"，氐、羌均有火葬之俗。寺洼文化中火葬与土葬并存⑦，不仅证实了文献的可靠性，同时再次证明了古代氐、羌在族源上有着千丝万缕、不可分割的关系。这种起源甚古的火葬之俗，直到战国秦汉时期仍在岷江上游氐人中流传⑧。

考古资料可以反映出氐羌由西北向西南迁徙的情况。近几十年来，在岷江上游及其支流杂谷脑河岸发现了大量新石器时代文化遗址，大多分布在距河谷100米以上的台地上。这些遗址按其文化面貌可以大致分为两个大的系统，一

---

① 《甘肃文物考古工作三十年》，《文物考古工作三十年》，文物出版社1979年版，第143页。
② 《宝鸡竹园沟等地西周墓》，《考古》1978年第5期。
③ 《甘肃文物考古工作三十年》，《文物考古工作三十年》，文物出版社1979年版，第144页。
④ 《北史·氐传》。
⑤ 《三国志·魏志·乌丸鲜卑东夷列传》裴松之注引鱼豢《魏略·西戎传》。
⑥ 马长寿：《氐与羌》，上海人民出版社1984年版，第11、12页。
⑦ 夏鼐：《临洮寺洼山发掘记》，《考古学论文集》，科学出版社1961年版。
⑧ 《后汉书·冉駹传》载，冉駹"死则烧其尸"，是为火葬。考古中，岷江上游石棺葬内也存在将尸体火化后，再殡入石棺的火葬。

是含彩陶的系统，主要以属于仰韶晚期的茂县营盘山遗址①和汶川县姜维城遗址②为代表，一是不含彩陶而以夹砂陶和泥质陶为主的属于龙山时代的考古学文化遗存，如茂县白水寨遗址、茂县下关子遗址③、汶川县高坎遗址④、茂县沙乌都遗址⑤。后一个系统的即不含彩陶的文化，与四川盆地的新石器文化有着比较密切的关系，而与含彩陶的系统在文化面貌上有较大的差别。含彩陶的系统与黄河上游的马家窑文化等有较密切的关系。马家窑文化的彩陶从西北高原向西南传播到岷江上游干流及支流地区和大渡河上游和中游地区，这在考古学上是比较清楚的。而从甘青高原逶迤而南的石棺葬文化，也是沿着这条线路，一直分布到云南。可见，从史前到战国秦汉时期，在中国西部高原存在着一条民族走廊，它从西北经松潘草地到岷江上游和大渡河上游，又沿岷江和大渡河（其后转安宁河）河谷南下，而达云南的鲁甸、昭通、昆明、大理及贵州的毕节等地，通向西南的广大地区。

在这条线路即民族走廊分布的民族，历史上是属于氐羌系的族类，如今是藏缅语系的各族。如：今甘、青、川交界处，古代是西羌以及其后的党项羌，现在是藏族；岷江和大渡河上游，古代是冉駹及其后的西山羌（包括嘉良），现在是羌族和藏族中的嘉戎支；沿大渡河及安宁河至滇东、黔西及昆明一带，古代是筰都、邛都、巂、靡莫、夜郎、滇等部落，或者是越巂羌、叟，现在主要是彝族；沿安宁河至大理一带，古代是摩沙和昆明，现在是纳西族、普米族和

---

① 成都文物考古研究所、阿坝藏族羌族自治州文管所、茂县羌族博物馆：《四川茂县营盘山遗址试掘报告》，《成都考古发现（2000）》，科学出版社2002年版；蒋成、陈剑：《岷江上游考古新发现述析》，《中华文化论坛》2001年第3期；蒋成、陈剑：《2002年岷江上游考古的发现与探索》，《中华文化论坛》2003年第4期；成都文物考古研究所、阿坝藏族羌族自治州文管所、茂县羌族博物馆：《四川茂县营盘山遗址发掘报告》，待出版。

② 王鲁茂、黄家祥：《汶川姜维城发现五千年前文化遗存》，《中国文物报》2000年11月26日第一版；黄家祥：《汶川县姜维城新石器时代遗址及汉明城墙》，《中国考古学年鉴（2001年）》，文物出版社2002年版；黄家祥：《汶川姜维城遗址发掘的初步收获》，《四川文物》2004年第3期；四川省文物考古研究所、阿坝藏族羌族自治州文管所、汶川县文管所：《四川汶川县姜维城新石器时代遗址发掘报告》，《四川文物》2004年增刊；四川省文物考古研究所、阿坝藏族羌族自治州文管所、汶川县文管所：《四川汶川县姜维城新石器时代遗址发掘简报》，《考古》2006年第11期。

③ 成都文物考古研究所、阿坝州文管所、茂县羌族博物馆：《四川茂县白水寨及下关子遗址调查简报》，《成都考古发现（2005）》，科学出版社2007年版。

④ 资料存成都市文物考古研究所。

⑤ 成都文物考古研究所、阿坝州文管所、茂县羌族博物馆：《四川茂县沙乌都遗址调查简报》，载《2004成都考古发现》，科学出版社2006年版。

白族。据历史文献及本民族传说，这些族体的历史均可上溯到氐羌。就语言的系属而言，他们都是汉藏语系中藏缅语族之下的各族，有着亲缘的关系①。虽然在后来的长期历史发展中，这些氐羌系的部落相继发展为不同的族，但由于有着同源关系，因此具有很多共同点，最主要的一是语言接近，一是在历史传说、风俗习惯和宗教信仰诸方面，均具若干共同的特点。因此，古代的氐羌有着同源关系，从广义上说即是现今的藏缅语系各族，他们早在新石器时代就由西北高原向西南地区徙居了②。

氐、羌在今四川境内出现，可以追溯到夏商时代，这无论在文献还是考古资料中都有据可证。

川西高原近年发现大批石棺葬，广泛分布于岷江上游、雅砻江流域和金沙江流域，在大渡河流域也有发现。川西石棺葬起源甚早，延续时间也很长。川西高原石棺葬的族属，总的说来应是氐、羌系统的文化遗存。

从石棺葬的起源看，近年考古说明，最早出现在西北高原。1975 年在甘肃景泰县张家台墓地发现的 22 座半山类型墓葬中，既有木棺墓，也有石棺墓，以石棺墓为主③。半山类型的年代，约在公元前 2200～2000 年④，相当于五帝时代之末和夏代之初的纪年范围，早于川西高原石棺葬。石棺葬于夏商时代出现在川西高原，说明氐羌系统的民族中，有一部分在此期间已进入川境，而不是过去所认为的春秋战国时代。但由于氐、羌同源异流，文化、风俗上异同并存，加以早期活动地域相近，很难区分彼此，因而西北石棺葬就很难划分具体族属。从景泰张家台石棺葬所揭示出来的情形看，无论是氐还是羌，都应有石棺葬传统，此外也还有土葬、火葬等传统，不可非此即彼，一概而论。由此出发，川西高原石棺葬属氐属羌，也不能一概而论。综合多方面资料，大体说来，岷江上游石棺葬应是氐族文化，雅砻江、金沙江和大渡河流域的石棺葬，则应是羌族文化。

在岷江上游汶、理、茂等县所属地区，当地羌族称石棺葬为"戈基嘎布"，意为"戈基人的墓"。在羌族端公（巫师）唱词和民间口头相传的《羌戈大战》

---

① 参见罗常培等：《中国少数民族的语言概况》。
② 李绍明：《关于羌族古代史的几个问题》，《历史研究》1963 年第 5 期。
③ 《甘肃景泰张家台新石器时代的墓葬》，《考古》1976 年第 3 期。
④ 《新中国的考古发现和研究》，文物出版社 1984 年版，第 126 页。

长篇叙事诗中，戈基人是在羌族南下与之激战后被赶走的一个民族，先于羌人在岷江上游定居①。既然不是羌族墓葬，就只可能是氐族墓葬了。戈基人即是氐人。文献方面，《山海经·海内南经》记载："氐人国在建木西，其为人，人面而鱼身，无足。"建木，《淮南子·地形》谓"建木在都广"，《山海经·海内经》记有"都广之野"，即成都平原。都广之野以西，正是岷江上游之地。《汉书·地理志》记载秦在蜀西设湔氐道，湔氐道即是因氐人聚居而置。可见建木以西的氐人，恰恰是在岷江上游之地。所谓"建木西"，也恰与《史记·西南夷列传》所记氐族冉駹"在蜀之西"相合。又，《大戴礼记·帝系》说"青阳降居泜水"，《史记·五帝本纪》作"江水"，古以岷江为长江正源，可知此泜水指岷江，表明也与氐族有关。综此诸证，先秦岷江上游的石棺葬，应是氐族的文化遗存。

大渡河、雅砻江和金沙江流域的石棺葬，则应与古代羌族有关。据《水经·青衣水注》："县故青衣羌国也。"青衣江、大渡河流域古为羌族地，有笮、徙等族，故其石棺葬应与青衣羌、牦牛羌等有关。雅砻江和金沙江流域也是古羌人居地。从巴塘扎金顶墓葬年代在公元前1285年即商代后期来看②，羌人早在商代就已入川，其南下路线当沿金沙江、雅砻江河谷而行。

综上所述，四川境内的氐羌民族系统至少在夏商时代就已出现，长期在川西高原劳动、生息和发展，成为川西地区的最主要民族。

二、冉、駹

冉、駹分布在岷江上游，《后汉书·冉駹夷传》记载：

> 冉駹夷者，武帝所开。元鼎六年，以为汶山郡。至地节三年，夷人以立郡赋重，宣帝乃省并蜀郡，为北部都尉。

其活动中心，在今四川阿坝藏族羌族自治州的茂县、汶川县和理县一带。

冉、駹原为两族。《史记·司马相如列传》："因朝冉从駹，定笮存邛"；《史

---

① 罗世泽整理：《羌戈大战》，载《木姐珠与斗安珠》，四川民族出版社1983年版，第81~124页。
② 《放射性碳素测定年代报告（七）》，《考古》1980年第4期。

记·大宛列传》："乃令（张）骞因蜀、犍为发间使，四道并出：出駹，出冉，出徙，出邛、僰"。均分而言之。冉、駹得名，与冉山和駹水有关①。冉得名于冉山，唐于茂州都督府下设有冉州冉山县，可知冉山在茂。駹得名于駹水，《续汉书·郡国志》"蜀郡汶江道"下刘昭注引《华阳国志》说："湔水、駹水出焉"。汉汶江道在今茂县治北，可知駹水亦在茂，可能即是黑水，一曰湔水支流。

冉、駹都是氐族。《后汉书·冉駹夷传》记载："皆依山居止，累石为室，高者至十余丈，为邛笼。"邛笼即《先蜀记》所载蚕丛氏所居的石室。"冉駹"二字，古音与蚕丛相近，为同音异写②。蚕丛为氐（见第二章），冉、駹必然也是氐族。《魏略·西戎传》记载氐族中有"蚺氏"，又说"此盖虫之类而处中国"，故字从虫。说明冉、駹为氐族。汉初所设湔氐道，在今汶川一带，"氐之所居，故曰氐道"③。这些都是冉、駹为氐族的确切证据。

从民族学观察，岷江上游羌族世代口耳相传的民间史诗《羌戈大战》，记述羌族未到岷江上游之前，当地原住民是戈基人，其居处以"日补坝"为中心，日补坝在今茂县大坝。"日补"二字为"冉駹"的同音异写，今马尔康尚有"日布乡"，金川有"日旁梁子"。"日布"、"日旁"与"日补"音近相通，词根相一，均为冉、駹地名的西移④。理县桃坪乡羌族巫师唱经中说："戈基人供神马头龙，马王神主能上天"。《山海经·中次九经》则载："凡岷山之首，自女几山至于贾超之山，凡十六山，三千五百里，其神状皆马身而龙首。"马头龙或马身龙首的神，据传是駹的形象，与羌族巫师所传唱的戈基人之马王神一致⑤。戈基人既是氐族，那么冉、駹为氐也就毫无疑问了。

从文化上看，《后汉书·冉駹夷传》记载冉、駹"其王侯颇知文书"，《魏略·西戎传》说氐人"多知中国语，由与中国错居故也，其自还种落间，则自氐语"。《南史·武兴国传》也载氐人"知书疏"，而《北史·宕昌羌传》和《党项传》则均言羌"无文字"。由此亦知冉、駹并为氐族。

---

① 李绍明：《关于羌族古代史的几个问题》，《历史研究》1963年第5期。
② 蒙默：《试论古代巴、蜀民族及其与西南民族的关系》，《贵州民族研究》1984年第1期。
③ 《汉书·地理志》颜师古注。
④ 徐学书：《试论岷江上游"石棺葬"的源流》，《四川文物》1987年第2期。
⑤ 罗世泽：《从羌族民间传说看岷江上游石棺葬人的族属》，未刊稿，1985年。

考古学上，岷江上游石棺葬为氐人墓葬，实即冉、駹的文化遗存①。

冉、駹的社会经济属于半农半牧的复合型经济。农业占有较大比重，其所种植的黍稷类栽培作物，近年考古发掘中颇多出土。畜牧业以牦牛、马、羊为主，尤出名马，同时还富产石盐。

冉、駹从古代起就有季节性南流北返的传统。《华阳国志·蜀志》说汶山郡人"冬则避寒入蜀，庸赁自食，夏则避暑反落，岁以为常，故蜀人谓之作氐、白石子也。"作氐，即是入蜀为庸、劳作自食的氐人，白石子则指崇奉白石的羌人。从广汉三星堆祭祀坑出土着犊鼻裤的跪坐人像来看，当即从冉、駹入蜀为庸的氐人。看来。羌人入蜀为庸之俗，也是从氐人传承而来。

从岷江上游冉、駹石棺葬的考古年代和文化面貌看，夏商时代还处于新石器时代末叶，商周之际初步进入青铜时代，春秋战国时代青铜文化有较大发展，战国晚期以后进入铁器时代。

冉、駹的部落组织在商周之际仍然继续存在。《后汉书·冉駹夷传》说其俗"贵妇人，党母族"，与考古发现的早期石棺葬没有显示出明显的贫富分化、阶级分化的现象相吻合，说明其血缘纽带长期存在，对早期国家的进一步发展起了很大的阻滞作用。

三、白马氐与白马羌

《史记·西南夷列传》记载：

> 自冉駹以东北，君长以什数，白马最大，皆氐类也。

"白马"即指白马氐，先秦时分布在今四川绵阳地区北部与甘肃南部武都之间的白龙江流域②。

至汉代，上述白马氐之地多见羌人活动，称为"白马羌"，表明羌族中的一

---

① 童恩正：《四川西北地区石棺葬族属试探》，《思想战线》1978年第1期。
② 据《汉书·地理志》，汉高帝在这一区域的南部置有甸氐道（今四川九寨沟县）、刚氐道（今四川平武县东）、阴平道（今甘肃文县西北），属广汉郡，汉武帝在其北部置武都郡，所辖武都、故道、河池、嘉陵道、循成道、下辨道等，均为氐族所居。其中，今甘肃武都、文县和四川九寨沟、平武县一带的氐人，即是白马氐。《史记》所述，正是指此。

支已迁入其地，而因白马之号①。这支羌人，即《后汉书·西羌传》所说"或为白马种，广汉羌是也"的白马羌。白马羌的分布，除今绵阳地区北部外，也向西延展到松潘。也有学者认为武都的白马羌实为参狼种，只有蜀郡西北的才是白马羌②。

四、徙、筰都

徙，音斯，又作斯、斯榆、斯都。《史记·西南夷列传》：

> 自嶲以东北，君长以什数，徙、筰都最大。

《集解》引徐广曰："徙在汉嘉。"此"汉嘉"指今四川雅安地区天全县。《华阳国志·蜀志》"越嶲郡邛都县"下记有"又有四部斯臾"，"斯"即徙人。可见汉代居住在今四川凉山州西昌一带的徙人，原来是从天全迁徙而来的。

徙人是羌族的一支。《续汉书·郡国志》"蜀郡属国"下载："汉嘉，故青衣。"《水经·青衣水注》载："（青衣）县，故青衣羌国也。"《华阳国志·蜀志》说汉初吕后时"开青衣"，即包括徙在内。同书又说武帝天汉四年于故沈黎郡置两部都尉，"一治牦牛，主外羌；一治青衣，主汉民"，徙属外羌之列，应为牦牛种青衣羌。

筰都，筰字或作莋、笮。《后汉书·莋都夷传》记载：

> 莋都夷者，武帝所开，以为莋都县。其人皆被发左衽，言语多好譬类，居处略与汶山夷同……元鼎六年，以为沈黎郡。

沈黎郡所在，《汉书·地理志》和《续汉书·郡国志》均未载。《华阳国志·蜀志》说："元鼎六年……西部笮（都）为沈黎郡……天汉四年，罢沈黎，置两部都尉，一治牦牛，主外羌；一治青衣，主汉民。"《后汉书·莋都夷传》亦载："至天汉四年，（沈黎郡）并蜀，为西部，置两都尉"，安帝延光二年改为

---

① 冉光荣、李绍明、周锡银：《羌族史》，四川民族出版社1984年版，第98、99页。
② 马长寿：《氐与羌》，上海人民出版社1984年版，第99~101页。

蜀郡属国，灵帝时改为汉嘉郡。可见，此汉嘉郡辖境大致上就是沈黎郡辖境，基本无变迁。

其境地域范围，据《续汉书·郡国志》载，汉嘉郡（今雅安地区）辖有汉嘉（今四川芦山县）、严道（今四川荥经县）、徙（今四川天全县）、旄牛（今四川汉源清溪镇）四县。汉嘉为青衣羌国；严道，据考古发掘，春秋时为蜀人所居，战国时则形成蜀人、秦人及楚人错居之局，文献记载则有邛人，总之均与羌无关；徙即徙都。此三县均无筰都立足之处。因此，只有旄牛一地为筰都所居。由此可见，秦汉以前筰都分布在今四川汉源。

据《华阳国志·蜀志》，汉武帝元鼎六年所置沈黎、汶山、越嶲、武都四郡，"合置二十余县"。《汉书·地理志》所载此地域范围内的县数，除去因郡境变化归属不同从而重复的县，以及后来设置的县数，共二十余县，基本上与《华阳国志》合。根据史籍的记述来看，战国以至汉初，筰都仅分布在今汉源大渡河南北，汉武帝末叶以后才逐渐南迁至雅砻江今凉山州西南地区。近年在四川凉山州盐源县所发掘的西汉时期的青铜文化墓葬，当是筰都的文化遗存[①]。

筰都的北界，据《续汉书·郡国志》刘昭注引《华阳国志》："邛崃山本名邛筰（山），故邛人、筰人界也。"此"邛崃山"为今大相岭，以东北为邛，以西南为筰。可见，筰都北界不能逾越大相岭。

筰都以南，本为邛都分布之地，汉初以前筰都南界当不过今凉山州之越西。《汉书·地理志》"越嶲郡"属县中之定筰（今盐源县）、筰秦（今盐源县境）、大筰（今盐边县）等三筰，应是汉武帝以后筰都南迁所居之地[②]。

---

① 资料藏四川凉山州博物馆和盐源县文物管理所。
② 《汉书·地理志》颜师古注曰，"本筰都也"。是说此三筰原都是筰人，而不是说此三地原为筰都地。依颜注《汉志》之例，某地如是某国故地，其注法必为"故某国"，如在"东莱郡"下即注曰"故莱子国也"，这与应劭等人的注法一致。乙地如为原甲地，其注法或为"乙旧甲地"，如在"北海郡营陵县"下即注为"临淄、营陵，皆旧营丘地"；或引他人说法，则注为"某人以为本甲之乙地"，如"右扶风安陵县"和"茂陵县"下分别注曰："阚骃以为本周之程邑也"，"《黄图》云本槐里之茂乡"，等等。可见，颜注"本筰都也"，是言其人或族，不是言其地。而应劭注"越嶲郡"，仅在"邛都县"下注曰："故邛国都也。"说明应劭并不以为此郡之三筰为筰都故地。至于《史记·西南夷列传》集解引徐广曰"筰音昨，在越嶲"，《索隐》引韦昭说："筰县在越嶲"，都是因为汉武帝在其罢沈黎郡的同时取消筰都县后，筰都南迁越嶲，而筰名也仅见于越嶲三筰之故。《史记·司马相如列传》索隐引文颖注汉源之筰曰："筰者，今为定筰县，皆属越嶲郡。"明确指出越嶲之筰是今之"筰"。这就再清楚不过地表明，筰之故地并不在越嶲，越嶲三筰都是从汉源南迁而去的。

筰居汉源，在先秦时已如此。《史记·司马相如列传》记载："邛、筰、冉、駹者近蜀，道亦易通，秦时尝通为郡县，至汉兴而罢。"既然秦代已在筰都设县，则筰都的始见年代必在先秦时代。又，"邛、筰、冉、駹者近蜀"，是由南而北记述，说明筰在邛之北，这正是先秦、秦代以至汉武帝时的格局。

筰都南迁的年代，当在汉武帝天汉四年前。《华阳国志·蜀志》记载汉武帝元鼎六年以"西部筰为沈黎郡"，即以筰都为沈黎郡郡治。但自天汉四年沈黎郡并蜀为西部都尉，而两都尉分驻牦牛和青衣后，筰都县即不再见于记载。《汉书·地理志》记载东汉和帝以前，蜀郡已无筰都县。至安帝延光二年改蜀郡西部都尉为蜀郡属国，辖四县，也无筰名。可见，在武帝天汉四年，筰随同罢置。其原因，完全可能与筰都南迁有关。

筰都是牦牛羌的一支，当是牦牛种之白狗羌。《后汉书·筰都夷传》说："其人皆被发左衽，言语多好譬类，居处略与汶山夷同"，即与岷江上游的"阿巴白构"有关，而阿巴白构正是白狗羌。《史记·大宛列传》正义说："筰，白狗羌也。"确切说明筰都是白狗羌，应是岷江上游白狗羌南下的一支。

筰都从事畜牧与农耕相结合的复合型经济。《史记·西南夷列传》记载："其俗或土箸（著），或移徙"，即这种农牧结合的经济类型。筰都出名马，是巴蜀商贾经营的主要商品种类。定筰之地还出盐，见载于《汉书·地理志》、《华阳国志·蜀志》等史册，所产大多为池盐。

五、和夷、丹、犁

和夷见于《尚书·禹贡》："蔡、蒙旅平，和夷厎绩。"厎，致也。和夷，据《水经·桓水注》引郑康成曰："和夷，水上夷所居之地也。和读曰桓，《地理志》曰'桓水出蜀郡蜀山西南，行羌中'者也。"桓水，《禹贡》云："西倾因桓是来"。马融曰："治西倾山，因桓水是来，言无他道也。"以桓为水名①。西倾山的桓水，为今白龙江，东南流至甘肃文县东与白水江合，再东南流注嘉陵江。

---

① 郑玄以"桓是"连读，假为"桓氏"，他说："桓是，陇阪名，其道盘桓旋曲而上，故名曰桓是。今其下民谓是阪曲为盘也。"《水经·桓水注》解桓为桓水，同于班固、马融。又说："余：按《经》据《书》，岷山、西倾，俱有桓水。"又说："《晋地道记》曰：梁州南至桓水，西厎黑水，东限扞关……皆古梁州之地。自桓水以南为夷，《书》所谓'和夷厎绩'也。然所可当者，唯斯水（按：指桓水）与江（按：指岷江）耳。桓水盖二水之别名，为两江之通称矣。"

至于岷江称桓，则不是指岷江正流，因岷江正流从不称桓，而应指其下游的支流大渡河。大渡河古称"渽水"，"出徼外，南至南安，东入江（按：指岷江）"①，《说文》和《水经·江水注》作"涐水"。涐、和音近相通，和读桓，故知涐水即桓水。宋毛晃《禹贡指南》注曰："和夷，西南夷也。"清胡渭《禹贡锥指》注称："和夷，涐水南之夷也。"由此可见，和夷是先秦时期分布在今大渡河以南的族类。由于先秦大渡河以西、以南族类以羌族为多，故和夷的族系当与羌族有关。

丹、犁为两族。《史记·秦本纪》记载，秦惠文王十四年，"丹、犁臣蜀"，秦武王元年"伐义渠、丹、犁"。丹、犁，《正义》曰："二戎号也，臣伏于蜀……在蜀西南姚府管内，本西南夷，战国时蜀、滇国，唐初置犁州、丹州也。"唐姚州治今云南姚安北，辖姚安、大姚等地，应是丹、犁南迁所至。战国时丹、犁则在汉之沈犁郡内。沈，读为丹②，犁、黎形近音通。沈犁郡之名，即来源于丹、犁二戎。沈犁郡大多为羌族，看来丹、犁也都是羌族的分支。他们南迁至云南，年代和方向都与羌族的南迁一致。

六、叟

叟人是古代邛都地区一个重要的族类，与邛人交错而居。《华阳国志·蜀志》说邛都"有四部斯叟"。叟，最早见于《尚书·禹贡》，称西戎中有"渠搜"，《汉书·地理志》将"搜"改作"叟"。《汉书·武帝纪》诏云："北发渠搜，氐羌徕服"，可知叟是从氐羌中分化出来的。

《后汉书·西南夷传》记载："永平元年……后（越巂）太守巴郡张翕，政化清平，得夷人和，在郡十七年，卒，夷人爱慕，如丧父母。苏祁叟二百余人赍牛羊送葬。"这里所说的叟人即是羌人，亦即汉代的越西羌。《后汉书·西羌传》说："西羌之本，出自三苗……河关之西南羌地是也……南接蜀汉徼外蛮夷。"这是说古羌人的最初根据地在黄河上游的河湟一带。该传又说："其后子孙分别，各自为种，任随所之，或为牦牛种，越巂羌是也；或为白马种，广汉羌是也；或为参狼种，武都羌是也……羌之兴盛，从此起矣。"这支羌人之所以

---

① 《汉书·地理志》。
② 蒙文通：《巴蜀古史论述》，四川人民出版社1981年版，第3页。

称为牦牛种，应与他们的宗教信仰有关；之所以称为越嶲羌，是由于他们居住在汉代越嶲郡的范围内。可见，叟人与筰都同属一系，他们在邛都地区居息繁衍的历史是相当久远的。

叟人是古代氐羌的一支，是今藏缅语族彝语支各族的一支先民。这不仅从现今凉山彝族传说他们的祖先原居北方，以及古侯和曲涅两支人在唐代从昭通渡江进入凉山的事实中得以说明①，而且从解放后在云南昭通发掘出的晋代霍承嗣墓葬的壁画中也可得到叟人与彝族关系的实证②。该壁画绘有当时夷汉部曲的形象，其中的夷人即当地的叟人，他们的装束与现今凉山彝族有着许多相似之处，如披毡、赤足、椎髻等等。晋时朱提郡（今昭通地区一带）和越嶲郡（今凉山一带）境内的叟人属于同一民族，习俗相同，形象相似，得以古今印证③。

七、白狼、槃木、唐菆

在岷山以西的雅砻江、金沙江流域，分布有白狼、槃木、唐菆等百余个羌族群落。《后汉书·筰都夷传》记载：

> 自汶山以西，前世所不至，正朔所未加，白狼、槃木、唐菆等百余国，户百三十余万，口六百万以上，举种奉贡，称为臣仆。辅（益州刺史朱辅）上疏曰："……今白狼王唐菆等慕化归义，作诗三章，路经邛来大山，零高坂，峭危峻险，百倍岐道……"

从白狼、槃木、唐菆诸部居于汶山郡以西，以及他们与成都平原的交通要经由邛崃山（大相岭）等情况判断，这些部落多分布在今四川甘孜州东南部④。

上述百余国见诸文献虽为汉世，但上面引文所说"前世所不至，正朔所未加"，却表明早在汉以前，他们就已成为当地的土著。在这些地区内，近年来发掘了不少石棺葬，如炉霍甲洛甲妥、雅江呷拉、巴塘扎金顶等，均与古代羌族

---

① 李绍明：《关于凉山彝族的来源问题》，《思想战线》1978年第5期。
② 《云南省昭通后街子东晋壁画墓清理简报》，《文物》1963年第12期。
③ 李绍明：《邛都夷与大石墓族属问题》，《西南民族学院学报》1981年第2期。
④ 冉光荣、李绍明、周锡银：《羌族史》，四川民族出版社1984年版，第98页。

有关，应即白狼、槃木、唐菆等部的文化遗存。其年代，从商代晚期、商周之际到战国晚期者，均有发现，确切表明以此三部为首的百余羌部早在商代业已居此。到东汉明帝永平中，他们对汉王朝"慕化归义"时，已在今甘孜州境内世代相承，生活了1000余年。

八、三河、槃于虏

《后汉书·冉駹夷传》记载：

> （汶山）其西又有三河、槃于虏，北有黄石、北地、卢水胡，其表乃为徼外。

黄石、北地、卢水胡，分布在今甘肃平凉、陕西富平和青海西宁以西。甘、青之南，岷山之西，而又距冉駹不很远的地区，主要指今阿坝州北部和甘孜州北部，这一大片区域即为三河、槃于虏的活动驰骋之地。

三河、槃于虏为史册所不详。据《华阳国志·蜀志》"汶山郡"下记载："有六夷、羌胡、羌虏、白兰峒、九种之戎。"六夷，当即《资治通鉴》卷89胡三省所注释的"盖胡、羯、鲜卑、氐、羌、巴蛮，或曰乌丸，非巴蛮也"。羌胡，当即黄石、北地、卢水胡。白兰峒当即蜂蛐羌。九种之戎，当即《后汉书·西羌传》所说无弋爰剑后代"其九种在赐支河首以西及在蜀汉徼北"。羌虏则当是三河、槃于虏之类①。说明三河、槃于虏是羌人的分支。他们居于白狼、槃木、唐菆等羌部之北，晚于后者进入四川西北。虽其见诸史册已是魏晋之际，然而也应如同白狼诸羌一样，早在先秦即已进入川境，其年代有可能在秦献公以后至战国时期。

---

① 刘琳：《华阳国志校注》，巴蜀书社1984年版，第297、298页。

第四节　其他民族系统

一、奴（卢）——华夏系统

奴，应即卢①。卢是巴地族群之一。《华阳国志·巴志》记载：

> 其属（按：指从属于巴国的族群）有濮、賨、苴、共、奴、獽、夷、蜑之蛮。

奴（卢）是一个单独的族类，与板楯七姓中的卢（罗）毫无关系，应当区分开来。

卢，最早见于《尚书·牧誓》，跟随武王伐纣，为西土八国之一。西周春秋时活动在汉水中游地区，《左传》桓公十三年楚伐罗，"罗与卢戎两军之"，大败楚师。其地，《续汉书·郡国志》"南郡"下记有"中卢，侯国"，原注引《襄阳耆旧传》云："古卢戎也。"《元和郡县志》卷21"义清县"载："本汉中庐县地也，西魏于此置义清县，后因之。中庐故县在今县北二十里。本春秋庐戎之国。"其地在今湖北襄阳县西。《水经·沔水注》记载：襄阳县故城，"楚之北津戍也……其土，古鄀、都、卢、罗之地。"②又载："中卢县东，维水自房陵县维山东流注之，县即春秋庐戎之国也。"《括地志》亦载："房州竹山县及金州，古卢国。"③房陵为今湖北房县。这应是春秋早期楚灭卢后，卢之一部迁于鄂西山地的居所。以后，鄂西这支卢人又辗转西迁于今四川盆地东部，居今渠县境内。《华阳国志·巴志》"宕渠郡"下记有"卢城"，实即这支卢人迁入四川盆地东部以后的定居之地。

关于卢人的族源，据史籍可以考定，来源于今山西境内，为舜后。《国语·周语中》记载富辰谏周襄王曰："昔鄀之亡也由仲任，密须由伯姞，郐由叔妘，

---

①　邓少琴：《巴蜀史迹探索》，四川人民出版社1982年版，第17页。
②　石泉、王克陵：《宋元木渠考》，《农业考古》1984年第2期。
③　《史记·周本纪》正义引。

聘由郑姬，息由陈妫，邓由楚曼，罗由季姬，卢由荆妫"。韦昭注云："卢，妫姓之国。荆妫，卢女，为荆夫人。荆，楚也。"此处的"卢"，即《左传》桓公十三年的"卢戎"。卢为妫姓，而妫姓出自帝舜。《史记·陈杞世家》记载：舜"居于妫汭，其后因为氏姓，姓妫氏。"妫姓后代，"夏后之时，或失或续。"①其续国承祀者，西周初年，武王褒封妫满于陈，为陈胡公。卢为妫姓，是未能承续舜所传国者，因之居西方，故称卢戎。但按其起源，却属于华夏民族系统。

春秋早期卢国见于《左传》，很快便从历史上消失，当在鲁桓公十三年后不久被楚并灭②。其后，卢人一支西迁鄂西，春秋中叶，由于庸国之强，这支卢人不得不再西迁入川。以此看来，卢人入川的年代应在春秋中叶以后。其经济文化不详。而其社会组织，从卢国在汉水流域与楚国作战的情况看，当已属于早期国家。

二、共——百越系统

共也是巴地族群之一，《华阳国志·巴志》记其为巴国之属，是一个有别于其他族群的族类。

共人最早见于《逸周书·王会》："具区文蜃，共人玄贝，海阳大蟹。"孔晁注曰："共人，吴越之蛮。"据此，在殷周之际，共人原为东方滨海地区的越系民族。大概在春秋战国时代，共人沿江西上进入四川盆地东部。

共人的分布，据《太平寰宇记》卷120载，唐麟德二年移洪杜县于"龚湍"，即今重庆酉阳之"龚滩"。共、龚字通，当为共人所居得名③。

这个越系的共，与板楯七姓中的龚不同。板楯之龚，《蜀都赋》李善注引《风俗通》作"袭"，二字形近而讹，当以作龚为是。虽然板楯之龚与越系之共音同可通，但同在《华阳国志·巴志》中，却是将板楯七姓全部纳入賨人一系加以叙述，而共人则单出，不与巴地其他任何族群同系，可见两者非一。

共人的经济生活，由其所来源及其居于峡江的情况可知，大约以水居捕鱼为主，而辅以粗耕农业。至于共人的社会组织情况，则因书阙有间，不可知其详。

---

① 《史记·陈杞世家》。
② 何浩：《楚灭国研究》，武汉出版社1989年版，第152～154页。
③ 邓少琴：《巴蜀史迹探索》，四川人民出版社1983年版，第19页。

结束语　从巴蜀的巴蜀到中国的巴蜀

雅斯贝斯（Karl Jaspers）创立的枢轴时代论（Axial Age），认为公元前6世纪是世界历史上的枢轴时代。因为在这一时期前后，出现了中国的孔子、印度的佛陀、波斯的琐罗亚斯德、犹太的以赛亚、希腊的毕达哥拉斯，在他们的促动下，从东亚、南亚、西亚、中东到希腊，人类文化取得了第一次大突破，人类进入文明（雅斯贝斯显然是把系统化了的理性知识作为文明的标志），成为世界历史发展的转机，所以把这个时代称之为枢轴时代。至于为什么世界历史上几乎同时出现如此重大的变局，雅斯贝斯并没有给予更多说明。

这里之所以提到雅斯贝斯的枢轴时代论，并不是想以此作为线索去探讨世界历史，目的在于进一步说明：枢轴时代应当是一系列具有划时代意义的新因素在某一时期连续出现，并且在某一地域连续发生、连续分布，从而导致这个时代这个地域内文化上知识上大变动的出现。这一现象，如同有一个定位的枢轴一样，在某一时代，处于枢轴转动范围内的所有地域都受其影响而协同联动，发展变化。因而，枢轴时代这个概念，不光可以使用于公元前6世纪的世界历史，也可以应用到不同的时代和地域。

以枢轴论来考察古代巴蜀，可以看出，先秦巴蜀还没有被包容在中原枢轴之内。中原枢轴的性质定位，雅斯贝斯是以孔子为坐标的。许倬云先生进一步论证说，枢轴时代必须突破的先决条件有三个：第一，要有相当程度的国家组织；第二，要有文字和专业知识分子；第三，要有剧烈的社会变革，兴亡起伏的剧变导致知识分子失去地位，失去专业，转化为游离的知识分子，才可能对神圣传统提出疑问，由疑问而反省，而瞿然提出新见解，终于突破并超越习俗的神秘，把古代文化提升到枢轴时代的新境界①。

中原枢轴时代以孔子为轴心，带动了儒、墨、道、法等九流十家的协同振动和运转，尽管各家时有矛盾冲突，但毕竟围绕同一个轴心作同向、反向或交叉的运动，没有一家外于以孔子为轴心的枢轴。于是，中原的枢轴时代从学术上使华夏文化加深了各个地域间的亲和力、凝聚力和整合力②，因而战国时代的大变局也就预示了后来的大统一。

从学术文化体系上看，在先秦时代，巴蜀仍在中原枢轴之外，除战国末叶有臣君子、鹖冠子研习道家学术而外，几乎没有其他九流十家的学术影响痕迹③。这种情形，实有其深刻的政治和文化背景。

巴蜀地区在地理上距离中原遥远，"尔来四万八千岁，不与秦塞通人烟"④。由于秦岭、大巴山、米仓山系的阻隔，使它自成一个相对独立的地理单元。在政治上，先秦巴蜀也主要是自成政治单位的。虽然在夏、商时代，巴蜀与中原有这样那样的和战关系，西周时代巴、蜀也是周王室册封的诸侯，但古蜀王国在"有周之世，限以秦、巴，虽奉王职，不得与春秋盟会，君长莫同书轨"⑤，巴国则因"楚主夏盟，秦擅西土，巴国分远，故于盟会希"⑥，均与中原缺乏经常的政治联系，不能在政治上与中原同步演进，事实上是在中原枢轴之外。战国前期，当中原列国纷纷掀起轰轰烈烈的变法运动之时，西方的秦国起而响应，虽变法较晚，但却后来居上，变法彻底，又积极参与"中国诸侯"之政⑦，文化上则采取开放政策，吸纳并延请三晋纵横家和法家知名人物入秦主持变法，

---

① 许倬云：《枢轴时代在中国的发生》，《历史分光镜》，上海文艺出版社1998年版，第275~277页。
② 学术争论的范围越广，文化认同的范围就越广。这里所说的亲和力、凝聚力和整合力，都是指文化而言，而不是指学术观点。
③ 刘向《别录》和《汉书·艺文志》有"尸佼入蜀"之说。尸佼为杂家，入蜀后对蜀可能有一定影响，但未见影响之迹。
④ 李白：《蜀道难》。
⑤ 《华阳国志·蜀志》。
⑥ 《华阳国志·巴志》。
⑦ 《史记·秦本纪》。

"移风易俗"①，以此与中原诸夏所奉行的儒家学说相抗衡，作为进一步发动统一战争的理论基础。结果是政治上与中原诸夏充分融为一体，文化上更加强了同中原诸夏的交流和融合。南方的楚国，东方的吴国和越国，也在政治上积极参与诸侯争霸，文化上以老、庄为代表的道家则应运而生，与齐鲁儒家、秦晋法家和纵横家等分庭抗礼，遂成百家争鸣之局，并在这一动态局面中与中原融为一体，汇入到中原枢轴之中。唯有巴蜀，僻在西南，为"戎狄之长"②，既不预中原之政，不参与中原列国轰轰烈烈的变法潮流，又不预中原学术，不参与百家争鸣。这两大特点，说明了先秦巴蜀外于中原枢轴的事实。

巴、蜀自古有其国家组织，控制资源，掌握军队，维护王权，其政治势力主要是向西南边徼大力伸张；又有自己的知识体系和知识分子，创造了独具特色的文字系统，物质文明也曾取得极大进步。但由于政治上与中原之政脱节，不在中原政治经济大变革的连锁反应圈以内，所以墨守成规，神圣传统一脉相承，一传再传，缺乏精英起而反省的内部条件，因而不能在文化上取得突破，更不能对传统习俗提出质疑，又遑论超越？巴蜀自身既不能引发并创建枢轴时代，又不能与中原枢轴连为一体，所以先秦巴蜀没有产生出思想家，是不足为奇的。

秦灭巴蜀，设置郡县，是巴蜀进入中原枢轴的转机。但是，秦灭巴蜀的时代，正是秦的法家在理论上和实践上走向野蛮化的时代。如果说，商鞅时代秦还允许一点学术和思想自由，允许儒法之争存在的话，那么，到秦惠王、秦昭王尤其秦始皇时代，这一点点自由的学术和思想空间已被完全窒息。秦任刑罚，民以吏为师③，不允许自由的学术环境存在。在这种残酷的政治和文化条件下，巴蜀不但没有产生出思想家，反而发扬了神圣的宗教传统，政治上经济上虽然被纳入以秦为符号的中华枢轴之内，然而文化上却仍然在枢轴之外，两者出现了明显的脱节。

真正使巴蜀融入中华枢轴的是汉代。汉兴，实行轻徭薄赋缓刑的政策，文化上允许百家共存，惠帝四年"除挟书律"④，此后才有思想家的逐渐出现。不

---

① 《史记·商君列传》。
② 《战国策·秦策一》。
③ 《史记·秦始皇本纪》。
④ 《汉书·惠帝纪》。

过，巴蜀地区由于神权思想对人们精神世界的长期禁锢，加上自古以来重形象艺术而不重逻辑思辨的传统思维方式，所以汉代巴蜀最早产生的大学问家不是思想家而是文学家，司马相如就是"以文辞显于世"的大文学家①。经文翁在蜀兴学，巴、汉亦化之②，其后，"王褒、严遵、扬雄之徒，文章冠天下"③，已是西汉后期之事。直到这时，巴蜀才产生真正的思想家。严遵（严君平）和扬雄是名闻全国的大思想家，严遵的《老子指归》"为道书之宗"④，扬雄的《太玄》为学者所推崇⑤，均表明了这个事实。

汉代巴蜀学者著书立说，均为私家著述，这是巴蜀文化已然汉化的最重要标志。这一现象足可说明，汉代巴蜀文化的转型，不但已经超越了文化认同的阶段，还进一步发展到了文化自觉的阶段，从意识深处已认为自身是汉文化圈中当然的一员。

汉代巴蜀思想家的产生，意味着巴蜀成为中华枢轴中成熟的一员。其政治与文化背景有四：首先是巴蜀在政治上为汉高祖"帝业所兴"之地⑥，高祖五年，汉军中的大批巴蜀士卒罢兵回家，均获五级以上爵位，成为巴蜀各地的大姓望族，加深了巴蜀对汉王朝的政治向心力；第二是汉王朝放宽思想禁锢，允许百家存在，武帝时虽独尊儒术，但百家之术仍在天下郡国不同程度地发展，巴蜀则突出发展了道家学术和易学；第三是汉王朝吸收天下精英入为朝官，既加强了汉王朝的中央集权，提高了汉王朝认识处理天下郡国各类事物的能力和水平，又加强了中央王朝同全国各地的文化和感情联系，巴蜀地区的精英人物如司马相如、落下闳、王褒、扬雄等均在京师任为朝官，在文化上思想上感情上保持并维护着巴蜀与京师的各种联系；最后，最为重要的是，汉景、武之间，蜀郡守文翁在成都兴办学堂，改造了巴蜀的"蛮夷之风"⑦，使巴蜀逐步从文化认同转变为文化自觉，最终超越了神圣传统，在思想上、文化上与汉文化融为

---

① 《汉书·地理志》。
② 《汉书·文翁传》，《华阳国志·先贤士女总赞》。
③ 《汉书·地理志》。
④ 《华阳国志·先贤士女总赞》。
⑤ 《汉书·艺文志》，《三国志·魏志·王朗传》，《华阳国志·先贤士女总赞》，《后汉书·张衡传》，《隋书·经籍志》，《唐书·经籍志》。
⑥ 《华阳国志·汉中志》。
⑦ 《汉书·文翁传》。

一体。

作为独立王国的先秦巴蜀,与作为大一统帝国郡县的秦汉巴蜀,在思想上文化上的调控机制和原动力是大不一样的。先秦巴蜀文化的调控机制和原动力是宗教神权,它们不预中原之政,不图变法革新,没有加入中原枢轴,思想上文化上也主要是没有突破神圣传统所致。汉代则不同。汉代巴蜀文化发展的原动力有二:一是中央王朝开通经学之途,以"禄利之路"吸引人才①,二是汉王朝允许地方文化和宗教基本内核的保存和传承,使其与汉文化充分地融会整合为一体。所以,汉代巴蜀文化一方面表现出明显的传统特征,另一方面又表现出浓厚的汉文化特色。其中的突出事例有二:一是文翁兴学,蜀人县邑吏民"争欲为学官弟子,富人至出钱以求之,由是大化"②;二是巴蜀学者数量日益增多,东汉又超过西汉③。说明巴蜀文化已完全转化为汉文化,原有的神圣传统仅作为地方文化因素,化为地方习俗保存下来。可见,巴蜀融入中华枢轴,完全改变了它的文化性质和发展方向,由此获得了重要的文明进步。

如果从突破和超越上说,那么汉代才是中国文化真正的枢轴时代,因为它是统一中国的枢轴时代,而不仅仅是中原诸夏的枢轴时代。

借用梁任公《中国史叙论》关于"中国之中国"和"世界之中国"这一概念,可以说,先秦的巴蜀是巴蜀的巴蜀,而秦汉的巴蜀则是中国的巴蜀。

---

① 《汉书·儒林传·赞》。
② 《汉书·文翁传》。
③ 见《华阳国志·先贤士女总赞》、《梁益宁三州先汉以来士女目录》。

大事年表

距今约 1 万年至 204 万年

旧石器时代。

距今约 4000 年至 1 万年

新石器时代。

约公元前 3000 年

古史传说时代。黄帝为其子昌意取蜀山氏女，昌意降居若水，生颛顼，封其支庶于蜀。禹生石纽，家于四川。及禹治水，命州巴、蜀，以属梁州。禹娶于涂山，治水江州。

蚕丛、柏濩、鱼凫三代蜀王初兴。

约公元前 21 世纪至前 11 世纪

鱼凫氏入蜀，建立古蜀王国，建都今广汉三星堆。

巴方立国。

约公元前 17 世纪

夏桀伐岷山。

约公元前 14 世纪

殷王朝登人征蜀。

殷武丁命妇好伐巴方。

约公元前 11 世纪

周武王伐纣，巴、蜀与焉。

周师伐鱼凫氏之蜀，克蜀。

蜀杜宇王朝开国。

周武王封其宗姬于巴，镇抚南方，为巴子国。

约公元前11世纪末

周成王大会诸侯于成周，巴人以比翼鸟，蜀人以文翰进献周王室。

公元前893年

蜀人与吕人献琼玉于周，宾于河，用介圭。

约公元前8世纪至7世纪初

鳖灵为蜀相，治水成功，逐走杜宇，建立开明氏王朝。

公元前7世纪

蜀王开明二世攻秦至雍。

开明三世攻略青衣羌地，雄张獠僰。

公元前703年，周桓王十七年

巴子使韩服告于楚。巴楚联盟缔结。

公元前688年，周庄王八年

巴师与楚师伐申，楚师惊巴师。巴师伐楚，取那处，攻郢都城门。

公元前676年，周惠王元年冬

巴师伐楚。

公元前675年，周惠王二年春

巴师大败楚师于津。

公元前632年，周襄王二十年

巴人致贡于秦。

公元前611年，周匡王二年

巴师援楚，灭庸。

公元前6世纪

蜀王开明五世迁都成都，建青、赤、黑、黄、白帝庙，建立五丁制度。

公元前477年，周敬王四十三年

巴人伐楚，围鄾，败绩。巴楚联盟破裂。巴国自此南迁。

公元前475年，周元王二年

蜀人聘秦。

公元前451年，周贞定王十八年

秦取蜀之南郑，秦左庶长城南郑。

公元前441年，周贞定王二十八年

南郑反秦，为蜀光复。

公元前387年，周安王十五年

秦伐蜀取南郑。

蜀再度光复南郑。

公元前377年，周安王二十五年

蜀伐楚，取兹方。

公元前361年，周显王八年

楚自汉中，南有巴、黔中。

巴国入川，据有四川盆地东部和渝东之地。

公元前360年，周显王九年

瑕阳人自秦道岷山青衣水归魏。

公元前337年，周显王三十二年，秦惠文王元年

秦惠文君即位，蜀遣使臣至秦朝贺。

蜀王与秦王会于褒谷。

秦惠文王嫁五女于蜀，蜀遣五丁迎至梓潼。

公元前4世纪

巴国有乱，巴将军蔓子请师于楚，楚王救巴，蔓子以头相谢，坚不予城。

蜀王别封弟葭萌于汉中，驻节葭萌。苴侯与巴王为好，蜀王伐苴。苴侯奔巴，求救于秦。秦惠文王决计伐蜀。

蜀筑石牛道。

公元前323年，周显王四十六年，秦惠文王更元二年

七国称王，巴亦称王。

公元前316年，周慎靓王五年，秦惠文王更元九年

秋，秦大夫张仪、司马错、都尉墨等从石牛道伐蜀。蜀王迎战于葭萌，败绩，战死武阳。蜀王太子、傅、相死于逢乡白鹿山，蜀国灭亡。

冬十月，秦移师取苴与巴，俘虏巴王，巴国灭亡。

· 463 ·

公元前311年，周赧王四年，秦惠文王更元十四年

蜀王子安阳王南迁，至越南北部建立王朝，至公元前208年或前180年灭国。

公元前280年

楚襄王灭巴子，巴国绝祀。

后 记

我从上个世纪 80 年代中期开始准备写作《四川通史》先秦部分，并着手进行巴蜀历史与文化的研究，到 1991 年 7 月完成《四川通史》第 1 册的写作，花了大约七八年的时间。其间，对先秦巴蜀的历史与文化做了大量研究，发表了数十篇有关论文，参加了《四川简史》的写作并承担其中先秦部分的撰写，同时与有志于先秦巴蜀文化研究的朋友们主编并撰写了专著《三星堆文化》，这些成果便成为撰写《四川通史》第 1 册（1993 年版）的基础。

从《四川通史》第 1 册出版到现在重修，又过去了 13 个年头。回首当年，大有"光阴似箭，日月如梭"之感。13 年间，随着研究工作的持续深入开展和考古新发现的不断问世，以及学术交流的日益密切，在材料、理论和方法等各个方面都发生了新的变化。在学术界的整体研究水平大大提高的背景下，我对先秦巴蜀历史与文化的认识也在研究领域和视野得以大为扩展的过程中不断深化，并在这个过程中积累起一系列有关论文和专著。这些成果，自然也就成为这次重修的依据和基础。

这次重修，在结构上基本没有变动，主要变动在以下三个方面：

一是体例有所变化。重修本新增了若干章节，目的在于对四川先秦史给予更清楚有序而层次分明的叙述。所增加的若干章节，主要在于突出阐述包括巴、蜀在内的四川古代文明的起源与形成，以及历史发展和文化演进的复杂过程。

二是内容方面有所变化。根据 13 年来的新材料、新成果和新认识，本次重

后 记

修进行了相当多的补充和较大的修改,对原来的一些观点和结论也有重要修正。

三是写作方法有所变化。1993年版以叙述方法为主,间以少量的分析和讨论。本次重修则兼采叙述和阐释方法,对一些重要的学术问题进行了分析和讨论,并对一些重要的理论和概念进行了简略阐释,以便使读者对这些问题有一个更加清楚的了解和认识。

对于科学研究来说,新材料的发现、新理论的产生、新方法的运用和新问题的揭示,都是必然的、不可避免的。学者对此必须保持清醒的头脑,给以足够的重视,与时俱进,才有可能在面对这一系列新鲜事物时有所发展和进步。关于此点,诚如陈寅恪先生所说:"一时代之学术,必有新材料与新问题。取用此材料,以研求问题,则为此时代学术之新潮流。治学之士,得预于此潮流者,谓之预流。其未得预者,谓之未入流。"(《陈垣敦煌劫余录序》,《金明馆丛稿二编》,三联书店,2001年,第266页)这对我们来说,无疑具有重要的启发作用。

科学研究是没有止境的。在科学研究道路上所取得的各项成果,都是建立在当时所具有的材料、理论和方法的基础之上的,它们在历史发展的长河中都只能算是阶段性成果,后来必定会给予创新和发展。但是,由各阶段成果所奠定起来的坚实基础对于后来的研究却是十分重要的,它们共同构成科学研究连续发展的链条。在科学研究的道路上,两者不可或缺。

感谢林向先生、贾大泉先生对本书初稿所提出的宝贵意见和建议,在此谨致谢忱。

段 渝
2007年1月4日
于成都浣花溪畔、摸底河旁